U0921908

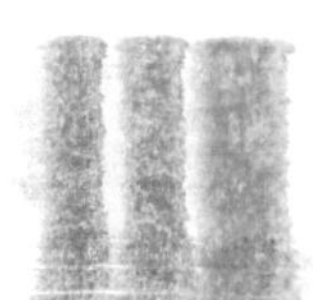

广视角·全方位·多品种

权威·前沿·原创

中国金融发展报告（2011）

主　编／李　扬　王国刚
副主编／王松奇　殷剑峰

ANNUAL REPORT ON CHINA'S FINANCIAL DEVELOPMENT(2011)

社会科学文献出版社
SOCIAL SCIENCES ACADEMIC PRESS (CHINA)

法律声明

“皮书系列”（含蓝皮书、绿皮书、黄皮书）为社会科学文献出版社按年份出版的品牌图书。社会科学文献出版社拥有该系列图书的专有出版权和网络传播权，其LOGO（ ）与“经济蓝皮书”、“社会蓝皮书”等皮书名称已在中华人民共和国工商行政管理总局商标局登记注册，社会科学文献出版社合法拥有其商标专用权，任何复制、模仿或以其他方式侵害（ ）和“经济蓝皮书”、“社会蓝皮书”等皮书名称商标专有权及其外观设计的行为均属于侵权行为，社会科学文献出版社将采取法律手段追究其法律责任，维护合法权益。

欢迎社会各界人士对侵犯社会科学文献出版社上述权利的违法行为进行举报。电话：010－59367121。

社会科学文献出版社

法律顾问：北京市大成律师事务所

前　言

《中国金融发展报告（2011）》，是中国社会科学院金融研究所组织编写的年度性研究报告，旨在对2010年中国金融发展和运行中的各方面主要情况进行概括和分析，对所发生的一些主要金融事件进行研讨和评论。

承续往年的《中国金融发展报告》基本结构，本报告依然由三部分构成。

第一部分为“宏观经济运行分析”。我们调整了往年的结构，一方面，对2010年中国经济运行情况进行概括，对中国“十一五”期间的经济发展状况进行了回顾和梳理，对中国“十二五”期间的发展前景进行了展望；另一方面，对2010年中国经济运行中的一些主要问题（如物价走势、财政收支）等进行了专门分析。

第二部分为“金融运行分析”。与往年大致相同，这一部分比较系统地描述了2010年中国的货币政策、银行业和保险业发展状况，分析了货币市场、股票市场、债券市场、银行理财产品市场、期货市场以及外汇储备等的发展走势，概要记述了金融监管、地区金融生态环境，最后，概要分析了国际金融形势中的新变化。与往年不同的是，此次我们在相关部分增加了学术界对2010年金融运行的一些认识及争论，增加了金融运行过程中的制度和政策变化的内容，以扩展读者在这些方面的视野。

第三部分为“专题分析”。根据中国金融发展中的新动态，我们选择了全球经济再平衡、新资本协议实施、政策性金融的转型、融资租赁业发展、股指期货运行、商业健康保险和政策性住宅金融等方面的分析报告。

通过几年来编写《中国金融发展报告》的实践，我们深感中国金融发展和改革是一个复杂庞大且持续展开的系统工程。我们的概括、分析和探讨只是其中的有限视角、有限方面和有限内容，因此，要比较系统地了解把握中国金融发展和改革的脉络、规律及走势，一方面需要更加系统地参看其他文献和资料，另一方面需要将各年的《中国金融发展报告》和其他相关文献作为一个连续性的过程，通过对比分析，探究各种变化的内在机理和机制。中国的经济和金融发展是人类社会历史中有着自己特点的实践过程，在解读和认识中国经济和金融运行走势中，切忌简单按照西方教科书的原理以“对号入座”方式理解中国实践中的各种现象和数据。

本报告是中国社会科学院金融研究所的集体研究成果，作者主要由金融研究所的研究人员、博士后研究人员和博士研究生等构成，由李扬、王国刚对报告全文进行统编、修改和定稿。各章的执笔人分别为：第1～3章何海峰，第4章杨涛，第5章余维彬、程炼、闫小娜、宣晓影、汤柳，第6章彭兴韵，第7章曾刚、李广子，第8章郭金龙、胡宏兵和张许颖，第9章袁增霆，第10章曹红辉、蓝培金，第11章安国俊、杨丰、屈庆，第12章王增武、太雷、王伯英、王琪、段雅丽、孙志燕，第13章甘正在、尹中立，第14章余维彬、程炼、闫小娜、宣晓影、汤柳，第15章尹振涛，第16章刘煜辉、张榉成，第17章余维彬、程炼、闫小娜、宣晓影、汤柳，第18章王国刚，第19章曾刚，第20章董裕平，第21章周茂清，第22章曹红辉、刘震、林伟斌，第23章阎建军、刘菲，第24章曾刚，第25章汪利娜。刘戈平和罗滢对本报告的格式等进行了编辑加工。

我们一如既往地期盼着各种批评建议。

编　者
2011年4月16日

目录

𝔹Ⅰ 宏观经济运行分析

𝔹Ⅱ 金融运行分析

BⅢ 专题分析

皮书数据库阅读**使用指南**

CONTENTS

𝔹 I Macro-economy

𝔹 II Financial Development

BⅢ Special Features

宏观经济运行分析

Macro-economy

B.1

2010年中国经济运行概况

一　经济增长继续向好

2010年3月5日，温家宝总理的《政府工作报告》开篇就指出，“2009年是新世纪以来我国经济发展最为困难的一年”，2010年则是中国经济发展最复杂的一年。

2010年，中国经济的复杂多变形势来自国际和国内两个方面。国际上，伴随着欧债危机的起伏，对全球经济二次探底的担忧始终没有消失。作为国际经济的引擎，美国的经济复苏由于失业率居高不下、消费持续萎靡而远未达到先前各方面的预期。就世界经济而言，其复苏之路艰难曲折、步伐缓慢。从国内看，中国遭遇的异常灾害性天气接连不断——极端高温和强降水事件发生之频繁、强度之大、范围之广为历年所罕见，旱涝灾害交替发生对农业、交通运输业产生了严重不利影响。夏粮和早稻相继减产，幸亏秋粮丰收，否则全年粮食生产形势和价格形势将会非常严峻。从宏观经济来看，前三个季度，经济增长逐季回落，一度引起对于经济能否持续增长的担忧；9月份之后，物价上涨又突然加速，立即引发了持续的通胀预期，对宏观经济的稳定运行构成巨大挑战。

2010 年，在复杂的国内外经济环境之下，党中央、国务院审时度势，科学决策，不断提高宏观调控的针对性、灵活性和有效性，始终把处理好保持经济平稳较快发展、调整经济结构和管理通胀预期之间的关系放在重中之重的位置。在一系列政策的调控下，中国经济发展取得了辉煌成就。根据国家统计局于 2011 年 2 月 28 日所发布的《中华人民共和国 2010 年国民经济和社会发展统计公报》（以下简称《统计公报》），2010 年我国国内生产总值达到 397983 亿元，比 2009 年增长 10.3%，增速比 2009 年加快 1.1 个百分点，国民经济实现平稳较快增长，国内生产总值增长速度明显快于世界主要国家或地区。

纵观世界，2010 年全球经济持续复苏，但各经济体复苏不均衡，主要发达经济体复苏缓慢，财政可持续性堪忧，失业率居高不下，美国经济复苏在第四季度出现积极迹象，但欧元区和日本仍较疲弱。新兴市场经济体增长强劲，但面对资本流入及通胀压力上升，部分国家逐步收紧了货币政策。主要金融市场呈现震荡态势，全球贸易增长恢复至危机前的水平，大宗商品价格企稳回升。国际货币基金组织（IMF）在 2011 年 1 月份的《全球经济展望》中指出，2010 年全球经济增长率为 5.0%，其中美国、欧元区、日本、新兴与发展中经济体 2010 年的经济增长率分别为 2.8%、1.8%、4.3% 和 7.1%，比 2009 年分别高 5.4 个、5.9 个、10.6 个和 4.5 个百分点。在新兴和发展中经济体中，俄罗斯的经济增长率为 3.7%，印度为 9.7%，巴西为 7.5%。根据日本政府公布的 2010 年度国内生产总值数据，我国已经超过日本成为世界第二大经济体。

就中国经济增长的具体表现来看，在 2009 年回升向好的基础上，2010 年国民经济不断巩固，经济运行由回落而趋于平稳。4 个季度国内生产总值同比分别增长 11.9%、10.3%、9.6% 和 9.8%（见图 1）。第二、三季度国内生产总值同比增速分别比上季度回落 1.6 个和 0.7 个百分点，第四季度增速比第三季度加快 0.2 个百分点。从工业数据来看，全年规模以上工业增加值比上年增长 15.7%，与金融危机前的平均增长速度已经非常接近。6 月份以来，规模以上工业增加值同比增速稳定在 13% ~14% 这个区间内。分季度看，第一、二、三、四季度规模以上工业增加值同比增速分别为 19.6%、15.9%、13.5% 和 13.3%，增幅趋于稳定，工业经济的表现对整体经济的稳定起了重要的支撑作用。从 2010 年三次产业的增长速度和占比构成上看（见表 1），第二产业增速明显提高且占比上升，第三产业未能保持上年向好态势。这也预示着中国经济“十二五”期间转变发展方式和调整结构的压力将持续存在。

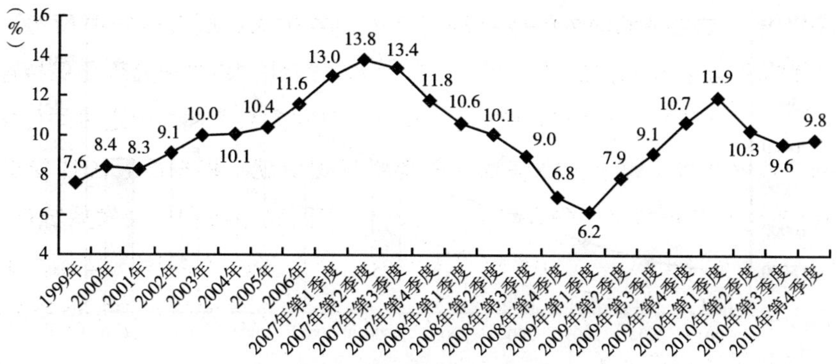

图 1　2010 年 GDP 季度增长速度由回落转趋平稳

注：本部分及以下图表如不注明资料来源，均来自国家统计局。
资料来源：国家统计局。

表 1　2008～2010 年 GDP 的三次产业构成

产业分类	增加值(亿元)			增长速度(%)			占 GDP 构成(%)		
	2008 年	2009 年	2010 年	2008 年	2009 年	2010 年	2008 年	2009 年	2010 年
第一产业	34000	35226	40497	5. 5	4. 2	4. 3	11. 3	10. 3	10. 2
第二产业	146183	157639	186481	9. 3	9. 9	12. 2	48. 6	46. 3	46. 8
第三产业	120487	148038	171005	9. 5	9. 6	9. 5	41. 8	43. 4	43. 0

注：2008 年和 2009 年数字为最终核实数。

二　内外需快速增长，出现了向好的结构性变化

根据海关总署的统计数据，2010 年货物进出口总额 29728 亿美元，比 2009 年增长 34. 7%。其中，出口 15779 亿美元，增长 31. 3%；进口 13948 亿美元，增长 38. 7%。进出口相抵，全年实现顺差 1831 亿美元，比 2009 年下降了 6. 4%。我们知道，2009 年中国进出口受金融危机影响而大幅下滑，所以，2010 年的外需增长具有一定的恢复性增长特点（见图 2）；但全年进出口、出口和进口均超过 2008 年创造的最高纪录，这也显示了外需已经恢复至金融危机前的水平。自 2005 年以来，进口与出口增长速度差距实现了反转变化，依次为 -10. 68%、-7. 22%、-4. 99%、1. 08%、4. 83%、7. 38%。

根据国家统计局《统计公报》的数据，内需延续了 2009 年快速增长的势

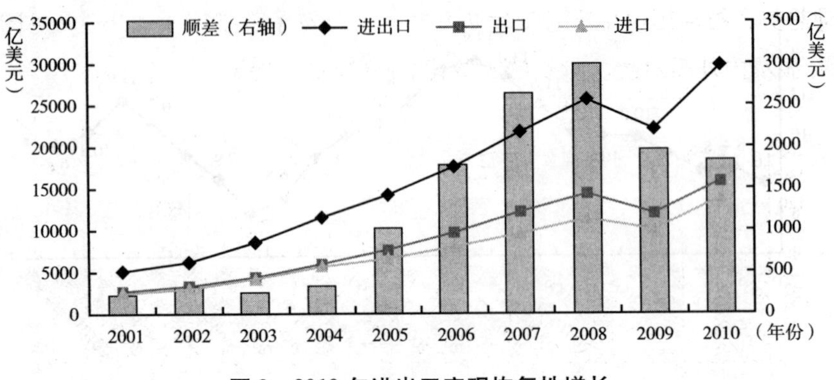

图 2　2010 年进出口实现恢复性增长

头，增速依然较快。其中，全社会固定资产投资 278140 亿元，比 2009 年增长 23.8%，扣除价格因素，实际增长 19.5%；社会消费品零售总额 156998 亿元，比 2009 年增长 18.3%，扣除价格因素，实际增长 14.8%（见图 3）。与此同时，内需结构也有改善。从投资结构上看，专用设备制造业、交通运输设备制造业、电气机械及器材制造业和通信设备、计算机及其他电子设备制造业投资分别增长 35.1%、31.7%、40.4% 和 48.2%，其增长速度大幅超过投资的平均增长速度。从消费结构上看，热点消费实现了快速增长。其中，金银珠宝类增长 46.0%，家具类增长 37.2%，汽车类增长 34.8%，家用电器和音像器材类增长 27.7%。这显示了中国消费热点的持续旺盛，而且中国消费结构升级的步伐在不断加快。

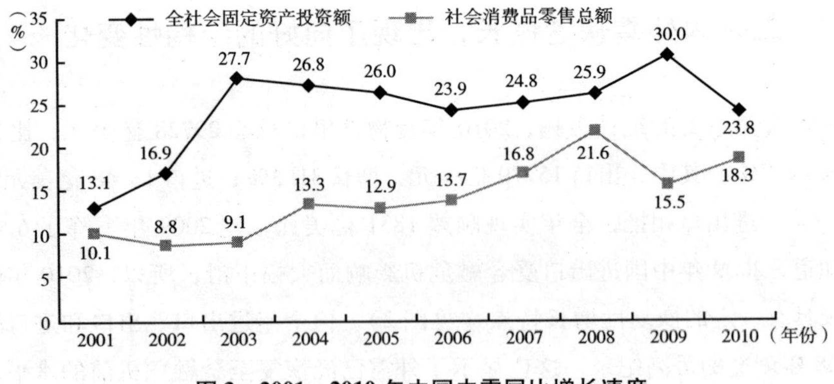

图 3　2001～2010 年中国内需同比增长速度

根据国家统计局的 GDP 初步核算数据，2010 年内需拉动国内生产总值增长 9.5 个百分点，对增长的贡献率为 92.1%；净出口扭转了 2009 年对经济增长的负拉动趋势，拉动国内生产总值增长 0.8 个百分点，贡献率为 7.9%（见图 4 和图 5），显示内外需对经济增长的支撑比 2009 年更加协调。

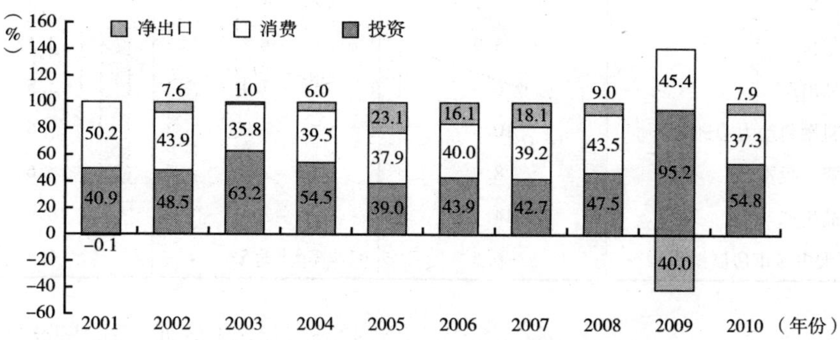

图 4　2001～2010 年中国最终需求的贡献率

注：2010 年为初步核算数。

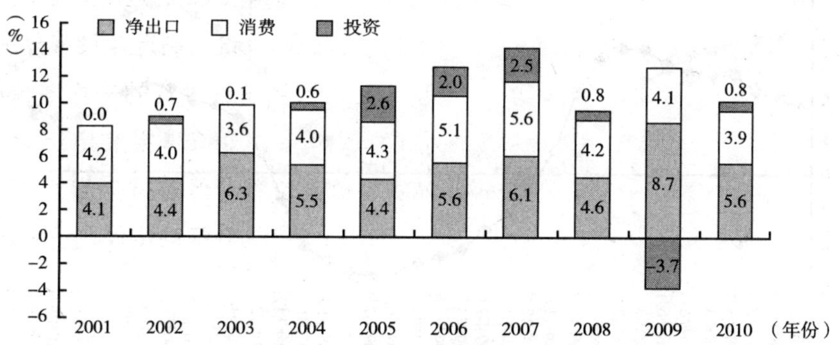

图 5　2001～2010 年中国最终需求的拉动

注：2010 年为初步核算数。

三　物价同比上涨明显

从主要价格指数上看，2010 年物价出现显著的同比上涨，具体参见表 2。

如表 2 所示，相对于 2009 年几乎全面的物价下降，2010 年物价上涨较快，尤其是房屋销售价格。

从与普通群众生活感受较直接的居民消费价格指数（CPI）和商品房销售价格

表 2　2008～2010 年主要物价指数变化

指　　　标	2008 年	2009 年	2010 年
居民消费	5.9	-0.7	3.3
商品零售	5.9	-1.2	3.1
工业品出厂	6.9	-5.4	5.5
原材料燃料动力购进	10.5	-7.9	9.6
固定资产投资	8.9	-2.4	3.6
农产品生产	14.1	-2.4	10.9
70 个大中城市房屋销售	6.5	1.5	6.4

指数来看，它们与另一重要物价指数——工业品出厂价格指数（PPI）经历了类似的变化，具体参见图 6。

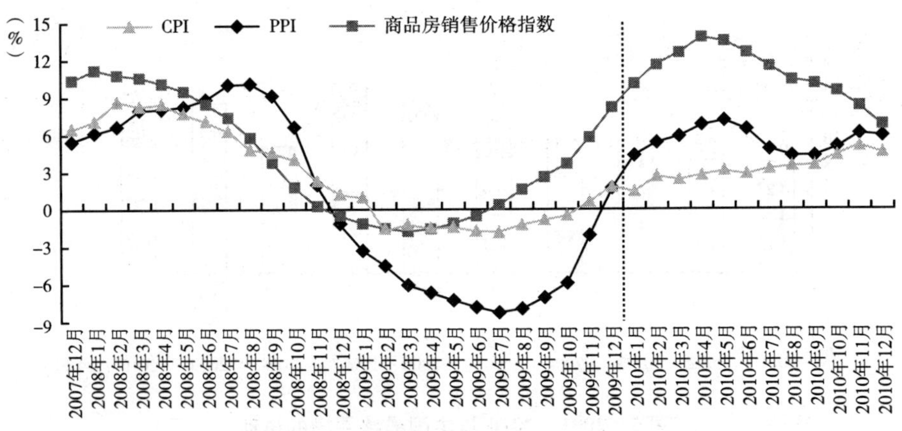

图 6　中国主要物价指数同比变化

从图 6 可以看出，伴随 2010 年季度 GDP 增速的回落并企稳，PPI 增幅经历了先升后降继而又回升走稳的路线；CPI 增幅则几乎是一路爬升——5 月超过了 3%，10 月达到了 4.4%，11 月则高达 5.1%；而商品房销售价格指数同比增速在 4 月达到 13.8% 后便逐月减缓，12 月已经降至 6.8%，这与国家调控房地产相关政策的出台和调控态势加强不无关系。

由于主要价格指数仍旧处于高位，而且由于通胀预期、国内结构性因素和国际外部环境因素的存在，价格不断上涨的压力将持续而进入 2011 年。

四　居民收入与就业快速增长

根据 2010 年《统计公报》，城乡居民收入快速增长，而农村居民收入增速 1998 年以来首次快于城镇。全年城镇居民人均可支配收入 19109 元，增长 11.3%，扣除价格因素，实际增长 7.8%。农村居民人均纯收入 5919 元，增长 14.9%，扣除价格因素，实际增长 10.9%。农村居民收入实际增速比城镇快 3.1 个百分点，是 1985 年以来增速最快的一年，也使得 2010 年农村贫困人口大幅减少至 2688 万人，比上年末减少 909 万人。城乡居民实际收入增长率虽然继续低于 GDP 增长率，但它的高速增长说明，物价上涨对城乡居民整体生活水平的影响并不像一些人说的那么严重，更不像一些媒体夸大的那么严重。另一方面，也要看到，物价快速上涨对低保、低收入群体和大学生等的生活造成了较大影响，对此，需要运用财政政策予以协调和解决。

2010 年是 2008 年金融危机以来就业状况最好的一年。2010 年我国积极就业政策力度加大，全年城镇新增就业 1168 万人，比上年增加 66 万人，年末城镇登记失业率 4.1%，比上年末下降 0.2 个百分点。全国农民工总量为 24223 万人，比上年增长 5.4%。其中，外出农民工 15335 万人，增长 5.5%，本地农民工 8888 万人，增长 5.2%。

五　企业收入与财政收入状况显著好转

2010 年全部工业增加值 160030 亿元，比上年增长 12.1%（2009 年为 8.7%），规模以上工业增加值增长 15.7%（2009 年为 11%）。2010 年 1～11 月规模以上工业企业累计实现利润 38828 亿元，比上年同期增长 49.4%（2009 年同期为 7.76%）。

全年财政收入 83080 亿元，比上年增加 14562 亿元，增长 21.3%（2009 年为 11.7%）；其中税收收入 73202 亿元，增加 13680 亿元，增长 23.0%（2009 年为 9.8%）。

六　2010 年的宏观调控政策

纵观形势复杂的 2010 年，宏观调控政策根据经济形势的发展变化而适时调整，达到了较好的调控目的与效果①。

2009 年 12 月 5～7 日的中央经济工作会议提出，“要保持宏观经济政策的连续性和稳定性，继续实施积极的财政政策和适度宽松的货币政策”，“要以扩大内需特别是增加居民消费需求为重点，以稳步推进城镇化为依托，优化产业结构，努力使经济结构调整取得明显进展”。这就是所谓的“保增长”和“调结构”政策基调，它具体还体现在会议所提出的全年经济工作的 6 项主要任务中的“提高宏观调控水平，保持经济平稳较快发展”和“加大经济结构调整力度，提高经济发展质量和效益”。

从财政政策上看，2010 年继续实行积极的财政政策，主要包括：保持适度的财政赤字和国债规模——10500 亿元预算财政赤字力度很大；继续实施结构性减税政策——促进内需和经济结构调整；优化财政支出结构——财政支出向“三农”、民生、社会事业等领域倾斜，支持节能环保、自主创新和欠发达地区的建设；加强政府性债务管理——严控地方政府融资平台风险。从实施效果上看，具有三个特点：首先，2010 年和 2009 年财政政策基调同为“积极”，但是实质并不相同。2009 年是扩张式的财政政策，是靠 4 万亿元投资带动的“铁公基”建设。2010 年积极的财政政策取向是，营造一个宽松的财政政策环境，以保障 2009 年的一揽子经济刺激计划在建项目的顺利完成，但严控新项目的上马。其次，积极财政政策中体现了有保有压。从财政支出结构上来看，向“‘三农’、民生领域倾斜，大力支持节能环保等领域”的思想得以贯彻落实。财政扶持政策主要以补贴的形式实现，“家电下乡”、“新能源汽车”的补贴政策得到了细化和落实。最后，地方政府融资平台风险是积极财政政策的一个困扰。2010 年，地方政府融资平台贷款一直困扰着银行业，国务院、财政部、中国人民银行和银监会一直高度关注平台风险，全年 8 次发文指导债务核查和风险防范②。

从货币政策上看，2010 年货币政策的总体要求是继续实施适度宽松的货币政策，这体现在 4 个方面：保持货币信贷合理充裕——2010 年广义货币 M2 增长目标为 17% 左右，新增人民币贷款 7.5 万亿元左右；优化信贷结构——落实有保有控的信贷政策，严格控制对“两高”行业和产能过剩行业的贷款；积极扩大直接融资——扩大

① 就 2011 年目前情况来看，物价上涨压力虽然保持在较高水平，但基本仍在可控范围内。

② 限于篇幅，这里未就财政政策操作进行阐述，具体可参见下文相关内容。

股权和债券融资规模，更好地满足多样化投融资需求；加强风险管理——继续完善人民币汇率形成机制，保持人民币汇率在合理、均衡水平上的基本稳定。

从货币政策操作上看，出台的主要措施如下。

1月12日，央行宣布上调法定存款准备金率0.5个百分点，农村信用社等小型金融机构暂不上调。这是央行时隔一年半以来，首次上调法定存款准备金率，也预示着在适度宽松货币政策基调下，开始收紧流动性。

2月12日，央行再次宣布上调法定存款准备金率0.5个百分点，农村信用社等小型金融机构暂不上调。

5月2日，央行年内第三次宣布上调法定存款准备金率0.5个百分点，农村信用社、村镇银行暂不上调。

6月19日，央行发布《关于进一步推进人民币汇率形成机制改革，增强人民币汇率弹性》的新闻稿。这意味着央行开始重启2005年7月至2008年6月的汇改进程。人民币汇率不再“紧盯”单一美元，而是重新参考一篮子货币进行调节。

10月19日，央行宣布上调存贷款基准利率。这是时隔3年后的首次加息，也被市场视为货币政策从适度宽松回归稳健的标志。市场观点认为，新一轮的加息通道开启。

11月10日，央行再次上调法定存款准备金率0.5个百分点。从这一次开始，小型金融机构不再享受政策照顾。

11月19日，仅时隔9日，央行宣布了年内第五次上调法定存款准备金率的决定。这也成为历史上央行调整法定存款准备金率时间间隔最短的一次。央行此举主要是为加强流动性管理，调控货币信贷投放节奏。

12月10日，央行宣布年内第六次上调法定存款准备金率0.5个百分点。

12月25日，在6次上调法定存款准备金率后，央行宣布了年内第二次加息。其目的很明确，就是抑制通胀预期。

从货币政策调控目的与效果上看，6次上调法定存款准备金率和2次加息实际上意味着货币政策从“适度宽松”转向了“稳健”。

专栏　2010年6次上调法定存款准备金率与2次加息

6次上调法定存款准备金率

从2010年法定存款准备金率的6次调整来看，在1、2、5月3次上调法定存款准备金率中，中小金融机构法定存款准备金率均没有上调。一方面是因为大型金融机构信贷规模大，对其实施调控能够有效回收流动性，同时对整个市场起到示范、引导作用；另一方面，管理层出于对中小金融机构经营的支持、保护的原因，对中小金融机构网开一面。

然而，由于通胀、新增信贷、外汇占款均超出市场预期，央行后期调控力度明显加大。通胀方面，自2010年7月以来，物价指数同比增幅已连续5个月超过3%，11月份CPI同比增幅更是高达5.1%，创下2008年8月以来的最高水平；广义货币方面，M1全年保持20%以上的增速，M1、M2倒“剪刀差”继续扩大，存款活期化格局依旧；信贷方面，11月信贷延续9月、10月高位运行态势，新增信贷5640亿元。因实体经济需求旺盛，PPI连创新高，企业新增贷款均超过往年同期200%以上，并未在年末显著下降，而居民贷款也因房产市场回升环比增加20%；外汇占款方面，10月份新增外汇占款5190亿元，创30个月以来新高，显示外围资金流入压力依旧。

自11月10日宣布上调法定存款准备金率0.5个百分点后，央行在2个月内连续3次上调法定存款准备金率，这充分说明了流动性泛滥和高通胀压力。相比调控最为频繁的2007年（全年10次上调法定存款准备金率），2010年调整间隔之短、频度之高有过之而无不及。2007年平均33.2天上调一次法定存款准备金率，2010年仅为15.5天。

央行如此明显的调控意图也表述了货币调控转向常态化的意向，这意味着央行将会从“宽松货币政策转向稳健的货币政策”。

2次加息

2010年央行分别在10月19日和12月26日上调存贷款基准利率，以改变下半年利率倒挂现象的存在。

10月19日，在十七届五中全会闭幕的次日，央行宣布自10月20日起上调金融机构人民币存贷款基准利率0.25个百分点，价格型工具开始成为改变通货膨胀预期的重要工具之一，中国正式步入加息通道。

12月央行再次加息，体现了管理层进一步加强通胀预期管理和把好流动性的总闸门的政策目标。在“把稳定价格总水平放在更加突出的位置”的政策基调下，向社会传递了其对未来通胀走势可控具有更大信心。

总的来说，2010 年宏观调控政策在“保增长”与“调结构”之间出现了摆动，而防通胀成为年底的主基调。从历史角度看，从 2008 年一直到 2010 年第一季度，“保增长”都是宏观经济调控的最重要主题；对于“调结构”，虽然名义上还在提，但实际操作中有些顾不上。2010 年第一季度，经济增长率达到 11.9%，显示过热迹象，有些指标（如能耗指标）也出了问题。政府这才开始了密集的政策调整，包括清理地方融资平台、实施房地产新政、强制节能减排、重启人民币汇改、调整出口退税以及提高地方最低工资水平等。由于这些政策调整效应叠加，再加上欧洲主权债务危机蔓延，第二季度增长低于预期，政府又开始担心经济二次探底。于是，第三季度政策又有所放松，从而，很多宏观指标在 2010 年 8 月份结束了 4 月份以来的回落，止跌回升。进入第四季度后，随着通货膨胀率不断攀升，货币政策进一步收紧，提高法定存款准备金率以及加息等手段都开始使用，显示了政府在抑制通胀方面的决心。而年底的中央经济工作会议定调“稳健的货币政策”，进一步明确了未来的政策走向。

B.2

"十一五"回顾与"十二五"展望

一 "十一五"时期经济发展回顾

"十一五"时期是我国发展进程中极不平凡的5年。在国内外复杂形势和一系列重大风险挑战之下，中国经济改革和发展取得了巨大成就，国家面貌发生了历史性变化。

"十一五"期间，中国有效应对国际金融危机冲击，保持经济平稳较快发展，胜利完成"十一五"规划的主要目标和任务，国民经济迈上新的台阶。国内生产总值达到397983万亿元（见图1），年均增长11.2%，财政收入从2005年的3.16万亿元增加到约8.31万亿元（见图2）。

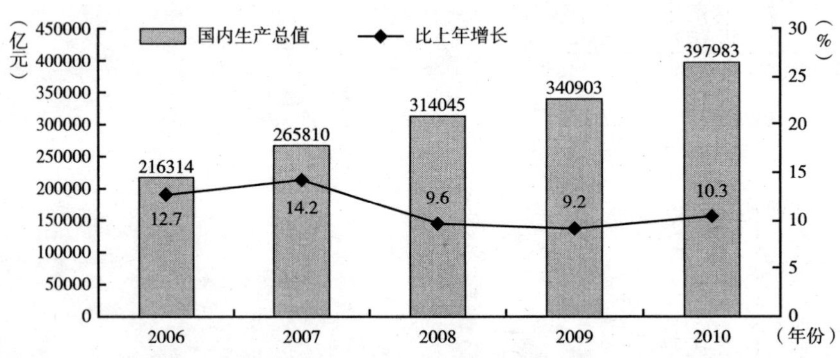

图1 2006~2010年国内生产总值及其增长速度

与此同时，各项社会事业加快发展、人民生活明显改善。城镇新增就业5771万人（见图3），转移农业劳动力4500万人；城镇居民人均可支配收入和农村居民人均纯收入年均分别实际增长9.7%和8.9%（见图4和图5）；覆盖城乡的社会保障体系逐步健全。

此外，改革开放取得重大进展。重点领域和关键环节改革实现新突破，社会主义市场经济体制更加完善。2010年对外贸易总额达到2.97万亿美元，开放型

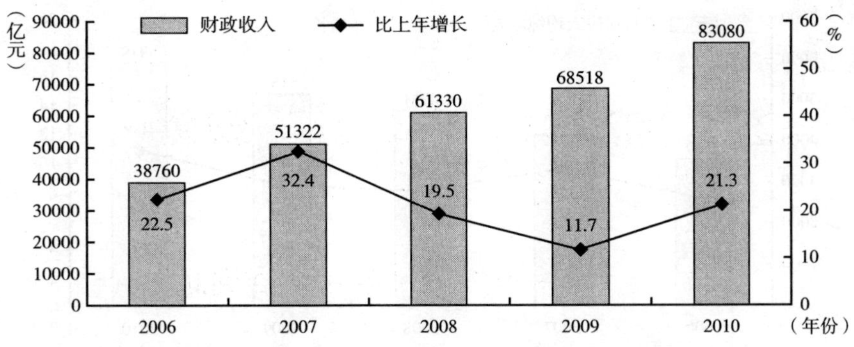

图2　2006～2010年财政收入及其增长速度

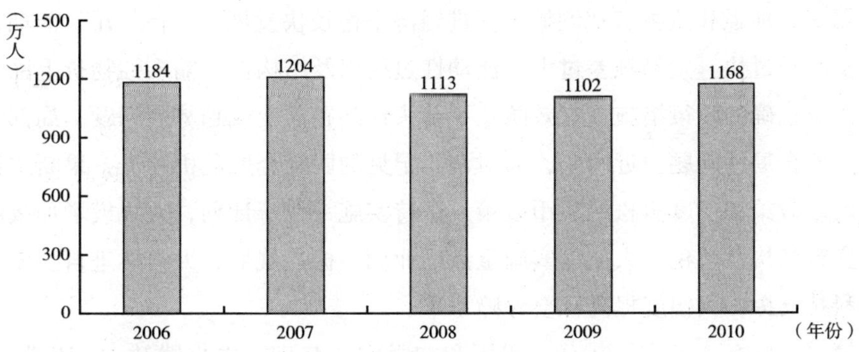

图3　2006～2010年城镇新增就业人数

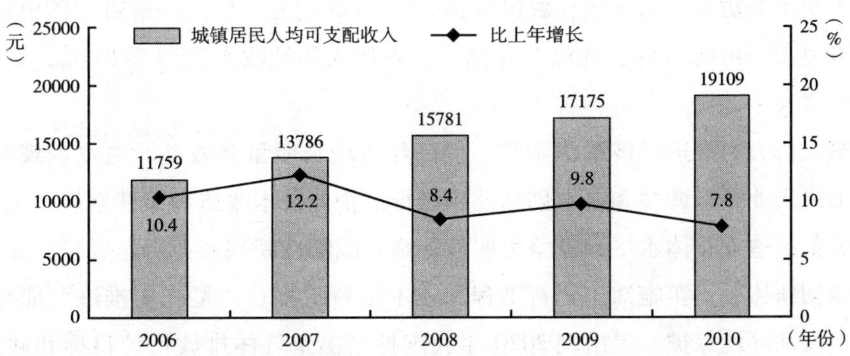

图4　2006～2010年城镇居民人均可支配收入

经济水平快速提升。

简要地说，"十一五"期间，中国经济改革与发展主要体现在这样几个方面。

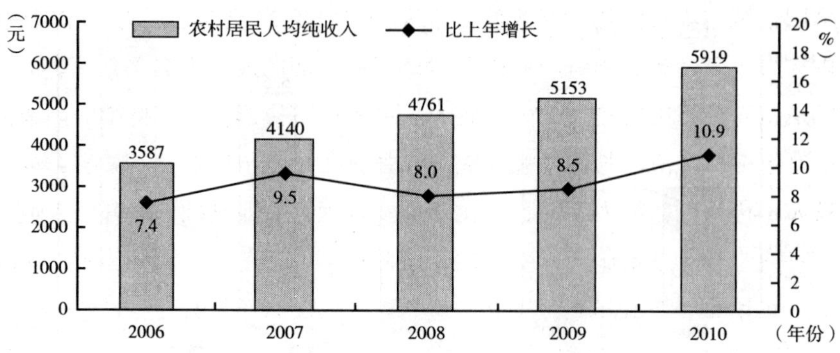

图5　2006～2010年农村居民人均纯收入

第一，加强和改善宏观调控，促进经济平稳较快发展。“十一五”前期，针对投资增长过快、贸易顺差过大、流动性过剩以及结构性、输入性物价上涨等问题，采取正确的政策措施，有效防止了苗头性问题演变成趋势性问题、局部性问题演变成全局性问题。近两年，面对百年罕见的国际金融危机冲击，果断实行积极的财政政策和适度宽松的货币政策。坚持实施一揽子计划，大规模增加政府支出和实行结构性减税，大范围实施重点产业调整振兴规划，大力推进自主创新和加强科技支撑，大幅度提高社会保障水平。

第二，做好“三农”工作，巩固和加强农业基础。中央财政“三农”投入累计近3万亿元，年均增幅超过23%。彻底取消农业税和各种收费，结束了农民种田交税的历史，每年减轻农民负担超过1335亿元。粮食产量屡创历史新高，2010年达到54641万吨，连续7年增产；农民人均纯收入达到5919元，实现持续较快增长。

第三，大力推进经济结构调整，提高经济增长质量和效益。主要表现有三：一是加快产业结构调整和自主创新。积极推进企业技术改造和兼并重组，工业特别是装备制造业总体水平和竞争力明显提高。战略性新兴产业迅速成长。加快建设国家创新体系，实施知识创新工程和技术创新工程。二是扎实推进节能减排、生态建设和环境保护。提出到2020年我国控制温室气体排放行动目标和政策措施，制定实施节能减排综合性工作方案。三是促进区域经济协调发展。落实区域发展总体战略，颁布实施全国主体功能区规划，制定西部大开发新十年指导意见和一系列区域发展规划，推出促进西藏和四省藏区、新疆等民族地区跨越式发展的新举措。

第四，坚定不移深化改革开放，增强经济社会发展内在活力。在财政税收、金融机构与金融市场、国有企业以及对外开放方面的改革得以深化。

但是，需要指出的是，中国发展中不平衡、不协调、不可持续的问题依然突出。主要包括：经济增长的资源环境约束强化，投资与消费关系失衡，收入分配差距较大，科技创新能力不强，产业结构不合理，农业基础仍然薄弱，城乡区域发展不协调，就业总量压力和结构性矛盾并存，制约科学发展的体制机制障碍依然较多，服务业增加值和就业比重、研究与试验发展经费支出占国内生产总值比重没有完成"十一五"规划目标。此外，从民生角度来看，一些群众反映强烈的问题没有根本解决，例如，物价上涨压力加大，部分城市房价涨幅过大。这里需要强调的是，"十一五"期间，中国经济转变发展方式没有取得理想的效果，这可以从投资和消费的对比上直观地看出来（见图6和图7）。

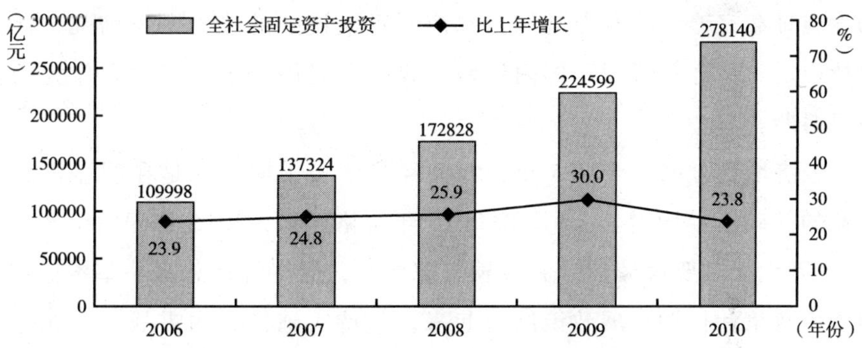

图6　2006～2010年全社会固定资产投资及其增长速度

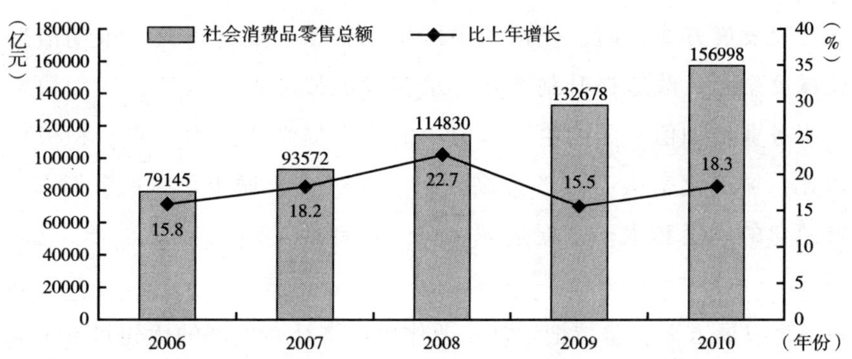

图7　2006～2010年社会消费品零售总额及其增长速度

二 “十二五”时期的主要目标和任务①

对于中国来说，“十二五”时期是全面建设小康社会的关键时期，是深化改革开放、加快转变经济发展方式的攻坚时期。

从国际上看，世界多极化、经济全球化深入发展，和平、发展、合作仍是时代主流。国际金融危机影响深远，世界经济结构加快调整，全球经济治理机制深刻变革，科技创新和产业转型孕育突破，发展中国家特别是新兴市场国家整体实力步入上升期。从国内看，我国发展的有利条件和长期向好的趋势没有改变，工业化、信息化、城镇化、市场化、国际化深入发展，市场需求潜力巨大，资金供给充裕，科技和教育水平整体提升，劳动力素质提高，基础设施日益完善，政府宏观调控和应对重大挑战的能力明显增强，社会大局保持稳定。综合判断国际国内形势，我国发展仍处于可以大有作为的重要战略机遇期。

在经济增长方面，今后5年，我国经济增长预期目标是在明显提高质量和效益的基础上年均增长7%。按2010年价格计算，2015年国内生产总值将超过55万亿元。要继续加强和改善宏观调控，保持价格总水平基本稳定，把短期调控政策和长期发展政策结合起来，坚持实施扩大内需战略，充分挖掘我国内需的巨大潜力，加快形成消费、投资、出口协调拉动经济增长的新局面。

在转变发展方式方面，坚持走中国特色新型工业化道路，推动信息化和工业化深度融合，改造提升制造业，培育发展战略性新兴产业。加快发展服务业，服务业增加值在国内生产总值中的比重提高4个百分点。积极稳妥推进城镇化，城镇化率从47.5%提高到51.5%，完善城市化布局和形态，不断提升城镇化的质量和水平。促进城乡、区域良性互动，第一、二、三产业协调发展。

在民生发展方面，坚持把增加就业作为经济社会发展的优先目标，为全体

① 这里主要引用了《国民经济和社会发展第十二个五年规划纲要（草案）》的内容。

劳动者创造公平的就业机会，5 年城镇新增就业 4500 万人。坚持和完善按劳分配为主体、多种分配方式并存的分配制度，努力实现居民收入增长和经济发展同步、劳动报酬增长和劳动生产率提高同步，逐步提高居民收入在国民收入分配中的比重，提高劳动报酬在初次分配中的比重，加快形成合理的收入分配格局。城镇居民人均可支配收入和农村居民人均纯收入年均实际增长超过7%。

B.3
2010 年中国物价走势的简要分析*

2011 年 2 月 15 日，国家统计局在发布 2011 年 1 月份我国国民经济运行情况等方面情况时指出，国家统计局对 CPI 调查方案进行了例行调整，涉及对比基期、权数构成、调查网点和代表规格品的调整。从 2011 年 1 月起，我国 CPI 开始计算以 2010 年为对比基期的价格指数序列。这是自 2001 年计算 CPI 定基价格指数以来，第二次进行基期例行更换，首轮基期为 2000 年，第二轮基期为 2005 年。国家统计局进一步说明，根据 2010 年全国城乡居民消费支出调查数据以及有关部门的统计数据，按照制度规定对 CPI 权数构成进行了相应调整。其中居住提高 4.22 个百分点，食品降低 2.21 个百分点，烟酒及用品降低 0.51 个百分点，衣着降低 0.49 个百分点，家庭设备用品及服务降低 0.36 个百分点，医疗保健和个人用品降低 0.36 个百分点，交通和通信降低 0.05 个百分点，娱乐教育文化用品及服务降低 0.25 个百分点。

2010 年的 CPI 构成中使用的是 2005 年权重。对于这个权重，国家统计局并未公布过，根据媒体披露，其构成权重大致如表 1 所示①。

表 1　中国 CPI 构成的权重调整

单位：%

类　　别	旧权重	2011 年的调整	类　　别	旧权重	2011 年的调整
食品	34	-2.21	家庭设备用品及服务	6	-0.36
居住	13	+4.22	医疗保健和个人用品	10	-0.36
烟酒及用品	4	-0.51	交通和通信	10	-0.05
衣着	9	-0.49	娱乐教育文化用品及服务	14	-0.25

我们可以看到，食品占 CPI 比重达到了 1/3。如图 1 所示，2010 年的 CPI 上升——尤其是年底时的显著升高与食品类价格上涨拉动直接相关，这与居民生活感受也是一致的。

* 关于中国 CPI 以及物价变化的基本观点，《中国金融发展报告（2010）》已有专门明确的阐述。

① 参见《中国 CPI 指数八大类体系》，2007 年 8 月 14 日 B11 版《东方早报》。

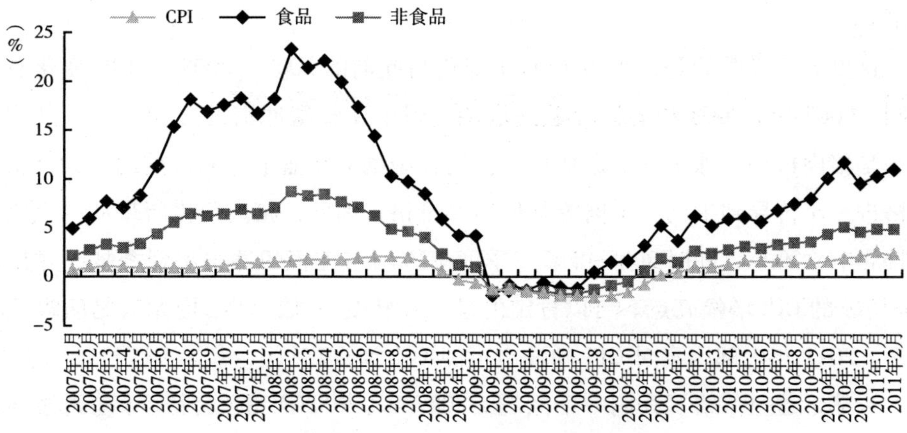

图 1　CPI 及食品价格、非食品价格同比变化

从图 2 可以更进一步看出，2010 年全年以及年底食品价格上升主要是由于鲜菜和粮食价格上升所造成的——其中，粮食价格几乎与食品价格保持一致的变化规律，而猪肉价格并未对食品价格造成更大影响。

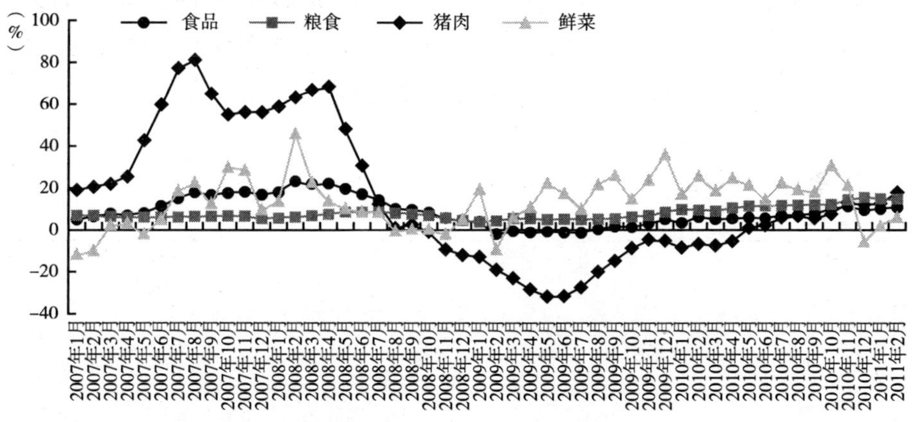

图 2　食品及粮食、猪肉、鲜菜价格同比变化

从中国的粮食和蔬菜价格波动历史来看，蔬菜和食品价格带动的 CPI 上涨及其供应的回复具有明显的周期性，通常蔬菜的生产周期为 3～4 个月，生猪的饲养周期大概为 8～11 个月，因此，这轮蔬菜价格带动的物价上涨将逐步在供应恢复之后稳定下来。至于粮食价格，按照历史经验，通常在夏粮收割之后，粮价上涨压力会有所缓和。因此，整体上判断，2011 年的通胀仍然处于大致可控的

范围。

这里需要说明的是，2010 年 CPI 变化与此前的 2007 ~ 2008 年 CPI 变化有所不同。2007 年、2008 年的物价水平是特定因素和多重冲击的叠加所致，其直接推手是猪肉价格上涨——根据估计，猪肉在中国 CPI 篮子中的权重比较大，猪肉价格进一步传导到牛肉、羊肉等其他肉类价格，因此，猪肉价格所带动的直接与间接影响力不小，同时 2008 年第一季度南方雨雪灾害的冲击出现叠加，才出现了 8.7% 的 CPI 增幅高点。可以肯定的是，在转变方式、调结构尤其是防通胀主题下，2011 年内部因素对 CPI 的冲击可能不会那么高。

当然，这里留给了我们一个问题，2007 年、2008 年的物价上涨是否意味着中国告别了过去“低通胀、高增长”的轨道——有人认为，2008 年、2009 年全球性金融危机的外生冲击因素，暂时掩盖了高通胀时代的来临。从劳动力成本上升、国际流动性增加以及大宗商品价格走高、中国对外依赖性不断增强等因素来看，也许中国今后 CPI 的平均水平将被抬升。

B.4

2010 年的中国财政

一 2010 年中国财政的理论争论

2010 年财政政策与货币政策仍然作为宏观调控的核心工具，理论界对于财政问题也有许多争论的焦点，主要表现为如下几方面。

第一，关于税收增速是否过快的问题。从 2004 年至 2010 年，除了 2009 年税收同比增长 9.8% 外，其余年份税收总收入同比增长均两倍于同年 GDP 增速。2010 年税收增速较快的问题再次引起广泛关注。一方面，部分学者认为 2010 年的税收高增长有特殊的解释因素，主要观点包括：税收是按照现价计算征收的，2010 年物价上涨的幅度比较大，因此推高了两者之间的差距；由于物价因素、统计口径、GDP 结构与税收结构差异等因素，税收的增长与 GDP 的增长并不存在直接的、量的对应关系，判断税收收入增长合理与否，不能简单地与 GDP 增长速度相比较；累进税率制度促进了税收超经济增长；税收征管加强，征收率进一步提高导致税收高增长。另一方面，也有学者持相反观点，认为这一现象存在不合理性，如：中国税收收入高增幅除了受物价、进出口税收等影响外，主要原因是对同一税源存在严重的重复征税；存在严重的隐蔽征税；连续多年出现这种现象，也表明税制结构存在问题。

第二，关于宏观税负是否过高的问题。对于宏观税负，也存在两种相反的观点。一种是认为我国的宏观税负水平并不高，如认为：比较分析宏观税负水平，不能脱离不同国家所处的发展阶段和政府职能范围，中国的公共产品和服务需求处于快速上升阶段，宏观税负水平随着经济发展相应提升；衡量一国财政收入水平高低，不能只看绝对数字，要考虑到政府的支出状况；从税收本身来看，中国的税负水平在国际上并不高，低于发展中国家和发达国家的平均水平。另一种观点则截然相反，认为由于中国非税收入占 GDP 的比重明显高于发达国家，所以全口径的财政收入占 GDP 的比重较高，与人均国民收入相比则显得负担较重。

由此很多人认为全口径的税负过高，会导致政府预算的膨胀、民间经济效率降低、收入分配不公平等一系列问题。

第三，关于国有资本运营的问题。有人认为，经过多年的改革，国有资本运营已经取得了较大成绩，未来国有企业应该在重组整合的基础上，继续做大做强，承担国家重要的经济发展战略任务。也有人认为，国有资本运营改革仍然存在难点，关键在于考虑国有资本收益是否真正能够“取之于民，用之于民”，现有的改革方案都体现出妥协的特征，即尽可能不触动原有利益格局。有人认为，改革的关键，是现代化的国资预算规则能否真正建立起来，如国资预算真正受到立法约束，由人大进行审议和监督，更加细致地规定国有资本运营收益的使用范围，如用于特定社保项目支出。另外，有的学者对“国进民退”存在疑虑，认为应该允许社会资本进入国有资本的垄断行业，使国有资本逐步退出竞争领域，逐渐转向公共性领域，但在现实中国有资本还占有多数社会资源，相关改革一直进展缓慢。

第四，关于优化财政支出结构的问题。多数学者认为，当前我国的财政支出结构亟待完善和优化，对此有几方面的观点：其一，伴随 1997 年以来积极财政政策的运用，政府投资性支出的规模不断扩大、增速不断提高，而消费性支出则增长缓慢，这使得政府储蓄居高不下，间接推动了国民储蓄率的上升，影响了经济均衡；其二，扩张性财政政策带来财政支出效率的下降，公共投资项目的选择存在一定不合理性；其三，财政投资性支出的迅速增长，对民间投资产生一定的“挤出效应”；其四，教育、医疗、社保领域的财政支出增长缓慢，已经不适应经济社会发展的需要，也不利于构造和谐稳定的增长模式。

第五，关于土地财政的问题。多数学者对此持批评态度，有人认为这是导致房价居高不下的根源所在。还有人认为，正是由于省以下分税制改革的缺陷，使地方政府缺乏与事权相结合的财权，才不得不“卖地为生”。要真正隔断这一模式，就要为地方政府寻找可持续的财源。有的学者强调要加快税制改革，推进财产税改革，赋予地方政府更多的税收权限，建立以不动产税收支撑的地方财政。还有学者认为，我国地方政府承担了更多的经济建设职能，为了替代“卖地发展”冲动，按照各国经验，也应该允许通过发行市政债券来解决，虽然很多人还担心地方发债的风险，但考虑到地方政府已通过各种“准市政债”来筹集资金，使地方隐性负债走到阳光下显然利大于弊。

第六，关于地方政府融资平台的问题。2010 年以来，随着欧洲主权债务危机爆发，各界对地方融资平台潜在的财政风险及其可能带给银行体系的风险担忧日盛，各种关于融资平台问题的议论也莫衷一是。多数人认为，自 2008 年底以来，地方政府融资平台贷款总体规模急剧膨胀，地方政府债务风险上升。也有人通过研究指出，如果把地方政府融资平台贷款余额跟国债实际余额及财政赤字合在一起计算，政府显性债务总额占 GDP 的比重约为 42%；如果按照地方政府融资平台负债总额计算，政府显性债务总额占 GDP 的比重约为 49%。还有学者强调，由于不同地区的地方融资平台贷款集中度以及地方政府的可支配财力风险均存在明显差异，所以在评估地方政府融资平台贷款偿付风险时不仅需要注意地方融资平台的总体债务状况，还需要对各地区融资平台贷款的差异状况予以高度关注。当然，也有学者强调要客观看待地方融资平台问题，认为由于当前地方融资平台债务主要是用于公共基础设施项目建设的资本性支出，而不是用于地方经常性服务项目支出，因此也有一定合理性，应该在控制风险的基础上加以规范和创新。

二　2010 年中国财政的主要措施

自 2009 年开始，为了应对全球金融危机的影响，我国的财政政策由稳健变为积极，政策目标放在扩大内需和保持经济平稳较快增长等方面。2010 年，在国内外宏观经济形势仍然存在不确定性的情况下，我国继续实施了积极财政政策，目的在于保持宏观经济政策的连续性和稳定性。当然，由于 2010 年的中国经济逐渐走上持续复苏的道路，财政政策的“积极”内涵也在不断调整和变化。

应该说，2010 年的积极财政政策面临更多的难点。主要表现在：一方面，不能减弱财政对经济发展的支持力度，防止过早退出导致成果得而复失；另一方面又要根据经济运行情况的发展变化，及时完善相关政策措施，对政策作用重点、节奏和力度进行适当调整。

2010 年的积极财政政策内容主要体现在五个方面：一是提高城乡居民收入，扩大居民消费需求；二是安排使用好政府公共投资，着力优化投资结构；三是落实结构性减税政策，引导企业投资和居民消费；四是优化财政支出结构，保障和改善民生；五是大力支持区域协调发展和经济结构调整，推动经济发展方式转变。

在实践中，政府为了落实上述政策重点，出台了一系列具体的政策措施，主要内容如下。

第一，在增加居民收入和消费等方面，主要是增加对农民的补贴，加强农业基础设施和农业综合生产能力建设，促进农民增收。提高对城乡低保对象、企业退休人员和优抚对象等群体的补助水平，增强居民消费能力。继续实施家电、汽车下乡以及家电、汽车以旧换新等鼓励消费的一系列政策。

第二，在优化公共投资结构方面，重点是加强对重大水利工程建设的资金保障。增加各类科技支出，推动区域科技创新体系建设，促进产学研用有机结合。加大对农林水事务的支持力度，促进包括小型农田水利在内的农村基础设施建设，并且在交通运输设施建设方面着重支持农村公路建设。重点推动环保领域的投资增长，支持节能减排和新能源的利用。

第三，在税制优化与税收调整方面，主要是巩固增值税转型改革以及成品油税费改革成果。对部分小型微利企业实施所得税优惠政策。对1.6升及以下排量乘用车减按7.5%的税率征收车辆购置税。继续执行各项税费减免政策，严格行政事业性收费和政府性基金项目的审批管理。

第四，在优化财政支出和促进民生等方面，注重不断增加转移性、保障性的财政支出的转型，出台了相关政策推动城市和国有工矿棚户区改造、支持农村公益事业建设、支持融资性担保业务相关管理工作、支持城市棚户区改造、支持建立普通高中家庭经济困难学生国家资助制度、支持廉租房和保障房安居工程建设等。

第五，在促进区域协调发展与经济结构调整等方面，一方面注重区域政策的调整，如出台了新疆原油天然气资源税改革政策、玉树地震灾区的税收和财政补助政策、舟曲灾后重建的相关税收政策、部分地区的小额担保贷款财政贴息政策等。另一方面，加快支持结构调整，如出台了关于农村金融的新的税收政策、增加农村金融机构定向费用补贴、加强节能汽车推广补贴兑付、扩大县域金融机构涉农贷款增量奖励范围等。

第六，在财政体制改革方面，主要是健全公共财政预算，全面编制中央和地方政府性基金预算，继续扩大国有资本经营预算制度试点范围，启动试编社会保险基金预算。深化部门预算、国库集中收付、政府采购等预算管理制度改革。

三　2010 年中国财政的运行情况

（一）政府预算基本情况

据财政部公布的数据①，2010 年全国财政收入 83080.32 亿元，比 2009 年增长 21.3%。加上预算安排从中央预算稳定调节基金调入 100 亿元，使用的收入总量为 83180.32 亿元。其中：中央财政收入 42470.52 亿元，完成预算的 111.6%，增长 18.3%，加上从中央预算稳定调节基金调入 100 亿元，使用的收入总量为 42570.52 亿元；地方本级收入 40609.8 亿元，加上中央对地方税收返还和转移支付收入 32349.63 亿元，地方财政收入总量 72959.43 亿元，增长 19.3%。

财政收入中的税收收入 73202.3 亿元（见表 1），增长 23%；非税收入 9878 亿元，增长 9.8%。其中，就税收收入来看，2010 年同比增收 13681 亿元，比上年同期增速加快了 13.2 个百分点，单月税收收入呈现明显的“前高后低”的走势（见图 1）。

2010 年全国财政支出 89575.38 亿元，增长 17.4%。加上补充中央预算稳定调节基金 2248 亿元和地方财政结转下年支出 1356.94 亿元，支出总量为 93180.32 亿元。全国财政收支总量相抵，差额 10000 亿元。

其中：中央本级支出 15972.89 亿元，增长 4.7%；中央对地方税收返还和转移支付支出 32349.63 亿元，增长 13.3%。加上补充中央预算稳定调节基金 2248 亿元，支出总量为 50570.52 亿元。收支总量相抵，赤字 8000 亿元，比预算减少 500 亿元。2010 年末中央财政国债余额 67526.91 亿元，控制在年度预算限额 71208.35 亿元以内。

地方财政支出 73602.49 亿元，增长 20.6%，加上结转下年支出 1356.94 亿元，支出总量为 74959.43 亿元。收支总量相抵，差额 2000 亿元，经国务院同意由财政部代理发行地方政府债券弥补。

2010 年，全国财政支出结构得到进一步优化，重点支持了教育、医疗卫生、社会保障和就业、住房保障、文化等民生方面的支出，加大了对“三农”的投入力度（见表 2）。

---

① 相关数据主要参考中国财政部网站（http://www.mof.gov.cn/）。

表 1　2010 年 1～12 月全国税收收入分类情况

税　　种	收入(亿元)	比去年同期增收(亿元)	增长率(%)
税收总收入	73202.3	13680.71	23
国内增值税	21091.95	2610.73	14.1
国内消费税	6071.54	1310.32	27.5
进口环节增值税和消费税	10487.46	2757.67	35.7
关税	2027.45	543.64	36.6
出口货物退增值税、消费税	-7327.31	-840.7	13.0
营业税	11157.64	2143.66	23.8
企业所得税	12842.79	1305.95	11.3
个人所得税	4837.17	887.82	22.5
证券交易印花税	544.17	33.79	6.6
房产税	894.06	90.4	11.2
车辆购置税	1792.03	628.11	54.0
城镇土地使用税	1004.01	83.03	9.0
土地增值税	1276.67	557.11	77.4
耕地占用税	888.34	255.27	40.3
资源税	417.58	79.34	23.5
契税	2464.80	729.75	42.1
上述税种收入合计	70470.35	13175.89	23.0

注：全国税收总收入包括税务部门征收的国内税收收入和海关征收的关税、船舶吨税、代征的进口货物增值税与消费税，以及财政或地税部门征收的耕地占用税和契税，并扣除了出口退税，为全国税收净收入数。

资料来源：财政部。

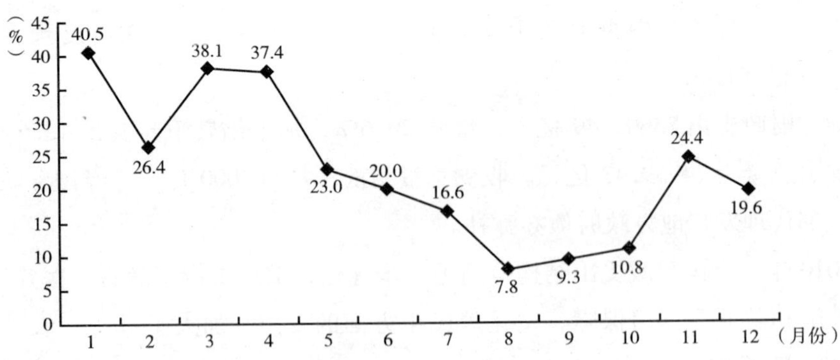

图 1　2010 年月度税收同比增速变化

资料来源：财政部。

表2　2010年1~12月全国财政支出分类情况

支出项目	支出额(亿元)	比上年增加(亿元)	增长率(%)
教育	12450	2012	19.3
医疗卫生	4745	751	18.8
社会保障和就业	9081	1475	19.4
住房保障	2358	553	30.7
农林水事务	8052	1331	19.8
交通运输	5488	840	18.1
环境保护	2426	492	25.4
城乡社区事务	5980	1046	21.2
资源勘探电力信息等事务	3497	617	21.4
公共安全	5486	742	15.6
科学技术	3227	482	17.6
一般公共服务	9353	1191	14.6
国债付息	1845	354	23.7

资料来源：财政部。

（二）政府性基金预算执行情况

2010年全国政府性基金收入35781.94亿元，全国政府性基金支出32582.64亿元。

中央政府性基金收入3175.57亿元，完成预算的124.3%。其中：三峡工程建设基金收入59.16亿元，铁路建设基金收入616.92亿元，港口建设费收入114.44亿元，民航机场管理建设费收入136.41亿元，彩票公益金收入247.73亿元，大中型水库移民后期扶持基金收入183.44亿元，中央农网还贷资金收入91.44亿元等。加上2009年结转收入631.34亿元，2010年使用的中央政府性基金收入总量3806.91亿元。中央政府性基金支出3016.75亿元，完成预算的94%。其中：中央本级支出2284.05亿元，包括三峡工程建设支出69.89亿元，铁路建设支出582亿元，港口建设支出87.15亿元，民航机场管理建设支出46.76亿元，彩票公益金用于社会福利、体育、教育等社会公益事业支出139.1亿元，大中型水库移民后期扶持基金支出0.45亿元，中央农网还贷资金支出102.87亿元等；对地方转移支付732.7亿元，增加133.4亿元，增长22.3%。中

央政府性基金结转下年支出790.16亿元。

地方政府性基金本级收入32606.37亿元，完成预算的201.9%。其中：国有土地使用权出让收入29109.94亿元，完成预算的213.2%，主要是土地供应增加、地价总体水平上升以及收入管理加强等因素所致。城市基础设施配套费收入610.87亿元，彩票公益金收入243.64亿元，地方教育附加收入242.82亿元，加上中央政府性基金对地方转移支付732.7亿元，地方政府性基金收入为33339.07亿元。地方政府性基金支出30298.59亿元，完成预算的175%。其中：国有土地使用权出让收入安排的支出26975.79亿元，包括征地拆迁补偿等成本性支出13395.6亿元、农村基础设施建设和补助农民等支出2248.27亿元、廉租住房保障支出463.62亿元、破产或改制企业土地出让收入用于安置职工支出3336.63亿元、按城市房地产管理法有关规定用于城市建设的支出7531.67亿元。彩票公益金支出288.19亿元，用于社会福利、体育、教育等社会公益事业。城市基础设施配套支出479.68亿元。地方教育附加支出177.41亿元。地方政府性基金收入大于支出部分结转下年使用。

（三）全国国有及国有控股企业运行情况

2010年，纳入统计范围的全国国有及国有控股企业[①]（简称国有企业）主要效益指标创历史新高，营业总收入、实现利润和上交税费三大指标比“十五”末期均实现翻番。2010年，国有经济延续2009年末回升向好的势头，由上半年的恢复性增长转为下半年的稳定较快增长，为促进国民经济健康发展作出了重要贡献。

1. 主要经济效益指标

（1）营业总收入。1~12月，国有企业累计实现营业总收入303253.7亿元，同比增长31.1%，12月比11月环比增长16.7%。

其一，中央企业（包括中央管理企业和部门所属企业，下同）累计实现营业总收入191981.7亿元，同比增长30.1%，12月比11月环比增长14.7%。其

① 包括中央企业和36个省（自治区、直辖市、计划单列市）国有及国有控股企业。中央企业包括82个中央部门所属的国有及国有控股企业及124户中央管理企业。以上均不含国有金融类企业。

中，中央管理企业累计实现营业总收入 166322.8 亿元，同比增长 31.9%，12 月比 11 月环比增长 16.8%。其二，地方国有企业累计实现营业总收入 111272 亿元，同比增长 33%，12 月比 11 月环比增长 20%。

（2）实现利润。1～12 月，国有企业累计实现利润 19870.6 亿元，同比增长 37.9%，12 月比 11 月环比增长 6.6%。其一，中央企业累计实现利润 13415.1 亿元，同比增长 32.7%，12 月比 11 月环比下降 18%。其中，中央管理企业累计实现利润 11301.9 亿元，同比增长 37.8%，12 月比 11 月环比下降 13.4%。其二，地方国有企业累计实现利润 6455.5 亿元，同比增长 50.3%，12 月比 11 月环比增长 53.9%。

（3）应交税费和已交税费。1～12 月，国有企业应交税费 25316.8 亿元，同比增长 25.6%，12 月比 11 月环比增长 21.6%。其一，中央企业累计应交税费 19240.5 亿元，同比增长 26.3%，12 月比 11 月环比增长 20.9%。其中，中央管理企业累计应交税费 13976.9 亿元，同比增长 28%，12 月比 11 月环比增长 39.5%。其二，地方国有企业累计应交税费 6076.3 亿元，同比增长 23.5%，12 月比 11 月环比增长 24%。

1～12 月，国有企业已交税费 24399.1 亿元，同比增长 20.3%，12 月比 11 月环比增长 21.5%。其一，中央企业累计已交税费 18371.7 亿元，同比增长 20.1%，12 月比 11 月环比增长 23.4%。其中，中央管理企业累计已交税费 13194.2 亿元，同比增长 19.9%，12 月比 11 月环比增长 29.6%。其二，地方国有企业累计已交税费 6027.4 亿元，同比增长 20.8%，12 月比 11 月环比增长 16.2%。

（4）赢利水平。1～12 月，国有企业成本费用总额为 285291.6 亿元，同比增长 30.1%，12 月比 11 月环比增长 18.7%。其中：营业成本同比增长 31.8%，销售费用、管理费用、财务费用同比分别增长 20.8%、17.4% 和 15.9%。

销售利润率为 6.6%，比 2009 年同期上升 0.3 个百分点；成本费用利润率为 7%，比 2009 年同期上升 0.4 个百分点；净资产利润率为 10.2%，比 2009 年同期上升 1.7 个百分点。

中央企业销售利润率、成本费用利润率和净资产利润率分别为 7%、7.5% 和 11%，地方国有企业分别为 5.8%、6.1% 和 8.8%。

（5）营运能力。1～12 月，国有企业存货同比增长 25.3%，12 月比 11 月环比下降0.9%。存货周转率为4.7次，比2009年同期加快0.2次。应收账款周转率为14.1次，比2009年同期加快0.8次。平均总资产周转率为0.6次，比2009年同期加快0.1次。

2. 主要行业赢利情况

从同比情况看，主要行业实现利润继续保持较快增长，其中化工、电子、有色、交通等行业增长超过1倍。从环比情况看，12月比11月实现利润呈现不同程度增长的行业有施工房地产、机械、钢铁、电子、电力等；12月比11月实现利润呈现不同程度下降的行业有邮电通信、烟草工业、汽车、石油、石化等。

3. 中央国有资本经营预算执行情况

2010年收取中央企业国有资本收益558.7亿元，完成预算的132.7%。超过预算主要是将国有股减持收入纳入国有资本经营预算管理。加上2009年结转收入18.9亿元，使用的收入总量为577.6亿元。中央国有资本经营支出563.43亿元，其中：补充全国社会保障基金支出148.54亿元，地震灾后恢复重建支出9.32亿元，国有经济和产业结构调整支出179.5亿元，中央企业改革脱困补助支出121.96亿元，重大科技创新支出32亿元，重大节能减排支出30亿元，境外投资支出22.41亿元，社会保障等支出4.7亿元，调入公共财政预算用于民生方面的支出10亿元，新疆生产建设兵团产业发展资金支出5亿元。

四　2011年中国财政的运行重点

2011年我国将继续实施积极财政政策，但其内涵需要继续完善。总的来看，需要通过调整财政收入规模和结构，改善财政支出方式和重点，达到适度降低政府储蓄的目的。对此，有几方面的重点问题值得关注。

第一，就全口径的政府可支配收入来看，其在国民收入增长中占据过高的份额，已经影响到经济社会的可持续发展，造成效率下降和结构失衡。因此，政府应该在国民收入分配中向居民和企业进行倾斜，适度抑制税收和非税收入的过快增长。以2008年为例（资金流量表更新到该年份），基于资金流量表计算的政府、住户和企业（非金融企业和金融机构部门）的边际储蓄倾向分别为0.32、0.42、0.85，部门储蓄倾向分别为0.39、0.39、0.86。其中，企业部门的高储蓄倾向实际上更多体现在资本充足的国有企业身上，因此，政府在向其他部门

“让利”的过程中，首先要面向居民，其次是民营企业，这样才有可能从整体上降低国民储蓄率，促进最终消费的增长。

第二，就政府直接投资来看，一则，近年来其过快增长，已经使得未来的固定资产投资的边际收益率预期下降；二则，随着将来城市化和工业化道路由规模扩张变得更加重视质量，预计以投资拉动经济增长的空间也在变窄；三则，政府直接投资已经对民间投资产生“挤出效应”，影响了民营经济活力。由此来看，政府直接投资的适度“退出”，已经成为优化财政政策的关键，也有助于降低政府储蓄率。

第三，就政府资本转移来看，其不仅通过国有企业而增加了企业储蓄，而且影响了正常的市场竞争环境，产生了潜在的财政风险。对此，一方面应该控制资本转移的规模，另一方面应该考虑增加对民营企业的资本转移，以避免出现经济中的“国进民退”的现象。

第四，就政府消费来看，虽然近年来有效地抑制了行政管理费等支出的膨胀，但教育、医疗、社保等消费性支出也增长乏力，这不仅加快了政府储蓄的积累，而且由于无法提供各类保障性公共产品和服务，也强化了居民的储蓄倾向，因此合理增加保障性政府消费支出也是重要的政策选择。

第五，近年来经济改革中存在计划体制复归的迹象，政策制定的行政性有所加强，而计划型政府更偏好预算扩张和投资类政策，这就带来政府边际储蓄倾向的不断提升。影响政府边际储蓄倾向的主要是体制因素，只有通过继续深化市场经济改革，转变政府经济职能，加快现代公共财政体制建设，才能促使政府逐渐转向以提供公共服务为主，降低公共投资的扩张倾向，进而减少低效的、过剩的政府储蓄。

B.5

2010 年的对外部门

2010 年全年货物进出口总额 29086 亿美元，比 2009 年上升 35%。其中，货物出口 15814 亿美元，上升 31%；货物进口 13272 亿美元，上升 39%。货物贸易顺差 2542 亿美元，同比增长 2%，与 GDP 之比为 4.3%，较上年下降 0.7 个百分点。

如图 1 所示，在经历了自 2008 年 10 月起的一年低迷之后，从 2009 年 12 月开始，中国的进出口增长率大幅上升。实际上，如果我们观察月度净出口的绝对值，会发现 2009 年 2 月是进出口的低谷，而在 2009 年 6 月之后，进出口额就都开始攀升。进入 2010 年之后，进出口同比增长率都跃上了高位，并且进口显示出了更强劲的增长趋势，以至于 2010 年 3 月罕见地出现了 72.4 亿元的月度贸易逆差（参见图 2）。这说明了国际经济环境的好转与中国对外部门的活跃，同时也反映了由于国际资源类商品价格上涨导致中国贸易条件的恶化。

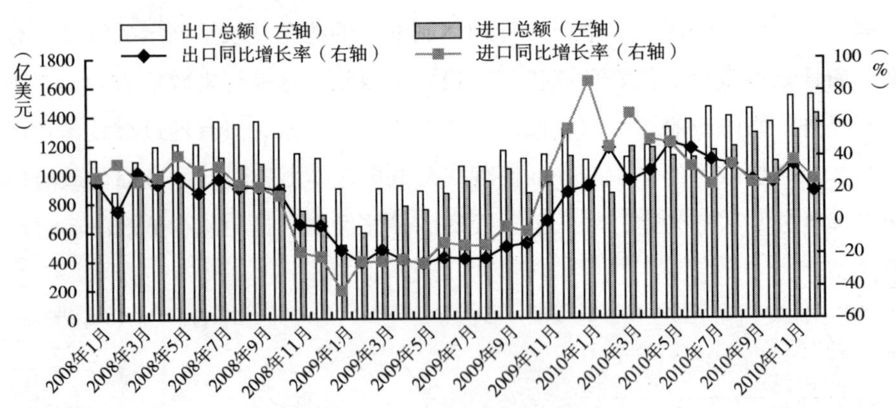

图 1　月度进出口规模与增速

资料来源：海关总署。

如表 1 所示，在出口中，2010 年一般贸易出口 7207 亿美元，较 2009 年上升了 36.0%；加工贸易出口 7403 亿美元，较 2009 年上升了 26.2%。2010 年机电产品出口额 9334 亿美元，较 2009 年上升了 30.9%，占出口总额的 59.2%。

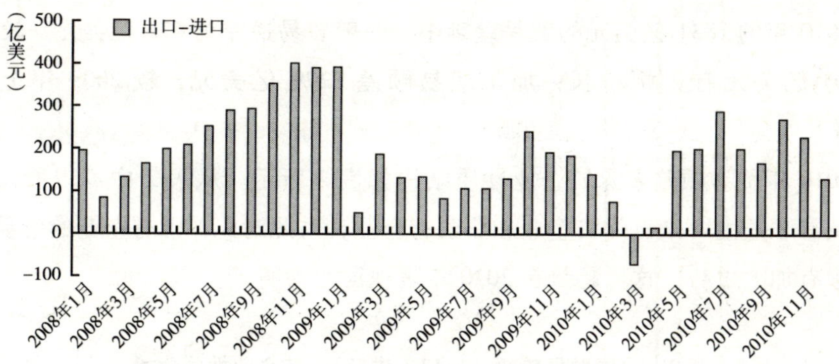

图 2　月度净出口额

资料来源：海关总署。

表 1　2008～2010 年进出口总额及其增长速度

指　　标	2008 年		2009 年		2010 年	
	绝对数（亿美元）	增长率（%）	绝对数（亿美元）	增长率（%）	绝对数（亿美元）	增长率（%）
进出口总额	25616	17.8	22072	-13.9	29727	34.7
出口额	14285	17.2	12017	-16.0	15779	31.3
其中：一般贸易	6626	22.9	5298	-20.1	7207	36.0
加工贸易	6752	9.3	5870	-13.1	7403	26.2
其中：机电产品	8229	17.3	7131	-13.4	9334	30.9
高新技术产品	4156	13.1	3769	-9.3	4924	30.7
进口额	11331	18.5	10056	-11.2	13948	38.7
其中：一般贸易	5727	33.6	5339	-6.7	7680	43.8
加工贸易	3784	2.7	3223	-14.8	4174	29.5
其中：机电产品	5387	7.9	4914	-8.7	6603	34.4
高新技术产品	3419	4.3	3098	-9.4	4127	33.2
出口大于进口	2955	12.7	1961	-33.6	1831	-6.6
其中：一般贸易	917	-16.6	-41	-104.5	-473	1153.6
加工贸易	2968	19.1	2647	-10.8	3229	22.0
其他贸易	-930	-4.1	-645	-30.6	-925	43.4

资料来源：海关总署。

在进口中，2010 年一般贸易进口 7680 亿美元，比 2009 年上升了 43.8%；加工贸易进口 4174 亿美元，较 2009 年上升了 29.5%。一般贸易与加工贸易进口之比进一步上升到了 184.0%（2009 年为 165.7%）。2010 年机电产品进口 6603 亿美元，较 2009 年增长 34.4%，占全部进口额的 47.3%。

2010年的1831亿美元的贸易差额中，一般贸易逆差为473亿美元，较2009年的41亿美元有大幅增长；加工贸易顺差3229亿美元，较2009年上升了22.0%。

2010年贸易顺差来源的企业性质结构如表2所示。从表2中可以看出，中国的贸易顺差主要来自外资企业和非国有企业，与此对比，国有企业的贸易逆差近年来有加大之势，这一趋势在2010年表现得尤为明显。

表2　中国贸易差额（出口－进口）：按企业性质分类

单位：亿美元

年　份	外资企业	国有企业	集体企业	私营企业
2002	96.7	83.7	93.8	42.2
2003	84.3	-44.5	118.9	101.8
2004	140.4	-228.6	140.7	272.7
2005	567	-283.9	159.9	582.5
2006	912.2	-338.9	1020.1	
2007	1341.3	-440.6	1719.0	
2008	1704.5	-954.4	2219.1	
2009	1270	-975	1665	
2010	2701	-1798	928	

资料来源：商务部。

从中国贸易对象国的结构来看，不平衡性也显而易见（参见表3）。近年来，中国对欧盟、美国等国家和地区存在较大的贸易顺差。与2009年相比，2010年中国对美国、欧盟、韩国、日本、东盟等主要贸易对象国（地区）的进出口规模都有大幅扩大，并且除俄罗斯与中国台湾地区之外，进口增长率普遍高于出口，但总体贸易格局并没有发生根本性的变化。

在2009年，由于全球金融危机的影响，前半年月度实际利用外资同比增长率均为负值，并因此导致了全年利用外资情况的低迷，直至年末，当年累计利用外资的同比增长率也未能翻为正值。进入2010年之后，情况出现了根本扭转，各月份两项增长率均变为正值（见图3）。2010年，中国实际使用外商直接投资金额1057亿美元，较2009年上升17.4%。

表 3　中国对主要国家和地区进出口总额及增长率的变化

国家和地区	2009 年				2010 年			
	出口额（亿美元）	增长率（%）	进口额（亿美元）	增长率（%）	出口额（亿美元）	增长率（%）	进口额（亿美元）	增长率（%）
欧　盟	2363	-19.4	1278	-3.7	3112	31.7	1685	31.8
美　国	2208	-12.5	774	-4.8	2833	28.3	1020	31.7
中国香港	1662	-12.8	87	-32.6	2183	31.3	126	44.8
日　本	979	-15.7	1309	-13.1	1211	23.7	1767	35.0
东　盟	1063	-7.0	1067	-8.8	1382	30.0	1546	44.9
韩　国	537	-27.4	1026	-8.5	688	28.1	1384	34.9
俄罗斯	175	-47.1	213	-10.7	296	69.1	258	21.1
印　度	297	-6.1	137	-32.3	409	37.7	208	51.8
中国台湾	205	-20.8	857	-17.0	297	44.9	1157	35.0

资料来源：海关总署。

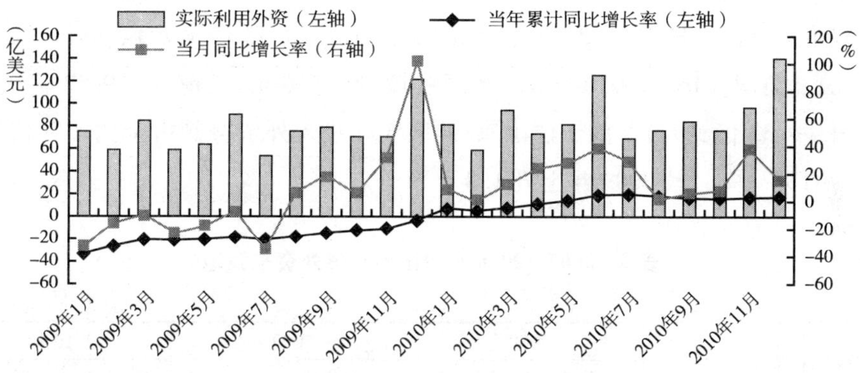

图 3　实际使用外商直接投资情况

资料来源：商务部。

分行业来看（参见表 4），2010 年中国实际利用外资主要集中在制造业（占实际使用金额 46.9%）和房地产业（22.7%）。2010 年，实际利用外资增长率最多的几个行业为房地产业（42.8%）、居民服务和其他服务业（29.4%）、批发和零售业（22.4%）与租赁和商务服务业（17.3%）。总体上看，中国吸收外商直接投资的行业结构在朝着优化方向发展。

表 4　2009 ~ 2010 年分行业外商直接投资及其增长速度

行业名称	2009 年				2010 年			
	企业数（家）	增长（%）	实际使用金额（亿美元）	增长（%）	企业数（家）	增长（%）	实际使用金额（亿美元）	增长（%）
制造业	9767	-15.6	467.7	-6.3	11047	13.1	495.9	6.0
电力、燃气及水的生产和供应业	238	-25.6	21.1	24.5	210	-11.8	21.2	0.6
交通运输、仓储和邮政业	395	-24.5	25.3	-11.4	396	0.3	22.4	-11.2
信息传输、计算机服务和软件业	1081	-15.9	22.5	-19.0	1046	-3.2	24.9	10.7
批发和零售业	5100	-12.9	53.9	21.6	6786	33.1	66.0	22.4
房地产业	569	25.9	168.0	-9.7	689	21.1	239.9	42.8
租赁和商务服务业	2864	-8.7	60.8	20.2	3418	19.3	71.3	17.3
居民服务和其他服务业	207	1.0	15.9	178.3	217	4.8	20.5	29.4
总计	23435	-14.8	900.3	-2.6	27406	16.9	1057.4	17.4

资料来源：商务部。

如表 5 所示，2010 年，对华投资前十位国家/地区（以实际投入外资金额计）依次为中国香港（674.74 亿美元）、中国台湾（67.01 亿美元）、新加坡（56.57 亿美元）、日本（42.42 亿美元）、美国（40.52 亿美元）、韩国（26.93 亿美元）、英国（16.42 亿美元）、法国（12.39 亿美元）、荷兰（9.52 亿美元）和德国（9.33 亿美元），前十位国家/地区实际投入外资金额占全国实际使用外资金额的 90.1%，较 2009 年上升 1.8 个百分点。

表 5　2007 ~ 2010 年中国前十位外资来源地

单位：亿美元

序号	2007 年	2008 年		2009 年		2010 年	
		来源地	投资额	来源地	投资额	来源地	投资额
1	中国香港	中国香港	410.36	中国香港	539.93	中国香港	674.74
2	英属维尔京群岛	英属维尔京群岛	159.54	中国台湾	65.63	中国台湾	67.01
3	韩国	新加坡	44.35	日本	41.17	新加坡	56.57
4	日本	日本	36.52	新加坡	38.86	日本	42.42
5	新加坡	开曼群岛	31.45	美国	35.76	美国	40.52
6	美国	韩国	31.35	韩国	27.03	韩国	26.93
7	开曼群岛	美国	29.44	英国	14.69	英国	16.42
8	萨摩亚	萨摩亚	25.5	德国	12.27	法国	12.39
9	中国台湾	中国台湾	18.99	中国澳门	10.00	荷兰	9.52
10	毛里求斯	毛里求斯	14.94	加拿大	9.59	德国	9.33

资料来源：商务部。

金融运行分析

Financial Development

B.6

货币政策分析

一　2010 年货币政策的实体经济背景

虽然相对于 2009 年中国经济增长率持续回升而言，2010 年的经济增长率逐季下降，但仍然是全球增长率最高的经济体，全年实现 GDP 达 397983 亿元，按可比价格计算，同比增长 10.3%。其中，第一至第四季度各季度的经济增长率分别为 11.9%、10.3%、9.6% 和 9.8%，经济增长率呈逐季下降的趋势（见图 1）。从三次产业来看，第一、第二和第三产业增加值全年分别增长了 4.3%、12.2% 和 9.5%。2010 年中国经济总量在全球的地位发生了重大变化，超过日本，成为全球第二大经济体，但是，中国的人均 GDP 依然较低，人均收入水平赶超发达国家的水平，仍需要相当长的一段时间，梅新育认为，这种赶超需求建立在自主创新先进制造业之上①。中国经济增速的回落，与中国正在经历的经济增长模式转变有关，中国正由高速增长向均衡增长转型②。鉴于各季度增长率的

① 梅新育：《GDP 超越日本向中国提出新挑战》，《中国金融》2010 年第 17 期。

② 谢怀筑、肇越：《从高速增长走向均衡增长》，《中国金融》2010 年第 17 期。

回落，中国社会科学院经济研究所课题组指出，应保持宏观经济政策的连续性和稳定性，关注欧债危机动态，把握好政策退出的节奏、力度和重点，防止经济减速太快①。受出口减速、房地产需求减速、城镇化速度放缓、劳动力增速下降、生产率的增长速度下降、利率提高增加资本成本等诸多因素的影响，未来的潜在经济增长率会逐步下降，长期 GDP 的潜在增长率只有 7%，而推进体制改革则可以提高潜在增长率②。

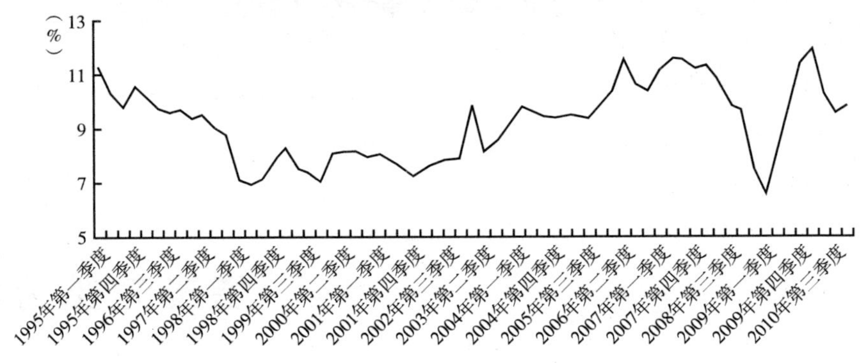

图 1　中国 GDP 增长率

资料来源：国家统计局网站。

在拉动经济增长的总需求构成中，2010 年全社会完成固定资产投资 278140 亿元，增长 23.8%，名义增长率较 2009 年回落了 6.2 个百分点，扣除价格因素后的实际投资增长率为 19.5%，较 2009 年 35.2% 的实际投资增长率下降了近 16 个百分点。因此，相比较而言，2010 年的投资有所降温。2010 年，固定资产投资增长率下降，是受货币政策调整、房地产调控政策及整顿地方融资平台等多种因素综合作用的结果③。在消费需求方面，2010 年全年实现社会零售总额 154554 亿元，较 2009 年名义增长 18.4%，扣除价格因素的实际增长率为 14.8%。在进出口方面，2010 年全年实现进出口总额 29728 亿美元，比上年增长 34.7%。其

① 中国社会科学院经济研究所课题组：《政策退出效应显现，谨防经济减速过快》，《国民经济管理》2010 年第 12 期。

② 马骏：《中国经济增长潜力下行的原因及政策含义》，《中国金融》2010 年第 19 期。

③ 国家信息中心经济预测部：《信贷政策视角下的固定资产投资增长》，《中国金融》2010 年第 18 期。

中，出口15779亿美元，增长31.3%；进口13949亿美元，增长38.7%；全年实现贸易顺差1831亿美元，比2009年下降了6.4%。

经济增长率、投资增长率、消费增长率与进出口增长率均出现了不同程度的下降，较之2009年经济活动有降温的迹象，2009年大规模的信贷投放与货币供应增长率刺激的经济增长对物价总水平影响的后遗症在2010年爆发，物价指数较2009年出现了明显的上涨。2008年金融危机后，受国际大宗商品价格急剧下跌及对经济衰退的担忧等诸多方面的影响，很多人担心会出现通货紧缩。我们在2009年度的分析中曾指出，鉴于2009年中国出现了信贷膨胀，这与亚洲金融危机期间及之后物价水平的持续下跌和信贷紧缩不同，因此，2009年的物价下跌不属于费雪意义上的通货紧缩。实际上，以房地产为代表的资产市场成为超额货币与信贷投放的主要场所。就信贷与货币扩张相对于实体经济增长而言，2009年中国就出现了通胀的压力。最终，2008年底为应对金融危机而采取的无节制的扩张政策，带来了2010年现实的通胀压力的上升，无论是CPI还是PPI均在2010年各月保持了持续上升。就此而论，2010年的货币政策就从之前的保增长和危机管理转向了应对资产价格泡沫与通胀方面了。张晓晶认为，2010年爆发全面通货膨胀的风险并不大，CPI增幅应能控制在4%以下，但经济复苏的强劲加剧了通胀风险，要想控制通货膨胀，需要控制GDP增长①。张健华认为，2010年中国存在通胀的压力，部分价格存在较快上涨的风险，但不会出现严重的通胀②。纪敏和伍超明在更长的时期分析了中国的物价上涨，认为中国现在的通胀是需求拉动到顺差推动的价格上涨③。但是，也有人认为，2010年的物价上涨属结构性通胀，而且，农产品存在持续上涨的压力，蔬菜价格上涨有其必然性④，但是，价格的结构性上涨在一定程度上引发了通胀预期⑤；沈建光认为2010年的物价上涨属于结构性通胀，但要防止其转变为全面通胀⑥。而对于未来的通胀趋势，丁一凡认为，2010年虽然市场上有通货膨胀率上涨的预期，但影响通货

① 张晓晶：《趋势通胀与货币政策的渐进退出》，《中国金融》2010年第5期。

② 张健华：《关于当前价格形势的几点分析》，《中国金融》2010年第8期。

③ 纪敏、伍超明：《改革开放以来我国几次物价上涨分析》，《中国金融》2010年第23期。

④ 苏均和、程伟力：《结构性通胀及其治理》，《中国金融》2010年第23期。

⑤ 纪敏、王月：《结构性价格上涨的结构和总量视角分析》，《经济学动态》2010年第7期。

⑥ 沈建光：《谨防结构性通胀转变为全面通胀》，2010年12月13日《上海证券报》。

膨胀的国内因素变化并不明显，主要来自国外，即国际市场大宗商品期货价格的上涨也可能带来输入型通货膨胀，而转变发展方式所需的资源性产品价格改革也可能推高物价①。王兰军则认为，2010 年通胀预期在不断强化，其负面影响不容忽视，因此应管理通胀预期，防止物价全面快速上涨②。李宏瑾、钟正生和李晓嘉研究了中国银行间市场国债利率期限结构对通货膨胀的预测能力，发现中国短期利率期限结构（特别是中短端）包含了未来通货膨胀变动的信息，因而可以作为判断未来通货膨胀走势的预测变量，从最近几个月利率期限结构走势来看，未来一年内中国存在着比较温和的通货膨胀压力③。也有学者认为，2010 年的物价上涨根本就不属于通货膨胀的范畴，CPI 上行未必都是货币政策放松的结果④；袁东也认为，说中国全面通胀言过其实⑤。张晓慧、纪志宏和李斌则认为，“结构性”价格上涨已经并很可能在未来成为通胀的主要表现形式，且金融投机引发的初级产品价格暴涨成为导致 CPI、PPI 大涨的重要原因，鉴于全球化背景下经济运行和通胀机理所发生的变化，要深化对技术进步、生产率改进、初级产品和资产价格以及国际货币和汇率体系变化等多重因素的监测分析，在宏观调控中更加关注更广泛意义上的价格变动，探索更为科学合理地衡量整体价格水平的途径和方法⑥。而在未来更长的时期内，由流动性过剩导致的结构性通胀，由流动性不足引发的通货紧缩，以及相互之间的交替反复，很可能成为未来宏观调控长期面临的问题，要求进一步完善货币政策框架，更加关注更广泛意义上的整体物价变动，同时推动以扩大消费内需为核心的经济结构调整和改革，从根本上增强经济平衡和可持续发展能力，及早防范宏观经济金融风险⑦。1995 年以来中国 CPI 与 PPI 的变化如图 2 所示。

在国际经济环境方面。2010 年美国经济增长率为 2.9%，较 2009 年 -2.4% 的增长率明显好转，实际上，在美国应对金融危机而采取了极为宽松的货币政策

---

① 丁一凡：《中国不会出现恶性通货膨胀》，《中国金融》2010 年第 8 期。

② 王兰军：《加强通胀预期管理防止物价全面快速上涨》，《中国金融》2010 年第 2 期。

③ 李宏瑾、钟正生和李晓嘉：《利率期限结构、通货膨胀预期与实际利率》，《世界经济》2010 年第 10 期。

④ 王国刚：《2010 年：中国 CPI 上行并无通货膨胀因素》，《中国金融》2010 年第 8 期。

⑤ 袁东：《全面通胀论言过其实》，2010 年 12 月 1 日《上海证券报》。

⑥ 张晓慧、纪志宏和李斌：《通货膨胀机理变化及其应对》，《世界经济》2010 年第 3 期。

⑦ 李斌：《从流动性过剩（不足）到结构性通胀》，《金融研究》2010 年第 4 期。

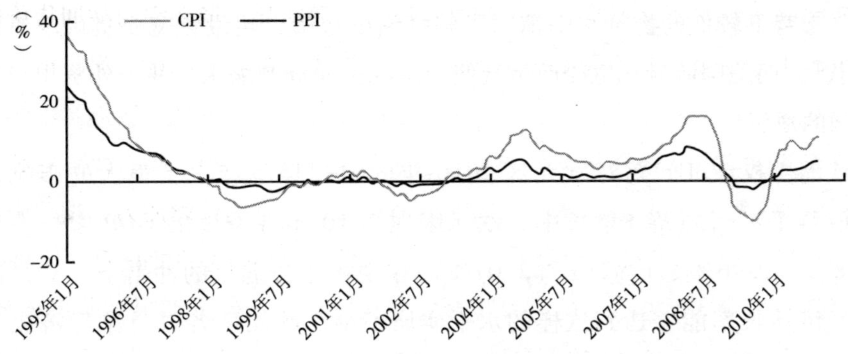

图2　中国的 CPI 与 PPI

资料来源：根据国家统计局网站数据整理绘制而成。

与财政政策之后，2009 年美国各季经济增长率就呈明显加快的增长态势（当年各季增长率分别为 -6.4%、-0.7%、2.2%和5.7%），2010 年是这种态势的延续，但 2010 年的季度增长率变化出现了波动，尤其是第二季度的增长率下降到了 1.7%，直接促成了美联储采取第二次的量化宽松货币政策。普遍认为，美国的量化宽松政策会造成全球流动性泛滥、资产价格膨胀，或者给其他国家造成通胀压力甚至未来的危机①。美联储宣布第二次量化宽松政策时表示，将根据未来的进展对债券与资产收购计划的整体规模进行定期评价，在必要时候做出相应调整。虽然美国经济增长率出现了回升，但就业并没有明显增长，失业率仍居于较高的水平，全年失业率高达 9.4%，还略高于 2009 年 9.3%的失业率。2009 年美国的贸易逆差较之前的几年大幅下降，但 2010 年全年的贸易逆差反弹，总量为近 5000 亿美元。在发达国家宽松货币政策的影响下，2009 年的美国通胀率（各季度的 CPI 环比折年率）曾出现较大幅度的上涨，分别达到了 2.2%、3.3%、2.5%和 3.3%；但是，这种状况在 2010 年并没有得到延续，2010 年美国 CPI 上涨 1.5%，其中核心 CPI 涨幅仅为 0.8%。正是美国的通胀率保持在相对较低的水平，为美联储实施第二轮的量化宽松货币政策创造了条件，郑联盛认为，“准

① 刘勘：《第二轮量宽货币政策正催生资产膨胀》，2010 年 11 月 6 日《证券时报》；石建勋：《美国量化宽松政策负效应不容小觑》，2010 年 11 月 8 日《人民日报》；张茉楠：《量化宽松将对全球经济造成更大伤害》，2010 年 11 月 5 日《证券时报》；王建：《量化宽松：大风暴先兆》，2010 年 10 月 27 日《中国证券报》。

通缩”形势下较低的物价水平消除了美联储出台第二轮量化宽松货币政策的重大顾虑①。而美国的量化宽松政策会使中国的美元资产缩水，冲击外贸出口和加剧中国的通胀②。

欧洲主权债务问题对欧元区2010年的宏观经济产生了很大的影响，但仍然取得了不错的经济增长率，欧元区在2010年各季度的GDP增长率分别为0.8%、1.96%、1.92%和2.01%。在主权债务危机的冲击下，欧元区的总体经济增长率能够达到这样的水平实属不易。欧元区各成员国经济表现出明显的分化。其中，德国GDP增长率在2010年达到了3.6%，而法国、意大利的增长差强人意，希腊、爱尔兰和西班牙等主权债务危机国则出现了负增长或零增长。但是，欧元区的失业率仍然居高不下，2010年11月份失业率高达10.1%；同时，欧元区的通胀率逐月上升，2010年元月的通胀率为1%，而到12月份，欧元区的通胀率上升到了2.2%，高于欧洲央行2%的目标值。

日本经济在2010年的总体表现似乎略好于欧元区，2010年第四季度日本GDP增长率达到了4.5%，远高于此前的预期。但是，受日元升值的影响，日本出口及贸易顺差持续下降。日本的通胀率连续两年负增长，2010年日本CPI同比下降了1%。失业方面，2010年日本的失业率为5.1%，与2009年大致相当。

可以说，发达经济体在2010年仍然为摆脱危机的不利影响而挣扎，尤其是欧元区，主权债务危机对欧洲经济的复苏给予了沉重的打击。新兴市场及发展中国家的经济增长在2010年表现相当突出，但另一方面，发达经济体的量化宽松货币政策及极低的利率水平，也给高速增长的新兴市场带来了相当大的通胀压力，这直接促成了新兴国家货币政策的转变。通过加息之类的政策手段来抑制通胀，成了新兴市场国家中央银行货币政策操作在2010年面临的基本任务。正因为如此，中国的货币政策面临全球流动性动荡的考验③。

① 郑联盛：《量化宽松政策：原因、趋势及影响》，《中国金融》2010年第23期。

② 尹承德：《美国“量化宽松”政策及其对中国的影响》，2011年1月6日《中国经济时报》。

③ 潘正彦：《货币政策面临全球流动性动荡考验》，2010年12月13日《上海证券报》。

二　2010年中国货币政策操作的国内金融环境

（一）两个层次的货币供应量增长率明显下降

受2008年第四季度央行为应对金融危机而采取激进货币政策操作的影响，2009年两个层次的货币供应量增长率均出现了出人意料的大幅增长。2009年底，M2的增长率为27.68%，M1的增长率为32.35%，两次层次的货币供应量增长率均达到了自1995年以来的最高值。2009年两个层次的货币供应量高速增长，增加了2010年物价水平的上涨压力，央行在2010年初便开始收缩金融机构的流动性，从而改变了两个层次货币供应量大幅增长的局面。因此，2010年两个层次货币供应量的增长率出现了明显下降，到2010年底，广义货币M2的增长率为19.7%，较2009年底下降了8个百分点；狭义货币M1的增长率为21.2%（见图3），较2009年底下降了11.2个百分点。2010年两个层次货币供应量增长率的下降，有利于缓解未来物价上涨的压力，也会引导资产价格理性回归①。翟春指出，M2不是全额用于国民经济活动，因而M2与GDP不存在简单的数量对应关系，而且，简单地根据货币供应量来评价货币政策对经济增长影响也是不妥的，因为货币政策不仅仅调节货币供应量，还可影响货币需求，调节货币供求平

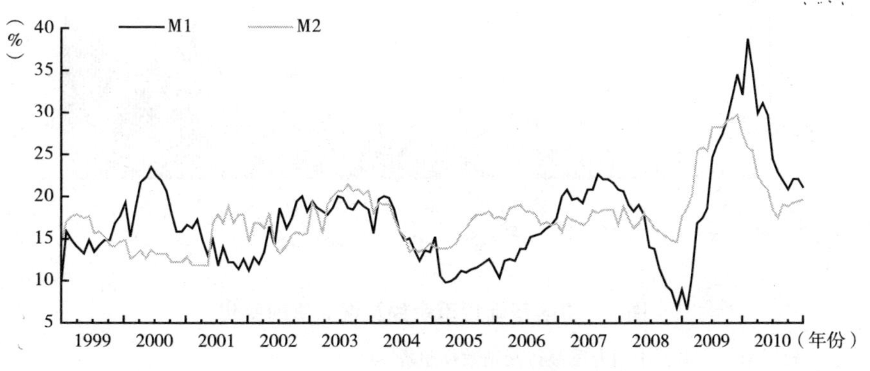

图3　中国两个层次货币供应增长率的变化

资料来源：中国人民银行网站数据整理。

---

① 谢怀筑、肇越：《从高速增长走向均衡增长》，《中国金融》2010年第17期。

衡，并达到宏观调控目标①。2010年对货币供应量的一个大的争论便是货币超发问题。一种说法是，截至2010年，中国超发货币为42.774万亿元。张健华针对货币超发说，进行了如下反驳：GDP是流量指标，M2是存量指标，二者直接相减的算法不科学；央行货币超发是因为存在所谓“倒逼机制”②。王松奇又进一步表明，用M2与GDP相减证明货币超发、用M2/GDP比率高证明货币是通胀之源在理论上、实践上又是多么地缺乏解释力③。

（二）基础货币总量增长率已下降，基础货币结构发生了较大变化

到2010年底，基础货币余额达到了185311.08亿元，较2008年底的143985.00亿元增长了41326亿元，增长率约为28.7%（见图4）。不过，全年基础货币供给变动的月度分布仍然不均衡（如图5所示），除2010年2月、6月、9月、10月、11月和12月基础货币大量增加外，3月和4月还出现了明显下降，其余各月则变化很小。2010年基础货币总量增加，主要是受央行提高法定存款准备金率的影响。由于法定准备金是基础货币的一个重要组成部分，而商业银行持有的中央银行票据并不记入基础货币，所以，多次提高法定存款准备金率自然地增加了基础货币的总量。从图5中还可以看出，2010年各月基础货币增长率呈上升趋势，而在2009年基础货币供给增长率则呈下降趋势，这与M2和M1的

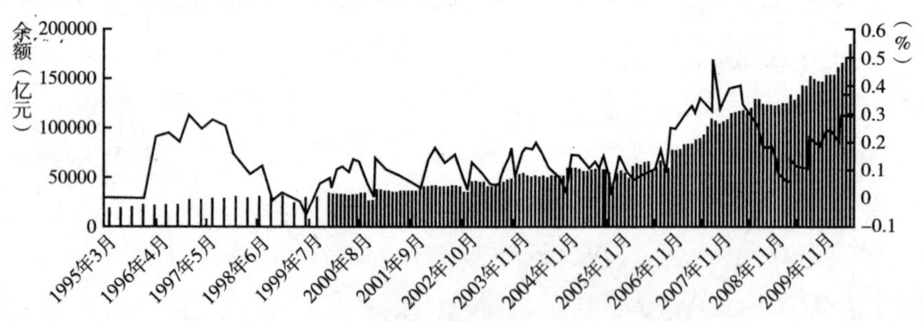

图4　中国基础货币余额及增长率的变化

资料来源：根据中国人民银行网站数据整理。

① 翟春：《如何看待货币供应量与经济增长的关系》，《中国金融》2010年第23期。

② 张健华：《如何看待货币超发》，2010年11月15日《金融时报》。

③ 王松奇：《“央行货币超发”之谜》，2010年第12期《银行家》。

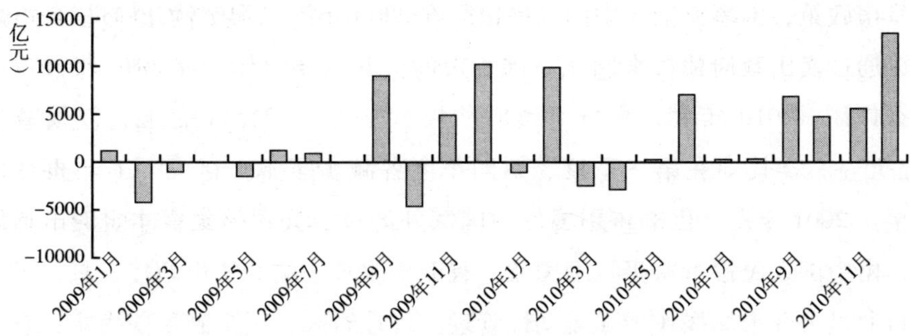

图5　2009～2010 基础货币月环比增加额

资料来源：根据中国人民银行网站数据整理。

增长率变动趋势恰恰相反。这进一步表明，单纯以基础货币总量的变化，而不考察中国基础货币的构成的变化，是难以全面地分析和研究中国货币政策的。

可以从央行资产负债的资产方和负债方来分别考察引起基础货币变动的原因（见表 1）。央行资产的增加和负债项目的减少会扩张基础货币，反之，则会紧缩基础货币。到 2010 年底，中国的外汇占款余额达到了 206766. 71 亿元，较 2008 年底的 175154. 59 亿元净增近 31612. 12 亿元，较 2009 年底增长了 18. 05%。从图 6 中可以看出，外汇占款与央行总资产之比，在经历了 20 世纪末至 2006 年前后的大幅上升之后，最近 4 年左右的时间里再没有呈大幅上升之势；相反，在 2010 年，该比率还略微下降了，这是分析外汇占款对中国货币供给影响时值得注意的一个现象。在对政府债权方面，到 2009 年底，央行对政府的债权 15661. 97 亿元，较年初的 16195. 99 亿元减少了约 534 亿元，这反映了央行在公开市场上卖出了政府债券，回笼基础货币。这表明，虽然政府一直强调要实行宽

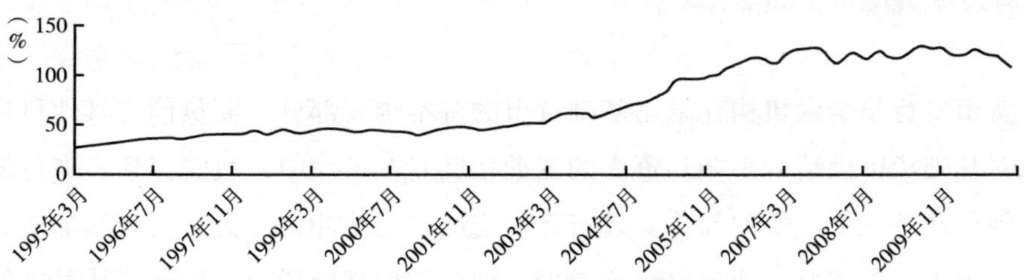

图6　外汇占款与央行总资产之比

资料来源：根据中国人民银行网站。

松的货币政策，但事实上，中国人民银行在2009年第二季度就开始进行了微调。但是，通过卖出政府债权来回笼基础货币的公开市场操作，在2010年并没有发挥什么作用。2010年底，央行对政府债权总额为15421.11亿元，仅仅减少了240亿元左右，其中在第三季度、第四季度各减少了100亿元左右。再往前追溯，早在2007年发行巨额特别国债为国家外汇投资公司筹集资本金时，当局曾表示，由中国人民银行购买特别国债，有助于改进中国的货币调控工具，可以帮助央行通过公开市场操作加强流动性管理。现在看来，至少到目前为止，它在中国公开市场操作乃至央行的流动性管理中的作用是可以忽略不计的。

表1　中国人民银行资产负债表

单位：亿元

科　　目	2008/12	2009/12	2010/03	2010/06	2010/09	2010/12
国外资产	162543.52	185333.00	192118.96	198356.34	204810.61	215419.60
其中:外汇	149624.26	175154.59	182310.84	188703.99	195222.49	206766.71
对政府债权	16195.99	15661.97	15625.89	15621.19	15551.85	15421.11
对存款货币银行债权	8432.50	7161.92	8618.22	8966.50	9136.40	9485.70
对其他金融机构债权	11852.66	11530.15	11514.57	11498.54	11465.79	11325.81
其他资产	8027.20	7799.46	8169.07	8445.52	7675.26	7597.67
资产总额	207095.99	227530.45	236090.67	242932.04	248683.87	259274.89
货币发行	37115.76	41555.80	42836.09	42566.89	46219.81	48646.02
金融机构存款	92106.57	102429.20	107196.75	111667.58	115100.53	136665.06
发行债券	45779.83	42064.21	43442.31	46975.1	44005.15	40497.23
国外负债	732.59	761.72	746.69	719.10	715.70	720.08
政府存款	16963.84	21226.35	23251.03	31023.02	32458.79	24277.32
自有资金	219.75	219.75	219.75	219.75	219.75	219.75
其他负债	13586.45	18648.64	17748.46	9148.14	9324.50	7592.23
总负债	207095.99	227530.45	236090.67	242932.04	248683.87	259274.89

资料来源：根据中国人民银行网站。

货币发行与金融机构存款是基础货币的基本构成部分，而负债方其他科目的变化对基础货币供给的影响与资产的变动相反。在负债中，政府存款、央行债券及其他负债是三个重要的部分。政府存款增加自动地冲销了央行资产增加造成的基础货币扩张；相反，若政府存款减少，则会增加基础货币的供给。从过去的情况来看，政府存款的变化存在明显的季度性波动性，通常是，在第一至第三季度政府存款大幅增加，而第四季度政府存款余额则突然减少，因而政府存款对基础货币的供给也存在明显的季节性特征。在2009年第三季度末，政府存款余额较2008年同期增长了1万亿元有余，这表明，虽然政府强调实行积极的财政政策与宽松的货币政策，但至少就财政货币政策的配合而言，体现在央行资产负债表中的政府存款的变动，2009年却具有一定的紧缩意味；而在2010年，第二、三季度的政府存款余额较第一季度也大幅增加，同样起到了收缩流动性的作用。但正如我们曾多次指出的，这并不表明财政与货币政策在流动性管理上有了默契地配合，相反，在2010年第四季度央行通过提高法定存款准备金率收缩流动性、通过提高利率来抑制信贷时，政府存款却急剧减少了8000亿元之巨，这造成的货币扩张效应实际上至少抵消了央行1个百分点的法定存款准备金率的提高。

因此，政府存款的变动只体现了财政资金的变化对中国货币调控及其对宏观经济的影响，央行完全处于被动的地位，有时甚至为了应对政府存款的变化而不得不主动调整货币政策进行冲销操作。在央行负债方，真正体现央行主动性的是中央银行债券。众所周知，自2003年以来，央行票据就一直是中国人民银行冲销操作的主要工具，外汇储备的增加直接导致了中央银行票据余额的急剧增加。央行还通过设计多种期限结构的央行票据、发行定向票据等手段，降低金融机构的流动性，或者直接对信贷扩张过快的金融机构给予惩罚。因此，体现在央行资产负债表中的“央行债券”背后，其实有着非常多的结构信息。在2008年11月份之后，为了保障危机中的流动性供给，实施适度宽松，央行票据的发行频率和发行规模均明显地下降。到2009年下半年，央行票据余额开始增加，表明至少从公开市场操作的角度，央行从2009年第四季度就已开始退出危机管理的货币政策操作了，这一直持续到了2010年的第四季度。然而，到2010年第三季度之后，央行票据余额明显下降，第四季度末的余额较之第二季度末，减少了6000亿元以上，这似乎表明，在通胀压力愈发明显之时，央行票据这一冲销工具在中国的货币操作体系中的地位，日渐式微。也正是在这种背景之下，频繁地调整法定存款准备金率也就顺理成章地进入了人们的视野。

（三）信贷有所降温，增长率明显下降

1. 信贷总量及增长率的变动

虽然早在1998年中国就改革了货币调控机制，试图通过公开市场操作、调

整法定存款准备金率等手段来调控货币供应量，达到保持物价稳定并以此促进经济增长的目的，但事实上，信贷在政府的宏观调控中的地位和作用并没有因此而削弱，形成了央行既调控货币供应又调控信贷总量的二元货币政策操作目标。应当说，这在全球中央银行货币调控的历史上，是有鲜明的中国特色的。另一方面，信贷总量的变化也在一定程度上为中央银行的货币政策操作提供了反馈信息，货币政策操作的方向和力度不仅取决于通胀、GDP 增长之类的真实变量，还取决于商业银行的信贷行为与总量的变化。

2009 年和 2010 年，中国的信贷增长率经历了大起大落。2008 年 11 月和 12 月，中国的信贷就开始大幅增长（见图 7），2009 年前 5 个月，中国的信贷总量达到了 5.84 万亿元，已经超过了政府确定的全年信贷增加额 5 万亿元的调控目标；到 2009 年底，金融机构新增本外币信贷总量达到了 10.5 万亿元，是年初信贷总量目标的一倍有余。信贷高增长给宏观经济带来的隐患，中国曾有过深刻的历史教训。因此，在 2010 年，政府便开始从多方面调控信贷总量的增长，不仅年初确定的贷款增长目标值低于 2009 年的实际值，而且也开始运用提高法定存款准备金率、窗口指导等多种手段抑制信贷总量的增长。结果，2010 年的贷款增长得到了明显控制。到 2010 年底，本外币贷款余额为 50.92 万亿元，全年本外币贷款增加 8.36 万亿元。从贷款增长率来看，全年新增贷款 19.9%，较 2009 年的贷款增长率 31.74% 下降了 10 多个百分点（见图 8）。

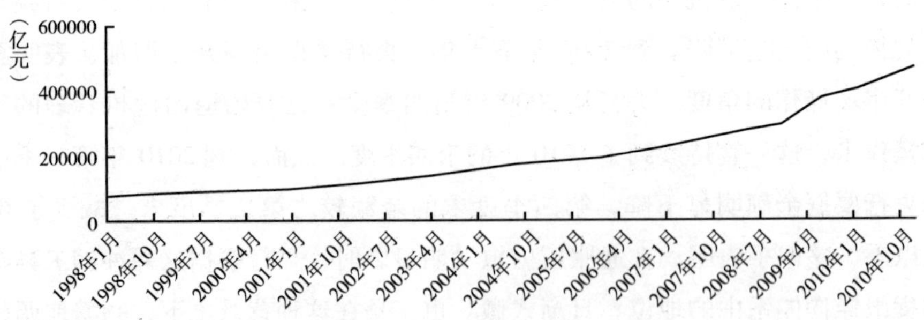

图 7　人民币贷款总额

资料来源：根据《中国人民银行统计季报》、中国人民银行网站数据整理。

中国的信贷增长变化，仍然存在时间分布上的不均匀性，延续着年初信贷投放猛增，随后在央行的调控下有所减缓的时间规律性。商业银行信贷的非均衡投

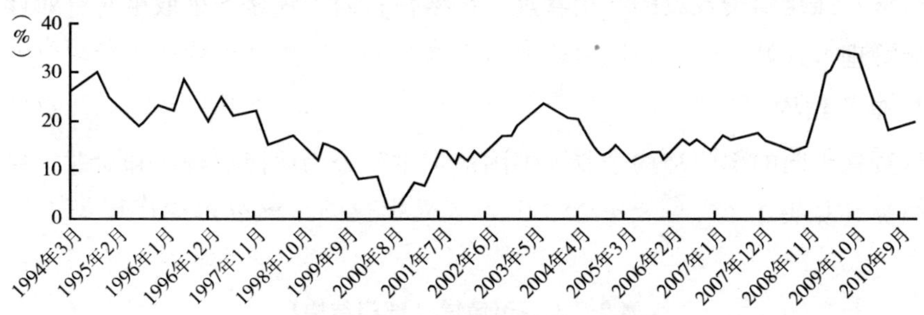

图 8 人民币贷款同比增长率

资料来源：根据《中国人民银行统计季报》、中国人民银行网站数据整理。

放，容易导致宏观经济的大起大落，不利于货币政策的有效传导，也不利于商业银行自身的发展，但商业银行却具有信贷非均衡投放的内在动因①。银行信贷过度介入股市和房市是资产价格大幅上涨和下跌的主要动因；反之，保持均衡的银行信贷增长率，则能够有效平抑资产价格波动②。对于信贷政策，葛兆强认为，在实施适度“宽松货币”政策的同时，必须实施“均衡信贷”政策，因为它有利于控制银行不良贷款率的上升，抑制通胀预期。“均衡信贷”主要包括三个方面：一是信贷投放在总量上要与上一年保持衔接均衡，要对实体经济的信贷需求和经济增长提供必要的支持；二是信贷投放在时间节奏上要保持均衡，努力实现逐季均衡投放和平稳增长；三是信贷投放在客户结构、行业结构和地域结构上要实现均衡③。而对于如何实现信贷均衡投放，曾刚指出，常规性的货币政策工具难以达到引导信贷均衡投放的效果，直接的监管手段于是成为政策的主导，刚性的信贷管理手段可能带来一系列严重的结构性问题。因此，进一步深化改革才是关键，而已有的控制信贷均衡增长的政策，演变成了一整套全面的信贷管制措施，实际的结果的确开始趋近于监管当局所设想的均衡状态，但是，为了实现信贷均衡投放而制定的全面信贷管制政策，在一定程度上，可能会对金融资源的有效配置产生一定的扭曲④。至于更具体的措施，魏国雄认为，应适度抑制市场的

① 赵玉睿：《以精细化管理实现商业银行信贷均衡投放》，《中国金融》2010 年第 9 期。

② 王晓明：《银行信贷与资产价格的顺周期研究》，《金融研究》2010 年第 3 期。

③ 葛兆强：《信贷均衡与 2010 年的宏观金融调控》，《中国金融》2010 年第 9 期。

④ 曾刚：《引导信贷均衡投放的政策工具选择》，《中国金融》2010 年第 9 期。

融资需求、强化信贷投放的结构管理、严格执行协议承诺、采取更有针对性的贷款限额管理方式①。

2. 信贷结构

从贷款投向的部门结构来看，中国信贷主要分为居民户贷款和对非金融部门贷款两类（见表2）。

表2 人民币信贷（部门结构）

单位：亿元

科　　目	2008/12	2009/12	2010/03	2010/06	2010/09	2010/12
各项贷款合计	303394.65	399684.82	425785.27	446045.62	462822.64	479195.55
1. 居民户贷款	57057.92	81786.90	93048.72	101266.78	101266.78	112542.09
(1)消费性贷款	37210.29	55333.65	61917.95	67390.23	71196.43	75063.64
短期消费性贷款	4136.86	6377.85	6943.89	7764.24	8664.01	9566.80
中长期消费性贷款	33073.43	48955.79	54974.05	59625.99	62532.42	65496.84
(2)经营性贷款	19847.63	26453.25	31130.77	33876.55	36284.70	37478.45
短期经营性贷款	14554.56	19549.96	21095.17	22844.12	24294.49	24780.54
中长期经营性贷款	5293.07	6903.30	10035.60	11032.43	11990.21	12697.91
2. 非金融性公司及其他部门贷款	246336.73	317897.92	332512.78	344682.54	355129.15	366434.38
(1)短期贷款及票据融资	125587.12	144222.41	138930.00	140989.67	142223.34	146700.57
短期贷款	106307.88	120372.09	121307.01	123653.81	126454.74	131886.04
票据融资	19279.24	23850.32	17622.99	17335.85	15768.60	14814.52
(3)中长期贷款	116584.00	166500.94	186506.57	196193.81	204958.51	210735.69
(4)其他贷款	4165.61	7174.57	7076.20	7499.06	7947.30	8998.13

资料来源：中国人民银行网站。

先看对居民户的贷款。2008～2010年，对居民户贷款余额分别为57057.92亿元、81786.90亿元和112542.09亿元，2009年和2010年分别较上一年增加了24728.98亿元和30755.19亿元左右，同比分别增长43.34%和37.6%。在居民户贷款中，2010年消费性贷款和经营性贷款分别增长了19730亿元和11025亿元，其中，中长期消费贷款增长了16541亿元。2010年，金融机构对居民户贷款的增长率远远高于平均的增长率，也大大高于对非金融企业的贷款增长率，这

① 魏国雄：《解读信贷均衡投放》，《中国金融》2010年第9期。

表明金融机构对零售贷款业务的竞争逐渐成为商业银行业务拓展的重点，也标志着商业银行企业融资结构逐渐脱媒化的背景下，传统的贷款业务转型的方向。

再看对非金融性公司企业和其他部门贷款。过去相当长的一段时间里，在中国的正规金融安排中，对居民户贷款一直被排斥在了信贷体系之外，金融机构的贷款活动，就基本上完全集中于对非金融性企业及其他部门的贷款。虽然对居民户贷款不断增长，但对非金融性企业及其他部门贷款仍然占据了中国银行业信贷资产的80%左右，对这些部门信贷增长的变化对宏观经济的影响相对于居民部门信贷更大。2010年，对非金融企业及其他部门的贷款余额为366434.38亿元，较2009年底的317897.92亿元增加了48536.46亿元。进一步比较，我们就会发现，2010年金融机构新增贷款中，对非金融企业的贷款与对居民户贷款之间的比率发生了非常大的变化，那就是对居民户新增贷款占全部新增贷款的比重大幅上升了。

按照中国人民银行的分类，中国提供信贷的金融机构主要分为政策性银行、国有银行、股份制商业银行、城市商业银行、农村金融机构和外资金融机构等。这些不同类型的金融机构其面临的客户对象、自身的经营理念和目标的差异，决定了它们在中国货币调控中的行为也不尽相同。

2003年底，中国开始对国家控股的银行进行治理结构改革以来，国家控股的商业银行的行为目标开始多元化，作为一个商业机构，它们是一个利润最大化者；作为国家控股的金融机构，它们仍依然承担着一部分国家宏观调控的任务。但总体来看，这些银行对利润的追求是其主要目标。在现阶段中国银行业的赢利模式下，其利润主要来自于存贷款利差，在其他因素不变时，贷款的扩张便是实现更多利润最直接的途径，而且，从过去若干年的经验来看，“早放款、早受益”支配着这些银行放款的时间分布，因此，大多数情况下，每年第一、二季度的新增贷款要占全年贷款的绝大部分。这种状况在2010年依然存在。2010年第一至第四季度，中资全国大型银行的新增贷款分别为13777亿元、10505亿元、9057亿元和7483亿元，各季呈递减的趋势。从相对份额来看，国家控股的大型银行新增贷款占全部新增贷款的比重，2010年为50%，较前几年略有下降。

现在的“中资全国中小银行”其统计口径，与过去的“股份制商业银行”虽有所区别，但大体一致。相对于中资大型银行而言，它们的行为目标要简单一些，表现出明显的信贷规模扩张的强烈愿望，这既为了追求更多的利润，也为了扩张总资产，跻身于大银行之列。因此，即便在2008年前3个季度政府仍在实行从紧货币政策的背景下，股份制商业银行的新增贷款总体上还是略有上升。在2009年第一季度，股份制商业银行为了抢占更多的贷款市场份额，新增贷款大幅上升，国有商业银行与股份制商业银行之间便出现了信贷扩张的棘轮效应。2010年，中资全国性中小银行新增贷款23456亿元，与中资全国性大银行新增贷款之比达到了57.5%，它们各季新增贷款分别为6253亿元、6396亿元、4069亿元和6738亿元。相比较而言，它们的贷款季节性分布相对比较均匀。2010年中资区域性中小银行新增贷款5289亿元，占全部新增贷款的7%；农村合作金融机构新增贷款9656亿元，占全部新增贷款的12%。中国各类银行信贷季度变化见表3和图9。

表3　中国各类银行信贷季度新增额

单位：亿元

<table>
<tr><th>年　份</th><th>季度</th><th>政策性银　行</th><th>国有银行</th><th>股份制银行</th><th>城市商业银行</th><th>农村金融机构</th><th>外资金融机构</th></tr>
<tr><td rowspan="4">2007</td><td>1</td><td>858</td><td>5948</td><td>3517</td><td>894</td><td>2575</td><td>224</td></tr>
<tr><td>2</td><td>1406</td><td>3524</td><td>2099</td><td>1131</td><td>1986</td><td>431</td></tr>
<tr><td>3</td><td>1090</td><td>3185</td><td>1055</td><td>724</td><td>1121</td><td>459</td></tr>
<tr><td>4</td><td>926</td><td>398</td><td>1045</td><td>229</td><td>-597</td><td>590</td></tr>
<tr><td rowspan="4">2008</td><td>1</td><td>1602</td><td>5227</td><td>2699</td><td>687</td><td>2323</td><td>389</td></tr>
<tr><td>2</td><td>1251</td><td>3778</td><td>2556</td><td>1055</td><td>1713</td><td>196</td></tr>
<tr><td>3</td><td>939</td><td>3605</td><td>2228</td><td>1187</td><td>1395</td><td>265</td></tr>
<tr><td>4</td><td>2125</td><td>5412</td><td>3996</td><td>1023</td><td>477</td><td>-222</td></tr>
<tr><td rowspan="4">2009</td><td>1</td><td>3688</td><td>23120</td><td>11778</td><td>2706</td><td>4225</td><td>-264</td></tr>
<tr><td>2</td><td>2757</td><td>9441</td><td>8434</td><td>2686</td><td>3234</td><td>-63</td></tr>
<tr><td>3</td><td>1448</td><td>4413</td><td>1037</td><td>1739</td><td>2064</td><td>262</td></tr>
<tr><td>4</td><td>1603</td><td>4047</td><td>1034</td><td>789</td><td>204</td><td>83</td></tr>
<tr><td rowspan="4">2010</td><td>1</td><td colspan="2">13777</td><td>6253</td><td>1691</td><td>4763</td><td>511</td></tr>
<tr><td>2</td><td colspan="2">10505</td><td>6396</td><td>1110</td><td>2839</td><td>264</td></tr>
<tr><td>3</td><td colspan="2">9057</td><td>4069</td><td>1611</td><td>2320</td><td>334</td></tr>
<tr><td>4</td><td colspan="2">7483</td><td>6738</td><td>877</td><td>-266</td><td>519</td></tr>
</table>

注：2010年中国人民银行在《货币政策执行报告》中，不再按原来的口径公布各类商业银行的新增贷款额，而改用“中资全国性大型银行”、“中资全国性中小型银行”、“中资区域性中小型银行”、“农村合作金融机构”和“外资金融机构”。中国银行业的这种划分，其标准主要是资产总规模，但中资全国性大型银行大抵还是包括国家控股的商业银行和政策性银行，因此，本期的分析中，我们仍然对应着原来的划分。

资料来源：根据《中国人民银行货币政策执行报告》（相关各期）整理而得，中国人民银行网站。

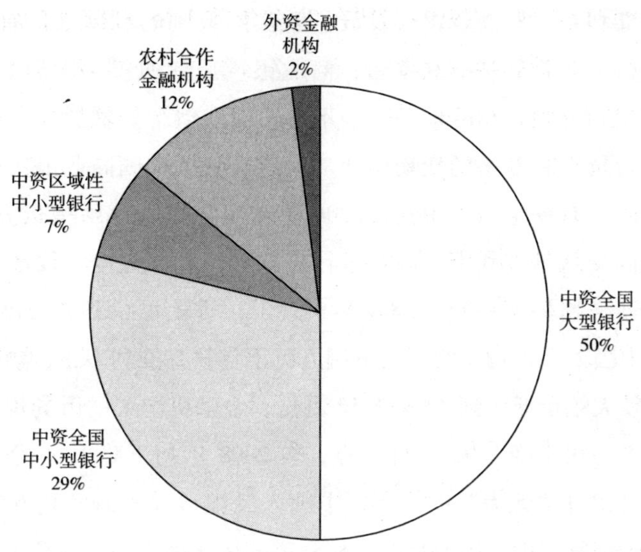

图 9　2010 年各类银行新增贷款占全部新增贷款的比重

资料来源：根据《中国人民银行 2010 年第四季度货币政策执行报告》整理。

2008 年，外资金融机构受其本土金融危机的影响，新增贷款的绝对额较 2007 年大幅下降，相应的，新增贷款占比也明显下降。在金融机构的影响下 2008 年第四季度和 2009 年第一季度的新增贷款分别为 -222 亿元和 -264 亿元，随后，受国外金融危机缓和的影响，外资金融机构在 2009 年第三、四季度的在华贷款又恢复了正增长。2010 年，外资金融机构新增贷款 1628 亿元，同比多增 1610 亿元。同时，外资金融机构新增贷款占全部新增贷款的比重，也达到了 2%，不过，这仍没有恢复到金融危机之前的水平，2006 年，该比率为 3.1%，2007 年，该比率则一度达到了 4.89%。

3. 信贷利率

商业银行收取的贷款利率反映了借款者的资金成本。在一个完全市场化的利率体制下，贷款利率完全由信贷资金的供给与需求决定，中央银行的货币政策只能通过调整中介目标利率而间接地影响银行贷款利率。不过，在中国现行利率体制下，贷款利率仍然受到一定程度的管制，贷款利率依然是中国人民银行的一个货币政策工具。商业银行的贷款利率在中国人民银行确定的基准利率之上浮动的上限虽然完全放开了，但对一般工商业贷款只可下浮 10%，因此，中国人民银行调整贷款基准利率就对商业银行发放贷款实际收到的利率水平有直接的影响。当中国人民银行上调贷款基准利率后，商业银行贷款加权平均利率也随之上升；反之，贷款加权利率则会相应地下降。不过，商业银行贷款加权利率并不是亦步亦趋地跟随央行贷款基准率的变动而变动，这反映了中国商业银行在确定实际的贷款利率水平时具有一定的自主性。2006 年初至 2008 年第一季度，随着中国人民银行连续提高贷款基准利率，商业银行贷款加权利率完全一致地上升，这也与此期间的宏观经济趋势相一致。2008 年 9 月份，贷款加权利率一度达到 8.38%，但之后，由于中国人民银行连续 5 次下调人民币贷款基准利率，金融机构人民币贷款加权利率持续大幅走低。到 2008 年 12 月份，金融机构人民币贷款加权平均利率为 6.23%，较 8 月份下降 1.96 个百分点，较 2008 年初下降 1.66 个百分点。2009 年的货币政策是相对"无为"的一年，中国人民银行并未调整贷款基准利率，借款者信心也处于恢复之中，因而贷款加权利率的变化很小。2010 年前 3 季度，贷款加权利率微微上升，但第四季度受中国人民银行提高基准利率的影响，贷款加权利率也大幅上升，第四季度加权利率为 6.19%（见图 10）。另外一个值得注意的现象是，2009～2010 年的各季中，一般贷款加权利率变化很小，而票据融资利率则大幅上升（见图 11）。

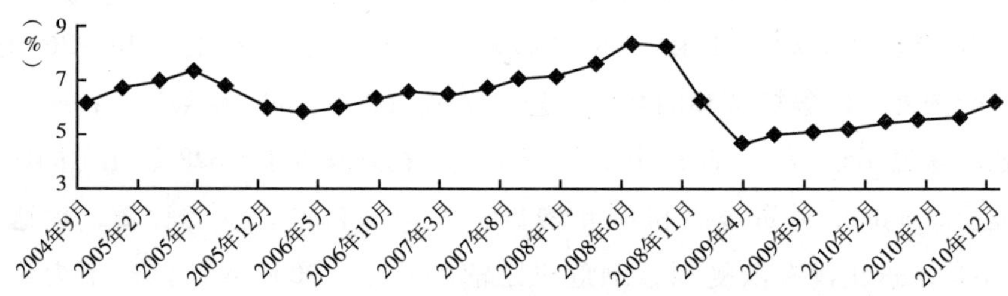

图 10　贷款加权利率

资料来源：根据《中国人民银行货币政策执行报告》整理而得。

中国利率市场化的成果之一，就是金融机构在发放贷款时的利率灵活性有所增强，商业银行会根据借款者的风险状况确定不同的利率，不同借款者所支付的利率可能与贷款基准利率相同，也可能高于或低于贷款基准利率。图 12 和图 13 显示了金融机构贷款利率浮动占比的变化。首先看看按照央行基准利率发放贷款的情况。2005～2010 年，按照央行基准利率发放的贷款占比总体上

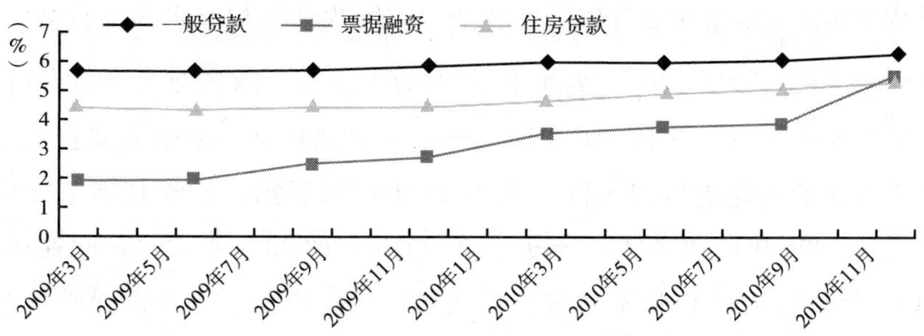

图 11　各类贷款加权利率

资料来源：根据《中国人民银行货币政策执行报告》整理而得。

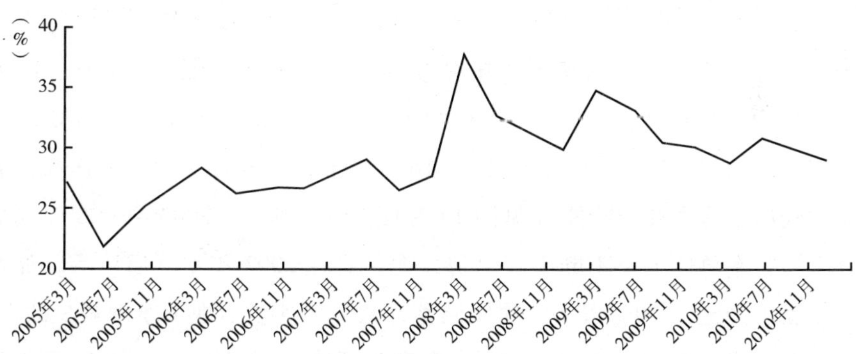

图 12　按基准利率贷款占比

资料来源：根据《中国人民银行货币政策执行报告》各期整理而得。

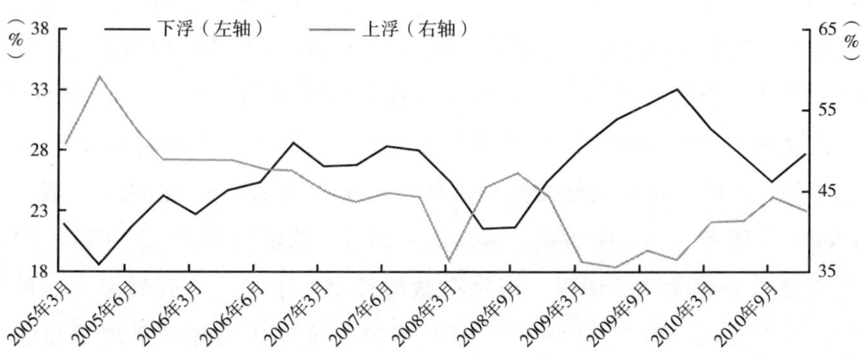

图 13　金融机构贷款利率浮动情况

资料来源：根据《中国人民银行货币政策执行报告》整理。

有所上升。当然，其间经历了明显的变化，那就是，在2005～2008年上半年，执行基准利率的占比从22%左右上升到了37%左右，随后2010年，该比例又明显下降。除了执行基准利率的贷款之外，在基准利率的基础上实行上浮与下浮的贷款占比的变化更值得关注。从图13中可以看出，贷款利率下浮所占的比重，已从2005年的20%左右上升到了2010年的28%左右，其间在2009年底和2010年初还达到了32%左右；与之相反，贷款利率上浮占比则呈明显的下降趋势。

（四）金融机构存款保持合适的增长率，但居民储蓄存款增长率回落

2010年末，全部金融机构本外币各项存款余额为733382.03亿元，较2009年的612006.35亿元增长19.83%；金融机构人民币各项存款余额718237.9亿元，较2009年的597741.1亿元增长20.16%。自2003年以来，中国居民储蓄存款的变化经历了这样几个阶段（见图14和图15）。其一，2003～2008年初居民储蓄存款增长率总体上呈不断下降之势，尤其是在2007年4月后以后，储蓄存款增长率就下降到了10%以下，居民储蓄存款余额甚至出现了净额减少的情况，2007年4月份和5月份，居民人民币储蓄存款环比分别下降了1674亿元和2859亿元。那时，居民储蓄存款的下降，是受到了股票市场持续上涨的影响，越来越多的居民将储蓄存款转化为证券投资基金或直接投资于股票。其二，2008年初至2009年初的急剧上涨。到了2008年，受次贷危机不断加深的影响，股票市场的持续下跌，结果导致了居民在股票、基金中配置的资产持续地减少，将金融资产转向了更加安全的储蓄存款，银行储蓄存款持续增加，乃至于至2009年初，居民储蓄存款增长率一度达到了35%左右。其三，2009～2010年储蓄存款增长率急剧下降。在政府采取大规模的财政刺激及宽松货币政策的影响下，股票市场开始回暖，投资者信心有所增强，因而居民储蓄存款增长率又大幅下降，但随着2010年股票市场波动性的增强，居民存款增长率的下降之势开始减弱。再进一步比较，我们发现，2003～2006年，居民存款月度环比增加额呈现明显的季节性波动，第四季度存款环比大幅上升，其他几个季度的环比变化相对较为稳定，储蓄存款增加额的季度环比增长率的波动幅度较为稳定。但是，从2007年开始，虽然存款的变化还具有明显的季节性特征，但其他几个季度的波动性增大了，这

实际上增加了中国银行业的流动性管理的难度。同时，虽然居民储蓄存款仍然保持了较高的增长率，但负利率可能引发存款大搬家①。

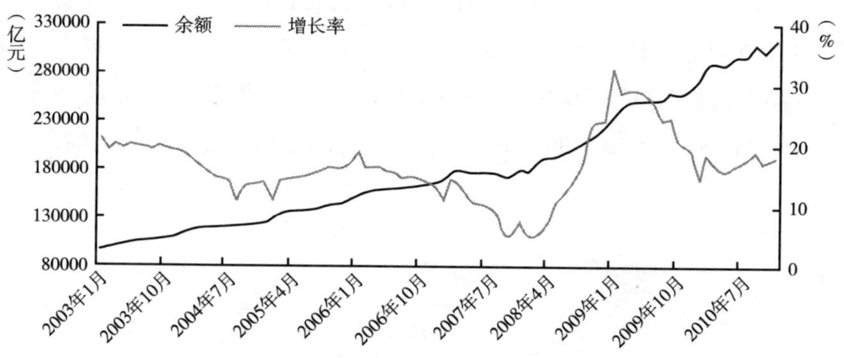

图 14　中国居民储蓄存款余额及增长率

资料来源：根据中国人民银行网站数据整理。

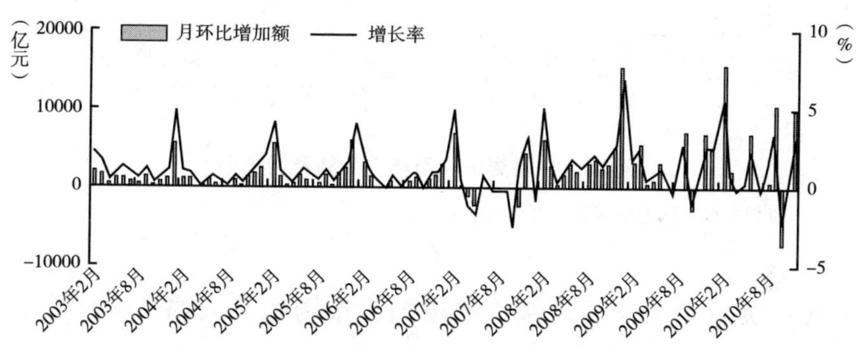

图 15　中国居民储蓄存款环比增加额及增长率

资料来源：根据中国人民银行网站数据整理。

居民外币存款受人民币汇率变动的影响很大。总体来看，自 2003 年初以来，居民部门的外币存款余额不断下降，尤其是在 2003～2008 年，居民外币存款余额从 900 亿美元左右下降到了 480 亿美元左右。人民币升值预期越强烈，外币存款余额下降得越多。进入 2008 年之后，居民外币储蓄存款增长率回升，尤其是进入下半年之后，随着金融危机的加深，人民币汇率升值的暂时终结，居民外币

① 彭丹、杨弘炜：《负利率可能引发储蓄大搬家》，2010 年 10 月 13 日《中国证券报》。

储蓄存款增长率更进一步上升。到2008年底，居民外币储蓄存款增长率上升到了10%左右。不过，到2009年年中，随着金融危机的逐步缓和，人民币升值的预期又逐步增强，在资本流动增加的同时，居民外汇存款增长率也明显地下降了。2010年6月，人民币汇率又重新升值，为了规避汇率上升的损失，虽然外汇存款余额没有像2003～2008年初那样急剧地下降，但外币存款的增长率大幅下降了（见图16）。汇率预期的波动，对中国居民的资产选择确实具有突出的影响。

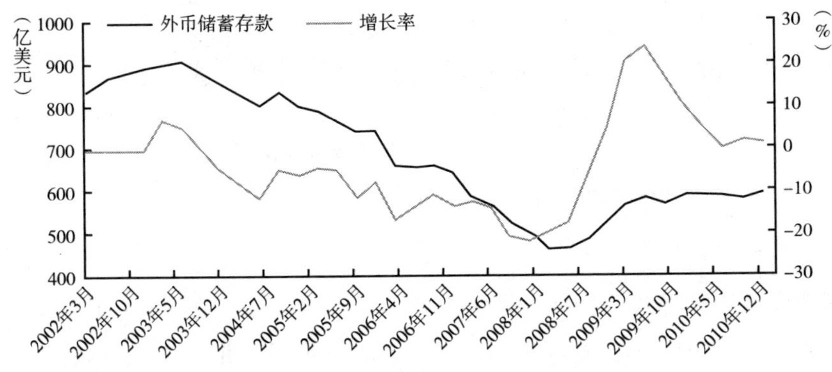

图16　中国居民外币存款余额及增长率

资料来源：根据中国人民银行网站数据整理。

（五）货币市场交易继续大幅增加，市场利率大幅上升

货币市场不仅是金融机构进行流动性管理的重要场所，其在货币政策传导中也发挥着重要的作用。2010年中国货币市场继续稳定发展，无论是同业拆借市场、债券回购市场还是票据市场，都得到了长足地发展，成交量不断扩张（见表4）。2010年，银行间债券回购交易87.6万亿元，较2009年的70.3万亿元增长24.61%；2010年同业拆借交易量为27.9万亿元，较2009年的19.4万亿元增长了43.81%。2010年，商业汇票累计签发额达12.2万亿元，较2009年的10.3万亿元增长18.45%；未到期的商业汇票在2010年末达到了5.6万亿元，较2009年的4.1万亿元增长了36.59%左右；2010年商业银行累计贴现分别为26万亿元，较2009年的23.2万亿元增长12.07%；2010年末贴现余额分别为1.5万亿元，较2009年末的2.4万亿元大幅下降9000亿元。

表 4　2007 ~ 2010 年中国票据市场交易量

单位：亿元

品种 年份	商业汇票签发		贴现累计		再贴现累计	
	当年累计	未到期金额	当年累计	余额	当年累计	余额
2007	58700	24400	101100	12800	138.35	57.43
2008	71000	32000	135000	19000	109.7	—
2009	103000	41000	232000	24000	248.8	181.2
2010	122000	56000	260000	15000	—	—

资料来源：根据中国人民银行 2007 年和 2010 年度《第四季度货币政策执行报告》整理。

在货币市场的资金流动方面，国家控股的商业银行在回购交易中依然是资金的净融出部门，其他商业银行和金融机构、外资金融机构在回购市场上是资金的净融入部门（见表 5）。在 2010 年，国家控股的商业银行在回购市场上融出的资金量为 237497 亿元，较 2009 年的 254127 亿元有所减少，而 2009 年国家控股的商业银行在债券回购市场融出资金较 2008 年的 136684 亿元增长了近一倍。2009 年，其他商业银行通过债券回购市场净融出资金 8636 亿元，而在 2010 年则净融入 84212 亿元。2010 年，其他金融机构在回购市场融入的资金量为 121228 亿元，较 2009 年融入的 232790 亿元减少了近一半。2010 年证券及基金公司在回购市场上融入的资金为 74675 亿元，较 2009 年的 94468 亿元明显减少。保险公司在回购市场融入的资金，2009 年较之 2008 年大幅增加，而在 2010 年又大幅减少。外资金融机构在回购市场上融入的资金总量在 2010 年有所增加，这大抵与外资金融机构在华贷款的增加有关。

表 5　中国货币市场的资金流动

单位：亿元

品种 机构	回购交易			同业拆借		
	2010 年	2009 年	2008 年	2010 年	2009 年	2008 年
国有商业银行	-237497	-254127	-136684	-23052	-17539	24597
其他商业银行	84212	-8636	12690	7286	4367	-35809
其他金融机构	121228	232790	92373	13599	7030	2540
其中：证券及基金公司	74675	94468	33837	2149	1739	2916
保险公司	21869	40327	26538	—	—	—
外资金融机构	32057	29973	31621	2617	6142	8672

资料来源：根据中国人民银行各年第四季度《货币政策执行报告》整理。

在同业拆借市场上，2010 年，国家控股的商业银行是唯一的资金融出部门，全年净融出 23052 亿元，其他商业银行、证券经营机构与保险公司、外资金融机构则在同业拆借市场净融入资金。2010 年，其他商业银行净融入 7286 亿元，较 2009 年的 4367 亿元的净融入额也大幅增加；其他金融机构在同业拆借市场净融入 13599 亿元，较 2009 年的 7030 亿元增加了 93%。需要注意的是，其他商业银行一改 2007 年和 2008 年在同业拆借市场资金净融出部门的地位，2009 年和 2010 年成为了净融入部门，这表明了信贷的高速扩张与提高法定存款准备金率对这些金融机构流动性管理的影响。

在货币市场交易量大幅增加的同时，货币市场利率也大幅上升。过去几年里，货币市场利率明显是受到了资本市场的影响，新股发行对货币市场利率的影响更加突出，一遇大盘股发行，货币市场利率就会出现大幅度地上升，新股发行资金冻结期结束后，货币市场利率迅速回落至原水平。2008 年 9 月中旬中国人民银行开始降低存贷款基准利率和法定存款准备金率、金融危机加剧之后，货币市场利率急剧下跌。2009 年货币市场改变了 2007 年和 2008 年那种较大幅度波动的状况，总体水平处于历史低位，且波动性很小。2010 年，由于中国人民银行不断提高法定存款准备金率紧缩流动性，导致货币市场资金供给量的相对减少，因而，货币市场利率大幅上升了，到 2010 年底，债券回购利率为 3.12%，同业拆借利率为 2.92%（见图 17）。

（六）资本市场与融资结构

2010 年，在全球股票市场大幅上涨的背景下，中国股票市场却不尽如人意。

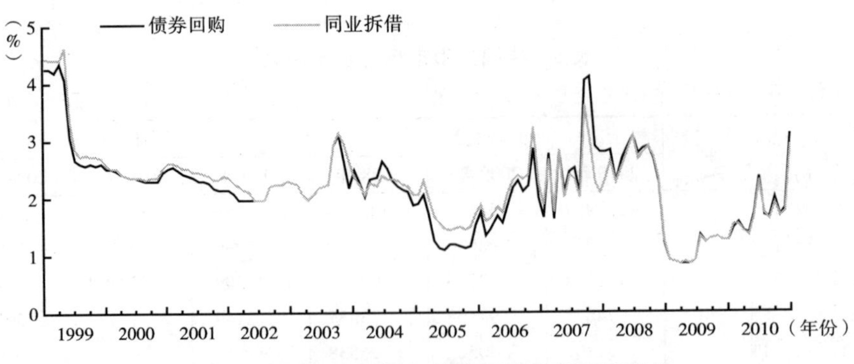

图 17　中国同业拆借与债券回购市场利率变化

资料来源：根据中国人民银行网站数据整理。

2009 年上证综合指数（收盘）为 3277 点，2010 年上证收盘综合指数为 2808 点，全年下跌了 14.31%，这与中国良好的宏观经济表现形成了鲜明的反差。2010 年中国股票市场下跌可能受诸多因素的影响，主要可能有以下几个方面：第一，中国经济增长率适度回落，固定资产投资增长率也有所下降；第二，政府加强了宏观经济调控，尤其是密集的房地产市场调控，影响了对房地产及其相关行业的赢利预期；第三，中国人民银行加强了货币紧缩的力度，多次提高法定存款准备金率收缩流动性，总量资金供给相对于需求有所下降；第四，通胀预期的增强，又使得投资者预期政府会采取进一步的紧缩政策；第五，欧洲主权债券危机引发了中国投资者对经济前景的忧虑，因此，（尤其是希腊）债务冲击之下，中国股票市场曾出现大幅下挫。不过，虽然中国股票市场的下跌在一定程度上是由政府对信贷总量的紧缩引起的，但由于股票市场的下跌减少了企业的净值，会增加银行放贷面临的道德风险与逆向选择问题，因而股票市场的不尽如人意也会反过来在一定程度上抑制银行信贷的扩张，这对于缓解中国因过度信贷与货币扩张而导致的通胀压力，发挥了一定的积极作用。

2010 年 4 月 8 日，股指期货正式启动；4 月 16 日，沪深 300 指数期货合约开始上市交易，我国金融期货市场正式诞生，标志着资本市场改革发展又迈出了关键的一大步。但在股指期货推出后，中国股票市场经历了明显的下跌，于是，有人认为这和股指期货的推出有关。但黄亚钧认为，股指期货上市以来股市波动性明显降低，股指期货上市不会改变基本面和政策面的基本情况，所以股指期货不会决定或影响股市的走向，股市的涨跌是由基本面因素决定的①。

在融资结构中，贷款仍然是非金融部门融资的主要来源，但较之前几年有所下降（见表 6）。2010 年，贷款占融资总量的比重为 75.2%，而在 2007 ~ 2009 年，该比重分别为 78.9%、83.1% 和 80.5%。虽然 2010 年中国股票市场的总体表现不尽如人意，但股票市场融资量达到了 6116 亿元，增长了 21.83%。2010 年股票市场融资额的增加，与过去股票市场承载着国企改革的重任不同，中小企业和创业板的融资占据了相当重要的地位，不仅为一些中小企业增加了一条新的融资渠道，同时也为创业者的人力资本提供了新的定价和变现的机制，因而从根本上改变了中国创业企业的激励机制，这无疑有利于推动更多的人加入到创业与

① 黄亚钧：《股市波动降低，股指期货积极作用显现》，2010 年 12 月 24 日《中国证券报》。

表6 2008～2010年银行信贷、股票与债券的净融资情况

品种	2008年			2009年			2010年		
	金额（亿元）	占比（%）	增长（%）	金额（亿元）	占比（%）	增长（%）	金额（亿元）	占比（%）	增长（%）
股票	3657	6.1	-42.43	5020	3.8	37.27	6116	5.5	21.83
银行信贷	49854	83.1	18.8	105225	80.5	111.07	83572	75.2	-20.57
债券*	6473	10.8	59.59	20502	15.7	216.73	21448	19.3	4.61
融资总额	59984	100	20.68	130747	100	117.97	111136	100	-15

注：* 债券包括国债和企业债。

资料来源：根据2008～2010年中国人民银行《第四季度货币政策执行报告》整理。

创新之中，增加了中国经济发展的新动力，使中国股票市场对促进中国经济结构的调整将发挥愈益重要的作用。2010年，债券融资总量21448亿元，较2009年的20502亿元增长了4.61%，增幅较2009年的约217%大幅下降，不过，由于新增贷款较2009年下降了21653亿元，因此，债券融资占融资总量的比重还是从2009年的15.7%上升到了19.3%。再进一步看，在债券融资中，企业债券现在占据了大部分。2009年企业债券的发行总量达到了12367亿元，相当于新增银行贷款的11.75%左右；2010年，企业债券融资总额为11713亿元，与银行新增贷款之比上升到了14%左右。在2009年和2010年，企业发行债券筹集的资金超过了国债的筹资额，表明中国债券市场的内部结构正在发生深刻变化，债券市场长期发展滞后的不利局面得到了明显的改变。由于债券合约与股权合约在克服投资者与融资者之间的信息不对称方面具有不同的功效，所以债券市场相对于股票市场更快的发展，可以更好地缓解投资者与企业之间的信息不对称问题和通过公开市场债权人约束进一步改善企业的治理结构。中国应该大力发展债券市场，优化风险分担结构①。

（七）外汇市场交易活跃，外汇储备增长率趋于平稳

随着人民币汇率弹性的增强，中国外汇市场报价活跃，成交量较快增长，同时，远期及掉期等衍生品市场也得到了快速发展。2010年，银行间外汇市场即期交易3.05万亿美元，远期成交327亿美元，掉期成交1.28万亿美元，其中隔

① 李建云：《大力发展债券市场，优化风险分担结构》，2010年12月17日《中国证券报》。

夜美元掉期交易7412亿美元。外汇市场的发展为人民币汇率机制的改革创造了条件。外汇市场参与者不断增多，2010年新增加32家即期市场成员，远期、外汇掉期及货币远期外汇市场成员则分别增加3家、3家和4家，另有11家企业集团财务公司进入银行间外汇市场。外汇市场参与者的扩大，有利于更多的企业和金融机构利用外汇市场金融产品进行外汇风险管理，促进中国金融市场的进一步深化。

到2010年底，中国外汇储备余额达到了28437亿美元，较2009年底的23991亿美元增加了4446亿美元，全年外汇储备增长率为18.68%。2007年下半年至2009年初，受国际金融危机、人民币汇率政策调整影响，中国外汇储备增长率曾大幅下降，这在一定程度上缓解了外汇储备增长对国内货币政策的冲击。2009年下半年之后，发达国家的低利率加上数量宽松的货币政策环境对国际资本流动性影响开始显现，加之对人民币升值预期的增强，流入中国境内的资本量开始增加。这些因素综合在一起，使得中国的外汇储备增长率在2009年下半年又明显地回升，单月新增外汇储备总量几乎达到与2007~2008年升值预期最为强烈时相当的水平（见图18）。2010年1~4月份，外汇储备增长率依然保持在20%以上，但随后数月，外汇储备增长率又明显下降（见图19）。

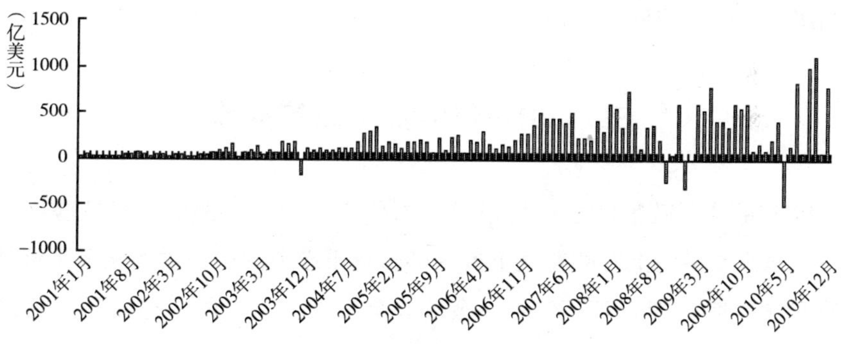

图18　中国外汇储备月度环比增加额

资料来源：根据中国人民银行网站数据整理。

在储备资产的配置上，中国一度减持美国国债、增持日本国债引起了广泛关注。2010年5月份，中国较大幅度减持325亿美元的美国国债，6月份中国再度减持240亿美元的美国国债；与之相反的另一面，中国在2010年持续增持日本、韩国国债，并且也买入希腊、西班牙等欧洲国家的债券。特别是5、6月份净购

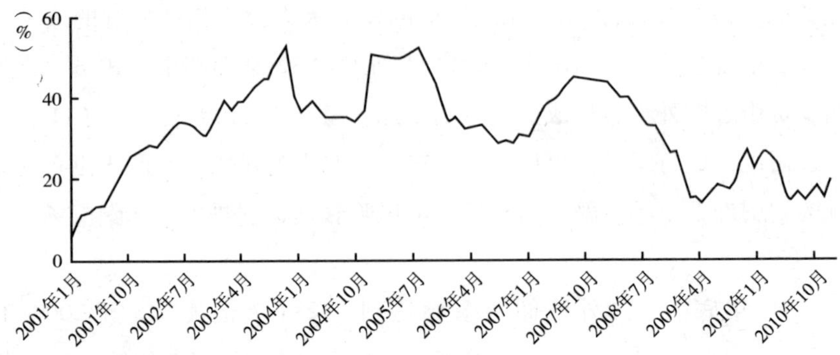

图 19　中国外汇储备同比增长率

资料来源：根据中国人民银行网站数据整理。

入超过前个 4 月的增持总规模。中国储备资产结构的调整，引发了种种解读。潘正彦认为，中国增持日本国债更多的应是短期避险策略考虑，日元国债并非值得长期“信赖”的投资标的①。而减持美国国债是中国政府提高庞大的外汇储备使用效率的一个具体措施，中国减持一些外汇储备，要力争换回国际最先进的技术、战略性资源储备，并推动中国企业提升国际竞争力进行海外并购②，储备资产配置的多元化是一个必然之路③。当然，中国购买主权债务国家的债券，也是中国利用庞大的外汇储备为稳定国际金融市场贡献自己的力量。

三　2010 年的货币政策操作

2010 年的货币政策就是在货币供应与信贷、投资、进出口贸易增长率有所下降，但通胀率不断上升的背景下展开的，货币政策的操作主要侧重于流动性与稳定通胀（预期）的管理。但是，余辉和余剑认为，中国的通胀预期管理受经济增长目标、经济增长模式、结构及其他转型方面的制约④。在管理通胀预期时，需要解决几个问题：正确认识中国的价格走势、正确地选择对策和正确认识

---

① 潘正彦：《中国增持日本国债需要考虑哪些复杂因素》，2010 年 9 月 6 日《上海证券报》。

② 孙立坚：《中国减持美国国债是市场行为》，2010 年 8 月 23 日《人民日报》（海外版）。

③ 吴智钢：《外汇储备优化配置正逢其时》，2010 年 8 月 23 日《证券时报》。

④ 余辉、余剑：《通胀预期管理中的制约因素》，《中国金融》2010 年第 24 期。

CPI 上涨的含义[①]。“管理通胀预期”就是要避免将资源类和农产品的价格上涨简单地称为“通货膨胀”，给政策选择带来噪音[②]。王松奇强调，治理通胀要避免行政手段，同时不能将通胀的原因不恰当地归咎于货币超发，给正常的货币政策制定和调节造成不恰当的压力[③]。刘煜辉认为，中国式通胀是一个常年货币超发的累积效果，中国如不主动收紧货币发行，通胀肯定演变为长期压力[④]。持类似观点的还有徐杰，他认为，中国的通胀压力不是食品，而是货币[⑤]。张健华则认为，在应对通胀压力的政策选择上，既要着眼于宏观经济政策，也要着眼于结构性政策。宏观经济政策应考虑综合运用多种政策工具对货币信贷总量、投资总量实施动态微调；结构性政策重点是保障农产品供给和遏制部分城市房价过快上涨，通过增加对低收入人群的补贴，缓解结构性价格上涨给宏观经济政策调整带来的过大压力[⑥]。焦瑾璞指出，在国际金融危机的大背景下，中国的货币政策可能仍要面临更严峻的挑战。我们需要谨慎从事，灵活有效地利用利率、法定存款准备金率、汇率等调控工具，适时应对危机的冲击，努力扩大国内需求，平衡好改革、稳定和发展三个方面的关系，促进国民经济又好又快发展，在制定国内货币政策时对世界经济前景不可过于乐观，抱不切实际的幻想[⑦]。

周小川提出了“池子”论：将“热钱”放进一个池子，不任其流入到实体经济中去，待其撤退时再放出去[⑧]。这引起了人们对货币政策在流动性管理方面的热烈讨论。吴庆认为，“池子”不是对付过剩流动性的最优策略[⑨]。

（一）公开市场操作

央行市场操作是最灵活的货币政策工具，它不仅便于中央银行进行货币总量调控，也易于进行反向操作和调整利率的期限结构。在 2009 年，当银行体系的

---

① 王国刚：《2010 年：中国 CPI 上行并无通货膨胀因素》，《中国金融》2010 年第 8 期。

② 王国刚：《管理通胀预期要避免三大误区》，2010 年 5 月 19 日《中国证券报》。

③ 王松奇：《中国如何应对通货膨胀》，《银行家》2011 年第 1 期。

④ 刘煜辉：《若不收缩货币通胀将成长期压力》，2010 年 11 月 24 日《中国证券报》。

⑤ 徐杰：《当前通胀压力的根源不是食品而是货币》，2010 年 12 月 17 日《中国经济时报》。

⑥ 李健华：《关于当前价格形势的几点分析》，《中国金融》2010 年第 8 期。

⑦ 焦瑾璞：《以全球化视野审视我国的货币政策》，《中国金融》2010 年第 21 期。

⑧ 周小川：《用“池子”对抗热钱流入》，2010 年 1 月 6 日《新京报》。

⑨ 吴庆：《“池子”不是对付流动性过剩的最优策略》，2010 年 11 月 26 日《上海证券报》。

信贷猛增之时，中国人民银行就通过公开市场操作进行了微调，通过增加央行票据的发行量来缩减银行体系的流动性与信贷货币供应总量。2009 年的公开市场操作实践表明，作为以稳定币值为己任的央行，实际上已经感觉到了货币与信贷的超常增长将会给日后带来的通胀压力，无奈在缺乏货币政策独立性的大环境下，单纯的公开市场操作并不能抑制银行体系信贷扩张的冲动。2009 年 1 ~ 4 月，通过央行票据的发行与赎回而净投放的基础货币在减少。随后的数月里，通过央行票据操作而投放的基础货币相当有限。转入 2010 年，当提高法定存款准备金率尚未成为抑制膨胀的流动性的主要工具之时，央行依然依靠发行央行票据来冲销基础货币，因此，在 2010 年第一、二季度，央行票据的发行规模很大（见图 20）。例如，3 月份的央行票据发行量达到了 8980 亿元，4 月份的央行票据发行量也达到了 5860 亿元。这使得 3 月和 4 月通过发行央行票据净回笼基础货币总共约 4000 亿元（见图 21）。之后的数月里，由于央行票据发行量的减少，净回笼基础货币的数额也在减少。11 月份和 12 月份，央行票据的发行量分别只有 1560 亿元和 130 亿元。从 8 月份开始，央行票据便由净回笼基础货币转变为净投放基础货币，尤其是在 9 月份和 10 月份，净投放的基础货币分别达到了 3174 亿元和 2338 亿元。公开市场操作的这种变化，也可能是为了配合法定存款准备金率的调整，即为了减轻提高法定存款准备金率对银行体系流动的冲击。

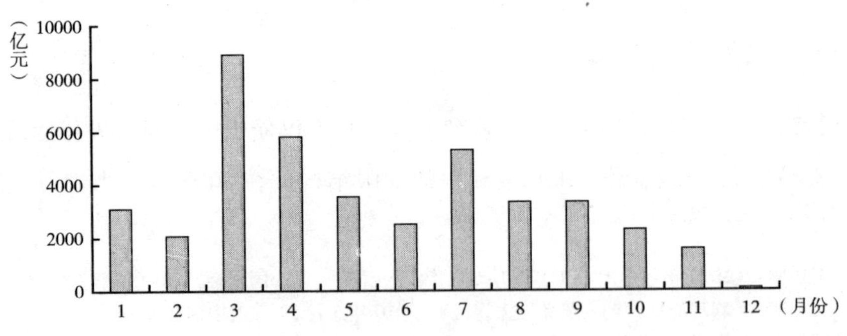

图 20　2010 年各月央行票据发行总量

资料来源：根据中国人民银行网站数据整理。

2010 年公开市场操作的另一个重要变化，就是央行重启并大量发行了三年期的央行票据（见表 7）。2008 年 11 月份《国务院关于金融促进经济发展的若干

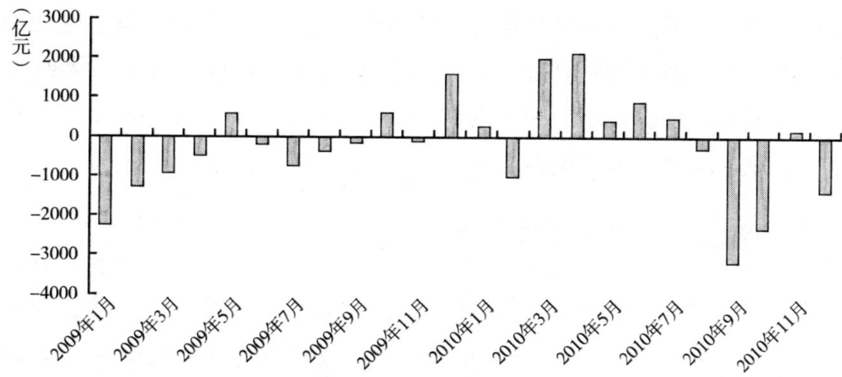

图 21　2009～2010 年央票净回笼基础货币

资料来源：根据中国人民银行网站数据整理而得。

表 7　2010 年各月各期限央行票据发行量

单位：亿元

月份	三月期	一年期	三年期	合计
1	2500	660	0	3160
2	1620	510	0	2130
3	5000	3980	0	8980
4	2610	2200	1050	5860
5	450	840	2300	3590
6	200	1050	1280	2530
7	1570	1090	2670	5330
8	400	1310	1660	3370
9	640	1690	1050	3380
10	1060	1050	220	2330
11	490	960	110	1560
12	90	40	0	130
合计	16630	15380	10340	42350

资料来源：根据中国人民银行网站数据整理。

意见》中提出“减少央行票据发行，降低央行票据发行频率”，停发三年期的央行票据的危机管理的公开市场操作方式。2009 年虽然央行加大了央行票据的发行力度，通过公开市场操作净投放的基础货币逐步减少，但并没有发行期限较长的三年期央行票据。而在 2010 年，央行重新发行三年期的央行票据，且发行总量达到了 10340 亿元，这表明，央行不仅通过总量的变化，而且也通过央行票据期限结构的变化相互配合来加强流动性管理。此外，央行发行三年期央行票据也会强化加息预期，表明在适度宽松货币政策基调下，央行仍倾向于以温和的市场化手段回笼资金，同时也表明央行对经济复苏信心增强，更关注管理通胀预期①，但是，陈超认为，重启三年期央票的信号作用大于实际调控作用，并不能替代法定存款准备金率和利率调整②。

（二）提高法定存款准备金率

自2006年以来，调整法定存款准备金率就成了央行进行流动性管理的重要手段。2006～2008年上半年，在发行央行票据收缩流动性已感力不从心时，中国人民银行便通过频繁地提高法定存款准备金率来冻结商业银行的流动性（见图22）。央行一直认为，发行央行票据只是对流动性的浅层次对冲，而提高法定存款准备金率是对流动性的深入冻结。当然，当金融体系流动性不足时，央行也可以通过降低法定存款准备金率来保障流动性供给。2008年第四季度，当次贷危机恶化之时，中国人民银行就数次降低法定存款准备金率。因此，当通胀压力逐渐增强、贷款扩张超过政府的期望时，在现有货币政策体系下，提高法定存款准备金率，也便是顺理成章的了。

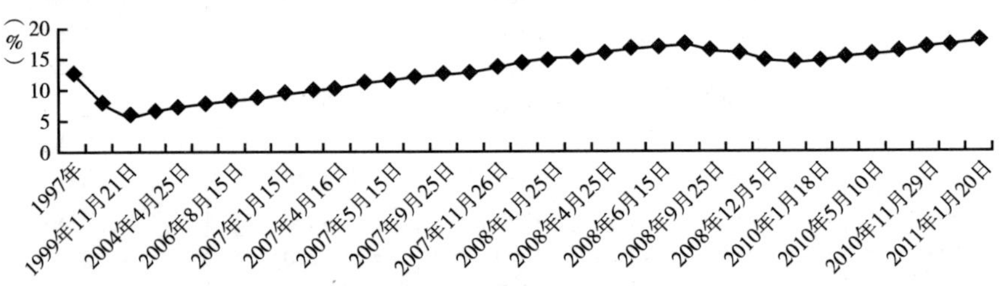

图22　中国法定存款准备金率

资料来源：根据中国人民银行网站数据整理。

2010年央行先后6次提高法定存款准备金率。表8列示了2010年法定存款准备金率的调整时间和内容。在6次法定存款准备金率的调整中，前3次均没有上调农村信用社等小型金融机构的法定存款准备金率，第四季度的3次法定存款准备金率的调整则是针对所有金融机构的流动性紧缩。经过多次提高法定存

① 刘勘：《三年期央票巨量发行强化加息预期》，2010年4月23日《中国证券报》。

② 陈超：《重启三年期央票对市场意味着什么》，2010年4月12日《上海证券报》。

款准备金率，中国商业银行的法定存款准备金率在2010年底达到了18%的高水平（如图22所示）。提高法定存款准备金率，可以直接减少商业银行的超额准备金（见图23），抑制其放贷的能力，这对控制通胀无疑有一定的积极功效。到2010年底，全部金融机构的超额准备金率已经下降到了2%左右（见图24），若没有新的准备金注入（外汇占款），商业银行信贷扩张的能力已经受到了抑制。王松奇强调，在多次提高法定存款准备金率之后，许多商业银行自行控制的超额准备金率已低至1.5%左右，也就是说央行再用惯用的法定存款准备金率这一数量型工具实施紧缩政策已有触发商业银行体系流动性风险的可能性，他强烈建议实行差别法定存款准备金率政策，例如，在以通胀为主要敌人时，对商业银行支持农产品特别是有利于增加农副产品供给的相关行业的贷款就应当在指标考核时给出一个扣减系数①。李扬认为，目前的高法定存款准备金

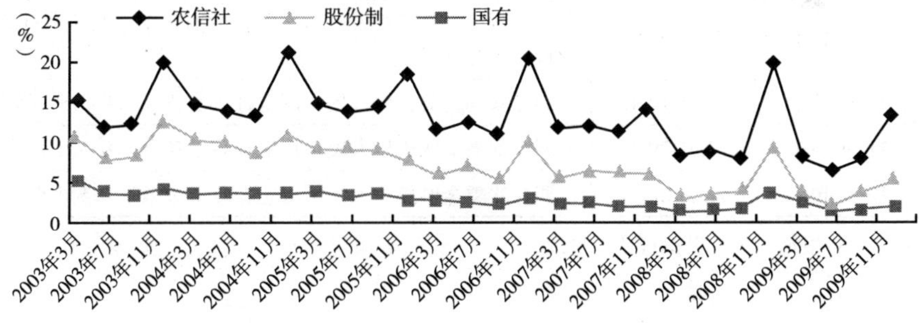

图23　中国分类金融机构超额准备金率

资料来源：根据中国人民银行《货币政策执行报告》各期整理。

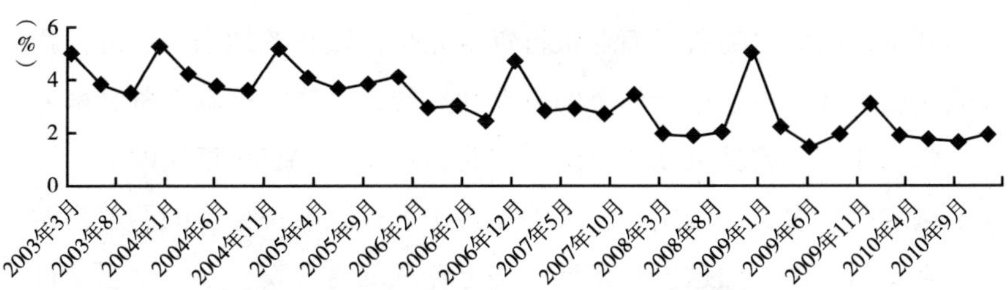

图24　全部金融机构的超额准备金率

资料来源：根据中国人民银行《货币政策执行报告》各期整理。

① 王松奇：《中国如何应对通胀》，《银行家》2011年第1期。

率，造成了流动性泛滥，但是资金又很紧张，货币供应很多，信贷紧缩这样一种矛盾现象；畸高的法定存款准备金率还阻碍了市场化改革，利率市场化改革需要改变法定存款准备金制度，取消对法定存款准备金支付利息，改变目前过高的法定存款准备金率①。

表8　2010年中国法定存款准备金率的调整

次数	政策公告时间	政策实施时间	调　　整　　内　　容
1	1月12日	1月18日	上调存款类金融机构人民币法定存款准备金率0.5个百分点。为增强支农资金实力，支持春耕备耕，农村信用社等小型金融机构暂不上调
2	2月12日	2月25日	上调存款类金融机构人民币法定存款准备金率0.5个百分点。为加大对“三农”和县域经济的支持力度，农村信用社等小型金融机构暂不上调
3	5月2日	5月10日	上调存款类金融机构人民币法定存款准备金率0.5个百分点，农村信用社、村镇银行暂不上调
4	11月10日	11月16日	上调存款类金融机构人民币法定存款准备金率0.5个百分点
5	11月19日	11月29日	上调存款类金融机构人民币法定存款准备金率0.5个百分点
6	12月10日	12月20日	上调存款类金融机构人民币法定存款准备金率0.5个百分点

资料来源：根据中国人民银行公告整理。

从理论上说，法定存款准备金率的变化不仅可以改变货币乘数值，也可以改变基础货币的供给结构和商业银行的准备金结构。鉴于法定存款准备金率的调整在货币政策诸工具中素有“巨斧”之称以及许多国家货币政策中介目标纷纷转向了短期利率，同时也随着对商业银行资本充足性监管的加强，法定存款准备金率政策既无法实现对货币市场利率的平滑性操作，以法定存款准备金率来约束银行信贷扩张功能的必要性也逐步下降。因此，自20世纪90年代以来，许多国家便放弃了法定存款准备金制度，或基本不将法定存款准备金率的调整当做货币政策的工具来使用。像中国这样频繁调整法定存款准备金率，在一个正常且具有相当独立性的货币政策体系里，无论如何都是无法让人理解和想象的。中国货币政策之所以如此严重地依赖法定存款准备金率，只不过表明了在现行体制之下中国

① 李扬：《利率市场化需求改革存款准备金制度》，2010年12月13日《中国证券报》。

货币政策的困境。表面上看，2010年促使央行提高法定存款准备金率的直接诱因，是商业银行依旧强烈的信贷冲动。在央行采取加大央行票据发行量进行对冲、对商业银行进行信贷窗口指导等温和手段而无果之后，直接冻结商业银行的流动性，将部分超额准备金转变为无流动性的法定存款准备金，自然就成了央行遏制信贷扩张迫不得已的选择。

中国的商业银行有信贷扩张的冲动，三十年来一直如此。但问题是，中国的商业银行用于放贷的钱从哪里来的呢？归根到底，就中国而言，商业银行用于发放贷款的资金无外乎来自外汇占款、央行对商业银行的再贷款、买进政府债券或者赎回央行票据而投放的货币等等。在这些因素中，外汇占款又是形成中国基础货币供给量扩张、扩大银行信贷资金来源的主渠道。自2001年来一直如此。而中国外汇占款又主要来自于国际收支的大量顺差以及中国现在特殊的外汇管理体制。这两者结合在一起，就使得中国的货币政策不再单独是中国人民银行所能决定的了。在中国越来越开放的背景下，其他国家，尤其是那些实行了超低利率的发达国家的货币环境，使得中国人民银行的货币政策毫无独立性可言。在次贷危机之后，由于美联储、欧洲央行、日本银行和英格兰银行都实行了零（或接近于零）利率与数量宽松的货币政策，使中国宏观经济运行、货币政策操作面临的外部货币环境更加不同于往常。质言之，在增长率不平衡、资本收益率存在明显差异的背景下，2009年发达国家为应对危机管理的货币政策操作正是加剧中国信贷泡沫的根本原因。从这个意义上说，中国为稳定宏观经济而进行的货币政策操作，尤其是央行对冲流动性的操作，实际上已没有多少平滑经济周期的意义，而更多的是对发达国家超宽松货币政策的对冲操作。至于提高法定存款准备金率的效果，刘煜辉认为，调法定存款准备金率除了让银行感受痛苦以外，其产生的宏观效果比较有限，因为银行体系外的信用扩张弥补了体系内的收缩。因此，数量调控不可能替代价格调控的功效①。

（三）利率政策

利率与法定存款准备金率的调整一样具有明确的告示效应。不过，利率水平的调整却不像调整法定存款准备金率那样，央行实际上处于较被动的地位。比

---

① 刘煜辉：《数量调控难以取代价格调控》，2010年12月24日《中国证券报》。

如，在发达国家利率没有相应调整且人民币升值预期较强的情况下，提高利率反而会增加货币调控的难度。而且，中国利率水平的调整，要取决于诸多的因素，在不同的时期，决定利率水平是否调整的主导因素是有所差别的，有时依 CPI 的变化而定，有时又依固定资产投资或信贷投放的变化而定。我们曾经指出，在危机管理货币政策操作之后的利率政策转变，似乎主要取决于以传统的 CPI 涨幅变化来衡量的通胀率的变化。曾辉也强调，中国在考虑是否提高利率时，主要应关注信贷货币增长率、投资增长率和资产价格泡沫等内部因素，而不需要过多关注美国利率等外部因素①。一旦中国的 CPI 增长开始转正，并形成趋势性的上涨之时，中国的利率政策才可能会做出相应的调整。2010 年，中国人民银行调整利率水平的时机“成熟”了，物价总水平持续上涨，并超过了存款利率，于是又出现了所谓“负利率”现象。鉴于 CPI 的不断上涨，央行不得不先后两次调整利率水平。即便物价指数有较大幅度的上涨，王志浩还是认为，2010 年央行不会加息，随着经济增速放缓，央行加息的最合适的时机已经过去，可能需要考虑其他的工具②；而刘煜辉则认为，应将利率提高至危机前的水平③；张敬国进一步认为，中国多年来的经济波动都是过低的利率引起的，利率过低导致投资短期化，且保持低利率已没有充分的理由，因此，应提高利率④。

2010 年 10 月 20 日，中国人民银行决定上调金融机构人民币存贷款基准利率，其中，一年期存款基准利率上调 0.25 个百分点，由 2.25% 提高到 2.50%；一年期贷款基准利率上调 0.25 个百分点，由 5.31% 提高到 5.56%；其他期限档次存贷款基准利率作相应调整。这是自 2008 年底以来，中国人民银行第一次调整利率水平（见图 25）。随后，2010 年 12 月 26 日，中国人民银行决定再次上调金融机构人民币存贷款基准利率。其中，一年期存款基准利率上调 0.25 个百分点，由 2.50% 提高到 2.75%；一年期贷款基准利率上调 0.25 个百分点，由 5.56% 提高到 5.81%；其他期限档次存贷款基准利率作相应调整。与此同时，还上调中国人民银行对金融机构贷款利率，其中一年期流动性再贷款利率由 3.33% 上调至 3.85%；一年期农村信用社再贷款利率由 2.88% 上调至 3.35%；

① 曾辉：《中美利差不会制约中国利率政策》，《中国金融》2010 年第 9 期。

② 王志浩等：《经济下行成共识》，2010 年 7 月 26 日《上海证券报》。

③ 刘煜辉：《应当存款利率迅速提至危机前的水平》，《每日经济新闻》2010 年 4 月 13 日。

④ 张敬国：《中国经济波动“因”在多年过低利率》，2010 年 8 月 23 日《第一财经日报》。

再贴现利率由 1.80% 上调至 2.25%。再贷款利率与再贴现利率的上调，增加了金融机构从中国人民银行借款的成本。不过，鉴于近些年来再贷款与再贴现在基础货币的调控中基本上没有发挥任何作用，我们自然不能期待这次提高再贷款与再贴现利率在稳定通胀预期中有什么特别的功效。此外，就总体的存贷款基准利率的上调看，由于中国的国情特殊，加息仍然不能将通胀控制住①。当然，也有持完全相反意见的人，例如，刘利刚就认为，在“数量调控”和“行政调控”等调整措施仍然无法产生明显效果的情况下，“价格调控”是唯一可以使用也必须使用的一种重要手段②。2010 年中国利率水平的调整，也表明中国宽松货币政策的退出不会跟随欧美两大经济体，同时也表明未来中国宏观经济政策的重点已经转向“调结构”和“防通胀”，并适度降低发展速度③。

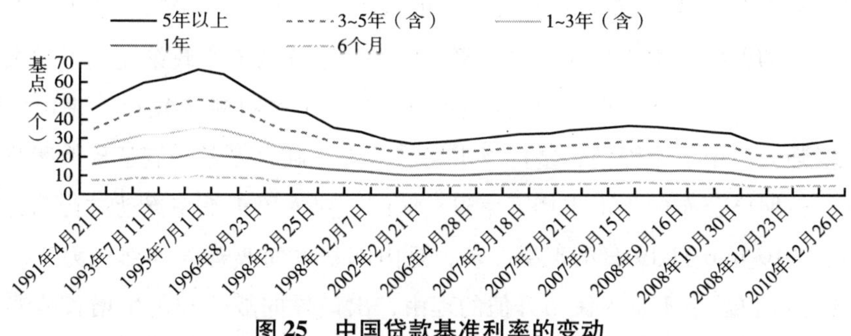

图 25　中国贷款基准利率的变动

资料来源：根据中国人民银行网站数据整理。

利率政策工具的另一个重要方面就是利差管理。2010 年 9 月，周小川指出，中央银行保持对利差的适当管理，有利于调节银行业对实体经济提供服务的积极性，有利于受危机损伤的商业银行修复资产负债表，并增强其放贷能力。利差管理包括贷款利差管理、长短期利差管理、存款利率上下限区间或者贷款利率上下限区间管理以及政策性金融机构与商业银行利差管理等多个方面。朱微亮和吴晓光认为，利差管理是我国转变经济发展方式，扩张消费需求的必然要求，体现我国央行的金融改革职能④。他们还认为，为了保证利差管理能有效体现货币政策

① 李克：《加息的效力几何》，2010 年 12 月 30 日《证券时报》。
② 刘利刚：《关注负利率引发资产价格泡沫的金融风险》，2010 年 10 月 25 日《上海证券报》。
③ 何志成：《加息表明宏观经济政策重点转向》，2010 午 10 月 22 日《中国证券报》。
④ 朱微亮、吴晓光：《利差管理的经济含义》，《中国金融》2010 年第 24 期。

的意图，传导货币政策信息更为快捷，需要加强利差管理工具与货币政策目标之间、利率管理与汇率等其他货币政策工具之间以及各种利差之间的协调。

（四）汇率政策

2005 年 7 月，中国按照“主动性、渐进性、可控性”的原则，推进了人民币汇率机制的改革，人民币兑美元的汇率一度在 2007 年底和 2008 年上半年出现了加速上升之势。2005 年以来的汇率改革总体上对我国实体经济发挥了积极影响，为实现宏观调控目标创造了有利条件，也在积极应对国内外形势变化中起到了重要作用①。但这一升值政策给中国出口企业带来了相当大的打击，次贷危机的蔓延又使中国出口市场环境急剧恶化。鉴于此，人民币与美元之间的汇率又基本上稳定在 1 美元兑 6.85 元左右人民币的水平。2009 ~ 2010 年上半年，人民币与美元之间的汇率基本维持在这一水平。但是，这样的汇率政策受到了越来越多的非议。2010 年 6 月 19 日，中国人民银行决定进一步推进人民币汇率形成机制改革，增强人民币汇率弹性，坚持以市场供求为基础，参考一篮子货币调节人民币汇率，按照已公布的外汇市场汇率浮动区间，对人民币汇率浮动进行动态管理和调节。2010 年 6 月 19 日的汇率改革，是内部基本面改善与外部压力重燃的结果②；经常账户盈余不是人民币升值的理由，出口导向战略与内生增长战略过渡是人民币升值的时代背景，但是要警惕人民币升值过快的负面冲击③。对于解决人民币汇率未来的困境，徐超则认为，从边主义是基础，双边主义是核心，单边主义是保证④。陈平和李凯则认为，汇改后人民币/美元的汇率变动与中国的通货膨胀率关系最显著：通胀率上升，人民币就有明显升值趋势⑤。

重启有管理的、参考一篮子人民币汇率之后，人民币汇率重新进入升值轨道。2010 年 6 月末人民币与美元之间的汇率为 6.8165，到 2011 年元月这一汇率已上升到 6.6027，即在半年的时间里人民币对美元升值了 3.24%。由于日元在过去一年里大幅升值，因而人民币兑日元的汇率也出现了一定程度的下跌。2009

---

① 胡晓炼：《人民币汇率机制改革的成功实践》，《中国金融》2010 年第 16 期。
② 张明：《国际金融危机下的人民币汇率形成机制改革》，《中国金融》2010 年第 21 期。
③ 孙建波：《走稳人民币汇率改革之路》，《中国金融》2010 年第 8 期。
④ 徐超：《破解人民币汇率困境》，《中国金融》2010 年第 21 期。
⑤ 陈平、李凯：《人民币汇率与宏观基本面：来自汇改后的证据》，《世界经济》2010 年第 9 期。

年底，人民币与日元之间的汇率为7.6101（人民币/百日元），到2010年底，这一汇率下跌到了7.9868。日元升值对中国经济会有什么样的影响？这得从两个方面来考察。从好的方面看，中国对日本出口商品价格成本下降带来的竞争优势，有可能刺激对日出口规模扩大；从坏的方面看，由于日元升值，消费需求在一定程度上会被抑制，从而对中国产品需求下降①。受希腊、爱尔兰等欧洲主权债务危机的影响，欧元出现了贬值，这也直接导致了人民币兑欧元的汇率在2010年明显上升。2009年12月，人民币与欧元之间的汇率为9.9708（人民币/欧元），而到2010年12月，人民币与欧元之间的汇率上升到了8.8127，在一年的时间里，人民币兑欧元的汇率上升了13.14%。虽然人民币升值的任务之一，就是缓解中国的贸易顺差，减少对美国的贸易逆差，但闫屹和王佳玺认为，人民币升值对中美贸易顺差的影响有限，当然也无助于改善美国的贸易逆差②。王国刚也认为，汇率难解“再平衡”③。

（五）房地产信贷政策

2010年1月10日，国务院发布了《关于促进房地产市场平稳健康发展的通知》，明确规定增加保障性住房和普通商品住房的有效供给，执行差别化信贷政策，对已利用贷款购买住房又申请第二套及以上住房贷款的首付比例不得低于40%。4月17日又发布了更为严厉的《关于坚决遏制部分城市房价过快上涨的通知》，加大抑制不合理购房需求的力度，规定首套自住房建筑面积90平方米以上的贷款首付比例不得低于30%，二套房的贷款首付比例提高到50%，且贷款利率不低于基准利率的1.1倍。要求商业银行可根据风险状况暂停发放第三套及以上住房贷款，对不能提供一年以上当地纳税证明或社会保险缴纳证明的非本地居民暂停发放购房贷款。9月29日，为进一步贯彻落实《国务院关于坚决遏制部分城市房价过快上涨的通知》的精神，促进房地产市场健康发展，中国人民银行会同中国银行业监督管理委员会印发《关于完善差别化住房信贷政策有关问题的通知》，要求商业银行更加严格地执行贷款购买商品住房的首付款比例及

① 刘涛：《日元升值对中国的影响》，2010年9月8日《第一财经日报》。

② 闫屹、王佳玺：《人民币升值对中美贸易顺差的影响有限》，《中国金融》2010年第21期。

③ 王国刚：《汇率难解“再平衡”》，2010年10月27日《中国证券报》。

贷款利率等相关政策，明确了暂停发放第三套及以上住房贷款等相关规定，坚决遏制房地产市场投机行为。同时，要求商业银行继续支持保障性住房建设贷款需求，支持中低价位、中小套型商品住房项目建设，引导房地产市场健康发展。李莉和付兵涛认为，2010 年的房地产调控政策有四个明显的特点：地区针对性强，对房价上涨过快的地区，允许商业银行停贷，甚至出台限购规定；主要目的是遏制投资、投机性购房行为，信贷、税收等限制措施均指向二套及以上购房行为；加大了供给力度，十分注重加大土地供给，增加保障性住房和小户型普通住房建设；加强了对地方政府的问责，各省级人民政府要签订住房保障工作目标责任书，建设和监察部门加大了对地方政府稳定房价的工作进行监督检查力度①。房地产市场调控必然会对商业银行经营带来很大挑战：由于需求被抑制，有效供给增加，房地产市场面临下行压力，商业银行开发贷款的资产质量面临恶化风险以及影响个人住房按揭贷款的违约率②。然而，徐阳认为，仅用货币政策是不能抑制房地产市场泡沫的，这是因为，中国经济的快速增长、土地财政、有效供给不足、住房预售制度、宽松的信贷促成了中国的高房价，因此，需要财政、金融监管等多方面才能抑制房地产泡沫③。

（六）窗口指导

窗口指导是央行对信贷总量和投向进行调控的重要工具之一。2010 年，央行货币调控的窗口指导主要有以下几个方面。

首先，加强农村与中小企业金融服务窗口指导。①为大学生“村官”创业富民提供金融支持。1 月 13 日，央行“提出积极加强信贷政策指导，有针对性地创新金融产品和服务方式，为大学生‘村官’创业富民及时提供有效融资支持”。②3 月 29 日，中国人民银行在《关于做好春季农业生产和西南地区抗旱救灾金融服务工作的紧急通知》中，要求确保金融机构支持春季农业生产和抗旱救灾必须的流动性需求，切实加大对春季农业生产和抗旱救灾的有效信贷投入。③5月 19 日，中国人民银行等又发布了《关于全面推进农村金融产品和服

---

① 李莉、付兵涛：《房地产市场调控对商业银行的影响分析》，《中国金融》2010 年第 24 期。

② 李莉、付兵涛：《房地产市场调控对商业银行的影响分析》，《中国金融》2010 年第 24 期；高德胜：《房地产市场调控下的房贷风险与防控》，《中国金融》2010 年第 24 期。

③ 徐阳：《货币政策应对我国房地产泡沫的有效性》，《中国金融》2010 年第 24 期。

务方式创新的指导意见》，要求创新农村金融产品和服务方式，积极研发和推出一些适合农村和农民实际需求特点的创新类金融产品；通过完善农村金融服务流程，再造农村金融服务模式，让广大农村和农民得到更多便捷和优质的现代化金融服务。④完善中小企业金融服务体系。6 月 21 日，中国人民银行会同其他部门发布《关于进一步做好中小企业金融服务工作的若干意见》，提出加强中小企业信贷管理制度的改革创新，完善多层次金融组织体系中小企业金融服务，拓宽中小企业多元化融资渠道，发展中小企业信用增强体系，多举措支持中小企业“走出去”开拓国际市场。

其次，关于促进产业结构调整的金融服务窗口指导。3 月 19 日，中国人民银行会同中共中央宣传部等八个部委出台《关于金融支持文化产业振兴和发展繁荣的指导意见》，督促金融机构认真落实金融支持文化产业发展振兴的政策措施，进一步改进和提升对我国文化产业的金融服务，促进文化产业的振兴和发展繁荣。5 月 28 日，中国人民银行会同中国银行业监督管理委员会出台《关于进一步做好支持节能减排和淘汰落后产能金融服务工作的意见》，要求金融机构进一步加强和改进信贷管理，多方面改进和完善金融服务，密切跟踪监测并有效防范信贷风险，做好金融支持节能减排工作。

再次，灾区重建的金融服务窗口指导。① 4 月 21 日，中国人民银行会同中国银行业监督管理委员会、中国证券监督管理委员会、中国保险监督管理委员会出台《关于全力做好玉树地震灾区金融服务工作的紧急通知》，及时出台支持灾区抗震救灾的特殊金融服务措施，要求加强灾区现金调拨和供应，确保支付清算、国库等系统通畅运营，引导金融机构切实加大对抗震救灾和灾区重建的信贷投入，满足灾区群众的基本生活需求。② 8 月 15 日，中国人民银行和中国银行业监督管理委员会联合印发《关于全力做好甘肃、四川遭受特大山洪泥石流灾害地区住房重建金融支持和服务工作的指导意见》，提出落实好灾前住房重建贷款因灾延期偿还政策、对灾区实行住房信贷优惠政策、加强贷款管理、加大支农再贷款支持力度、加快恢复灾区各项金融服务功能等意见。③ 9 月 21 日，中国人民银行、中国银行业监督管理委员会、中国证券监督管理委员会、中国保险监督管理委员会联合印发《关于进一步做好汶川地震灾后重建金融支持与服务工作的指导意见》，强调保持对灾区金融支持政策的连续性和稳定性，进一步增强对灾区金融服务的针对性和有效性。

最后，关于信贷风险方面的窗口指导。①3月4日，中国人民银行召开信贷形势座谈会。按照宏观调控的总体部署和要求，引导金融机构贷款合理均衡增长，同时着力优化信贷结构，增强风险防范意识。②政府融资平台通过大规模融资推动城市化建设，为中国应对国际金融危机和扩大内需发挥了重要作用，但存在巨大的风险，如：借款主体公司治理不完善，经营机制不健全，还款来源不足、存在政府信用风险[①]。而魏加宁进一步认为，地方政府投融资平台存在着资本金不足或资本金不实以及抽逃资本金的现象，总体负债水平相当高，负债率普遍超过80%甚至更高[②]，因此，整顿地方融资平台对于化解金融风险十分必要。7月30日，财政部、国家发展和改革委员会、中国人民银行、中国银行业监督管理委员会联合印发《关于贯彻〈国务院关于加强地方政府融资平台公司管理有关问题的通知〉相关事项的通知》，对《国务院关于加强地方政府融资平台公司管理有关问题的通知》有关内容进行解释说明，并要求各地上报地方政府融资平台公司债务清理核实情况。

① 姚建军：《地方融资平台的贷款风险与防范》，《中国金融》2010年第16期。

② 魏加宁：《地方政府投融资平台的风险何在》，《中国金融》2010年第16期。

B.7 银行业

一　银行业运行概述

受国内外经济环境的影响，2010 年中国的宏观经济政策开始逐渐转向，特别是在 2010 年下半年，鉴于通货膨胀预期的升温，监管部门开始加大对银行信贷规模管控的力度，同时，加快实施新巴塞尔协议的要求，意图通过强化资本约束来限制银行的放贷行为。在政策调控的影响下，2010 年中国银行业信贷扩张速度较 2009 年大幅回落，全年新增信贷总额 7.95 万亿元，增幅为 19.9%。新增贷款额度比 2009 年少增 1.65 万亿元，增速下降 11.8%。考虑到银信合作在 2010 年受到了较大的限制，银行信贷实际下降的幅度可能更大。尽管信贷增长减速，但得益于利差的扩大以及良好的资产质量，中国银行业的赢利状况在 2010 年仍保持了快速的增长。

到 2010 年 12 月末，我国银行业金融机构包括政策性银行及国家开发银行 3 家，大型商业银行 5 家，股份制商业银行 12 家，城市商业银行 147 家，农村商业银行 85 家，农村合作银行 223 家，农村信用社 2646 家，邮政储蓄银行 1 家，金融资产管理公司 4 家，外资法人金融机构 40 家，信托公司 63 家，企业集团财务公司 107 家，金融租赁公司 17 家，货币经纪公司 4 家，汽车金融公司 13 家，消费金融公司 4 家，村镇银行 349 家，贷款公司 9 家以及农村资金互助社 37 家。我国银行业金融机构共有法人机构 3769 家，营业网点 19.6 万个，从业人员 299.1 万人。

2010 年末，银行业金融机构资产总额 95.3 万亿元，比 2009 年增加 15.8 万亿元，增长 19.9%；负债总额 89.5 万亿元，比 2009 年增加 14.4 万亿元，增长 19.2%；所有者权益 5.8 万亿元，比 2009 年增加 1.4 万亿元，增长 31.2%（见图 1）。银行业金融机构资产规模市场份额进一步发生变化。从机构类型看，资产规模较大的依次为：大型商业银行、股份制商业银行、农村中小金融机构和邮政储蓄银行，占银行业金融机构资产的份额分别为 49.2%、15.6%、14.9%。城市商业银行和城市信用社、股份制商业银行、农村中小金融机构和邮政储蓄银行、非银行金融机构、外资银行资产份额比上年分别上升 1.06 个、0.78 个、0.60 个、0.24 个、0.13 个百分点，大型商业银行、政策性银行及国家开发银行资产份额分别下降 2.11 个、0.71 个百分点。

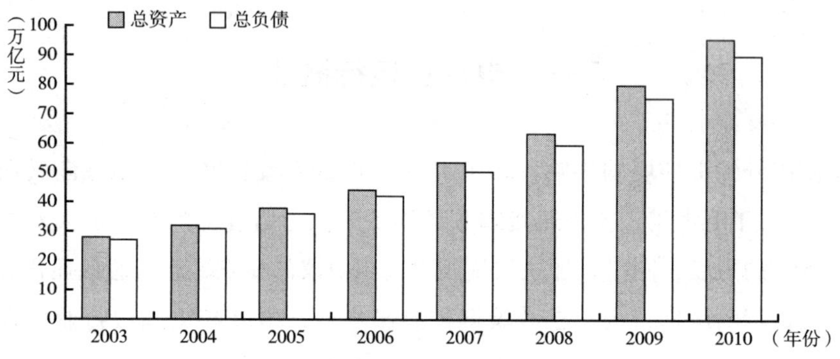

图 1　银行业金融机构资产、负债总量

资料来源：中国银监会年报（2010）。

（一）存款

2010 年末，全部银行业金融机构（含外资金融机构，下同）本外币各项存款余额为 73.3 万亿元，同比增长 19.8%，增速比 2009 年末低 8.1 个百分点，比年初增加 12.1 万亿元，同比少增 1.1 万亿元。其中，人民币各项存款余额为 71.8 万亿元，同比增长 20.2%，增速比 2009 年末低 8.0 个百分点，比年初增加 12.0 万亿元，同比少增 1.1 万亿元。外币存款余额为 2287 亿美元，同比增长 9.5%，比年初增加 200 亿美元，同比多增 39 亿美元。

从人民币存款的部门分布和期限看，住户存款平稳增长，活期占比稳步提高；非金融企业存款增速上半年回落，下半年大体趋稳，总体呈活期化态势。年末住户存款余额为 30.8 万亿元，同比增长 16.5%，增速比 2009 年末低 2.8 个百分点，比年初增加 4.4 万亿元，同比多增 972 亿元。非金融企业人民币存款余额为 30.5 万亿元，同比增长 21.5%，增速比 2009 年末低 16.0 个百分点，比年初增加 5.3 万亿元，同比少增 2.0 万亿元。非金融企业人民币存款增速上半年回落较为明显，6 月末增速比 2009 年末低 18 个百分点，主要与 2009 年基数较高有关。

（二）贷款

2010年末，全部金融机构本外币贷款余额为50.9万亿元，同比增长19.7%，增速比2009年末低13.3个百分点，比年初增加8.4万亿元，同比少增2.2万亿元。

人民币贷款增速高位回落后总体走稳。年末人民币贷款余额为47.9万亿元，同比增长19.9%，增速比2009年末低11.8个百分点，比年初增加7.95万亿元，同比少增1.65万亿元。贷款节奏更加均衡，各季新增贷款分别为2.60万亿元、2.03万亿元、1.67万亿元和1.64万亿元。从部门分布看，住户贷款增长稳步回落，非金融企业及其他部门贷款增速相对平稳。年末住户贷款余额同比增长37.6%，增速比9月末和6月末分别低4.6个和11.7个百分点，目前仍保持较快增长，比年初增加2.9万亿元，同比多增4125亿元。非金融企业及其他部门贷款余额同比增长15.3%，比年初增加5.1万亿元，同比少增2.1万亿元。其中，中长期贷款比年初增加4.2万亿元，同比少增7938亿元。票据融资比年初减少9051亿元，同比多减1.4万亿元。总体看，2010年金融机构大体保持着压票据融资、增一般贷款的态势。

银行业机构存贷款情况如图2所示。

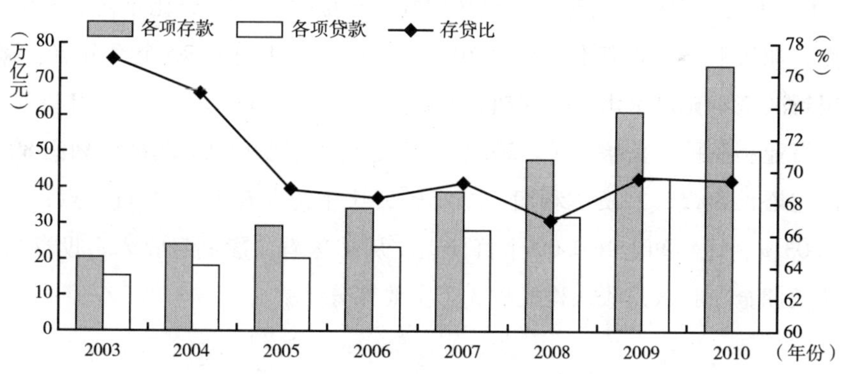

图2　银行业机构存贷款额度与存贷比

资料来源：中国银监会年报（2010）。

（三）流动性与资产质量

由于贷款额度管理的影响，商业银行贷款占资产结构的比重有所下降，存贷比较上年略有降低。同时，中国人民银行下半年连续提高了法定存款准备金率，商业银行的超额准备金较上年有所下降，2010 年末，银行业金融机构超额准备金率为 2.0%，比上年下降 1.13 个百分点。其中，中资大型银行为 0.9%，中资中型银行为 1.8%，中资小型银行为 4.4%，农村信用社为 7.7%。

2010 年，银行业金融机构的资产质量持续改善，风险抵补能力进一步提高。截至 2010 年底，银行业金融机构不良贷款余额 1.24 万亿元，比年初减少 1696 亿元，不良贷款率 2.4%，比年初下降 0.89 个百分点。其中，商业银行按贷款五级分类的不良贷款余额 4336 亿元，比年初减少 732 亿元，不良贷款率 1.13%，比年初下降 0.45 个百分点。截至 2010 年底，商业银行各项资产减值准备金余额 1.03 万亿元，比年初增加 1557 亿元；商业银行整体拨备覆盖率水平首次超过 200%，达到 217.7%，比年初上升 64.50 个百分点，风险抵补能力进一步提高。大型商业银行整体拨备覆盖率达到 206.8%，比年初上升 61.90 个百分点；股份制商业银行整体拨备覆盖率达到 277.6%，比年初上升 75.60 个百分点。

（四）资本充足率与赢利水平

2010 年，在经过大规模上市融资之后，商业银行资本充足率水平继续提高。截至 2010 年底，商业银行整体加权平均资本充足率 12.2%，比年初上升 0.80 个百分点；加权平均核心资本充足率 10.1%，比年初上升 0.90 个百分点。281 家商业银行的资本充足率水平全部超过 8%。

银行业利润持续大幅增长。2010 年，银行业金融机构实现税后利润 8991 亿元，同比增长 34.5%；资本利润率 17.5%，比年初上升 1.26 个百分点；资产利润率 1.03%，比年初上升 0.09 个百分点。从结构看，净利息收入、投资收益和手续费及佣金净收入是收入构成的 3 个主要部分。

二　银行业监管

2010 年，中国银行业所面临的政策环境出现了较大的变化，主要体现在以下 3 个方面：一是宏观政策趋紧，监管当局对银行经营行为的直接管控力度加大。银行信贷增长速度以及信贷结构较上年都出现较为明显的变化。二是中国银监会开始实施新巴塞尔协议，审慎监管框架得到了进一步的强化，这将对商业银行的行为产生长期的影响。三是监管当局逐步加大引导民间资本进入银行业的政策力度。

（一）监管环境

2010年，随着通胀预期的日渐升温，国家对货币信贷总量的调控的力度也逐步加大。从年初起，中国银监会就已非公开地对商业银行信贷规模进行了额度控制。此外，为配合国家对部分行业的调控，中国银监会也加大了对商业银行信贷行业结构的调控和引导，具体包括以下几个方面。

1. 地方政府融资平台贷款的规范和风险化解

2010年，中国银监会加大了对地方投融资平台的规范清理工作，并制定了“逐包打开、逐笔核对、重新评估、整改保全”的十六字方针，和“分解数据、四方对账、分析定性、汇总报表、统一会谈、补正检查”的“六步走”工作步骤，开展对地方政府融资平台授信业务的专项现场检查，督促银行业金融机构按现金流覆盖情况对平台贷款进行准确分类。

除此之外，中国银监会还非公开地发布了地方投融资平台名录，并限制商业银行对此类平台提供贷款支持。到2010年下半年，各家银行的地方投融资平台贷款增速迅速回落。

2. 防范房地产贷款风险

按照《国务院关于坚决遏制部分城市房价过快上涨的通知》及相关房贷新政要求，中国银监会在2010年对商业银行提出了强化房地产贷款管理的要求。具体政策包括：严控房地产开发贷款风险，并对房地产企业开发贷款实行名单式管理；严控向存在土地闲置及炒地行为的房地产企业发放开发贷款，对存在土地闲置一年以上的，一律不得发放新开发项目贷款；指导银行业金融机构预先布防高风险房地产企业风险暴露，加强对开发商资本充足率和自有资金的审查，提高抵押品标准，把握好贷款成数动态控制；加强土地储备贷款管理，严格把握土地抵押率，防止过度授信；实行动态、差别化管理的个人住房贷款政策，动态审慎管理首付款比例，严格执行利率风险定价；积极组织商业银行开展房地产贷款压力测试，评估房价下降及宏观经济情况变化对银行房地产贷款质量的影响。

3. 限制银信理财合作业务

为提高信贷规模控制的有效性，防止商业银行利用信托渠道来绕开规模限

制，2010 年，中国银监会加强了对银信理财合作业务的监管力度，印发了《关于规范银信理财合作业务有关事项的通知》，对相关业务进行了限制和规定，主要措施包括：再次强调信托公司自主管理原则；对融资类业务实施余额比例管理；叫停开放式及非上市公司股权投资产品；要求商业银行两年内将表外资产转入表内并计提拨备；建立银信理财合作业务逐日监测制度，利用非现场监管信息系统持续监测；利用监管评级和《信托公司净资本管理办法》，提高信托公司从事银信合作业务的机会成本，以此引导信托公司的业务发展方向。多方政策限制下，到 2010 年底，银信合作理财业务已全面暂停。

除以上几个方面外，监管当局还从资金使用的流程、流动性风险、操作风险以及市场风险的各个方面，对商业银行的经营管理进行了限制或引导。总的说来，在经济环境较为复杂，存在较多结构性问题的情况下，监管部门的政策引导和限制，在一定程度上可以降低商业银行的风险。但也应该看到的是，近年来，我国银行监管部门对商业银行经营管理的直接管控有逐渐强化的趋势，从最初的间接性工具到直接的总量控制，再细化到对具体业务的管理。这样的管控，在长期内可能并不符合我国金融市场化改革的方向，也不利于商业银行自身经营能力和风险定价能力的提高。因此，在充分承认监管强化的短期必要性和有效性的同时，我们也应对市场化改革给予高度的关注，在政策措施的选择上，不能因为短期的目标而牺牲太多的长期利益。

（二）新巴塞尔协议实施及影响

2010 年 9 月 12 日，国际清算银行（BIS）发布消息，宣布成员国央行和银行监管部门就《巴塞尔协议Ⅲ》（以下简称“新协议”）达成了一致。该协议只需要在 11 月的 20 国集团峰会上，经各国首脑签署通过，即可进入具体的实施阶段。作为本次金融危机的一项遗产，新协议的主要目的，在于通过监管的强化和扩展，来消除原有监管框架所存在的一些固有缺陷，以最终构建一个更具弹性的、更健康的银行体系，支持经济的长期稳定增长。

与《巴塞尔协议Ⅱ》相比，新协议的调整主要集中在以下几个方面：一是进一步强化现行的资本充足率监管标准；二是引入了一个流动性监管框架；三是针对大而不倒问题，加强了对具有系统性影响的银行的监管。以上三方面的修正，均是根据金融危机所暴露出来的问题而进行的对应调整。

1. 资本充足率监管框架的强化

新协议从几个方面对原有的资本充足率监管框架进行了强化。

（1）提高了资本充足率监管标准。新协议要求将核心一级资本（普通股和利润留存）充足率水平从原有的2%提高到4.5%；核心资本充足率则由原有的4%提高到6%；包含附属资本在内的资本充足率则维持在8%的水平。

新协议对于上述监管标准强化的进程也做了初步的安排。从2011年开始实施，到2013年1月1日，银行的核心一级资本充足率应达到3.5%；核心资本充足率应达到4.5%；资本充足率应达到8%。到2015年1月1日，核心一级资本充足率达到4.5%；核心资本充足率达到6%；资本充足率保持8%不变。

（2）扩展了风险计量的范围。在原有的巴塞尔协议框架下，银行将大量的风险资产转移到表外，以逃脱资本监管约束，导致风险被严重低估。新协议规定将表外资产以及资产证券化产品按照一定的转换系数，换算为等价信贷资产。这一改变，将使原先的资产证券化产品的资本要求提高3~4倍。根据巴塞尔委员会的计划，具体的针对交易、衍生工具和证券化活动的更高资本要求将在2011年底之前推出。

（3）针对资本充足率监管框架所固有的顺周期缺陷，规定了最高2.5%的追加资本充足率要求。银行监管当局可以根据对经济周期的判断，以及对单个银行运行状况的评估，要求银行增持缓冲资本，规模为风险资本的0~2.5%，全部需要以核心一级资本形式持有。按照巴塞尔委员会的建议，缓冲资本要求实施期间为2016~2018年。从2016年开始，每年增加0.625%，到2019年1月1日，最终达到2.5%。

（4）在风险资本框架之外，引入与风险无关的杠杆率监管指标，以降低由于风险计量的顺周期性可能产生的各种问题。新协议规定了最低3%的权益资产比指标，以控制银行的杠杆融资规模。不过，由于银行经营模式的不同，杠杆率指标与资本充足率监管指标之间可能会存在一定的冲突，为此，巴塞尔委员会建议从2011年1月1日起，各国监管部门开始对杠杆率指标进行监控，以观察其与资本充足率框架的契合情况。2013~2017年为正式实施期间，银行需要从2015年开始披露杠杆率信息。

2. 流动性监管框架

鉴于本次金融危机所暴露出来的流动性问题，巴塞尔委员会在资本充足率框

架外，在银行监管体系中引入了流动性监管框架。主要涉及两个指标：流动性覆盖率（Liquidity Coverage Ratio）和净稳定融资率（Net Stable Funding Ratio）。两个比率的计算都涉及对不同类型的资金来源进行分类、分层，然后在此基础上进行统一的换算，以更为准确地反映银行资产负债表的流动性情况。

3. 针对“大而不倒”问题的调整

在此次危机中，具有系统性风险的金融机构（雷曼兄弟公司）的倒闭加速了危机的扩散和升级，之后，各国政府对面临困境的大型银行一律都采取了救助的措施。这些救助措施固然有效地缓解了危机的进一步蔓延，但在很大程度上也加剧了银行业原本就存在的“大而不倒”问题，这对监管的有效性提出了巨大的挑战。为缓解这一问题，新协议建议通过追加资本要求或有资本以及债务保证等多种工具，来加强对具有系统性影响的银行的监管。目前，有关的政策安排和实施进程仍然在制订过程当中。

针对新巴塞尔协议所提出的几个改进方向，中国银监会结合中国银行业的实际情况，制订了中国新巴塞尔协议的实施方案，该方案大致包括以下几个方面的内容。

（1）提高资本充足率监管标准。由于中国银行业的整体资本充足率水平要领先于全球同业，所以中国银监会制定了高于新协议要求的资本标准，要求商业银行在满足最低资本充足率要求8%的基础上，计提相应的资本缓冲，包括留存资本缓冲（Conservation Buffer）与逆周期资本缓冲（Counter-cyclical Buffer），对系统重要性大型商业银行增加附加资本要求，确保大型商业银行和中小商业银行资本充足率分别不低于11.5%和10%。在提升资本水平的同时，注重提高资本质量，坚持股本和留存收益组成的核心资本不低于资本净额的75%，要求银行间互持次级债应当从附属资本中扣减，以防止银行交叉持有次级债可能形成的系统性风险。

（2）实施贷款损失准备动态监管。结合拨备制度国际改革最新进展，中国银监会根据经济发展不同阶段、银行业金融机构贷款质量差异和赢利状况的不同，对贷款损失准备监管要求进行动态调整：在经济上行期、赢利水平较高时期适度提高贷款损失准备要求；在经济下行期根据贷款核销情况适度调低，实现熨平拨备波动的目的。目前，中国银监会实施的标准为贷款余额的2.5%或拨备覆盖率150%二者较高者。从2010年的数据看，对于新的拨备标准，大型商业银行已基本达标，其他银行则面临着一定的补提压力。具体而言，外资银行和农村金融机构的补提压力较大，这会对其未来几年的利润产生一些影响，但从长期看，拨备水平提高将会有效提高银行风险抵御的能力。

（3）综合考虑表内外风险暴露，探索对银行杠杆率水平提出审慎要求。目前规定为资本与表内外资产总额之比不得低于4%。

（4）建立流动性风险监管框架。结合巴塞尔银行监管委员会国际流动性监管标准改革最新进展，中国银监会在要求各商业银行坚守既有的各项流动性风险监管标准的基础上，于2010年2月印发《关于进一步加强商业银行流动性风险监管的通知》，提出流动性覆盖率和净稳定资金比率等流动性风险计量新指标，要求银行强化对流动性风险的计量和管理，优化资产负债配置，降低期限错配，减少流动性危机发生的可能性和冲击力。2010年12月，印发《关于印发2011年非现场监管报表的通知》，按照最新要求完善流动性风险非现场监管报表体系。

（三）引导民间资本进入银行业

从2006年开始，监管机构开始调整放宽农村地区银行业金融机构市场准入政策，允许包括民间资本在内的各类资本参与发起设立村镇银行等新型农村金融机构。2008年，中国银监会印发《农村中小金融机构行政许可事项实施办法》，全面放开民间资本入股异地农村中小金融机构的政策限制。2010年4月，印发《关于加强中小商业银行主要股东资格审核的通知》，将中小商业银行主要股东持股比例控制在20%以内，进一步加大支持民间资本进入的力度，促进中小商业银行建立较为合理的股权结构和运行规范，希望并鼓励中小商业银行呈现“多股东、小比例、多种经济成分并存”的股权结构状态，完善中小商业银行公司治理机制。

2010年11月，中国银监会印发《关于加快推进农村合作金融机构股权改造的指导意见》，要求到2015年底前，地（市）及城区机构法人股平均比例应高于50%，县域机构平均比例应高于35%。截至目前，民间资本已经是我国银行业资本金的重要组成部分。民间资本参与了部分大型商业银行和股份制商业银行的首次公开募股（IPO）和股权优化。据不完全统计，民间非金融机构类投资者在全国股份制商业银行持股比例达到8.67%，在城市商业银行持股比例达到

42.59%。全国农村中小金融机构股本中民间资本超过2400亿元，占股本总额超过90%。民间资本在各类农村中小金融机构的入股比例分别为：农村资金互助社99.8%，农村信用社99.3%，农村合作银行95.8%，农村商业银行77.7%，村镇银行54.8%（其余股份大部分由民间资本间接持有）。

民间资本进入银行业金融机构，带来了许多积极的影响：一是银行股权资本和产权结构渐趋多元化。股东整体素质得到优化，公司治理进一步完善，执行力有效提升，成为自我修复、自我纠偏的重要机制。二是银行服务小企业能力得到提升。民间资本的加入使银行业金融机构能够及时了解各行业的发展动态和民营企业的金融需求，不断创新服务品种，提高服务能力。三是入股民营企业发展更趋规范。银行业在增资扩股过程中审核入股要求时，积极帮助民营小企业改善财务管理状况、提高信息规范性、强化诚信意识及资本约束意识，形成了银行和企业共赢的良性循环机制。

三　银行业改革

2010年，中国银行业相关改革继续深入发展。年中，中国农业银行完成发股上市，宣告我国大型国有商业银行的股份制改革顺利完成。此外，农村金融机构体制改革方向基本确立，新型农村金融机构的发展则开始加速，村镇银行试点工作在全国范围内铺开并取得了较大进展。

（一）农业银行发股上市

2010年7月15、16日，中国农业银行分别在A股和H股市场成功上市，募集资金221亿美元，成为2010年全球融资规模最大的IPO。2008年10月，《农业银行股份制改革实施总体方案》正式获得国务院批准，农业银行的股份制改革正式启动。同年11月，汇金公司向农行注资1300亿元人民币等值美元，与财政部并列第一大股东。2009年1月，农业银行股份有限公司在北京正式成立，注册资本为人民币2600亿元，之后农行开始进入上市筹备和申请程序。2010年6月，农行首发获得中国证监会通过，上市时间正式确定。

农业银行的成功上市标志着大型商业银行股份制改革圆满完成。通过股份制改革，中国农业银行在公司治理、发展战略和经营理念等方面进步明显，经营绩效大幅提升。特别是，中国农业银行坚持面向“三农”，持续深化“三农”金融事业部制改革试点，不断完善资本管理、信贷管理、会计核算、风险拨备与核销、资金平衡与运营和激励约束等机制建设，服务“三农”的综合能力和整体水平显著提高。

（二）农村中小金融机构改革

2010 年，中国银监会确定了农村金融机构股份制改革的基本方向，并开始加快推进农村合作金融机构股权改造和经营机制的转换。职工和自然人持股情况也得到规范，为形成有效公司治理奠定基础，中国银监会鼓励符合农村商业银行准入条件的机构直接改制为农村商业银行，暂不具备条件的则改制组建股份制农村信用社。

此外，农村信用社省联社进一步规范法人治理，进一步提高理事会决策的独立性和科学性。农村商业银行加快风险管理机制和流程建设步伐。2010 年 12 月，重庆农村商业银行在香港交易所挂牌上市，成为首家登陆资本市场的农村中小金融机构。

（三）新型农村金融机构

2010 年，在监管部门的政策引导以及财税政策支持下，新型农村金融机构取得了较大的发展。2010 年中，中国银监会印发《关于加快发展新型农村金融机构有关事宜的通知》，在主发起行、管理模式等方面做出适应性调整，允许金融资产管理公司发起设立村镇银行，允许设立 10 家及以上新型农村金融机构的主发起人设立管理总部，允许设立 30 家及以上新型农村金融机构的主发起人探索组建控股公司，允许主发起人到西部（除省会城市外）地区和中部老少边穷地区以地（市）为单位组建总分行制的村镇银行。

截至 2010 年底，全国共组建新型农村金融机构 395 家，其中村镇银行 349 家，贷款公司 9 家，农村资金互助社 37 家。已开业机构总体运营健康平稳，存款余额 752. 7 亿元，贷款余额 600. 9 亿元，实现利润 9. 5 亿元，86. 7% 的资金投向“三农”和小企业，累计发放小企业贷款 3. 1 万笔、贷款余额 313. 8 亿元，占比 52. 2%；农户贷款累计 23. 7 万笔、贷款余额 207. 4 亿元，占比 34. 5%。

四　银行业经营

2010年，银行业经营状况持续向好，资产质量、资本充足水平以及赢利水平都较2009年有了大幅提升。当然，除了经营业绩引人注目外，商业银行在2010年所进行的集中融资行为也对市场产生了较大的冲击，并一度成为市场关注的焦点。在资本充足率监管强化的背景下，中国商业银行的经营模式在长期内将面临越来越大的挑战。

（一）中国银行业的资本补充压力与经营模式

到目前为止，中国商业银行对利差收入高度依赖，而信贷资产自然也在银行资产中占据了绝对的比重。在资本充足率监管框架下，这样一种收入和资产结构显然并不节约资本。作为风险权重最高的资产，信贷的高速扩张必然意味着追加的资本补充。也正因为如此，在经历了2009年信贷高速扩张之后，2010年，多数商业银行都面临着较为迫切的资本补充压力。上市银行也由此掀起了一轮融资浪潮，给资本市场带来了不小的冲击。

据不完全统计，2010年中，上市银行通过IPO、增发、定向增发、配股以及发行可转债等方式在资本市场融资3000亿元以上，占全年资本市场融资额的1/3左右（参见表1）。而非上市银行也通过各种方式进行了资本补充。通过这一轮的资本补充，银行业机构整体资本充足率维持在了较高的水平，远高于新巴塞尔协议的要求，也高于中国银监会所实施的新标准。

表1　上市银行资本募集情况（部分）

银行名称	资本补充方　式	募集资金（亿元）	银行名称	资本补充方　式	募集资金（亿元）
深发展	定向增发	70	中国银行	配　股	417
宁波银行	定向增发	43.95		可转债	400
招商银行	配　　股	177.64	光大银行	IPO	185
兴业银行	配　　股	178.33	农业银行	IPO	1380
交通银行	配　　股	171.25			

资料来源：各行公报。

尽管在通过大规模融资后，中国银行业达到并超过了监管要求，但从长期来看，银行业所面临的资本约束必然会越来越严峻，其现有的经营模式也将受到越来越大的挑战。

首先，在商业银行现行的规模扩张型发展模式下，银行的发展必将导致巨额的资本损耗。即使保持原有的资本充足率不变，银行在未来也会面临较强的资本补充压力，而在新巴塞尔协议将银行资本充足率标准进一步提高之后，这种资本补充压力将变得更加突出。

其次，在存在资本补充压力的背景下，接下来的一个问题便是现有的资本补充渠道能否满足这样的补充需求。通常情况下，银行的资本补充大致有两方面的来源：一是利润留存；二是资本募集。从目前的情况看，银行仅靠自身的利润留存将很难满足其业务扩张的需要，追加募集股本成为其资本补充最重要的渠道。但从长期来看，资本市场将很难在长期内满足银行业的追加资本需求。

因此，从长期看，在资本补充难以在长期内维持其业务发展的背景下，商业银行将不得不考虑通过业务模式的转型，来降低对资本的损耗。即通过发展风险权重较低，资本消耗量小的业务，减少资本消耗比较大的业务，以降低业务发展对资本的依赖程度。目前，已经有许多银行意识到这一转型发展方向，并进行了许多有针对性的调整。

（二）主要银行机构的经营状况

1. 国有大型银行

截至2010年末，5家大型国有商业银行的资产规模为45.88万亿元，同比增长19.7%，占全部银行业机构的比重48.7%。在过去几年中，大型国有商业银行的规模扩张速度基本略低于银行业平均水平，因此，以资产、负债规模占比衡量的市场份额也呈逐步降低的趋势。不过，尽管资产规模占比已经低于全部机构总额的50%，但其利润仍占银行业绝对比重。

截至目前，5家大型国有银行的年报已全部公布。其中，工商银行2010年的税后利润为1616.54亿元，较上年增长26.54%；建设银行实现净利润1348.44亿元，较上年增长26.31%；中国银行净利润为1044.18亿元，同比增长29.20%；农业银行净利润949.07亿元，同比增速达到46.01%；交通银行净利润390.42亿元，同比增长29.63%（见表2）。5家银行中，农行的增长幅度最大，这和农行在2010年完成上市有直接关系。加总起来，5家银行的利润总额达到5348.65亿元，占银行业利润总额的60%。这显示大型商业银行的资产收益率水平要远高于行业平均水平。

表2　大型国有银行经营状况

公司简称	总资产		净利润		资本充足率(%)	核心资本充足率(%)	不良贷款率(%)	拨备覆盖率(%)
	余额(亿元)	增速(%)	余额(亿元)	增速(%)				
工商银行	134586.22	14.20	1616.54	26.54	12.27	9.97	1.08	228.20
建设银行	108103.17	12.33	1348.44	26.31	12.68	10.40	1.14	221.14
中国银行	104598.65	19.51	1044.18	29.20	12.58	10.09	1.10	196.67
农业银行	103374.06	16.40	949.07	46.01	11.59	9.75	2.03	168.05
交通银行	39515.93	19.41	390.42	29.63	12.36	9.37	1.12	185.84

资料来源：各行公开资料。

在2010年中，中国银行和交通银行进行了再融资，农业银行则实现了IPO。此外，工商银行和建设银行也都在2010年中制定了配股融资方案，准备补充资本。截止到2010年底，5家银行的资本充足率均在11.5%的监管要求之上。

在资产质量方面，5家国有银行中，除农业银行外，其他4家银行的不良贷款率均在1%左右，较上年有进一步的改善。拨备覆盖率则均超过150%的要求。

2. 股份制银行

股份制商业银行继续维持了较快的发展势头。在过去相当长的一段时间里，股份制商业银行在各类商业银行中的规模扩张最快。不过，随着资产规模的扩大，近年来的增速已被城市商业银行所超越。2010年底，股份制商业银行资产规模为14.86万亿元，同比增长26.1%，占全部银行业比重15.8%。

截止到2010年底，12家股份制商业银行中已有8家上市，其中光大银行于2010年完成了在A股市场的上市工作，筹集资金185亿元。另外7家银行中，招商银行、深发展、兴业银行在2010年也都通过再融资补充了资本（见表3）。民生银行在2010年提出了定向增发方案，但受到了较大的反对，该融资计划将被推迟到2011年执行。在进行一轮资本补充之后，各股份制商业银行的核心资本充足率基本维持在8%以上，资本充足率则维持10%以上。与大型国有商业银行相比，股份制商业银行的资本充足率稍低，且基本处于监管临界点（这可能与股份制商业银行比较看重资本回报率有关），在未来面临较大的持续资本补充压力。

表3　上市股份制商业银行经营状况（部分）

公司简称	总资产		净利润		本充足率(%)	核心资本充足率(%)	不良贷款率(%)	拨备覆盖率(%)
	余额(亿元)	增速(%)	余额(亿元)	增速(%)				
招商银行	24025.07	16.18	257.69	41.32	11.47	8.04	0.68	302.41
浦发银行	21914.11	35.05	191.77	45.10	12.02	9.37	0.51	380.56
中信银行	20813.14	17.26	215.09	50.20	11.31	8.45	0.67	213.51
兴业银行	18496.73	38.85	185.21	39.44	11.22	8.80	0.42	325.51
民生银行	18237.37	27.86	175.81	45.25	10.44	8.07	0.69	270.45
华夏银行	10402.3	23.04	59.9	59.29	10.58	6.65	1.18	209.04
深发展	7276.1	23.78	62.83	24.92	10.19	7.10	0.58	271.50

资料来源：各行年报。

2010年，已公布年报的7家股份制银行中，招商银行净利润规模最大，为257.69亿元，中信银行的增幅最快，超过50%。此外，各家银行的资产质量情况良好，除华夏银行外，不良贷款率全部都在1%以内，兴业银行更是在0.5%以内。显示了股份制商业银行良好的风险管控能力。

3. 城市商业银行

随着跨区经营的放开，城市商业银行成为近几年来发展最快的群体。2010年底，全部151家城市商业银行的资产总额为7.8万亿元，同比增长38.2%，占全国银行业比重8.3%；利润总额769亿元，占比8.5%。

由于地区经济发展存在巨大差异，城市商业银行经营状况也存在较大的分化（见表4）。从资产规模看，2010年底，151家城市商业银行中，有19家的总资产在1000亿元以上，最大的北京银行资产规模为7336亿元，而规模最小的白银商行，资产规模仅有30亿元。

在赢利能力方面，各家银行也存在较大的差距。2010年，北京银行利润规模最大，为67亿元，利润最低的银行则只有1000万元左右。资产质量方面，刚刚重组完毕的几家银行，如昆仑银行、华融湘江银行的不良贷款率都接近于零，而不良贷款率最高的银行则接近4%。不过，总的说来，城市商业银行群体的整体资产质量表现良好，平均不良贷款率低于1%。拨备覆盖率方面，151家银行的平均拨备覆盖率为257%，高于监管要求。

表 4　部分城市商业银行经营状况

银行名称	总资产（亿元）	净利润（亿元）	资本利润率（%）	资产利润率（%）	资本充足率（%）	不良贷款率（%）	拨备覆盖率（%）
北京银行	7336.96	67.92	16.93	1.07	12.54	0.69	307.31
上海银行	5653.74	50.16	19.65	0.97	10.74	1.12	227.21
江苏银行	4297.42	41.81	22.23	1.10	11.82	1.06	214.77
宁波银行	2634.95	23.23	18.23	1.09	16.20	0.69	196.15
平安银行	2557.74	17.53	11.69	0.74	10.96	0.41	211.14
南京银行	2181.10	23.55	15.24	1.28	14.85	0.98	232.54
杭州银行	2168.71	19.50	17.49	1.06	11.74	0.65	243.77
徽商银行	2075.46	26.20	19.40	1.42	12.08	0.59	429.73
天津银行	2033.61	17.19	18.01	0.98	11.20	1.03	318.43
盛京银行	2004.00	18.97	30.21	1.06	11.30	0.76	206.25
大连银行	1726.91	12.57	18.15	0.84	12.13	0.97	257.16
广州银行	1619.71	18.54	19.98	1.28	12.70	0.00	—
成都银行	1511.62	16.41	19.60	1.28	13.12	0.73	360.77
吉林银行	1477.69	11.82	12.77	0.92	11.29	1.16	195.47
哈尔滨银行	1251.45	13.07	29.03	1.25	11.11	0.80	191.96
东莞银行	1162.08	10.61	23.38	1.06	11.62	1.09	220.57
包商银行	1140.58	14.08	27.25	1.44	11.21	0.46	239.46
汉口银行	1111.70	10.09	19.63	1.16	12.01	1.16	168.83
重庆银行	1082.39	10.82	23.96	1.14	12.41	0.36	533.93
锦州银行	936.20	9.00	13.20	1.22	14.69	0.78	252.31

资料来源：各行年报。

总的说来，作为扩张较快的银行群体，城市商业银行在快速发展过程中并没有忽视对风险的重视，比较好地实现了高速发展与低风险的统一。不过，从监管者的角度看，城市商业银行的竞争优势并不在于其跨区域扩张成为新的大型银行，而在于其扎根本地市场、精细化服务的能力。因此，在 2010 年底，齐鲁银行事件爆发之后，监管当局对城市商业银行跨区域发展的政策进行了反思。预计，在未来一段时间，监管当局对城商行跨区发展的限制将会逐步加强，城商行高速增长的态势或许会有所放缓。

4. 农村中小金融机构

农村中小金融机构近年来同样发展迅速（见表5）。从农村商业银行情况来看，2010年底，农村商业银行资产总额达到2.78万亿元，占银行业金融机构总资产的2.9%，同比增长48.3%；实现利润279.9亿元，占比3.1%，同比增长87.9%。截至2010年9月底，农村商业银行平均资产规模为506亿元。最大的为北京市农村商业银行，达3213.40亿元；最小的为河南新县农村商业银行，仅为21亿元。总体上看，不同区域农村商业银行在经营规模上差距很大。资产规模排名前10位的农村商业银行中，除重庆农商行和成都农商行外，其他8家全部位于东部地区。从赢利情况来看，截至2010年9月底，所有农村商业银行均实现赢利，平均资产利润率为1.48%，整体赢利能力较好。资产利润率最高的是

表5　部分农村中小金融机构经营状况

银行		总资产（亿元）	净利润（亿元）	资产利润率（%）	资本利润率（%）	资本充足率（%）	不良贷款率（%）	拨备覆盖率（%）
农商行	北京农村商业银行	3213.40	9.07	0.40	14.75	10.39	6.01	81.54
	重庆农村商业银行	2679.51	22.86	1.30	26.88	10.40	2.54	177.78
	上海农村商业银行	2472.33	6.59	0.38	6.70	10.52	1.41	156.88
	广州农村商业银行	2173.05	20.24	1.37	21.98	10.53	0.80	150
	成都农村商业银行	1480.11	11.66	1.14	18.35	11.93	1.09	204.96
	东莞农村商业银行	1207.55	13.05	1.51	22.63	16.48	1.82	250.52
	佛山顺德农村商业	1144.46	12.79	1.58	20.01	16.28	0.95	288.60
	江苏江南农村商业	1104.62	8.97	1.30	18.60	12.86	1.12	309.15
	深圳农村商业银行	871.49	8.34	1.36	19.76	11.73	2.22	177.34
	武汉农村商业银行	671.89	7.29	1.60	22.24	13.24	2.54	138.96
农合行	杭州联合农村合作银行	772.15	6.14	1.20	15.65	13.47	0.68	486.28
	浙江萧山农村合作银行	576.95	5.58	1.40	19.21	10.91	0.65	467.34
	宁波鄞州农村合作银行	480.85	7.43	2.25	37.71	12.12	1	264.16
	浙江绍兴县农村合作银行	436.70	5.67	1.87	24.62	11.67	0.82	385.63
	宁波慈溪农村合作银行	306.64	2.34	1.08	12.68	11.75	0.57	381.52
	浙江杭州余杭农村合作银行	293.03	2.98	1.48	23.75	10.41	1.12	201.77
	浙江义乌农村合作银行	292.96	3.10	1.52	16.80	12.53	1.31	243.79
	江苏宜兴农村合作银行	261.55	1.92	1.09	20.98	10.23	2.74	165.59
	山东济南润丰农村合作银行	198.34	0.78	0.49	11.51	8.60	9.44	41.54
	浙江上虞农村合作银行	186.76	1.78	1.36	17.31	11.62	1.70	277.25

资料来源：各行季报。

鄂尔多斯市东胜农村商业银行，9 个月的资产利润率高达 5.4%；最低的为上海农商行，为 0.38%。平均资本利润率为 21.2%，也属于较高水平。截至 2010 年 9 月底，农商行平均资本充足率为 13.7%，最高达到 48.2%，最低为 8.4%，全部在 8% 的监管要求之上，资本充足情况较好。平均不良贷款率为 2.1%，高于银行业平均水平，最高为 6.7%，最低为 0.2%。平均拨备覆盖率为 221%，最高为 657%，最低为 81.5%，有 17 家拨备覆盖率低于 150% 的监管要求，占比 38%。

从农村合作银行情况来看，2010 年底，农村合作银行资产总额达到 1.50 万亿元，占银行业金融机构总资产的 1.6%，同比增长 17.3%；实现利润 179 亿元，占比 2.0%，同比增长 32.6%。截至 2010 年 9 月底，农村合作银行平均资产规模为 73.8 亿元，远低于农村商业银行。最大的为杭州联合农村合作银行，达 772.15 亿元；最小的为陕西甘泉农村合作银行，仅为 4.3 亿元。资产规模排名前 10 位的农村合作银行全部位于东部地区。从赢利情况来看，截至 2010 年 9 月底，农村合作银行平均资产利润率为 1.25%，略低于农村商业银行。其中，有 4 家出现亏损，占比 2%。资产利润率最高的为 6.3%；最低的为 -1.42%。平均资本利润率为 20.0%，同样略低于农村商业银行。截至 2010 年 9 月底，所有农村合作银行平均资本充足率为 11.0%，最高达到 26.5%，最低出现负值，为 -13.2%，有 12 家农村合作银行资本充足率低于 8% 的监管要求，占比 6%。平均不良贷款率为 3.7%，高于银行业平均水平，也高于农村商业银行平均水平，最高为 51.7%，说明有一半以上贷款为不良贷款，最低为 0.2%。平均拨备覆盖率为 197%，最高为 1566%，最低仅为 8.6%，有 97 家拨备覆盖率低于 150% 的监管要求，占比 48.7%。拨备计提水平尚有待进一步提高。

总体上看，2010 年农村金融机构资产扩张较为迅速，赢利情况较好，但不同银行之间差距较大，部分银行甚至出现亏损。资本充足情况较好，仅有少部分银行资本充足率低于监管标准。农村金融机构不良贷款率总体偏高，高于行业平均水平，资产质量相对较差。拨备计提较为充足，但部分银行存在拨备计提低于监管要求的情况。说明农村金融机构在风险管理方面还有待加强。同时，农村商业银行情况经营情况要优于农村合作银行。

5. 外资银行

截至 2010 年底，45 个国家和地区的 185 家银行在华设立 216 家代表处。14

个国家和地区的银行在华设立37家外商独资银行（下设223家分行）、2家合资银行（下设6家分行，1家附属机构）、1家外商独资财务公司。另有25个国家和地区的74家外资银行在华设立90家分行（见表6），其中，台湾土地银行、第一商业银行、合作金库银行和彰化银行成为首批进入大陆地区设立分行的台资银行。截至2010年底，44家外国银行分行、35家外资法人银行获准经营人民币业务，56家外资银行获准从事金融衍生产品交易业务。

表6　外资银行营业机构数和资产状况

项目＼年份	2004	2005	2006	2007	2008	2009	2010
营业性机构数(家)*	188	207	224	274	311	338	360
资产(亿元)	5823	7155	9279	12525	13448	13492	17423
占银行业金融机构总资产比(%)	1.84	1.91	2.11	2.38	2.16	1.71	1.85

注：* 含法人机构总行、分行和附属机构。
资料来源：中国银监会年报（2010）。

截至2010年底，外资银行在我国27个省（区、市）45个城市设立机构网点，较2003年初增加25个城市。2010年，中国银监会印发《关于外资银行在所在城市辖区内外向型企业密集市县设立支行有关事项的通知》，首次允许外资银行在总行或其分行所在城市辖区内外向型企业密集市县设立支行，积极发挥外资银行在县域外向型经济发展中的作用。

截至2010年底，在华外资银行营业性机构资产总额（含外资法人银行和外国银行分行）1.74万亿元，同比增长29.13%（见表6）；各项存款余额1.06万亿元，增长43.99%；各项贷款余额9137亿元，增长26.26%；流动性比率61.49%；实现税后利润77.85亿元；不良贷款率0.53%；资本充足率18.98%，核心资本充足率18.56%。总体上看，在华外资银行营业性机构主要指标均高于监管要求，基本面健康。

B.8
保险业

2010 年是中国“十一五”规划的最后一年，国内生产总值达到 397983 亿元人民币①，约合 58786 亿美元，经济总量跃居世界第二。中国保险业经过“十一五”时期快速发展，综合实力迅速提升，已经成为全球重要的新兴保险市场。同时，保险市场深层次矛盾和问题不断显现，发展方式粗放，创新能力不足，呈现明显的阶段性特征，发展方式还未实质性转变，中国保险业“转方式、促规范、防风险、稳增长”道路任重道远。2011～2015 年人均收入水平还会不断提高，风险意识会继续增强，政府保障改善民生、产业结构调整、区域经济发展的政策导向，以及提高社会管理科学化水平的努力，将继续拓展保险市场的发展空间，不断激发新的保险需求，保险业发展将进入一个新阶段，中国保险市场将继续处于快速发展期。

一 “十一五”时期（2006～2010 年）中国保险业发展概况

（一）保险业务快速增长

“十一五”期间，中国保险业保持了较快的增长，保费收入从 2006 年的 5641.4 亿元增加到 2010 年的 1.45 万亿元（参见图 1）。2010 年人身险保费收入达 1.06 万亿元，其中寿险保费收入 9679.51 亿元，财产险保费收入 3895.64 亿元。产险保费收入增长速度要高于人身保险（2008 年除外），并且增长速度相对比较平稳，年度之间的波动程度相对较小（参见图 2）。保险业是国民经济发展

① 数据来源：本文使用的数据除特别说明外均来自历年《中国统计年鉴》、《中国保险年鉴》、《中国金融发展报告》、中国保险监督管理委员网站和相关公开出版物及报告；中华人民共和国 2010 年国民经济和社会发展统计公报。部分数据根据作者计算得到。

最快的行业之一，保费收入的国际排名上升到世界第六位，比 2000 年上升 10 位。

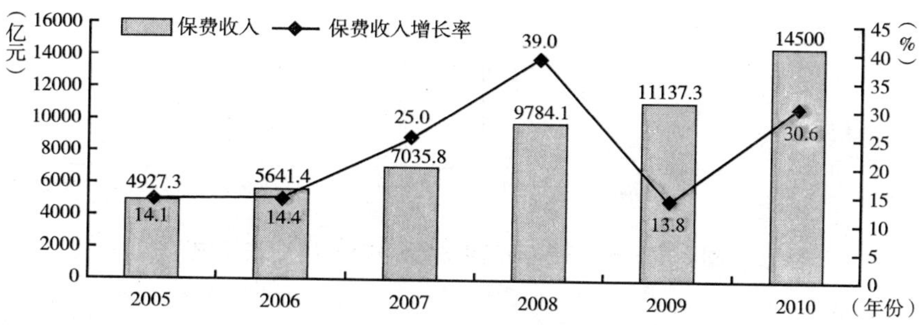

图 1 “十一五”期间中国保费收入的增长情况

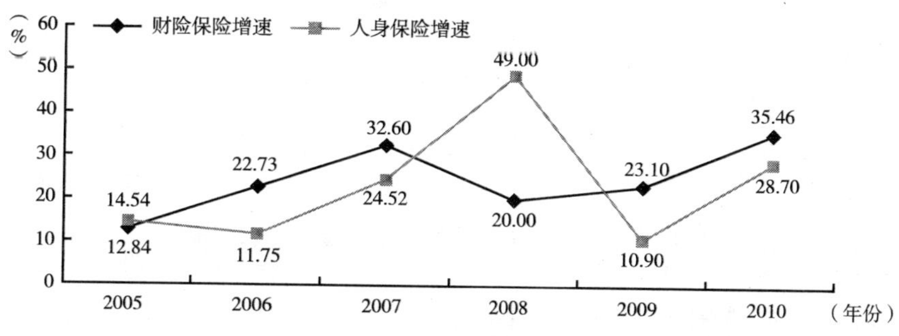

图 2 “十一五”期间中国财产保险与人身保险增速比较

（二）保险密度和保险深度大幅度提高

在保费收入迅速提高的同时，中国保险密度和保险深度也大幅度提高。1980 年保险密度 0.47 元/人，保险深度为 0.1%；2005 年保险密度 375.64 元/人，保险深度 2.7%，到 2010 年分别提高到 1083.37 元/人和 3.65%，其变化趋势见图 3、图 4。

（三）保险资产规模迅速增加

近年来中国保险业总资产呈快速上升的趋势。据统计，“十一五”期间，尽管遭到国际金融危机的不利影响，中国保险业总资产还是保持了快速增长的势头。到 2010 年底，保险公司总资产达到 5.04 万亿元，是 2002 年的 8 倍多，2005 年的 3 倍多（见图 5）。资本金超过 4000 亿元，是 2002 年的 12 倍。

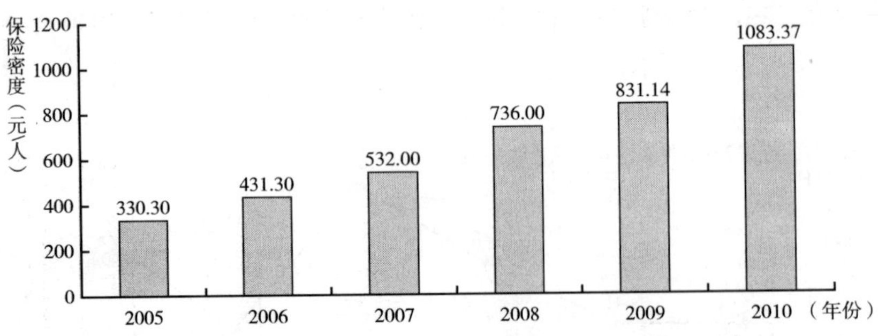

图3 "十一五"期间中国保险密度的增长情况

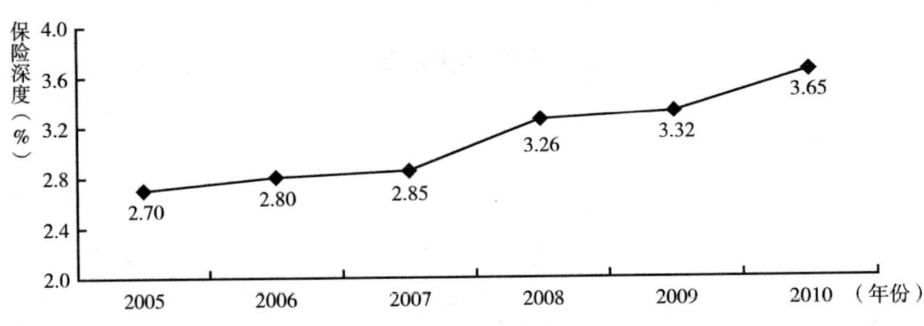

图4 "十一五"期间中国保险深度的增长情况

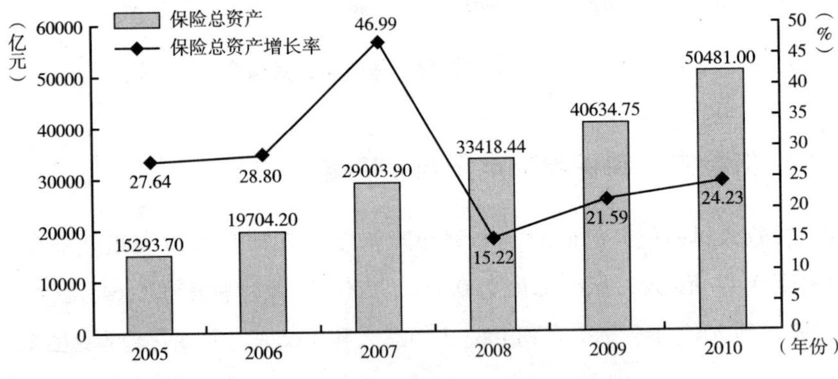

图5 "十一五"期间保险总资产及其增长率

（四）保险市场主体增加，市场集中度下降

保险市场主体增加，市场体系逐步完善。改革开放初期，中国保险市场由中国人保公司独家经营。十六大以来，相继成立和引进了一批保险公司。保险公司数量

从2002年的42家增加到2010年的146家，已开展营业的有131家，其中，保险集团和控股公司8家，非寿险公司53家，寿险公司61家，再保险公司9家。另有保险资产管理公司9家。从开业保险公司资本国别属性看，中资保险公司77家，外资保险公司54家。此外，还相继成立了经营健康险、农业险、汽车险和责任险等专业保险机构。中国保险市场已经形成国有控股（集团）公司、股份制公司、政策性公司、专业性公司、外资保险公司等多种组织形式、多种所有制并存，公平竞争、共同发展的市场格局。

由于市场主体的增加，市场集中度也在进一步下降。2006年底，最大的3家与4家产险公司市场份额占比分别为67.20%和76.78%；2009年底则下降为64.21%和70.71%；2010年有所回升，分别为67.19%和71.99%（见图6）。2007年底，最大的3家与4家寿险公司市场份额占比分别为65.94%和79.42%，2010年底则下降为55.62%和72.80%（见图7）。

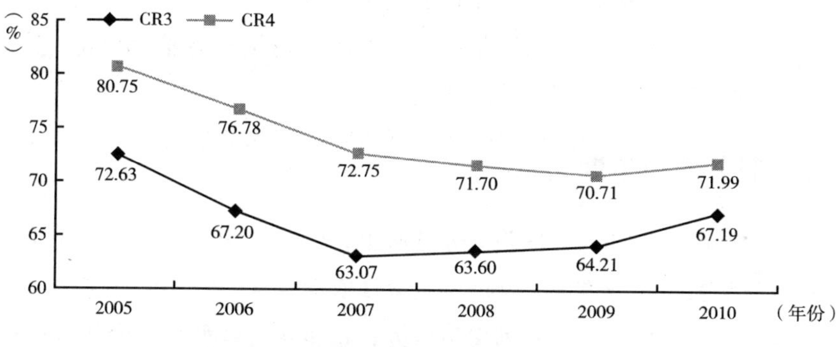

图6　产险市场集中度（2005~2010年）

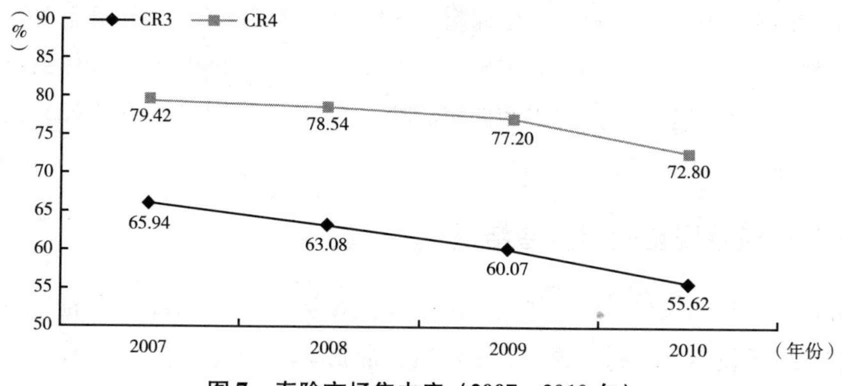

图7　寿险市场集中度（2007~2010年）

（五）保险业体制改革深入推进

保险业体制改革继续取得进展，多家保险公司改制上市。国有保险公司进行重组改制，中国人保、中国人寿和中国平安先后在境外成功上市，并为金融企业改革探索了新的道路。2007 年，中国保险市场在率先完成国有金融企业股份制改造、突破体制制约实现上市的基础上，不断深化体制改革，多家公司实现增资扩股，引入战略投资者，优化股权结构。目前，共有中国人保、中国人寿、平安集团、中国太平、太平洋保险集团等 6 家保险公司在境内外上市。通过改制上市，保险公司资本实力大大增强，经营理念明显转变，为长远健康发展奠定了良好的基础。

多元化发展和结构调整取得实效。“十一五”期间，保险业努力巩固和发展股份制改革成果，走集团化、多元化发展道路，公司治理结构进一步完善，内部管理和内控制度不断加强，进一步提高了风险防范能力。结构调整备受关注，产险业务结构调整、寿险产品结构调整以及行业的渠道结构调整都取得一定成效，一定程度上增强了保险业的可持续发展能力。

（六）服务领域不断拓宽

在传统的财产保险和人身保险业务基础上，保险业积极创新，服务领域不断拓宽。在服务新农村建设方面，开展了政策性农业保险、农民工养老保险、失地农民养老保险、农房保险等一系列保险服务；稳步参与新型农村合作医疗；发展被征地农民养老保险；探索计划生育养老保险。在维护社会稳定方面，开展了学生在学校的责任保险、旅行社责任保险、环境污染责任保险、煤炭开采等高危行业责任保险；确保交强险实施；积极参与平安建设。在参与社会保障体系建设方面，开展了企业年金、商业养老和健康保险；为城镇低保人群提供保障；积极参与社会公益事业。

（七）保险资金运用日趋活跃

保险资金运用规模增加，投资范围扩大，资金运用日趋活跃。当前，保险资金投资范围涉及银行存款、国债、金融债、企业债、股票、基金、不动产、基础设施、公司股权以及境外投资等多个领域。“十一五”期间，面对国际金融危机，各保险机构根据形势变化，实时调整投资策略，优化资产配置，化解投资运作风险，保险资产管理取得成效。到2009年底，中国保险资金运用的余额为3.7万亿元，比年初增长19.35%。其中，银行存款占比为28.11%，债券投资占比为50.96%，基金投资占比为7.37%，股票（含股权）投资占比为11.22%。投资收益率为6.41%。2010年，低利率、高通胀导致的负利率对以保险资金为代表的稳健型投资者构成严峻挑战，但中国保险业仍然取得了不错的成绩。截至2010年末，保险资金运用余额达到4.7万亿元，近6年保险业年均投资收益率超过5%（见图8）。

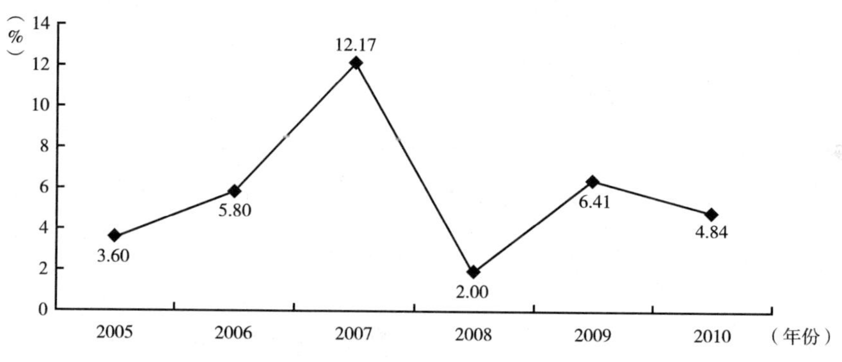

图8 “十一五”期间保险资金运用收益率变化趋势

（八）对外开放取得积极效果

稳步开放保险市场，开放水平显著提高。保险业是我国金融业中对外开放最早的行业。目前，世界上主要跨国保险金融集团和发达国家的保险公司都已经进入我国，截至2010年底，共有51家外资保险公司在中国境内开展业务，业务范围进一步扩大。除了规定人身保险公司中的外资股份不超过50%、外资不能经营法定财产保险业务以外，外资保险公司经营地域和业务范围已经全面放开。同时，保险业坚持“以我为主、安全可控、优势互补、合作共赢、和谐发展”的原则，注重提高对外开放的质量，维护对外开放安全。

海外融资和投资取得显著成效，国际交流合作日益广泛深入。“十一五”期间，国际保险市场得到进一步拓展。2007年，中国人寿、中国人保、平安集团、泛华保险经纪公司通过在境外上市筹集资本，显著增强了公司的资本实力。太平洋保险公司、新华保险公司、华泰保险公司、泰康保险公司等，都与国外战略投资者开展了合作，资本构成已经开始国际化。

积极参与国际保险监管规则制定，加强双边和多边合作。中国保监会已经加入国际保险监督官协会、国际养老金监督官协会等多个全球性保险监管组织，并当选为执行委员；积极参与“国际保险集团监管共同框架”制定等国际保险重大事务，加强与几十个国家保险监管的交流与合作，中国保险业的国际地位和影响力不断提升。

（九）初步形成现代保险监管框架

形成了三支柱的现代保险监管框架。经过近年来特别是“十一五”期间的努力，已经基本建立现代保险监管体系，逐步形成现代监管理念，切实防范化解保险风险。2006 年，中国监管部门借鉴国际保险监督管理协会核心监管原则，发布了《关于规范保险公司治理结构的指导意见（试行）》，在市场行为监管的基础上，引入了保险公司治理结构监管制度，初步形成了偿付能力、公司治理结构和市场行为监管为三支柱的现代保险监管框架。

构筑了防范风险的五道防线。以公司治理和内控为基础、以偿付能力监管为核心、以现场检查为重要手段、以资金运用监管为关键环节、以保险保障基金为屏障，构筑了防范风险的五道防线，基本形成了防范化解风险的机制。

建立了“四位一体”的风险防范体系。在发挥监管机构主导作用的基础上，调动保险公司、行业协会和社会公众的积极性，形成政府监管、企业内控、行业自律和社会监督“四位一体”的风险防范体系。

（十）全社会的风险和保险意识不断增强

自然灾害、突发事件频繁发生，推动全社会风险和保险意识的增强。“十一五”时期是一个风险多发期，各类自然灾害和突发事件频繁发生，并威胁着人民的生命和财产安全。面对各类突如其来的风险，人们开始意识到风险管理和保险保障的重要性，风险和保险意识不断增强。从社会公众看，越来越多的消费者从对保险的不认知，到现在主动购买所需要的保险产品，并且在购买保险产品时，多方搜集所需保险产品的信息，了解保险市场行情。从政府层面看，各级政府越来越重视发挥保险业的作用。很多地方政府专门下发了支持保险业改革发展的文件，并将保险业纳入地方经济社会发展的整体规划。越来越多的部委也更加重视发挥保险机制的重要作用，中国保监会与20多个部委开展合作，共同促进相关领域的保险业务发展。

二　保险业服务中国经济发展、社会建设的实践探索

“十一五”期间，中国保险监管部门提出保险业要坚持“想全局、干本行，干好本行、服务全局”，保险在服务经济社会发展方面进行了积极的探索。

（一）发挥保险的“经济助推器”作用，保障和促进经济平稳运行

投资、消费、出口是经济的“三驾马车”，在这三个方面保险业都发挥了积极的作用。保险业通过灾害赔付，促进灾后经济重建和恢复生产，优化经济发展外部环境，在一定程度上发挥了“经济助推器”作用。

一是及时进行灾害赔付，帮助灾后重建和恢复生产。据初步统计，仅在2002～2010年，保险业累计赔付近1.6万亿元，平均每年赔付2000多亿元。特别是在一些重大灾害事故发生后，保险赔付为灾后恢复重建发挥了积极作用。2008年雨雪冰冻灾害和汶川大地震，保险业赔付超过100亿元。

二是发挥保险资金融通功能，支持国家经济建设。保险资金具有长期性、稳定性的特点，特别适合投资周期较长、收益相对稳定的基础设施项目，为实体经济投资和繁荣资本市场方面提供有力的资金支持。近年来，中国保监会稳步拓宽保险资金运用渠道，引导保险公司以债权和股权等方式投资国家基础设施项目和企业股权。目前，保险资金已经设立了多个股权计划和债权计划，投资涉及交通、能源和市政等多个领域，分布全国16个省份。其中，投资京沪高铁项目260亿元，投资天津9条城市道路200亿元，投资上海世博会及配套项目100亿元，投资北京地铁项目30亿元。按照最近出台的《保险资金运用管理暂行办法》，保险资金投资基础设施等债权投资计划的账面余额不高于上季度末总资产的10%。在繁荣资本市场方面，保险业通过参与资本市场发展，间接地支持企业融资。保险公司已经成为我国债券市场的第二大机构投资者和股票市场的重要机构投资者。截至2010年底，保险资金运用余额4.6万亿元，其中，债券投资2.3万亿元、股票和基金投资7737亿元。

三是促进消费，扩大内需。现阶段，内需不足成为经济可持续发展的一个重要制约因素。居民消费不旺，关键在于人们对未来支出的预期不稳定。据统计，我国银行储蓄中以养老、防病、教育为目的的储蓄比例在40%以上。预防性储蓄总量过大，无疑会制约居民的当前消费水平。保险业在促进储蓄向消费转化方面发挥了重要的积极作用。一方面，保险提升了居民的消费意愿。通过保险参与使人们有了养老、医疗等保险之后，减少了生活的后顾之忧，从而扩大消费。另一方面，保险增强了居民的消费能力。比如，通过信贷保险，可以为贷款消费提供风险保障，降低银行的贷款风险，促进各种消费贷款的发放，从而带动全社会的消费增长。目前，中国汽车消费信贷保险累计保险金额2000多亿元，为80%的汽车消费贷款提供了保险支持。住房按揭保险累计保险金额近4万亿元，有力地促进了住房消费。

四是支持对外贸易，促进经济平稳增长。运用出口信用保险，有效支持国内企业开拓新兴市场、开发国外资源、保障企业出口收汇安全。国际金融危机爆发以来，世界各国更加重视出口信用保险的作用。例如，英国政府特别推出了“追加贸易信用保险方案”，增强出口保障能力。面对全球金融危机后国内出口急剧下滑的严峻形势，中国加大了出口信用保险的发展力度。2009年出口信用保险支持短期出口902.7亿美元，同比增长122.6%，超额完成国务院部署的840亿美元承保任务；支持中长期出口80.6亿美元，同比增长205.3%。

五是为科技创新提供风险保障，支持和促进科技进步。2006年初，科技部和中国保监会共同开展了推动科技保险创新发展的专项工作，分两批确定了12个试点城市，有针对性地推出包括高新技术企业的产品研发责任保险和关键研发设备保险在内的15个保险新险种。不少试点城市创新工作方法，加大政策支持力度。截至目前，多个省份在推动科技保险方面进行了积极探索。科技保险日益得到各方面的接受和认可，对科技创新的促进作用逐步发挥。

（二）发挥保险的“社会稳定器”作用，促进社会和谐稳定

保险是一种市场化的风险转移机制和社会互助机制，是通过经济杠杆管理和化解社会矛盾的有效途径。“十一五”期间，政府尝试通过发挥商业保险的作用，降低社会管理成本，提高社会管理效率，促进社会稳定。

一是积极参与平安建设。2009年，中国保监会下发通知，要求保险业进一

步做好参与社会治安综合治理工作。保险业积极地推动火灾、安全生产、校方责任、环境污染、产品质量、旅游、医疗等领域责任保险发展，继续完善交强险配套制度，改进交强险互碰自赔快速处理机制，保障城乡道路交通安全畅通。比如，在山东省临沂市，当地政府的综合治理部门和保险公司共同推出了一种“治安保险”，每户一年交35元，其中10元用于村民的家庭财产保险费，25元由保险公司返回街道综治办，用于招聘保安和购买治安器材。这种保险业务开办以来，大大提高了当地对各种违法案件的防控能力，部分地区实现了“零发案”。目前，这种治安保险已经在山东、辽宁、大连等地全面推开，在江苏、天津、甘肃、内蒙古、宁夏、河南等地进行了试点。

二是减轻政府重大事故处理压力。近些年，我国重大安全责任事故频繁发生，事故一旦发生，政府不得不投入大量的精力来处理善后事宜。通过在这些行业建立保险制度，发生事故后就可以由保险公司承担赔偿责任，减轻政府压力。目前，保险业已经与建设部、公安部、环境保护部、国家旅游局、国家安监总局等20多个部委联合下发了文件，在工程建设、道路交通、环境保护、旅游安全、安全生产等领域运用保险机制，提高政府管理效能。

三是有效地化解社会纠纷。通过发展责任保险，用商业手段解决责任赔偿等方面的法律纠纷，有利于降低社会诉讼成本，提高解决纠纷的效率。在这方面，深圳、湖南的试点取得了实质性进展。

四是运用经济杠杆引导公众遵循社会规则。运用保险的费率调节机制，对遵循规则的人降低费率，对不遵循规则的人提高费率，可以在很大程度上促进人们主动遵循相关规则。在这方面最突出的例子是运用保险机制促进道路交通安全。截至2010年底，全国20多个省区市的保险业和公安部门共同建立了机动车辆联合信息平台，实现了交强险费率与驾驶员交通违章行为挂钩，违章次数多、违章行为严重的，保险费率就高；反之，则给予费率优惠。

（三）大力发展“三农”保险，服务社会主义新农村建设

近年来，保险业积极贯彻落实党中央、国务院关于支持“三农”发展的一系列方针政策，着力推进“三农”保险发展，取得了积极成效。

一是积极发展农业保险。2002年以来，通过积累经验、积极创新，农业保险扭转了停滞不前的局面，取得了突破性进展。2010年农业保险保费收入达到

96 亿元，是 2002 年的 16 倍；覆盖的农户数达 1.29 亿户次，提供风险保障 3795 亿元，承保农作物及林木 11 亿亩、牲畜近 7 亿头。保险涵盖农作物由水稻、小麦等 5 类主要粮食作物扩展至林木、油菜等经济作物，保障范围由种植业、养殖业扩展至农房、农机等多个领域。政策性农业保险由初期的 6 个试点省区扩大至所有省、自治区、直辖市。农业保险的快速发展也使更多的农民群众得到了实惠。

二是试点推广农村小额人身保险。为了更好地服务农村低收入人群，2008 年启动了农村小额人身保险试点工作，为农民提供保费少、保额低的保险服务。目前，试点工作已经覆盖了广西、河南等 19 个省区。从试点情况看，农民平均 20~30 元就能获得 1 万元左右的保障，使低收入农民也能买得起、买得到保险。目前农村小额人身保险已经覆盖农民 1100 万人次、数百万个农村家庭。保险业开展农村小额保险试点得到各方面的好评。近两年，国际保险监督官协会多次在全体大会上向其他国家推广我国农村小额保险的发展经验。

三是积极为农民基本生活设施提供保险。在福建、浙江、湖南等 24 个省份开展了农房保险试点，在海南、广西等 25 个省区开展了农机具保险。实践表明，农房保险通过从制度上解决农民因灾受损和灾后安居问题，真正成为一项政府得民心、群众得实惠、保险得发展的民生工程。

四是探索发展农村小额信贷保险。通过开办小额信贷保险，为农民提供信用担保，形成保险与信贷结合，从而有效解决贷款农户和农村金融机构两方面的风险保障问题。在这方面，宁波保险业先试先行，取得了较好效果。2009 年 9 月，由宁波市政府牵头，在金融机构自愿参与的基础上，确定了小额贷款支持的三类重点对象——农业种养大户（包括农村经济合作社）、初创期小企业和城乡创业者（含个体工商户），并规定贷款只能用于生产性用途。保险公司为借款人提供小额贷款保证保险和借款人意外伤害保险，保额与贷款金额相同。为防范风险，在银行实施总量控制和单一客户授信额度控制之外，还建立了政府、银行和保险业的风险分担机制，由银行与保险机构按 3∶7 的比例分摊贷款风险。宁波市政府建立风险基金，对保险机构赔付率超过一定比例后的部分进行补偿。从宁波试点情况看，随着银保合作机制不断巩固和完善，商业银行和保险公司对小额贷款保证保险试点的参与意愿明显增强，保险机制破解“融资难”的作用逐渐显现，初步实现了“客户叫好、政府满意、多方共赢”的政策目标。

（四）丰富和完善社会保障体系

保险业参与社会保障体系建设，着眼于发挥市场机制的作用，丰富社会保障的层次，在城乡一体化进程中为政府主导的社会保险体系提供了有益的补充。

在参与养老保障体系方面，重点是发展商业养老保险业务和企业年金业务。目前，保险业共为人民群众未来养老积累准备金近3.5万亿元，是国家社保基金理事会积累资金的4倍多。与此同时，专业养老保险公司在企业年金业务中发挥了主渠道作用，保险公司承办的企业年金占全部法人受托业务的90%，共与4000多家企业签订了企业年金管理合同，受托管理业务达710亿元。

在参与医疗保障体系建设方面，大力发展商业健康保险，同时发挥保险自身的优势，为政府主导的医疗保险提供专业化服务，创新了保险业服务医疗保障体系建设的模式，如“湛江模式”、“晋江模式”等。

三　2010年中国保险业的重要实践与政策评述

（一）发起保险监管国际联席会议，国际保险监管合作又迈出重要一步

2010年12月6日，中国保监会在北京首次召开保险监管国际联席会议，来自加拿大、开曼群岛、法国、德国、中国香港、意大利、日本、荷兰、韩国、英国、美国共11个国家和地区的保险监督官出席了会议。会议围绕加强合作、共同防范跨境风险等议题深入交换意见。

这是我国金融监管机构首次作为东道国发起召开保险监管国际联席会议，它意味着我国保险跨境监管迈出了重要一步。在国际保险监管合作的各种举措中，监管联席会议无疑是解决跨境保险监管合作的重要机制。我国作为东道主召开国际保险监管联席会议制度，这无疑是监管上的一次创新。通过积极参加在中国设有营业机构的跨国保险集团监管联席会议，我国可以了解国外的做法，及时掌握有关外国保险集团的经营状况，防范风险跨境传递。

（二）政策性农业保险加速推向全国，“一行三会”联合推进农村金融创新

2010 年 7 月，中国人民银行、中国银监会、中国证监会、中国保监会联合发布《关于全面推进农村金融产品和服务方式创新的指导意见》，要求从 2010 年下半年起，在全国范围内普及和推广一些真正契合农村、农民实际需求的金融产品和服务方式，并由此制定了“普及推广既有试点产品、创新金融产品、创新服务方式”的“三步走”策略。

指导意见针对保险市场明确提出，将重点开发和大力推广适合农村与农民特点的保险产品和服务方式，进一步扩大农业保险、涉农保险的覆盖面，提高保险服务品质。业内人士普遍认为，在新政策的引导下，以高风险、低购买力为明显特征的农村地区，将进一步改变保险“洼地”的面貌。数据显示，截至 2010 年 11 月，全国农业保险覆盖农户 1.29 亿户次，提供风险保障 3794 亿元，承保主要粮、油、棉等农作物 6.53 亿亩，约占全国播种面积的 33%。保费规模已达全球第二位。未来，我国农业保险将走出局部省份的试点局面，进一步加速向全国范围内推广。

（三）新保险法备受社会各界关注

自 2009 年 10 月 1 日正式实施以来，新保险法备受社会各界关注。2010 年，新法律已经实施一周年，“不可抗辩”条款也在司法实践中出现了“第一案”①。区别于旧版保险法，新保险法的一大亮点就是引入了“不可抗辩”条款。作为国际保险业惯例，“不可抗辩”条款对于保护投保方利益，规范保险人行为和推动保险业持续健康发展有着极其重大的意义。业内学者普遍认为，“不可抗辩”条款的引入将在防止国内保险公司滥用合同解除权、保护保险消费者对长期人寿

① 投保人王某于 2002 年购买了中国人寿保险股份有限公司云南省分公司和昆明分公司的两份“康宁终身保险”。合同保险条款约定，被保险人如确诊重大疾病时，保险公司按两倍给付重大疾病保险金。2002 ~ 2006 年，王某均按照合同约定缴纳保费。2006 年，王某确诊罹患“慢性肾功能衰竭”，并于 2007 年接受了换肾手术，之后王某提出理赔申请。但保险公司拒赔，并在《理赔处理意见书》中表明被保险人未如实告知患有慢性疾病。而王某则认为，保险公司以“未如实告知”为由拒赔，不符合新保险法的“不可抗辩”条款，因此将保险公司告上法庭。

保险合同的期待利益和信赖利益以及解决投保人“投保易、理赔难”等方面起到极大的推动作用。

但是，一部新法律的出台势必会带来新旧法律衔接的新问题，“不可抗辩”条款“第一案”出现的原因之一，就是因为诉讼双方对于法律适用的不同理解。当然，本案中涉及的法律问题并非如此简单，但新保险法中未对“不可抗辩”条款适用设置除外情形，这却是与国外通行做法有所差距的。目前，美国、德国以及我国澳门特别行政区的保险法均规定，若有确凿证据证明客户属于恶意带病投保或故意不如实告知，保险人解除合同不受“不可抗辩”条款的限制。为坚持诚实信用原则，有效防范被保险人的欺诈行为，维护保险人与被保险人利益的平衡，通过司法解释来具体界定“不可抗辩”条款的适用范围、明确新旧法律衔接的条件显然势在必行。

（四）保险营销员管理体制改革“破冰”

2010 年 10 月 21 日，针对保险营销员管理中的一些体制机制性矛盾和问题，中国保监会专门制定了《关于改革完善保险营销员管理体制的意见》，同时下发专门通知贯彻落实。这意味着牵涉 300 多万保险营销员切身利益的管理体制改革工作正式启动。

作为保险从业人员中最为庞大的一个群体，300 多万保险营销员的管理体制改革工作一直备受注目。然而，正是这样一支在全国同期总保费收入中的贡献率高达近三成的队伍，其生存状态却不容乐观，现行保险营销管理模式对保险销售从业人员的基本利益保障不充分。不仅如此，大进大出的粗放营销运行机制既不能满足新形势下人民群众对保险消费提出的更高要求，同时也严重损害了保险业形象，降低了人们对保险的认同度和有效需求。如果不加快改革进程，市场将面临巨大的潜在风险。

启动营销员管理体制改革，无疑对于我国保险业长期可持续健康发展、防范保险市场系统性风险、保护被保险人利益具有深远意义。但不得不强调的是，体制性改革涉及面宽，需要统筹兼顾、稳步推进，不可一步到位、一蹴而就。保险营销员管理体制改革涉及对保险业内众多利益关系的重新调整，需要打破现行模式的原有体制惯性，涉及百万之众的就业和社会稳定问题，必须做到稳妥审慎。

（五）我国保险业参与国际重大项目保险水平提升

2010 年 5 月 1 日至 10 月 31 日，举世瞩目的第 41 届世界博览会在中国上海市举行。上海世界博览会总投资达 450 亿元，创造了世界博览会史上的最大规模纪录。在这样一个集综合性、复杂性和技术前沿性于一身的国际盛会中，我国政府专门成立了由中国保监会副主席挂帅的上海世博保险领导小组，下设上海世博保险工作小组，负责世博保险方案的制订、推动实施及世博保险重大事项的决策。

从北京奥运会到上海世博会，再到广州亚运会，近年来，中国保险业参与国际大型活动的保险保障日益频繁。如何有效管理和规避举办过程中面临的各种风险，是中国保险业不得不面临的一项重要课题。2010 年，正是在这两个展示全人类经济、科技、文化和体育的大舞台上，中国保险业的精彩展示不仅拉开了绚丽的帷幕并且一直贯穿始终，得到了世界各国的普遍认可和赞誉。

（六）保险业多种模式参与社保体系建设获重要进展

政府积极改善民生、进一步加强社会保障体系建设的进程中，保险业涌现了“湛江模式”、“宜兴模式”、“晋江模式”，地方政府与商业保险机构积极合作，在基本医疗保险、新型农村养老保险、新农合服务中，发挥了商业保险机构不可或缺的重要补充作用。

“湛江模式”的要义是合署办公，通过合署办公，建立了基本医疗保险和补充医疗保险相统一的一站式管理服务平台，健康险公司为基本医疗保障提供医疗管理、单证审核等专业服务，减少了社保部门的管理人员和运营成本，提升了行政效率和公共服务水平，优化了医疗卫生资源管理，提高了运行效率和服务质量，使有限的医疗资源得到合理充分的利用，实现了社保部门、公司与定点医院的“优势互补、无缝链接、合作共赢”，被称为保险业服务国家医疗保障体系建设的成功实践和典型样本。2010 年 10 月 13 日，国务院总理温家宝专门就保险业服务国家医疗保障体系建设的典型样本——“湛江模式”作出重要批示。中央高层充分肯定“湛江模式”在转变政府职能、借助第三方的专业优势、效率优势、创新公共服务提供方式等方面的价值和意义，无疑会引导社会各界更加注重从制度、机制层面研究保险业在服务新医改中的积极作用，为推广“湛江模式”争取更大的政策支持。

新型农村养老保险“宜兴模式”，即“征、管、监”分离的透明模式，大幅降低了“新农保”中的政府运行成本；政府部门有效避免了既是“运动员”又是“裁判员”的尴尬处境，打开了政府在更宽、更深范围内引入商业公司服务政策性业务的通道，在有效保证参保农民在享受新型农村养老保险这一惠农政策的同时，还享受到一流企业带来的网点贴近、流程快捷、管理专业等多种附加服务。

新农合“晋江模式”，即政府委托商业保险机构托管新农合，有助于建立新农合有效的运作机制，形成政府主导，卫生部门、财政部门监督，保险公司经办的运行方式，实现了“管办分离”；凭借保险公司在精算、机构网络、风险控制、服务等方面的优势，降低了人情赔付、挂床住院等风险，为参合农民节省了不必要的医疗费用开支。

（七）我国保险机构退市现首例

2010 年 1 月，安邦财险收购瑞福德健康保险股份有限公司获中国保监会正式批准，并于同年 2 月将瑞福德正式更名为“和谐健康保险”。5 月 19 日，和谐健康保险股份有限公司增资获得中国保监会批准，该公司注册资本金由 3 亿元增至 10 亿元。其中，大股东安邦财产保险股份有限公司增资 7 亿元，持股比例达到 99.7%。“瑞福德”成为我国保险市场上退出的第一家法人机构。

目前，我国市场上保险公司多达百余家，发展水平参差不齐，有些公司甚至举步维艰，为促进保险行业的市场效率，研究建立市场退出的标准和程序已经非常必要。通过并购重组，特别是同业险企资源整合型并购，可以实现并购协同效应，降低成本，增强抗风险能力；同时，也能够更加充分保障投保人和被保险人的合法权益，维护保险市场的正常秩序。

（八）航运保险迎来发展契机

2010 年 8 月 9 日，中国保监会同时批复中国太平洋、中国人保在上海试点设立“航运保险运营中心”。此前，外资保险公司，如苏黎世金融服务集团、美亚保险等已积极介入国内航运保险市场。航运保险作为连接航运业和金融业的服务平台，在货物吞吐量世界第一的港口——上海，迎来了前所未有的发展机遇。

从全球范围来看，我国船舶险和货运险业务仅次于英国和日本，但在海上责任险及离岸能源险领域尚处于初步实施阶段，我国的这两个险种亟待发展和政策支持。目前，我国还没有一部专门针对航运保险的法律，航运保险相关规定尚存在不完善之处。另外，与国际主要航运中心和航运保险重要市场比较，我国航运保险税负相对较高。

四　中国保险业面临的深层次矛盾和问题

（一）中国保险业的阶段性特征与深层次矛盾

中国保险业的发展仍然处在初级阶段。尽管我国保险业发展取得了一定成绩，但由于起步晚、基础差，整体水平不高，与发达国家相比，与经济社会发展的要求相比，还存在较大差距，保险业仍处于发展的初级阶段。在这个阶段，从经济增长的要素看，保险业的发展更多地依靠增加资本、劳动力等要素的投入推动。从行业层面上看，存在某些粗放的特征，如投入产出比低、人均产出不高、制度建设滞后、业务发展大起大落、出现经营性亏损、保险公司偿付能力不足等。

初级阶段的中国保险业深层次矛盾主要体现在“四个不适应”。一是与国民经济发展整体实力不相适应。2010 年，我国 GDP 世界排名第二位，但保费收入排名仅第六位。保费收入占 GDP 的比重，世界平均水平为 8%，我国不到 4%。二是与和谐社会建设不相适应。我国人均长期寿险保单持有量、医疗费用由商业健康保险承担的比例、财产和责任保险投保率、保险赔偿占灾害损失的比例，都远远低于世界平均水平，保险作用发挥得还比较有限。三是与人民生活水平不相适应。目前保险产品还不丰富，有许多人民群众迫切需要的险种还不能提供，不能有效满足社会多层次、个性化的需求。保险服务跟不上，存在重销售、轻服务的现象，理赔难问题还没有得到根本解决。四是与金融体系改革发展的要求不相适应。我国保险资产占金融业总资产的比例仅为 4% 左右，甚至低于很多新兴市场国家。

（二）中国保险业面临的突出问题

1. 保险市场发展方式粗放问题

进入新起点、新阶段，保险业发展方式粗放问题越来越突出，主要体现为“三高一低”，即高投入、高成本、高消耗、低效率。当前中国保险业的集约经营和内涵式增长能力不强，部分公司主要靠快速增设机构、铺摊子实现外延式扩张，总体经营成本居高不下，产品结构也过于单一。加之非理性价格竞争问题突出，致使部分公司往往采取大幅提高手续费、账外支付等方式争夺保费；销售误导、理赔难、弄虚作假等不诚信行为屡禁不止，严重削弱了保险业的可持续发展能力。

2. 自主创新能力不足问题

我国保险业自主创新最大的问题就是动力不足。自主创新是保险企业寻求生存与发展，提高竞争力的重要手段，我国保险企业从总体上看仍然处于技术创新的低层次阶段，许多保险产品主要还是依靠从外部引进，企业主要还是在引进产品的基础上对产品进行局部的开发和改进。真正意义上的自主研究开发活动仅仅在少数大的保险企业中有所开展，大多数保险企业还没有感觉到离开了自主创新就无法生存，依靠低水平的技术创新活动基本能够维持保险企业的生存与发展。保险业自主创新能力不足主要表现为以下几个方面：其一，缺乏创新意识。如在产品开发中，照抄照搬国外的产品，不考虑中国国情，不重视吸收和再创新，使得产品脱离市场需求；其二，创新体制不健全；其三，创新的市场环境和政策支持有待完善；其四，缺乏创新管理和创新团队，缺乏创新型研究机构、运行机制以及有利于自主创新的文化氛围。

3. 保险资金运用问题

保险资金运用在结构、收益、管理模式等方面都面临着现实困境，潜在风险不断积累。从我国目前保险资金运用状况来看，由于缺乏具有稳定回报率的中长期投资项目，致使不论其资金来源如何、投资期限长短，基本都用于短期投资。这种资金来源和运用的不匹配，严重地影响了保险资金的良性循环和资金使用效果。据统计，我国寿险公司中长期资产与负债的不匹配程度已超过50%；且期限越长，不匹配程度越高，有的甚至高达80%。我国寿险业资产与负债的平均期间相差10~15年，远大于日本（8年）和韩国（6年）等国家寿险公司资产与负债的期限差距。美国资产平均期限更长。期限结构与数量的不匹配，特别是可供寿险公司投资的、收益率较高的中长期金融资产规模太小、品种过少，直接限制了我国寿险公司进行较好的资产与负债匹配，使我国寿险业面临很高的资产负债匹配风险①。

---

① 胡宏兵、郭金龙：《我国保险资金运用问题研究——基于资产负债匹配管理的视角》，《宏观经济研究》2009年第11期。

4. 保护保险消费者利益问题

保护保险消费者的监管理念和目标有待建立和落实，保险监管者主要将精力用于对保险公司的监管，对投保人的利益保护力度不够，导致消费者与保险公司的纠纷日益增多。有的纠纷是由于营销人员为了追逐高额佣金，以不如实告知等手法，误导消费者投保；有的保险公司不能恪守诚实信用的原则，应赔不赔，引发纠纷，使消费者的合法权益受到损害，也严重地制约了保险业的发展。

5. 保险区域发展问题

当前，保险区域发展上还存在着不平衡和不协调问题。一是保险业务水平不平衡。保险业务水平呈东、中、西梯度分布，东部地区保险发展水平明显高于中部、西部地区，且差异性有扩大的趋势。二是市场主体区域布局不平衡。保险供给主体在地区分布上明显集中于东部及沿海发达地区，国内保险公司总部或外资、合资保险机构总共121家，其中设立于上海的共41家，设于北京的有49家、广东12家，共计102家，其他27个省、直辖市、自治区总共只有19家。三是保险市场产品结构不平衡。在财险市场上，机动车辆险市场份额过大，其他险种比例太小。四是我国保险业发展区域间摩擦加剧，保险区域间利益冲突加深。集中表现出的是对外的排他性，既要向外争利，打破地域经营限制，又要防止肥水外流，设置地方市场保护壁垒。

6. 保险诚信问题

保险业迅速发展的这几年，保险服务水平大为提高，但诚信问题在管理、经营方面仍然很突出。其主要表现在：设计的保单条款晦涩难懂，引诱消费者落入陷阱，待出险时逃避保险责任；夸大保险的保障功效；借助权力部门强制销售保险；通过热门产品搭配销售有关险种；通过协议或借行业协会名义联合限价；展业理赔时两张脸；无理拒赔、惜赔或少赔等。保险的不诚信行为正在影响着保险公司甚至影响着整个保险行业的形象。而与此相对应的一种现象是，在一些地区已经出现了保险客户偏好外资保险公司的现象。再加之中资保险公司无论在历史、实力，还是在市场开拓、经营管理、资金运营等方面，均弱于那些已经进入和正在进入中国保险市场的外资公司，导致客户依赖外资公司，这种心理偏好必然影响客户对保险公司的选择，使中资保险公司遭遇信誉危机。如果不意识到这一点，中国保险市场上中外资公司展开平等竞争后，中资公司所面临的局面将是非常严峻的。

7. 保险产品交易模式面临困境

保险产品交易模式创新不足制约保险业规范发展。传统保险产品交易模式在促进我国保险市场发展中发挥了巨大作用，但是也正遭受诟病。我国保险市场的突出矛盾是保险产品交易行为不规范，保险营销员制度面临效率下降、欺诈误导消费者、挪用侵占保险费、恶性无序竞争等事关保险业可持续发展的问题，银邮类兼业代理业务易受到监管政策的重大影响，保险产品交易市场的发展正面临着较大的挑战。适应保险消费者多元化、多层次需求的新交易模式探索进展缓慢。

8. 保险理赔中的突出问题

随着监管力度的加大，保险市场秩序不断规范，但“理赔难”问题仍然未得到很好解决，极大阻碍了人们对保险消费的热情。出现“理赔难”的原因是多方面的：一是部分保险公司对分支机构和人员缺乏有效管理，导致销售误导、核保不严等情况，由于这些业务前期埋下的隐患，造成出险后理赔困难。二是理赔工作与保险业的快速发展不相配套，公司理赔专业人才缺乏，现有的理赔人员，大多数不具备专业的理赔知识和能力，办事效率低下，每当出现复杂理赔案时，往往难以做出准确判断。三是市场的恶性竞争导致保费漏损，保险公司为了追求利润而只能拖赔、惜赔，竭力挤压被保险人的赔款，造成“理赔难”。此外，由于保险违法犯罪执法力度的不够，保险理赔工作的正常秩序受到了较大威胁，骗赔行为屡见不鲜，这对保险正常理赔造成了很大的影响。执法不严、司法不公导致赔款逐年上升，助长了骗赔等保险欺诈行为，严重损害了保险业的形象，客观上也助长了“理赔难”言论的泛滥。

五 “十二五”期间中国保险市场发展展望

（一）“十二五”期间保险业面临的机遇

“十二五”规划为中国今后五年经济社会发展指明了方向。“十二五”规划指出，要以科学发展为主题，以加快转变经济发展方式为主线，坚持把加快转变经济发展方式贯穿于经济社会发展全过程和各领域，实现中国经济社会从外需向内需、从高碳向低碳、从强国向富民的三大转型提高发展的全面性、协调性、可持续性，实现经济社会又好又快发展。作为现代金融三大支柱之一的保险业自然也将融入改革与发展的大环境。从“十二五”规划建议看，“十二五”期间我国保险业发展将面临前所未有的重大机遇。

1. “十二五”期间中国保险业面临的发展机遇

（1）服务民生领域。“十二五”规划建议把民生问题提到空前的高度，给予了前所未有的关注，相关政策为保险业发展带来了空间。如何突出社会建设，让人民群众共享发展改革成果，从而更好地保障民生、服务民生、改善民生，是“十二五”规划的重点内容。一方面，国家的重视和政策的倾斜为保险业发挥社会管理职能，参与和谐社会建设与民生工程创造了良好的外部环境；另一方面，收入分配机构的调整，必然促进广大人民群众收入的增加，从而为保险业的快速发展提供经济保障。群众手中可供支配的钱多了，保险市场自然也就扩大了。因此，服务民生领域将成为“十二五”期间保险业最重要的业务增长点之一。在这一领域，保险业自身需要做和可以做的事情还很多，如参与社会保障体系建设、平安社会建设和灾害管理机制建设等。通过发挥保险业在风险管理和防灾防损方面的专业技术优势，协调政府部门开展灾害预警、预防和救灾工作，广泛开展各类防灾检查和宣传，提高广大人民群众的防灾、减灾意识，最终形成事前预防、事中施救、事后补偿等灾害管理体系。

（2）节能环保领域。“十二五”期间，节能环保领域也能为保险业发展提供巨大的空间。保险业在针对低碳经济的新型保险产品研发、环境污染责任险服务拓展、森林保险发展等方面大有可为。资源相对短缺、环境承载能力低是我国的基本国情，解决好资源环境对经济发展的支撑力，加快建设资源节约型、环境友好型社会，提高生态文明水平，已经成为“十二五”期间的重要任务。“十二五”期间将着重发展低碳经济、环保经济、循环经济。对于保险业来讲，除了自身属于环保低碳产业外，还能够在促进低碳经济发展中发挥“保险阀”、“助推器”和“催化剂”作用。

（3）支持“三农”领域。“十二五”规划建议提出，必须坚持把解决好农业、农村、农民问题作为全党工作的重中之重。把加快发展现代农业、拓宽农民增收渠道、加强农村基础设施建设和公共服务作为“十二五”期间“三农”工作的重点任务；同时，将提高农业抗风险能力作为一个专门的命题提出，这就给保险业在支持“三农”领域有所作为提供了有力的政策保障。保险业可以利用此机遇开展工作。一是进一步加强与政府相关部门的沟通协调，完善政府主导、保险公司商业运作的农业保险经营体系。二是强化金融对“三农”的资金支持和风险保障作用，进一步提高保险业与农村银行、邮政、农信社等机构的合作层次和深度，建立融资与保险配套合作机制。三是积极创新“三农”保险产品，着力提高农村保险覆盖面。四是不断健全面向农村的保险服务网络，努力提高“三农”保险服务水平。

（4）科技创新领域。“十二五”规划建议提出，加快转变、赢得先机，最根本的依靠是科技，最关键的措施是大力提升自主创新能力，从而为保险业的发展提供了需求空间和资金投入渠道。“十二五”期间，我国将下大力气，推进自主创新与产业升级，提升发展品质和产业竞争力，推动产业由规模优势向技术优势转变。科技创新产业投资大、周期长，这其中蕴涵着巨大的风险和不确定性因素，这也就为保险业发挥经济补偿、资金融通功能、参与科技创新产业提供了市场需求基础。在这一领域，保险行业大有作为。保险业可以通过大力发展科技保险，针对科技企业研发、生产、销售、售后服务等多个环节提供新的保险产品，开辟新的服务领域，改进保险服务。同时，可以通过适当的渠道和方式，扩大保险资金投资运用领域，能够增加科技企业资金供给，形成多元化的资金运用渠道。

2. “十二五”时期保险业仍处于快速发展期

我国保险业在“十二五”期间仍将保持快速发展的势头。从外部环境看，“十二五”时期是全面建设小康社会的关键时期，保险作为市场经济条件下风险管理的基本手段，将得到更为广泛的运用，特别是发展方式的加快转变，扩大内需战略的实施，经济结构和分配格局的调整，将进一步释放城乡居民消费潜力，为保险业带来新的发展空间。同时，我国人口老龄化快速发展，社会建设和公共服务体系建设深入推进，保险业可以在满足人民群众养老、医疗保障等方面发挥更大作用。从行业自身看，保险业的发展潜力还没有完全发挥出来。人均长期寿险保单持有量、医疗费用由商业健康保险承担的比例，以及家庭财产保险、各种责任保险等主要险种的投保率，远低于成熟保险市场的平均水平。保险赔偿占灾害损失的比例远低于世界平均水平（30%）。从国际经验看，人均 GDP 达 3000～10000美元，是保险业的加速上升期。目前我国人均 GDP 已经达到 4000 美元，人们的消费需求开始升级，对养老保健、医疗卫生、汽车住宅、文化教育等改善生活质量的需求将明显提高。这些消费领域都与保险业息息相关，需要保

险业提供更加丰富的产品和服务①。

总之，“十二五”时期将成为中国保险业跨越式发展的关键期。保险业在完善经济保障、优化经济发展、增进社会和谐等方面能够发挥重要而独特的作用，经济社会发展离不开保险业的参与；经济社会发展也会给保险业发展带来前所未有的重大机遇。在未来的五年里，保险业只要能够抓住关键领域，练好自身内功，践行科学发展，就一定会大有可为。“十二五”期间中国保险市场仍将保持较为快速发展的势头。

（二）“十二五”期间中国保险业面临的挑战

从保险业发展的内外部环境来看，保险业的发展将面临更为复杂的经济社会局面。“十二五”时期保险业处于矛盾和问题凸显期。目前，我国保险业快速发展中积累的深层次问题和矛盾在逐步显现，一些短期问题和长期问题相互交织。

一是世界和中国经济周期的变化。经济周期波动对保险的经营行为也产生了很大的影响，市场经济的发展不可避免地存在着周期性的波动，保险业的发展也随着经济周期的波动而起伏。面对经济周期的冲击，保险业应该在偿付能力、资产负债管理、公司经营管理等方面采取积极的战略和对策，增强抵御经济周期性的波动能力。同时，我国将进一步深化金融体制改革，稳步推进利率市场化，逐步完善以市场供求为基础的有管理的浮动汇率制度。这些都对保险业发展提出了更高要求。

二是市场的竞争进一步激烈。可以预期，“十二五”期间随着市场主体的急剧膨胀，市场竞争更加激烈，过度竞争将有可能造成对保险资源破坏性的开发，降低保险业整体服务水平，加大行业的经营风险，最终将影响消费者的利益，对此我们也应当保持一定的警惕。市场竞争中存在的很多问题，如果得不到有效治理，不仅会造成市场秩序混乱、破坏行业形象，甚至影响行业的可持续发展。

三是保险业自身发展的能力仍需提高。虽然经过“十一五”期间的快速发展，行业能力发展的实力也有明显的增强，但是诸多保险公司在资本金、内部管理、基础建设、专业人才队伍等方面还存在着差距和不足，尤其是中国保险业应对巨灾风险考验能力还不强，迫切需要我们在发展中积累经验，壮大实力。

---

① 崔照辉：《我国保险业的可持续发展能力分析》，《北方经贸》2010年第6期。

四是保险业的风险防范能力面临考验。现阶段，我国人均寿命逐年提高，影响利率长期趋势的因素增多，重大自然灾害频发，对长寿风险、利率风险和巨灾风险这三种宏观风险不能掉以轻心。同时，保险业补充资本金和改善偿付能力将是一个长期的、持续的过程，防范偿付能力不达标风险始终是一个工作重点。随着我国保险资金总量的持续增长和投资渠道的逐步放开，保险资产管理面临严峻考验和新的挑战。

（三）中国保险业未来发展趋势

1. 保险市场发展方式转变需要迈出实质性步伐

中国保险市场发展正处在关键时期，需要发展方式的根本转变，未来中国保险业发展也存在变数与不稳定性。事实上，在人均 GDP 达到 3000 美元时并非所有国家的保险业发展就此迈上新台阶。从国际经验看，3000 美元是个分义，有些国家发展非常快，也有些国家保险业发展就此停滞不前。保险业发展要实现质的突破，需要密切关注经济发展的变化，适时转变发展方式。

2. 保险区域协调发展需要与经济社会发展良性互动

“十二五”规划建议关于“促进区域协调发展”的论述，为未来五年中国的区域协调发展战略确定了总体基调，也为各行业区域的发展指明了方向，是各行业区域发展的重要参考。作为区域协调发展的重要内容，保险业区域协调发展要始终以区域协调发展战略为导向，考虑各个区域的人口、资源、环境、产业、经济社会发展水平等因素，因地制宜地制定促进保险业发展的政策措施，充分发挥保险业经济补偿、资金融通和社会管理的职能，服务地方经济、促进民生发展。未来，我国保险区域协调发展将进入快车道，逐步建成一批规模较大、结构良好、效益突出、风险可控、稳健发展、影响广泛的现代区域保险中心，实现保险区域发展与经济社会发展的良性互动，形成保险业务与地区经济均衡快速发展的格局。

3. 保险业需要在宏观风险管理体系建设中扮演重要角色

尚未完全退去的全球金融危机留给人们最重要的反思之一，就是要对社会经济发展中出现的风险进行及时、有效的管理。保险业在“十二五”期间需要发挥行业优势，参与和推动国家宏观风险管理体系建设，承担起风险管理的重任。

我国保险业将在宏观风险管理体系建设中扮演重要角色。未来五年间，我国宏观层面将面临更为复杂多变的环境。这些可能的风险源包括：一是高度复杂、联系广泛且脆弱的金融体系；二是具有潜在威胁的“三农”问题；三是恶化的生态环境；四是不协调的发展和失衡的结构；五是不健全的基本公共服务体系风险；六是腐败和商业贿赂的蔓延。鉴于风险的综合性、交叉性、动态性特点，应当尽快建立起一套国家宏观综合风险指标体系和风险预警管理系统。使用现代风险管理技术，分析中国经济社会发展过程中的各种潜在和显性的风险因素，建立经济、社会、政治、环境等风险指标子系统。作为专门以应对风险作为主业的保险业来讲，无论是从服务经济社会发展的角度，还是从自身生存的角度出发，都必须要在国家宏观风险管理体系建设中迈出实质性步伐，发挥应有的作用。保险业需要对各种风险的载体、主要风险诱发因素、风险的传导机制、风险的容忍度等进行认真研究，探讨防范、控制和管理风险的各种有效措施，由此为国家发展规划与决策提供系统的思维框架和可靠的科学依据①。

4. 保险业需要更加强调依法科学监管，更加注重保护消费者利益

保险业转变发展方式必然要求在监管理念、监管制度及监管方式等方面进行相应转变，以科学监管来促进保险业发展方式的转变。2011 年以及“十二五”期间，坚持科学监管就是要重点做好以下几个方面的工作：其一，树立依法监管理念，维护法律尊严和监管权威，既要建章立制，又要严格执法。其二，树立有效的监管理念，提高监管效率。根据监管职责和保险市场变化，合理配置监管资源，创新监管方式，改进监管手段，提高监管工作效能。其三，树立适度监管理念，做到监管“不缺位、不越位、不错位”。要遵循保险市场规律，切实发挥市场配置资源的基础性作用，有所为，有所不为。其四，树立为民监管的理念，正确处理监管者与被保险人、保险人之间的关系，切实保护保险消费者利益。这是坚持以人为本科学发展观的具体体现，也是保险法赋予保险监管部门的职责。整个“十二五”期间，需要继续推进保险业的战略性调整和转型，深入推进保险业改革创新，全面提升保险业服务能力，认真谋划和促进行业科学发展②。

5. 保险资金运用理论研究与实践探索要不断强化

“十二五”期间，必须重视资金运用问题。我国在资金运用上缺乏理论研

---

① 黄海骥：《当前保险业发展面临的若干战略性》，《海南金融》2009 年第 2 期。

② 强强：《我国保险监管体系现状及改进建议》，《国家行政学院学报》2010 年第 2 期。

究，在实践中也没有把长期投资的理念真正地建立起来。目前在实践中多引用国外市场的经验，但与国内差别很大。目前很多投资策略是经不起理论推敲的。需要强化对保险资金运用理论的研究。可以预见，保费收入的高速增长将为保险资金运用供给大批的资金，加上保险资金运用的证券化趋势，保险业对证券市场的资金供给会不断加大，在政策允许的情况下，保险公司在证券市场所占的份额会不断提升。顺应保险资金运用的现实需要，不断探索保险资金运用的理论与实践探索，是我国保险业未来发展的必然选择。

6. 商业健康保险发展模式创新需要迈出新步伐

商业健康保险发展模式创新需从社区医疗突破。“十二五”期间，在最被关注的民生工程中，养老、健康、医疗是三大关键词，在这些方面，保险业有许多发展机会。老百姓需要在社区医疗机构中得到更好的医疗保障，目前社会基本医疗保障没有涉足，商业保险可以进入，未来在社区医疗可以作为商业医疗保险创新和模式创新的领域，有可能把社区养老、健康整合起来，更好地为百姓实施健康管理、慢性疾病管理。在护理领域，商业保险可以把老年社区、护理保险、护理保障结合起来。在国家医疗保障体系建设方面，目前，商业保险介入社会保障经办领域的支持政策也越来越明晰，补充医疗保险和社会基本医疗经办管理将是健康保险未来发展和探索的主战场之一，商业保险和社会基本医疗保险之间的连接将会迈出新步伐。

7. 参与解决社会养老难问题需要新突破

供需矛盾，即经济发展对保险的需求和落后的保险业供给之间的矛盾，仍然是“十二五”期间保险业发展首先要解决的问题，重要方面之一是目前养老保险的开发和发展太滞后，保险业要抓住这个矛盾，参与破解社会养老难题，使保险发展规划更贴近市场的需求。保险业参与破解社会养老难题，需要改变增长方式，建立起新的经营模式，即需要在抓住市场机会的同时，重视培养市场，如企业年金市场、养老公司模式的探索。从国家层面来说，需要出台制度激励措施，鼓励社会应成立跨界的养老协会等协调解决养老问题，支持和鼓励保险业参与养老保障体系建设。

B.9
金融市场：货币市场

2010年，货币市场交易量继续大幅上升，维持过去5年以来的惯性扩张势头。货币市场利率水平从2010年5月开始迅速上升，至年底时已经完全走出了自2008年第四季度以来形成的周期性波谷。这种量价齐升的形势转变，反映了同期实体经济持续复苏，金融机构资产负债表持续迅猛扩张，金融监管和货币政策操作悄然收紧等多种因素的共同影响。

回顾“十一五”期间的发展历程，伴随我国整体金融制度的快速市场化变革，货币市场的基础设施建设已经取得了长足进步。目前，我国货币市场的主体部分是银行间市场上的债券回购、同业拆借、票据市场三大交易板块——即“银行间货币市场”。这些板块在服务境内金融机构流动性管理、中央银行货币政策传导方面发挥主导作用。交易规模并不占优的银行间同业拆借市场，已经赢得了拆借利率（Shibor）的市场基准利率地位，其市场组织在整个货币市场体系中也取得了中心地位。总体来看，我国货币市场运行的基本面貌已经更加接近国外成熟市场。在“十二五”期间，货币市场有望随着利率市场化、货币市场交易的一体化趋势以及工商企业部门货币资金融通的需求上升，实现基础设施及功能的进一步升级。

一　货币市场交易总量与结构

先将货币市场的分析重点放在“银行间货币市场”，即银行间市场上的债券回购、同业拆借、票据市场三大交易板块。其中，票据市场交易规模的统计口径是票据贴现①。尽管货币市场的一般性范畴应当涵盖所有经济部门的短期资金交

---

① 有关货币市场的统计口径具有很强的随意性。中国人民银行发布的《货币政策执行报告》则涵盖交易所的债券回购交易，但在《2009年金融市场运行情况》中仅提及银行间市场上的同业拆借和债券回购交易，在《2009年中国金融市场发展报告》中则包括同业拆借、债券回购、短期融资券和票据市场。本文中的统计口径回到了2004年出版的第一本“金融蓝皮书”第459页描绘的“中国货币市场交易结构”。

易，但通常最受关注的还是金融机构之间的批发性货币资金交易。在这方面，银行间市场上的货币交易拥有几乎无可撼动的主导性地位。凭借金融业内规模庞大的交易主体及多级账户类型，它已经为整个私人部门的货币资金融通担当起“代理”角色。相比较而言，沪深交易所中的债券回购交易处于次要地位。虽然该类板块也稍具规模，并与证券市场联系密切，但在参与主体和交易品种的市场地位和影响方面都相差悬殊。而且，随着交易主体的交叉参与，这种同一交易品种的市场分割状态将有所缓和。至于其他货币市场金融工具，如各种短期债券、本票、可转让大额存单等，在此暂不予考虑。

（一）交易规模

在“十一五”期间，我国银行间货币市场交易规模大约以年均41%的速度大幅增长（见图1）。这个增长速度虽然略慢于“十五”期间成长初期的表现，但其波动性要小得多。到2010年，银行间债券回购、同业拆借及票据贴现的交易规模分别为87.6万亿、27.9万亿、26.0万亿元，交易额加总规模高达141.5万亿元，相当于2005年26.3万亿元交易规模的5.4倍。受债券回购交易规模增速下滑的拖累，2010年的银行间市场货币交易总量增速才略有下降。相比上一年，2010年这三大品种的交易额分别增长12.1%、43.8%、24.6%，交易额总计增长25.3%。

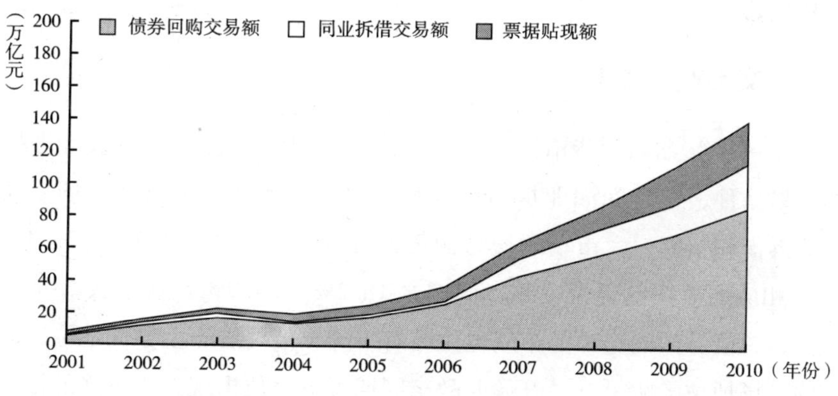

图1　银行间货币市场交易结构

资料来源：各年中国人民银行《货币政策执行报告》、《中国人民银行统计季报》及中国人民银行网上统计数据。

银行间货币市场交易规模的急剧膨胀与一些重要背景因素的变化密切相关。交易主体的经济规模和运作效率变化就是其中最直接、最重要的驱动因素。规模因素主要来自金融机构的资产负债表扩张以及市场参与主体的扩容。根据中国人民银行和银监会公布的数据，在“十一五”期间，货币当局和银行业金融机构的总资产规模几乎同时放大为期初的2.5倍，分别在期末达到了25.9万亿元、95.3万亿元。此外，银行间同业拆借和债券市场上的交易主体数量也都分别扩容到887家机构、10235个一级托管账户，相比期初的规模分别放大了1.3、1.6倍。在效率因素方面，利率市场化改革、银行业转型及金融创新推动下的金融运作效率提高是一个重要的事实。由此导致的银行业金融机构对资金使用效率的追求，活跃了货币市场交易。此外，该时期内货币政策的频繁操作以及金融监管的持续加强，也使得金融机构更加重视流动性管理，进一步刺激了对货币市场的交易性需求。

交易所中的债券回购交易在我国货币市场上仍是一个相对孤立的小板块。在“十一五”期间，每年的成交额都不足银行间市场的1/10，且集中于上交所的国债回购。2010年，上交所国债回购交易额为6.6万亿元，相当于2005年的2.8倍。相比同期银行间市场上债券回购交易的4.8倍放大幅度，它的扩张幅度小了许多。同时，上交所国债回购交易的规模扩张步伐还很不稳定，在2006年曾经一度萎缩至61.5%，到2008年才恢复到原来水平，到2010年则又实现了85.7%的快速增长。这种成长的不稳定性与同期证券交易行情之间也没有表现出明显的联系。

（二）交易品种结构

在“十一五”期间的货币市场结构中，债券回购一直是最活跃且占据主导地位的交易品种，银行间同业拆借则成长最快。2005年，银行间市场上债券回购、同业拆借和票据三大市场的交易额占比分别为59.4%、4.2%、36.4%。到2010年，相应的数据已经演变成57.0%、18.2%、24.9%。从过去5年间的结构变化来看，债券回购交易的市场地位略有下降，但仍居于主导性地位；同业拆借交易的市场地位大幅上升，开始匹敌于同期市场地位出现大幅下降的银行间票据市场交易。在这一过程中，银行间同业拆借市场的崛起，在一定程度上反映了在经历整顿、改制和转型之后银行业基本面的根本性改变。尤其在2007年，银行业的制度变革效应开始集中释放，当年同业拆借交易实现了年度增长4倍的规模突变。这标志着承载金融体系内部短期资金直接融通的基础设施迈上了一个更高的发展台阶。

（三）交易期限结构

货币市场交易的期限结构日渐短期化，开始更加集中于隔夜交易（见图2）。在银行间市场上，2005年的隔夜质押式债券回购与隔夜同业拆借的市场份额占比分别仅为46.4%、17.5%。到2010年时，这两个比例就已经分别剧变为80%、87.9%。从中间的变化历程来看，这两类隔夜交易分别在2009年、2007年实现了超过75%的市场集中度，其中尤以后者的集中度提升最快。相应的，7天交易品种（覆盖2~7天的系列期限）的市场份额从2007开始出现了大幅下滑。2009年和2010年，7天质押式债券回购与7天同业拆借的市场份额分别落入15%、10%左右的狭窄区间，并趋于稳定。债券回购与同业拆借交易的期限结构（即各个期限品种的市场份额分布）曲线则呈现单调平滑的数学性质。在上交所的国债回购市场上，隔夜交易品种从2008年起开始超越7天交易品种，到2010年时前者的成交金额和笔数都相当于后者的两倍以上，其他期限品种的市场份额则更为弱小甚至处于空缺状态。

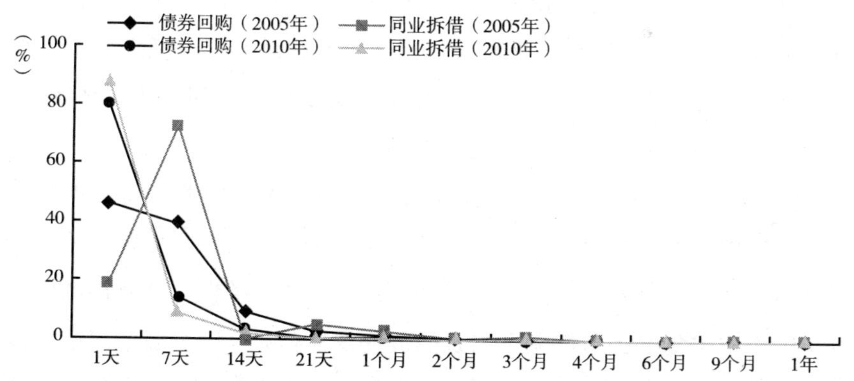

图2 银行间货币市场主要交易品种的期限结构

资料来源：根据中国人民银行网上的年度统计数据，计算各个交易品种的规模结构占比而得。

货币市场上7天交易品种在市场交易份额方面已经彻底丧失了此前曾经占据的主导性地位。这也意味着相对应的7天利率在货币市场利率体系中的代表性已经弱于隔夜利率①。隔夜品种的市场地位上升，使得货币市场的运行特征表现得更加贴近于境外的成熟货币市场。这种已经趋于稳定的短期化交易特征，印证了金融部门尤其是其中的银行业金融机构，在运用货币市场工具管理资金流动性的频率和力度方面发生了深刻变化。在这种意义上甚至可以说，国内金融机构的资产负债管理模式可能已经进入了追求精密的流动性管理阶段。

二　子市场发展动态

（一）债券回购市场

银行间债券回购交易是我国货币市场乃至整个金融市场中最为活跃的一个交易品种。自1998年正式成立以来，该板块的年度交易规模增长近50倍，年均增速达38.6%。它的最快成长期在2000～2003年间，几乎每年增速都在50%以上（只有2002年略低于此水平）。在银行间三大货币交易中，这是成长性表现最为稳定的一个板块。从两种交易方式的结构特点来看，质押式回购仍是银行间回购市场的绝对主体，但规模占比略有下降。在过去5年间，它的年度成交金额占比由98.9%下降到96.6%。同期的买断式回购交易则呈现跳跃式发展，规模扩张12倍多。这表明自2004年开通业务以来，这种没有证券资产抵押情况下的信用交易，正在快速寻觅它的适用空间。2010年，买断式债券回购累计成交2.96万亿元，相比上年增长13%，扩张速度大幅放缓。

从2010年的月度情况来看，银行间市场上的质押式回购出现了近些年来幅度最大的一次向上波动，其波峰发生在8月（见图3）。每月交易日的数量对于月度累计成交量依然具有突出的影响，例如，2月份的春节、10月份的国庆节以及9月份的周末聚集等因素拖累了当月的成交量。但是，交易日数量的减少并不影响市场的活跃度。每月的日平均成交金额几乎不受这方面因素的影响，相对平

① 在2006年之前的很长一段时期，银行间市场上7天债券回购交易最为活跃，拥有规模优势，其利率也经常被视为货币市场基准利率。当然，单纯以交易状况来判断利率机制地位未必准确。董乐在2008年第6期《中国管理科学》上发表的文章《银行间回购利率的基准效应研究》使用2005年以前的数据分析表明，交易规模小但交易频繁的上交所7天国债回购利率反而引导了银行间市场上的7天回购交易。

滑的变化掩盖了往年经常出现的季节性。以8月为分水岭，它的交易量经历了由增到减两个不同阶段的演变。这种变化也罕见地与当年中债综合指数（净价）的行情转折表现出了相似之处。按照中央结算公司债券信息部发布的《2010年银行间债券市场年度统计分析报告》中的观点①，前3季度宽裕的资金面与第四季度的紧缩货币政策导致债券市场的先抑后扬表现，同样的紧缩性因素也可能冲击到货币市场交易。

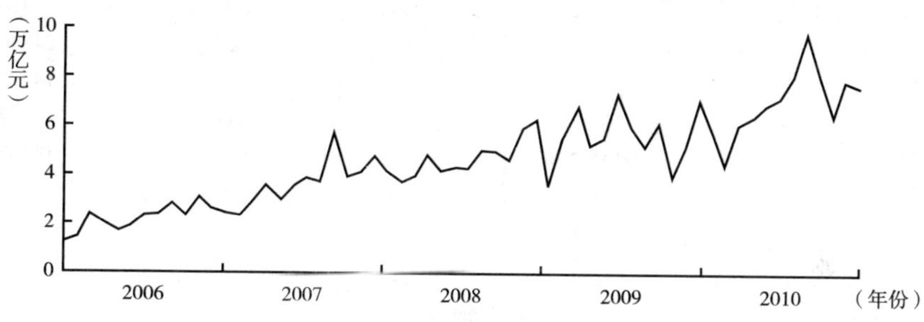

图3 银行间质押式回购月度交易金额（2006~2010年）

资料来源：根据中国人民银行网站数据整理绘制。

银行间市场上质押式与买断式回购的基础券种结构在2010年开始出现分歧，后者迅速呈现分散化特征。质押式回购选择交割的基础证券，仍以政府债券、央行票据和政策性银行债等安全债券为主（见表1）。但该部分的交割量占比已经由2009年的87%下降到83%，其中政策性银行债取代央票，成为交割量最大的券种。占比上升的部分主要来自中期票据、短期融资券和企业债券等风险债券。集合票据的市场份额虽然较为微小，但相比其非常有限的现券规模而言变化迅速，也开始受到青睐。此外，当年还新增了基础券种——由中央汇金公司在8月24日发行的“政府支持机构债券”。

在2010年买断式回购交易的基础券种结构中（见表2），政府债券、央行票据和政策性银行债等安全债券的市场份额占比由2009年的86%急降到60%。其中，央行票据锐减，政策性银行债增至独自占比43%的绝对优势水平。在风险债券中，中期票据、短期融资券和企业债券的市场份额大幅上升，合计占比达38%。

① 参见中国债券信息网（http://www chinabond. com. cn）中的“研究分析—中债分析·年报”栏目。

表 1 银行间市场质押式债券回购的券种结构

券　　种	2009 年		2010 年	
	债券交割量(亿元)	结算笔数(笔)	债券交割量(亿元)	结算笔数(笔)
政府债券	193428.2	40807	226658.5	50229
央行票据	214757.0	35120	248612.8	34403
政策性银行债	211996.4	66454	285167.4	85443
政府支持机构债券	0	0	474.3	183
商业银行债券	11026.9	3889	12551.6	4673
非银行金融机构债券	515.2	494	341.8	370
企业债券	22968.9	12157	45411.1	24820
短期融资券	24508.3	9035	41613.3	14923
资产支持证券	41.8	49	166.7	57
中期票据	20463.5	8240	56530.1	18702
集合票据	4.5	9	118.1	270
外国债券	0.6	1	1.1	2
合　　计	699711.2	176255	917646.6	234075

资料来源：中国债券信息网，http：//www. chinabond. com. cn。

相比 2009 年，新增了集合票据、政府支持机构债券和非银行金融机构债券。在买断式回购中，风险债券份额的上升，可能体现了投资者多样化的交易需求，是回购市场扩容过程中的自然结果，但也不排除投资者风险偏好上升方面的原因。

表 2 银行间市场买断式债券回购的券种结构

券　　种	2009 年		2010 年	
	债券交割量(亿元)	结算笔数(笔)	债券交割量(亿元)	结算笔数(笔)
政府债券	1769.3	797	2218.8	1291
央行票据	12453.1	1302	3067.5	1198
政策性银行债	8129.2	2560	12968.4	3235
政府支持机构债券	0	0	20.0	9
商业银行债券	17.7	20	358.1	220
非银行金融机构债券	0	0	4.1	12
企业债券	1160.8	719	2690.9	2057
短期融资券	916.6	587	3818.3	1726
资产支持证券	0	0	0	0
中期票据	1572.2	947	5131.8	3245
集合票据	0	0	5.1	19
合　　计	26018.9	6932	30282.9	13012

资料来源：中国债券信息网，http：//www. chinabond. com. cn。

（二）同业拆借市场

自2007年Shibor作为基础利率体系正式推出以来，银行间同业拆借市场在国内货币市场中的地位发生了根本性改善。当年的成交金额即发生规模跳跃，达到10万亿元以上的水平。到2010年，其全年成交规模已经接近28万亿元，足以与银行间货币市场上的其他两个板块构成三足鼎立之势。近5年以来，它与债券回购交易的年度规模扩张节奏呈现此起彼伏的态势，但两者月度成交额增速的统计相关系数为0.63，表现出一定的同步性。尤其是最近两年，彼此的相关系数上升到0.81，表现出较高的同步性（见图4）。相关性统计在一定程度上反映了这两个货币市场板块的一体化联系程度；相反，上交所的新质押式国债回购交易规模的月度动态几乎与此不具有相关性。

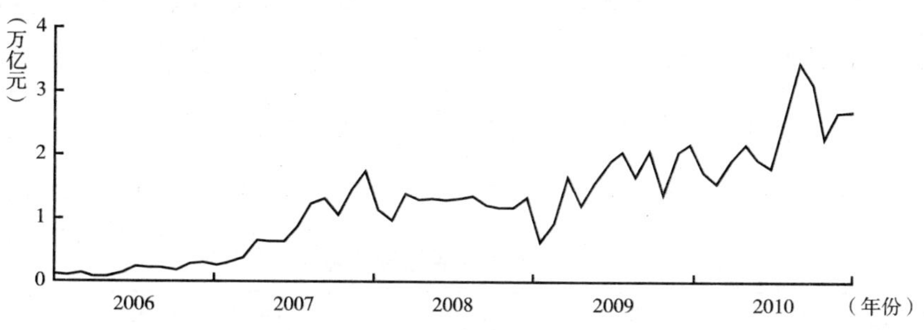

图4　银行间同业拆借月度交易量（2006～2010年）

资料来源：根据中国人民银行网站数据整理绘制。

（三）票据市场

票据市场是银行间市场的构成板块之一，交易品种包括转贴现和回购，以银行承兑汇票交易为主。从交易品种的可比性角度，只有票据贴现可以与债券回购、同业拆借一起构成同一层面上具有独立互补关系的货币市场交易板块。而且，央行通过再贴现操作影响银行间市场上的票据贴现交易，已经构成了一个重要的政策传导渠道。相比较而言，在此之外的一般意义上的商业票据签发、承兑和贴现，或泛指的票据市场，还不具备以上金融市场特征与货币政策意义。因此，这里没有像过去那样，将银行间票据市场视为特定服务于非金融企业、与其

他两个板块互补的货币市场板块①。当前，以交易性票据（银行承兑汇票）流通为主的金融市场活动，仍然主要是为金融机构资金头寸调剂服务的。

2006～2010 年，票据市场的发行环节持续活跃，央行干预增强，但流通环节波动较大。根据中国人民银行的统计（见表 3），2010 年企业累计签发商业汇票 12.2 万亿元，反映票据市场二级市场交易规模的累计贴现额为 26 万亿元，央行累计再贴现 1712 亿元，相对于 2005 年的额度分别增长了 1.7 倍、3.9 倍和 67.5 倍。在过去两年间，再贴现额的急剧上升，主要反映了央行加大支持“三农”和中小企业融资的信贷政策导向。但是，反映票据市场二级市场交易期末头寸规模的贴现余额波动较大。由于金融机构从票据贴现交易的资金头寸归入其信贷收支表，并列入贷款栏目下的“票据融资”项，我们可以从票据融资的月度数据看出其剧烈的趋势性波动。从 2006 年至 2008 年第一季度，金融机构票据融资的月度余额呈现下降趋势，但从 2008 年第四季度央行实施适度宽松货币政策以来直至 2009 年 6 月，迅速由不足 1.5 万亿元的水平爬升到 3.6 万亿元的最高水平；此后出现了迅速下降，在 2010 年下降趋势变缓，到年底时重新回到了当初的低水平状态。

表 3　中国票据市场发展概况

年度＼品种	商业汇票累计签发额（万亿元）	商业汇票期末余额（万亿元）	累计贴现额（万亿元）	贴现余额（万亿元）	累计再贴现额（亿元）	累计再贴现余额（亿元）
2005	4.5	2.0	6.8	1.4	25.0	2.4
2006	5.4	2.2	8.5	1.7	39.9	18.2
2007	5.9	2.4	10.1	1.3	138.2	57.4
2008	7.1	3.2	13.5	1.9	109.7	23.1
2009	10.3	4.1	23.2	2.4	248.8	181.2
2010	12.2	5.6	26.0	1.5	1712.0	791.0

资料来源：各年中国人民银行《货币政策执行报告》。

金融机构票据融资头寸的剧烈变化，是银行间票据市场贴现交易波动的同步反映，两者具有共同的背景因素。按照中国人民银行发布的《中国货币政策执

① 李扬、王国刚主编《中国金融发展报告（2004）》，社会科学文献出版社，2004，第 448 页。

行报告（2007年第四季度）》中所述，由于票据融资具有期限短、周转快、风险可控、成本收益稳定等特点，已成为商业银行调整资产负债结构、管理流动性的一种重要手段；且票据利率市场化程度高，能及时有效地传导货币政策信号，对宏观调控政策反应灵敏。当然，具体的情景反应依赖于票据融资业务的一个重要操作背景，即它不受金融机构的存贷比考核与法定存款准备金率的约束，但接受资本充足率的考核约束。因此，2008年第四季度以来的央行货币信贷政策与中国银监会的监管约束，对票据融资或贴现交易造提供了不同的机遇与挑战。除了政策因素之外，造成剧烈波动的原因也不排除部分金融机构的“空转放大”操作①。

从银行间票据市场的整体发展状况来看，它是三个货币市场交易板块中电子化程度最低的一个板块，同时也可能意味着它在这方面的未来发展潜力最大。它的统一报价信息系统始建于2003年6月底。当时，全国银行间同业拆借中心开通运行了“中国票据网”（www. chinacp. com. cn），只能以互联网为载体，为场外票据交易提供报价和信息查询服务。此后直到2009年11月，中国人民银行才推出电子商业汇票系统，进入电子化交易及支付清算的试运行阶段。此外，在2009年10月，“长三角”地区票据业务联席会发布了首个地区性商业汇票贴现指数——“长三角”票据贴现价格指数，并于2010年4月在中国票据网上发布。但是，相比银行间债券市场的回购交易与同业拆借市场，它在电子化交易平台的统一性、市场透明度以及流动性等现代金融市场特征方面，还存在一定的差距。关于国内票据市场的发展状况，中国银行间市场交易商协会在最近一次的调研总结中有如下表述：“专家们普遍反映，我国票据市场虽然发展较早，但存在基础设施落后、配套制度不完善、市场运行不规范等一系列问题。”② 由于这种市场发展环境的原因，过去票据贴现业务的交易主体是信用社和城商银行，但这种情况正随着银行业竞争的加剧以及票据市场基础设施和相关制度建设的跟进而发生改变。

① 王自力：《票据市场发展与金融宏观调控——我国票据市场健康发展的几个问题》，《银行家》2009年第5期。

② 参见中国银行间市场交易商协会的官方网站（http：//www. nafmii. org. cn/Site/Home/CN）在2011年3月15日发布的协会工作动态，题为《交易商协会开展票据市场业务调研》。

三　货币市场利率动态

由于存在交易场所、品种和期限方面的因素差异，国内的货币市场利率是一个复杂的利率体系。这个体系中，随着上海银行间同业拆借利率（Shibor）运行日臻成熟，它的基准利率参照作用也更为突出。当然，在国内货币市场分割、各板块发展参差不齐、利率市场化水平不高的客观环境中，Shibor作为国内基准利率体系的市场地位还需要在进一步成长中得到巩固。根据勾东宁、刘喆的分析①，Shibor的隔夜和1周期限利率与银行间债券回购交易相应的短端利率高度相关，在长端则与央票发行利率保持较高的相关性，但长端报价利率的稳定性和公允性表现不佳；尽管已经有越来越多的金融产品采用它作为利率参照基准，但占比仍然不足。在2010年，人民币互换交易的浮动端参考利率采用Shibor的名义本金占比为40.3%，尚低于7天银行间债券回购利率的采用比例（54.5%）。同年新发行的浮息债中有24只采用Shibor作为基准利率，在发行总金额中占比13%，还远低于一年期定存利率的采用比例。此外，占发行量37%的短期融资券以及全部的企业债发行采用了Shibor作为基准利率。即使如此，Shibor在国内货币市场利率体系中的参照基准地位，已经整体性超越了其他品种。

因此，我们可以通过Shibor体系来观察货币市场的利率动态（见图5、图6）。2010年，国内货币市场利率呈现震荡上行的趋势。短端的隔夜利率从12月下旬才开始摆脱横向震荡的趋势，很快在一周之内就超越了2009年之前的高位水平；1周、双周及1个月利率走势形态相近，大致从5月下旬就开始震荡走高，中间经历了6月和9月两次向上大幅波动；在3个月至1年期限的利率波动中，仍能看到每次启动的节点，但波动幅度变得平缓得多。在12月31日，隔夜、1周、3个月、1年期的Shibor分别为4.52%、6.39%、4.62%、3.63%。

2010年的货币市场利率走势呈现快速向2008年全球金融海啸爆发之前的经济繁荣时期回复的特点，但此时的一些重要背景因素已经显著不同于以前。从3个月Shibor与3个月央行票据发行利率的走势对比来看，从5月20日起，央行票据发行利率的渐次提高，对于货币市场利率的上行似乎发挥了一定的引导作

① 勾东宁、刘喆：《关于Shibor的运行状况及改进建议》，《中国金融》2010年第14期。

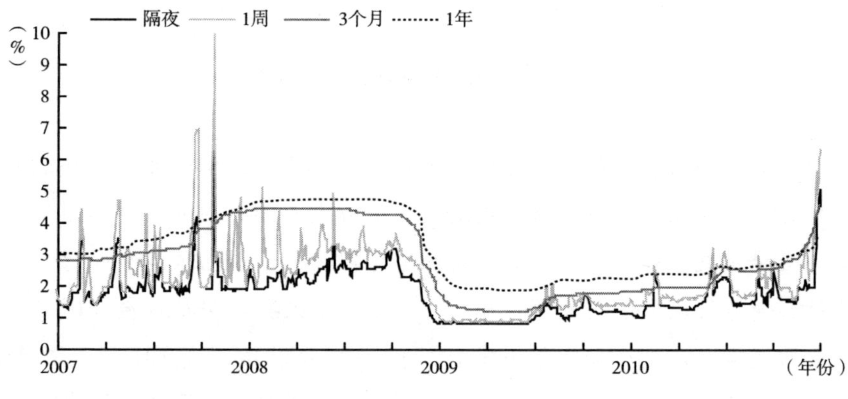

图5　Shibor 走势

资料来源：根据 Shibor 网站数据整理，选取部分期限品种绘制。

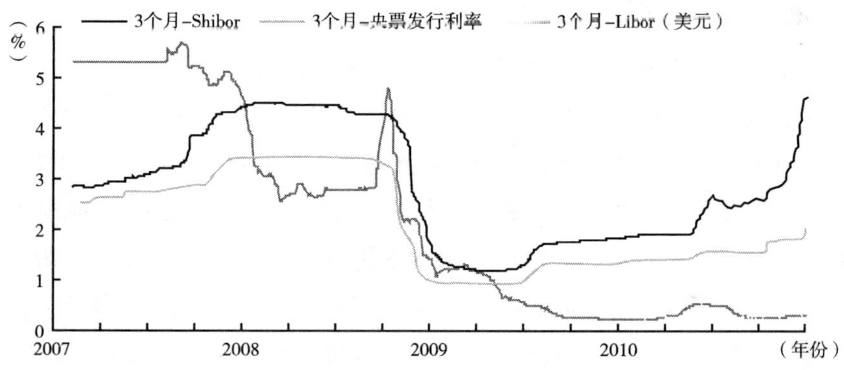

图6　中外货币市场利率走势

资料来源：根据 Shibor 网站数据整理，选取部分期限品种绘制。

用。同时，伴随经济复苏的物价持续上涨形势，金融机构在资产扩张之后形成的资金饥渴状态，以及贯穿全年的货币政策紧缩操作，也都加剧了利率上行的市场预期。从对比美元 Libor 的情况来看，中国与境外发达经济体的货币市场利率走势已经背道而驰。关于其中的原因，常见的解释是各个经济体的复苏进程不一致；此外，也有观点认为，在一定程度上受到了国际货币贬值、跨境资金流动、大宗商品价格上涨等多种因素的外部冲击。鉴于国内经济复苏过程中面临的诸多不确定性，货币市场利率的大幅变动或剧烈震荡，本身就意味着利率风险水平的提高。

四　货币市场资金流动

银行间债券回购与同业拆借市场上的金融机构资金流动情况是观察整个货币市场资金流动的主要窗口。金融机构的群体被分为四大类：第一类是国有商业银行；第二类是其他商业银行；第三类是其他金融机构，包括政策性银行、农村信用社联社、财务公司、信托投资公司、保险公司、证券公司及基金公司；第四类是外资金融机构。在银行间货币市场上，不同类型机构的资金净融入、净融出情况，反映了彼此之间头寸调剂的情况。同时，由于参与主体涵盖银行、保险、证券、信托等金融子行业，统一货币市场上的资金流动，也反映了金融同业之间以及货币市场与资本市场之间的联动情况。

从2006～2010年的情况来看，国有商业银行在货币市场上一直处于资金净融出状态，其他金融机构与外资金融机构一直处于资金净融入状态。而且，这种单向资金流动的规模也呈现不断上涨的趋势。这表明货币市场的资金分配格局在交易量不断扩张的背景下一直较为稳定。尤其是国有商业银行，一直向外批发资金，有时也会从同业拆借市场融入，从债券回购市场融出，显露某种程度的“货币中心银行”的地位。从2008年第四季度开始（见表4、表5），为应对全球金融海啸冲击，国内适度宽松货币政策与信贷扩张计划的实施，使除其他商业银行之外的各类金融机构类型出现了资金流动加速现象，并在2009年第一季度到达峰点之后陆续衰减，直到2010年第三季度才开始恢复加速流动。其他商业银行的情况表现相对特殊，在2010年之前的8个季度，资金净融出规模不断缩小，在此之后则迅速转为资金净融入，暴露出由于资产快速扩张而带来的资金状况逐渐趋紧的演变过程。

2010年上、下半年金融机构之间资金流动规模的同步转折，与同期银行间货币市场交易量的变化是一致的，这也表明在年内的4个季度里很少发生不同金融机构类型之间资金流逆转的问题。过去由两类商业银行向另外两类金融机构融出资金的格局，已经在2010年改变为仅由国有商业性银行向另外三类金融机构融出的新格局了。从而，少数大型银行控制货币资金来源的局面变得更加突出。从银行机构的超额准备金率季度变化来看，中资大型银行在前3个季度一直在1.4%左右的历史低位徘徊，到第四季度又突然下降至0.9%。其他中小型银行

表 4　金融机构债券回购交易的季度资金流动情况

单位：亿元

时间＼类别	国有商业银行	其他商业银行	其他金融机构	其中		外资金融机构
				证券及基金公司	保险公司	
2008Q1	-22396	-401	13686	2221	6909	9111
2008Q2	-23365	5401	10408	2765	4666	7556
2008Q3	-27964	9296	11969	1318	2164	6837
2008Q4	-62959	-1606	56310	27533	12799	8117
2009Q1	-77238	-3740	72118	28767	12595	8860
2009Q2	-74105	-789	66659	24301	8905	8235
2009Q3	-55222	-2822	50912	24069	10513	7131
2009Q4	-47562	-1285	43101	17331	8314	5747
2010Q1	-62499	17958	38133	19943	3335	6408
2010Q2	-28818	22038	-245	17371	-2427	7026
2010Q3	-90704	30870	46431	20667	9506	13401
2010Q4	-55476	13346	36909	16694	11455	5222

注：负号表示净融出，正号表示净融入。

资料来源：根据中国人民银行各季度货币政策执行报告整理。

表 5　金融机构同业拆借交易的季度资金流动情况

单位：亿元

时间＼类别	国有商业银行	其他商业银行	其他金融机构	其中		外资金融机构
				证券及基金公司	保险公司	
2008Q1	7155	-8577	-389	1329	—	1811
2008Q2	10517	-13245	1093	1503	—	1635
2008Q3	5628	-9129	-127	45	—	3623
2008Q4	1297	-4858	1963	39	—	1603
2009Q1	-4130	-103	1790	317	—	2443
2009Q2	-8219	2817	3098	786	—	2303
2009Q3	-4527	2560	902	372	—	1066
2009Q4	-663	-907	1240	264	—	330
2010Q1	-9800	6282	1962	224	—	1556
2010Q2	1248	-5366	4385	418	—	-266
2010Q3	-14290	5875	6966	1632	—	1448
2010Q4	-660	495	286	-125	—	-121

注：负号表示净融出，正号表示净融入。

资料来源：根据中国人民银行各季度货币政策执行报告整理。

及农村信用社则在最后一个季度出现反弹。由超额准备金率反映的银行机构资金流动性状况，同时考虑到第四季度央行连续三次提高法定存款准备金率、两次加息的紧缩政策操作，可以解释国有商业银行的对外资金供应在第三季度创出新高之后又急剧下降的原因。

但是，短期内金融机构流动性状况的改变似乎并没有撼动彼此之间资金流动的方向与规模水平。再单看证券及基金公司的资金净融入情况，也似乎与同期股票市场、债券市场行情表现不甚相关。从长远来看，金融业各部门的规模扩张及内部组织结构的变化，以及由此决定的资金用途变化，可能主导彼此之间的货币资金流动格局。

B.10
金融市场：股票市场

一 2010年中国股票市场概述

2010年是中国股市成立20周年。3月份首批6家试点券商正式试水融资融券业务。在经过精心的设计和漫长的准备之后，股指期货在4月份正式上市交易。8月份中国证券监督管理委员会就《关于深化新股发行体制改革的指导意见》公开征求意见，正式启动新股发行第二阶段的改革。

2010年也是股市市值增长、融资规模急剧扩展的一年。融资规模创历史新高，IPO、增发和配股等融资额接近9000亿元，再次名列全球第一。同时，股市市值成为全球第二，仅次于美国。不难发现，中国股市已经在全球资本市场占据了重要地位。

但在中国经济强势运行的同时，股市却并未做出积极响应。上证指数年底报收2808.08点，比年初下跌了469.06点，年跌幅为14.31%；深证成指，全年下跌了9.06%。如果以上证指数作为参考标准，股市跌幅位列全球第三，仅次于身陷主权债务危机的希腊（-35.16%）和西班牙（-19.17%）。在“金砖”四国中，也只有中国股市是下跌的。

尽管主板市场表现低迷，但是小盘股方面却热点不断，中小板综合指数全年上涨28.38%，创业板指数从推出到年底也上涨了14%。两市股指走势整体疲软，但是个股行情却精彩纷呈。在部分权重指标股接近或者创出新低的情况下，仍然有过半的老股冲破了过去的高点，板块和个股不断分化，大量中小盘股十分活跃。这反映了股市的结构性差异明显。

二 发行市场：融资规模全球第一，市盈率屡创新高

截至2010年末，中国股票市场上市公司共计2063家，同比增加20.08%。发行总股份3.3万亿股，同比增加26.84%，其中流通股2.6万亿股，同比增加

近30%，股票总市值为26.5万亿元，同比增加8.8%。在全球股市的市值排名中，A股市场仅次于美国，位居全球第二。2010年A股市场新股发行349只，募集资金4882.63亿元，增发和配股分别为2549.83亿元、1438.25亿元（见表1）。总融资额高达8870.71亿元，不仅继续高居全球股市的榜首，还打破了A股2007年创下的7985.82亿元的历史纪录。

表1　2010年A股市场筹资状况

单位：亿元

时　　间	境内筹资合计	首次发行金额	再筹资金额		
		A股	A股		
			公开增发	定向增发(现金)	配股
2008年	3596.16	1036.52	1063.29	361.13	151.57
2009年12月	929.29	486.60	49.36	249.36	30.07
2009年累计	4609.54	1879.00	255.86	1614.83	105.97
2010年1月	504.44	469.69	0.00	34.75	0.00
2010年2月	653.29	458.05	0.00	175.60	19.64
2010年3月	542.71	254.32	12.00	95.86	180.53
2010年4月	432.16	335.34	22.08	74.74	0.00
2010年5月	429.66	333.97	0.00	95.69	0.00
2010年6月	708.90	301.27	9.70	48.04	349.89
2010年7月	947.42	803.50	0.00	114.99	28.93
2010年8月	695.82	553.94	36.98	104.90	0.00
2010年9月	569.29	381.34	3.63	167.87	16.45
2010年10月	854.31	252.02	22.06	574.09	6.14
2010年11月	1578.50	346.57	165.00	241.31	825.62
2010年12月	954.21	392.62	105.70	444.84	11.05
2010年累计	8870.71	4882.63	377.15	2172.68	1438.25

资料来源：中国证监会网站。

一级市场呈现四大特点：新股发行市场火暴、IPO募资规模再创新高；新股溢价下降，首日破发频现；新股发行市盈率继续走高，创业板依旧领跑；再融资不甘落后，银行股表现抢眼。

（一）新股发行市场火暴，IPO募资规模再创新高

2010年沪深两市共发行股票349只，募集资金5276.14亿元。沪市发行28只股票，募资1894.46亿元，占比达38.80%；深市中小板共发行204只股票，募资2051.68亿元，占比达42.02%；创业板共发行117只股票，募资1330亿元，占比达19.18%（见表2）。

表 2　2010 年新股发行数与融资金额

类　　别	发行数（只）	融资额（亿元）	占比（%）
大盘股（上交所）	28	1894.46	38.80
中小企业（深交所）	204	2051.68	42.02
创业板（深交所）	117	1330.00	19.18
合　　计	349	5276.14	100

资料来源：万得资讯。

（二）新股溢价下降，首日破发频现

从新股上市当天的股价涨幅情况来看，2010 年新股首日的平均涨幅为 41%。其中，涨幅超过 100% 的股票有 24 只，占比达 7.13%（涨幅最高的为新亚程达，当日大涨 275%）；涨幅为 50% ~99% 的有 76 只，占比达 22.5%；涨幅为 0% ~49% 的有 171 家，占比达 50.65%。值得关注的是，在 2010 年，上市首日破发的股票多达 26 只，占比达 7.7%（见表 3）。这明显暴露出新股发行定价过高，溢价率偏高，也充分暴露出新股定价机制的弊端。

2009 年新股上市首日的平均涨幅达到 74.15%，远高于 2010 年的 41%。在上市首日破发方面，2009 年上市的 99 只新股无一首日跌破发行价格的，在上市当年跌破发行价格的也只有 4 家。

表 3　2010 年新股上市首日运行状况一览

月　　份	首日平均溢价（%）	首日涨幅 >100%（只）	涨幅 50% ~99%（只）	涨幅 0% ~49%（只）	破发（只）
1	26	1	3	28	3
2	32	0	5	14	1
3	77	7	15	11	0
4	37	1	7	20	11
5	15	0	3	22	5
6	25	1	0	18	1
7	49	2	8	12	1
8	79	8	15	9	2
9	28	0	4	21	2
10	29	0	3	21	0
11	51	3	8	18	0
12	34	1	5	19	0

资料来源：根据万得资讯网站数据整理。

新股破发的主要原因在于股价估值过高。在定价方面，投行是根据询价机构的报价确定最后发行价的，但是在二级市场上，最终还是由投资者说了算。一些股票一发行就破发，实际上是市场机制在发挥作用的积极表现。如果首日破发成为常态，一方面，可以约束发行价格，不会发得那么高了，一级市场价格肯定会逐步降到合理水平；另一方面，在一级市场投资已经不是无风险投资的情况下推出配售制度，可能会比较稳妥一些。

（三）新股发行市盈率继续走高，创业板依旧领跑

从新股发行的市盈率来看，在28只新发行的沪市主板股票中，发行市盈率最低的是农业银行的14.43倍，但仍然高于当时上市银行股10倍的动态市盈率；发行市盈率最高的是海南橡胶，达87.73倍，是沪市主板历史上发行市盈率最高的股票。在中小板中，平均发行市盈率为54.96倍，略高于2009年的47.11倍。其中，低于50倍的有84只，50倍以上的有120只，最低的是丹甫股份（29.4倍），最高的是搜于特达（113倍），大大高于2009年的最高水平（86.54倍）。创业板117只股票中，市盈率为50倍以下的有17只，50倍以上的有99只，占比达85%；超过100倍市盈率的有9只股票，其中新研股份高达150.82倍，超过了2009年的最高发行市盈率（126.67倍）。

2010年新股的平均发行市盈率约59倍，高于2009年的53倍，并远远高于2008年的27.14倍。从理论上说，高市盈率得以出现，直接原因在于采用"类荷兰式"询价形成发行价格，即询价机构只要入围，就能以入围的最低价格参与申购。尽管11月中旬开始，询价机制经过局部改革，但并未根本改变"类荷兰式"询价基本模式，因而，新股发行的机构询价中，存在机构报出一个高价，却以低价成交的现象。

（四）再融资不甘落后，银行股表现抢眼

2010年上市公司再融资同样突飞猛进。全年完成增发公司共计154家，募集金额3541.44亿元，高于2009年的134家和2956.55亿元。配股重新成为再融资主流方式，2010年全年配股公司18家，为前两年的总和；配股募资高达1438.25亿元，是2009年的14倍。

随着巴塞尔协议Ⅲ的出台，银行业监管层已经开始着眼于新的资本充足率要

求。监管层在最低资本要求方面，拟细分出核心一级资本、一级资本、总资本三个子项目，其最低资本要求分别为6%、8%和10%。此外，系统重要性银行再提高1个百分点。同时，监管层还引入了超额资本的概念，这部分比例为0%～4%，必要时可以调整为0%～5%。为了应对巴塞尔协议III对于银行的影响，国内各大上市银行纷纷提前进行再融资。

2010年除中国农业银行和光大银行先后上市，其余14家已上市银行实施了或者通过了再融资方案（见表4）。全年上市银行募集资金总额达3413.29亿元，其中，中国农业银行、光大银行IPO募集资金902.29亿元，14家已上市银行通过增发、配股再募集资金1861亿元，可转债募集资金650亿元。如果仅计算直接融资的2763.29亿元，2010年银行业融资额占A股市场融资额的28%。

表4　2010年银行股完成再融资一览

银行名称	融资规模(亿元)	实　施　时　间
工行银行	700	2010年11月26日(A股),2010年12月24日(H股)
建设银行	624	2010年11月15日(A股),2010年12月15日(H股)
中国银行	600	2010年11月16日(A股),2010年12月15日(H股)
交通银行	300	2010年6月28日(A股),2010年7月16日(H股)
招商银行	220	2010年3月29日
北京银行	100	2010年5月中旬
兴业银行	180	2010年5月31日
南京银行	50	2010年10月15日
宁波银行	75	2010年10中旬

资料来源：根据巨潮资讯网站信息整理。

2010年通过证券市场融资的主要行业还有交通运输及材料业，材料业主要以中小板、创业板科技型公司为主。2009年占融资额两成的房地产业因行业调控限制，虽然在2010年披露了数百亿元的融资计划，但完成的融资额仅有28.39亿元，占总融资额的比重降至不足3%。

2010年尽管国内经济增长强劲，但A股反而成为2010年全球表现最差的股市之一。根据中国证监会数据，截至年末，通过IPO、增发和配股所募集资金额达到8870.71亿元，这也是A股成为全球表现倒数第三的主要原因。在交银施罗德基金公司副总谢卫看来，作为一个发展中国家，在境外资本进入相对困难、居民手中的金融资产比例不高的情况下，过度融资必将严重挑战市场的承受力，不利于资本市场的健康发展。要防止市场过度融资，必须规范上市公司的融资行为，统筹考虑全社会的融资需求，融资规模增长要与 GDP 的增长、居民金融资产的增长等主要经济增长指标相匹配，直接融资要与间接融资相匹配。民生证券滕泰认为，尽管直接融资比例的提高是未来发展的趋势，但 2010 年股市表现不佳与此也有关系，应该考虑资本市场的承受能力，对资本市场融资进行控制，放缓融资节奏。

三　二级市场：大盘指数全球倒数第二，中小板、创业板表现强势

（一）市场运行概况

2010 年，A 股市场指数总体下行，年末上证指数收于 2808.08 点，与 2009 年末的 3277.14 点相比，下跌 469.06 点，跌幅达 14.31%。2010 年上证指数最高为 3306.75 点、最低为 2319.74 点，波幅为 987.01 点。股票市场成交量明显下降，以上证 A 股市场为例，全年累计成交金额为 30.3 万亿元，日均成交金额为 1253 亿元，较 2009 年分别减少 12.2% 和 11.5%，交易量变化趋势与股指走势基本一致。

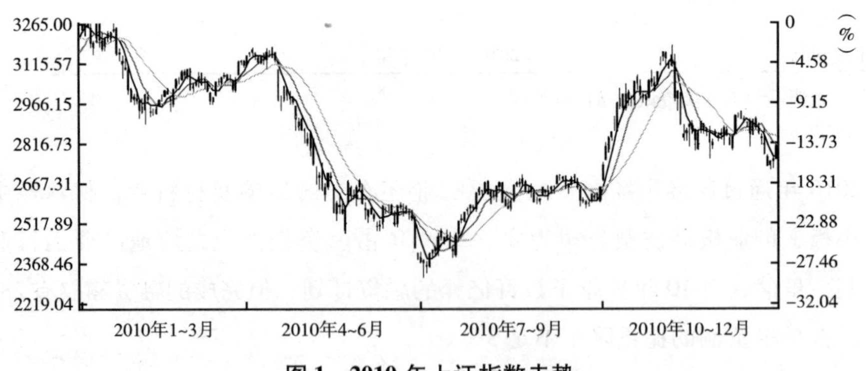

图 1　2010 年上证指数走势

资料来源：万得资讯。

在深市方面，2010 年深证主要指数里中小板指数表现突出，其他核心指数收益均超过沪深 300 指数。其中，中小板指数增幅为 22.17%，创业板指数增幅

为12.27%，深证100指数增幅为－3.30%，深成指增幅为－8.08%，而跨市场核心指数沪深300指数增幅为－11.58%。深证系列核心指数中小板指数、创业板指数、深证100指数和深成指均超过沪深300指数，分别获得33.75%、23.85%、8.28%和3.5%的超额收益。

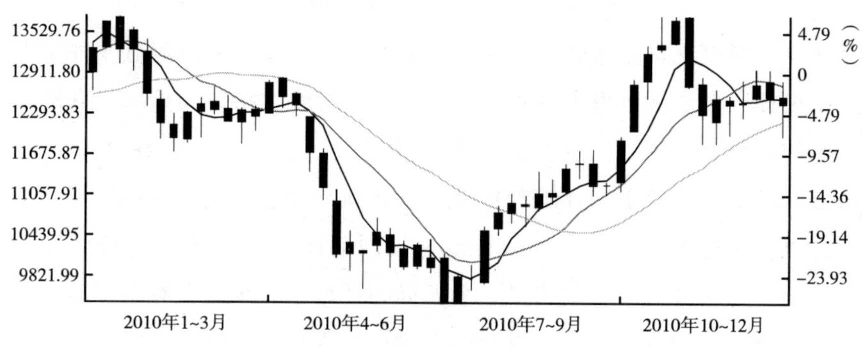

图2　2010年深圳成指走势

资料来源：万得资讯。

（二）A股市场运行状况分析：一个主导、三大题材

2010年，在A股一级市场上，一方面是新股发行加速，中小板、创业板争先恐后，大盘股前赴后继；另一方面是再融资规模空前，尤其是银行股，以提高资本充足率的名义，纷纷实施再融资方案。此外，“大小非”解禁和高管减持，使得市场的资金面更加紧张。在股权分置改革后，上市公司的融资饥渴症仍在，当A股市场变成了一个圈钱机时，股市下跌、市破发自然就难以避免。

贯穿2010年A股市场的有三大题材。

首先，2010年，与主板相比，中小板块和创业板算是强势上行的趋势，这得益于新兴产业概念的支撑。在经历了金融危机的重创后，全球经济的复苏步伐缓慢，市场对于传统行业的信心不足，那些周期性行业的成长并未得到市场的认可。传统行业在当前经济中获得的回报不足于支撑向上的股市行情。中小板块和创业板股票远远强于主板个股的走势，主要原因有两大方面：一是中小板公司大多整体素质和成长性都较好，且多分布在电子信息、新材料、新能源等新兴产业中，易受投资者青睐；二是由于主板市场机会减少和充裕的流动性，加之中小板公司的数量和市场规模有限，中小板市场短期内很快成为“资金洼地”，在巨量资金推动下，中小板市场很容易形成迅速上扬的行情。中国社会科学院2010年12月7日在北京发布的“经济蓝皮书”——《2011年中国经济形势分析与预测》认为，鉴于中小板市场的有利因素长期存在，未来该市场仍然会有大量投资机会。

其次，区域概念被多次炒作。中国区域差距和贫富差距已经到了非常严重的程度，中央提出多个区域发展规划，试图通过政策的扶持以及地域的联动，实现落后地区的跨越式发展。国泰君安首席宏观研究员姜超认为，在“十二五”规划经济结构转型的大旗下，伴随着扶持并发展新兴产业政策，区域振兴已成为政策的着力点。在过去的一年中，区域振兴规划动作频频，导致A股市场区域板块轮动，而区域经济发展规划将是一个长远的计划，后续还会有更多政策出台。

最后，全球性的流动性充裕以及国内的高通胀水平，催生了抗通胀概念，资源股、农产品、酿酒等走出了一波抢眼的行情。美国的量化宽松政策和随着而来的全球流动性泛滥，成为刺激2010年资源股一波牛市行情的重要因素。美元贬值直接引发了以美元计价的国际大宗原材料价格的上涨，这个因素传导到国内，就是国内商品期货价格上涨，进而引发相关股票上涨。但是，随着量化宽松政策影响的消化，通胀因素已经取代美元贬值，成为进一步驱动股市上涨的主导力量。在桂浩明等学者看来，为了对付高企的通胀，投资者不得不调整自己的资产配置。资源类、大消费概念等股票之所以能够得到市场的持续认同，并不在于它们在市盈率或者市净率方面有估值优势，而是因为它们能够在通胀中受益。

四　创业板市场：造富神话与花样翻新同步

（一）创业板运行概述

创业板指数于2010年6月1日正式推出，2010年上涨16.9%，涨幅远高于同期的沪深综指。截至2010年12月31日，创业板拥有153家上市公司。从2009年10月第一批上市的28家创业板公司到2010年的第153家登陆创业板的上市公司，创业板历经1年多的发展，丰富了A股市场的框架体系。

2010年共有117家公司在深交所创业板市场上市，合计募集资金963亿元，平均每家公司募集 8.23 亿元。从发行数量来看，机械设备（18 家，占比达 15.4%）、信息服务（16 家，占比达 13.7%）和化工（15 家，占比达 12.8%）是上市数量最多的三个行业。从募资金额来看，电力设备（132.3 亿元，占比达 13.7%）、信息服务（119.4 亿元，占比达 12.4%）和医药生物（114.1 亿元，占比达 11.9%）是募资金额最多的三个行业。

（二）前期创业板的几大特征

1. 造富神话犹在，先天顽疾难改

创业板上市至今，虽然多数股票上市后股价表现一般，但个人直接持股市值超过 10 亿元的多达数十人。据不完全统计，创业板上市公司控制人（不包括国有企业持股）所持市值超过 10 亿元的有 39 人，超过 20 亿元的有 13 人，而持股市值达 1 亿元以上的有 150 人，仅有两人持股市值在 1 亿元以下。这 152 人所持创业板企业股份总市值（按 8 月 31 日收盘价计算，下同）超过 1300 亿元，也就是说，人均持有市值约为 8.5 亿元。

创业板的“三高”与造富神话同步产生。凭借着高科技、高成长性的外衣，创业板得以一直高价发行。首批 28 家新股平均发行市盈率达到了 56.6 倍。但市场似乎并不认为价格高估，随后发行的批次价格则是有过之而无不及，星河生物更是以 138.46 倍的 PE 成为创业板最高纪录。截至 2011 年 2 月 25 日，创业板总体平均市盈率达到了 71.37 倍，而同时期上证指数的市盈率仅有 16 倍，中小板指数的市盈率也仅有 40 倍。首批上市的 28 家企业在上市当天，就造就了百名亿万富翁。万得资讯统计，在这 28 家公司披露的前十大股东名单中，自然人 196 名，以收盘当天的价格计算，共有 106 名个人股东身家过亿元，其中超过 10 亿元的有 13 人，超千万元的有 191 人。随着新股的频发，这样的神话得以延续。截至 2010 年 10 月 30 日，在创业板周年纪念日之际，134 家上市企业共同打造了超过 500 位的亿万富翁，近千名千万富豪。

如此之高的价格是否能够得到业绩的支持呢，似乎真的能有足够的成长性来承受高额的发行价呢？企业上市后的业绩变脸让投资者对此产生了担忧，质疑之声再起。截至 2011 年 3 月 1 日，多家企业披露了 2010 年经营业绩，但结果并不让人满意。有 26 家企业营业收入增长率低于 30%，并且其净利润同比下滑。其中，南都电源更是下滑了 49%，朗科科技和恒信移动下滑幅度均超过了 40%。

如此这般业绩变脸，让人不得不重新审视这批企业的资质及上市时的定价。

2. 年报预增居多，但高成长性并未显现

创业板在创立之初，行业选择倾向于“两高六新”，即“成长性高、科技含量高”和“新经济、新服务、新农业、新材料、新能源和新商业模式”。之后，监管层对于创业板服务自主创新战略、建设创新型企业和成长性企业的功能得到进一步强化。但是，在创业板运行一年多后发现，虽然创业板上市公司的业绩普遍向好，但真正的高成长性却并未显现。

截至2011年2月25日，创业板公司多数已经发布了2010年业绩预告，九成年报预增，基本符合投资者对创业板成长性的预期。184家创业板公司中，已经披露了14份年报和87家业绩快报。总体上，创业板公司业绩增幅不及主板与中小板公司，个股间的分化情况较严重。创业板部分公司在经历了快速增长后已经呈现出明显的疲态。一些公司的净利润同比增速出现下滑，有些公司则出现了赢利连续下降的局面，创业板公司业绩分化明显。在当前已经发布业绩公告的创业板公司中，万顺股份、双龙股份、阳普医疗和华平股份2010年的净利润同比增幅不到11%。

3. 首发募集项目变更，原因各种各样

截至2010年12月14日，共有30家创业板上市公司公告变更首发募投项目，占全部已上市创业板公司的21%。其中，超过一半的公司变更了募投项目的实施地点和实施主体，变更的原因主要可以分为三类。

第一类是上市公司将原计划投资于中西部地区城市的项目更改至环渤海、“长三角”和“珠三角”等经济相对发达的地区。以大禹节水为例，该公司2010年8月14日公告，由于公司内部生产条件及外部新生市场经营环境发生变化，公司将武威年产1.2亿米高新滴灌管（带）及配套节水器材生产线技改扩建项目的实施地点调整到天津京滨工业园区，并由全资子公司大禹节水（天津）有限公司实施。公司表示，相对于武威基地服务市场，东北、华北的节水市场发展更快，公司需要极早布局。变更项目实施地址的还有南风股份、安科生物、中科电气、阳谷华泰等。

第二类上市公司募投项目变更是由于政策调整所致。受中央和地方相继出台的一系列支持四川灾区恢复重建政策鼓励，嘉寓股份将原计划在公司厂区内实施的“节能门窗生产线改扩建工程项目”实施地点调整至四川什邡经济开发区北区，并通过向四川嘉寓门窗幕墙股份有限公司增资的方式实施。2009 年 9 月 23 日，国家食品药品监督管理局对现行《药品生产质量管理规范》（简称 GMP）进行了修订。由于国家食品药品监督管理局迟迟未颁发新版 GMP，参照旧版 GMP 设计生产线的北陆药业、莱美药业不得不调整募投项目。

第三类是上市公司节余资金投入新项目。以吉峰农机为例，该公司曾在 2010 年 7 月发出公告，公司使用募投资金 1000 万元在江苏地区建设 3 家门店，超出原计划的新建两家门店规模；投资 1000 万元在福建地区建立两家也仅使用 475 万元。由于看好江苏的农机销售市场形势，公司计划将剩余募集资金中的 500 万元用于江苏地区门店建设。

4. 强势上涨与首日破发并存

2010 年大盘虽然下跌，但中小板、创业板却逆市而上创出历史新高。创业板指数在 2010 年连创新高，并在 2010 年 12 月 17 日创下年内收盘最高 1232.98 点。创业板指数从 2010 年 6 月 1 日至 12 月 31 日的走势看，在 7 月 2 日曾达到历史最低点（832.62 点），7 个月累计涨幅达 16.9%，振幅达 41.82%。在创业板中，2010 年累计涨幅超 50% 的股票有爱尔眼科、机器人、鼎龙股份、荃银高科等 10 只，累计涨幅超 100% 的仅有万邦达。万邦达于 2010 年 2 月 26 日上市首日开盘价为 85 元，12 月 31 日收盘价为 135.3 元，累计涨幅为 159.18%，成为创业板中 2010 年累计涨幅最高的个股。万得资讯统计数据显示，2010 年全年上市首日跌破发行价的创业板股票共有奥克股份、劲胜股份、康芝药业、新大新材、安居宝、国联水产 6 家公司。

5. 高管离职反映制度缺陷

创业板高管旨在将所持股权套现迎来了辞职潮。在创业板设立之前，出于培育本土私募基金、引导资金流向的初衷，规定对于在发行人刊登招股说明书之前 12 个月内以增资扩股方式认购股份的投资者，要求其承诺的不予转让期限由先前的 36 个月缩短至 12 个月。这就意味着到 2010 年 10 月 30 日，首批上市的企业原始股股东手中的股份就可以上市流通了。而实际上这些持有公司股份的公司高管，在高估值面前，为了套现，早就做好了准备，甚至不惜辞职。截至 2010 年 9 月 21 日，在不到一年的时间里，一共有 31 家公司的超过 62 名高管在公司上市之后选择离职，这其中包括 17 名董事、11 名独立董事以及 34 名其他高级管理人员，他们所持有的总市值达到了 19.4 亿元。上述高管为了套现选取了不同的方式与理由。在方式上，一种是真离职，即高管辞职后，不在原上市公司或其子公司担任职务；另一种是假离职，即虽然辞职，但还在原公司工作，仅仅是职位的变动。在理由上更是五花八门，如“两地分居”、“健康堪忧”、“不能胜任”等。产生这种辞职套现现象的原因主要包括：第一，制度上不完善，高管通过辞职，可以加快自有股份的全流通。第二，创业板高市盈率为套现者带来巨额的收入，而等待有可能在未来面临价格下跌的风险，在这面前，工资及分红收入显得不再重要，早早套现，落袋为安。第三，成功的造富经历让高管们萌生自主创业的念头。

虽然通过辞职套现并不受到法律法规的限定，但这并不仅仅是个人事件，还对市场有着许多负面影响。首先，高管层离职会给上市公司的经营管理带来影响，有可能使公司股东蒙受损失。其次，巨额的解禁股将对市场造成冲击。如此种种，将不利于整个创业板市场的良性发展。

（三）创业板发展前景

创业板市场的健康发展不仅关系着中国多层次资本市场的完善，而且也直接影响到中国高科技产业能否真正兴起，因而，治愈创业板的“三高”顽疾，对于中国A股市场而言，意义重大。辜胜阻提出创业板要去行政化，提出应总结主板和中小板的教训，然后要总结现在创业板“三高”所带来的一些问题，重构创业板的制度，在制度设计方面，只要通过制度设计的进一步完善，创业板面临的“三高”问题是可以得到解决的。创业板目前所遇到的“三高”问题主要是制度设计问题，它的定位和制度设计与主板、中小板并没有太大的区别。创业板很重要的一点就是如何构建一个很好的退市机制，并构建一种和主板有区别的、和创业板市场定位相适应的体制和机制。程博明等人则从多个角度提出了完善创业板的三大措施：第一，创业板未来发展应坚持多元化、多层次。创业板定位于服务战略性的新兴产业并不意味着单一化的发展。第二，继续深化券商的保荐加自投模式，在进一步落实和细化各项制度，鼓励券商进行公开、透明规范的直接投资运作，这样在提升证券公司自身赢利能力的同时，也引导民间资本投资发挥积极的作用。第三，加强对创业板运行监管，加大对违规行为的处罚力度，切实保护投资者利益。华生针对创业板的“三高”顽疾，提出禁止创业板“三高”企业在3~5年内以公积金转增股本；禁止创业板上市公司卖壳重组，并加紧推出退市制度；对发行人和保荐人的虚假陈述与过度包装开通问责和索赔的快速通道。曹红辉则指出，创业板市场完善关键在于制度设计要真正为创业企业服务，进一步发展场外市场。

五 股指期货交易机制创新

（一）股指期货运行概述

股指期货正式交易是2010年中国资本市场最引人注目的事件之一。股指期货在中国的推出，意味着股票市场近20年来投资和交易理念的颠覆，也意味着中国资本市场将随着机构投资者的陆续参与而逐步成为以机构为主开展博弈的市场。

股指期货上市以来，市场整体运行平稳，合约成交持续活跃。股指期货从4月16日上市至12月17日，完成了2010年8个当月合约的交易和交割。在此期间，期货合约日均成交量超过26万手，最大日成交量达到47.8万手。日均成交额达到2377亿元，接近沪深300指数成分股日均成交额的3倍，单日最大成交额更是超过4100亿元，显示了很高的活跃度。

2010年股指期货IF指数整体走势与其交易标的物沪深300现指基本吻合，在形态上走出V字形走势，振幅较小，指数总体表现弱于欧美和其他新兴经济体股市。主要原因为中国宏观经济经历2009年快速反弹后进入整固阶段，而政府强力调控房地产及控制物价的各项政策压制了市场上行空间。此外，2010年A股市场融资规模创历史新高亦形成较大资金压力，并影响到投资者情绪，导致市场表现相对疲软。

（二）股指期货运行的特征

（1）期现基差水平低，波动性小，显示出期货合约较高的定价效率。以沪深300指数和期货合约的1分钟高频交易数据进行分析，统计期间内当月合约相对现货指数的基差水平平均值为0.64%，最大值为3.85%，最小值为-1.81%，标准差为0.75%。整体来看，期货合约定价效率较高，尤其是在5月中旬至10月初，基差水平维持在一个非常低的水平小幅波动，给套利者带来巨大困难。

（2）套利机会较少，套利收益不高。在15%的预期收益设定下，当月合约在统计期间内总共产生19次期现套利交易，累计套利收益9.74%。在利用协整方法进行跨期套利模拟测试中，次月合约和当月合约之间总共产生88次套利交易，成功66次，成功率达到75%，累计收益8.83%。相比海外市场而言，沪深300指数期货上市初期的套利机会不多，套利收益并不突出。

（3）跨期套利收益超预期。综观2010年的股指期货合约间的跨期价差走势，其具有两个主要的波动特征：趋势延续性强和震荡区间稳定。跨期价差的趋势延续性强，有利于把握价差的整体走势，也大大降低了跨期套利的风险；稳定的震荡区间则便于寻找“不合理价差”，进行相应的跨期套利操作。

（三）股指期货市场发展的动力

虽然股指期货上市以来，总体运行平稳，但市场仍处于起步的初级阶段，市场初期特征较为明显。对于当前的股指期货市场，朱玉辰认为，有两个方面需要反思。一是套期保值，现在套期保值成本还比较高，在鼓励套期保值的同时，又在规则上有所限制，提高了套保成本，这方面有待检讨。二是股指期货文化问题，关键是建立避险文化。

发展我国的股指期货，仍需要进一步夯实基础，市场成长还需要一个过程。曹红辉提出，需要从三个方面进行努力：一是需要进一步推动机构投资者入市，引导机构投资者有序参与，改善市场参与者结构；二是需要不断加强对市场的培育，促进市场保值避险功能的发挥；三是需要进一步完善市场的各项制度建设，逐步拓展各类期货品种的开发，扩大市场的深度和广度。

六　股市制度创新评述

在2010年的年报中，将上半年的资本市场制度建设定调为“创新”，2010年下半年的定调则是“完善”。在2010年下半年，融资融券试点规模进一步扩大，新股发行制度又启动一轮新的改革。此外，下半年还加大了对内幕交易的打击力度，尤其在制度层面有了新的突破。

（一）融资融券试点不断扩大

2010年1月22日，中国证监会发布开展证券公司融资融券业务试点指导意见，首次就证券公司开展融资融券业务试点门槛予以明确，融资融券试点工作正式启动；3 月 19 日晚，发布了首批融资融券业务试点券商公司名单；3 月底，首批 6 家试点券商正式试水融资融券业务。中国资本市场从此结束“单边市场”迈向“双边市场”。6 月 8 日，又有 5 家证券公司获得第二批试点资格，使试点范围扩大到了 11 家证券公司；12 月 13 日，第三批共有 14 家证券公司开启融资融券业务，试点规模进一步扩大到 25 家。随着融资融券试点规模的不断扩大，市场交易也日益活跃。截至 2010 年 11 月底，融资余额达到 93.82 亿元，融券余额也从最初的不足 10 万元攀升至 2875 万元。

融资融券交易是海外证券市场普遍实施的一种成熟的交易制度，是证券市场基本职能发挥作用的重要基础。融资融券交易机制具有提高市场流动性、缓冲市场波动、发现市场合理价格、对冲避险和为机构创造赢利的积极效应，是完善证券市场机制、促进金融产品创新、优化金融市场资源配置的重要手段和途径。引进融资融券交易是中国资本市场改革发展的一项重要内容，对促进中国多层次资本市场建设具有积极意义。

自融资融券试点以来，截至 2010 年底，先后共有 3 批 15 家试点券商正式入场交易。而随着入场券商的不断增多，融资融券热度也在不断升温。数据显示，截至 2010 年底，两市融资融券规模已经突破了 120 亿元，较首日规模膨胀了 1800 多倍。融资融券业务的开通不仅有效地改变了 A 股市场“单边市”的状况，也为投资者提供了一种规避市场风险的工具。与此同时，有观点认为，融资融券业务的推出进一步加剧了 A 股市场的波动。但国内外相关研究发现：证券市场中引入信用交易机制时，辅以证券监管部门的适当监管措施，融资买空与融券卖空交易并不能加剧证券市场的整体波动性水平，从长远来看融券能够降低市场波动，起到稳定市场的作用，融资交易则有助于市场活跃性和流动性的提高。

值得注意的是，目前融资融券发展仍不够完善，融资一直成为市场主力，而融券功能未能充分发挥，两者之间悬殊巨大。其主要原因在于各试点券商能够提供的融券品种和数量都较为有限。对此，管理层一直表示要加快推进转融通机制，并倾向于设立专业的证券金融公司。相信在专业的证券金融公司成立后，券商可以将其取得担保权的客户资产用于向证券金融公司申请转融通业务。有融资融券资格的券商从证券金融公司借入资金后，再根据信用额度融给客户。

（二）新股发行的再改革

继2009年6月10日中国证监会发布《关于进一步改革和完善新股发行体制的指导意见》后，2010年8月20日中国证监会又发布了《关于深化新股发行体制改革的指导意见》和《关于修改〈证券发行与承销管理办法〉的决定》的征求意见稿，提出第二阶段改革措施。随后，10月12日，证监会正式发布了《关于深化新股发行体制改革的指导意见》，进一步明确了第二阶段的改革目标和重点：进一步完善询价过程中报价和配售约束机制；增强定价信息透明度，强化对询价机构的约束；进一步增加承销与配售的灵活性，完善回拨机制和中止发行机制等。

第二阶段新股发行制度改革提出的四项措施重点在于强化对承销商和询价对象的约束，促进新股定价进一步市场化。首先，适当扩大参与询价的机构范围，增加承销商推荐的部分机构作为网下配售对象，使得承销商可以兼顾和平衡发行人和投资人利益，有利于降低承销商人为推高新股定价的动力。其次，增强定价信息透明度，要求承销商披露投价报告的关键结论和主要参考信息有助于提升投价报告的研究质量，并减弱人为操纵动机。再次，披露网下机构报价情况会增加对网下询价机构报价的公共监督，对部分网下询价对象乱报高价的行为有一定约束力。最后，进一步完善报价申购和配售约束机制，提高中小型公司新股发行中单个机构获配股份的数量，将真正大幅提升对网下配售对象报价行为的约束。总体而言，本次改革的四项措施将较为有效地强化对承销商和询价对象的约束，在较大程度上解决目前询价机制中出现的一些弊端。新股发行制度是资本市场基础制度之一，其渐进式的市场化改革对于恢复和改善资本市场融资至关重要。尤其是在全球经济最困难的这两年，发达国家资本市场IPO融资额出现了明显下滑，相比之下，中国资本市场在这两年发挥的融资功能尤其值得关注。中国资本市场IPO融资额连续两年高居全球榜首，为中国经济发展提供了强大动力，也预示着中国资本市场国际地位进一步提升。股发行体制第二阶段改革的正式实施，标志着市场由此迈进未来新股发行市场化的新的门槛。

中国证券市场中的新股发行制度变迁经历了四个过程或阶段：第一个阶段，股票稀缺发行方式千姿百态。这一阶段是在中国证券市场发展的初期，对应的是发行监管额度审批制度，时间过程大致是1990～1999年。在这一阶段中，尚不存在市场定价、保护中小投资者利益的问题。第二阶段，保证股票顺利发行，上市公司圈钱风行。如不设定发行市盈率等技术指标的限定标准等，股票能够成功发行得益于发行制度庇护。第三阶段，保护中小投资者利益阶段。主要集中于股权分置改革的2005～2009年，包括网上申购比例提高，改变全额资金配售方式等。第四阶段，新股发行走向市场化之路。这一阶段可能与上一阶段在市场化方面从时间上有些重叠，网下发行询价早在2007年也已开始，不过那时的询价机构规模、询价质量等都还不高，也难有制度上的确切保障。但在《关于深化新股发行体制改革的指导意见》出台后，情况将会发生重大转变。业界普遍认为，指导意见有助于遏制目前新股发行中存在的“高发行价、高市盈率、高超募额”的“三高”现象，有利于进一步推进新股发行体制市场化改革。

总之，通过种种发行制度安排使新股发行更趋于市场化、更有利于保护中小投资者的利益是一种进步，同时也是不断探索中国证券市场新股发行之路的持续性尝试，这对中国证券市场稳定、健康发展的作用将会逐渐显现。中国有自己的国情，在尝试和探索中前行是值得鼓励和坚持的。

（三）对内幕交易打击力度加大

内幕交易的防范在全世界都是难题。而中国一些上市公司决策链条过长，决策时间太长，使得内幕交易更容易发生。股改之后，大股东、管理层等利益与二级市场股价联系更加紧密，因此，他们利用信息优势地位进行内幕交易和市场操纵的动机也大大增强。回顾2010年上半年，黄光裕因非法经营罪、内幕交易罪和单位行贿罪三罪并罚获刑14年，此案的财产总计达11亿元，创下单个案件中个人犯罪财产处罚的纪录。中国证监会的相关统计也表明，上半年近六成的新增案例均涉嫌内幕交易（共51起案件）。目前已查处的案件涉及上市公司运作的多个方面，包括公司并购重组、财务信息披露、重大合同、利润分配等，查处的内幕交易主体不仅有上市公司董事、监事、高管人员及其亲属，也包括其控股股东、实际控制人及关联方、重组方、收购方、政府官员等人员。事实上，监管部门对内幕交易的打击从未松懈，尤其是2010年以来，政策出台、联动监管的力度可谓前所未有，严控内幕交易成为监管部门的工作重心，中国证监会主席尚福林2010年6月曾表示内幕交易等情况已经上升为市场监管的主要矛盾。上海证券交易所和深圳证券交易所也将打击内幕交易作为一线监管的重中之重。伴随着打击内幕交易日益升温。11 月 18 日，国务院办公厅印发了《国务院办公厅转发证监会等部门依法打击和防控资本市场内幕交易意见的通知》，就依法打击和防控内幕交易工作进行了统筹安排和全面部署。证监会、公安部、监察部、国资委、预防腐败局五部门联手进行部署和安排，将 2010 年对内幕交易的打击推向了高潮。

2010 年，中国股市的融资规模创了历史新高，IPO、增发和再融资接近 1 万亿元，再次成为全球第一；同时，中国股市的市值也是全球第二大，仅次于美国。但是应该看到，中国股市是目前全球前五大股市中唯一的非成熟市场，这也就意味着中国资本市场的制度、法律环境、监管手段和投资者行为等与成熟市场还有一定差距。在此背景下，打击内幕交易显得非常有必要，不仅是因为市场的发展是最快的，更是因为新兴市场的内幕交易和市场操纵行为的发生率还是较成熟市场为高。此外，通过五部门联手清查和打击内幕交易的方式，比由证监会单独行动显得更有效率、查处更彻底，也充分体现了监管者对规范资本市场的决心。

七　2011 年：完善多层次资本市场的重要之年

创业板的正式推出，使得中国多层次资本市场基本形成：主板、中小板、创业板、代办股份转让系统。在金融促经济的指导思路下，多层次资本市场建设的重要性凸显。展望 2011 年，多层次资本市场在其他方面的建设也将积极地展开，这主要包括："新三板" 扩容、国际板推出、转融通机制建立以及创业板制度的进一步完善。2011 年将是完善多层次资本市场的关键年。

（一）"新三板" 有望成功扩容

自 2006 年中北京中关村非上市公司代办股份报价转让系统试点（"新三板"）运行 3 年来，取得了一定的成果。一是为园区非上市股份公司提供了有序的股份转让服务平台，方便了创业资本退出，有利于在园区公司建立现代企业制度。二是积累了高科技园区公司再融资的经验。据统计，2010 年 "新三板" 合计披露 10 起定向增资预案，募集资金总额 5.84 亿元，探索出一套方便灵活的定向融资模式。三是探索了统一监管下的股份转让制度，初步建立了非上市股份公司进行股份转让的监管制度安排和基本运行模式，拓展了代办股份转让系统的功能，为探索建立统一监管下的全国性场外市场积累了经验。

目前，全球正在努力摆脱金融危机的阴影，转方式、调结构成为中国现阶段的经济主线，解决中小企业融资难的问题显得更为迫切。在多层次资本市场的建设目标中，建立统一监管下的全国性场外市场早已明确。中国证监会主席尚福林撰文表示，要加快场外市场建设，制定代办股份转让系统扩大试点具体方案，研究拟订场外交易市场建设总体方案。在 6 月举行的上海陆家嘴金融论坛上，他表示，要逐步探索符合中国国情的、统一监管下的全国性的场外市场发展的路径。可行的方案是以代办股份转让系统为重要载体，先以全国高新技术园区为突破口将其打造成为全国性的非上市公司股权转让市场，积极引入以私募基金、风险投资基金、PE 基金为主体的机构投资者，并采取更加灵活和多样的议价交易方式。目前，“新三板”存在的制度缺陷主要表现在以下几个方面：一是只是存量股份挂牌，无首次公开发行股票功能；二是多种限制导致交易不活跃；三是定向增资程序复杂；四是国资转让和外资股制度不完善。这些制度缺陷导致企业和挂牌公司、主办证券公司和投资机构都积极性不高，这将使“新三板”的发展遇到瓶颈。因此，在 2011 年如何改革“新三板”的监管体制、交易制度、结算制度、信息披露制度和挂牌规则将决定“新三板”的未来发展方向。

（二）国际板有望获突破

展望 2011 年，股票市场对外开放将可能有所突破，主要表现为“国际板”有望推出。《国务院关于推进上海加快发展现代服务业和先进制造业建设国际金融中心和国际航运中心的意见》明确提出，稳步推进境外企业在境内发行人民币债券，适时启动符合条件的境外企业发行人民币股票。随后上海市在《市政府贯彻〈国务院关于推进上海加快发展现代服务业和先进制造业建设国际金融中心和国际航运中心意见〉的实施意见》中也明确了“积极支持上海证券交易所国际板建设，适时启动符合条件的境外企业在上海证券交易所上市，推进红筹企业在上海证券市场发行 A 股”的目标。尚福林撰文表示，未来资本市场制度建设重点之一是适应经济发展和资本市场改革开放的需要，探索境外企业在境内上市的制度安排。

设立国际板对国内企业竞争力提高、A 股市场国际化发展、金融体制改革、中国市场经济深入转型、上海国际金融中心建设等诸多方面都具有积极作用。上海已经初步具备设立国际板的条件，总市值排名居世界前列，上市公司数量和投资者账户数都呈现出快速发展的态势，技术设备、信息披露和交易监控等方面的技术实力都可以容纳境外企业上市和交易。从推出时机的选择上来看，国际板的推出需要市场的配合，当市场处于上行阶段的过程中，推出国际板更为有利。

对于任何一个股票市场，其最根本的目的是实现资源的快速优化配置，并将实体经济发展的成果与投资者共享。从这一点上看，国际板也不应该例外。关于国际板的市场定位，应该从股票市场最基本的功能出发，坚持优化资源配置，支持国际优质企业上市的目标，让国内民众分享国际企业成长的成果。

（三）创业板的发展机制将得到进一步完善

创业板推出后，进一步完善其制度建设，使其发挥应有的作用成为后续的工作重点。因此，完善退市和保荐制度等将成为未来制度建设的主要方面。深圳证券交易所副总经理陈鸿桥指出，深交所正在完善创业板保荐制度和退市制度。这将成为2011年创业板制度完善的工作重点。完善创业板保荐制度和退市制度是2011年创业板制度完善的工作重点。创业板上市公司平均规模较小，在具有较大成长潜力的同时也蕴涵着较高的风险。因此，在海外创业板市场上，公司退市是一种十分普遍和正常的市场行为。海外创业板市场上市公司退市情况通常有以下两种：一是公司主动退市，包括公司不愿继续承担持续上市义务主动撤回上市、公司被其他公司或个人收购、公司改到其他交易所上市等；二是公司非自愿退市，即上市公司违反交易所有关持续上市的标准而被强制退市，如违反信息披露要求、公众股东参与不足、公司破产清算或有欺诈行为等。在海外创业板退市率明显高于主板市场。例如，美国纳斯达克每年大约8%的公司退市，而美国纽约证券交易所的退市率为6%；英国AIM的退市率更高，大约为12%，每年超过200家公司由该市场退市。通过较高的退市率，海外创业板市场形成了良好的信号传递效应，逐步建立起对上市公司严格的约束机制，保证了市场形象和整体质量。中国创业板采取直接退市制度，这将有利于促进创业板公司加强公司治理，因为一旦它们在经营管理中出现松懈，极可能导致公司退市。另外，直接退市也降低了上市公司本身操纵行为带来的风险，降低了题材炒作的空间，有助于减小创业板市场风险。创业板直接退市规则的强化和提速，对于创业板更好地发挥优胜劣汰机制、防范圈钱后迅速“业绩变脸”现象的发生具有重要意义。不过，在严格退市机制的同时，将投资者利益维护放在最重要位置加以考虑，也应成为最关键的要点。如何更有效地保障投资者利益，是平衡各方利益、防止利益机制失衡的关键一环。对于那些采用财务作假等手段欺诈上市的，一旦退市，投资者保障工作就要跟上。在香港证券市场，2009 年 12 月底上市的洪良国际因为涉嫌欺诈上市，2010 年 4 月就被港交所停牌，并被香港法院冻结与其 IPO 筹资额度相等的 10 亿港元资产，以便欺诈上市被认定后可赔偿投资者全部损失，其查处效率之高、司法程序考虑之周全，堪称 A 股学习的榜样。因此，中国创业板要建立健全对退市公司的监管制度，要研究制定退市公司重返创业板市场的相关条件和程序，着力打造能下能上的创业板市场。

（四）稳步推出转融通机制

由于转融通机制的缺失，证券公司只能依赖自有资金和证券，融资融券规模还难以做大。对证券公司来说，其业务实质就是自营业务。证券公司将承担较大的机会成本和融出证券价格下跌所带来的价差损失，存在融资融券业务收入无法弥补实际损失的可能性，这无疑将加大证券公司的业务风险，致使证券公司从事这项业务的收入和承担相应的风险不匹配，降低从事这类业务的积极性。而转融通机制的建立，使融资融券制度得以完善。对投资者而言，尤其是机构投资者，将为其带来新的赢利模式，改善其收益—风险结构，也将推动证券公司、基金公司等理财机构的产品创新。在建立转融通机制后，融资融券业务将从目前以自营性质为主的业务转变为以代理性质为主的业务，能够有效规避风险，从而大大降低证券公司自身的经营风险，有利于提高证券公司从事融资融券业务的积极性。从制度构建角度来看，建立转融通机制是未来创新制度完善的一个重点，有望在 2011 年取得突破。聂庆平表示，目前转融通业务准备工作正在进行，将视试点的需要和市场情况适时推出。转融通机制的建立，将一改融资融券规模受限的缺陷，使其真正发挥完善市场机制的作用。海外经验表明，完整的融资融券制度的推出可能会增加市场的短期波动。借鉴海外经验，结合中国实际情况，转融通的推出不会改变市场的长期趋势，对交易规模的扩大和交易活跃度的提高也会有明显助益。对投资者而言，尤其对机构投资者而言，转融通机制的建立将为其提供新的赢利模式，受益将更为深远。

B.11

金融市场：债券市场

2010 年，我国宏观经济政策经历了由宽松到紧缩再到宽松的戏剧性变化，而宏观经济也从第一季度的过热逐渐冷却，到第二季度的下滑，第三季度的止跌企稳，再到第四季度触底反弹。从物价上看，CPI 则在上半年维持相对低位，下半年明显上行。虽然债券市场在一定程度上受复杂的经济和政策因素的影响，但总体运行仍然相对平稳，作为国内社会融资的主要渠道之一，债券市场对于有效配置资源，支撑国内投资增长和经济发展发挥了重要作用。

具体来看，债券市场总体规模仍然维持较大幅度增长，2010 年末各类债券产品余额达 21.10 万亿元，自 2000 年以来，规模已增长近 10 倍；2010 年各类债券产品发行总量达 9.82 万亿元，扣除到期量后，净发行规模达 2.74 万亿元，其中企业债券市场继续保持较快增长，2010 年增量规模仍然高于政府债券和金融债券；全年交易总量保持稳定增长，累计规模达 169.58 万亿元，较 2009 年增加 43.47 万亿元（见表 1）。

表 1　2010 年债券市场整体状况*

单位：亿元

券　种	2010 年末余额	2009 年末余额	发行额	净增额	交易额
政府债券	72493.29	63496.37	19778.18	8996.92	375130.68
央行票据	40908.83	42326.11	46608.00	-1417.28	431508.60
金融债券	59355.94	50952.26	15262.20	8403.68	540748.07
企业债券	37994.01	26355.23	16562.75	11638.78	348185.24
资产支持证券	182.32	398.58	0.00	-216.26	186.86
国际机构债券	40.00	40.00	0.00	0.00	10.98
合　计	210974.39	183568.55	98211.13	27405.84	1695770.43

注：* 表中政府债券含国债和地方政府债；金融债券含政策性银行债、商业银行债、政府支持机构债（即汇金债）和非银行金融机构债；企业债券含发改委审批的企业债、中期票据、短期融资券、公司债、可转债、可分离交易可转债、中小企业集合债和中小企业集合票据。

资料来源：中债信息网、中国证券登记结算有限公司、上交所、深交所、中信证券。

从市场行情看，上半年的信贷控制使得金融系统流动性处于相对宽松的水平，配置压力非常大。同时，政府对房地产的调控以及欧债危机的爆发，使我国债券市场获得明显支撑，收益率下行明显；而到下半年，尤其是第四季度，法定存款准备金率的不断上调使得市场流动性逐渐趋紧，而CPI的明显上行和加息对市场形成明显冲击，第四季度债市表现低迷，收益率上行明显；全年来看，市场波动比较明显，年末中债总全价指数收于116.018点，下跌0.95%。

一　2010年债券市场总体情况

（一）2010年债券市场运行简析

2010年中国债券市场中市场一级发行、二级交易、投资者结构以及市场收益率变动等方面情况大致如下。

1. 一级市场发行

2010年债券市场合计发行量达98211.13亿元，其中仍以央票发行规模最高，继而是政府债券、企业债券和金融债券（见表2）。

表2　2010年债券市场发行量

单位：亿元，%

券　种	2010年		2009年		2008年	
	发行量	占比	发行量	占比	发行量	占比
政府债券	19778.18	20.14	18213.58	20.40	8546.39	11.70
央行票据	46608.00	47.46	39740.00	44.52	42960.00	58.83
金融债券	15262.20	15.54	14749.10	16.52	11783.30	16.14
企业债券	16562.75	16.86	16557.04	18.55	9433.45	12.92
资产支持证券	0.00	0.00	0.00	0.00	302.01	0.41
国际机构债券	0.00	0.00	10.00	0.01	0	0.00
合　计	98211.13	100.00	89269.72	100.00	73025.15	100.00

资料来源：中债信息网、中国证券登记结算有限公司、上交所、深交所、中信证券。

在2009年以来大规模财政和货币扩张政策的刺激下，宏观经济明显反弹，因此，通过积极财政政策支撑经济发展的紧迫性有所下降，预算赤字也由2009年的10500亿元缩小到2010年的9500亿元。2010年国债发行市场相对平稳，全年国债发行总量1.78万亿元，较2009年上升9.65%。另外，当年财政部继续代理发行地方政府债2000亿元，为地方政府继续实施4万亿元财政刺激政策提供保障。

与政府债券发行反映财政政策意图相对应的是，央行票据发行更多反映货币政策意图，央行通过控制央票发行规模来回笼金融系统流动性，对商业银行信贷等操作进行指导。2010年货币政策仍然执行相对宽松的原则，全年累计发行规模达4.66万亿元，较2009年增长17.28%，净发行量为-1417.28亿元，即向公开市场投放货币1417.28亿元。

金融债券仍以政策性银行债为主体，后者2010年的发行总量达1.32万亿元，较2009年增长12.97%；受监管部门审批限制，商业银行次级债发行量明显下降，2010年为929.50亿元，较2009年下降近2000亿元；商业银行次级债的下降部分由汇金债（亦称政府支持机构债）弥补，后者2010年发行量为1090亿元，从总量看，2010年金融债共发行1.53万亿元，同比增长3.48%。

企业债券发行在经历了2009年的大幅增长之后，2010年规模相对稳定，全年共发行1.66万亿元，只比2009年增长0.03%。其中，短期融资券发行规模仍保持较大幅度增长，全年发行6742.35亿元，增长46.19%；企业债和中期票据发行量则有明显下降，全年合计发行8551.03亿元，下降23.22%；两只大盘转债（工行转债和中行转债）使得交易所转债市场扩容明显，全年发行量717.30亿元，是2009年的15.39倍。

考虑到每年债券有一定的到期规模，为考察债券市场净发行规模，我们对各类债券的发行量减去兑付额后得到的净发行规模进行分析，如表3所示。

表3　2010年债券市场净发行量

单位：亿元，%

券　种	2010年		2009年		2008年	
	发行量	占比	发行量	占比	发行量	占比
政府债券	8996.92	32.83	8618.01	34.64	1150.75	4.17
央行票据	-1417.28	-5.17	-5794.84	-23.29	11534.00	41.75
金融债券	8403.68	30.66	9983.92	40.13	8698.59	31.49
企业债券	11638.78	42.47	12216.79	49.10	6014.36	21.77
资产支持证券	-216.26	-0.79	-152.48	-0.61	227.01	0.82
国际机构债券	0.00	0.00	10.00	0.04	0.00	0.00
合　计	27405.84	100.00	24881.40	100.00	27624.71	100.00

资料来源：中债信息网、中国证券登记结算有限公司、上交所、深交所、中信证券。

对比表2和表3的数据，可以发现，虽然2008年以来，每年的债券发行规模均有稳定增长，但是扣除兑付额后的净发行规模保持相对稳定，2010年债券市场净发行规模为2.74万亿元，较2009年增长10.15%，与2008年基本持平；到期规模最大的债券品种为央行票据，以2010年为例，虽然当年发行量达4.66万亿元，但到期量超过了当年的发行量，达4.8万亿元，因此，央票总规模反而有所下降；2009年以来，企业债券市场连续两年成为净发行规模最高的券种，2009年净发行规模达债券市场的半壁江山，2010年所占权重虽有所下降，仍超过40%；政府债券和金融债券2010年的净发行规模与2009年基本接近，占债券市场净供给的63%左右。

从债券发行的期限结构看，2010年各期限发行量的比重并未有明显变化。其中，3年以上各期限的比重基本保持稳定，而1年以下和1~3年所占比重变动较大，前者比重下降较大，主要原因是1年以下央票发行量明显下降（见表4）。

表4　2010年债券发行的期限结构

单位：亿元，%

债券期限	2010年		2009年		2008年	
	发行量	占比	发行量	占比	发行量	占比
1年以下	48252.09	49.13	51461.00	57.65	39983.26	54.75
1~3年	18761.20	19.10	11424.93	12.80	15741.37	21.56
3~5年	9695.60	9.87	8686.35	9.73	5266.43	7.21
5~7年	8046.83	8.19	5658.76	6.34	4218.89	5.78
7~10年	8174.10	8.32	7408.73	8.30	5749.20	7.87
10年以上	5281.30	5.38	4629.95	5.19	2066.00	2.83
合　　计	98211.12	100.00	89269.72	100.00	73025.15	100.00

资料来源：中债信息网、中国证券登记结算有限公司、上交所、深交所、中信证券。

2. 债券市场存量

2010年末，债券市场存量规模达21.10万亿元，较2009年增长14.93%，增速与上年基本持平，其中政府债券和金融债券所占比重分别为34.36%和28.13%，自2008年以来变化较小；而央行票据所占比重为19.39%，较2008年的30.32%已下降超过10个百分点，这一下降基本由企业债券弥补，2010年企业债券所占权重达18.01%，较2008年的8.91%上升9.1个百分点（见表5）。

表 5　2010 年债券市场存量规模

单位：亿元，%

券　种	2010 年		2009 年		2008 年	
	发行量	占比	发行量	占比	发行量	占比
政府债券	72493.29	34.36	63496.37	34.59	54878.36	34.58
央行票据	40908.83	19.39	42326.11	23.06	48120.95	30.32
金融债券	59355.94	28.13	50952.26	27.76	40968.34	25.82
企业债券	37994.01	18.01	26355.23	14.36	14138.44	8.91
资产支持证券	182.32	0.09	398.58	0.22	551.06	0.35
国际机构债券	40	0.02	40	0.02	30	0.02
合　计	210974.39	100.00	183568.55	100.00	158687.15	100.00

资料来源：中债信息网、中国证券登记结算有限公司、上交所、深交所、中信证券。

3. 市场交易情况

2010 年，债券市场交易规模有大幅增长，全年成交量达 169.58 万亿元，同比增长 35.28%。其中，交易所市场增速较快，全年成交 7.10 万亿元，较 2009 年增长 81.30%；银行间市场全年成交 162.48 万亿元，同比增长 33.79%，银行间市场交易规模仍占绝对优势（见表 6）。

表 6　2010 年债券市场交易规模

单位：亿元，%

交易场所	2010 年		2009 年	
	交易量	占比	发行量	占比
银行间市场	1624801.68	95.81	1214412.24	96.88
交易所市场	70968.75	4.19	39143.71	3.12
合　计	1695770.43	100.00	1253555.95	100.00

资料来源：中债信息网、中国证券登记结算有限公司、上交所、深交所、中信证券。

具体来看，交易所市场交易规模的大幅跃升主要缘于质押式回购的增长，2010 年交易所市场质押式回购规模几乎翻倍。银行间市场仍以质押式回购成交规模最大，2010 年成交量为 91.76 万亿元，增长 31.14%；现券成交量达 67.69 万亿元，增长 38.51%；买断式回购成交量为 3.03 万亿元，增长 16.39%（见表 7）。

表7　2010年债券市场各类交易规模

单位：亿元

交易场所	现　　券		质押式回购		买断式回购	
	2010年	2009年	2010年	2009年	2010年	2009年
银行间市场	676872.18	488682.16	917646.63	699711.20	30282.87	26018.88
交易所市场	4734.79	3621.77	66233.96	35521.94	0.00	0.00
合　　计	681606.97	492303.93	983880.59	735233.14	30282.87	26018.88

资料来源：中债信息网、中国证券登记结算有限公司、上交所、深交所、中信证券。

分券种看，金融债券、企业债券和央行票据的现券成交规模最大。其中，企业债券现券成交规模在2010年超过央行票据，主要缘于中期票据成交规模的大幅上升；质押式回购以政府债券、金融债券和央行票据为主，反映市场更偏好以利率产品作为质押式回购的券种；2010年企业债券买断式回购规模有大幅上升，幅度达219.10%，基本上弥补了央票买断式回购规模的下降，而金融债券2010年的买断式回购规模同样有明显上升（见表8）。

表8　2010年债券市场各类产品交易规模

单位：亿元

券　　种	现　　券		质押式回购		买断式回购	
	2010年	2009年	2010年	2009年	2010年	2009年
政府债券	80375.55	43415.44	292536.33	228904.20	2218.80	1769.28
央行票据	179828.37	145604.36	248612.75	214756.98	3067.48	12453.10
金融债券	228862.42	182971.18	298535.02	223538.43	13350.63	8146.86
企业债券	192510.58	120213.70	144028.70	67991.13	11645.96	3649.64
资产支持证券	20.17	96.25	166.69	41.80	0	0
国际机构债券	9.88	3.00	1.10	0.60	0	0
合　　计	681606.97	492303.93	983880.59	735233.14	30282.87	26018.88

资料来源：中债信息网、中国证券登记结算有限公司、上交所、深交所、中信证券。

考察不同市场各券种的换手率，其中银行间市场总体换手率高于交易所市场，2010年前者的全部债券换手率为353.17%，后者仅为84.36%；从各券种看，银行间市场以企业债券换手率最高，达662.21%，继而是央行票据和金融债券，且银行间市场各类券种（除资产支持证券）2010年换手率均有所上升，反映债券流动性有所提升；交易所市场企业债券换手率远远低于银行间市场，反映了信用类产品在两大市场的流动性差异（见表9）。

表 9　2010 年债券市场各类产品换手率

单位：%

券　种	全市场		银行间市场		交易所市场	
	2010 年	2009 年	2010 年	2009 年	2010 年	2009 年
政府债券	118. 21	73. 35	119. 35	72. 71	81. 25	88. 98
央行票据	432. 10	321. 97	432. 10	321. 97	—	—
金融债券	414. 95	398. 11	414. 95	398. 11	—	—
企业债券	598. 33	593. 74	662. 21	639. 76	86. 14	90. 57
资产支持证券	6. 94	20. 27	6. 94	20. 27	—	—
国际机构债券	24. 70	8. 57	24. 70	8. 57	—	—
全部债券	345. 52	287. 68	353. 17	292. 47	84. 36	89. 65

资料来源：中债信息网、中国证券登记结算有限公司、上交所、深交所、中信证券。

4. 投资者结构

由于交易所市场未公布各类投资者的债券持仓数据，因此，我们对于投资者结构的分析以银行间市场为主。

第一，表 10 给出了银行间市场的参与者数量。2010 年在中央国债结算公司直接或间接开立一级托管账户的投资者已超过万个，达 10235 个，较 2009 年上升 988 个，增长幅度为 10. 68%。其中，以基金和非金融机构增量最大，基金主要反映的是基金专户理财和商业银行理财等投资者规模的扩大，2010 年基金类投资者增加 581 个，非金融机构类投资者则增加了 309 个；另外，商业银行、信用社和非银行金融机构分别增加 54 个、26 个和 11 个；证券公司和保险机构投资者数量则变化不大，与其所在行业对新设立公司限制相对严格有关。

考察在中央国债登记公司二级托管的非金融机构和个人投资者数量（托管在柜台），其数额同样有一定幅度上升。其中，二级托管的非金融机构由 2251 家上升至 2421 家，个人投资者数量则增加 120. 3 万个至 877. 0 万个。

第二，从各类投资者的具体持仓量看，商业银行仍然是银行间市场最主要的投资者，2010 年底债券持仓规模达 14. 09 万亿元，占银行间债市规模的 69. 82%，其中尤以全国性商业银行为主，保险机构和基金的持仓规模分列第二和第三位，达 1. 96 万亿元和 1. 19 万亿元，分别占银行间债市规模的 9. 73% 和 5. 92%（见表 11）。

表 10　2010 年银行间市场投资者数量

单位：个

参与者	合计		甲类		乙类		丙类	
	年末	本年增加	年末	本年增加	年末	本年增加	年末	本年增加
特殊结算成员	14	-2	4	1	8	-3	2	0
商业银行	445	54	48	0	302	36	95	18
信用社	869	26	0	0	325	38	544	-12
非银行金融机构	175	11	5	0	103	6	67	5
证券公司	123	0	55	0	61	1	7	-1
保险机构	135	4	0	0	86	4	49	0
基金	2170	581	0	0	1727	564	443	17
非金融机构	6299	309	0	0	3	0	6296	309
其他	5	5	0	0	0	0	5	5
合计	10235	988	112	1	2615	646	7508	341

资料来源：中债信息网。

表 11　2010 年银行间债券市场各类投资者持仓量

机构	2010 年		2009 年		2008 年	
	持仓量(亿元)	占比(%)	持仓量(亿元)	占比(%)	持仓量(亿元)	占比(%)
特殊结算成员	17532.52	8.69	18632.59	10.63	18430.35	12.20
商业银行	140870.16	69.82	121496.45	69.31	95677.55	63.32
全国性商业银行	121924.37	60.43	107360.79	61.25	84772.79	56.10
外资银行	1806.76	0.90	1576.30	0.90	1178.30	0.78
城市商业银行	12149.83	6.02	9288.65	5.30	7382.52	4.89
农村商业银行	4100.67	2.03	2393.02	1.37	1673.42	1.11
农村合作银行	803.43	0.40	875.63	0.50	670.42	0.44
村镇银行	3.75	0.00	2.05	0.00	0.00	0.00
其他	81.35	0.04	0.00	0.00	0.10	0.00
信用社	4259.31	2.11	5010.34	2.86	4385.79	2.90
非银行金融机构	859.45	0.43	840.21	0.48	1157.84	0.77
证券公司	1513.42	0.75	1142.89	0.65	1294.35	0.86
保险机构	19621.74	9.73	15766.79	8.99	13951.10	9.23
基金	11946.59	5.92	7958.85	4.54	11829.90	7.83
非金融机构	436.93	0.22	310.67	0.18	455.29	0.30
个人投资者	1657.30	0.82	1306.18	0.75	898.48	0.59
交易所	2878.50	1.43	2818.87	1.61	3008.73	1.99
其他	172.04	0.09	10.87	0.01	12.88	0.01
合计	201747.96	100.00	175294.70	100.00	151102.26	100.00

资料来源：中债信息网。

第三，从各类投资者的交易规模看，商业银行作为银行间市场最大的机构投资者，交易规模居首位，具体以全国性商业银行和城商行的交易规模最大；需要关注的是证券公司、外资银行和基金三类机构虽然持仓量相对较小，但是其交易规模却相对较高，反映了上述机构作为交易型机构的特点。考察各类机构自营的净买入额，以全国性商业银行、特殊结算成员和基金的净买入最高，而城商行和证券公司则大举卖出债券（见表12）。

表12 2010年银行间债券市场各类投资者现券交易规模*

单位：亿元

机构	总计		自营		委托	
	买卖总额	买卖净额	买卖总额	买卖净额	买卖总额	买卖净额
特殊结算成员	100748.00	1601.04	100748.00	1601.04	0.00	0.00
商业银行	973484.79	-2064.85	972978.00	-2200.28	506.79	135.43
全国性商业银行	437043.87	5948.77	437014.47	5926.69	29.40	22.08
外资银行	119844.21	985.53	119840.91	982.23	3.30	3.30
城市商业银行	333816.54	-8250.26	333478.84	-8355.72	337.70	105.46
农村商业银行	50146.41	-668.25	50145.81	-668.85	0.60	0.60
农村合作银行	32452.18	-157.84	32423.28	-159.34	28.90	1.50
村镇银行	106.90	2.50	0.00	0.00	106.90	2.50
其他	74.70	74.70	74.70	74.70	0.00	0.00
信用社	31514.58	31.12	31379.33	20.57	135.25	10.55
非银行金融机构	3607.13	-110.71	3179.35	-144.09	427.78	33.38
证券公司	156170.65	-4270.35	156170.65	-4270.35	0.00	0.00
保险机构	9217.02	568.52	9106.73	495.53	110.28	72.98
基金	65393.87	4062.57	27449.66	1824.72	37944.21	2237.85
非金融机构	13456.93	31.67	399.05	60.25	13057.88	-28.58
个人投资者	0.00	0.00	0.00	0.00	0.00	0.00
其他	151.40	151.00	0.00	0.00	151.40	151.00
合计	1353744.36	0.00	1301410.77	-2612.61	52333.59	2612.61

注：*表中买卖总额为买入和卖出额之和，买卖净额为买入与卖出额之差。

资料来源：中债信息网。

5. 市场收益率变动

按照基本面的变化和市场的表现，2010年债券市场可以分为四个大的阶段（见图1）。

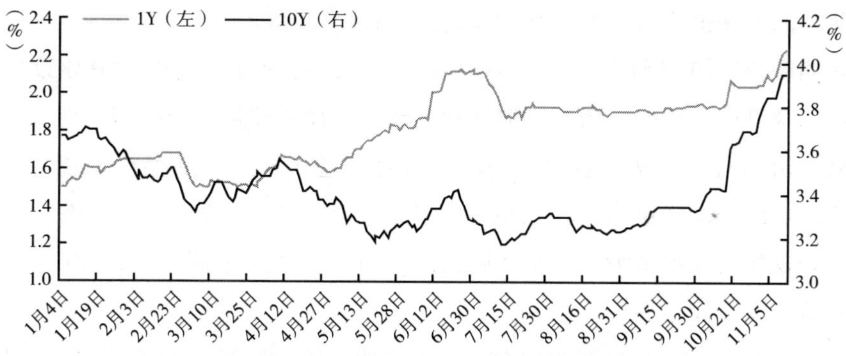

图1　2010年国债收益率曲线变动

资料来源：万得资讯。

第一个阶段：1～3月份，年初市场担心经济过热进而引发紧缩预期。不过，实际的情况是，尽管上调了两次法定存款准备金率，但是并没有改变流动性宽裕的背景，而且市场担心的加息并没有兑现。紧缩力度低于预期，市场也逐步修正过度悲观预期，收益率下行。2010年1月18日，央行在金融危机之后第一次上调法定存款准备金率，部分机构认为，这是紧缩政策的开始；但是，部分机构则认为，这是央行为了控制信贷而进行的调控，还不是全面紧缩的开始。不过，在2月份再度提高法定存款准备金率之后，对货币政策收紧的预期明显增强。与此同时，市场的加息预期也明显地增强，尽管当时的物价压力并不大。

第二阶段：4～7月份，由于房地产调控开始，汽车生产也面临放缓，导致经济下滑。与此同时，物价压力不大，海外市场欧债危机推波助澜，收益率出现快速下行，机构参与充分，累积大量3年央票投机盘。当4月份房地产调控政策出台时，部分机构认为调控政策并不会对债券市场产生影响，但是也有部分机构开始担心房地产调控可能会导致经济出现阶段性的下滑。特别是基金公司，敏感的嗅觉使得它们逐步开始加仓债券市场，而从事后的证明看，加仓是正确的。

第三阶段：8～9月份，政府意识到经济的下滑，并逐步放松紧缩的政策，导致经济止跌反弹，物价压力回升，债券出现第一波下跌。信贷的放松，也引起了机构的分歧，谨慎的机构认为这意味着经济下滑的结束，而且由于货币政策重新宽松后，物价压力会有较大的反弹。而对债券乐观的机构则认为，信贷的放松只是暂时的，物价压力在10月份之后会有明显的回落。

第四阶段：10月份开始，经济逐渐企稳，此前的宽松货币政策导致物价开始跳升，政策逐步转向压物价，加息和上调法定存款准备金率频繁兑现，债券加速下跌。10月份第一次加息后，市场仍对是否进入加息周期存在分歧。部分机构认为，加息只是应对物价压力的暂时高企，所以还不能确定就此进入加息周期。而悲观的机构则认为，由于随后物价压力不会明显下降，因此10月份的加息意味着进入了加息周期。

2010年以来信用债的走势可分为三个阶段。第一阶段：2010年1~8月，债市整体向好，收益率趋势性下行。这一阶段信用债收益率以几乎没有大调整的方式单边下行。这一阶段，市场对信用债几乎不存在分歧。因为信用债券的绝对收益高，而供给压力不大。第二阶段：2010年9月，信用债开始跟随利率债出现调整。第三阶段：2010年10~12月，加息后债市整体出现剧烈调整，信用债收益率出现大幅上行，截至12月底短短3个月各期限收益率就平均超出年初水平100个基点左右（见图2）。

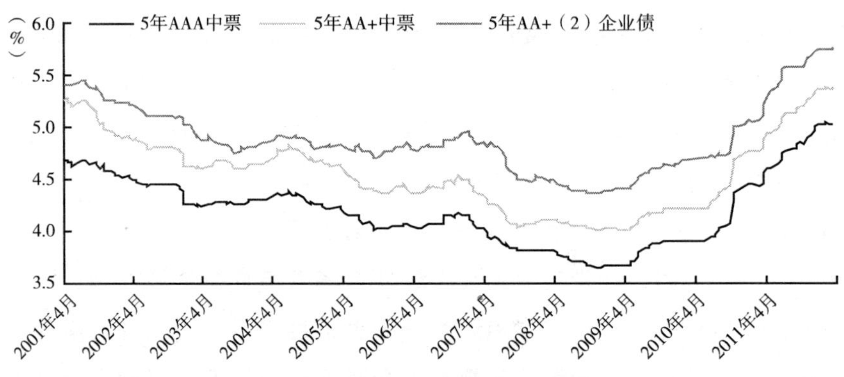

图2　2010年中票及企业债收益率曲线变动

资料来源：WIND。

整体来看，尽管10月以来的调整极为剧烈，但是计算1年的持有期收益率，2010年好于2007年和2009年，逊色于2008年，各期限1年持有期收益率仍在4%左右，可以认为是一个“牛皮市”。

交易所市场信用债收益率波动与银行间市场比较类似，受股市低迷、供不应求等因素支撑，各类券种收益率下行明显，幅度达100个基点左右，至9月份之后，股市反弹、货币政策变动等因素使收益率明显抬升。从全年看，2010 年底具体券种收益率略低于年初，但考虑到期限缩短等因素，其实际收益率可能持平或高于年初（见图 3 和图 4）。

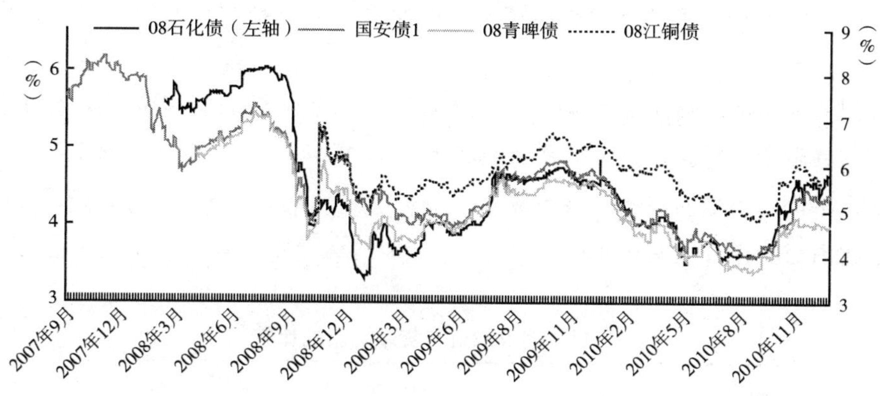

图 3　2010 年交易所高等级券种收益率波动

资料来源：万得资讯。

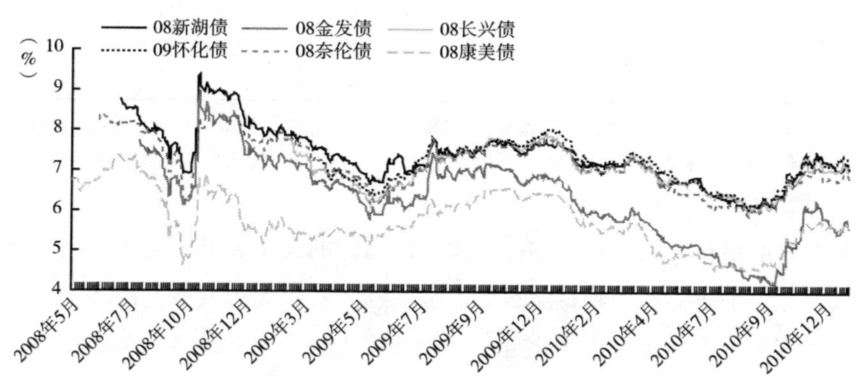

图 4　2010 年交易所中低等级券种收益率波动

资料来源：万得资讯。

（二）2010 年债券市场发展的主要特点

1. 债券市场在社会融资体系中的地位稳步提升

自 2011 年初以来，社会融资总量规模成为央行乃至国务院时常关注的重点，根据央行的定义，社会融资总量是全面反映金融与经济的关系，以及金融对实体经济资金支持的总量指标，是一定时期内实体经济从金融体系获得的全部资金总额。具体来看，包括贷款、债券、股票发行以及保险公司赔偿等方面。我们在考察债券市场的发展及其在金融市场中的地位时，就需要关注债券融资在整体社会融资总量中所处的位置，因此，分别将债券融资、贷款融资和股票融资进行比较。

（1）债券融资在非金融部门债务融资中比重相对稳定。2010 年底，非金融部门债券融资余额与人民币贷款余额之比为 22.92%，较 2009 年有所上升；2010 年非金融部门新增债券融资与新增人民币贷款之比达 25.14%。自 2008 年以来，上述比值稳步提升（见表 13）。

表 13　债券融资与贷款融资的比较

科　　目	2010 年	2009 年	2008 年
非金融部门债券融资余额*(1)(亿元)	109837.30	89851.60	69016.80
非金融部门人民币贷款余额(2)(亿元)	479195.55	399684.82	303394.64
(1)÷(2)(%)	22.92	22.48	22.75
非金融部门新增债券融资(3)(亿元)	19985.70	20834.80	7165.11
非金融部门新增人民币贷款(4)(亿元)	79500.00	95900.00	49100.00
(3)÷(4)(%)	25.14	21.73	14.59

注：* 包含政府债券、中票、集合票据、短期融资券、企业债、公司债、分离债和可转债。

资料来源：中债信息网、中国证券登记结算有限公司、上交所、深交所、中信证券。

虽然目前银行贷款仍然是支撑我国经济增长的最主要融资途径，但债券作为直接债务融资手段的作用将日益重要。考虑到监管层大力发展直接融资市场的趋势以及直接融资市场定价市场化且相对较低的优势，越来越多的企业可能会转而通过发行债券进行融资，其发展空间相当广阔。

当然对于这一点，仍有部分机构表示异议，它们认为，尽管从形式上企业发债融资是直接融资，但如果考虑到企业发债的主要买方依然是银行机构，那么和信贷的区别并不大。

（2）债券融资额在直接融资市场中相对占优。虽然 2010 年股票市场融资规模大幅上升，但仍远远低于债券融资规模，后者是前者的近三倍。值得注意的是，2010 年在贷款高速增长对资本充足率的压力和监管部门对次级债严格审批的限制下，商业银行在股票市场进行了有史以来最大规模的融资，实际融资规模

达2739.91亿元，其中包括农行和光大银行的IPO、工行等银行的配股以及浦发等银行的增发等。另外，工行和中行还发行了650亿元的可转债。抛开银行业的特殊性（其股票融资其实是为了支撑间接债务融资），对于非金融部门来说，债券融资在直接融资市场中的作用要高于股票市场（见表14）。

表14　债券融资与股票融资的比较

单位：亿元

科　　目	2010年	2009年	2008年
非金融部门新增债券融资	19985.7	20834.8	7165.11
非金融部门新增股票融资	6854.74	4502.08	1558.28
金融部门新增债券融资*	9056.68	9775.42	8695.28
金融部门新增股票融资	3010.33	512.4	0
商业银行新增债券融资	861.2	1997.3	759
商业银行新增股票融资	2739.91	150	0

注：* 包括政策性银行债、商业银行债（含可转债）、非银行金融机构债和政府支持机构债。
资料来源：中债信息网、中国证券登记结算有限公司、上交所、深交所、中信证券。

2. 银行间市场仍居债券市场绝对主导地位

目前，国内银行间市场和交易所市场处于相对分割的状态，但是从规模上看，银行间市场占据绝对优势（见图5）。2010年银行间市场债券存量、发行量和交易量分别占全市场的97.02%、98.75%和95.82%。从趋势看，交易所市场在各项指标中所占比重均有小幅上升，其未来发展值得重点关注。

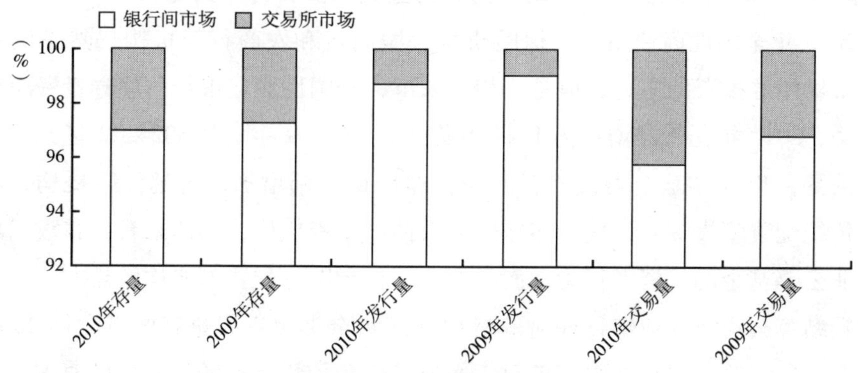

图5　2010年银行间和交易所市场比较

资料来源：中债信息网、中国证券登记结算有限公司、上交所、深交所、中信证券。

3. 信用债所占比重持续提升

2008 年以来，为支持宏观经济刺激政策，国内企业类信用产品市场发展迅速，发行人数量不断增加，产品创新也不断涌现，市场规模呈跳跃式上升，企业债券规模已由 2007 年末的不足 1 万亿元，到 2010 年达到近 4 万亿元。

由于企业债券发行规模的明显上升，信用产品（除政府债券、央行票据、政策性银行债和政府支持机构债之外的其他券种）和利率产品（包括政府债券、央行票据、政策性银行债和政府支持机构债）在债券市场中所占比重呈现一定结构性变动，后者的券种自 2008 年以来明显上升，2010 年达 21.26%，较 2008 年上升 9.32%（见图 6）。

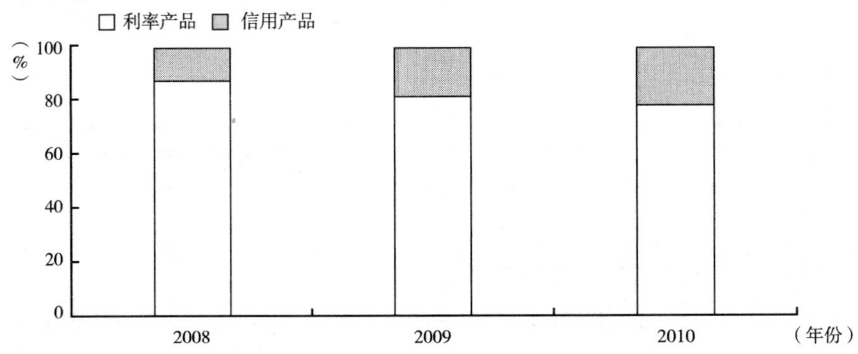

图 6　2010 年债券市场存量结构

资料来源：中债信息网、中国证券登记结算有限公司、上交所、深交所、中信证券。

4. 商业银行仍是债券投资的主力，基金类投资者异军突起

2010 年全国性商业银行、保险机构、城商行和农商行等机构仍然是银行间债券市场债券投资的主力，但是，相对来讲，全国性商业银行的债券投资净额明显下降，2010 年托管净增量为 1.47 万亿元，较 2009 年下降 8024.42 亿元。值得关注的是，2010 年基金类投资者的托管净增量大幅增加，超越保险机构、城商行等传统配置型投资者，成为当年第二大债券投资机构，具体来看，其数据反映的并非公募基金的投资者行为，而是商业银行理财等配置型机构的需求，由于中央债券结算公司将商业银行理财等机构并入基金类投资者进行统计，而 2009 年末以来中国银监会对商业银行理财资产流动性和信贷资产转入表内的要求以及理财规模在 2010 年的大幅增长等因素使得其对债券需求明显提升，所以，基金类机构的配置属性大幅提升，2010 年债券托管量明显提升（见图 7）。

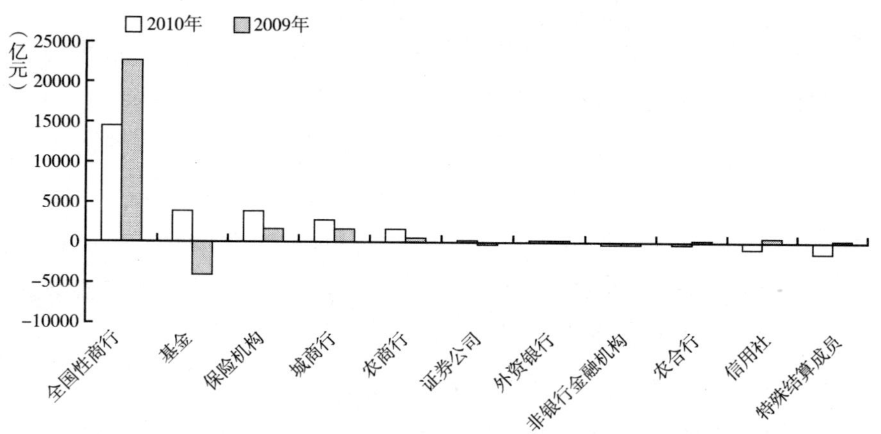

图7　2010年银行间市场各类投资者托管净增量

资料来源：中债信息网。

5. 市场创新不断涌现

债券市场一直是市场创新的前沿阵地，以市场需求为导向，2010年债券市场在发行人群体、债券期限、衍生品以及国际化等方面不断创新，市场产品结构进一步完善，多样化程度明显提高，具体特征表现为以下方面。

第一，新的债券发行主体不断增加。2010年，华融金融租赁、三菱东京日联银行（中国）有限公司、上汽通用汽车金融租赁分别发行了国内第一只金融租赁债券、外资法人银行金融债券和汽车金融债券；同年，中央汇金公司在银行间市场发行两期债券，规模共计1090亿元。

第二，债券期限品种继续丰富。超短期融资券产品（期限为7～270天）在债券市场推出，并由中石油集团发行了第一期超短融，丰富了企业进行直接债务融资的期限。

第三，衍生品市场继续推进。2010年11月5日，中国首批信用风险缓释合约正式上线。

第四，海外人民币债券市场快速发展。财政部继2009年之后第二次在香港发行人民币债券，除国内金融机构外，超国家发行机构（如亚洲开发银行）、香港成立的企业及外企以及内地非金融企业均已在中国香港地区发行人民币债券。

（三）2010年债券市场的基础设施建设

1. 中央国债结算公司新一代客户端系统正式推出

2010年10月8日，在经历了近两年的规划和建设后，中央国债结算公司正式推出新一代客户端系统，该系统建设的总体目标是建立包括桌面、直联、网上客户端在内的“中债综合业务平台”，在业务管理上覆盖债券发行、登记、托管、结算、付息兑付等整体业务流程。目前，新系统已成功上线，覆盖全国所有类型的金融机构，总体运行平稳、快捷。

2. 银行间市场和交易所市场互联进一步深化

2010年10月27日，中国证监会、中国人民银行和中国银监会联合发布了《关于上市商业银行在证券交易所参与债券交易试点有关问题的通知》，指出，试点上市商业银行应在证券交易所集中竞价交易系统进行规定业务范围内的债券现券交易。试点期间，试点上市商业银行参与证券交易所债券交易涉及的债券登记、托管及结算业务，由中国证券登记结算有限责任公司依据现行规则办理。该通知的发布标志着上市商业银行进入交易所债券市场试点工作进入实质性操作阶段。下一阶段，三部门将进一步加强监管协作，总结试点经验并进行推广，促进债券市场的互联互通，提升债券市场整体效率。

3. 信用衍生产品相关业务指引发布

2010年10月29日，中国银行间市场交易商协会发布了《银行间市场信用风险缓释工具试点业务指引》和《中国银行间市场金融衍生产品交易主协议（凭证特别版）》。上述指引和相关文件的发布，标志着被称为中国版CDS的信用风险缓释工具试点业务在银行间市场正式推出，将完善整个信用衍生市场体系和市场风险管理分担机制、推动金融衍生品市场的创新与发展。对于降低和分散系统性风险和市场风险、提高金融市场效率及建立多层次资本市场体系都将具有深远的意义。

不过，就这个产品能否迅速发展，市场仍有较大的分歧。部分机构认为，对银行而言，目前银监会并没有确定信用风险缓释工具对应的会计上的调整，如买入CDS后是否真正意味着风险资产的下降，并真正对资本充足率产生正面的影响。另外，部分机构担心，在保险还没有允许参与市场的背景下，银行难以找到交易的对手方。因此，从长期看，只有引入不同类型的机构，才能使该产品更快发展。

4. 行业自律规则和组织进一步完善

2010 年，中国银行间市场交易商协会发布《银行间债券市场做市商工作指引》修订稿、《银行间债券市场非金融企业债务融资工具主承销商后续管理工作指引》、《银行间债券市场非金融企业债务融资工具突发事件应急管理工作指引》和《银行间债券市场非金融债务工具持有人会议日程》，上述规则从自律角度对银行间市场参与者的相关行为进行了规范，有利于维持市场的平稳运行。

5. 人民币债券国际化相关制度建设

2010 年 11 月 22 日，财政部与香港金管局签订《关于使用债务工具中央结算系统发行人民币国债的合作备忘录》，为人民币国债通过金管局提供的债务工具中央结算系统（CMU）债券投资平台招标发行奠定了良好的基础，有利于拓宽人民币国债发行渠道，优化人民币国债发行方式和环节。

2010 年 8 月 17 日，中国人民银行发布《关于境外人民币清算行等三类机构运用人民币投资银行间债券市场试点有关事宜的通知》，允许相关境外机构进入银行间债券市场投资试点，具体包括香港、澳门地区人民币业务清算行，跨境贸易人民币结算境外参加银行和境外中央银行或货币当局等三类境外机构。

值得一提的是，随着中国跨境贸易人民币结算进程的不断深化，近期银行赴港发行人民币债券的规模也在不断扩大。企业在香港发行人民币债券引导人民币回流机制的效果正在显现。香港人民币债券市场作为离岸金融市场业务的重要部分，其迅速发展对内地与香港而言是双赢的结果。通过大力发展离岸人民币金融市场，中国政府可以大步推进人民币的区域化与国际化。债券作为金融市场的组成部分，其对外开放程度与整个金融体系对外开放的总体进程密切相关。在经济全球化的今天，随着区域债券市场合作步伐以及人民币国际化的进程不断推进，加大债券市场开放的力度已势在必行。中国债券市场的开放是一个循序渐进的过程，开放的总原则应该是与金融体系整体改革和实体经济发展相结合、相协调，在推进国内债券市场发展的同时，积极参与亚洲债券市场的各项发展进程，将亚洲债券市场与中国货币、汇率政策协调相结合，在债券市场开放过程中注重维护金融稳定，使中国债券市场成为亚洲金融市场的核心力量。

二　2010 年利率产品市场运行情况分析

（一）2010 年利率产品[①]市场运行情况

为中央和地方政府、政策性银行和政府支持机构等筹集资金，以及适应货币政策操作的需要，2010 年利率产品发行量达到了 8.07 万亿元，发行量较 2009 年增长 15.85%。其中，政府债券发行 1.98 万亿元，较上年增长 8.59%；中央银行票据发行 4.66 万亿元，较上年增长 17.3%；政策性银行债发行 1.32 万亿元，较 2009 年增长 13%（见图 8）。另外，2010 年发行了 1090 亿元的政府支持机构债券。截至 2010 年 12 月底，利率产品存量达到 16.61 万亿元，较 2009 年增长 10.49%。其中，政府债券存量为 7.25 万亿元，较上年增长 14.17%；中央银行票据托管量为 4.09 万亿元，较上年下降 3.3%；政策性银行债托管量为 5.16 万亿元，较 2009 年增长 16%（见图 9）。

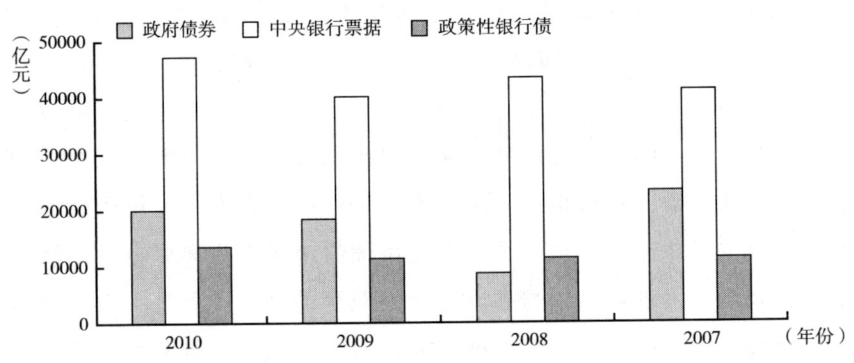

图 8　2010 年利率产品发行量

资料来源：中债信息网、中信证券。

总体来看，2010 年政府债券的发行量和存量规模都较 2009 年有所增长，但增速都比上年略有下降；而央票的发行量也较 2009 年有较大幅度上升，但由于发行量小于到期量，因此 2010 年的央票托管量较上年有所下降；政策性金融债

① 我们将政府债券（含国债和地方政府债）、政策性银行债、央行票据和政府支持机构债（即汇金债）归为利率产品。

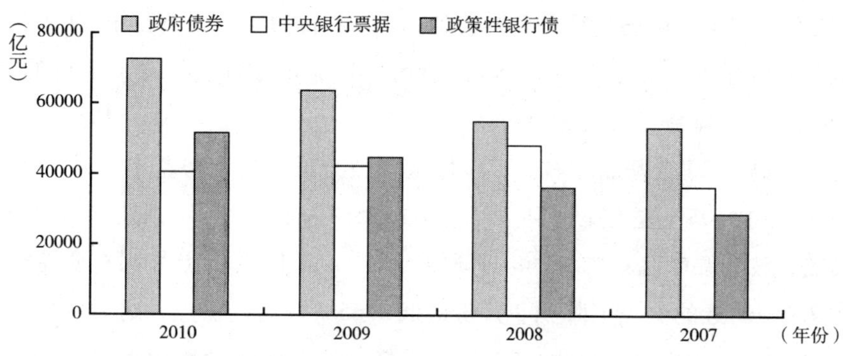

图 9　2010 年利率产品存量

资料来源：中债信息网、中信证券。

发行比上年略有加速，但托管量的增速开始减弱。

2010 年，尽管资金面有收紧的趋势，但总体而言资金面仍偏宽松。在此背景下，利率产品成交活跃，交易量大幅增长，以银行间市场为例，利率产品结算笔数为 340863 笔，交易结算量为 126.00 万亿元，分别较 2009 年增长 24.4% 和 25.1%。其中，现券交易结算量为 48.08 万亿元，较 2009 年增长 31.8%；质押式回购结算量为 76.09 万亿元，较 2009 年增长 22.7%；买断式回购结算量为 1.83 万亿元，较 2009 年减少 23.1%（见图 10）。

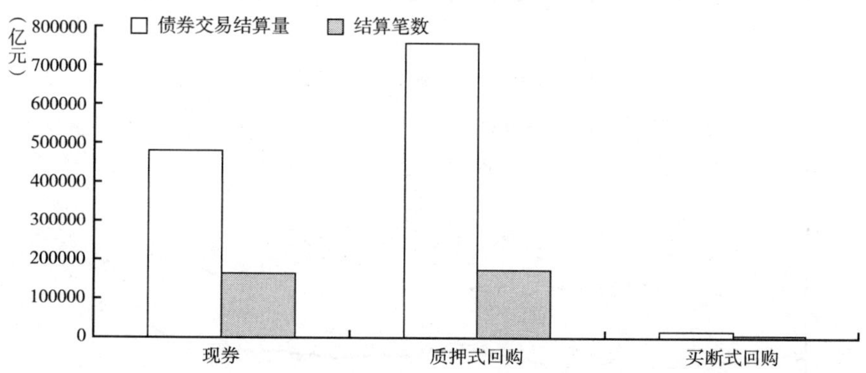

图 10　2010 年银行间市场利率产品债券结算笔数和结算量

资料来源：中债信息网、中信证券。

随着国内外宏观形势的变化，2010 年利率产品收益率整体呈现平坦化下行到陡峭化上行走势（见图 11、图 12）。从全年来看，10 年期国债收益率从年初的3.7%左右的水平震荡下行到7月份的3.2%左右的低点，下行了50个基点左右；从7月份开始，收益率开始缓慢上行，10月份的加息加速了上行的趋势，10年期国债收益率到年底达到了3.9%左右，下半年上行了70个基点，年底高点超过年初高点20个基点左右。政策性金融债与国债的走势基本一致，10年期金融债从年初4.05%左右下降到7月份的3.55%左右，到年底则达到了4.3%左右的高点，波动幅度基本与10年期国债一致。3年期央票走势则有所差异，从年初的3.0%附近的高点下降到8月份最低2.65%左右的低点，之后快速上升到年底3.75%左右的高点。总之，2010年利率产品市场波动性增大，在一年中经历了收益率大幅下降和大幅上升的过程。当然从结构上看，中长期利率水平上升幅度较小，而短期利率上升幅度较大，这和货币政策的逐步收紧导致短期利率风险逐步释放是非常匹配的。从这个意义上说，2010年的利率债券市场体现了宏观基本面的变化趋势。

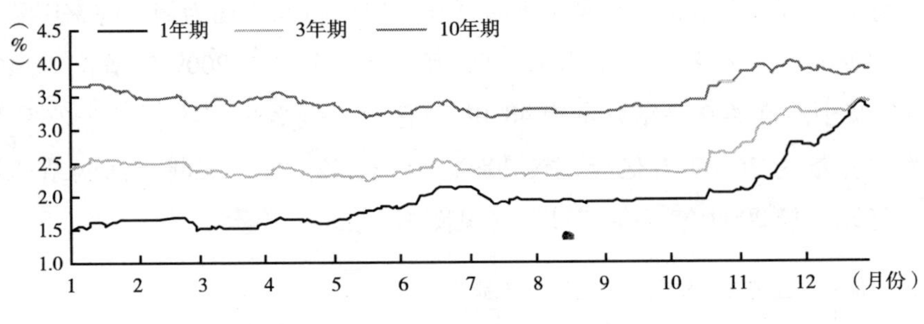

图11　2010年各期限国债收益率走势

资料来源：中债信息网、中信证券。

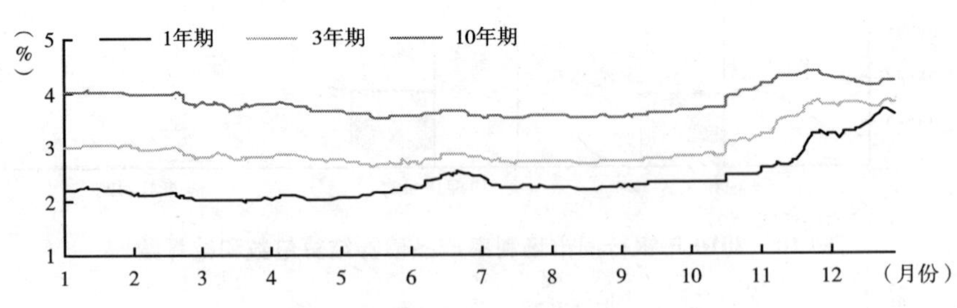

图12　2010年各期限政策性银行债收益率走势

资料来源：中债信息网、中信证券。

（二）利率产品市场运行特点

1. 利率产品发行量创历史新高

2010年，利率产品发行规模创历史新高。分类来看，政府债券的发行规模要低于2007年的水平（2007年的15500亿元特别国债占据很大权重），但政策性金融债和央票发行规模都创出了历史新高。2010年由于受到欧洲主权债务危机的影响，国外经济下行风险较大，国内经济复苏仍需要继续巩固，在此背景下，我国政府继续推行积极的财政政策以促进经济增长。但由于经济增长已经回升，税收收入大幅提高，债券发行规模的增长幅度较2009年有所下降，发行规模并没有超过2007年。央票发行方面，由于2010年实行适度宽松的货币政策，相比于2009年开始收紧，体现在公开市场上净投放的货币减少（见图13）。2010年央票存量减少1417亿元，而2009年央票存量则减少5794亿元。从总的发行规模来看，2010年央票发行创出了历史新高，也体现出了货币政策方向性的变化。而政策性银行为了支持国家大中型基础设施、基础产业的发展，随着经济的不断增长，自身资产负债表也需要持续扩张，每年融资规模都维持上升趋势，2010年政策性银行债发行规模同样达到历史最高。

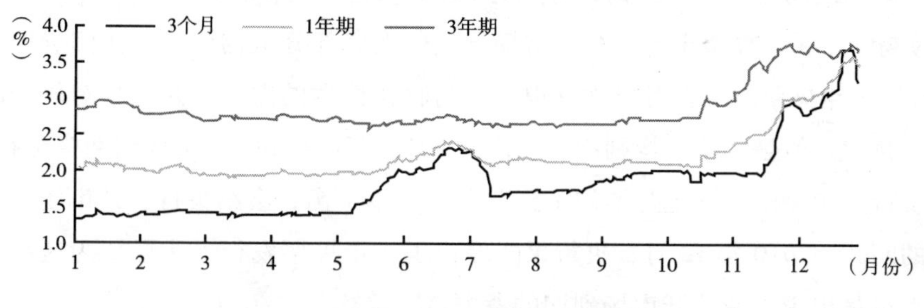

图13　2010年各期限央票收益率走势

资料来源：中债信息网、万得资讯、中信证券。

2. 产品结构更加丰富

国债方面，2010年中央政府继续代地方政府发行了2000亿元的地方政府债券，另外共发行了14581.90亿元的记账式国债、1296.28亿元的储蓄式国债和1900亿元的储蓄式国债，占比分别为10.11%、73.73%、6.55%和9.61%。

政策性银行债方面，各政策性银行除了常规发行常规品种外，国开行创新发行的3期可互换式固/浮息5年期债券，计划发行量300亿元，3只债券均为5年期金融债，包括1只固定利率债券和2只浮动利率债券，且这3只债券在存续期内可相互调换。此举为需求方提供了多样化的选择，大大提升了债券的吸引力，互换优势引发了机构的旺盛需求，实际发行量达到420亿元，发行利率远低于市场预期。

3. 期限结构更加完善

2010年国债市场的期限品种延续了2009年的发行特点，收益率曲线持续完善。其中在2009年首次发行1年期国债品种后，其发行规模在2010年进一步增加，在发行量中的占比也有所上升。此外，贴现式国债也延续了2009年的期限结构特点，3个月、6个月、9个月品种都各有发行。目前我国国债市场的期限品种已经较为丰富，进一步向发达国家靠拢。

央票方面，出于流动性回笼的需要，为更长时间的锁住流动性，2010年4月，央行重启了3年期央票的发行，满足了商业银行的资产负债管理需求。2010年12月，因银行体系资金面趋紧，央票需求萎缩，央行果断暂停了3年央票的发行，并不断净投放货币以满足市场流动性需求。全年来看，3个月央票发行量为17430亿元，1年期央票发行量为15610亿元，3年期央票发行量为10340亿元。不同期限的占比较为均衡，分别为40.2%、36%、23.8%。

实际上，3年央票出台之初，市场分歧较大。部分机构认为，在信贷控制的背景下，3年央票的出台可以弥补银行对高收益债券的需求，并逐步对信贷的减少形成替代。但是部分机构则担心，由于2011年下半年公开市场到期资金很少，持续发行3年央票实际上是增加了到期资金的不平衡，会给央行公开市场操作带来新的问题。2010年12月，央行果断停止了3年央票发行，业界认为这在很大程度上也是出于平衡公开市场到期的考虑。

4. 国开债维持利率产品属性

国家开发银行自2008年12月改制为商业银行之后，其债信一直是市场比较关注的问题。2009年，中国银监会曾明确批复，国开行在2010年末之前发行的人民币债券风险权重为0%，直至债券到期。2010年中期，国开债的信用问题再次被提上日程，为此，中国银监会在2010年7月6日再次做出批复，将国开行债信过渡期延长一年，至2011年末，规定在2011年12月31日之前发行的人民币债券风险权重为零，直至债券到期，并且暂时视同政策性金融债处理。

中国银监会的批复使得国开债得以继续维持利率产品属性，为国开行平稳过渡到商业银行，顺利推进商业化改革提供有力支持，也为国开行承担的政策性建设开发项目提供了资金保证。

三　2010年信用产品市场运行分析

（一）2010年信用产品[①]市场运行情况

1. 一级市场发行

2010年银行间市场企业信用产品（含金融债、企业债、短期融资券和中期票据）发行893只，融资达1.63万亿元，与2009年信用产品发行总量相比下降13.35%。其中，商业银行债全年发行规模929.50亿元，较2009年大幅下降67.34%，非银行金融机构债发行总量为50亿元，下降77.78%；短期融资券累计发行6742.35亿元，较2009年大幅增长46.2%；中期票据发行4924.0亿元，比2009年减少28.5%；中小企业集合票据发行46.57亿元，是2009年发行量的3.68倍；企业债发行3627.03亿元，比2009年减少14.7%（见表15）。2010年新型短端融资品种——超短期融资券（简称SCP）正式推出，并于12月27日发行国内首单，即中石油集团50亿元超短期融资券。

对于企业债而言，从发行主体看，中央企业债融资额大于地方企业债，分别为51.6%和48.4%。中央企业债融资额较去年同期减少约3.5%，地方企业债融资额较去年同期减少约19.7%。

2010年交易商协会延续2009年每月调整指导定价方式，特别是5月份后，交易商协会改为贴近二级市场水平加点的定价方式，发行主体仍然集中在高信用评级企业，但AA+和AA评级的中等信用资质券种逐渐上升。

2010年，交易所债券一级市场仍然维持较低水平（见表16），全年发行公

① 我们将除政府债券（含国债和地方政府债）、政策性银行债、央行票据和政府支持机构债（即汇金债）的其他券种归为信用产品，具体包括商业银行债、非银行金融机构债、发改委审批的企业债、中期票据、短期融资券、公司债、可转债、分离债、中小企业集合债、中小企业集合票据、资产支持证券。

司债22只，共计505.50亿元，相对2009年的718.4亿元下降30%，整体公司债发行继续保持较低频率。相对应的是，可转债迎来了大扩容，全年发行可转换债717.30亿元，是2009年发行规模的15倍。

表15　2010年银行间债券市场发行量

单位：亿元

券　　种	2010年		2009年	
	发行次数	发行量	发行次数	发行量
商业银行债券	22	929.50	43	2846.00
非银行金融机构债券	5	50.00	8	225.00
企业债券	182	3627.03	192	4252.33
短期融资券	442	6742.35	263	4612.05
中期票据	223	4924.00	172	6885.00
集合票据	19	46.57	4	12.65
合　　计	893	16319.45	682	18833.03

资料来源：中债信息网、中信证券。

表16　2010年交易所债券市场发行量

单位：亿元

券　种	2010年	2009
可转债	717.30	46.61
公司债	505.50	718.40
分离债	0	30

资料来源：中国证券登记结算有限公司、上交所、深交所、中信证券。

2. 二级市场交易

2010年，银行间债券市场交易结算呈整体快速增长的趋势（见表17），信用产品无论是交割量，还是交割笔数均有较大增长。其中，信用产品交割量19.60万亿元，相对2009年增长58%，交割笔数为173887笔，较2009年增长98%。

具体来看，中期票据交割量达9.86万亿元、企业债4.62万亿元、短期融资券4.44万亿元、商业银行债券交割量达6360.23亿元，现券交割量和交割笔数的快速增长表现投资者对信用产品的需求大幅增长。

表 17　2010 年银行间债券市场交割量

单位：亿元

券　种	2010 年		2009 年	
	债券交割量	笔数	债券交割量	笔数
商业银行债券	6360. 23	3592	4836. 32	2628
非银行金融机构债券	216. 36	282	181. 85	182
企业债券	46168. 98	49020	24908. 98	22978
短期融资券	44402. 48	47075	28104. 37	28666
资产支持证券	20. 17	27	96. 25	85
中期票据	98613. 19	73439	65642. 83	33219
集合票据	252. 78	452	20. 95	43
合　计	196034. 19	173887	123791. 55	87801

资料来源：中债信息网、中信证券。

3. 信用产品存量

截至 2010 年底，信用产品市场债券总存量达 4. 48 万亿元，相对 2009 年净增加 1. 16 万亿元（见表 18）。其中，中期票据、企业债和短期融资券位居净增量前三位，中期票据净增加 4914 亿元，企业债增加 3540 亿元，短期融资券增加 1969 亿元。

表 18　2010 年信用债券市场存量

单位：亿元

券　种	2010 年	2009 年	净增量
商业银行债券	6095. 20	5884. 00	211. 20
非银行金融机构债券	567. 00	570. 00	-3. 00
企业债券	14511. 10	10970. 67	3540. 43
短期融资券	6530. 35	4561. 05	1969. 30
资产支持证券	182. 32	398. 58	-216. 26
中期票据	13536. 00	8622. 00	4914. 00
集合票据	55. 12	12. 65	42. 47
公 司 债	1623. 9	1118. 4	505. 50
可 转 债	786. 89	119. 81	667. 08
分 离 债	950. 65	950. 65	0. 00
合　计	44838. 53	33207. 81	11630. 72

资料来源：中债信息网、中国证券登记结算有限公司、上交所、深交所、中信证券。

4. 信用产品投资者结构

2010 年信用产品持仓仍然延续 2009 年的结构（见表 19）。其中，第一大投资者是商业银行，持有信用产品 1.94 万亿元；其次是保险公司持有 9142 亿元；基金（含理财产品）持有 6784 亿元；信用社和证券公司分别持有信用产品 1838 亿元和 1337 亿元。

表 19　2010 年信用产品* 投资者结构

单位：亿元

券　种	合　计	企业债		短期融资券		中期票据	商业银行债
		2010 年	2009 年	2010 年	2009 年	2010 年	2010 年
商业银行	19454	4964	3781	3458	2741	8985	2047
信 用 社	1838	880	842	144	259	600	214
非银金融机构	472	176	160	90	51	187	19
证券公司	1337	520	277	292	305	443	83
保险机构	9142	5497	4296	367	214	265	3013
基　　金	6784	1386	745	1994	896	2783	621
非金融机构	306	129	87	37	7	77	63
合　　计		13553	10188	6382	4472	13340	6060

* 这里的信用产品特指中国债券网提供投资者持仓数据的企业债、短期融资券、中期票据和商业银行债。

资料来源：中债信息网。

5. 信用产品收益率走势

2010 年，前 3 个季度受到资金面和基本面的交替支撑，信用产品收益率基本处于震荡下行状态，而从 9 月开始，物价上涨势头加快，紧缩货币政策不断加码，信用产品市场经历了一个季度的深度下跌，随后才稍显企稳迹象（见图 14）。从期限结构看，流动性的收紧使得短端收益率提高幅度较大，长端则上升幅度相对较小，信用产品收益率曲线平坦化调整贯穿全年。

从全年看，信用债体现出几个特点：第一，绝对收益较高，成为机构配置的首选。第二，供给对收益率影响更大。尤其是第二季度，市场预期信用债券的供给不多，收益率下降速度较快。第三，在第四季度整体债券市场调整之时，信用债调整幅度更大。第四，全年持有期收益仍较高，这得益于票息较高。

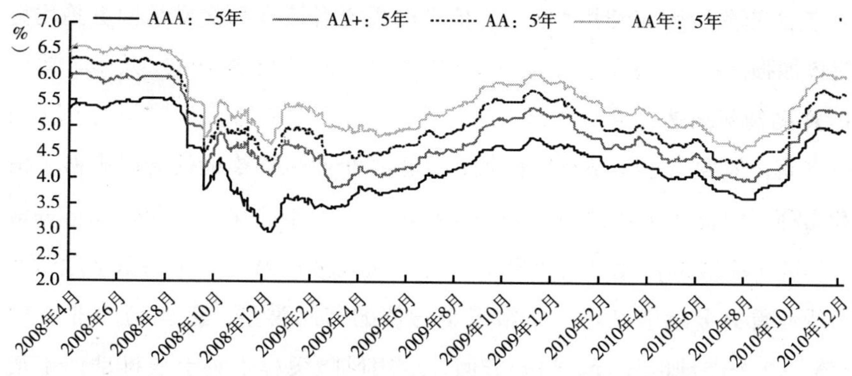

图 14　2010 年银行间信用产品收益率变化

资料来源：中债信息网、万得资讯。

（二）信用产品市场发展特点

1. 信用债稳步扩容

2010 年，包括商业银行债及次级债、银行间非金融企业债务融资工具、企业债与公司债等在内的信用债市场持续发展，总体发行量仍保持高位，存量规模继续大幅提升，加快了我国债券市场由容量小、产品类型单一、未覆盖信用风险向容量持续扩大、产品类型逐步丰富、债券品种覆盖的期限结构和风险类型日益齐全的转变。信用债市场稳步发展，在丰富企业直接融资渠道和促进国民经济发展中发挥了重要作用。同时，信用债交易活跃，拥有较好的流动性，发行和交易定价市场化程度高，在推进债券利率基准体系建设和利率市场化改革中的作用也日益凸显。

2. 投资者日益多元化

国内债券市场进一步开放，投资者类型更加丰富。2010 年，中国人民银行允许境外央行、人民币清算行、跨境贸易人民币结算行三类机构试点投资银行间债券市场，在打通离岸人民币资金回流渠道的同时，丰富了银行间债券市场投资者类型，促进了债券投资需求多元化。截至 2010 年末，银行间市场共有机构投资者 10235 家，较 2009 年增加 10.7%；本年新增的 988 家机构投资者中包括基金投资者 581 家、非金融机构投资者 309 家，二者约占新增机构数的 90%。在持有结构上，商业银行仍是债券最主要持有机构，但基金公司和保险公司债券持有量及持有占比较上年均有明显增长，债券的投资者持有和交易结构更趋均衡、多元化趋势加强。

3. 产品创新加速

一方面，债券品种类型有所增加，在拓宽企业融资渠道的同时丰富了债券市场投资品种。银行间市场超短期融资券推出，进一步简化了企业短期债务融资的流程、提高了企业的流动性管理能力；外资法人银行第一只人民币金融债及国内金融租赁业首只金融债发行，丰富了金融债的产品类型；麦当劳等非金融企业“熊猫债”在香港地区发行。另一方面，信用风险缓释工具上线推动债市衍生品创新，市场交易工具更加丰富，为投资者信用风险转移和对冲等提供管理工具，推进了多层次信用市场建设和发展。

四 2010 年衍生品市场运行分析

（一）利率衍生产品运行情况

1. 通胀预期上升，利率互换曲线走高

与现货市场类似，2010 年上半年在流动性宽松以及通胀预期较为温和的情况下，互换收益率大幅下行，5 年 FR007 利率互换从 3.9% 下行至 2.7% 的低位。但下半年，特别是第三季度加息后，市场的预期发生根本性变化，对经济变得更为乐观，对通胀的担忧也加剧，导致 5 年 FR007 利率互换收益率从 2.7% 上行至 4.0% 的高位，超过年初的高点（见图 15）。

2. 利率互换交易量大幅增加

2010 年利率互换全年成交量超过 1 万亿元，达到 10423 亿元，对比 2009 年 3557 亿元，增加了接近 2 倍（见图 16）。利率互换从 2006 年推出以来，在 2010 年迎来了爆发式的增长，特别是随着通胀预期的上行，以利率和货币互换为代表的场外金融衍生产品为金融机构提供了风险对冲手段。进一步的，随着我国债券市场规模的不断扩张，金融机构持有了大量债券，而不断推进的利率市场化进程，使得利率风险越来越突出，进入加息周期后，金融机构可以合理利用利率互换工具来减小利率风险敞口，对冲利率风险。

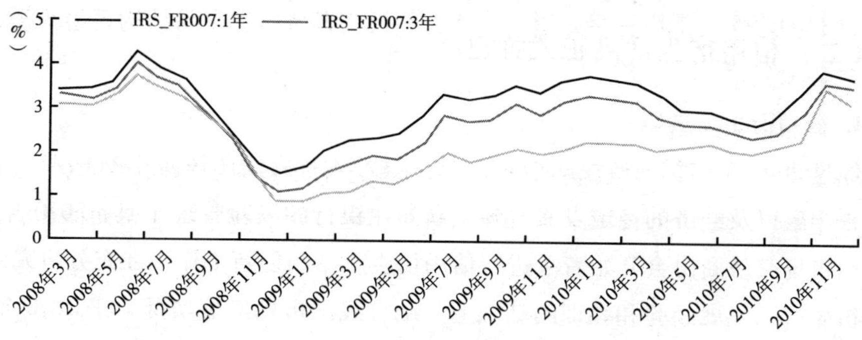

图 15　利率互换收益率走势

资料来源：中国货币网、中信证券。

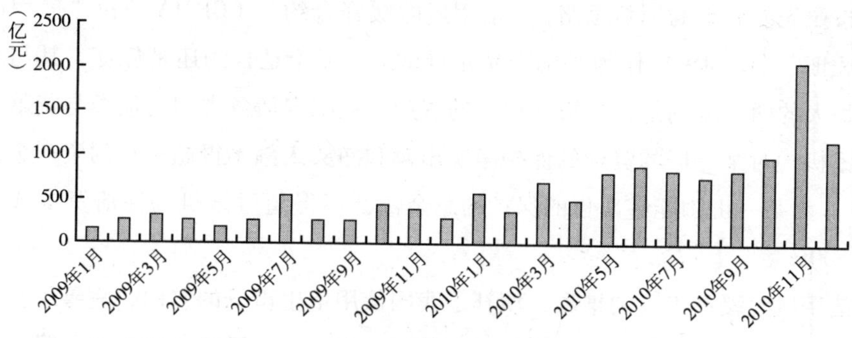

图 16　利率互换交易量

资料来源：中国货币网、中信证券。

3. 备案交易商逐渐增加

自银行间市场交易商协会于 2009 年 3 月制定发布了 NAFMⅡ主协议以及配套的交易确认书参考文本以来，截至 2010 年 12 月 24 日，已有 158 家机构签署备案了 1009 份主协议，远期利率协议备案交易商 53 家、利率互换备案交易商 80 家。主协议以及备案交易商制度的确立为维护场外衍生产品交易参与者的合法权益，明确衍生产品参与者的权利与义务起到了重要的作用。

2010 年 7 月，中国保监会发布了《关于保险机构开展利率互换业务的通知》，正式允许保险机构开展利率互换业务。考虑到保险机构较大规模的债券存量，利率互换将是保险机构管理利率风险、改进资产负债管理、稳定投资收益行之有效的金融工具，而利率互换市场也注入了新的力量；随着越来越多的金融机构进入利率互换市场，预计银行间市场利率互换交易规模将越来越大。

（二）信用衍生产品正式推出

1. 信用衍生工具诞生

经过2009年信贷的爆发式增长，商业银行体系内信用风险不断积聚，不利于未来金融以及经济的稳定发展。为丰富商业银行的风险管理工具，2010年初，银行间市场交易商协会开始着手进行信用衍生产品的创新工作，在充分研究国际信用衍生产品发展经验和教训的基础上，结合我国市场发展实际，于2010年11月正式公布了《银行间市场信用风险缓释工具试点业务指引》，正式进行信用衍生产品的交易试点工作。

按照先易后难的创新思路，“信用风险缓释合约”（CRMA）和“信用风险缓释凭证”（CRMW）作为基础产品先行试点。无论是合约还是凭证，其与CDS产品最大的两个区别是，严格挂钩标的资产，且限定债务类型为债券与贷款。任何一家机构对某一标的资产的保护净卖出额和净买入额不得超过标的资产金额的100%，而某一机构能够出售的保护的总余额，不得超过该机构注册资本或净资产的500%。

信用风险缓释工具的推出，填补了我国信用衍生市场的空白，完善了整个金融衍生市场体系，对促进信用风险合理配置、完善市场风险分担机制、降低和分散宏观经济系统性风险、提高金融市场效率及推进多层次金融市场的健康协调发展都具有深远意义。

信用风险缓释工具（CRM）包括：信用违约互换（Credit Default Swap，CDS）、总收益互换（Total Return Swap，TRS）、信用价差期权（Credit Spread Option，CSO）以及其他信用衍生产品。从海外市场存量规模来看，截至2010年第一季度，CDS规模远超过其他信用衍生产品，是最为重要的信用风险缓释工具（见图17）。

2. 信用风险缓释工具备案交易商逐渐增加

2010年11月5日，中国首批信用风险缓释合约正式上线。国家开发银行、工商银行、建设银行、交通银行、光大银行、兴业银行、民生银行、德意志银行及中债信用增进股份投资有限公司9家不同类型的交易商，达成了首批20笔信用风险缓释合约，名义本金合计达18.4亿元。

2010年11月24日，中债信用增进股份投资有限公司、交通银行和民生银行

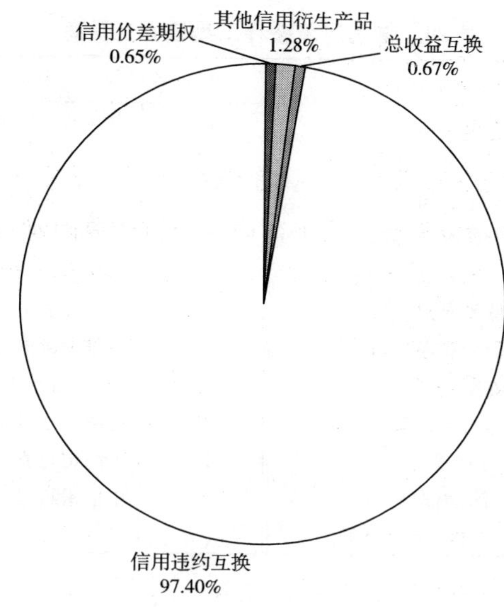

图 17　CDS 是最重要的 CRM 工具（按市场规模）

资料来源：OCC US。

3 家信用风险缓释凭证（英文简称 CRMW）创设机构创设的 4 只 CRMW 继 2010 年 11 月 22 日完成簿记建档，次日完成认购缴款和凭证登记手续后，开始在全国银行间债券市场交易流通，这标志着中国首批 CRMW 正式上线。

截至 2011 年 2 月 10 日，已有 35 家机构备案成为信用风险缓释工具交易商。其中，23 家机构备案成为核心交易商（见表 20），而 CRMW 创设机构已有 26 家。

3. 信用衍生产品基本框架已经形成

为了促进我国衍生产品市场的发展，培育银行业金融机构衍生产品的做市、定价能力，规范衍生产品的营销行为，中国银监会在 2010 年多次会同银行间市场成员进行座谈调研，修改《管理办法》，并于 2011 年初正式颁布实施。新版《管理办法》从交易业务层级、审慎资本监管、风险敞口指导上限、客户营销与风险提示、相关禁止条款等几方面进行了全面修订。

目前，中国银监会发布的《金融机构衍生产品交易业务管理暂行办法》、《商业银行信用风险缓释监管资本计量指引》、中国人民银行〔2009〕第 4 号公告共同构成了场外衍生产品市场发展的基本制度框架，交易商协会已经制定并

表 20　信用风险缓释工具核心交易商

序号	核心交易商机构名称	序号	核心交易商机构名称
1	国家开发银行股份有限公司	13	中国国际金融有限公司
2	中国工商银行股份有限公司	14	中信证券股份有限公司
3	中国银行股份有限公司	15	中国农业银行股份有限公司
4	中国建设银行股份有限公司	16	招商银行股份有限公司
5	交通银行股份有限公司	17	华夏银行股份有限公司
6	中国光大银行股份有限公司	18	广东发展银行股份有限公司
7	中国民生银行股份有限公司	19	摩根大通银行(中国)有限公司
8	兴业银行股份有限公司	20	渣打银行(中国)有限公司
9	上海浦东发展银行股份有限公司	21	三菱东京日联银行(中国)有限公司
10	汇丰银行(中国)有限公司	22	上海银行股份有限公司
11	德意志银行(中国)有限公司	23	中信银行股份有限公司
12	法国巴黎银行(中国)有限公司		

资料来源：银行间市场交易商协会。

推出的《NAFMⅡ主协议》、确认书及信用衍生产品定义文件为衍生产品的推广和规范发展提供了必不可少的基础性制度安排，交易商协会发布的《银行间市场信用风险缓释工具试点业务指引》不仅可以使市场参与者有据可依，而且有利于加强信用衍生产品交易业务规范，更好地防范市场风险。

五　2010 年债券市场走势回顾

预期与现实似乎总有一定差距。2010 年上半年，在通胀和加息预期高涨的时候，信贷规模的严格受限却推动了债券市场的明显上行；2010 年下半年，随着央行连续两次加息，并连续上调法定存款准备金率，市场预期迅速转向，收益率明显回升，并超越年初高点。

总体来看，债券市场收益率在 2010 年上半年呈下行趋势，下半年则呈大幅上行态势。全年来看收益率曲线平坦上行，属于比较典型的熊市行情。2010 年 12 月 31 日，中债总全价指数收于 116.018，较 2009 年末的 117.038 下跌 0.95%。若分期限看，中短期债券全价指数和长期债券全价指数分别下跌 1.44%和 0.35%，反映了曲线短端上行幅度较大的平坦化特征；而分利率和信用产品看，涨幅同样有所不同。

对于投资者来说，2010 年上半年乃至第三季度中期，债市处于相对牛市，这段期间，买入并持有的“不折腾”策略是相对较好的投资策略，自 9 月份起，收益率大幅上行后，缩短周期并通过互换等工具对冲降低利率风险是较好的策略选择。

（一）2010 年利率产品走势回顾

2010 年利率产品的整体行情大致可以分为以下六个阶段：第一阶段，时间段是从 1 月中旬到 3 月初。债券收益率的下行的主要原因是流动性的支撑与政策紧缩通胀预期的修正。第二阶段，时间段是从 3 月初到 4 月中旬。这段时间收益率平稳回升。上行的主要原因是短期内通胀超出市场预期，但在机构配置压力的推动下，收益率总体上行幅度不大。第三阶段，时间段是 4 月中旬到 5 月下旬。这段时间收益率总体下行。4 月中旬房地产政策出台，市场对经济二次探底的担忧加剧，通胀预期降低，推动债市大幅上涨。第四阶段，时间段是 5 月下旬到 8 月下旬。5 月下旬，欧债危机全面爆发，全球避险情绪上升，美元指数反弹，大宗商品价格下跌，全球股市重挫。欧债危机的爆发，进一步加剧了国内对经济二次探底的担忧，10 年期国债收益率再度下行至 3.2% 的低点。随着欧盟出手援助希腊，对欧债危机的担忧缓和。同时，在央行上调法定存款准备金率后，市场流动性出现短暂的紧张，导致收益率出现调整压力，但由于市场对经济的悲观预期并未完全消除，收益率上升的幅度有限。第五阶段，时间段是 9 月至 11 月下旬，这个阶段收益率大幅上行。9 月开始，经济数据表现不错，市场对经济的担忧进一步缓和，加上通胀压力开始显现，市场加息预期有所回升。10 月中国人民银行宣布加息，市场对经济和通胀的预期发生根本变化，市场对经济的悲观预期几乎消除，甚至有过热的担忧。同时通胀不断超出市场预期，通胀压力的显现推动债市收益率大幅上行。第六阶段，时间段是 11 月下旬至 12 月末，这阶段市场出现技术性反弹，收益率小幅下降。整体来看，由于第五阶段收益率上行幅度过大，即使 12 月收益率有所下降，年末收益率水平仍高于 2009 年末。

1. 流动性支撑与通胀预期修正

2009 年末，中央经济工作会议将 2010 年的信贷目标确定为 7.5 万亿元。但由于历年最终信贷规模都与信贷目标有所偏差，且 2009 年底经济增长强劲，信贷需求旺盛。因此，2010 年初市场对信贷规模能否得到有效控制存在疑问，当年1月份第一周新增信贷规模就达6000亿元，市场对信贷过度的担忧进一步增强，债券收益率有小幅上升。但信贷的高增长也刺激了货币当局调控信贷投放规模的决心，为了抑制信贷的超额增长，央行在1月12日上调法定存款准备金率，同时对信贷进行窗口指导。两个措施打压了新增贷款的增长幅度，形成了“宽货币、紧信贷”的局面。由于信贷投放的减少，银行间市场的流动性进一步宽松，这对债市构成了一定的支撑。

此外，2009年底由于雨雪灾害的因素，CPI增长较快，市场对2010年的通胀预期也普遍较高。但进入2010年1月份天气转暖，1月15日以后，市场普遍预期1月份CPI涨幅低于2009年12月，对通胀的压力也有所缓解。尽管1月13日后，央行连续两周上调了一年期央票利率，但幅度明显低于市场预期，同时在资金面的推动以及对通胀预期的修正下，1月中旬后，债券市场走出一波上涨行情，到春节前，10年期国债下行25个基点左右，直至春节前一周，市场预期春节后CPI可能会进一步较大幅上行，因此收益率没有进一步下行。

春节后，市场收益率有进一步的松动。从资金面来看，考虑到春节期间现金需求的上升，春节前央行在公开市场上投放了大量货币，使节后资金面进一步宽松；此外，春节后，市场对2月份CPI涨幅的预期仍持续在较低水平，预测区间为2.0%~2.2%，因此节后收益率有一定的下行。2月中旬到3月初10年期国债收益率下行了大致20个基点左右。

2. 加息预期增强及三年期央票重启

2010年2月份数据公布后，通胀水平较市场预期要高，由于春节期间农产品价格的大幅上涨，使得2月份实际公布的CPI同比增长率达到了2.7%。债券收益率对前期市场错误预期进行了修正，收益率出现了一波明显的反弹，此外，由于3月份房地产价格持续上涨，以及经济增长持续强劲，市场普遍预期央行将采取加息措施，并且房价的高增长也令市场担忧后期通胀率会持续上行。在加息和高通胀预期下，债券市场收益率持续上行，到4月9日央行进一步重启了3年期央票，收益率达到了短期顶点。总体来看，从3月初到4月上旬，10年期国债收益率上行了20个基点左右，高点达3.55%左右。

3. 房地产新政

3月份，统计局公布了第一季度的宏观经济运行数据，GDP增长率达到了11.9%，超出市场预期。经济过热的预期进一步增强，加息和宏观调控的声音不绝于耳。但4月中旬后，国务院出台了《关于坚决遏制部分城市房价过快上涨的通知》，采用了产业调控的措施来调控局部产业的经济过热。地产新政出台后，市场对加息的预期减弱，对经济甚至出现了二次探底的担忧，收益率呈现了一波持续下跌的行情，到5月下旬，10年期国债收益率大致下行了40个基点左右。

4. 流动性紧张以及缓解

5月下旬后，当市场仍在牛市气氛中时，银行间市场流动性突然紧张，7天回购利率大幅上行，导致总体收益率持续上行。5月份流动性突然紧张是多重因素共同叠加的结果，这其中包括了外汇占款增速下降，也有财政与货币的“双紧缩”等。此外，由于6月份将首次进行流动性考核，中小银行的贷存比压力导致拉存款行为加剧，大型银行的存款不断地流向中小银行。一般来说，大型银行为市场资金的供给方，当部分大型银行从资金融出方变为资金融入方时，整个市场即出现流动性紧张。此外，短期内中行转债的发行和农行IPO则加剧了资金面的紧张，也起到了一定的推波助澜的效果，推高了回购利率。

但随着季末考核时点过后，资金固化的状况也会得到改善，资金融出意愿增加。此外，6月份后，新增财政存款开始下降，同时随着农行IPO的结束，以及央行在公开市场上持续大量地投放流动性。资金紧张的情况得到了缓解，7月份后回购利率开始大幅下行，到7月中旬，回购利率基本回到了流动性冲击前的水平。伴随着资金面的宽松，债券收益率又有一波较大幅度的下行，10年期国债收益率下行了25个基点左右，基本回到了前期低点。

5. CPI与紧缩政策超预期

由于第三季度以来信贷有所放松，PMI指数自8月份就有所反弹，而9月之后CPI更是加速上行，债券收益率开始上升，而央行在10月份的加息更是出乎市场预期之外，再加上央行数次上调法定存款准备金率以收缩系统流动性，市场恐慌情绪高涨，继而引发恐慌性抛盘，到11月下旬，10年期国债上行至4.0%，较8月末高出80个基点，较年初高30个基点。

6. 市场技术性回调

到11月末之后，10月份以来收益率上行幅度较大，存在一定的过度反应。截至11月底，10年国债收益率达到4%左右，已经具备很高的配置价值，再加上市场对CPI涨幅的担忧有所缓和，因此市场有所反弹，至12月末，10年期国债收益率达3.87%，较11月末下行逾10个基点。

总之，2010 年利率产品收益率总体先降后升（见图 18）。下降的主要推动因素是信贷控制导致的“宽货币、紧信贷”格局，使银行间市场流动性充裕，而市场对通胀和加息担忧的下降也是主要原因；而 9 月份之后收益率的大幅上行也正是对 CPI 涨幅和加息担忧的再度高涨，而央行两次上调基准利率也强化了这一担忧。

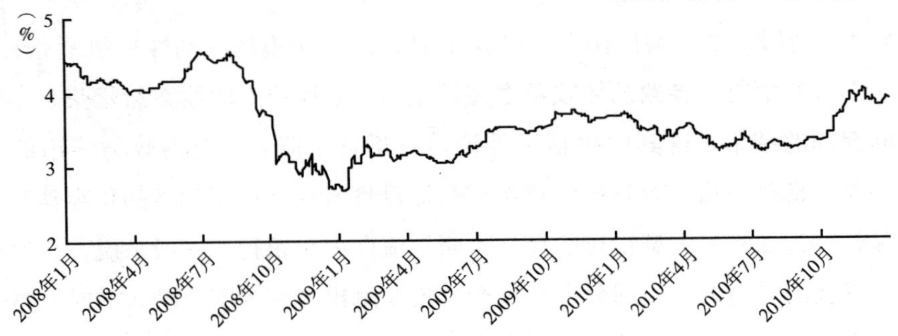

图 18　10 年期国债收益率走势

资料来源：中债信息网、万得资讯、中信证券。

（二）2010 年信用产品收益率走势回顾

与利率产品相同，2010 年伊始，信用产品行情同样相对较强，而且这一行情一直延续到 8 月末，期间虽有一定反复，但这一阶段信用债券收益率总体下行明显。从背后的驱动因素看，供不应求是 2009 年末至 2010 年第三季度信用债市场收益率下行的主要动因之一，在 2010 年初监管层对信贷进行严格控制后，金融系统的充裕流动性以及市场对经济增长和通胀预期的变动在 2010 年 1 ~ 8 月也推动了利率和信用产品收益率的大幅下行，虽然在季节性时点（如第一季度末和第二季度末）由于预期变动及流动性意外收紧等因素，使市场经历了一定波动，但收益率下降趋势未改。

具体来说，2010 年 1 ~ 8 月银行间市场和交易所市场供需变动的表现形式有所不同。对于银行间市场，信用产品供给的下降主要缘于“企业公开发行债券不得超过净资产 40%”的限制和上半年发改委对城投债发行规模的控制；从需求看，监管机构在 2010 年初对新增贷款的严厉控制使得商业银行在 2009 年末积蓄的大量流动性无法有效形成贷款，转而投资于信用债，而保险机构在 2009 年中期被压制需求的集中释放以及中国银监会对理财产品新规等因素都刺激了市场对信用债的持续需求，因此使得市场供小于求的趋势相对明显。

对于交易所市场，情况则有所不同，在2009年末以地产债为代表的高收益债大量发行使得收益率不断上升，且市场预期供给仍然较高。但是，到了2010年之后，由于监管机构的严格控制，高收益债供给的大幅减少，市场需求却大幅增加（主要缘于债券基金的大规模发行和券商），进而使得信用债收益率大幅下降，信用利差也急剧缩窄。

在经历了信用利差的大幅下降之后，从绝对水平看，2010年8月末，3年期和5年期普通AAA中票绝对收益率分别达3.25%和3.65%，与同期限政策性金融债利差分别达到50个和60个基点左右，较2010年初大幅下降40个基点，基本处于历史最低水平（见图19、图20）。

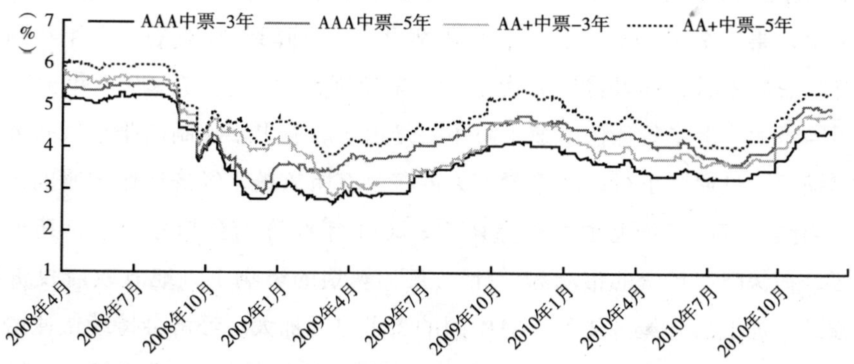

图19　中票收益率走势

资料来源：中债信息网、万得资讯、中信证券。

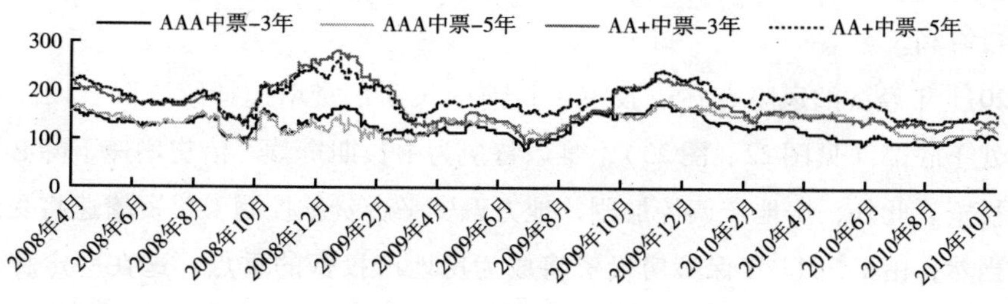

图20　中票与国债利差走势

资料来源：中债信息网、万得资讯、中信证券。

进入2010年9月之后，由于信贷控制的放松、宏观经济的反弹，收益率开始缓慢上行；至10月，由于加息政策的冲击，市场通胀预期和进一步加息预期空前高涨，收益率加速上升；至11月末，短短两个月间，收益率就大大超过年初高点；进入12月后，由于部分配置型机构的进场，收益率小有下降；年末3年期和5年期普通AAA中票绝对收益率达4.50%和4.90%左右，与同期限政策性金融债利差分别上升至70个基点和100个基点。

六　2011年债券市场展望

从基本面看，2011年经济同比增长基本平稳。从环比的角度看，GDP增长率可能将呈现先抑后扬的态势，上半年GDP环比将从2010年第四季度的12%的高位回落，第二季度GDP环比增长折年率可能将下降到8%左右，下半年则会有所反弹。总体来看，如果将广义货币增长率控制在16%左右，2011年全年经济下行风险不大。上半年环比增速下降主要是由于政府出于抑制通胀动机而进行的主动紧缩。一旦通胀下行，政策紧缩力度将会有所放松，经济环比增速也会有所反弹。当然，目前市场上也有观点认为，2011年经济仍会趋势向上，其核心逻辑在于，在保障房投资的带动和“十二五”规划的影响下，地方政府投资冲动会很强劲，加上海外经济复苏后对中国的需求也会加大，经济会持续快速增长。

具体来看，2011年出口可能会成为经济的“稳定器”。至少在第二季度，出口仍会维持较高的水平。第一，2011年的PMI出口订单趋势向上，显示未来几个月出口仍可能处于较高水平（见图21）。第二，欧美等海外主要经济体经济持续恢复。第三，人民币跟随美元弱势而体现弱势，人民币名义有效汇率上的弱势对出口有利。

2011年经济的风险点在于投资。目前中长期信贷增速持续下降，而且票据余额处于底部（见图22、图23），难以替换为中长期贷款。信贷增速下降必然影响到投资。此外，房地产调控加剧，地方融资平台贷款控制，投资增速将受到影响。当然，由于2011年保障房投资将成为房地产投资的重点，这在一定程度上减弱了投资下滑的风险。不过，由于保障房投资面临资金需求较大和地方政府积极性较低的制约，所以对保障房的投资并不能期待过多。当然，恰恰是这一点，市场分歧非常大。乐观的机构认为，根据第一季度的微观数据看，投资应该非常

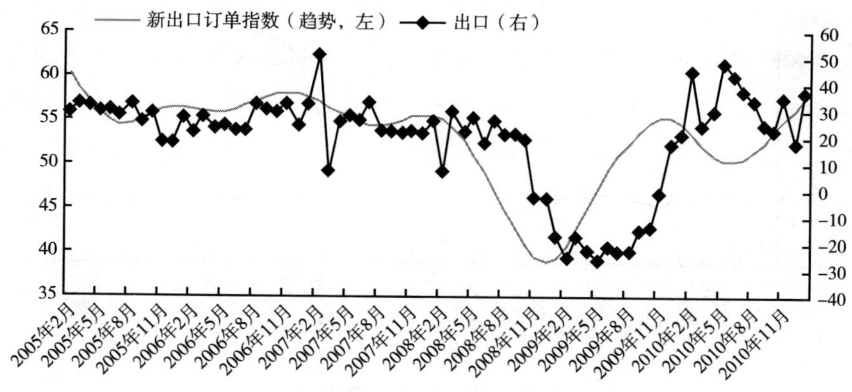

图 21　中国 PMI 出口订单

资料来源：万得资讯、中信证券。

强劲，包括工程机械销售数据火暴，水泥价格持续上扬等。但是，也有悲观的机构认为，投资不好，他们的证据则来自钢材价格的下降和信贷特别是中长期信贷的增速下滑。

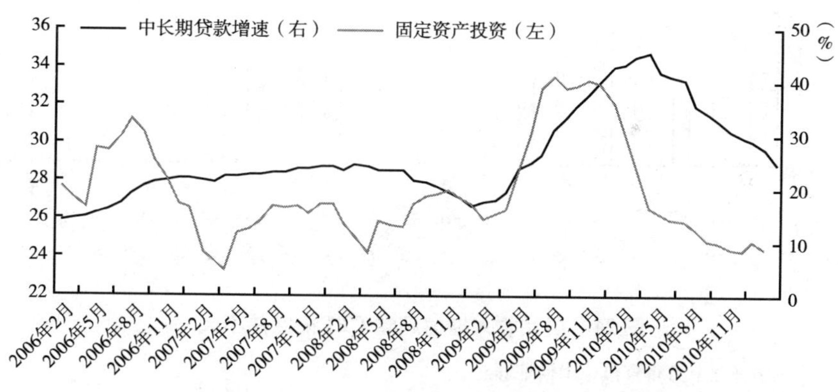

图 22　中长期贷款下降及固定资产投资走势

资料来源：中债信息网、万得资讯、中信证券。

2011 年消费也不容乐观。第一，2009 年和 2010 年政府是鼓励汽车消费，但是 2011 年政策则明显转向。而且从 1 ~2 月的汽车销量数据看，已经成为拉低消费的核心因素。第二，高物价侵蚀了居民实际收入增加幅度（见图 24）。实际上，2010 年开始，扣除物价因素后的实际收入增长是放缓的。第三，信贷方面

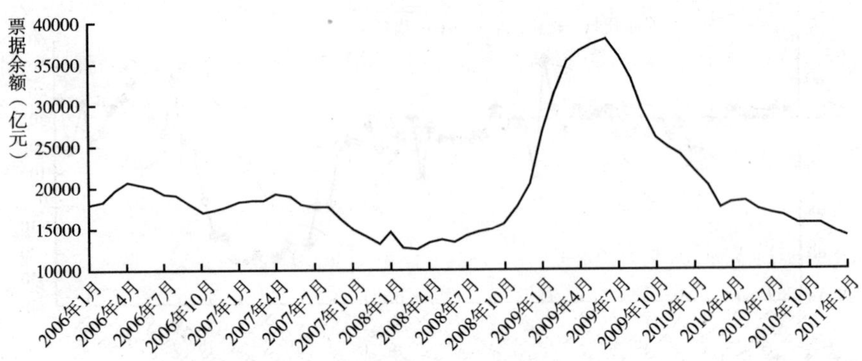

图 23　票据融资规模走势

资料来源：中债信息网、万得资讯、中信证券。

看，消费信贷持续下降，也表明居民消费意愿下降。除此之外，随着房地产销量的下降，基于房地产销量之上的家电销售也明显下滑。

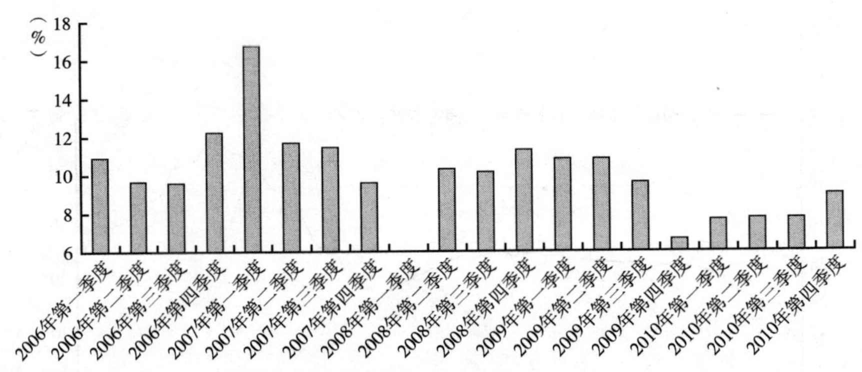

图 24　居民收入增速超越 CPI 幅度并不大

资料来源：万得资讯、中信证券。

综合来看，随着房地产和汽车的降温，2011 年第二季度经济会温和回落，随着通胀压力减弱，信贷控制放松，下半年经济将逐渐回升。

2011 年宏观经济形势中比较不确定的是通货膨胀。在信贷投放规模控制、连续加息以及上调法定存款准备金的累计效应作用下，2011 年开始通胀压力有所减弱，环比折年率逐渐恢复到 2% ~3% 的水平，比 2010 年 15% 的增长率有大幅的下行。

通货膨胀问题是2011年市场分歧最大的问题。部分悲观的机构认为，2011年物价会持续上升，主要的证据在于：一是人口因素的影响导致劳动力成本持续提高，这在一定程度上抬高了物价的中枢水平。二是海外市场的政治局势波动加剧，加大了油价和大宗商品价格的上涨压力，进而增强了输入型的通货膨胀。三是流动性依然充足，流动性对物价的影响也会继续体现。尤其是在房地产成交低迷，不能吸收更多流动性的背景下。

从2009年以来，由于库存减少和投机的因素，海外农产品价格大幅上涨。不过，由于我国小麦、玉米、大米等主要农产品对外依存度低（见图25），海外市场的波动并不会明显影响到它们的国内价格。2010年以来，美国粮价每上涨1%，国内粮价仅上涨0.07%。前段时间我国北方出现了一场旱情，但总体上旱情对小麦价格影响有限，因为12～2月为小麦冬眠期，3月开始返青，且实际上2月下旬政府已经实行人工增雨工作，天气也出现好转，2011年夏粮很可能出现增产。而且从历史上看，上一年秋粮丰收，能保证本年上半年粮食价格不出现大的波动。2011年权重调整后，粮食价格在CPI中的占比从3%下降至2.8%。

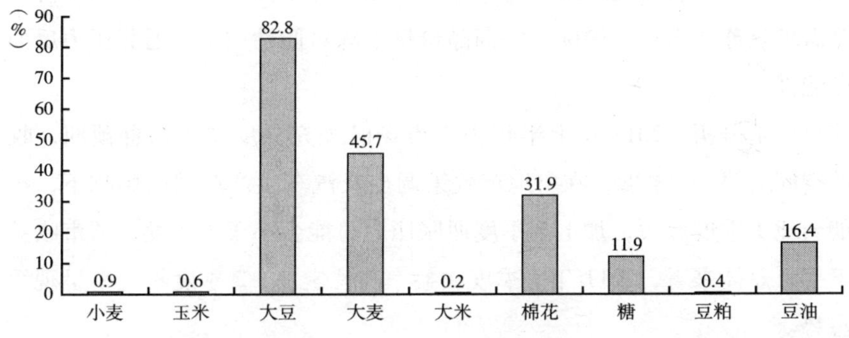

图25　部分农产品对外依存度

资料来源：万得资讯、中信证券。

非食品当中，居住类的波动最大。2010年居住类反弹是导致非食品CPI快速反弹的核心因素。从2011年1月份看，居住类中水电燃油、建房及装修材料价格同比涨幅回落，租房价格同比涨幅上升。后期看，由于房地产调控导致景气度下降，建房及装修材料类上涨空间有限。购房优惠利率已经取消，房地产

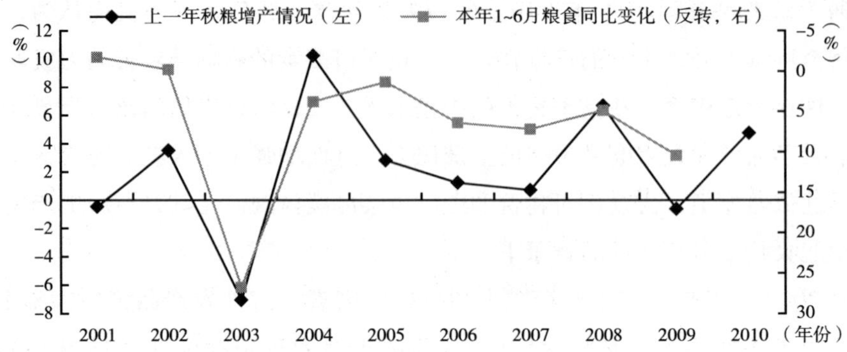

图 26　本年上半年粮价上涨幅度与上一年秋粮收成有关

注：以 2001～2010 年为例。

资料来源：万得资讯、中信证券。

贷款利率基本上只会随加息而动，自有住房类上涨幅度也相对有限。未来不确定性在于租房：房屋销售下降，住房需求将上升。不过，租金在居住类中占比较小。

综合来看，未来通胀仍会维持前高后低的趋势，CPI 要在 6 月才会有比较明显的下行。但是，从环比来看，上半年通胀压力并不大，下半年随着经济增速加快，总需求复苏，再加上国际大宗商品价格上涨可能性增强，通胀压力反而有加大的可能性。

综合以上分析，2011 年上半年由于市场已经充分反映了加息预期，收益率上升的空间有限。2 季度，在房地产政策调控及汽车生产放缓的影响下，经济增速可能会比 1 季度放缓，加上 2 季度通胀压力可能会小于 1 季度，债市收益率将有所下行。总体来看，2011 年 1 季度收益率高位震荡，2 季度收益率呈现缓慢回落的态势。

信用产品方面，在经历了 2010 年 4 季度各种负面冲击之后，未来信用债收益率继续上升的动力不足，面临一定的支撑。其一，信用风险仍然不构成影响；其二，供求形势相对有利，可能仍然呈现供小于求的态势；其三，绝对力量处于历史高位，信用利差也处于较高水平。就整体市场环境而言，由于仍然面临政策紧缩及升息的影响，且 1 季度受流动性收紧和供给冲击影响，收益率仍将受到一定压力，投资者可待 2 季度初流动性和供给冲击相对缓解后，逐渐进行配置，但是总体来看，信用债利率即使下降，其空间可能也比较有限，而配置意义更为明显，投资者可根据自身的需求择机进行配置。

对于信用产品，目前市场的核心分歧与关注点主要在于：第一，供给的矛盾。部分机构认为在2011年信贷控制的大背景下，信用债将成为主要是企业的融资的渠道，因此信用债的供给会有明显的提高。而另一种观点则认为从社会融资总量的角度，在信贷受到控制的同时，信用债发行规模受到的影响也比较大。城投债的供给和信贷在很大程度上就是正相关。我们认为，从中长期看，信用类产品总体上会呈现发行规模稳步增加的趋势。全国“两会”期间发布的“十二五”规划纲要提出“显著提高直接融资比重”，“积极发展债券市场，完善发行管理体制，推进债券品种创新和多样化”，这给短期融资券、中期票据、企业债、公司债在内的债券市场带来很多发展空间。第二，信用风险的担心。目前主要集中在两类信用债——房地产债和城投债。从目前看，房地产的确面临资金压力，信用风险有所增加，不过考虑到房地产企业在一段时间内如果降价销售，便能缓和资金压力，房地产公司债的信用风险并不会很大。城投债的还款高峰期为2012年，因此2011年还不会面临压力。但是，2010年发行总量大增的城投债的规模也可能在今年缩减——因为部分地方政府的债务风险预警将使得城投债发行更为审慎。发改委自去年下半年即调整了对企业债券的审批节奏，优先保证产业类债券的发行，同时严格管理以地方政府投融资平台公司为发行主体的“城投债”的审核。第三，地方政府债的风险管理问题。从长远看，地方政府融资平台的风险问题已经得到了政策部门、监管层面及学界的广泛关注。考虑到我们目前的财政体制，地方政府不能破产清算，一旦地方政府出现难以清偿债务的情况，中央财政不可避免作为“最后支付人”兜底，地方财政风险必然会转移为中央财政风险和金融风险。在此背景下对地方政府融资平台风险进行研究，探讨如何建立地方政府债务规模管理和风险预警机制，逐步形成管理规范、运行高效的地方政府举债融资机制，对防范未来系统性金融风险和财政风险具有重大的现实意义。在发展地方政府债券的起步阶段，一定要完善地方政府债券风险管理机制，对地方政府债券的发行定价、交易、偿还和监管各环节进行严格规定，包括举债权的控制与发债规模的确定、市场准入的限制、信用评级体系及信息披露制度的构建、投资项目管理与评估、市场流动性的建立以降低投资风险、监管的协调以及法律框架的完善。美国市政债券市场以信用评级制度、信息披露制度和债券保险制度为内容的信用风险管理的“三驾马车”的基本框架值得我们借鉴。第四，在信用类产品定价机制方面，如何逐步实现市场化的定价（如由目前的主承销商簿记建档方式向公开招标方式的转变，在发行成本最小化之间与保证市场流动性之间寻求最佳平衡点），如何完善信用评级体系，如何加强对信用风险的分析与信用价差的衡量都是值得我们关注的问题。

目前，从国际环境来看，为了刺激经济，美国在2010年11月初重启量化宽松政策，给部分发展中国家带来了输入性通货膨胀的风险。随着欧洲央行开始实施加息政策，全球宽松货币政策也面临调整。与2007年通货膨胀环境下我国央行综合运用公开市场操作工具、存款准备金工具，特别国债等政策等相比，未来我国央行的加息通道可能更多地运用数量型工具、价格型工具、流动性管理工具和汇率手段来实现货币政策目标。同时，央行可能通过更多运用信贷规模控制来落实产业政策。从未来市场的基本面与资金面考虑，宏观经济形势变化、流动性宽裕程度、股市波动与债市的替代效应、政策操作与预期的偏离、信贷控制的从紧政策导致了银行资产组合向债券市场倾斜，债券市场供给结构、国际市场波动等也是影响市场走势的主要因素。另外，在建立多层次资本市场体系的过程中，债券市场风险管理机制的设计与安排值得我们深入探讨。

B.12

金融市场：银行理财产品市场

欧洲主权债务危机的一波三折、迪拜主权债务违约的午夜惊魂、全球经济复苏前景的迷雾重重、中国房地产调控政策的"暧昧有加"、全球主要经济体货币政策调控的"正常化回归"、美国金融监管改革法案的强势出击、全球大宗商品价格的"涨声一片"、新兴市场国家的"通胀困局"……构成了2010年全球经济发展的主旋律，因此中国政府也将之定调为"极为复杂的国内外经济环境和极为严峻的各类自然灾害和各种重大挑战"。

作为财富管理行业的生力军，银行理财产品市场的"一专多能"再次得到充分体现：地方政府投融资平台的融资需求，商业银行"腾挪转让"信贷资产从而优化资产负债表，利率市场化改革的"试验田"，城镇居民财富管理的基础，抗击通胀的利器，如此等等。整体而言，2010年的银行理财市场是"横向膨胀"，而非"纵向成长"，理财产品发售数量接近万款，资金规模再创新高，但产品创新动力明显不足，中资银行依然无法撼动外资银行独霸产品定价权，依然处于简单模仿和"修修补补"阶段与规避监管状态（信贷类理财产品"变脸计"），这些都值得我们深思！

人们对2010年的银行理财产品市场存在一些观点，如小银行正在创造大收益、理财产品跑不赢CPI成常态、黄金理财产品含金量低、银行设计硬伤拉低收益率、加拿大元理财产品是2010年最失败的外币理财产品。如果我们仔细探究上述观点所论述对象的内在机理和外部成因，将会得到不一样的结论。展望2011年，在其他条件不变的假设下，银行理财产品发售数量有可能高达1.5万款，产品收益呈现前高后低走势。私人高端理财产品将有可能取得突破性进展，低门槛的"亲民产品"也将与城镇化步伐共进退，农村水利建设和水资源治理背景下的"水资源"类理财产品具有较大增长空间，香港离岸市场的发展对在岸理财产品市场发展具有重要的指导意义和借鉴作用。

为促进银行理财产品市场又好又快发展，政府部门、监管部门、金融机构、投资客户以及第三方机构应共同努力，加强推进如下八个方面的主要工作：厘清银行市场的法理基础以及投资人和发行主体之间的关系，建立健全统计监测体系，实施发行主体资金募集、管理和清算的三权分立制度，完善发行主体的分类监管和投资者的分级销售制度，构建一行三会一部一委的协同监管机制，成立统一交易平台和二级市场，设立投资者保护机制和认可第三方独立评级/评价机构。

一　银行理财产品市场运行特点

为应对全球金融危机，我国在2008年末推出了投资数额高达四万亿元的经济刺激计划，其中有2.82万亿资金需要地方政府的配套支持。为此，地方政府通过地方投融资平台大力发售银行理财产品，以进行融资，即所谓的“城投债”理财产品。然而，该类产品的潜在风险在2009年中后期开始凸显，为此银监会在2009年12月14日和2009年12月23日分别发布《关于进一步规范银信合作有关事项的通知》和《关于规范信贷资产转让及信贷资产类理财业务有关事项的通知》，限制了过去位居市场重要地位的信贷类理财产品的发售数量，从而形成了2010年初银行理财产品数量发售较少的“紧缩格局”，随着产品发行主体应对策略的不断提升，银行理财产品市场恢复了往日的“繁荣”，发行数量逐步回升。受国庆长假影响，2010年10月银行理财产品市场的发售数量较低，但其收益水平不低。

2010年，82家商业银行共发售银行理财产品9897款，平均期望收益率和平均最差值分别为2.41%和2.19%。由图1可以看出，产品的期望收益率呈现逐

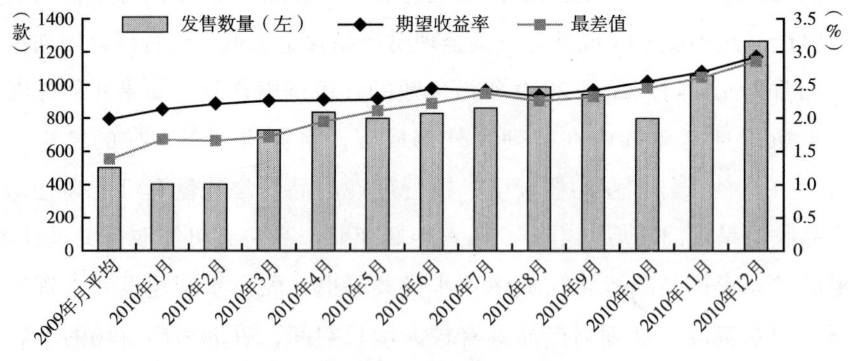

图1　银行理财产品市场月度表现

资料来源：中国社会科学院金融所金融产品中心。

月上升态势，主要原因在于2010年全年各月的物价水平逐步提高，为实现投资者“跑赢通胀”的投资目标，当月度物价水平数据公布时，商业银行相继提高产品的预期收益水平，从而推高了产品的期望收益水平。就期望收益率与最差值之间的离差而言，2010年各月呈现逐步收窄状态，主要原因在于2010年1月至2010年4月在售的2368款产品中有376款结构类产品，其中不乏本金最高损失额度达10%的高风险高收益的结构性产品，经评价系统评价之后其最差值与期望收益率的离差水平较高。

（一）城市商业银行的发展势头良好

2010年发售银行理财产品的商业银行的总量与2009年持平，均为82家，但存在一定的结构调整，第一，外资银行减少两家，城市商业银行增加了两家。第二，2009年发售产品的城市商业银行与2010年发售产品的城市商业银行的重合度较低。从国有控股类、股份商业类、城市商业类和外资银行类发售产品的占比来看，2010年外资银行类发售产品占比较2009年下降2个百分点，国有控股类银行发售产品占比上升2个百分点，股份商业类银行占比下降5个百分点，城市商业银行类占比上升5个百分点（见图2）。

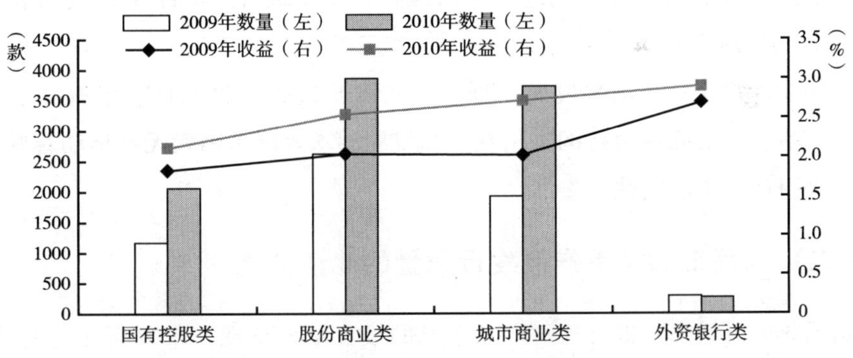

图2　按发行主体分类的银行理财产品的数量和收益

资料来源：中国社会科学院金融所金融产品中心。

同业理财的逐步拓展是城市商业银行提高其市场份额的最大保证。同业理财是指金融机构接受金融机构客户的委托，向委托金融机构及其金融机构自身的客户（包括机构客户和个人客户）提供理财产品设计，并进行投资和资产管理的业务。同业理财是金融同业业务中负债业务、资产业务和中间业务的一个组成部分。当前，国内股份制商业银行发展同业理财的动力较足，如招商银行同业理财的“银和理财”品牌的设立；兴业银行自2004年开展银银合作平台，目前已与近200家金融机构签署合作协议；民生、华夏和光大等股份制商业银行在同业理财领域也是成绩卓越。银行产品市场中各商业银行开展同业理财的主要对象是城商行、农商行和农信社等金融机构。以招行的“银和理财”为例来说明当前国内同业理财的现状，“银和理财”分人民币理财和外币理财，旗下共有日日盈、稳盈、创盈和本盈四大系列，2010年招行发售的827款银行理财产品中有48款“银和理财”的同业理财产品。

银行理财产品市场发展至今，除完成期初的发展中间业务的功能外，目前已兼具投融资工具、腾挪信贷额度和尝试利率市场化等其他相关功能。同业理财相当于把原来的境内境外同业模式扩展为境内同业模式，主要有三个方面的优点：其一，同业理财可扩展普通大众的投资领域，满足日益增长的投资需求，弥补存款工具较为单一的缺陷；其二，股份制商业银行利用其投资组合管理优势为投资者进行资产保值增值的同时，弥补了自身网点不足的缺陷；其三，通过股份制商业银行的“传帮带”机制，城商行、农商行和农信社等金融机构的资产管理能力将会得到进一步的提高，商业银行的产品定价能力和资产管理能力也将逐步提高。

除同业理财这一“新兴模式”外，二三线城镇居民收入日益攀升和财富管理需求旺盛、城市商业银行的数量众多和发展诉求等诸多因素无不推动着城市商业银行理财产品市场的快速发展。

（二）人民币和港币产品发行数量的此消彼长

由图3可以看出，银行理财产品市场的投资币种呈现三个方面的主要特点：第一，投资币种以人民币产品为主，2010年人民币占比为82%，虽然低于2009年85%的占比，但依然成功“保8”。第二，外币产品中以美元为主，澳元、欧元和港币产品为辅，2010年一举跃居外币产品发行量的“亚军”。第三，自2004年以来，银行理财产品市场投资币种结构基本没有变化，以人民币、美元、澳元、欧元和港币产品为主，五者占了理财产品市场99%的份额。

人民币产品占比较大的主要原因不外乎如下三个方面：第一，为满足商业银

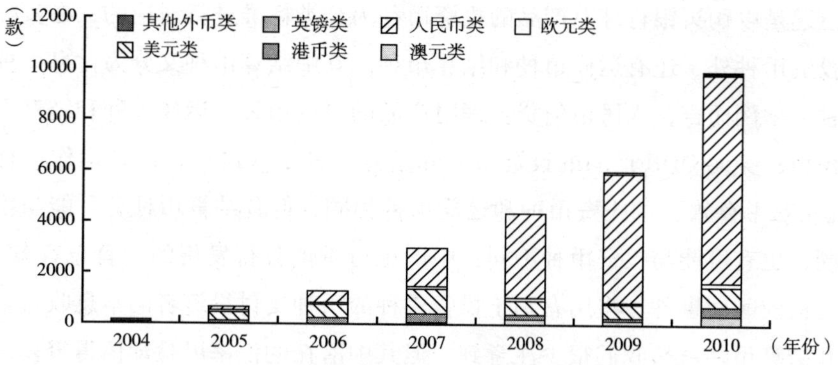

图3　按投资币种分类的银行理财产品数量

资料来源：中国社会科学院金融所金融产品中心。

行"腾挪转让"人民币信贷资产的需求，商业银行大力发售人民币信贷类产品或"隐信贷类"产品；第二，人民币升值预期的不断强化是引发国内居民更愿持有人民币产品的主要原因，如2010年6月19日，中国人民银行宣布进一步推进人民币汇率形成机制，增强人民币汇率弹性，释放了人民币升值预期的信号；第三，随着跨境贸易结算试点范围的不断扩大和跨境人民币投资试点工作的启动，人民币国际化三大步中前两步结算货币和投资货币功能已基本实现，正向储备货币功能迈进，这也是非居民客户更愿意持有人民币金融产品的主要动因，东亚银行中国有限公司发售人民币信贷类理财产品便是适例。

较2009年而言，2010年人民币产品占比下降了3个百分点，港币产品发售数量占比上升了2个百分点。2010年在售的9897款产品中，有371款为港币产品，除为数不多的7款结构化票据外，其余均为低风险、收益稳健的固定收益类产品，其中中国银行的发行售量占发行总量的"半壁江山"。正当业内热议人民币在港替代港币的同时，港币在内地也对人民币的强势地位构成了威胁，背后成因值得深究。一则，作为唯一的离岸人民币清算行，中银香港在结售汇过程中可能需要或产生数量众多的港币，需要内地的中国银行予以配合，从而催生了中国银行港币产品的热销。二则，受人民币升值预期影响，香港居民纷纷"北上"内地换汇存款，从而形成内地港币的积聚，"港币"理财产品恰好可以满足这部分流动性"港币"的投资需求。三则，随着内地和香港的贸易往来日益紧密，内地企业可能需要通过"港币"理财产品进行融资来支持在港业务发展。

上述是以购买银行理财产品的投资币种为分类标准进行讨论的，在实际操作中除投资币种外，还有运作币种和结算币种，其中结算币种又分为付息币种和付本币种。举例而言，人民币信贷类理财产品的投资币种、运作币种和结算币种都是人民币；美元 QDII 产品的投资币种和结算币种是人民币，而其运作币种则是美元；“双币存款”的投资币种和运作币种相同，但其结算币种有可能与投资币种相同，也有可能与投资币种不同；中国银行香港分行发售的“晋息存款”，一旦发生提前赎回事件，将用有别于投资币种的币种支付投资者的本息收益。运作币种和结算币种虽然我们很少注意到，但其中潜在的汇率风险却值得警惕。

（三）信贷类理财产品成功“变脸”，高风险高收益权益类产品数量回落

纵观 2010 年银行理财产品市场挂钩标的分布（见图 4），有如下三个鲜明特征：第一，利率类和混合类产品数量飙升，信用类产品数量大幅下降，背后成因只有一个，那就是监管机构对信贷类理财产品实施了相对严厉的监管政策，利率类产品和混合类产品成功“补位”；第二，股票类和商品类高风险产品的绝对数量有所下调，因为金融危机给投资者上了一堂生动的风险教育课，一方面使普通投资者“体验”了高风险产品的“厉害”，一方面也降低了投资者的风险承受能力，一方面产品的发行主体也会谨慎发行与“高风险高收益”的权益类资产挂钩的结构性产品；第三，汇率类理财产品数量稳中有升，但其挂钩标的集中度较高。

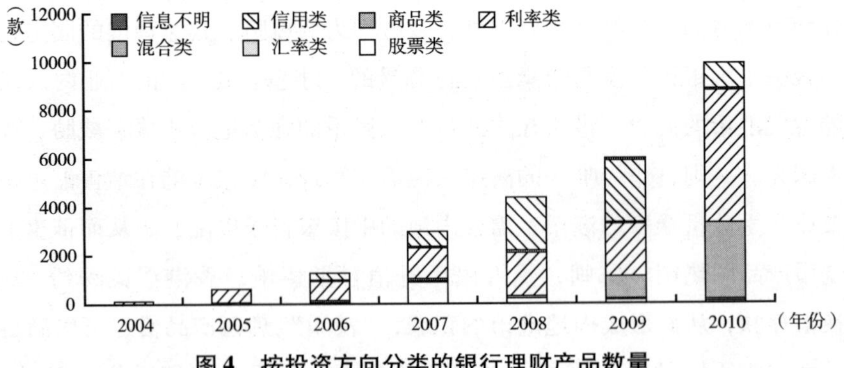

图 4　按投资方向分类的银行理财产品数量

资料来源：中国社会科学院金融所金融产品中心。

1. 信贷类理财产品成功“变脸”

自2009年末银监会强化信贷类理财产品的监管力度以来，在2010年这场信贷资产的“理财化”游戏中，监管机构和发行主体一直扮演着“猫”和“老鼠”的角色，监管机构致力于加强监管，发行主体则以规避监管为荣。2010年，信贷类理财产品的成功“变脸”无疑给出了游戏的答案。

期初，银监会发文规定银信合作理财产品不得投资于理财产品发行银行自身的信贷资产或票据资产，为此商业银行开发了“贷款对倒”类理财产品（第一张“脸”），即协议双方各自设立银信合作理财产品，以购买对方的信贷资产。接着银监会规定，商业银行在进行信贷资产转让时，转出方自身不得安排任何显性或隐性的回购条件，禁止资产转让双方采取签订回购协议和即期买断加远期回购协议等规避监管方式。至此，商业银行的信贷类理财产品市场在2010年初进入了长达四个月的“冷静期”，信贷类理财产品发行数量的趋少也降低了理财产品市场整体的发售动力。痛定思痛，商业银行一方面通过多发利率类产品（第二张“脸”）替代原有信贷类理财产品的融资功能，另一方面通过发售内含信贷资产投向的组合管理类产品（又称“混合类产品”，第三张“脸”）实现信贷资产的转让功能。第四张“脸”比较难于辨认，即挂钩标的与投资方向“两张皮”类理财产品，如某款名曰黄金挂钩结构类产品的投资方向为国内的固定收益债券和其他金融资产，而实际和黄金相关的金融衍生品无关。由于发行主体集产品的资金募集、资金管理和资金清算“三权”于一身，产品投向与挂钩标的分离的操作空间巨大，这需要监管机构予以注意。2010年中后期，银监会再次发文要求信贷类产品“入表”，并于年末二次发文对此予以强化，但由于银行理财产品的期限多在半年左右，所以商业银行在2010年中后期便部分消化了“入表”压力，从而银行理财产品市场构成未受较大影响。

虽然组合管理类产品在满足监管需求的前提下成功实现信贷资产转让，但其潜在风险值得关注：第一，原有的信贷资产转让风险并未通过组合管理类产品得到有效分散；第二，降低了理财产品市场的信息透明度，较其他财富管理产品而言，银行理财产品市场本身的透明度较低，组合管理类产品更是催化了这一弱势；第三，增大了监管难度，不利于监管机构实施有效的监管政策；第四，潜在的低收益风险，2010年银行理财产品市场出现了信贷类产品收益不达标的“魅影”，如果说在少数几款产品出现收益不达标时可以用银行自有资金进行弥补的

话，那当固定收益类产品大面积出现问题时，发行主体将如何面对？

2010 年，组合管理类产品和利率类产品占整个理财产品市场 85% 左右的市场份额。利率类产品中除华一银行等商业银行发售的低风险收益稳健的同业拆借挂钩结构产品外，其余多为境内外债券货币市场投向的固定收益类产品，结构类型较为单一。组合管理类产品之“最”盘点：国有控股类银行发售数量最多，为 1755 款；人民币类理财产品数量最多，为 2987 款；交通银行数量最多，为 832 款。其中民生银行发售组合管理类产品 549 款，占其 2010 年发售总量 564 款的 97% 强。由于该类产品的投资方向和投资组合不明，达不到产品的评价要求，所以民生银行 2010 年信息透明度单项指标和综合排名指标较为落后。2010 年组合管理类产品中按发行数量排名的前 10 名发行主体的产品信息参见表 1。

表 1　2010 年组合管理类产品基本信息

发行主体	发售数量(款)	委托期限(年)	预期最高收益(%)
交通银行	832	0.09	2.04
工商银行	589	0.29	2.78
民生银行	549	0.25	2.93
招商银行	395	0.32	2.98
农业银行	215	0.17	2.31
光大银行	149	0.60	4.10
华夏银行	136	0.25	3.34
中国银行	112	0.18	2.32
南京银行	25	0.94	3.94
中信银行	25	0.39	3.02

注：预期最高收益的定义参见殷剑峰主编《中国理财产品市场发展与评价 2004 ~ 2009》，中国财政经济出版社，2010。

资料来源：中国社会科学院金融所金融产品中心。

2. 中资银行何时能撼动外资银行独霸股票类理财产品的局面？

欧洲主权债务危机的一波三折、迪拜主权债务违约的午夜惊魂、全球经济复苏前景的迷雾重重、中国房地产调控政策的“暧昧有加”、全球主要经济体货币政策调控的“正常化回归”、美国金融监管改革法案的强势出击、全球大宗商品价格的“涨声一片”、新兴市场国家的“通胀困局”……构成了 2010 年全球经济发展形势的主旋律。各国经济政治形势发展的不同轨迹对各自股票市场的冲击

也各不相同，如深受主权债务危机影响的希腊和西班牙股指跌幅最深，分别下跌35.62%和17.43%；发达经济体如美国的三大股指和法兰克福DAX指数的涨幅均在两位数以上；新兴经济体股票市场表现优异，如阿根廷MERV指数涨幅最高，为51.83%，印尼雅加达指数和泰国指数也有上佳表现。

为遏制房价过快上涨和国内形势严峻的通货膨胀压力，中国政府相继推出较为严厉的房地产调控政策，并于2010年末的经济工作会议中将适度宽松的货币政策调整为稳健的货币政策，多次调高存贷款基准利率和存款类金融机构的存款准备金率，收紧了市场中的流动性资金，从而拉低了国内股票市场的走势，致使上证指数全年累计下跌469.06点，跌幅为14.31%，表现仅略好于西班牙股指，被戏称为“熊冠全球”。由于香港股票市场与内地股票市场的相关度较高，受累于内地股票市场的委靡表现，恒生指数在2010年的涨幅仅为5.32%。

2010年，银行理财产品市场共发售股票类理财产品136款，主要特点有：其一，外资银行发售111款，占股票类理财产品发售总量的81%强，其中汇丰银行发售数量最多，为45款。其二，人民币产品114款，美元产品15款，人民币产品数量众多的一个主要原因在于人民币的升值预期。其三，看涨型产品103款，区间型产品29款，在看涨型产品中发行主体多设计限制性看涨条款，即当基础资产涨幅超过上限时，发行主体将支付投资者固定额度的较低收益，此举旨在防止股票市场受金融危机影响深跌后的大幅反弹。其四，投资方向以港股和A股为主，其中港股投向产品74款，A股投向产品31款，造成这一格局的主要原因在于银行理财产品的发行主体以中资银行和香港商业银行的中资机构为主。如前所述，2010年A股市场和香港股票市场的走势并不令人满意，众多看涨港股和A股股票的股票类理财产品是否准确“捕捉”了两个市场中的结构性投资机会，值得商榷。其五，股票类理财产品中保本类产品的数量最高，为62款；非保本浮动收益型产品数量位居其次，为54款；其余为保息浮动收益型产品。非保本浮动收益型产品的本金最高损失额度为10%。对结构类产品而言，设置非保本的主要目的在于留有更多的资金投资衍生品，本金潜在损失的额度越高，其可能获得的潜在高收益越大，这就是结构类理财产品设计的初衷所在，也是结构类理财产品的魅力所在。

银行理财产品市场发展之初，在股票类理财产品市场的发售上，中资银行和外资银行曾一度出现“分庭抗礼”的喜人景象。然而，金融危机的洗礼让“裸泳者"中资银行的真实状况（国内股票市场无做空机制）大白于天下，零收益、负收益、展期和高额亏损等负面新闻层出不穷，致使中资银行一度绝迹于股票结构类理财产品的发售序列。如果说过去是因为没有卖空机制和市场发展深度不够的话，那在国内已经推出股指期货和融资融券业务后，中资银行依然未能取得股票结构类产品发售的主导地位，这背后的成因则值得商榷。一个无可争议的原因就是中资银行安于现状，创新动力不足。中资银行多以固定收益类产品实现商业银行的融资功能，股票类产品对他们来说只是"配菜"。即使发售少量的股票类产品，也都对产品的收益上限和下限进行了限制。如此操作的严重后果是：中资银行大大丧失了其在股票类产品中的定价权，令人惋惜。

就中资银行而言，国有控股银行和股份制商业银行属于理财产品市场中的先行者，在"摸着石头过河"的进程中积累了一定的经验，并将这种成功经验传递给后来者——城市商业银行。在结构类产品研发方面，渤海银行处于城市商业银行中的领先地位，继2009年推出与存贷款利率挂钩的结构性存款后，2010年又推出了两款股票结构类产品，一款是投资于大华银行、挂钩于新华富时A50指数的挂钩结构产品，另一款是自主研发的挂钩于中海油、中人寿和东风汽车的1年期人民币产品。对后者而言，当三只股票中的最差期末表现大于期初价格的110%时，产品收益为8.2%；若上述表现为105%，则产品收益为6.2%；若上述表现为100%，则产品收益为4.2%；否则，产品收益为0.36%。纵观渤海银行结构类产品的研发轨迹：低风险的利率挂钩结构性产品——投向他行的高风险权益类产品——自主研发的高风险权益类产品，可见渤海银行稳扎稳打，步步为营，实属城市商业银行的典范。

3. 危机和通胀更迭，贵金属和原油挂钩结构性产品热销

2010年，正当我们热议"后危机时代"时，2009年末期危机却显露端倪，2010年初爆发的欧洲主权债务危机将"后危机时代"打回到"危机'后'时代"。有鉴于此，兼具保值增值功能的黄金和"全球货币"美元的避险功能得以凸显，二者相继进入新一轮的上涨通道。年末新兴市场国家通胀形势严峻，黄金的避险功能和抗通胀功能同时"给力"，助推黄金价格由2009年末的1096美元/盎司一路飙升到2010年底的1420美元/盎司。目前，黄金价格已处于历史高位，未来只有"涨"和"跌"两种趋势，支持"涨"的理由有"千万条"：全球经济复苏前景依然不明；重建国际货币体系、回归"金本位"的呼声越来越高；

为争得国际话语权，提高最后清偿力，主要经济体增加黄金储备的需求越来越高；短期内难以消除新兴市场国家的通胀压力等等。支持“跌”的理由也有“万千条”：当前的价位已经远远脱离其均衡水平；黄金市场的金融化程度已处历史高位；黄金租赁利率显露抬头倾向……2008 年原油市场“深幅下挫”的殷鉴不远，当前黄金市场运行中隐现与 2008 年原油市场中相同的“踪影”，未来走势值得警惕。

总体说来，2010 年的黄金市场给出直线飙升的上行曲线。敏锐的银行理财市场在年初牢牢把握了此轮上涨行情，纷纷推出黄金挂钩的结构性产品。2010 年，银行理财产品市场共发售商品挂钩结构性产品 35 款，其中单一黄金挂钩结构性产品 19 款，汇丰银行和中国银行各发售 6 款，农业银行 4 款，法兴银行、平安银行和浦发银行各 1 款。就产品的结构类型而言，有 14 款看涨型产品，3 款看跌型产品和 2 款区间型产品。由于黄金价格在 2010 年一路上涨，所以看涨型产品基本实现预期最高收益，而看跌型产品和区间型产品的表现则不尽如人意，部分产品甚至出现了“零收益”和“负收益”，引发了“黄金价格涨，投资者收益为零”的普遍声讨。

与黄金市场形成鲜明对比的是，经历了大起大落的原油市场则在 2010 年“韬光养晦”，原油价格在 70 美元/桶到 90 美元/桶之间低位震荡，造成这一现象的主要原因有：第一，虽然新兴市场国家经济在 2010 年初进入复苏通道，但全球经济复苏前景依然扑朔迷离导致原油市场的需求不足；第二，主要产油国在 2008 年前期扩张的大量产能在 2008 年后期通过停产来降低产能过剩率，发达经济体如美国的原油库存居高不下，形成了供大于求的买方市场；第三，影响原油市场的其他因素，如地缘政治、替代能源等并无突出表现，未对市场形成较大冲击；第四，原油市场中的“金融因素”，或者说“投机资金”，纷纷涌向了已经进入复苏轨道的新兴市场国家和其他投资领域，如黄金市场等。然而，2010 年末期，已在 2008 年前期显现的，被金融危机掩盖了的粮食价格上涨压力和通胀压力再次“袭击”新兴市场国家，原油市场可能迈向下轮波峰。

为此，商业银行相继发售挂钩大宗商品价格的“抗通胀”的结构类产品。东亚银行在 2010 年 11 月和 2010 年 12 月连续发售 3 款原油价格挂钩产品，其基本设计理念就是在通胀概念下看涨原油市场的未来表现，据不同的上涨幅度而支付给投资者不同额度的收益。中资的农业银行和工商银行发售 5 款原油挂钩结构性产品，其中农业银行的4款产品是“同币种”和“同标的”的“兄弟”牌产品，只是在不同的委托期限内，根据挂钩标的超越观察门槛的种类而支付投资者不同额度的收益。由于4款产品均设置了保息条款，所以虽然到期不会出现“零收益”或“负收益”现象，但也应防止出现仅实现保息额度的“低收益”现象。另有法兴银行在2010年8月曾发售过2款原油结构性产品。

除19款黄金挂钩产品和10款原油挂钩结构性产品外，35款商品挂钩结构性产品的投资方向为农产品或其他大宗商品价格，多为看涨型结构。其中东亚银行1款看涨型产品的挂钩标的为“贝佳斯指数”，“贝佳斯指数”由苏格兰皇家银行发起，设立于2009年10月27日。从2010年6月15日的数据来看，该指数由包含农作物、牲畜、金属和能源等四大领域的24种商品组成。其中能源类商品的占比最高，为54%强，其中以西得克萨斯原油和天然气的比重最高，二者均为9.75%。最大亮点在于其“市场中立交易策略”的构建，如贝佳斯指数认定某些月份的商品期货合约具有合理的下跌预期，则做空该期货合约，以期望该期货合约市场价格下跌时获利；如果贝佳斯指数认定某些月份的商品期货合约具有合理的上涨预期，则做多该期货合约，以期望该期货合约市场价格上涨时获利。贝佳斯指数在同一时间等比例地做多和做空特定商品在不同到期日的期货合同，所以策略的损益较不受商品市场总体走向影响，所以称此为“市场中立策略”。即便如此，该指数2009~2010年两年间的涨幅仅为6.52%，如果未来两年仍保持此增速的话，那按产品说明书中“收益是两年增幅的80%”的话，该产品的到期年化收益将不足3%，并不优于同期限人民币的定存利率水平。

4. 货币战争魅影下，汇率类产品曾一度绝迹于市场

欧洲主权债务危机、美国经济复苏乏力和量化宽松政策频推、金融危机救市计划滞后效应的资产价格上涨和通货膨胀压力……无不冲击着汇率市场，对应的表现是欧元对美元汇率年跌幅为6.82%，美元指数年涨幅为1.53%，随着大宗商品价格迎来新一轮牛市，“商品货币”澳元以13.77%的涨幅荣获上涨排行榜冠军，日元涨幅位居其次，为12.78%。虽然美元指数年涨幅为1.53%，但回顾年度表现，可以发现其有“内涵”，走出了跌宕起伏的“倒V”形曲线。分两个主要阶段，第一阶段，2010年初至2010年6月7日，美元指数由去年末的77.92一路飙升到年度高点88.49，累计涨幅为13.55%，在欧元主权债务危机导致欧元承压，以及在避险情绪下的投资者的买盘推动下美元经历了一轮“被

升值”周期。第二阶段，欧洲主权债务危机的救市计划初见成效，美国失业率居高不下、经济复苏步伐放缓、消费增长乏力等诸多因素将美元指数拉入了“跌跌不休”的万丈深渊，2010年11月4日触及75.85的年度历史低位，此后略有回调。

2010年10月前后，全球外汇市场上演了一场“汇率大战”，起因是美国拟推出的并于11月初已推出的第二轮量化宽松政策，即6000亿美元的美国长期国债购买计划，旨在为美国孱弱的经济复苏步伐保驾护航。此后，相关经济体跟进，如日本财务省抛售价值3150亿美元的日元以阻止日元升值，欧洲央行也大量增值国债，新兴市场国家巴西动用外汇储备和主权财富基金阻止雷亚尔升值。其实，“汇率战”的焦点是人民币升值问题，发达经济体将导致金融危机的原因之一归结为人民币低汇率政策下的全球经济失衡。然而，鉴于日本“广岛协议”的前车之鉴，中国政府一直谨慎对待汇率问题，承诺“按照主动性、可控性和渐进性原则，进一步完善人民币汇率形成机制，发挥市场供求在汇率形成中的基础性作用。”

欧洲主权债务危机较为严重的2010年1月和汇率战激烈的2010年10月，汇率类理财产品一度绝迹于银行理财产品市场。2010年全年，银行理财产品市场共发售汇率类理财产品71款，总体特点是低风险收益稳健。具体而言，首先，中资银行产品发售数量多于外资银行，总体比例约为2∶1。其中城市商业银行的平安银行发售2款美元对日元汇率的看涨型产品。其次，挂钩标的以美元对其他币种汇率为主，其中欧元对美元数量最多为27款。就欧元对美元汇率结构性产品而言，区间型产品数量最多，为22款，看跌型产品3款，看涨型产品2款。由前面的分析并综合产品的委托期限和入场时机可以看出，看涨型产品明显误判了方向，看跌型产品基本跑赢大市，而区间型产品则涨跌不一，其中农行的多款产品在上半年实现了较低收益，引来了较大争议。再次，71款产品中有65款为保息浮动收益型产品，占汇率类产品总量的91%强，其余6款产品中有5款保本浮动收益型产品和1款非保本浮动收益型产品。保息条款的设置是保证汇率类产品低风险的“天然屏障”。最后，1款非保本浮动收益型产品是花旗银行发售的挂钩美元对兰特、美元对卢布和美元对卢比的多维看跌型产品，是银行理财产品市场鲜有的汇率多维看跌型产品。

二　银行理财产品市场创新评述

银行理财产品市场自发展之初就一直充当着国内金融产品创新的排头兵。然而，在前期粗放式发展过程中本身固有的内在问题逐步暴露和全球金融危机外部冲击的双重压力下，自2008年起部分高风险高收益的结构性产品出现了零收益、负收益、展期或高额负债现象，给新生的银行理财产品市场蒙上了一层阴影，也将银行理财产品市场拖入了整顿清理阶段。此后，限于国内的投资者风险承受能力较低以及国内投资者教育制度尚需完善等因素，中资银行主打低风险收益稳健的固定收益类产品，而外资银行依然发售其擅长的高风险高收益的结构化票据。结构化票据是银行理财产品市场桂冠上的明珠，也是银行理财产品市场金融创新的源泉，中资银行在这方面的参与度较低，仅在细微之处作了些许创新。

（一）限制性看涨、多维看跌和双向操作是三大结构创新

就结构类理财产品而言，较2009年404款的发售量，2010年1350款的发售量似乎表明结构类理财产品市场回到了2007年的“繁荣时期”。然而，如果剔除2010年华一银行发售的940款结构单一的SHIBOR挂钩的利率类产品，2010年结构类产品的发售量为410款，基本与2009年持平，各结构类型产品的数量也基本与2009年相同，详细情况参见图5。

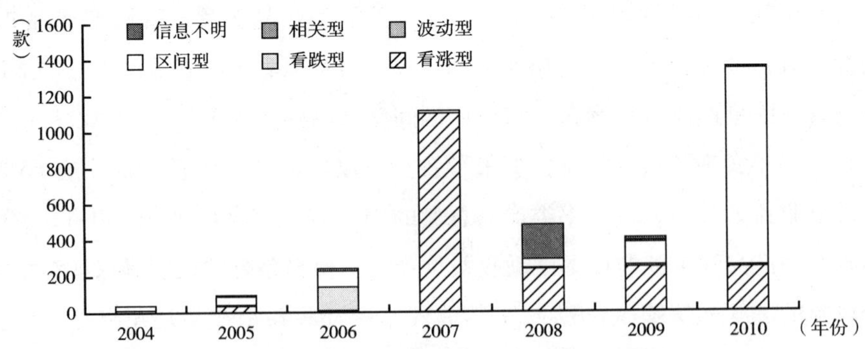

图5　按结构类型分类的结构类银行理财产品基本信息

资料来源：中国社会科学院金融所金融产品中心。

鉴于金融危机期间主要经济体相继推出了救市措施并向市场注入了大量的流动性资金，发行主体在发售看涨型结构类产品时通常担心资产价格的未来涨幅过大。为此，在设计结构性产品时，将看涨型产品调整为限制性看涨型产品，即当基础资产价格涨幅过高时，发行主体支付投资者固定额度的低收益。以花旗银行的“1 年期人民币结构性投资账户—挂钩中国指数基金和商品”为例，该产品的投资方向为新华富时 A50 中国指数基金、原油期货合约价格和黄金收盘价，每日观察一次，当存在最差表现大于等于其期初表现的 140% 时，则支付投资固定额度的 2.25% 的收益；否则，支付投资者期末最差表现与 0% 二者的最大值。

2010 年，银行理财产品市场共发售看跌型产品 12 款。其中花旗银行发售 1 年期挂钩“3 种货币汇率美元票据”，挂钩标的分别为美元/兰特、美元/卢布和美元/卢比，每半年观察一次，当挂钩标的之一在观察日出现下跌时，产品收益为正，否则收益为零。除此之外，该产品还有如下两个方面的主要特点：第一，下一个半年的收益水平高于上一个半年的收益；第二，如果挂钩在期末的涨幅较大，投资者将有可能损失最高达 10% 的投资本金。

汇丰银行在 2010 年 5 月和 7 月连续发售多期针对同一挂钩标的的既看涨又看跌的“双向”操作型产品。以 2010 年 7 月 6 日发售的“三个月货币挂钩澳元结构性投资产品——汇率触发”为例，其挂钩标的为澳元对美元汇率，设置的观察区间下限和上限分别为期初表现 -0.01 和期初表现 +0.01，看涨款的设计理念是当期末表现大于区间上限时，产品收益为 4.5%，否则产品收益为 1%；看跌款的设计理念是当期末表现小于区间下限时，产品收益为 4.5%，否则产品收益为 1%。在本款产品中，当观察区间下限和观察区间上限相等时，产品就形成了投资者互相“对赌”的极端局面。

（二）在本息支付中，黄金实现了“货币功能”

2010 年 3 月 4 日，美国犹他州通过法案承认黄金白银为法定货币，接下来有其他 12 个州会审议相似的议案。早在此之前的 2009 年 10 月，芝加哥商品期货交易所允许黄金可以作为保证金，即享受美元现金的待遇。2010 年 8 月，中国六部委承认黄金的金融属性。这表明“金本位”的脚步越来越近了。

追溯银行理财产品市场的发展史可以发现，2009 年 5 月 11 日中信银行发售了“金+金”理财计划1期人民币信贷类产品（人民币141天），产品说明书规定如果信贷资产一年后收益达2.6%以上，且到期日上海黄金交易所Au9999加权平均价不高于292元/克，收益将以“实物黄金+现金”形式分配。具体操作思路是，收益以实物黄金方式支付，不足黄金最小规格部分的尾款用现金方式支付。这表明，银行理财产品市场在2009年5月已经承认了黄金的“货币功能”。2010年，深圳发展银行相继推出“金娃娃”系列产品，如就第2期产品而言，其投资方向为“中融理财·深发展1002号单一资金信托计划”，投资门槛为人民币69000元（记作“1份”），产品说明书规定在贷款企业如期归还本息且中国人民银行基准利率未调整的情况下，客户每认购一份该产品的预期收益为1根10克金条（Au9999），认购两份产品的预期收益为2根10克金条（Au9999），依此类推。另外，该产品还有如下两个主要特点：第一，投资者可在募集结束15个工作日内到认购网点领取金条；第二，投资者可于任意工作日到指定网点将实物金条卖出，银行可进行代理回购。

“金+金”与“金娃娃”产品的异同有三：其一，二者都使用了黄金的“货币功能”。其二，虽然都用黄金支付了投资者的到期收益，但“金+金”是后端支付，即到期后以实物黄金支付投资者的收益；“金娃娃”则是前端支付，募集期结束的15个工作日内将支付投资者每份投资10克黄金。其三，“金娃娃”产品的本质相当于让投资者拥有看涨黄金价格的美式期权，因为投资者可随时向认购网点出售其认购的黄金，但需要支付2元/克的手续费。

除前述的利用黄金支付投资的利息收益外，银行理财产品市场也对其资金募集、支付清算方式进行相应创新。第一，将原有的单利付息改为复利计息方式，农行2010年7月推出的“金钥匙·安心快线”系列开放式产品采用了复利计息方式，即所谓的“利滚利”，1天型产品年化收益可达1.55%。第二，观察期有收益，募集期也有收益，部分发行主体将处于募集期内的募集资金投资于本行发售的开放式产品，以录得高于原来活期存款利率或零利率的收益水平，回应了市场中“巧用募集期”的质疑①。第三，推出T+0服务，2010年3月上海银行推出慧财“易精灵”系列产品是资金T+0到账的开放式货币型产品，回应了市场

① 《买理财产品避免利息损失　募集期内资金不计息》，2009年5月12日《理财周报》。

对银行理财产品资金到账日的质疑①。第四，分期支付型产品兑现承诺，光大银行教育理财E计划兑现承诺“兑付三分之一本金，支付第一年收益4.3%”。

（三）专属产品中华夏银行的“数九理财”和“另类低碳”独具特色

在银行理财产品市场中有一个特殊的身影，那就是针对特定节日、特定群体和特定事件而定向发售的“专属理财产品”。节日专属理财产品基本实现了“每逢佳节倍理财”的全方位覆盖理念，元旦、春节、五一、端午、中秋和国庆假日期间均有节日专属的假日理财产品发售，不仅突出了节日概念，同时还实现了股票市场投资和理财产品投资的“无缝连接”。特定群体产品如母亲节的母亲专属产品和儿童节的儿童专属产品；特定事件如世博专属产品等。

“数九理财　春启华夏”系列理财产品是华夏银行于冬至开始，每九天推出一套系列产品，其投资方向为华夏银行增盈增强型资产池，投资范围以债权为主，个人客户最低购买起点金额为5万元，5万元以上以1万元的倍数递增。截至目前，该系列产品是少有的与二十四节气相关的节日专属系列理财产品，独具中国特色。

全球气候变暖魅影下，低碳经济呼之欲出，银行理财市场相继研发与低碳概念相关的理财产品，如挂钩二氧化碳排放价格的结构类产品或支持CDMA项目的信贷类理财产品，抑或将部分产品收益用于购买二氧化碳排放权。然而，近期商业银行在销售模式或营销模式上的创新可以说十分低碳，如此一来不仅节约了合同用纸，而且也节约了交通成本。首先，招商银行推出“金葵花”空中理财专家——安心回报人民币88号理财计划，规定在理财计划认购期内，通过招行电话银行（95555）办理认购。其次，建设银行临沂分行2010年3月推出“网银客户专享理财产品”，目的在于让投资者足不出户就可以实现高效快捷理财，还能降低交易成本，增加资金收益，以最少的精力，博取大的回报。最后，2010年12月，工行推出手机银行个人理财服务，即客户通过手机银行可购买“灵通快线”超短期理财产品、“灵通快线”新股随心打和“T+0”三种产品。

然而，当前的专属理财产品也存在一定不足之处。第一，“徒有虚名”，以

① 唐曜华：《银行揽储出新招：巧设理财产品资金到账日》，2010年11月26日《证券时报》。

节日专属产品为例，除产品名称中含有“元旦”“春节”等字样外，产品说明书的其他条款与传统的信贷类理财产品并无二致。第二，“投向何处”，节日专属产品的理财期限恰好与国家法定假日相同，此时募集来的资金多用于同业回购，如此巨额的资金蜂拥而至，回购利率水平可想而知。对发行主体而言，下一步的主要任务是如何将专属产品“落地”。以西部大开发的区域专属产品为例，可考虑将募集资金投资于西部基础设置建设或其他资金缺口项目，通过西部经济增长来获得收益。

（四）提高产品信息透明度，让投资者买得放心

2010 年 12 月，上海市第一中级人民法院召开银行理财产品纠纷审理情况新闻发布会，称自金融审判庭 2009 年 6 月 27 日成立至 2010 年 10 月 25 日，共受理金融商事案例 200 余件，保险纠纷占比为 34%，金融借款纠纷为 23%，证券类纠纷占比为 10%，理财产品纠纷占比为 3%。另据统计，该院及辖区基层法院受理银行理财纠纷案件 80 件，诉讼的焦点问题是：第一，以银行存在欺诈或误导为由要求撤销理财合同；第二，以格式条款显失公平或未予告知为由主张条款无效；第三，以银行披露的信息不实为由要求银行提供理财产品交易明细或按预期收益赔偿投资人损失等。

总结而言，产品信息透明度不高是多起诉讼的根本原因，一是产品的基本信息不明，如投资方向、支付条款、风险揭示等基本条款信息不明；二是投资者的知情权方面表现为发行主体未能定期及时公布产品收益情况、定期公布产品的仓位调整以及到期赎回和清算安排等。2010 年多发的组合管理类产品再次将银行理财产品市场的低信息透明度问题推向了风口浪尖。

然而，中国银行公布信贷产品运行情况，建设银行公布组合管理产品的投资组合或单一投资方向让我们看到沙漠中的“绿洲”，也让我们期望“星星之火可以燎原”。2010 年 1 月 22 日，中国银行公布尚处于存续期的中银平稳收益 2009 年各期理财计划所投资的借款人基本信息，结论为“以上理财计划目前投资运作良好，资产质量均属正常”。2010 年 9 月，建设银行公布“乾元—日鑫月溢”理财产品的具体投资方向及其投资额度，信托贷款项目 83 笔，共计 222.59 亿元；同业存款余额为 9.40 亿元；企业股权（收益权）项目 24 笔，共计 136.47 亿元；投资级以上金融债、记账式固定利率国债、短期融资券、中期票据、中央

企业债等债券共计105笔，金额为173.70亿元。再如，建行新疆分行推出的“乾元”2010年第1期凭证式国债产品的投资方向明确为2007年第5期（3年）凭证式国债。

为方便发行主体和投资者更好了解银行理财产品纠纷的审理原则，在此将上海市第一中级人民法院总结的理财产品纠纷的特点和共性问题摘录如下①：其一，审判原则，即遵循最大诚信原则，合理平衡当事人利益；其二，支持金融创新，谨慎否定合同效力；其三，合理解释合同原则，充分行使好释明权；其四，尊重商业惯例，审慎进行合法性评价；其五，要求银行进一步规范操作，揭示风险，投资者应当加强风险防范和权益保护，购买适合自己投资的理财产品。

（五）上市公司买理财

为充分利用公司闲置资金，提高资金使用效率和资金收益水平，在保证流动性和资金安全的前提下，部分上市公司相继购买银行理财产品，如2010年4月14日浪潮电子信息产业股份有限公司授权公司管理层使用不超过1.5亿资金购买银行理财产品。继2010年7月2日发布公告称利用自有资金5.9亿元购买招商银行点金公司理财成长73031、73036、73037、73038号理财产品后，中卫国脉通讯股份有限公司2011年1月14日晚间再次发布公告称，利用自有资金3.05亿元购买工商银行工银理财共赢3号理财产品，预期年化收益为4.05%。其实，早在此前，东阿阿胶曾利用自有资金2亿元购买中国农业银行聊城分行“本利丰”人民币信托产品，ST东源曾斥资1.15亿元购买“重庆国有企业环保动迁项目集合资金信托计划”，后者到期收益并不理想。这表明，购买银行理财产品的潜在风险值得上市公司予以警惕。

结构类型、支付方式、专属产品、提高信息透明度和上市公司买理财是2010年银行理财产品市场的主要创新，除此之外的其他创新有：第一，继2009年东亚银行在银行理财产品中引入冷静期机制后，2010年1月招商银行在其“金葵花”焦点联动系列之石油股票表现系列联动计划产品中引入了“撤单机制”，即认购期内允许投资者撤单，增强了银行理财产品市场的流动性。第二，另类投资领域方面，中国工商银行与中海信托共同合作推出“泸州老窖绝版老

① 宋学东：《在银行理财产品纠纷审理情况新闻发布会上的讲话提纲》，2010年12月28日。

酒”期酒信托理财产品。知名品牌红木雅居阁与民生银行合作，在国内首先推出了红木家具消费信贷服务，办理简单的手续，轻松分期付款，业主就可以将钟爱的红木家具搬回家。第三，延期收益高于正常收益，2010 年 12 月 20 日，南昌银行发售的“优越理财·祥瑞 17 号”理财产品的投资方向为西安信托设立的“青铜器广场资金信托”，观察期限 364 天，年化收益率为 4.5%，如果理财产品发生延期，则将产品的预期最高收益调整为 6%，高于正常观察的收益水平。

三　澄清银行理财产品市场的四个误区

自 2004 年民生银行发售首款银行理财产品以来，银行理财产品市场取得了一定发展，但也积累了一定问题。作为财富管理行业的新生力量，普通投资者，甚至连金融机构的从业人员有时都对银行理财产品存在一定的认识误区。为此，中国社会科学院金融所金融产品中心研究人员曾专门对此问题给予阐述①。2010 年，金融危机救市措施的滞后效应凸显，欧洲主权债务危机救助措施的一波三折，导致了新兴市场国家的通货膨胀加剧以及黄金市场步入一路上涨的“单行道”，从而引发“黄金价格涨，产品收益低”的热议。再者，银行理财产品市场发行主体中城市商业银行的异军突起也让市场人士对国有控股银行和城市商业银行之间的收益高低问题认识不清。

（一）城市商业银行产品收益是否高于国有控股银行产品收益

城市商业银行是中国银行业的重要组成和特殊群体，其前身即城市信用合作社。20 世纪 70 年代末，随着我国经济体制改革的逐步开展，一些地区零星出现城市信用合作社。当时的业务定位是：为中小企业提供金融支持，为地方经济搭桥铺路。1986 年 1 月，国务院下发《中华人民共和国管理暂行条例》，明确了城市信用合作社的地位。同年 6 月，中国人民银行下发《城市信用社管理暂行规定》，对城市信用合作社的性质、服务范围、设立条件等作了规定。自 20 世纪 80 年代中期开始，城市信用社设立的速度加快，当时主要设立在地级市及以上

① 太雷、王伯英：《为什么会有零收益?》，《钱经》2010 年第 2 期。王增武：《银行理财产品的八个不等关系》，《金融博览·银行客户》2010 年第 8 期。

的大中城市，但有些县（县级市）也开设了城市信用合作社。随着中国金融业的发展，城市信用社在发展过程中逐渐暴露出许多风险管理方面的问题，这将城市商业银行的发展带入了清理整顿阶段。80年代末，从北京开始，陆续出现了以城市名命名的商业银行，接着从1995年起，根据国务院指示精神，部分地级市在城市信用社基础上组建城市商业银行。

2010年，随着国内“同业理财市场”范围的扩大和城镇居民财富管理需求的提高，城市商业银行逐步加入到银行理财产品市场的发售大军中，发售数量占比日益提高，收益水平远高于中资的国有控股银行和股份制商业银行（见图2）。有关这一话题，金融机构和媒体之间曾展开过一场热烈的讨论，相关言论如“小银行正在创造高收益”①。更有大中型金融机构在质疑我们的收益指标排名结果时说：“城市商业银行经常向我们来学习，他们的排名怎么会比我们高呢？”

熟知，资产收益的计算公式可直观简化表示为：

$$收益 = 时间价值 + 流动性溢价 + 信用风险溢价 + 其他不确定性溢价 \tag{1}$$

第一，城市商业银行与大中型银行收益不同的主要原因是他们的信用风险溢价不同，大中型银行，尤其是国有控股银行，由政府做担保，而城市商业银行多为自负盈亏的商业性金融机构，这表明城市商业银行的信用风险水平明显高于国有控股银行和股份制商业银行，典型案例如齐鲁银行的“骗贷”事件。所以城市商业银行的信用风险溢价也明显高于国有控股银行和股份制商业银行的信用风险溢价水平，从而推高了产品的收益水平。

第二，产品数量和期限结构不同，国有控股银行的产品数量众多且期限多样，城市商业银行产品的数量较少，甚至有的银行每月只发售1款，如果这1款恰好是1年期，而国有控股银行多发高流动性的短期产品，那二者之间根本不具备比较的相同基准。

第三，一条不成文的业内定价规则，城市商业银行产品收益一般会在大中型银行同期限同币种产品收益水平之上上浮几十个基点，作为在售产品的收益水平，如此操作带来的直接结果就是城市商业银行产品的收益水平肯定高于国有控

① 罗克关：《小银行正创造高收益：城商行理财产品异军突起》，2010年8月4日《证券时报》。

股银行产品的收益水平。但如果我们进行相应的净化处理后，如剔除年发售数量在20款以下商业银行后再进行排名，可以发现其排名结果与我们的“预期”基本相符。

（二）物价水平是否高于银行理财产品收益

2010年11月，衡量物价水平的CPI以5.1%的水平创下28个月新高。此间，关于银行理财产品收益跑不赢物价水平的说法多如牛毛，如中国新闻网2010年12月16日转载的文章标题为“理财产品跑不赢CPI成常态，收益50%是‘画大饼’”；再如重庆晚报的张彬于2010年11月21日以“大多数理财产品跑不赢CPI涨幅”为题专门发文予以评述。为厘清物价水平与银行理财产品收益之间的关系，我们首先来回顾一下银行理财产品收益水平的设置原则。

银行理财产品的设计初衷是风险收益水平界定于定期存款与股票之间的多样化投融资工具，即银行理财产品的风险比股票低，收益比同期限同币种的定期存款高。然而，随着银行理财产品市场发展的步伐逐步加快和产品创新的力度日益加大，部分高额负债产品的风险水平已经远高于股票市场投资，有的产品不仅会损失全部本金，而且有可能出现高额负债。不言而喻，这部分产品的收益水平大大低于同期限同币种的定期存款利率水平。如此看来，银行理财产品的风险水平已经远远背离原有的设计初衷。

银行理财产品预期最高收益水平的设置有两个基本参考指标，一是同期限同币种的定存利率水平；二是同期的物价水平。作为利率市场化的试验田，银行理财产品的预期最高收益水平略高于同期限同币种的定期存款利率水平，多数产品的预期最高收益水平低于同期的物价水平。在一定程度上而言，物价水平是银行理财产品预期最高收益的先行指标，银行理财产品预期最高收益水平是存贷款基准利率的先行指标。

国家统计局公布的物价水平表示的含义是同比增长。如2010年11月物价水平同比上涨5.1%，意思是2010年11月的物价水平较2009年11月的同期的物价水平上涨5.1%，这里有两个基本含义需要厘清：一是观察期限是1年，即本年同月较上年同月的物价变化水平；二是物价的计价币种是人民币，即以人民币计价的物价水平的年度波动范围。

基于此，如果我们要比较银行理财产品的预期最高收益水平与物价水平之间

的高低，应该至少选择相同期限相同币种的银行理财产品进行比较，然而在诸多新闻报道中，甚至在部分理财专家的观点中，都存在如下三个方面的误区：

第一，将非一年期银行理财产品的预期最高收益水平与物价水平进行比较。一个简单的例子，当前人民币 3 个月定存利率水平为 2.60%，一年期定存利率水平为 3.00%，并不能说 2.60% 的存款劣于 3.00% 的存款，因为它们的时间价值和流动性溢价完全不同［参见公式（1）］。同理，期限低于一年的银行理财产品的预期收益水平也不能直接去与物价水平进行比较。

第二，将外币产品的预期最高收益水平与物价水平进行比较。如前所述，国内物价水平的计价币种是人民币，而非其他货币。2010 年 11 月，澳元的基准利率水平为 4.75%，部分澳元产品的预期收益水平远高于澳元基准利率水平，从绝对值上来看高于 2010 年 10 月国内的物价水平（4.4%），甚至也有可能高于 2010 年 11 月的物价水平。但我们不能说澳元产品的收益水平高于国内的物价水平，因为这里面有个汇率因素并未考虑在内。对外币产品而言，“赢得收益，亏了汇率”的现象并不鲜见。

第三，未将银行理财产品的流动性条款如质押和提前赎回等条款考虑在内。为提高银行理财产品的流动性，商业银行在产品中设计了质押和提前赎回条款，质押表示的意思是银行理财产品的持有者可用其进行一定额度的质押贷款，提前赎回表示投资者在一定条件下可全额或部分赎回自己的投资本金。

如何正确比较银行理财产品的预期收益与物价水平之间的高低关系？我们从期限和币种这两方面的三个层次加以阐述。

首先，就一年期产品而言，除考虑它们的收益水平外，还应考虑银行理财产品的流动性条款。信息明确的 1 年期人民币产品 37 款，有 4 款产品的预期最高收益高于 2010 年的物价水平均价（3.33%）。余下 33 款产品的平均预期最高收益水平为 2.35%，其中部分产品设置了质押条款或分期支付条款，大大增强了银行理财产品市场的流动性。

其次，对非一年期产品而言，应将其预期收益通过复利计息方式进行年化转换，然后再比较年化后的收益水平与物价水平之间的关系。如此操作之后，可以发现他们的收益水平差别并不算大。

最后，对外币产品而言，应在剔除汇率波动的基础之上比较银行理财产品的预期收益水平与物价水平之间的关系。以澳元产品为例，如果考虑商品货币

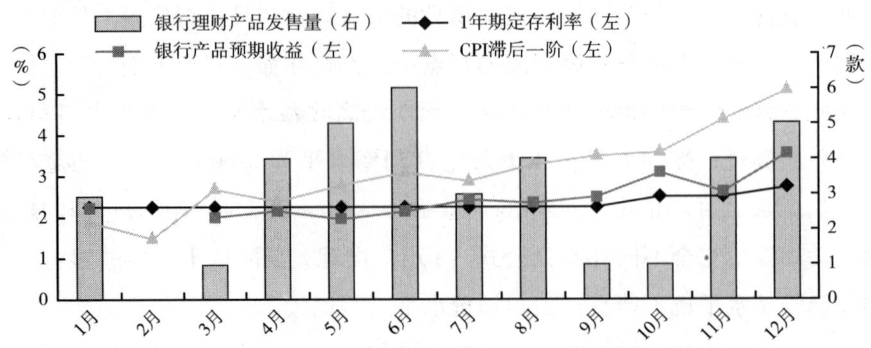

图6　2010年银行理财产品预期收益水平、定存利率与物价水平之间的关系

资料来源：中国社会科学院金融所金融产品中心。

"澳元"在全球金融危机期间下跌40%的"过山车式"表演，那6%甚至7%的预期最高收益也并不值得投资者惊喜。

（三）黄金价格涨，理财产品收益是否应升高

2010年，虽然黄金价格一路飙升，但部分黄金挂钩的银行理财产品却仅实现了最低收益率和零收益。为此，《中国黄金报》于2010年9月14日刊登《黄金理财产品含金量低，银行设计硬伤拉低收益率》的重磅质疑文章，从而引发了对黄金挂钩理财产品的大片质疑。2010年11月4日，西南财经大学信托与理财研究所副所长罗志华博士在《重庆时报》上撰文《解读：理财产品挂钩黄金缘何跑不赢金价涨势》，其主要观点是"理财产品收益变化和黄金价格走势不完全一样，甚至完全不一样"，并从期权角度对其做了进一步的深入解读。

为更好地解读"质疑"，我们先回顾一下结构类理财产品结构类型的定义。收益与基础资产价格同涨同跌的投资是直接投资，如股票市场投资等。银行理财产品，尤其是结构类银行理财产品，应划归为间接投资一类，产品收益与资产价格表现具有非线性的函数关系（通常，称其为产品的支付条款），根据支付条款不同的特性将其分为看涨、看跌、区间、波动和相关五种主要类型。其中，看涨型（看跌型）表示基础资产的涨幅（跌幅）越大，产品的收益越高；区间型表示当基础资产的表现落于给定区间时，产品的收益较高，否则收益较低；波动型

表示产品收益与基础资产价格在观察期内的波动性挂钩；相关型表示产品收益与基础资产篮子内基础资产的相关度挂钩。

如此看来，结构类理财产品的收益高低取决于两个因素：一是基础资产走势与支付条款的吻合度，吻合度越高，产品录得高收益的可能性越大；二是基础资产波动周期与理财产品委托期限的吻合度，吻合度越高，产品录得高收益的可能性越大。为更好地描述资产价格走势与黄金类理财产品的走势关系，我们给出黄金价格走势与不同支付条款之间的关系图，参见图 7。显然，2010 年黄金价格的“一路高歌”与区间或看跌型支付条款俨然错配。另外，并非说所有的区间型产品都与黄金价格错配，有时还要考察理财产品的委托期限，假定黄金价格在 3 个月内上下波动的最大幅度为 100 美元/盎司，如果设计观察区间波动幅度为 120 美元/盎司的 3 个月期区间型产品，落于区间内支付高收益，否则支付零收益，则该款产品在 3 个月到期后将录得预期最高收益。

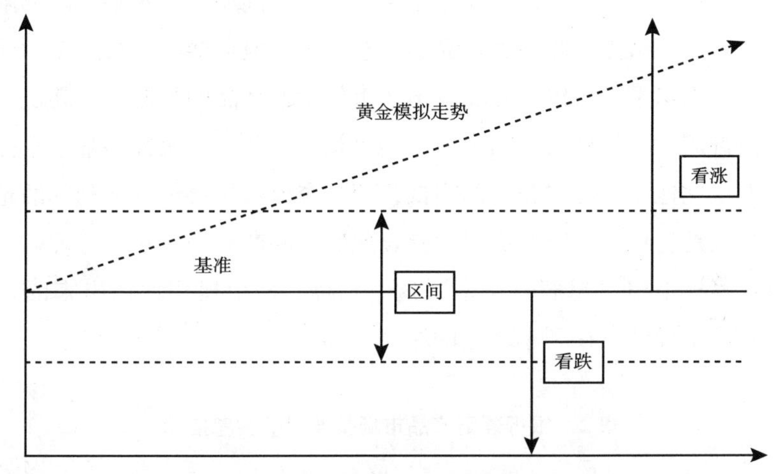

图 7　2010 年黄金市场价格走势与支付条款吻合度示意

（四）能否横向比较不同期限不同币种产品的收益水平

“年末盘点，年初展望”成为岁末年初各行各业心照不宣的统一动作，银行理财产品也不例外，如 2011 年 1 月 3 日《投资与理财》的王超凡推出《2010 年银行理财产品六宗“最”》，2010 年 12 月 31 日《理财 1 周》撰文给出“值得关注的 9 大银行理财产品”，在盘点外币产品时“加拿大元理财品”荣获“最悲摧”的外币理财产品。例如，中国银行的“汇聚宝 1012X－加拿大元期限可变产品（3 个月）”的预期最高收益为 0.86%，其他 6 种外币产品的最高收益为：美元 36%、澳元 15%、港元 3.4%、欧元 3.3%、英镑 2.9% 和日元 2.2%。如此比较的幽默程度不亚于比较“男人与女人”、“成人与儿童”的身高，因为他们不具备可比性。

由图 6 可以看出，2010 年各月 1 年期人民币产品的收益水平基本高于定存利率水平，最高利差达 50 个基点。2010 年发售的 23 款加元产品中 8 款 3 个月期产品，8 款产品的平均预期最高收益水平为 0.76%，远高于同期限 0.05% 定存利率 71 个基点，高于 1 年期人民币产品月度最高利差 50 个基点。这表明我们判断加元为“最悲摧的外币理财产品”是多么荒谬。

商业银行在确定产品收益时会参考三个主要指标：一是投资方向的风险中性价格水平，二是当前的物价水平，三是同期限同币种的定期存款利率水平。人民币固定收益类银行理财产品的收益水平一般会介于同期物价水平和同期限同币种定存利率之间。外币固定收益类产品的收益水平一般会参考本行给定的同期限同币种的定存利率水平。所以，在比较不同币种理财产品的收益水平高低时，应把握住两个关键词，一是期限，因为只有期限相同，才具备比较的基本条件；二是相对，不能单纯地比较绝对收益的高低，而是应比较相对于基准利率的超额收益的高低。这也是为什么中国社会科学院金融所金融产品中心在银行理财产品评价系统的输出指标中用“超额收益率”这一指标，即由模型评估出来的期望收益率与同期限同币种的定存利率之差的原因。

表 2　银行理财产品市场基准利率参考指标

单位：%

期限＼币种	人民币	美元	欧元	英镑	澳元	加元	港币
活　期	0.40	0.15	0.10	0.10	0.38	0.01	0.02
七天通知	1.39	0.35	0.35	0.23	0.65	0.05	0.02
三个月	2.60	0.76	0.76	0.59	1.59	0.05	0.25
六个月	2.80	1.00	1.00	0.81	1.65	0.30	0.50
一　年	3.00	1.14	1.14	0.98	1.79	0.40	0.70
二　年	3.90	1.20	1.20	1.03	1.63	0.40	0.75

注：除人民币数据外，表中其他数据为各商业银行外币定存利率的平均值。

资料来源：中国人民银行、中国社会科学院金融所金融产品中心。

四　未来展望与策略建议

纵观中国银行理财产品市场的发展：2004 年开始起步，2005 年处于萌芽发展阶段，市场的真正发展应该从 2006 年算起，所以经济发展的“十一五”规划恰是银行理财产品市场的第一个五年计划。“十一五”期间，“量增质平”的粗放式发展模式虽然给银行理财产品市场带来一片生机盎然的繁荣景象，但要想保持银行理财产品的长久生命力，我们还需转变银行理财产品的发展方式。当然，这种“转变”并非一朝一夕即可完成，所以在“十二五”规划的开局之年，银行理财产品市场应“征途待启，稳中求变”。

（一）对 2011 年银行理财产品市场的五个判断

第一，数量高企 VS 质量平平。稳健的货币政策（新增贷款规模趋紧、差别准备金率实施等）、四万亿经济刺激计划已经完成、加大地方政府投融资平台的监管力度、新增基础设施建设工程开工建设……所有这些信号都表明 2011 年将是“缺钱”的一年，而银行理财产品一直承担着缓解商业银行资金压力这个光荣而艰巨的任务，2010 年银行理财产品市场新发产品数量已达万款，较 2009 年同比涨幅增长约 70%。展望 2011 年，发售需求和理财需求的双双增长将推动银行理财产品发售数量的大幅增长，但 2011 年也有可能是监管机构对银行理财产品市场严加监管的一年，粗略估计 2011 年银行理财产品的发售数量将达 1.5 万款左右，但其产品质量可能并无明显改善。在此，我们以一句话与商业银行共勉“无论什么时候我们都不能因手中掌握着一定的资本、资源和市场就高枕无忧而忽视创新。”

第二，物价“前高后低”VS 收益“前低后高”。无论是政府部门，还是市场机构，抑或是研究机构，对 2011 年物价走势的总体判断是“前高后低”，即受翘尾因素、春节假日和宏观调控延滞等诸多因素影响，上半年的物价水平将略高于下半年的物价水平。就这几年银行理财产品市场的发展轨迹来看，物价水平是银行理财产品收益水平的先行指标，物价水平和银行理财产品收益水平是基准利率的先行指标，银行理财产品的收益水平介于物价水平和同期限同币种基准利率之间。另外，2011 年上半年商业银行新增贷款的分配方式尚有回旋余地，高

息揽存的动力尚不旺盛，后期所有这些问题都将一一显现，所以2011年银行理财产品市场的收益水平将呈现前低后高的基本走势，但整体水平依然高于同期限同币种的定期存款利率水平。

第三，私人高端VS进富阶层VS亲民产品。以财富水平为基础的“财富金字塔”的客户细分法是银行理财产品分类的基础，主要分个人零售产品和私人银行产品。从2010年中后期银行理财产品的发展情况来看，明年将延续两个趋势，一是私人高净值客户理财产品的激增，此类产品以股权投资类产品为主，二是针对进富阶层而设计的全方位的理财规划必将日益蓬勃发展，其中进富阶层主要是指受教育程度比较高、月收入在1万到4万元之间、衣食无忧且富有进取心的中青年群体。“嫌贫爱富”、“垒大户”等大众心理诱使众多商业银行争抢高端客户，致使杭州银行“百盈存款”系列100美元起购的外币储蓄产品“鸡立鹤群”。而中国第一银行家上海商业储蓄银行首任行长陈光甫就是靠“一元起存”而荣升中国首位投资银行家的。

第四，生命之源VS理财之道。2010年11月25日，国务院批复了《全国水资源综合规划》，对2020年和2030年全国的用水总量、农田灌溉水有效利用系数、万元国内生产总值用水量等各项指标的发展目标进行了规划。“十二五”规划建议中也着重强调了农村水利建设问题。由此看来，2011年以及未来更长一段时间内，农村水利建设和水资源治理工作有可能是继“三农”工作之后的又一项重要工作，除利用“积极的财政政策”为其保驾护航外，还需要进行一定的金融安排。一是通过发售与水利建设相关的信贷类理财产品进行融资，二是发售与水资源指数等权益类资产表现挂钩的结构性产品，在为资金需求方募集资金的同时也为投资者实现了“规避高风险、博取高收益”的投资目标。在设计结构性产品时，应避免三类潜在顽疾，其一，单边看涨或单边看跌结构的集中风险；其二，“换汤不换药”兄弟款产品“荣损共俱”的尴尬局面；其三，资产价格波动周期与理财产品委托期限的错配。

第五，香港离岸市场VS内地市场。伴随着人民币国际进程和跨境贸易结算进程的不断推进，香港离岸人民币金融市场发展前景较为乐观，在港人民币存款规模已接近4000亿元规模，人民币计价的债券规模已接近1000亿元，人民币保险产品、存款证和证券投资基金的发售数量和发售规模也逐步增长，人民币期权产品、掉期产品和结构化票据产品刚刚起步，但其创新动力远远大于内地市场。

以东亚银行发售的一款结构化票据为例，其主要特点是到期收益和保本额度分别挂钩于不同的基础资产表现，其潜在风险是即使到期赚得了收益，但可能会损失部分本金，总体结果依然是亏损。“一国”、“两制”、“高度国际化”为香港发展离岸市场提供了先天优势，鉴于香港商业银行的中国有限公司是内地银行理财产品市场的创新之源，离岸人民币结构化票据市场的发展势必对内地银行理财产品市场的发展具有一定的指导意义和借鉴作用。

（二）完善银行理财产品市场的策略建议

为促进银行理财产品市场稳步健康快速发展，我们对银行理财产品市场提出如下八条策略建议。

其一，厘清银行理财产品市场的法律关系。首先是要确定银行理财产品的法律定位，对归属《物权法》或《担保法》的质押品种进行重新界定，以促进银行理财产品的质押融资和二级市场交易发展；其次是要确定银行理财产品的法律属性，即是债权债务关系还是信托关系抑或是其他关系。

其二，建立健全统计监测体系。有三件事情需要处理：一是监管权的统一，应由中国人民银行、中国银监会和中国银行业协会中的一家机构来行使数据的征集权力；二是指标的界定，界定发行主体需要上报的具体指标，如投资方向、支付条款、收益类型和平盘模式等相关指标；三是口径的统一，如为更好地描述产品的风险收益水平，产品的收益可分为非保本浮动收益型、保本浮动收益型和保息浮动收益型等三种主要类型。

其三，实施发行主体资金募集、资金管理和资金清算的三权分立制度。有别于国内较为成熟的证券投资基金市场，银行理财产品的发售机构商业银行集产品的资金募集、资金管理和资金清算三权于一身，这存在潜在的两个方面的主要问题：一是降低了产品的信息透明度，当前市场中热销的组合管理类产品便是适例；二是滋生道德风险，形成产品说明书投向与实际投向脱节的“两张皮”现象，不仅容易导致产品的巨额亏损，而且还有可能吞噬监管机构的几乎所有努力。

其四，完善发行主体的分类监管和投资者的分级销售制度。结合商业银行过往发售产品的风险水平、收益水平和流动性信息，确定商业银行新发售产品的风险收益水平和流动性指标，避免发行主体资产管理能力与产品风险收益水平的错配。在加强对投资者教育的同时逐步建立投资者风险承受能力的统一测评体系，避免产品风险收益水平与投资者风险承受能力的错配。目前，国内实施的对私人银行和个人零售银行的分类监管和分级销售具有很好的借鉴意义。

其五，构建“一行三会一部一委”的协同监管机制。银行理财产品中投资方向已涉及保险产品、证券投资基金、券商集合理财产品和私募股权投资等诸多领域，商业银行与基金公司、证券公司和阳光私募的合作也日益深化。为适应银行理财产品市场的监管需求，可考虑构建“一行三会一部一委”的协调配合机制，如设立金融产品服务机构等，避免监管空白和监管叠加等监管异象。

其六，成立统一交易平台和二级市场。统一交易平台建立有利于丰富投资者的选择范围，避免发行主体仅发售本行产品的排他性销售策略。二级市场的建立可起到提高理财产品市场的流动性和形成理财产品的价格发现机制的双重作用。

其七，设立投资者保护机制。设立投资者保护协会，为投资者的投资决策和案件受理提供服务。建立投资者保护基金，防范“影子银行”阴影下的系统性风险，并对银行理财产品市场的亏损起到一定的缓冲作用。

其八，尽快建立第三方评级/评价机制，为市场提供揭示、分析、比较各种类型产品、各种理财机构信息的准公共品服务。监管机构具有信息征集优势和市场公信力，第三方评级/评价机制具备完备翔实的评级/评价体系和全市场范围内的专业研究视角，应发挥二者的比较优势并建立他们之间的协调配合机制。

B.13

金融市场：期货市场

中国期货市场经历了20余年曲折艰辛的发展历程，整个行业环境发生了巨大变化，尤其是近五年，期货行业在经过了长期积累后，进入了一个新的发展阶段。随着新的《期货交易管理条例》出台、中国金融期货交易所成立、股指期货上市，近年来中国期货市场保持了较快增长势头，2010年中国期货市场客户保证金存量首次突破2000亿元，在成交量上一跃成为全球第一大商品期货市场，在国际市场上的影响力和话语权也在不断提高。2010年4月16日，酝酿已久的股指期货成功上市，标志着中国期货业向更高的阶段迈进，这对于发展和完善中国资本市场体系，建设国际金融中心具有极其重要而深远的意义。

一　2010年中国期货市场交易情况

（一）期货市场发展迅猛

2010年期货市场发展迅猛，全国期货市场成交额309.12万亿元，首次突破300万亿大关，同比增长137%；累计成交期货合约31.34亿手，同比增长45%（见图1）。其中，沪深300股指期货2010年4～12月累计成交量为0.91亿手，累计成交额为82.15万亿元，其上市以来的市场表现远远超出市场预期。股指期货上市不足一个月成交量便突破200万手，日成交量最高达到47.8万手。股指期货的成功上市及平稳运行，标志着一个覆盖了农产品、金属、能源、化工和金融等领域的期货品种体系初步形成，也昭示着中国期货市场进入了一个新的发展阶段，已经初步具备了在更高层次上服务国民经济发展的条件。

（二）期货品种表现分化

2010年伴随着股指期货的上市，全国期货市场总体呈现出大幅增长的态势，

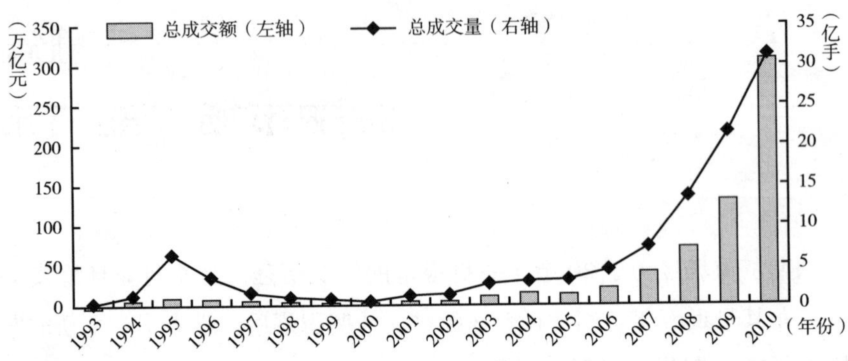

图1　1993～2010 年中国期货市场成交量与成交额

资料来源：中国期货业协会。

但各个期货品种的表现出现分化。概括起来就是，明星品种不断，传统商品更优。

在成交量方面，如表 1 所示，传统商品期货品种白糖、螺纹钢、天然橡胶、锌、豆粕在所有期货品种中居前五位，分别占市场份额的 19%、14%、11%、9% 和 8%，这五个期货品种成交量占整个市场的 61%；在成交额方面，4 月新上市的股指期货成交金额高达 82.14 万亿元，高居所有期货品种第一位，可谓后来者居上，是当之无愧的明星品种。商品期货成交额排名前五位的分别是天然橡胶、白糖、铜、锌和棉花，分别占市场份额的 14%、11%、9%、8% 和 6%。前五位期货品种成交额共占所有期货品种总额的 48%。2010 年商品期货中棉花表现尤为抢眼，成交量和成交金额均出现大幅增长，累计成交量 1.7 亿手，累计成交额 20.59 万亿元，分别较上年增长 919% 和 1488%。有色金属中铜成交份额位居商品期货第三位，但成交量和成交总额均同比上年下降，累计成交量 1 亿手，累计成交额 29.64 万亿元，同比分别减少 37%、11%。同为老品种的锌则在 2010 年表现突出，成交量和成交金额均同比大幅增加，累计成交量 2.9 亿手，累计成交额 25.57 万亿元，同比分别增长 354% 和 446%。

值得一提的是，农产品期货整体在 2010 年表现十分突出。其原因主要是全球不断发生的灾害性天气，对大宗农产品产量造成了严重威胁，这使得全球农产品市场长期处于供应偏紧格局，同时，在全球流动性充裕带来的通货膨胀压力下，处于价值洼地的农产品在 2010 年一直保持着牛市格局。

表1　2010 年全国期货市场成交情况统计

品种名称	成交量（亿手）	同比增减（%）	成交总量占全国份额(%)	成交总额（亿元）	同比增减（%）	成交总额占全国份额(%)
沪深 300 股指	0.92	—	2.93	821397.53	—	26.57
铜	1.02	-37.47	3.24	296437.55	-10.65	9.59
铝	0.35	-15.92	1.10	28342.49	1.43	0.92
锌	2.93	354.49	9.36	255725.62	445.66	8.27
黄金	0.07	-0.27	0.22	18291.91	19.77	0.59
天然橡胶	3.35	88.03	10.69	426464.81	184.79	13.80
燃料油	0.21	-76.65	0.68	9886.37	-69.22	0.32
螺纹钢	4.51	39.63	14.40	199517.15	49.98	6.45
线材	0.00	-86.11	0.01	128.88	-84.39	0.00
棉花	1.74	919.23	5.55	205931.49	1488.32	6.66
早籼稻	0.54	1276.98	1.71	12662.75	1457.59	0.41
菜子油	0.19	-13.06	0.61	8557.39	5.31	0.28
白糖	6.11	109.03	19.48	335911.52	162.17	10.87
PTA	1.23	16.43	3.92	51839.56	35.91	1.68
强筋小麦	0.12	-15.06	0.37	2995.34	3.17	0.10
黄大豆一号	0.75	-12.03	2.39	30852.02	-0.87	1.00
玉米	0.72	115.00	2.30	15366.83	170.31	0.50
LLDPE	1.25	39.63	3.99	68710.98	55.33	2.22
豆粕	2.51	-19.19	8.02	77303.25	-13.26	2.50
棕榈油	0.84	-5.91	2.67	62562.07	13.17	2.02
聚氯乙烯	0.17	-53.07	0.54	6721.12	-48.87	0.22
豆油	1.83	-3.62	5.83	155530.42	12.85	5.03

资料来源：中国期货业协会。

（三）四家期货交易所齐头并进

2010 年，中国第四大期货交易所——中国金融期货交易所进入了人们的视野，4 月 16 日，中国金融期货交易所正式挂牌交易沪深 300 股指期货。它的上市开启了建设中国金融衍生品市场的大门，进一步完善了中国资本市场体系，使中国能更好地参与金融资源配置的国际竞争。与此同时，中国传统三大商品期货交易所也正迎来高速成长的新阶段，使得中国期货市场在整体上表现出前所未有的爆发性增长态势，成为全球发展速度最快、最具生机与活力的市场。

如表2所示，2010年中国4个期货交易所总成交量达到31.34亿手，比2009年增长45.24%。中国金融期货交易所股指期货合约自上市以来交投十分活跃，吸引了大量资金，全年累计成交金额占比仅次于上海期货交易所，市场份额已经占整个期货市场的四分之一强。另三大传统商品期货交易所中，上海期货交易所年累计成交量和成交额位居首位；得益于棉花和白糖期货的火暴，郑州商品交易所成交量和成交额同比增长幅度最高。

表2　2010年四家期货交易所成交情况

交易所名称	成交量（亿手）	同比增减（%）	成交量占全国份额（%）	成交额（万亿元）	同比增减（%）	成交额占全国份额（%）
中国金融期货交易所	0.92	—	2.93	82.14	—	26.57
上海期货交易所	12.44	43.01	39.69	123.48	67.41	39.95
大连商品交易所	8.06	-3.27	25.73	41.71	10.79	13.49
郑州商品交易所	9.92	118.36	31.65	61.79	223.37	19.99
合　　计	31.34	45.24	100.00	309.12	136.85	100.00

资料来源：中国期货业协会。

2010年新成立的中国金融期货交易所年成交量0.92亿手，占全国成交量2.93%；年成交额82.14万亿元，占全国成交金额26.57%。股指期货合约4月才开始正式挂牌交易，其成交份额已超过整个市场四分之一，展现了中国金融期货的发展潜力。

2010年上海期货交易所累计成交量12.44亿手，同比增长43.01%；累计成交额123.48万亿元，同比增长67.41%，上海期货交易所成交量和成交额均约占全国份额的40%，均位居三大传统商品期货交易所之首。锌、天然橡胶的共同活跃，推动了上海期货交易所的总成交量和成交额。

2010年大连商品交易所累计成交期货合约8.06亿手，同比小幅减少3.27%；累计成交额41.71万亿元，同比增长10.79%。其中聚氯乙烯等部分品种活跃度降低，是大连商品交易所成交量减少的主要原因。

2010年郑州商品交易所累计成交期货合约9.92亿手，同比增长118.36%；累计成交额61.79万亿元，同比增长223.37%。郑州商品交易所成交量和成交金额增长速度最快，居三大传统商品期货交易所之首。其中，早籼稻和棉花期货表现抢眼是主要原因。2010年，郑州商品交易所上市交易品种中，除了菜子油和强筋小麦成交略有逊色之外，其余品种均表现活跃，这些品种的共同活跃推动了郑州商品交易所成交量和成交金额的快速增长。

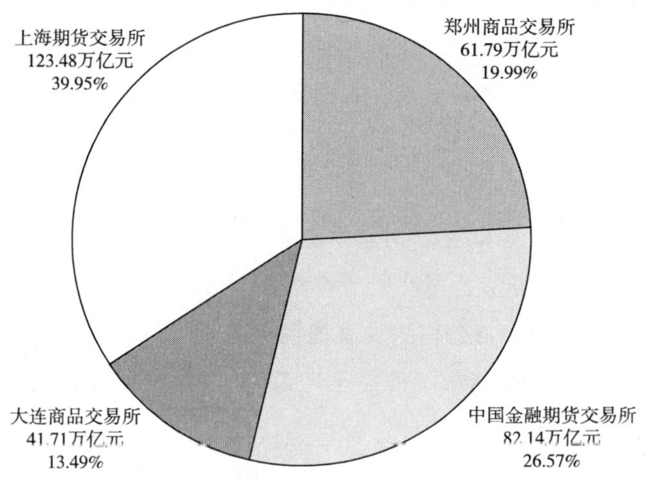

图 2　2010 年中国期货市场成交额构成

资料来源：中国期货业协会。

（四）期货经纪机构快速发展

1. 期货公司资本实力不断增强，为“质变”奠定基础

1993 年，各地批准成立期货经纪公司 300 余家，期货兼营机构 2000 多个，当时的期货公司业务规模有限，资本实力较弱，注册资本大多在 1000 万元左右。截至 2010 年 12 月 31 日，国内期货公司 163 家，期货营业部 1018 家。到 2010 年 8 月，中国所有期货公司的注册资本已经超过两百亿，均值也已过亿，期货公司资本实力逐步增强，抗风险能力进一步提高，期货市场通过这种“量”的积累为在更高层次上服务国民经济奠定了坚实基础。就此而言，中国期货行业已经具备了从“量的扩张”向“质的提升”转变的基本条件。

在新形势和新的历史背景下，期货公司也力求在发展思路上逐步摆脱纯营销经营模式，更加注重规范和创新，以及品牌建设。通过合规经营树立规范形象，在规范的基础上发展规模，拓展服务半径，包括服务产品的专业能力、研发和技术上的专业化工具，通过内外部资源的整合进而形成品牌。与以前同质化低水平竞争相比，将有一批优秀期货公司会逐步形成自己的核心竞争力，并发展成为规模化和专业化的品牌服务商。

2. 2010 年期货公司利润大幅提升

2010 年期货经营机构发展迅速，期货公司通过优化股权结构和增资扩股，自身实力和抗风险能力都得到了很大的提升。伴随着股指期货的推出，期货公司实现了快速发展，利润大幅增加。2010 年全国期货公司营业收入总计 152.05 亿元，平均每家期货公司营业部收入 9300 万元；全国期货公司利润总计 31.29 亿元，平均每家 1900 万元。期货公司总体经营还处于发展阶段，规模和赢利能力普遍偏小，全国地区间期货公司发展不均衡。

3. 股指期货上市为期货公司的发展提供机遇

至 2010 年底，股指期货市场份额已经占整个期货市场的四分之一强。券商系期货公司也因此获得了长足发展，股指期货每日成交持仓排名前二十的基本被券商系期货占据。与此同时，商品期货市场 2010 年也同样取得了迅猛增长，传统期货公司尤其是排名靠前的优秀期货公司保证金、手续费收入以及利润总额都保持了良好的增长势头。在机构投资者还没有大规模入市的股指期货时代，优秀的传统期货公司的表现并不差于券商系的期货公司。

股指期货市场快速成长，无论市场规模的快速稳定增长，还是投资者积极而又不失理性的参与态度，都显示出超乎预期的成熟。参与股指期货投资者的日渐增多，市场参与度的提高，市场整体的进步发展，使期货公司得到了良好的发展机遇。期货公司的发展战略也会出现分化，目前市场中既有传统型期货公司，又有券商系期货公司，以后可能还会出现更多银行控股、保险基金控股的期货公司，未来市场竞争会更加激烈。不少期货公司积极应对市场变化，一方面查漏补缺夯实发展基础，另一方面谋划期指时代的发展战略，以跟随市场不断前进的脚步。

二　2010 年各期货品种市场情况

（一）股指期货市场

股指期货 2010 年 4 月 16 日上市交易以来，市场整体运行平稳，交投活跃，期货现货价格拟合程度较好，交割基本顺利，市场秩序理性规范。沪深 300 指数期货自4月16日上市至今已经运行了8个多月，在此期间，充分发挥了套期保值及价格发现的两大功能。在股指期货运行的8个多月时间里，持仓量呈现稳步增加的趋势：上市第4天（4月21日）突破5000手；第14天（5月6日）突破10000手；6月21日则突破20000手大关。与此同时，股指期货开户数也在不断增加。2010年股指期货开户数6万户左右，其中个人客户占比在95%以上。

股指期货上市后，受到国内房地产调控、欧洲债务危机、美国二次量化宽松政策、国内宏观调控政策等宏观事件的影响，4月19日、6月29日和11月12日分别出现了6.55%、5.15%和6.25%的大跌，而在10月15日和10月25日则分别出现了4.45%和4.11%的大涨。不过由于整个市场的风险控制得当和风险教育充足，投资者的风险意识较强，在这几次暴涨暴跌中并没有发生任何的爆仓事件。至2010年12月31日，沪深300股指期货累计成交0.92亿手，成交金额为821397亿元，占全国总额的26.57%，日成交量在20万手附近。

2010上市元年，股指期货市场平稳运行，期现价格保持高度联动性，可以满足投资者利用股指期货进行套保、对冲、代替及套利等各种投资需求。在成交持仓方面，股指期货经历了上市之初成交量与持仓量在迅速上升后，保持相对稳定，成交与持仓比持续下滑，市场日内炒作气氛大幅度减弱的过程，但市场仍然保持适当的规模，可供各种类型的投资者参与。

（二）金属期货市场

2010年，主要发达国家纷纷实施量化宽松货币政策，全球流动性泛滥，基本金属呈现宽幅震荡态势。铜市在受全球精炼铜供应短缺、全球经济数据好转、欧债危机风潮缓和以及国内加息进程低于预期等利多消息刺激下，单边上行，屡创新高，领涨基本金属。年内最高曾至70150，涨幅达17%。相比之下，铝、锌走势则显疲弱很多。上半年铝价不断下挫，下半年才开始出现回升，但最高也仅至17400，11月又出现一轮回落，虽年底有小波反弹行情，但终收效甚微，较2009年同期下挫434元。锌市走势与铝市情况大体相似。相比铜市屡创新高的强劲势头，2010年锌价在疲弱的基本面下未能延续2009年单边上涨趋势，而呈现宽幅震荡态势。但同时注意到的是，沪锌年内价格波动的幅度和成交量明显大于其他金属品种，成为市场资金的“新宠儿”，整体成交量较2009年放大近五倍，价格的大起大落反映出投机迹象明显。2010年螺纹钢期货价格表现逊于其他金属品种，涨势明显落后，钢价上行之路充满波折，且在11月中下旬监管机构不断出台相关监管措施以抑制部分商品价格的过快上涨，螺纹钢期货的成交量和持仓量均逐渐萎缩。

（三）能源化工期货市场

商品领头羊原油在2010年表现不俗，从年内最低73.78美元一路震荡上扬，直到最近再次突破90美元关口，创下两年多来新高。2010年一季度原油延续2009年反弹格局，二季度油价冲高87美元后回落，油价在67～87美元区间运行；三季度原油在冲破83美元后再度回调，运行区间为70～83美元；四季度在确认80美元/桶支撑后，原油净多头寸大幅增加，油价站上90美元关口，与美元同涨。

从宏观经济角度来看，美国大量印发货币引发全球性通胀是油价上涨的根源所在。从资金流动看，原油价格由于受到美国商品期货交易委员会（CFTC）的严加监管，资金一直难以在这个品种上有所表现。但在流动性泛滥的背景下，当所有品种都上涨之后，原油价格的上涨也就成了必然的事情。

2010年能源化工期货品种中天然橡胶大放异彩。不仅成交量和成交金额位居能源化工期货品种首位，而且天然橡胶价格也在2010年出现暴涨，较去年增长近150%。宏观经济的持续增长与基本面的供需矛盾配合固然是使得天然橡胶上涨的主因，但其作为投机品种的金融属性也起到了极大的助推作用。通货膨胀、热钱流入促使大量投机炒作行为发生，市场价格体系遭受挑战，出于保值目的投资商品更多地成为市场热度高涨的推动力。国庆节后短短一个多月的时间，沪胶主力合约大幅上涨了10000点，创下新高。而塑料的两大品种LLDPE和PVC涨势则较2009年明显放缓，处于宽幅震荡。年中价格曾一度探低至金融危机复苏以来的低位。

就全年期价表现而言，LLDPE与PVC的波动幅度分别为40%和30%。在期货成交活跃度方面，LLDPE全年日均成交量约51万手，较2009年日均38万手增长34%；而PVC虽然在下半年成交有所放大，但全年日均仅6.8万手，较2009年大幅萎缩77%。两个相关品种表现差距巨大，表明期货市场结构在2010年出现明显分化。

（四）农产品期货市场

2010年豆类期货价格整体上行，上半年，受美元低位反弹以及南美丰产预期等利空因素影响，豆类期价冲高回落。下半年，在供需偏紧和游资炒作下，期价缓慢上调。11 月伴随着国内紧缩政策的陆续出台，商品市场集体承压，期价急速下跌。2010 年豆类期货整体表现较佳，其中豆油表现最为突出，2010 年涨幅达到 34.6%，同期大豆、豆粕的涨幅分别为 12.5% 和 14.3%。2010 年连豆总成交量为 0.75 亿手，同比下降 12.03%，成交金额为 30852 亿元，同比减少 0.87%，占全国份额的 1%。豆粕总成交量为 2.51 亿手，同比下降 19.19%，成交金额为 77303 亿元，同比减少 13.26%，占全国份额的 2.5%。豆油总成交量为 1.83 亿手，同比下降 3.62%，成交金额为 155530 亿元，同比减少 12.85%，占全国份额的 5.03%。2010 年上半年棉花受美元上涨和供需偏弱影响，维持低位盘整态势。下半年在棉花产量持续调低的背景下，场外游资介入，棉价疯狂飙升，上涨幅度超过 70%。11 月中旬，伴随着政府各项监管政策的出台，在不到 2 周的时间内，棉花跌去了将近 30%。至年底，期棉价格高位企稳。2010 年郑棉总成交量为 1.74 亿手，同比上涨 919.23%，成交金额为 205931 亿元，同比上涨 1488.32%，占全国份额的 6.66%。2010 年郑糖经历了上半年的调整行情后，下半年围绕着供给不足投机资金涌入炒作，走出牛市行情，创出了历史新高。之后，在国内调控物价的政策压力下，连续跌停。11 月下旬止跌回稳。2010 年郑糖总成交量为 6.11 亿手，同比上涨 109.03%，成交金额为 335911 亿元，同比上涨 162.17%，占全国份额的 10.87%。

三　2010 年中国期货市场的政策调整

2010 年是中国期货市场由量的扩张到质的提升的关键一年，随着股指期货的上市，中国期货市场已经从单纯的商品期货市场向金融期货市场的方向全面发展，以往适应商品期货市场发展的政策相应出现较大的变化，同时，在国内通货膨胀压力下，政府对大宗商品价格的调控也对期货市场政策产生较大影响。

（一）中共中央“十二五”规划建议“稳步发展期货市场”

近年来，期货行业深入贯彻落实国务院《关于推进资本市场改革开放和稳定发展的若干意见》，大力推进期货业的改革和发展，中国期货市场呈现出健康平稳运行的良好态势。期货市场规模稳步扩大，商品期货品种创新有序推进，成功上市股指期货，形成了较为完备的期货品种体系，市场法规和各项制度逐步健全，期货交易所、中介机构的管理水平和抗风险能力不断增强，期货市场服务国民经济的功能大大提升。2010 年 10 月 18 日中国共产党第十七届中央委员会第五次全体会议通过的《中共中央关于制定国民经济和社会发展第十二个五年规划的建议》再次提出要“稳步发展期货市场”。这是继国家“十五”、“十一五”规划之后，“稳步发展期货市场”再次出现在国家五年发展规划之中。将“稳步发展期货市场”纳入国家“十二五”规划，将有利于期货市场的发展和完善，有利于发挥期货市场服务于国民经济、服务于实体经济的功能，有利于完善商品价格体系，争夺全球商品定价权，适应中国国民经济的发展。

（二）股指期货投资者适当性制度的出台与实施

随着中国多层次资本市场体系建设的推进，积极探索建立与中国资本市场创新相适应的制度安排，使参与者的风险认知和风险承受能力与金融创新产品相适应，切实保护投资者的合法权益，已成为市场发展的迫切要求。股指期货在国际市场已经是一个成熟的金融产品，但在中国新兴加转轨的特定市场环境下，推出股指期货必须考虑中国资本市场的发展阶段，切实遵守将适当的产品销售给适当的投资者的原则。为配合股指期货的上市，中国证监会 2010 年 2 月 8 日正式发布《关于建立股指期货投资者适当性制度的规定（试行)》。

股指期货投资者适当性制度体系是多层次、系统的制度规则体系，是保障投资者适当性制度落到实处的依据和关键。证券监督管理委员会从证监会规章、交易所业务规则、期货业协会自律规则等三个层面制定了一整套股指期货投资者适当性制度规则并形成了相应的体系。

一是对投资者适当性制度提出原则要求，同时授权自律组织制定具体实施办法和规定，明确了 50 万资金的开户门槛，同时强调投资者必须临柜开户，禁止非现场开户，并明确中国人民银行征信中心为个人信用报告的权威出具机关。

二是中国金融期货交易所制定的《股指期货投资者适当性制度实施办法（试行)》、《股指期货投资者适当性制度操作指引（试行)》，明确股指期货投资者适当性的基本要求、程序、工作机制以及自律监管措施等。

三是中国期货业协会制定《期货公司执行股指期货投资者适当性制度管理规则》和《股指期货交易特别风险揭示书》，修订《证券公司为期货公司提供中间介绍业务协议指引》，督促期货公司和从事中间介绍业务的证券公司向投资者充分揭示股指期货交易风险，严格执行股指期货投资者适当性制度。

建立股指期货投资者适当性制度是中国资本市场的一项重要制度创新。中国证监会及其派出机构、中金所、期货保证金监控中心和中国期货业协会按照“统一领导、各司其职、各负其责、加强协作、联合监管”的原则，发挥监管协作机制优势。中金所和期货保证金监控中心对制度关键指标进行核查验证，确保关键指标的执行到位。中国证监会派出机构、中金所分别从日常监管和自律管理的角度，加大监管力度及责任追究。中国期货业协会加强风险揭示，强化行业自律，切实增强会员公司制度执行的自觉性。

股指期货投资者适当性制度是中国资本市场重要的基础性制度，是对投资者教育和保护投资者利益工作的深化，有利于进一步推动形成良好的资本市场文化和培育成熟的投资者队伍，是股指期货市场平稳起步和健康发展的重要保障。

（三）期货公司分类监管规定的修订

2009 年 9 月 1 日起《期货公司分类监管规定（试行）》正式实施，在运行了 1 年多之后，2010 年监管部门着手修订期货公司分类监管规定。《期货公司分类监管规定（试行）》将期货公司分为 5 类 11 个级别。《期货公司分类监管规定（试行）》施行以来，对促进期货公司规范健康发展，提升期货行业服务国民经济能力发挥了重要作用。该规定推出后，相关部门已对期货公司进行了两次评审。两年来，期货市场形势及行业状况发生了较大变化，分类监管制度作为一项监管创新，需要在探索中与时俱进、逐步完善。

针对目前期货公司低手续费恶性竞争和股指期货推出后市场新的变化特点，新修订的《期货公司分类监管规定（试行）》将经纪业务盈利能力分为商品期货手续费收入和金融期货手续费收入两类评价，并在具体加分计算上作出调整。主要着重强调了期货行业服务国民经济的能力和优化期货市场的投资者结构。首次引入“服务国民经济能力”的有关内容，并作为分类评价和确认期货公司类别的配套指标，通过考察“机构客户日均持仓、机构客户日均权益、机构客户日均权益增长量”，来衡量期货公司为产业客户服务的情况，及在优化期货市场投资者结构方面所发挥的作用。

（四）证券公司、基金等机构参与股指期货政策出台

期货作为国际资本市场最有活力的风险管理工具之一，已成为资产管理与投资组合中应用最广泛的风险管理工具。股指期货一个很大的特点就是能把基础市场的系统性风险剥离出来，变成可交易的产品，使得风险可以有效转移。股指期货上市使证券公司、基金、信托等金融机构有了实现风险管理的重要手段。2010年4月21日中国证监会发布了《证券投资基金参与股指期货交易指引》和《证券公司参与股指期货交易指引》，这意味着机构参与股指期货投资将陆续开闸。上述指引对证券公司证券自营业务、证券资产管理业务参与股指期货交易的有关问题作出了明确规定。对基金投资股指期货的投资策略、参与程序、比例限制、信息披露、风险管理、内控制度等提出了具体要求。

《证券投资基金参与股指期货交易指引》规定证券公司资产管理业务可根据不同业务类型，在审慎评估客户风险承受能力的情况下，按照客户的不同需求，参与不同目的的股指期货交易。其中对于集合资产管理业务，规定只能以套期保值为目的参与股指期货交易，减少资产净值波动风险；对于定向，限额特定资产管理业务交易目的不限于套期保值；对于专项资产管理业务，不得参与股指期货交易。此外，《证券投资基金参与股指期货交易指引》还对证券公司资管业务、自营业务参与股指期货的规模等作了详细的规定。证券公司证券自营业务以套期保值为目的参与股指期货交易，不以套期保值为目的参与股指期货交易的，应当经中国证监会批准。同时规定证券公司自营权益类证券及证券衍生品（包括股指期货）的合计额不得超过净资本的100%，其中股指期货以股指期货合约价值总额计算。

《证券投资基金参与股指期货交易指引》规定，基金参与股指期货交易，以套期保值为目的，严格限制投机。除保本基金及中国证监会批准的特殊基金品种外，基金参与股指期货交易，应当根据风险管理的原则，以套期保值为目的。股票型基金、混合型基金及保本基金可以参与股指期货交易，债券型基金、货币市场基金不得参与股指期货交易。

本着严控风险的原则对基金参与股指期货交易进行一系列比例限制。

持仓规模限制：基金持有的买入股指期货合约价值不得超过基金净资产净值的10%，基金持有的卖出期货合约价值不得超过基金持有的股票总市值的20%。

杠杆比例限制：在任何交易日日终，开放式基金买入期货合约价值与有价证

券市值之和，不得超过基金资产净值的 95%，封闭式基金、开放式指数基金（不含增强型）、交易型开放式指数基金（ETF）不得超过 100%；基金在任何交易日日终，持有的卖出期货合约价值不得超过基金持有的股票总市值的 20%。

日内交易规模限制：日内交易（不包括平仓）的股指期货合约的成交金额不得超过上一交易日基金资产净值的 20%。

流动性要求：开放式基金（不含 ETF）每个交易日日终在扣除股指期货合约需缴纳的交易保证金后，应当保持不低于基金资产净值 5% 的现金或到期日在一年以内的政府债券；封闭式基金、ETF 每个交易日日终在扣除股指期货合约需缴纳的交易保证金后，应当保持不低于交易保证金一倍的现金。

《证券投资基金参与股指期货交易指引》还对基金投资股指期货的策略、信息披露、风险管理、内控制度等提出了明确的要求。

（五）四大期货交易所出台异常交易监管措施

为进一步强化市场自律监管、完善交易所监察规则体系、规范市场运行秩序、推动市场平稳健康运行，国内四家期货交易所均出台了对异常交易行为监管的举措。

中国金融期货交易所 2010 年 10 月 22 日发布《期货异常交易监控指引（试行）》，对期货异常交易行为的表现形态、认定标准及监管措施作出规定。股指期货交易中的异常行为，主要体现为交易委托、价格、频率等方面存在异常之处，比如撤单申报过于频密、申报价格过度偏离等。与期货交易中的违规、违法行为相比，异常交易行为通常未达到违反国家法律法规的程度，一般情况下也未违反交易所的《违规违约处理办法》等业务规则，或者虽然涉嫌违反，但情节较为轻微。《期货异常交易监控指引（试行）》对期货异常交易行为的主要表现形态进行了界定，并列举了 9 种较为典型的异常交易行为，以防范异常交易行为发展为洗售操纵、约定交易操纵、连续交易操纵和虚假申报等典型的市场操纵行为，防范过度投机的非理性炒作行为，防范分仓等规避交易所监管的行为，防范以高买低卖的方式进行利益输送的行为，以及防范以程序化交易等为手段影响交易所系统安全或者正常交易秩序的行为。

上海期货交易所在 2010 年 11 月 5 日公布了《上海期货交易所异常交易监控暂行规定》，自 2010 年 11 月 22 日起实施。规定了期货交易出现以下情形之一

的，上海期货交易所认定为异常交易行为：第一，以自己为交易对象，大量或多次进行自买自卖；第二，一组关联账户内关联客户之间大量或多次进行相互为对手方的交易；第三，日内出现频繁申报并撤销申报，可能影响期货交易价格或误导其他客户进行期货交易的行为；第四，日内出现大量或多次大额申报并撤销申报，可能影响期货交易价格或误导其他客户进行期货交易的行为；第五，一组关联账户内关联客户合并持仓超过交易所持仓限额规定；第六，中国证监会或交易所认定的其他交易情形。

大连商品交易所为加强对期货市场异常交易行为的监管，发挥期货公司会员对客户交易行为的管理作用，2010 年 11 月 15 日发布《大连商品交易所异常交易管理办法（试行）》。管理办法拟定了六种异常交易行为：以自己为交易对象，多次进行自买自卖的行为；实际控制关系账户组内发生多次互为对手方的交易行为；频繁报撤单行为；大额报撤单行为；实际控制关系账户合并持仓超过交易所持仓限额规定；通过计算机程序自动批量下单、快速下单，影响交易所系统安全或者正常交易秩序等。

郑州商品交易所于 2010 年 10 月 25 日发布实施《郑州商品交易所异常交易行为监管工作指引（试行）》，其认定的异常交易行为包括：第一，自成交行为；第二，频繁报撤单行为；第三，大额报撤单行为；第四，关联账户合并持仓超限行为；第五，影响交割结算价行为；第六，盗码交易行为；第七，自然人客户违规持仓行为；第八，交易所认定的其他行为。

相关规则的制定和实施，体现了行业自律监管的进一步加强和不断深入，将进一步增强交易所在市场监管中的一线监管职能，强化会员单位在客户管理中的作用，有利于防范异常交易行为向重大违规行为的演化，维护市场正常运行秩序。

（六）为加强市场风险防范，交易所调整交易规则

2010 年商品市场大幅飙升，为有效打击违规交易，制止异常交易行为，确保市场平稳运行，三大交易所纷纷通过提高品种保证金率、扩大涨跌停板幅度、提高手续费标准等措施加强期货市场风险防范。

以 2010 年 11 月为例，监管措施密集出台。郑州商品交易所决定，自 2010 年 11 月 26 日结算时起，棉花、早籼稻、白糖期货合约交易保证金标准由原比例调整为 12%，涨跌停板幅度由原比例调整为 7%；强麦期货合约交易保证金标准

由原比例调整为10%，涨跌停板幅度由原比例调整为6%。上海期货交易所也从11月29日收盘结算时起，提高铜、铝、线材、黄金和燃料油的交易保证金比例至10%，提高锌和螺纹钢的交易保证金比例至12%，提高天然橡胶交易保证金比例至13%。并从11月30日起，提高所有品种的涨跌幅度限制至6%。

此外，交易所还提高了手续费收取标准。上期所规定，自11月29日起，暂停执行所有品种6个月后期货合约手续费减半收取的规定，天然橡胶期货合约的交易手续费收费标准由现行成交金额的万分之一调整至成交金额的万分之一点五。大连商品交易所也自2010年11月29日起，暂停各品种当日开平仓交易手续费减半收取的优惠措施，并自2011年1月1日起，暂停各品种手续费减收优惠措施。

2011年1月14日，上海期货交易所正式对外发布了首个“大合约”相关文本、修订后的燃料油期货合约及相关实施细则。上海期货交易所率先提高燃料油期货的交易单位从而启动国内商品期货的大合约时代，同时也意味着国内期市的交易投资风格将面临转变。修订后的燃料油合约将交易单位从原来的10吨/手大幅上调至50吨/手。此外，新合约还调整了燃料油期货的相关交割标准，降低了期货交割单位、调整了燃料油标的的具体质量规定标准。今后，燃料油标准合约的交割单位从原来的100吨/手降低至50吨/手，交割数量必须是交割单位的整倍数。根据安排，燃料油期货合约及相关实施细则修订自FU1202合约开始执行。自1月14日起至11月30日，为燃料油合约及实施细则修订的过渡期。对于已上市的合约，仍执行原规则，FU1202合约及后续合约挂牌上市后，执行新规则。

此次燃料油合约除修改交割品标准之外，扩大合约手数和调整不同类型客户的限仓比例，以及提高手续费收取标准，也是此次调整的目的。

加大期货合约单位数量，是期货市场调整结构的一种举措，标志着期货市场将由过去追求数量发展逐步转向追求质量的发展。大合约的推出将使得客户结构优化，鼓励和引导更多机构投资者的进入，这将提升期市的运行质量，市场中过度投机的泡沫将被消除。

（七）期货保税交割业务推出

期货保税交割是指以海关特殊监管区域或保税监管场所内处于保税监管状态的期货合约所载商品作为交割标的物进行期货交割的过程。引入期货保税交割

后，在交易和结算流程方面均没有改变，只是在交割中新增保税标准仓单，并进行保税交割。

经过近二十年的发展，中国期货市场已经在国内产生了重要的影响，然而在国际市场、国际贸易中的定价地位还有待进一步提高。经过几年来的努力，期货保税交割被列为上海“国际金融中心和国际航运中心”建设的重要工作之一。2009 年 4 月 29 日，《国务院关于推进上海加快发展现代服务业和先进制造业建设国际金融中心和国际航运中心的意见》（国发〔2009〕19 号）中明确指出：加大期货市场发展力度，做深做精现有期货品种，有序推出新的能源和金属类大宗产品期货，支持境内期货交易所在海关特殊监管区内探索开展期货保税交割业务。2009 年 12 月 18 日，《贯彻落实国务院关于推进上海加快发展现代服务业和先进制造业建设国际金融中心和国际航运中心意见工作分工方案》（国办函〔2009〕126 号）中对期货保税交割进行了任务分解：支持境内期货交易所在海关特殊监管区内探索开展期货保税交割业务，由海关总署牵头，证监会、外汇局、财政部等参加。

2010 年 10 月 21 日，《海关总署关于在海关特殊监管区域开展期货保税交割业务试点的批复》（署加函〔2010〕460 号）中，同意在洋山保税港区对进口保税储存的铜和铝两个品种通过上海期货交易所开展期货保税交割业务试点；同意“期货保税交割”方式销售的进口货物以“保税交割结算价”作为成交价格向海关申报。2010 年 12 月 6 日，财政部、国家税务总局联合下发《关于上海期货交易所开展期货保税交割业务有关增值税问题的通知》（财税〔2010〕108 号），该通知明确：上海期货交易所的会员和客户通过上海期货交易所交易的期货保税交割标的物，仍按保税货物暂免征收增值税。12 月 13 日中国证监会证监函〔2010〕448 号正式批复上海期货交易所可以开展期货保税交割试点。

开展期货保税交割是促进期货市场资源配置功能辐射范围逐步扩大至国际市场过程中的重要一步，有利于形成国际物流中心、航运中心，提高中国的国际市场影响力。期货保税交割将大幅提升中国期货市场的价格影响力和国际话语权，是国际金融中心建设的有力推手；期货保税交割将有利于将国际资源纳入期货市场，便于实物交割，对中国期货市场稳步发展具有重要意义；开展期货保税交割是探索中国期货市场国际化、增强国际竞争力的重要手段，能为中国期货市场走向全球化积累经验。

B.14
国际收支与外汇储备

2010 年世界经济继续着危机后的复苏过程，但是其过程并不平稳，尤其是上半年的欧洲主权债务危机导致国际金融市场出现大幅波动，也影响了中国的国际收支状况。在这一背景下，2010 年中国国际收支交易总规模为 55782 亿美元，较 2009 年上升 36%，与 GDP 之比为 95%，较去年上升了 13 个百分点。这一变化反映了中国对外经济活动活跃。

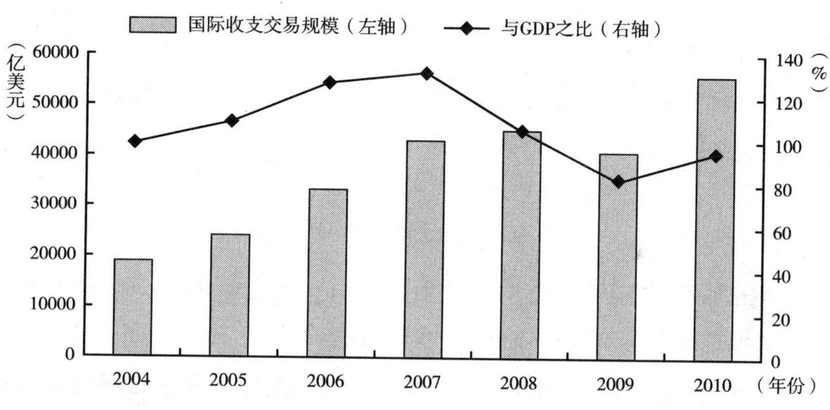

图 1　2004～2010 年中国国际收支交易规模及其与 GDP 之比

资料来源：国家外汇管理局。

2010 年，中国经常项目顺差 3054 亿美元，较上年增长 17%；资本和金融项目顺差 2260 亿美元，较上年增长 25%。从主要交易项目情况看，货物贸易进出口总额为 29086 亿美元，较去年上升 35%；服务贸易总额 3645 亿美元，增长 26%；外国在华直接投资流入 2068 亿美元，上升 42%；中国在外直接投资 678 亿美元，较 2009 年增长 41%。经常项目、资本和金融项目保持“双顺差”格局，外汇储备规模也继续上升。

表1　2004～2010年中国国际收支顺差结构

单位：亿美元，%

项　目	2004	2005	2006	2007	2008	2009	2010
国际收支总顺差	1794	2238	2599	4453	4451	4419	5314
经常项目差额	687	1608	2532	3718	4261	2611	3054
占总顺差比例	38	72	97	83	96	59	57
资本和金融项目差额	1107	630	67	735	190	1808	2260
占总顺差比例	62	28	3	17	4	41	43

注：2010年数据为2010年上半年。

资料来源：国家外汇管理局。

一　经常项目变动情况

相对于2009年经常项目顺差将近40%的降幅，2010年中国经常项目顺差3054亿美元，较上年增长17%，与同期GDP之比为5.2%，与去年持平。

（一）货物贸易

国际收支统计显示，2010年，中国货物贸易进出口总值29086亿美元，同比增长35%，达到历史最高水平。其中，出口15814亿美元，进口13272亿美元，同比分别增长31%和39%；货物贸易顺差2542亿美元，同比增长2%，与GDP之比为4.3%，较上年下降0.7个百分点。货物贸易顺差的规模并未随着进出口总值大幅增长，原因在于2010年进口比出口有更大的增幅。

综合商务部报告①与相关部门统计分析，2010年中国货物贸易呈现以下特点：

第一，进出口全面恢复，近期同比增速逐步回落。2010年中国货物贸易有了大幅的恢复性增长，这既得益于国内外环境整体有所改善和稳出口、扩进口政策效应继续显现，更与中国企业竞争力进一步增强、产品结构符合国际市场需求恢复路径密切相关。按照一般规律，世界经济复苏过程中国际市场需求沿着

① 《中国对外贸易形势报告（2010年秋季）》，商务部综合司，2010年11月1日。

“低端产品—中端产品—高端产品”的路径逐步恢复。中国出口产品仍以中低端产品为主，恢复相对较快。但由于世界经济复苏势头明显放缓，美欧日等主要经济体需求减弱，国内经济增速有所回调，加上2009年下半年中国外贸基数逐步走高，6月以来外贸增速持续回落，9月出口、进口增速分别由5月的48.5%和48.3%回落到25.1%和24.1%，12月出口与进口增速则分别为17.9%和25.6%。

第二，贸易平衡状况继续改善，结构性特征明显。2010年，中国经济回升向好势头进一步巩固，国内需求持续增加，国家积极采取扩大进口措施、组织开展贸易投资促进活动，加上国际能源原材料价格大幅反弹等因素，前三季度中国进口增速比出口增速高8.4个百分点，自3月起单月进口规模连续7个月超过1000亿美元。进口快速增长使中国的贸易平衡状况进一步改善，前三季度贸易顺差1206亿美元，同比下降10.4%。受现有国际分工格局和中国加工贸易比重较大等结构性因素影响，中国的贸易顺差在贸易方式和国别地区方面表现出明显的结构性特征。2010年前三季度，中国一般贸易逆差364.1亿美元，加工贸易顺差2256.7亿美元。前三季度，一般贸易出口5191.3亿美元，同比增长37.2%；进口5555.4亿美元，增长45.4%。加工贸易出口5316.4亿美元，增长30.1%；进口3059.8亿美元，增长36.4%。2010年，中国对美国和欧盟顺差分别为1813亿美元和1428亿美元；对日本、韩国和东盟等周边国家或地区逆差分别为556亿美元、696亿美元和164亿美元，合计较上年扩大73%。

第三，市场多元化成效明显，新兴市场贸易快速发展。2010年，新兴市场和发展中国家经济较快增长，与中国双边经贸合作不断加深，国内企业开拓新兴市场的积极性和主动性明显增强，市场多元化取得明显成效。2010年中国与东盟、印度、巴西、俄罗斯进出口总值分别增长38%、42%、48%和43%，均高于总体进出口增速。前三季度，对东盟、印度、巴西、俄罗斯出口分别为995.3亿、295.2亿、177.7亿和209.7亿美元，同比分别增长36.2%、39.5%、89.9%和74.6%。对上述四个新兴市场出口共计1677.9亿美元，占出口总额的比重比上年同期提高1.1个百分点；同比增速达到45.1%，比出口总体增速高11.1个百分点。同时，中国自新兴市场和发展中国家进口也保持快速增长，其中自东盟、印度进口分别增长51.1%、62.1%。发达国家仍是我国主要出口市场，前三季度中国对美国、欧盟、日本出口分别为2055.4亿、2260.7亿和865.1亿美元，同比分别增长30.7%、35.0%和24.1%，出口额合计占同期出口总额的45.7%。

第四，机电和高新技术产品出口比重继续提高，“两高”产品出口得到抑制。前三季度，机电产品出口6677.2亿美元，同比增长34.5%；高新技术产品出口3482.4亿美元，增长36.1%；占出口总额的比重分别比上年同期提高0.2个和0.5个百分点。2010年7月15日取消出口退税的406种“两高”产品，8月出口同比仅增长1.5%，9月同比下降12.9%，与6月相比分别下降61.3%和60.4%。劳动密集型产品出口继续保持较快增长，纺织纱线、织物及制品出口563.3亿美元，增长30.7%；服装及衣着附件出口934.9亿美元，增长19.0%；鞋类出口264.4亿美元，增长26.6%；家具及其零件出口237.4亿美元，增长33.9%；箱包及类似容器出口125.1亿美元，增长36.8%。

第五，价格上涨推动中国进口快速增长，贸易条件有所恶化。2010年中国进口价格指数同比上涨较快，尤其是资源类商品进口中的价格因素影响明显。其中，原油进口数量增长18%，金额增长51%；铁矿砂进口数量下降1%，金额增长58%；铜进口数量与上年持平，但进口金额增长了44%。2010年5月起，出口价格指数同比持续上涨，但涨幅低于进口。总体看，截至2010年底，出口和进口商品价格指数分别较上年同期上涨4.9个和10.1个百分点，贸易条件指数较上年同期下降4.7个百分点。

第六，外商投资企业加工贸易仍是顺差主要来源，民营企业增长强劲。2010年，中国外商投资企业加工贸易顺差2701亿美元，较上年增长21%。贸易逆差主要来自国有企业的一般贸易，2010年逆差1798亿美元，较上年增长46%。在各类外贸经营主体中，外商投资企业进出口规模仍然居首位，前三季度出口同比增长31.6%，进口增长39.8%，分别占出口和进口总额的54.4%和53.0%。国有企业出口增长25.5%，进口增长40.0%，分别占总额的15.2%和18.3%。以民营企业为主的其他企业在应对国际金融危机冲击中表现出较强的活力和竞争力，出口增长43.7%，进口增长54.6%，分别占总额的30.3%和18.7%，比上年同期提高2.0个和1.5个百分点。

（二）服务贸易

2010年，中国服务贸易收支总额3645亿美元，增长26%；服务贸易收入

1712 亿美元，较上年增长 32%；服务贸易支出 1933 亿美元，增长 22%；逆差 221 亿美元，下降 25%。

中国服务贸易呈现以下主要特点：

第一，服务贸易逆差较上年有所下降。其他商业服务、建筑服务、计算机和信息服务及咨询等项目顺差较上年增长是造成服务贸易逆差缩小的主要原因。2010 年，上述四个项目顺差分别为 184 亿、94 亿、63 亿和 77 亿美元，分别增长 2.1 倍、1.6 倍、92% 和 47%。

第二，服务贸易逆差主要来自运输、保险服务、专有权利使用费与特许费和旅游项目，逆差分别为 290 亿、140 亿、122 亿和 91 亿美元。其中，旅游项目逆差增长较快。2010 年，中国旅游收入 458 亿美元，增长 15%；旅游支出 549 亿美元，增长 26%；逆差 91 亿美元，增长 1.3 倍。在旅游收入方面，随着世界经济逐步复苏，中国入境人数较上年增长 5.8%。在旅游支出方面，国民收入水平的进一步提高促使居民消费结构继续呈现多元化发展趋势，2010 年中国出境人数较上年增长 20%。从分国别和地区旅游收入和支出测算的情况看，中国内地对美国、中国香港地区、澳大利亚和中国澳门地区均有较大规模的逆差。

第三，服务贸易主要伙伴国家和地区基本保持稳定，集中度较高。服务贸易收支前十名伙伴国家或地区占全部服务贸易收支的 80%。其中，服务贸易收入来源国家或地区排名前五位的是中国香港、美国、新加坡、日本和英国，支出目的国家或地区排名前五位的是中国香港、美国、新加坡、日本和韩国。

（三）收益

从国际收支统计口径看，2010 年，中国收益项目顺差 304 亿美元，延续了自 2005 年以来的顺差态势，并且在 2009 年大幅下降（73 亿美元）之后，再次返回到了接近 2008 年的水平。其中，收益流出 1142 亿美元，收益流入 1446 亿美元。

收益项目反映了生产要素流动引起的生产要素报酬的收支，包括职工报酬和投资收益两部分。相对而言，职工报酬的规模较小，不过近几年来，由于职工报酬流入的迅速增长，投资收益流入与流出的规模接近，职工报酬流入在收益项目顺差中具有重要地位。例如在 2010 年，职工报酬流入的规模大约是投资收益流入的十分之一，但是职工报酬差额的规模则为投资收益差额的三分之二。但总体来看，收益项目顺差仍然主要由投资收益项目决定（见图 2）。2010 年，职工报酬净流入为 121 亿美元，较去年上升 70%；投资收益净流入 182 亿美元，而 2009 年仅为 1 亿美元，这也是 2010 年收益项目顺差恢复的主要原因。

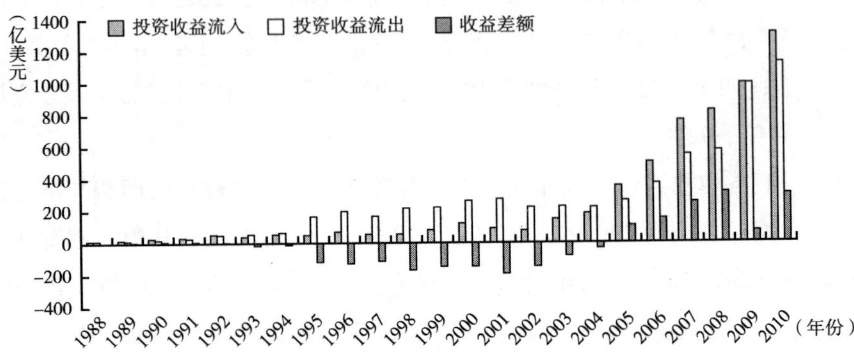

图 2　1988～2010 年中国投资收益状况与收益差额

资料来源：国家外汇管理局。

（四）经常转移

经常转移包括侨汇、无偿捐赠和赔偿等项目。在国际收支平衡表中，经常转移包括发生在政府部门的和其他部门的两部分。在中国的国际收支状况中，经常转移收入远远大于支出，因此经常转移项目的顺差主要取决于其收入状况。经常转移收入的增加与中国对外开放的不断扩大紧密相连。随着中国劳务输出、境外就业、侨居国外人员不断增加，他们对境内的汇款成为经常转移项目收入的主要来源。此外，受人民币汇率升值预期的影响，以及人们看好国内投资机会，个人通过经常转移项目流入的资金近期也有所增加。2010 年，中国经常转移项目顺差 429 亿美元，同比增长 27%。

二　资本和金融项目变动情况

2010 年，中国资本和金融项目顺差 2261 亿美元，较 2009 年增长 25%。由于 2010 年国际金融环境的动荡起伏，中国资本和金融项目顺差也随之发生了较大波动，尤其是第二、三季度由于欧洲债务危机的影响，资本和金融项目顺差大幅下降，分别为319亿和141亿美元，较2009年同期下降50%以上，在第四季度则又随着国际金融市场企稳明显反弹，达到1189亿美元（参见表2）。

表2　2010年各季度中国资本和金融项目顺差

单位：亿美元

项　　目	第一季度	第二季度	第三季度	第四季度
资本和金融项目顺差	612	319	141	1189

资料来源：国家外汇管理局。

（一）直接投资

2010年，中国直接投资顺差1250亿美元，较上年增长78%；其中直接投资流入2144亿美元，较上年增长43%；直接投资流出894亿美元，较上年增长12%。

1. 中国在外直接投资

2010年中国在外直接投资678亿美元，较2009年增长41%；在外直接投资撤资清算等汇回76亿美元，增长83%；净流出602亿美元，增长37%。

2010年中国在外直接投资呈现以下特点：

第一，在部门构成上，金融和非金融部门在外直接投资均呈现增长态势。金融部门在外直接投资88亿美元，增长87%。在非金融部门，2010年中国境内投资者共对全球129个国家和地区的3125家境外企业进行了直接投资，累计实现非金融类对外直接投资590亿美元，同比增长36%。

第二，在投资目的地上，中国非金融部门在外直接投资去向依次为亚洲、拉丁美洲、大洋洲、欧洲、北美和非洲。其中在亚洲地区的投资占65%，在拉丁美洲、大洋洲、欧洲、北美和非洲的投资分别占19%、5%、5%、4%和2%。2010年中国内地对中国香港直接投资338亿美元，同比增长20%；对澳大利亚投资29亿美元，同比增长21%；对东盟投资26亿美元，同比增长12%；对欧盟投资21亿美元，若不考虑对卢森堡（避税地）的投资，中国对欧盟其他国家的直接投资同比增长297%；美国14亿美元，同比增长81%；日本2亿美元，同比增长120%。金融部门在外直接投资主要集中在亚洲的中国香港地区、欧洲和北美等一些金融市场较为发达的地区。

第三，在投资行业分布上，2010年非金融部门在外直接投资涉及商务服务业、采矿业、制造业、批发和零售业、交通运输业、房地产、建筑业和电力煤气及水的生产业等众多领域。其中商务服务业 279 亿美元，占 47.3%；采矿业 119.1 亿美元，占 20.2%；制造业 60.3 亿美元，占 10.2%；批发和零售业 55 亿美元，占 9.3%；交通运输业 24.7 亿美元，占 4.2%；房地产 12.5 亿美元，占 2.1%；建筑业 9.7 亿美元，占 1.6%；电力煤气及水的生产业 8.9 亿美元，占 1.5%；科学研究技术服务和地质勘察业 5.5 亿美元，占 0.9%；农林牧渔业 5.1 亿美元，占 0.9%；信息传输计算机服务和软件业 4.2 亿美元，占 0.7%；居民和其他服务业 2.6 亿美元，占 0.4%；文化体育和娱乐业 1.8 亿美元，占 0.3%；住宿和餐饮业 1 亿美元，占 0.2%；其他行业 0.6 亿美元，占 0.2%。

第四，在投资方式上，2010 年中国非金融部门新设境外企业 3038 家，实现直接投资 352 亿美元，占中国同期投资总额的 60%。并购境外企业 418 家，实现直接投资 238 亿美元，占投资总额的 40%。从趋势上看，中国以海外收购方式实现的在外投资比例逐年提高，收购领域主要涉及采矿业、制造业、电力生产和供应业、专业技术服务业等。

第五，从境内投资者的构成情况看，地方在外投资创历史新高，达到 163.2 亿美元，同比增长 72.7%。浙江、辽宁、山东、上海、江苏、广东、安徽、北京等位居地方在外投资的前列。

2. 外国在华直接投资

2010 年，外国在华直接投资流入 2068 亿美元，较 2009 年增长 42%；撤资清算等流出 217 亿美元，减少 32%；净流入 1851 亿美元。

2010 年外国在华直接投资呈现以下特点：

第一，在部门构成上，金融和非金融部门吸收外国在华直接投资均呈现增长态势。金融部门吸收外国在华直接投资 120 亿美元，较上年增长 1.9 倍；非金融部门吸收外国在华直接投资 1948 亿美元，增长 35%。其中根据商务部数据，2010 年全国新批设立外商投资企业 27406 家，实际使用外资金额 1057 亿美元，同比增长 17%①。

第二，在投资来源地上，非金融部门外国在华直接投资的资金来源地较为集

① 外国在华直接投资外汇管理局数据与商务部数据存在一定差异，其原因在于统计时滞、统计口径与统计质量等方面的不同。

中，2010 年在华直接投资排名前十的国家或地区依次为：中国香港地区 913 亿美元、中国台湾省 84 亿美元、新加坡 81 亿美元、美国 66 亿美元、日本 64 亿美元、英属维尔京群岛 41 亿美元、韩国 29 亿美元、开曼群岛 17 亿美元、德国 14 亿美元和法国 13.6 亿美元。根据商务部数据，2010 年亚洲十国或地区（中国香港地区、中国澳门地区、中国台湾省、日本、菲律宾、泰国、马来西亚、新加坡、印尼、韩国）对华投资新设立企业 22058 家，同比增长 20.4%，实际投入外资金额 881.79 亿美元，同比增长 20.55%。美国对华投资新设立企业 1576 家，同比下降 0.76%，实际投入外资金额 40.52 亿美元，同比增长 13.31%。欧盟二十七国对华投资新设立企业 1688 家，同比增长 6.97%；实际投入外资金额 65.89 亿美元，同比增长 10.71%。2010 年金融部门在华直接投资的主要国家或地区有：中国香港地区、西班牙、新加坡、英国和日本，其占比分别为 37%、12%、10%、6% 和 4%。

第三，在投资行业分布上，2010 年中国非金融部门吸收外国在华直接投资最多的三个行业是制造业（685 亿美元）、房地产业（271 亿美元）、租赁和商务服务业（104 亿美元），其增幅分别是 46%、78% 和 59%。2010 年金融部门外国在华直接投资主要集中于银行业，其他金融机构、保险业和证券业次之，占比分别是 62.5%、27.1%、8.5% 和 1.8%。

第四，在投资流向上，东部沿海和直辖市是非金融部门外国在华直接投资的主要流向地区，西部地区的投资增长也十分迅速。江苏省是 2010 年全国吸收外国在华直接投资最多的省份，占比 22%。排名第二至第五的是广东、上海、辽宁和浙江，占比分别是 14%、12%、7% 和 7%。其中，江苏、浙江外国在华直接投资较上年增长 52%，在五省中增幅最大。西部的宁夏、贵州、西藏等地区吸收外国在华直接投资的增速很快，但吸收总量仍然较低，加总占比只有 4.2%。金融部门外国在华直接投资主要流向北京、福建、上海、天津等地区，投资额占比分别为 24%、24%、22% 和 12%。

（二）证券投资

2010 年，中国证券投资净流入 241 亿美元，较上年下降 38%。其中，中国对外证券投资净流出 77 亿美元，上年为净流入 99 亿美元；境外对中国证券投资净流入 317 亿美元，增长 10%。

在对外证券投资方面，对外债务证券投资净流入的大幅下降是中国对外证券投资逆转的原因。在国际金融市场逐渐稳定的情况下，债券投资回流规模进一步缩减。2010 年中国对外债务证券投资净流入为 8 亿美元，下降 98%，对外债务证券投资的增长和回流资金的下降是净流入较快下降的主要原因。其中，对外债务证券投资为 146 亿美元，增长 33%；对外债务证券投资汇回为 154 亿美元，下降 72%。从投资部门看，2010 年商业银行对外债券投资回流金额 53 亿美元，下降 88%。2010 年，中国对外股本证券投资净流出 84 亿美元，较上年下降 75%。其中，对外股本证券投资为 199 亿美元，下降 57%；对外股本证券投资汇回为 115 亿美元，下降 6%。从投资部门看，保险、证券等非银行金融机构是对外股本证券投资流出的主体，但其总体对外投资流出规模较上年有所下降。

在境外对中国证券投资方面，2010 年境外对中国证券投资净流入 317 亿美元，较上年增长 10%。其中，股本证券投资净流入 314 亿美元，债券证券投资净流入 3 亿美元。股本证券投资流入主要是中国企业赴境外上市首发和再筹资，以及合格境外机构投资者（QFII）对中国的投资，其中，境外上市首发和再筹资合计 354 亿美元，QFII 净流入 26 亿美元。由于偿还外债本金的需要，债务证券投资在 2010 年上半年净流出 4.4 亿美元，但在下半年扭转了趋势，变为净流入。

（三）其他投资

从国际收支统计看，2010 年，中国其他投资项目顺差为 725 亿美元，较 2009 年增长了 7%。其中贷款资产增加 210 亿美元，贷款负债增加 791 亿美元，贷款项下的资金净流入为 581 亿美元；贸易信贷资产（主要表现为中国出口货物应收款和进口预付款）增加 616 亿美元，贸易信贷负债（主要表现为中国进口货物应付款和出口预收款）增加 495 亿美元，贸易信贷项下资金净流出 121 亿美元；货币和存款及其他负债项下资金净流入 23 亿美元。

（四）外债

根据国家外汇管理局提供的外债数据，截至 2010 年末，中国外债余额为 5489 亿美元，同比增长 28%。其中，登记外债余额为 3377 亿美元，同比增长 27%；贸易信贷余额为 2112 亿美元，同比增长 31%。按期限结构划分，中长期外债（剩余期限）余额为 1732 亿美元，占外债余额的 32%；短期外债（剩余期限）余额为3757亿美元，占外债余额的68%。

2010年中国外债变动呈现以下特点：

第一，全年外债余额总体呈现增长态势，其中二季度增长较快，三季度略有放缓，四季度明显放缓。2010年一至四季度，外债余额季环比分别增长3%、16%、6%和0.5%，其中，贸易信贷余额季环比分别增长3%、24%、6%和-4%；中资银行贸易融资余额季环比分别增长12%、49%、12%和19%。

第二，从债务主体看，以中资金融机构和外商投资企业为主。在2010年末的登记外债余额中，中资金融机构和外商投资企业债务余额分别为1353亿和1096亿美元，分别占40%和32%。中资金融机构外债和企业贸易信贷余额增长最快。2010年末，中资金融机构外债和贸易信贷余额分别较上年末增长44%和31%，对外债余额增长的贡献率分别为34%和41%。中资金融机构外债增长主要是由于为进出口企业提供贸易融资（远期信用证、海外代付等）项下的对外债务增加。

第三，从债务类型看，登记外债余额中，国际商业贷款余额为2701亿美元，占80%，所占比重较上年末上升6个百分点；外国政府贷款和国际金融组织贷款余额为676亿美元，占20%。

第四，从期限结构看，中长期外债项下呈现净流入态势。2010年，中国中长期外债项下流入资金422亿美元，同比增加197亿美元，增长88%；流出资金302亿美元，同比减少76亿美元，下降20%；净流入资金120亿美元，而2009年为净流出资金154亿美元。

第五，从币种结构看，以美元债务为主。在2010年末的登记外债余额中，美元债务占70%，比上年末上升2.7个百分点；其次是日元债务，占9%，比上年末下降3.3个百分点。

第六，从用途看，中长期债务主要投向制造业及交通运输、仓储和邮政业等基础设施建设。按照国民经济行业分类，在登记的中长期外债（签约期限）余额中，投向制造业的为457亿美元，占23%；投向交通运输、仓储和邮政业的为257亿美元，占13%。

（五）储备资产与误差遗漏项

2010年，剔除汇率、资产价格等估值因素影响，中国新增国际储备资产4718亿美元，较2009年新增额扩大18%。其中，外汇储备增加4696亿美元，

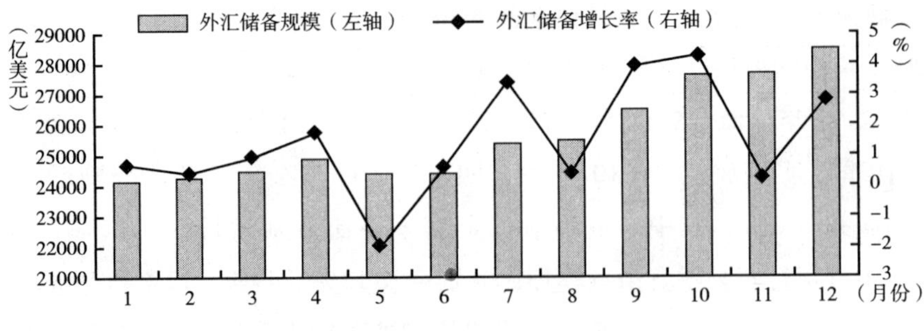

图3　2010年中国外汇储备变化情况

资料来源：国家外汇管理局。

截至2010年末已达到28473亿美元，同比增长18.7%；在基金组织的储备头寸和特别提款权增加22亿美元。从国际收支统计看，货物贸易、直接投资和收益项目顺差对外汇储备增加的贡献率分别为54%、27%和6%。2010年中国外汇储备的增长并不均匀，下半年的增速明显要高于上半年，在5月还出现了2%的负增长，这也是自2009年3月以来的首次负增长，其原因主要在于4月初欧洲债务危机的爆发使得外汇储备中以欧元为主的非美元资产价值下跌，同时避险需求导致全球资金回流美元资产，美元走强，境内外市场人民币升值预期明显减弱，缓解了外汇流入压力。

2010年，中国国际收支误差与遗漏项为借方597亿美元，这相当于国际收支统计口径下货物贸易进出口总额的2%，在国际公认的5%的合理范围以内。

表3　2010年中国国际收支平衡表

单位：亿美元

项　　目	差　额	贷　方	借　方
一　经常项目	3054	19468	16414
A. 货物和服务	2320	17526	15206
1. 货物	2542	15814	13272
2. 服务	-221	1712	1933
B. 收益	304	1446	1142
1. 职工报酬	121	136	15
2. 投资收益	182	1310	1128
C. 经常转移	429	495	66
1. 各级政府部门	-3	0	3

续表

项　　目	差　额	贷　方	借　方
2. 其他部门	432	495	63
二　资本和金融项目	2261	11081	8820
A. 资本项目	46	48	2
B. 金融项目	2214	11032	8818
1. 直接投资	1250	2144	894
1.1 中国在外直接投资	-602	76	678
1.2 外国在华直接投资	1851	2068	217
2. 证券投资	241	636	395
2.1 资产	-77	268	345
2.2 负债	317	368	51
3. 其他投资	725	8253	7528
3.1 资产	-1162	750	1912
3.2 负债	1887	7503	5616
三　储备资产	-4718	0	4718
A. 货币黄金	0	0	0
B. 特别提款权	-1	0	1
C. 在基金组织的储备头寸	-21	0	21
D. 外汇	-4696	0	4696
E. 其他债权	0	0	0
四　净误差与遗漏	-597	0	597

B.15
金融监管改革

2010年是中国实施"十一五"规划的收官之年，也是夺取应对国际金融危机冲击全面胜利、保持经济平稳较快发展、为"十二五"规划的启动实施奠定良好基础的至关重要的一年。对中国金融监管机构来说，2010年更是复杂多变、任务艰巨的一年。从国际经济金融环境上看，既要防范欧洲主权债务危机所引发的恶性传染、应对人民币升值的国际压力、谨防美国第二轮量化宽松政策所带来的国际热钱流入和通胀输出的"外溢效应"，又要追踪全球金融监管改革动态、积极参与国际金融规则制定和全球经济治理。从国内金融市场看，既要缓解通货膨胀预期、防止资产价格泡沫、防范地方政府债务风险和流动性过剩隐患，又要继续深化监管改革，促进金融创新，以此推动中国实体经济的持续、健康发展。在这样的背景下，中国金融监管部门果断采取各项金融调控和监管的政策措施，深入推进金融改革，维护金融安全稳定，保障了国民经济平稳较快发展，进一步提升了中国金融业的综合实力和国际竞争力。

一　全球金融监管改革的趋势及对中国的启示

本轮全球性金融危机爆发以后，人们纷纷将危机的根源指向现行金融监管存在的诸多弊端，为此，世界主要国家和地区纷纷提出了以加强宏观审慎管理为核心的金融监管改革方案。总结这些改革措施，对中国金融监管改革及今后工作的开展有着极其重要的指导意义。理论界认为全球金融监管改革对中国金融监管的启示，主要体现在以下几个方面。

（一）继续坚持全面覆盖的监管理念

从生成机理看，美国次贷危机是金融监管的盲点引致的，并非监管不力①。因

① 王国刚：《止损机制缺失：美国次贷危机生成机理的金融分析》，《经济学动态》2009年第4期。

此，不论是较早改革的英国、日本还是危机过后的美国，其金融监管改革都明显地反映出要着重加强全面覆盖的监管理念。中国金融市场的发展是行政放权的结果，即金融市场的形成、金融产品和服务的出现、金融机构的设立和运行都在监管机构的控制范围之内，因此，可以说中国的金融监管体制一直秉承了全面覆盖的理念，并在维护金融市场稳定方面取得了较好的成绩，使中国并不健全的金融体系在亚洲金融危机和本次金融危机中都经受住了考验①。所以，不仅要继续坚持全面覆盖的监管理念，更应该付诸实践以有效保证这一理念的贯彻与落实②。当然，也有学者认为，中国金融监管仍然存在着很多空白或盲区，例如，对金融控股公司、产融结合以及一些金融衍生产品等方面的监管存在不足。

（二）需要构建宏观审慎管理组织框架

金融监管体系中的专业化分工必然会带来相应的协调问题，尤其是重大的系统性风险因素，很难仅仅依靠某个单一的监管机构来加以处置。在此次全球金融危机中，金融监管当局协调配合不力是导致危机产生及蔓延的主要原因之一。为此，各监管改革方案都要求加强监管协调，设立实体化、制度化的监管协调机构。目前中国初步形成了“一行三会”的金融分业监管格局，但是监管部门之间的协调机制缺乏正式制度保障，仅处在原则性框架层面。随着中国金融业综合经营和金融创新的进一步发展，以及中国金融体系的进一步开放，这一问题将显得更为严重。对如何构建宏观审慎管理组织框架，目前，学术界主要存在两种设想：一是，打破原有的模式，成立统一的混业监管机构，减少监管交叉和重复，以减轻监管负担、简化监管过程③；一是，维持原有的组织体系继续实施分业监管模式，避免机构重组带来的成本增加及内部操作的复杂性，在保持专业监管优势的同时，强调机构之间的沟通与协调。

（三）监管体系要有利于金融创新及竞争力的提升

虽然美国次贷危机暴露出的一个重要问题就是监管机构对金融创新的监管不

---

① 廖岷：《从美国和全球金融危机比较中美金融监管》，《国际经济评论》2008 年第 6 期。

② 胡滨、全先银：《法治视野下的中国金融发展——中国金融法治化进程、问题与展望》，《财贸经济》2009 年第 5 期。

③ 彭虹：《综合金融监管更优越辨析——以各国金融综合监管评述为视角》，《现代经济探讨》2009 年第 1 期。

足，甚至缺位，但从美国金融监管改革法案的具体内容看，并没有彻底抹杀金融机构金融创新的渠道，其主要原因是，担心过于严厉的金融监管会影响美国金融机构的竞争实力，从而在与欧洲等国家和地区的金融竞争中失去国际金融中心的地位。与金融发达国家相比，中国对金融创新一直采用严格的监管措施，虽然这避免了类似美国金融市场的高风险，但是也严重约束了金融市场的创新能力，削弱了中国金融体系的竞争力和吸引力。同时，由于中国金融发展水平较低，诸多金融市场的基本制度和运行机制尚未建立或完善，无法形成具有吸引力和竞争力的金融市场。

（四）重视系统性风险防范和金融稳定问题

现代金融的高传染性和关联性，使得某个金融部门的风险很容易被扩散形成系统性风险，从而引发整个金融体系，甚至经济体系的危机。因此，各国金融监管改革非常强调加强金融体系的系统性风险防范，通过建立预警机制、完善管理模式、构建危机处理机制，消除金融体系存在的系统性风险源，以此促进金融稳定。在不同的经济与社会发展阶段，不同金融体系所面临系统性风险的来源与传导机制也存在着差异。因此，虽然中国金融市场并不发达，但与西方发达国家一样，同样存在着自身的系统性风险。除了经济结构不合理，存在发展不平衡、不协调、不可持续的深层次矛盾之外，国内信贷持续扩张动力仍然较强，跨境资本流动蕴涵潜在风险，流动性过多，通货膨胀、资产价格泡沫、周期性不良贷款增加等都是中国目前必须面对的系统性风险隐患①。也有学者认为，人民币被迫大幅度升值以及目前存在的结构性通胀加剧也极易引发系统性风险。

（五）将保护金融消费者利益作为重要的监管目标

消费者对金融产品的持续购买能力和日益增长的、多样化的金融消费需求，是推动金融总量扩张和金融结构优化的不竭动力。完备的消费者保护措施是发达金融体系的共同特征，也是构成金融体系国际竞争力的重要因素。如果金融监管只关注金融机构的利益诉求而忽视了对消费者利益的切实保护，就会挫伤消费者

---

① 《周小川行长在北京大学就金融宏观审慎管理制度框架作学术报告》，中国人民银行网站，http：//www.pbc.gov.cn，2010年12月16日。

的金融消费热情而使金融业发展失去广泛的公众基础和社会支持。在中国的金融交易活动中，损害消费者利益的不当金融行为并不鲜见。所以，要使中国在国际金融市场竞争中有所作为，就必须对消费者金融产品和服务市场实行严格监管，促进这些产品透明、公平、合理，使消费者获得充分的金融产品与服务的有关信息。

（六）积极参与国际金融监管合作

在全球金融危机爆发之后，国际金融监管合作又一次成为国际经济事务中的热点议题。主要发达国家都对最新的改革方案非常重视，并提出了自己的立场和主张。就中国而言，研究和确定自己在国际金融监管合作中的态度、立场和策略也成了金融监管当局所面临的迫切问题。在当前的形势下，中国积极参与国际金融监管协调与合作具有重要的意义。首先，这是回应国际社会舆论的要求，树立负责任大国形象的需要。其次，目前国际金融监管合作仍然处于酝酿和起步阶段，中国的及早参与，有助于在其中争取主动，确立规则，最大限度地维护自身利益。最后，尽管现阶段中国金融机构和企业对于国际金融市场的参与程度仍然非常有限，但是随着经济发展和金融体系的进一步开放，中国将面临更大程度的传染性系统性风险，对于它们的防范与处置也将越来越多地依赖于国际金融监管的协调与合作①。

二　2010 年中国金融监管政策措施

根据目前中国金融监管体系存在的主要问题及全球金融危机对中国金融监管提出的新要求，2010 年中国金融监管部门积极采取各项措施，出台相关法律法规，进一步完善和优化中国金融监管制度框架。在实践过程中，主要围绕防范系统性风险、构建宏观审慎管理框架、完善金融制度体系、鼓励金融创新以及提高国际金融地位等领域开展相关工作。

（一）加强监管力度，防范系统性风险

全方位加强金融监管力度，一直以来都是中国金融监管层的工作重点。面对

---

① 李扬、胡滨：《金融危机背景下的全球金融监管改革》，社会科学文献出版社，2010。

极其复杂的国内外经济金融形势，2010年中国金融监管部门果断采取主动措施，通过加强信贷管理制度建设、清理整顿地方政府平台贷款以及配合房地产市场调控等政策措施，积极防范目前中国可能存在的系统性风险隐患。

1. 防范银行信贷风险

（1）贷款新规出台的缘由。首先，从市场环境看，信贷规模的极度扩张存在系统性风险隐患。为应对金融危机，保持经济平稳较快发展，从2008年下半年开始，围绕扩大内需、促进消费、增加投资、改善民生，中央出台了一系列政策措施，在政府4万亿经济刺激计划的拉动下，2009年银行业全年实现新增人民币贷款9.59万亿元，增速达31.7%，创近十年来新高①，但在银行信贷激增的背后，贷款质量令人担忧，金融体系的系统性风险正在快速聚集。其次，从内部管理看，粗放式信贷管理模式亟待改变。一些商业银行内部缺乏有效的制衡机制，导致操作风险较高。尤其是有些银行忽视科学决策，片面追求市场份额、规模效益，信贷管理上的内控机制存在漏洞，缺乏必要的风险约束和制衡机制，案件风险陡增，给银行审慎监管增加了难度②。最后，从制度本身看，有存在出台贷款新规的客观要求。目前，规范商业银行开展借贷业务的《贷款通则》是在1996年由央行颁布实施的。但随着中国金融市场的发展，《贷款通则》很多规则条款不仅与商业银行目前的实际操作不符③，也与近年来监管当局颁布的各类风险指引相冲突④。

（2）贷款新规的主要内容。为防控金融体系的系统性风险，提高商业银行对信贷的风险管控能力，构建和完善中国银行业金融机构贷款业务法规框架，2010年2月12日，中国银监会颁布《流动资金贷款管理暂行办法》（以下简称《流贷办法》）和《个人贷款管理暂行办法》（以下简称《个贷办法》）。这两个办法与之前已经施行的《项目融资业务指引》（以下简称《业务指引》）和《固

---

① 《中国银行业监督管理委员会2009年报》，http://zhuanti.cbrc.gov.cn/subject/subject/nianbao2009/2009zwzz.pdf。

② 施其武等：《从审慎监管视角看“三个办法一个指引”》，《银行家》2010年第6期。

③ 例如，《贷款通则》第十四条第二款规定“自营贷款期限最长不超过十年”，与商业个人贷款期限设置不符。又如第十八条第五款规定“企业法人对外的股本权益性投资总额不得超过其资产净值的50%”，与某些企业的性质不符。

④ 例如，银监会2008年出台的《商业银行并购贷款风险管理指引》就已经突破了《贷款通则》有关借款人“不得用贷款从事股本权益性投资”的规定。

定资产贷款管理暂行办法》（以下简称《固贷办法》）[①] 并称“三个办法一个指引”（以下简称“贷款新规”）。具体来看，贷款新规主要包括以下内容。

第一，《固贷办法》主要从贷款业务流程规范的角度提出监管要求，是对现行贷款类监管法规的系统性完善。其要点集中在以下五个方面：一是强化贷款的全流程管理，推动银行业金融机构传统贷款管理模式的转型，提升银行业金融机构信贷资产的精细化管理水平。二是倡导贷款支付管理理念，强化贷款用途管理。三是强调合同或协议的有效管理，强化贷款风险要点的控制，有助于营造良好的信用环境。四是强调加强贷后管理，有助于提升信贷管理质量。五是明确贷款人的法律责任，强化贷款责任的针对性，有助于构建健康的信贷文化。

第二，《业务指引》重点有以下六方面内容：一是在借鉴新资本协议关于项目融资定义的基础上，结合国内项目融资业务的实际情况，明确了项目融资定义。二是明确识别、评估、管理项目建设期和经营期两类风险的要求。三是明确和增加保证贷款人相关权益的措施。四是进一步加强贷款资金支付管理的要求。五是加强项目收入账户管理。六是针对项目融资金额较大、期限较长、风险较大的特点，防止盲目降低贷款条件、恶性竞争，有效分散风险，对多家银行业金融机构参加同一项目融资采取银团贷款方式提出了原则性要求。

第三，《流贷办法》主要从贷款业务流程规范的角度对银行业金融机构提出监管要求，是对现行流动资金贷款监管法规的系统性修订和完善。其核心内容有二：一是要求银行业金融机构合理测算借款人的营运资金需求，审慎确定借款人的流动资金贷款的授信总额及具体贷款的额度，并据此发放流动资金贷款，不得超过借款人的实际需求超额放贷。二是强调对流动资金的支付和贷后管理，加强对回笼资金的管控，要求银行业金融机构针对借款人所属行业及经营特点，通过定期与不定期现场检查与非现场监测，分析借款人经营、财务、信用、支付、担保及融资数量和渠道变化等状况，掌握各种影响借款人偿债能力的风险因素等。

第四，《个贷办法》主要从贷款业务流程规范的角度提出监管要求，是对现行个人贷款类监管法规的系统性完善，目的是促进商业银行提高个人金融服务质量，同时审慎控制相关金融风险。其要点集中在五个方面：一是强化贷款的全流程管理，推动商业银行传统贷款管理模式的转型，提升商业银行个贷资产管理的

---

① 2009 年 7 月 27 日银监会发布《固定资产贷款管理暂行办法》和《项目融资业务指引》。

精细化水平。二是倡导贷款支付管理理念，强化贷款用途管理，提升商业银行风险防范与控制能力，同时防范借款人资金被挪用。三是强调合同的有效管理，强化贷款风险要点的控制，营造良好的信用环境。四是强调加强贷后管理，提升信贷管理质量。五是明确贷款人的法律责任，强化贷款责任的针对性，构建健康的信贷文化。

总结以上主要内容，贷款新规主要体现了三个特点：一是引入受托支付方式，全程监控信贷资金流向，防范银行贷款被不当挪用。受托支付方式即贷款人审核同意后，将贷款资金通过借款人账户支付给借款人交易对象，并应作好有关细节的认定记录，信贷资金并不让借款人经手。《固贷办法》规定，单笔金额超过项目总投资5%或超过500万元人民币的贷款资金支付，应采用贷款人受托支付方式。《流贷办法》规定在贷款人与借款人新建立信贷业务关系且借款人信用状况一般、支付对象明确且单笔支付金额较大、贷款人认定的其他情形等情况下，应当采用受托支付的方式①。《个贷办法》规定，原则上采用受托支付，自主支付作为例外补充。个人贷款资金应当采用贷款人受托支付方式向借款人交易对象支付。但借款人无法事先确定具体交易对象且金额不超过三十万元人民币；借款人交易对象不具备条件有效使用非现金结算方式；贷款资金用于生产经营且金额不超过五十万元人民币；法律法规规定的其他情形等等发生时，经贷款人同意可以采取借款人自主支付方式。二是有效监控借款人资金回笼状况，确保借款人还款来源及时、充足，防范呆账风险。《固贷办法》规定，合同约定专门还款准备金账户的，贷款人应按约定根据需要对固定资产投资项目或借款人的收入现金流进入该账户的比例和账户内的资金平均存量提出要求。《流贷办法》规定，贷款人应通过借款合同的约定，要求借款人指定专门资金回笼账户并及时提供该账户资金进出情况。贷款人可根据借款人信用状况、融资情况等，与借款人协商签订账户管理协议，明确约定对指定账户回笼资金进出的管理。三是参与借款人的日常经营行为，加大银行对借款人重大活动的决策权。贷款新规明确规定，贷款人应在借款合同中约定由借款人承诺，借款在进行对外投资、实质性增加债务融资，以及进行分立、合并、股权转让等重大事项前征得贷款人同意，并可根据

① 在实践中，商业银行一般参照《固贷办法》，要求流动资金贷款额在500万元以上的采用受托支付方式。

法律法规规定和借款合同的约定，参与借款人大额融资、资产出售以及兼并、分立、股份制改造、破产清算等重大活动[①]。

（3）贷款新规出台的意义及实施过程中存在的问题。“三个办法一个指引”贷款新规的陆续颁布实施，对于规范银行业贷款业务开展、提高银行授信风险管理水平、提高金融服务能力和效率、保护金融消费者权益、维护金融体系的持续健康发展具有深远的影响和重大的意义。具体来看，贷款新规的实施有利于银行贷款风险监管制度的系统化调整与完善，促进贷款业务的健康规范发展。有利于银行业金融机构实现贷款的精细化管理，促进公平竞争和科学发展。有利于规范和强化贷款风险管控，确保贷款资金按借款合同约定用途使用，防止资金被挪用，有效保护金融消费者的合法权益，促进贷款资金真正流向实体经济，发挥金融支持实体经济发展的作用[②]。同时，贷款新规可以改变目前的存款派生机制，有助于央行实现货币政策目标。贷款新规变此前的“实贷实存”为“实贷实付”，改变了原来通过发放贷款迅速增加存款的存款派生机制，实体经济实际所需货币资金的正常流转成为存款派生的必要前提之一，银行体系货币派生结果（M2）将更加真实地反映经济主体货币流通的规模。就此而言，贷款新规的实施将有利于央行对货币流通规模的准确把控[③]。

2010 年 11 月 2 日，银监会发布《关于开展“三个办法一个指引”落实情况检查工作的通知》，对银行业金融机构落实“三个办法一个指引”的情况开展检查。在检查过程中，也暴露出一些问题或难点：一是准确测算企业流动资金贷款需求，执行受托支付监管要求难度较大。例如，部分中小企业缺乏精确的财务安排能力，临时性、紧急性资金需求较多，难以完全实现“实贷实付”[④]。同时，中小企业由于事先无法确定交易对象或交易对象分散，也难以提供有效的资金用途证明[⑤]。二是贷款新规的实施变相增加了贷款时间和成本，对需要紧急用款的

---

① 姚启建：《银监会三个办法一个指引述评》，《现代广发》2010 年第 3 期。

② 《银监会有关部门负责人就“三个办法一个指引”答记者问》，http://www.cbrc.gov.cn，2010 年 2 月 20 日。

③ 洪崎：《以贷款新规为契机促进银行业发展方式的转变——论贷款新规的深远意义》，《中国金融》2010 年第 18 期。

④ 李成业：《欠发达地区执行贷款新规面临难题》，《金融博览》2010 年第 11 期。

⑤ 黄德宾：《落实贷款新规中存在的问题及对策——以云南省农村中小金融机构为例》，《中国农村金融》2010 年第 7 期。

贷款企业不利，并有可能造成部分客户流失①。同时，受托支付使一些大的贷款客户失去了大部分资金的自主支配权，交易习惯和资金管理模式也要求随之调整，对商业银行产生不信任感，忠诚度下降②。三是对企业的隐性关联交易不易监管。由于部分客户关联较多，且部分关联方的关联关系较为复杂，因此银行在进行贷款资金支付管理时，可能存在客户通过隐性关联交易逃避资金监管的风险③。四是市场的不确定性影响受托支付实施。受托支付个人贷款或流动贷款需先由借款人与交易方达成购销意向，但因当时未付现而不能实现真正交易，且因向银行借款未成不敢对意向价格作出刚性约束时，若事后遇货物价格上涨，则会加大借款人生产经营成本，如借款人因价格上涨另选择交易方，则需另起炉灶重办借款手续，增大借款成本④。

2. 防范地方财政金融风险

（1）清理地方政府融资平台的背景及主要观点。为克服国际金融危机的不利影响，力争经济“保八”目标的实现，中央于2008年底出台“4万亿元”投资计划，借以拉动经济增长。在“4万亿元”投资计划中，除中央财政承担一部分外，大部分需要由地方政府财政来承担。为解决地方配套资金缺口问题，各地纷纷通过设立融资平台公司等方式筹集建设资金，融资平台公司在此轮经济刺激计划中发挥了重要的融资作用。但是，随着各地政府投资项目大量上马，银行对融资平台公司的贷款和其他融资快速增长，在拉动地方经济增长的同时，潜在风险也有所积累，引起了政策部门、监管层面及学界的高度关注。有关地方政府投融资平台的研究主要围绕以下几个方面：

第一，关于地方政府融资平台的定义。根据参与主体、表现形式及业务范围，地方政府投融资平台可以定义为，由地方政府发起设立，通过划拨土地、股权、规费、债券、税费返还等，组建一个资产和现金流均可达到融资标准的地方国有企业或企业集团，以实现平台的对外融资，并将资金主要投入市政基础设施建设及公用事业等领域⑤。第二，地方政府成立投融资平台的现实动因。一是中

① 邹嵩：《银监会贷款新规对商业银行的影响分析》，《金融发展研究》2010年第9期。

② 周远兴：《贷款新规对商业银行的影响及对策建议》，《市场周刊（理论研究）》2010年第9期。

③ 刘俊：《农信社落实“三个办法一个指引”新规的难点》，《金融博览》2010年第6期。

④ 骆飞群：《浅析贷款新规——“三个办法一个指引”》，《北方经贸》2010年第9期。

⑤ 魏加宁、孙彬：《地方政府投融资平台蕴藏巨大风险》，《中国经济报告》2010年第2期。

国已进入城市化进程的高速发展期，城市基础设施等公共产品缺口很大，相应的融资需求巨大①；二是1994年的分税制改革后，地方政府财权与事权不对称，当期可用于建设的财力有限②；三是与基于GDP的“淘汰式”地方政府官员考核激励机制有关③。第三，地方政府融资平台的合法性。一种观点认为，地方政府通过融资平台进行融资具有合法性，其依据是：2009年3月央行和银监会联合发布的《关于进一步加强信贷结构调整促进国民经济平稳较快发展的指导意见》中提出“支持有条件的地方政府组建投融资平台，发行企业债、中期票据等融资工具，拓宽中央政府投资项目的配套资金融资渠道”。另一种观点认为，地方政府融资平台贷款法律依据不充分，贷款债权难以主张，法律基础不足，其原因是大量地方政府融资平台贷款的担保品为“地方政府财政许诺”或“土地转让收益权质押”，这些做法不符合现行《担保法》有关“国家机关不得为保证人”和关于担保标的确定性的规定。第四，地方政府融资平台的特征。一是以政府主导、商业银行市场化选择为主要运行模式④。二是以地方城市建设投资公司为主要表现形式⑤。三是由政府提供直接或间接担保，商业银行贷款作为主要的资金来源方式⑥。第五，地方政府融资平台风险状况。有学者认为，地方政府融资平台负债规模不断扩大，加剧了地方财政风险，并可能引发银行业危机⑦。也有学

① 周忠明：《地方政府融资模式的现状、问题和改革》，2007年4月24日《金融时报》。

② 支持此观点的代表文献有：平新乔、白洁《中国财政分权与地方公共品的供给》，《财贸经济》2006年第2期；赵优红、张宇飞《我国政府投融资体系的现状及完善》，《财政研究》2005年第10期。

③ 支持此观点的代表文献有：周黎安《晋升博弈中政府官员的激励与合作》，《经济研究》2004年第6期；周雪光《“逆向软预算约束”：一个政府行为的组织分析》，《中国社会科学》2005年第3期；马骏、刘亚平《中国地方政府财政风险研究：“逆向软预算约束”理论的视角》，《学术研究》2005年第11期。

④ 支持此观点的代表文献有：赵优红、张宇飞《我国政府投融资体系的现状及完善》，《财政研究》2005年第10期；郭励弘《实施债权人对融资平台的信用评级》，《中国金融》2009年第20期。

⑤ 支持此观点的代表文献有：巴曙松《地方政府投融资平台的发展及其风险评估》，《西南金融》2009年第9期；苏晓鹏、王兵、冯文丽《地方政府投融资平台风险预警与化解对策》，《农村金融研究》2009年第12期。

⑥ 王卉彤：《地方政府融资手段》，http：//finance. sina. com. cn/review/20060222/14492363691. shtml，2006年4月14日。

⑦ 支持此观点的代表文献有：李俊文《地方政府机构的银行融资情况研究》，《经济问题探索》2008年第10期；贾银萍《关注地方政府融资平台贷款风险》，《银行家》2009年第7期。

者认为，从目前的情况看，地方政府融资平台风险可控，并不具备引发危机的条件①。

（2）加强地方政府融资平台管理的政策措施。为有效防范财政金融风险，加强对地方政府融资平台公司管理，保持经济持续健康发展和社会稳定，国务院及相关部委及时出台相关法律法规，清理整顿地方政府融资平台。2010 年 5 月 26 日，国务院总理温家宝主持召开国务院常务会议，部署加强地方政府融资平台公司管理。会议指出，多年来，地方政府及其部门和机构等设立的融资平台公司，为地方经济和社会发展筹集资金，在加强基础设施建设以及应对国际金融危机冲击中发挥了积极作用。但同时也出现了规模增长过快、运作不够规范等问题。为有效防范财政金融风险，保持经济持续健康发展和社会稳定，必须加强对融资平台公司的管理。一要抓紧清理核实并妥善处理融资平台公司债务。按照分类管理、区别对待的原则，妥善处理债务偿还和在建项目后续融资问题。二要分类清理规范地方政府已设立的融资平台公司，划清职能，规范运作。三要加强对融资平台公司的融资管理和银行业金融机构等的放贷管理。四要坚决制止地方政府违规担保承诺行为。会议要求各地区、各部门加强组织领导和指导监督，抓紧制定实施方案，认真抓好落实。对清理规范后仍然违反规定的要依法依规严肃处理②。

为此，2010 年 6 月 10 日，国务院正式批文《关于加强地方政府融资平台公司管理有关问题的通知》（以下简称“国发 19 号文”），在充分肯定了融资平台公司发挥积极作用的同时，也指出了举债规模迅速膨胀、偿债风险日益加大、运作不规范等多方面的问题，要求抓紧清理核实并妥善处理融资平台公司债务、对融资平台公司进行清理规范、加强对融资平台公司的融资管理和银行业金融机构等信贷管理、坚决制止地方政府违规担保承诺行为，并要求加强组织领导，确保工作落实。7 月 30 日，财政部、发改委、中国人民银行和银监会四部委联合发布《关于贯彻〈国务院关于加强地方政府融资平台公司管理有关

① 支持此观点的代表文献有：廖岷《将督促商业银行改进贷款偿还方式》，2011 年 1 月 5 日《金融时报》；巴曙松《不宜过分夸大地方投融资平台风险》，2010 年 5 月 11 日《文汇报》；中金公司《在发展中动态解决问题：地方政府融资平台贷款风险可控》，2010 年 3 月 11 日。

② 《国务院常务会议部署加强地方融资平台公司管理等》，中央人民政府门户网站，http：//www.gov.cn，2010 年 5 月 27 日。

问题的通知〉相关事项的通知》，对“国发19号文”有关内容进行解释说明，要求商业银行按照现金流测算落实每一个地方融资平台的性质和还款来源，强化分类管理，对融资平台公司的融资和担保作出了严格限制，并要求各地上报地方政府融资平台公司债务清理核实情况。2010年10月28日，财政部发布《地方政府融资平台公司公益性项目债务核算暂行办法》，规定地方政府融资平台需对公益性项目债务进行辅助核算，并要求向同级财政部门报送公益性项目债务报表。

为防范化解地方融资平台信贷风险，银行业进一步加强了对地方政府融资平台贷款管理，按照银监会提出的“逐包打开、逐笔核对、重新评估、整改保全”的原则，对地方融资平台贷款进行全面清理自查①。具体来看，银监会对平台贷款的监管办法提出了三项要求：一是对地方政府融资平台贷款实施动态台账管理，要求在前期清查规范的基础上，尽快建立地方政府融资平台台账，明确名单、贷款金额和还款来源。二是商业银行需按现金流覆盖原则开展分类处置工作。依据平台公司自身经营性现金流覆盖情况，平台贷款可通过整改为公司类贷款、保全分离为公司类贷款、清理回收、仍按平台贷款处理等四种方式进行分类处置。三是加强平台贷款押品、项目现金流和还贷条件以及资产分类、拨备计提的管理。对各类平台贷款要定期开展押品价值评估，及时补充抵（质）押物，防范减值风险。其中，平台贷款的拨备覆盖率及贷款拨备率，不得低于一般贷款拨备水平。

（3）进一步规范地方政府融资平台的政策建议。为期一年的地方融资平台贷款清理规范工作告一段落，监管机构已基本掌握平台贷款的全口径、全行业、全层级的规范清理情况。从已有的相关报道看，截至2010年11月末，全国地方融资贷款余额约9.09万亿元，占全部人民币贷款的19.16%，全国共有各类地方融资平台公司9828家，其中2.84万亿元已被剥离为一般商业贷款。

地方政府平台贷款问题既是危机时期经济刺激计划的负面效应的表现，也是地方债务长期积累的结果，确实存在较大风险。清理政府平台贷款对于防范化解地方融资平台信贷风险，防止信贷风险在商业银行的再次堆积是及时和必要的。

---

① 《银监会召开2010年第二次经济金融形势分析通报会》，中国银行业监督管理委员会网站，http：//www.cbrc.gov.cn，2010年4月20日。

在2010年采取多项严厉措施的基础上，为进一步加强地方政府融资平台的管理，还需做好七方面工作：一是完善有关法规和管理制度，明确地方政府融资的合法渠道，并从法律制度上杜绝地方政府融资平台贷款中的违规行为。二是统一地方政府融资平台概念及统计口径和方法，以便于对地方政府融资平台进行科学管理和指导。三是研究编制地方政府的资产负债表，促进地方政府债务情况显性化。整合地方政府可用于还款的各类资产，并将分散在各个融资平台的投融资活动纳入公共财政资产负债表，把投资来源与投资使用的方向、结构、总量限制在资产负债的框架之内。四是积极研究制定区别化的政策措施，针对不同类型、不同地区的融资平台，采取不同的政策措施。五是吸引民间资本进入地方政府投资领域。根据国务院鼓励民间投资的“新36条”的要求，积极促进政府投融资的市场化运作，积极吸引民间资本入股平台公司。六是加强对地方政府投融资平台的风险管理与防范，建立健全地方政府债务管理体制，明确地方政府投融资平台的管理权，并将其纳入金融监管的大框架中。七是拓展地方政府投融资平台的融资渠道，打破现在主要依靠银行贷款的局面，逐步完善政府投融资体系。在规范平台贷款的基础上，为试点地方融资模式创造必要的制度环境，从根本上解决地方政府融资难问题。

3. 防范资产价格泡沫风险

（1）房地产调控中的利率政策手段回顾。中国房地产市场的快速发展从1998年停止福利分房制度开始，房地产业作为国民经济的支柱产业，经历了快速的发展阶段。与此同时，房贷利率作为房地产金融的重要调控手段从2002年也开始发挥作用。到2003年，国内部分房地产市场出现了过热的现象，因此央行在2004年和2005年分别对人民币贷款利率和住房公积金贷款利率进行了调整，以期对住房市场达到微调的效果。2006年开始，国内房价出现大幅上涨，国内外各种热钱进入房地产行业，出现大量投资性购房，政府出台了一系列政策，希望稳定房价，其中比较关键的措施就是通过提高贷款利率紧缩信贷，希望以此平抑快速增长的房价。其中以2007年的连续6次加息最为引人注目。2007年第四季度，全国的房地产成交量开始出现回落。2008年上半年在前期调控政策和金融危机的影响下，房地产投资迅速减少，国际热钱纷纷撤出，住房市场进入观望状态，成交量锐减，房价也有所下降。2008年下半年随着世界金融危机的影响扩大，央行宣布“双率”齐降，货币政策再度从“从紧”向“适度宽松”

转变①。

（2）差别化房贷利率政策内容。从 2009 年下半年开始，中国房地产市场在经历了短暂的调整后，出现了极度繁荣景象，房价节节攀升，甚至达到了疯狂的程度。2010 年，以稳定房价为主的房地产调控政策密集出台，其中包括土地、金融、税收等多种调控手段。但是，与以往相比，本轮房地产调控政策最大的特点就是在积极运用利率手段的同时，更加注重采用差别化房贷政策，针对房地产投机进行打击。

2010 年 1 月 10 日，国务院发布了《关于促进房地产市场平稳健康发展的通知》（简称“国十一条”），明确规定增加保障性住房和普通商品住房的有效供给，执行差别化信贷政策，已利用贷款购买住房又申请第二套及以上住房贷款的首付比例不得低于 40%，并要求央行及银监会要加大对金融机构房地产贷款业务的监督管理和窗口指导。4 月 2 日，财政部下发通知称，对两个或两个以上个人共同购买 90 平方米及以下普通住房，其中一人或多人已有购房记录的，该套房产的共同购买人均不适用首次购买普通住房的契税优惠政策。4 月 17 日国务院发布了更为严厉的《关于坚决遏制部分城市房价过快上涨的通知》，加大抑制不合理购房需求的力度，规定首套自住房建筑面积 90 平方米以上的贷款首付比例不得低于 30%，二套房的贷款首付比例提高到 50%，且贷款利率不低于基准利率的 1.1 倍。要求商业银行可根据风险状况暂停发放第三套及以上住房贷款，对不能提供一年以上当地纳税证明或社会保险缴纳证明的非本地居民暂停发放购房贷款。

9 月 29 日，为进一步贯彻落实《国务院关于坚决遏制部分城市房价过快上涨的通知》的有关精神，巩固房地产市场调控成果，促进房地产市场健康发展，中国人民银行会同中国银行业监督管理委员会印发《关于完善差别化住房信贷政策有关问题的通知》，要求商业贷款首套房贷款首付最低 30%，优惠利率调至八五折；二套房实行认房又认贷政策，首付 50%、利率上浮至 1.1 倍；而一向以政策优惠吸引借款人的公积金贷款也变得更为严厉，公积金二套房限定人均面积标准，限制购买高档住宅，利率上浮至 1.1 倍；三套房贷款的商业贷款和公积

① 孟繁瑜、张建阳：《房贷利率调整对房地产市场影响的理论分析》，《中国房地信息》2010 年第 12 期。

金贷款则全面叫停，坚决遏制房地产市场投机行为。同时，要求商业银行继续支持保障性住房建设贷款需求，支持中低价位、中小套型商品住房项目建设，引导房地产市场健康发展。10 月 19 日，中国人民银行宣布，自 20 日起，金融机构一年期存款基准利率上调 0. 25 个百分点，由现行的 2. 25% 提高到 2. 50%；一年期贷款基准利率上调 0. 25 个百分点，由现行的 5. 31% 提高到 5. 56%；其他各档次存贷款基准利率据此相应调整。次日，住房和城乡建设部宣布，于 20 日起，五年期以下（含五年）及五年期以上个人住房公积金贷款利率分别上调 0. 17 个和 0. 18 个百分点；五年期以下（含五年）从 3. 33% 调整为 3. 50%，五年期以上从 3. 87% 调整为 4. 05%。11 月 2 日，住房和城乡建设部、财政部、中国人民银行、银监会联合印发《关于规范住房公积金个人住房贷款政策有关问题的通知》，对公积金贷款政策进行调整，第二套住房公积金个人住房贷款利率不得低于同期首套住房公积金个人住房贷款利率的 1. 1 倍，首付款比例不得低于 50%，严禁使用住房公积金个人住房贷款进行投机性购房，并停止向购买第三套及以上住房的缴存职工家庭发放住房公积金个人住房贷款。11 月 4 日，住房和城乡建设部与国家外汇管理局联合下发了《关于进一步规范境外机构和个人购房管理的通知》，要求境外个人在境内只能购买一套用于自住的住房，对外资开始实施“限购令”。12 月 25 日，中国人民银行宣布，自 26 日起，金融机构一年期存贷款基准利率分别上调 0. 25 个百分点，其他各档次存贷款基准利率相应调整。同时，住房和城乡建设部宣布，于 26 日起，五年期以下（含五年）及五年期以上个人住房公积金贷款利率均上调 0. 25 个百分点；五年期以下（含五年）从 3. 50% 调整为 3. 75%，五年期以上从 4. 05% 调整为 4. 30%。

（3）对房地产调控政策的简单评述。2010 年一系列房地产调控政策的实施已经初步遏制了房价过快上涨，房地产调控政策已经初显成效。本轮房地产市场宏观调控，一改以往只注重运用土地、税收政策的历史，更加强调了金融手段的作用。通过信贷政策、差别化利率政策、外资政策等多管齐下，引导市场，自此奠定了金融政策作为房地产调控核心手段的地位。

（二）研发逆周期政策工具，构建宏观审慎管理制度框架

由美国次贷危机而引发的全球性金融危机为世界各国及国际组织提供了一个重视和重塑金融监管体制的契机，其中加强宏观审慎管理成为各国改革的核心内

容之一。危机爆发伊始，中国金融监管机构便密切关注危机演化及全球金融监管改革动态，将加强宏观审慎管理作为一项重要的工作开展，并予以高度的重视。

1. 宏观审慎管理理念的发展脉络及国外实践动态

“宏观审慎”概念的产生可以追溯到20世纪70年代末，1979年6月巴塞尔银行监管委员会的前身库克委员会（Cooke Committee）在一次关于国际银行贷款期限转换的讨论会中首次提出了“宏观审慎”一词，认为“宏观审慎”应当得到更多的关注①。但是，直到1986年，“宏观审慎”一词才首次被正式写入公开文件中②。随着亚洲金融危机的爆发，有关“宏观审慎”这一新的监管理念及相关研究逐步得到强化和深入，其中最为突出的代表是BIS和IMF在此方面的探索性研究。其中，IMF主要侧重对宏观审慎管理理念的实践应用，例如，从1999年起向成员国推荐“金融部门评估规划”（FSAP），并于2002年正式建立了“金融稳健指标体系”，在充分强调宏观经济指标的基础上，对一国金融体系进行稳健性评估。BIS则更侧重宏观审慎管理的理论研究，在对宏观审慎与微观审慎进行比较的基础上，提出宏观审慎管理的概念及特征③。

本轮全球性金融危机爆发以后，实务界和理论界纷纷将危机的根源指向现行金融监管存在的诸多弊端，并普遍认为加强宏观审慎管理是维护金融体系及实体经济稳定的必要手段。为此，金融稳定理事会以及美国、英国、欧元区等纷纷提出了以加强宏观审慎管理为核心的金融监管改革方案。2009年4月二十国集团伦敦峰会决定设立金融稳定理事会（FSB），倡导与国际货币基金组织合作，对宏观经济和金融危机风险发出预警，以便各国政府鉴别和处理宏观审慎监管的风险。经过多方论证④，2010年7月21日经美国总统奥巴马签署，美国金融监管

① Piet Clement, “The Term ‘Macroprudential’: Origins and Evolution”, *BIS Quarterly Review*, March 2010.

② Bank for International Settlements, Recent Innovations in International Banking, Report Prepared by a Study Group Established by the Central Banks of the G10 Countries, Basel, April (Cross Report), 1986.

③ Andrew Crockett, “Marrying the Micro-and Macro-prudential Dimension s of Financial Stability”, BIS Speeches, 21 September, 2000; Claudio Borio, “Towards a Macroprudential Framework for Financial Supervision and Regulation?” BIS Working Paper No. 128, February 2003.

④ 美国金融监管改革的前期成果包括：2008年3月公布的《金融监管框架现代化蓝图》、2009年3月公布的《金融监管改革框架》和2009年6月公布的《金融监管改革——新基础：重建金融监管》。

改革的最终方案《华尔街改革与消费者保护法》浮出水面。在这部被誉为美国“大萧条”以来最严厉的金融监管改革法案中，最核心的内容就是提出要成立一个具有宏观审慎管理职能的新机构——金融稳定监管委员会（FSOC），并对所有大型、关联度高的系统重要性金融机构实施稳健监管。英国的金融监管改革的主要内容包括成立金融稳定理事会（CFS），全面负责监控系统性金融风险，并对系统重要性机构和金融体系的顺周期性进行宏观审慎监管①。欧元区则是提出成立欧洲系统风险委员会（ESRB）作为宏观审慎管理部门，明确赋予欧洲中央银行在宏观审慎管理中的特殊地位，并就如何减少金融监管的顺周期性达成了共识②。

2. 中国宏观审慎管理改革实践

2010年，针对宏观审慎管理问题，中国金融监管机构继续加大研究力度和研发投入，探讨适合中国国情的逆周期政策工具和宏观审慎管理框架。中国人民银行密切跟踪后危机时期宏观经济形势和国际金融体系变化，研究探索建立宏观审慎管理制度框架，进一步强化系统性金融风险防范的制度保障。自2009年11月11日中国人民银行首次提出“宏观审慎管理”以来③，“宏观审慎管理”一词便不断被央行提及。在2010年9月发布的中国人民银行《中国金融稳定报告（2010）》中，对宏观审慎管理框架的构成进行了说明：一是宏观审慎分析，以识别系统性风险；二是宏观审慎政策选择，以应对所识别的系统性风险隐患；三是宏观审慎工具运用，以实现宏观审慎政策目标。一年多来，中国人民银行一直高度重视从防范系统性风险的角度增强宏观调控弹性，运用信贷政策、差别存款准备金率、住房抵押贷款按揭成数等手段加强审慎管理，引导货币信贷平稳增长，并取得了较好的效果。同时，中国人民银行行长周小川也在不同场合，多次提及宏观审慎管理。2010年10月18日，在由国际货币基金组织组织召开的“宏观审慎政策：亚洲视角”高级研讨会的开幕致辞中，周小川行长表示，“国

---

① 英国的宏观审慎管理框架主要体现在：2009年2月英国议会颁布的《2009年银行法案》、2009年3月英国金融服务监管局（FSA）发布的《特纳报告》以及2009年7月英国财政部发布的《金融市场改革白皮书》。

② 欧元区和美国的宏观审慎管理框架主要体现在：2009年6月19日，欧盟理事会通过的《欧盟金融监管体系改革》和2009年9月的欧盟委员会提出的《关于赋予欧洲中央银行在欧洲系统风险委员会中的特定任务》的提案。

③ 《中国货币政策执行报告（2009年第三季度）》指出，“逐步建立起宏观审慎管理的制度并纳入宏观调控政策框架”，中国人民银行网站，http://www.pbc.gov.cn，2009年11月11日。

际金融危机重大教训之一是，不能只关注单个金融机构或单个行业的风险防范，还必须从系统性角度防范金融风险，而宏观审慎政策正是针对系统性风险的良药”①。12月9日，周小川行长在央行网站上发文，总结“十一五”时期中国金融业的改革与发展，并表示“执行宏观审慎政策应是中央银行的重要职责，中国也更加重视中央银行的宏观审慎管理职能”②。12月15日，周小川行长应邀在北京大学作学术报告，并就“构建逆周期的金融宏观审慎管理制度框架”作了全面阐述，包括金融宏观审慎管理制度框架的国际背景、主要内容、政策意义，以及在中国的有关实践及发展方向等③。除此之外，中国人民银行还积极协助IMF和世界银行开展“金融部门评估规划”（FSAP）工作。2010年6月和11月底，IMF和世界银行中国FSAP评估团分两次来华进行现场评估评价工作，并对中国人民银行的工作给予了高度的评价④。

根据年初工作会议制定的任务，2010年中国银行业监督管理委员会坚持探索创新，加强宏观审慎和微观审慎监管，并将工作重点放在探索宏观审慎管理的工具上。根据宏观经济形势的变化及宏观经济政策的需要，2010年银监会要求商业银行提高资本充足率、核心资本充足率和拨备覆盖率，以及将商业银行交叉持有的次级债进行扣减等，进一步完善具有前瞻性、动态性和科学有效的宏观审慎和微观审慎监管方法，积极探索宏观审慎和逆周期监管方法。2010年9月12日，全球27个国家或地区的央行和监管机构领导人通过了《巴塞尔协议Ⅲ》，协议将核心一级资本、一级资本、总资本的充足率分别设置为4.5%、6%、8%，并且设定了资本留存缓冲比例以及逆周期缓冲比例⑤。随着《巴塞尔协议Ⅲ》的尘埃落定，银监会积极开展相关工作对巴塞尔委员会提出的各项标准进行认真测算和开展实证研究，为制定国内具体的资本监管制度做好准备工作。

---

① 《周小川行长在“宏观审慎政策：亚洲视角高级研讨会”上的开幕致辞》，中国人民银行网站，http://www.pbc.gov.cn，2010年10月21日。

② 周小川：《“十一五”时期中国金融业改革发展的成就》，中国人民银行网站，http://www.pbc.gov.cn，2010年12月9日。

③ 《周小川行长在北京大学就金融宏观审慎管理制度框架作学术报告》，中国人民银行网站，http://www.pbc.gov.cn，2010年12月16日。

④ 《中国FSAP第二次现场评估顺利结束》，中国人民银行网站，http://www.pbc.gov.cn，2010年12月21日。

⑤ 姜山：《巴塞尔Ⅲ迈出全球监管新一步》，2010年9月15日《证券时报》。

2010 年 9 月，银监会下发《新四大监管工具实施要求简表》讨论稿，主要是对资本充足率、动态拨备率、杠杆率和流动性比率四个指标提出了新的监管要求。而这四个监管指标均来自于《巴塞尔协议Ⅲ》的改革建议，经过银监会对系数进行调整后，进入宏观审慎监管指标体系。为了实施新的监管标准，银监会不再简单地按照资产规模将国内银行分为大、中、小银行，而是根据银行规模、复杂性及关联性的差异，将商业银行分为系统重要性银行和非系统重要性银行两大类，系统重要性银行则需要面临更严格的监管①。2010 年 10 月，银监会抽取 78 家银行业金融机构参加新四大监管工具的定量测算工作，以验证四大监管指标的合理性。参加定量测算的分别为国开行、5 家国有银行、12 家股份制银行、10 家城商行、15 家外资行、14 家农村商业银行等。根据讨论稿，在最低资本要求方面，商业银行核心一级资本、一级资本和总资本分别为 5%、6% 和 8%，仅第一项指标高于国际上 4.5% 的标准。在超额资本方面，讨论稿要求留存部分不超过 2.5%，反周期部分为 0% ~2.5%，此外系统重要性银行还需要 1% 的附加资本。对于系统重要性银行来说，这些指标被要求在 2012 年达标，而对非系统重要性银行来说，这些指标的达标时间则为 2016 年。讨论稿还要求杠杆率指标为 4%，高于国际上 3% 的标准，拨备/信贷余额的指标为 2.5%，这两个指标要求系统重要性银行和非系统重要性银行分别在 2012 年底和 2016 年底达标；流动性覆盖率和净稳定资金比率这两项流动性指标均为 100%。从测算结果看，资产质量较好的股份制银行拨备/信贷余额平均仅 1.78%，另外在流动性指标上有一些银行未能达标，杠杆率上也有一些中小银行不到 4%。所有这些数据，都将作为重要的参考指标，对最终宏观审慎监管指标的制定提供依据。

2010 年 5 月，国务院批转发改委《关于 2010 年深化经济体制改革重点工作意见》，在深化金融体制改革的意见中已经明确提出，“建立宏观审慎管理框架，强化资本和流动性要求，确立系统性金融风险防范制度”。2010 年 10 月 27 日，备受关注的“十二五”规划建议全文公布，深化金融体制改革成为中国未来的发展目标之一，而改革的第一项内容就是“构建逆周期的金融宏观审慎管理制度框架”②。可见，

① 胡蓉萍：《银监会构筑四大监管新标准》，2010 年 11 月 27 日《经济观察报》。

② 《关于制定国民经济和社会发展十二五规划建议的说明》，中央人民政府门户网站，http://www.gov.cn，2010 年 10 月 28 日。

构建宏观审慎管理框架是中国今后一段时期内金融领域最核心的改革内容之一。

3. 构建宏观审慎管理制度框架的政策建议

宏观审慎管理理念的提出及深化，是危机背景下的产物，是适应特殊情况的应急措施，是为缓解发达国家危机而提出的，其具体措施更适用于金融市场发达的国家，并不完全适用于新兴市场国家和发展中国家。同时，由于宏观审慎管理概念尚属发展阶段，还未形成完善、成熟的理论体系和制度框架，因此，构建适合中国国情的宏观审慎管理框架必须充分研究宏观审慎管理的内涵及外延，避免不加具体分析地实施“别人感冒我吃药”的“跟风式”改革。针对宏观审慎管理制度框架的基本内容，目前，理论界和实务界形成如下一些观点：

第一，有关宏观审慎管理专门机构的问题。宏观审慎管理的实施要依靠权力部门的推进，因此宏观审慎监管中的权力安排也是至关重要的一环。根据 FSA 相关报告，宏观审慎管理框架中的管理机构可以有三种模式：第一种模式是监管机构负责监管政策的制定及执行。在这种模式下，中央银行负责监控系统性风险，并将监管结果及建议反馈给微观审慎监管机构，由微观审慎监管机构来化解系统性风险。第二种模式是中央银行负责宏观审慎管理政策的制定。在这种模式下，中央银行负责监控系统性风险并出台政策化解系统性风险，必要时中央银行可以要求微观审慎监管机构配合其政策的实施。第三种模式是由中央银行和微观审慎监管机构共同组成委员会，由委员会负责监管政策的制定。① 可以说，三种模式并无绝对的好或坏，要根据各国的国情决定要采用的模式。对如何构建中国宏观审慎管理部门问题，目前主要有以下三种观点。一是，赋予中国人民银行宏观审慎管理职能。作为宏观审慎监管体系的主导部门，必须具备能够宏观把控全局、协调各部门的共同利益并及时处理单个机构或金融体系中出现的问题的能力和条件②，同时，应当对宏观经济及其风险变化相当敏感，在货币信贷管理以及宏观经济判断的经验、手段、数据、人才等方面均具有优势③。可见，宏观审慎监管

① FSA, The Turner Review: A Regulatory Response to the Global Banking Crisis, http://www.fsa.gov.uk, March 2009.

② 何德旭、吴伯磊、谢晨：《系统性风险与宏观审慎监管：理论框架及相关建议》，《中国社会科学院研究生院学报》2010 年第 6 期。

③ 张晓慧：《从中央银行政策框架的演变看构建宏观审慎性政策体系》，《中国金融》2010 年第 23 期。

在本质上具有归属于中央银行的特性，它与中央银行在职能、货币信贷政策工具、独立性等方面都具有内在一致性，却与微观审慎监管有天然冲突性①。因此，应从制度上进一步明确中央银行在宏观审慎监管框架中的地位，赋予中央银行对具有系统重要性金融机构的监管权②。二是，成立具有宏观审慎管理职能的新机构。鉴于中国目前“一行三会”的监管体系，还未形成能够实现宏观审慎管理职能的协调机制，同时，鉴于财政部和发改委在中国宏观经济调控中的作用，建议成立一个由“一行三会一部一委”共同组成的协调部门③。该机构承担类似欧洲系统风险理事会、美国金融稳定监管委员会以及英国金融稳定理事会的职责④，负责搜集汇总相关数据，研究制定具体的相机抉择目标和政策指标，参与在宏观审慎管理上的国际合作等，统一向国务院决策负责⑤。三是，不改变现有的监管框架，而是在功能监管的思路上对现有监管职能进行重新划定和调整分工，通过赋予中央银行更多的金融监管职能，增强微观金融监管部门的宏观审慎管理，实现宏观审慎管理目标⑥。

第二，开发宏观审慎管理的政策工具。从目前的国外实践经验看，在宏观审慎管理工具的开发上，主要围绕宏观审慎管理的跨行业维度和跨时间维度进行设计。具体来说，着重开发那些对系统重要性金融机构的风险能够有效控制的工具（如资本金率、系统性风险税、杠杆率等）和那些对顺周期性能够有效调节的工具（如动态拨备、资本缓冲等）。选择和开发适合中国国情的宏观审慎管理工具，必须要结合中国经济金融实际情况，深入研究反周期监管政策和系统重要性机构监管政策，校准原有的微观审慎监管工具，形成宏观审慎监管工具箱⑦。特别要指出的是，中国尚未建立起包括注入流动性、处置有毒资产、金融机构重组与破产等要素的金融危机应对机制，而从金融危机的救援来看，金融监管当局的

① 尹久：《宏观审慎监管：中央银行行使的依据、目标和工具》，《武汉金融》2010 年第 8 期。
② 李妍：《宏观审慎监管与金融稳定》，《金融研究》2009 年第 8 期。
③ 彭刚、苗永旺：《宏观审慎监管框架构建的国际借鉴与中国的选择》，《经济理论与经济管理》2010 年第 11 期。
④ 张华：《对当前中国金融宏观审慎监管组织模式的思考》，《西南金融》2010 年第 8 期。
⑤ 夏斌：《宏观审慎管理：框架及其完善》，《中国金融》2010 年第 22 期。
⑥ 王松奇：《宏观审慎监管的重要性与金融稳定的着眼点》，2010 年 11 月 19 日《金融时报》。
⑦ 王力伟：《宏观审慎监管研究的最新进展：从理论基础到政策工具》，《国际金融研究》2010 年第 11 期。

有力救援是防止金融风险扩散的有效防火墙，同时，流动性注入和问题资产处置是恢复金融机构和市场功能的重要措施，因此，必须建立一个强有力的最后贷款人和一套运行有序且有效的金融风险或危机应对机制①。

第三，加强对系统性重要机构的监督。系统性重要机构指资产规模庞大、业务复杂、杠杆化程度高、与其他金融机构关联度高，其倒闭和失败将直接威胁到金融稳定的大型金融机构，即“太大而不能倒”或者“太关联而不能倒”的金融机构。IMF、BIS 和 FSB（2009）提出了关于定性和定量分析相结合的基本框架，用于从系统性风险的角度评估和测量单个机构、市场以及工具在金融系统中的重要性，其最重要的三个标准是规模、不可替代性和相互关联性。巴塞尔委员会宏观审慎监管工作组（MPG）根据以上要求负责研究确定了识别系统重要性机构的方法论。这一初步方法论在规模和关联度方面分别采用表内外总资产、银行间资产和银行间负债三个指标。同时，在可替代性、关联度和国际活跃程度方面选取一系列补充性的定量和定性指标。通过初步的测试，MPG 初步确定了全球资产规模最大的 60 家银行为系统重要性机构，包括中国的 6 家银行，分别是中国工商银行、中国银行、中国建设银行、交通银行、招商银行和中信银行②。有观点认为，从规模上看，工、农、中、建、交五大银行毫无疑问是“系统重要性”银行，在确定其他银行是否属于系统重要性时，可以采用系数法进行替代，即以交行作为临界点，把资产规模排在交行后面的银行和交行相比，得到一个系数，然后以此计算该银行需要保持的资本充足率③。近年来，中国金融业的混业经营发展迅速，由产业集团主导的混合型金融集团变得越来越活跃，出于金融控股集团的复杂性及高关联性，有学者认为应该将平安、中信、光大等金融控股集团视为系统重要性机构。还有专家认为，由于中国金融市场的特点及系统性风险特征，目前所面临的最严峻的挑战可能不是来自于国际上所重视的“大而不倒”的机构，而是来自于一些“小而不倒”的目前监管不太充分的机构，例如大量

① 何德旭、吴伯磊、谢晨：《系统性风险与宏观审慎监管：理论框架及相关建议》，《中国社会科学院研究生院学报》2010 年第 6 期。

② 刘明康：《MPG 确定系统重要性银行的方法是巨大贡献》，2010 年 12 月 2 日《经济观察报》，http：//money. 163. com/10/1202/14/6MTFK6HJ00253B0H. html。

③ 周小川：《宏观审慎性政策是一个动态发展的框架》，中国新闻网，http：//www. chinanews. com/fortune/2011/01 -05/2766532. shtml，2010 年 1 月 5 日。

存在的区域性农村金融机构和中小银行，对这些机构也必须引起高度的重视[①]。

第四，建立宏观审慎监管指标体系。宏观审慎监测指标体系是宏观审慎管理的基础，可以用来预测金融失衡和系统性风险的累积程度，据此实施反周期监管[②]。具体而言，在监管指标中，主要包括宏观与金融数据，非金融部门债务数据、杠杆率与资产价格，以评估贷款人的风险性；银行的资产负债表，用以评估银行系统的稳健性；其他的主要指标还包括违约率、破产率等[③]。结合中国实际，还应考虑反映地方政府债务的融资平台贷款偿还率、地方政府债务增长率等指标，除住房价格外，反映房地产市场泡沫程度的商品房空置率也要密切关注[④]。

第五，加强国际金融监管合作与协调。在金融全球化背景下，任何一个国家的金融体系都不是孤立的，都通过各种金融渠道紧密联系在一起，这也因此增加了每个国家受金融危机或金融风险传播的几率。因此，搭建中国与世界其他国家宏观审慎监管的协调机制是防范系统性风险的有益渠道，也是实现宏观审慎监管目标的一个重要途径。对中国来说，构建与世界其他国家宏观审慎监管的协调机制，可以从以下几个途径入手。一是配合国际货币基金组织和世界银行积极启动金融部门评估规划。二是提升国内监管标准，向国际监管标准靠拢。[⑤] 三是与其他国家金融当局签订双边谅解备忘录，如在信息提供、相互磋商、技术合作等方面展开合作[⑥]。

第六，实施宏观审慎管理所面临的困难。一是宏观审慎管理部门难以准确判断当前的经济形势[⑦]。二是在逆周期政策工具的设计和运用方面，面临着是规则导向还是相机抉择的问题[⑧]。三是维护金融稳定和实施逆周期宏观审慎政策需要

---

① 巴曙松：《构建宏观审慎监管框架的关键是什么》，2010 年 12 月 7 日《中国经济时报》。

② 王力伟：《宏观审慎监管研究的最新进展：从理论基础到政策工具》，《国际金融研究》2010 年第 11 期。

③ 谢亚：《实施宏观审慎监管的几点思考》，《中国金融》2010 年第 12 期。

④ 付刚：《宏观审慎管理与系统性金融风险防范思考》，《金融发展研究》2010 年第 10 期。

⑤ 彭刚、苗永旺：《宏观审慎监管框架构建的国际借鉴与中国的选择》，《经济理论与经济管理》2010 年第 11 期。

⑥ 郭田勇：《后危机时代我国金融宏观审慎监管问题的思考》，《中国市场》2010 年第 24 期。

⑦ 巴曙松、王琼怡、杜婧：《从微观审慎到宏观审慎：危机下的银行监管启示》，《国际金融研究》2010 年第 5 期。

⑧ 李佩珈：《“逆周期金融宏观审慎”的中国道路》，2011 年 2 月 15 日《金融时报》。

相关部门之间加强协调合作①。四是逆周期性的宏观审慎监管政策与现行的公允价值会计准则不一致。另外，对于依照何种标准确定系统重要性金融机构、如何更好计算系统风险的贡献度，以及如何实施更有效的流动性管理也有赖于更深入的研究②。

（三）完善金融制度体系，鼓励金融制度创新

在加强金融监管、防范金融风险的同时，2010 年中国金融监管部门积极出台相应法律法规，通过制定和完善股指期货、融资融券以及保险资金运用管理等领域的规则和条例，完善金融市场制度、促进金融创新与发展。

1. 推进资本市场制度创新

（1）推出股指期货和融资融券的背景及争论。融资融券业务的开展和股指期货交易品种的推出给中国资本市场带来的最直接的影响便是引入了做空机制，结束了长期以来的单边市场。在融资融券和股指期货推出之前，主要围绕利弊分析，人们对其在目前条件下是否应该推出存在一定的争论。

对股指期货来说，其积极作用表现在三个方面：一是能够弥补目前中国证券市场没有做空机制这一最大的制度缺陷，完善资本市场的运行机制，同时，还有助于促进市场价格的理性回归。二是可以降低证券市场的波动性，有助于平抑股票市场的波动幅度。三是可以改善机构投资者产品同质化现象，做到差异化灵活配置资产组合。其消极影响表现在四个方面：一是由于期货市场的杠杆机制，投资者承担的风险和获得的收益会被放大很多倍，较小的价格变化也会导致较大的盈利与亏损，因此，如果操作不当，可能会带来更大的市场风险。二是由于股指期货与未来相联系，带有较大的不确定性，从而指数期货的价格波动往往较现货市场更为剧烈，而股指期货的这种价格波动，通过指数套利或其他渠道，往往又会迅速影响股票现货市场的价格，进而加大现货市场的价格波动。三是股指期货相对于现货交易具有交易成本低、保证金比例低、杠杆倍数等优点，在股指期货推出的初期会吸引一部分纯粹投机者或偏爱高风险

① 李文泓：《关于宏观审慎监管框架下逆周期政策的探讨》，《金融研究》2009 年第 7 期。

② 俞勇、张扬：《宏观审慎监管：概念、框架与逆周期政策》，2011 年 2 月 16 日《当代金融家》，http：//finance. jrj. com. cn/2011/02/1611439205079. shtml。

的投资者的部分资金，这些资金由股票现货市场转移至期货市场，甚至会出现期货市场的交易规模超过现货市场的情况，进而减少现货市场的流动性。四是股指期货市场与现货市场之间客观上存在着某种联动关系，使得一些机构大户有时可能会在交易中以牺牲广大中小投资者利益为代价，运用股指期货交易来操纵市场，牟取暴利①。

对融资融券来说，其积极作用表现在四个方面：一是融资融券的启动将为市场输入增量资金，并大大提高证券交易的换手率，这对于市场中的存量资金而言，无疑有效地提高了资金的流动性，放大了资金的使用效用，同时进一步活跃了证券市场。二是信用交易机制以证券金融机构为中介，一头连接着银行金融机构，一头连接着证券市场的投资者，通过融资融券交易，引导资金在两个市场之间有序流动，从而提高证券市场的整体效率②。三是融资融券者成为价格发行功能实现的主要推动力量。融资融券机制的存在，可以将更多的信息融入证券的价格，使之能更充分地反映证券的内在价值，以完善市场的价格发现功能。四是融资融券机制具有一定的减缓证券价格波动的功能。同时，这种双向交易机制的建立，可有效降低单边投机市场走势出现的概率，为维护市场的稳定起到作用。其消极影响表现在四个方面：一是融资融券交易中存在杠杆机制和做空机制，而这些机制均具有助涨助跌的效应，因此会加大市场的波动幅度③。二是目前中国采取的是许可证制度，融资融券会促使客户向具有融资融券业务的规模、实力较好的大券商转移，从而导致券商垄断局面的出现。三是融资融券可以实现一定的杠杆放大所能控制的资金规模，大大降低控盘的难度，容易引起股价的操控和加剧内幕交易。四是融资可能导致银行信贷资金进入证券市场，如控制不力，可能会引发整个金融体系的系统性风险。

（2）开展融资融券业务试点，推出股指期货交易品种。2010 年是中国股市具有重大历史意义的一年，不仅是中国股市成立 20 周年纪念，更是实现了中国资本市场又一重大的制度突破，即开展券商融资融券试点和推出股指期货品种，以改变中国证券市场“单边市”的现状。2010 年 1 月 8 日，中国证监会宣布，

① 有关股指期货更多的争论内容，可详见海通期货研究所《股指期货十大热点争论》，http：//www. cfachina. org/news. php? id =46335。

② 陆明贵：《关于我国推行融资融券的思考和探讨》，《金融观察》2009 年第 6 期。

③ 梁青：《融资融券业务及其市场作用》，《金融财务》2007 年第 2 期。

国务院已原则上同意开展证券公司融资融券业务试点和推出股指期货品种①。

1 月 22 日，中国证监会发布《关于开展证券公司融资融券业务试点工作的指导意见》，要求证券公司开展融资融券业务，按照“试点先行、逐步推开”的步骤有序进行，并于 3 月 19 日宣布了首批融资融券业务试点证券公司名单，国泰君安、国信、中信、光大、海通和广发 6 家证券公司获得首批融资融券业务试点资格②。6 月 8 日证监会又核准申银万国证券、东方证券、招商证券、华泰证券和银河证券这 5 家证券公司开展融资融券业务试点的申请，成为第二批融资融券试点券商③。11 月 20 日，证监会又核准了 14 家证券公司的融资融券业务试点申请④。截至目前，融资融券试点券商已达 25 家、占行业的 23.6%，营业部占比 53%，这意味着融资融券业务已全面铺开。

2010 年 1 月 12 日，中国证监会批复中国金融期货交易所《关于申请上市股指期货的请示》，表示根据《期货交易管理条例》和《期货交易所管理办法》的有关规定，同意中国金融期货交易所组织股指期货交易。2 月 8 日，《关于建立股指期货投资者适当性制度的规定（试行）》正式实施，确定投资者开户资金门槛为 50 万元，明确中国人民银行征信中心为个人信用报告的权威出具机关。2 月 20 日，中国证监会宣布已正式批复中国金融期货交易所《沪深 300 股指期货合约》和修改《中国金融期货交易所交易规则》、《中国金融期货交易所违规违约处理办法》，至此股指期货市场的主要制度已全部发布。3 月 26 日，中国金融期货交易所也发布了《关于沪深 300 股指期货合约上市交易有关事项的通知》，首批上市四个沪深 300 股票指数期货合约为 2010 年 5 月、6 月、9 月和 12 月合约。4 月 8 日，股指期货启动仪式在上海举行，筹备多时的股指期货正式启动。4 月 16 日，股指期货正式上市交易。为了防范股指期货的风险，证监会又先后发布了《证券公司参与股指期货交易指引》和《证券投资基金参与股指期货交易指引》，严格规定了股指期货开户条件和交易标准，使其在一个相对规范的环境下发展壮大。两项新规定虽然为证券公司和基金铺设了新的投资渠道，但是在

---

① 《融资融券业务试点和股指期货已获原则同意》，中国证监会网站，http://www.csrc.gov.cn，2010 年 1 月 8 日。

② 李侠：《证监会公布首批融资融券试点公司名单》，2010 年 3 月 20 日《金融时报》。

③ 马婧妤：《5 券商第二批获融资融券试点适时推转融通》，2010 年 6 月 9 日《上海证券报》。

④ 潘侠：《第三批融资融券试点券商入场客户观望气氛浓厚》，2010 年 12 月 15 日《证券日报》。

投资股指期货方面，设置了诸多限制条件，这充分体现了证监会对券商和基金参与股指期货的定位——避险工具的性质大于投资工具，并可能希望通过谨慎放行券商和基金的参与，为股指期货市场今后更大规模的发展投石问路。

（3）股指期货和融资融券运行状况及简单评价。从 3 月 31 日融资融券业务正式开始以来，业务交易量稳步提升。从第一天的区区 655 万元开始，截止到 12 月 29 日，融资融券余额 123.94 亿元，累计成交金额达到 692 亿元①。但是，从业务品种看，融资业务和融券业务存在严重的发展不平衡问题。在融资融券余额约 123.94 亿元中，融资余额约为 123.79 亿元，融券余额仅为 1432 万元。在 692 亿元的累计成交总额中，融资业务累计成交额 680 亿元，而融券业务只有区区 12 亿元，不及融资业务的 1/50。造成比例失衡的主要原因有两个方面，一是融券的做空机制对中国投资者来说，还需要更长的时间予以接受和采用；二是目前券商持有的可以让投资者借出的融券标的证券的数量相对有限，这都导致了融券业务发展相对缓慢。但是随着获得相关资质的券商数量的增加，融资融券标的证券数量的增加，融券业务量也会逐步得到提高。

4 月 16 日，沪深 300 股指期货合约正式上市，当日 4 个沪深 300 股票指数期货合约共成交 58457 手，持仓量 3590 手，主力 IF1005 合约报收于 3415.6 点，实现了平稳开局。据中国期货业协会最新统计资料，截至 11 月底，期指累计成交量 8256 万手，累计成交额 73.3 万亿元。而 A 股股票成交额为 49.32 万亿元，期指成交额已约是其 1.5 倍。截至 12 月底，股指期货开户数为 5.6 万户，自然人占比在 95% 以上，机构投资者数量仍较有限。

推出融资融券和股指期货，使中国股市从此告别“单边市”，迎来“做空”时代，标志着中国多层次资本市场基本形成，在证券市场的发展上具有划时代意义。这也是加强中国资本市场基础性制度建设，不断丰富证券交易方式，完善市场功能，创新市场机制，继续夯实市场稳定运行的内在基础，促进资本市场稳定健康发展的重要举措。当然，由于中国证券市场做空机制刚刚出台，融资融券业务及股指期货尚处发展阶段，仍需更多法律法规与之相配套，同时，在发展过程中，也将不断暴露出诸多问题，这都需要监管层审时度势，抓紧完善和优化制度环境。

① 资料来源：万得资讯统计数据。

2. 推动保险资金运用制度创新

（1）当前中国保险资金运用存在的主要问题。随着中国保险业的快速发展及行业竞争形势的加剧，保险资金运用在保险经营中的地位和作用日益凸显。目前，中国保险资金运用主要存在四方面问题：一是保险资金运用渠道过于单一，多数侧重于银行存款，国债和同业拆借占比不大，证券投资基金、金融债券、企业债券及其他投资比例更低。这种投资结构不利于收益性、流动性、安全性的结合，难以起到保险资金资源的优化配置作用和达到保险资产与负债相互匹配的要求①。二是由于中国保险业发展时间不长，保险公司的主要力量集中在承保业务上，加上中国金融环境不成熟，投资渠道有限，中国保险资金收益率一直很低。三是缺乏具有稳定回报率的中长期投资项目，致使不论其资金来源如何、期限长短与否，基本都用于短期投资。四是目前中国的保险资金运用监管模式尚不确定、信息披露制度存在不足、监管法律法规体系还不完善。

（2）构建保险资金运用政策法规体系。为实现保险资金投资配置多元化，缓解保险公司资金运用压力，2010 年 8 月 5 日，中国保监会正式颁布《保险资金运用管理暂行办法》。该办法是《保险法》修订实施后，中国保监会发布的关于保险资金运用的重要基础性规章，明确了保险资金运用的原则、目的、运作模式、风险管控和监督管理，深化了保险资金运用改革，细化了保险资金投资渠道，确立了保险资金运用托管制度以及规范运用风险管理工具等。该办法大大拓宽了保险资金的投资渠道和运用范围，除了明确无担保企业（公司）债券的投资比例外，还规定保险资金可以投资未上市企业股权和产业基金，投资不动产，提高了债权投资计划的投资比例，并且不对股票和股票型基金投资各自作出限制。

7 月 31 日，中国保监会根据《保险资金运用管理暂行办法》，拟定并发布了《关于调整保险资金投资政策有关问题的通知》，从投资市场、品种和比例等方面，对现行保险资金运用政策，进行了进一步的细化与调整，增强了可操作性。主要内容包括：对保险公司可投资的有担保债券及无担保债券的品种、信用等级和比例作了细化规定，投资限制放宽；进一步规定股票、股票型基金加货币型基金合计不超过总资产的 25%；细化了保险公司投资于境外市场和香港市场的品

---

① 郭金龙、胡宏兵：《我国保险资金运用现状、问题及策略研究》，《保险研究》2009 年第 9 期。

种和比例限制。

9月3日，中国保监会发布《保险资金投资股权暂行办法》和《保险资金投资不动产暂行办法》，明确表示“允许保险资金投资不动产和未上市企业股权”。在股权投资方面，规定保险资金可以直接投资企业股权或者间接投资企业股权，但在直接投资企业股权方面，对投资团队、偿付能力、财务指标、净资产规模以及投资对象的企业类型等都提出了较高的资质要求。不动产投资方面，规定保险资金被允许以项目公司股权形式投资房产企业。保险资金以股权方式投资不动产，拟投资的项目公司应当为不动产的直接所有权人，且该不动产为项目公司的主要资产，同时保险公司必须派驻董事及管理人员完善项目公司的法人治理结构。

（3）新政出台的意义及市场反应。近期出台的这些关于保险资金运用的基础性规章，标志着保险公司对于投资渠道的拓宽再次迈出坚实的一步。在传统投资渠道表现不佳的当下，为保险公司资金配置的优化和投资收益水平的提升奠定了良好的基础，具有明确的正面意义。同时，在规范保险资金运用、改善保险资产负债匹配、优化资产配置、缓解投资压力、分散投资风险、保障保险资金运用安全、维护广大投保人和被保险人权益、防范保险业风险等方面产生了重要的积极影响。

自新政实施后，由于市场环境及投资品种等因素的制约，保险资金配置并未发生根本改变，仍然以银行存款和债券等固定收益类资产为主要对象。2010年在保险资金配置中银行存款占比不到30%，债券投资略高于50%，二者合计占80%左右；权益类资产占比约16.9%，其他投资占2.9%。同时，从市场反应看，《股权办法》和《不动产办法》出台后，由于部分实施细则并未明确，并对保险公司自身建设提出了更高的要求，因此，各保险公司在股权和不动产投资方面并不积极。只有部分保险公司开始涉水房地产投资，例如，安邦财险、健康保险和标准投资集团组成的联合体以25.2亿元夺得北京中服地块；中国人保以37.44亿元购得首都时代广场；中国太保以2.16亿元收购深圳福田燃机电力公司30%股权，而该公司最主要的资产为位于深圳中心区估值为6.81亿元的地块[①]。相信随着保险资金运用法律法规体系的进

① 万谊青：《让希望飞翔：保险资金运用的回顾与展望》，2011年1月14日《中国保险报》。

一步完善以及保险资金管理公司管理办法的出台，保险资金运用将走上更加健康的道路。

（四）努力提高中国在国际金融体系中的地位和话语权

金融危机使人们对以美元为代表的主权货币主导的国际货币体系提出越来越多的质疑。在此背景下，推进人民币国际化进程，提高人民币的国际地位，对于中国实现外汇储备资产保值增值、规避当前体制所带来的潜在汇率波动风险无疑具有重要意义。同时，全球金融危机也告诉我们，随着金融体系的不断扩展与延伸，完全孤立地依靠一国的力量是不能有效实现金融监管目标的，而是要更多地依靠各国政府的合作、依靠国际性金融组织的作用，以及依靠国际性行业组织的规则。

1. 加快推进人民币国际化，提高人民币在全球货币体系中的地位

（1）有关推进人民币国际化的主要争论。从20世纪90年代以来，随着中国经济实力和国际地位的不断提升，有关人民币国际化问题得到理论界的普遍关注①。其中，有关人民币国际化利弊分析、现实基础条件及国际化路径选择是争论的主要焦点。首先，人民币国际化有利也有弊，既能带来国际铸币税收入，减少对外经济活动中的汇价风险，获取“非对称性”的政策优势，也会使中国面临货币政策、财政政策等的“两难”，并且容易招致投机攻击和假币的冲击。其次，对于目前推进人民币国际化的可行性，多数学者持积极态度，认为中国已具备基本条件，人民币实现经常项目可兑换，应采取系列措施加快人民币国际化。部分学者则认为时机尚未成熟，人民币尚未实现资本项目的可兑换，且经常项目可兑换仍存在有待改进和完善之处。虽然有如上争论，但是总体上看，学术界就人民币国际化的成本小于收益、条件初步具备基本已经达成一致，普遍支持进行人民币国际化改革。

因此，争论的焦点便主要集中在人民币国际化路线选择。部分学者认为，可以借鉴英镑、美元、日元等国际化货币的历史经验，致力于直接推动人民币的国际化。反对按照欧元或“亚元”进行人民币区域化，认为人民币成为世界货币

---

① 较早进行人民币国际化研究的代表文献有：曾宪久、胡定核、黄道平《中国金融国际化问题初探》，《财经科学》1988年第10期。

要比成为区域货币简单得多、容易得多。这是因为，设立亚洲地区统一流通的货币代替原来流通的各国货币，是一件非常复杂的工程，需要很多时间和工夫去解决许多难题。而在可预见到的将来，执行世界货币职能的仍将是多种纸币，不存在统一为一种纸币的可能。人民币成为世界货币之一，只是在原有多种世界货币之中再增加一种，绝不排斥其他世界货币，可行性会大很多①。但多数学者主张把人民币区域化作为实现国际化的必要阶段或途径，认为人民币的国际化是一个渐进的过程，应当逐步地完成。尤其在探讨人民币汇率政策的过程中，要汲取“日元国际化”的教训，因为在当今的“美元体制”下，一国货币试图越过区域合作阶段通过直接的国际化来挑战美元霸权是不可行的。欧元诞生的经验同样证明，在“美元体制”下即便是发达国家也需要通过区域性的集体行动来实现货币的国际化目标。在渐进式观点的支持下，学者普遍认同人民币国际化的“三步走”战略，即在战略和政策取向上分别采用三个阶段。首先，在地域扩张上采取“三步走”：先人民币周边化，推进人民币在中国港澳台地区及越南、老挝、蒙古等周边国家的流通；再人民币区域化，不断提升人民币在其他亚洲国家的地位，使之逐步成为区域性主导货币；最后逐步使人民币实现国际化。其次，在货币职能上也采取“三步走”：先人民币结算货币，逐步增加人民币在全球国际贸易结算中的份额；再人民币投资货币，使人民币逐步成为主要国际金融市场上的主要投资币种；最后逐步使人民币成为储备货币②。

（2）加速推进人民币国际化的政策措施。在人民币国际化的“渐进式”、“三步走”战略被普遍接受的前提下，中国开始了加快推进人民币用于国际贸易结算的第一步努力。2008 年 9 月以来，在中国人民银行和相关部委的合力推动下，人民币跨境贸易结算取得突破性进展。2009 年 4 月 8 日，国务院决定在上海市和广东省内四城市开展跨境贸易人民币结算试点，境外地域范围定为中国港澳地区和东盟国家。2009 年 7 月 1 日，中国人民银行、财政部、商务部、海关总署、税务总局、银监会共同颁布《跨境贸易人民币结算试点管理办法》。

为保障人民币跨境收付信息管理系统的平稳、有效运行，规范银行业金融机

---

① 赵海宽：《人民币可能发展成为世界货币之一》，《经济研究》2003 年第 3 期。

② 王元龙：《关于人民币国际化的若干问题研究》，《财贸经济》2009 年第 7 期；唐双宁：《美元（$）、人民币（¥）和世界货币（₩）——基于国际货币体系三十年周期演变的思考》，《财经问题研究》2009 年第 4 期。

构的操作和使用，2010 年 3 月 8 日，中国人民银行发布《跨境人民币收付信息管理系统管理暂行办法》，加强人民币跨境收付信息管理系统的管理，保障人民币跨境收付信息管理系统安全、稳定、有效运行，规范银行业金融机构的操作和使用。6 月 17 日，中国人民银行、财政部、商务部、海关总署、税务总局和银监会联合发布《关于扩大跨境贸易人民币结算试点有关问题的通知》，跨境贸易人民币结算试点地区由上海市和广东省的 4 个城市扩大到北京、天津、内蒙古等 20 个省（自治区、直辖市）；试点业务范围包括跨境货物贸易、服务贸易和其他经常项目人民币结算；不再限制境外地域，企业可按市场原则选择使用人民币结算。12 月初，中国人民银行、财政部、商务部、海关总署、税务总局和银监会联合审定包括北京、天津、内蒙古等 16 个省（自治区、直辖市）共计 67359 家企业参加出口货物贸易人民币结算试点。这些试点企业自 12 月 3 日起可按照《跨境贸易人民币结算试点管理办法》开展出口货物贸易人民币结算试点，按照相关规定办理出口报关手续，并享受出口货物退（免）税政策。8 月 16 日，中国人民银行发布《关于境外人民币清算行等三类机构运用人民币投资银行间债券市场试点有关事宜的通知》，允许境外中央银行或货币当局、港澳人民币业务清算行和跨境贸易人民币结算境外参加银行使用依法获得的人民币资金投资银行间债券市场。9 月 2 日，中国人民银行发布《境外机构人民币银行结算账户管理办法》，明确境外机构可申请在银行开立人民币银行结算账户，以用于依法开展的各项跨境人民币业务，该办法自 2010 年 10 月 1 日起实施。自允许境外银行参与中国银行间市场债券交易，打开了人民币投资回流的渠道后，9 月 16 日，中国人民银行修订了《国际开发机构人民币债券发行管理暂行办法》，规定国际开发机构发行人民币债券所筹集资金可以直接购汇汇出境外使用。至此，人民币流出、境外离岸流通、使用、回流的循环路径建成。

为推进人民币跨境贸易结算业务的开展，3 月 24 日，中国人民银行与白俄罗斯签署了《中白双边本币结算协议》，允许符合两国法律规定的民事主体间的支付与结算使用两国法律所允许的任何货币办理。这是中国与第一个非接壤国家签订的一般贸易本币结算协议。6 月 9 日，经国务院批准，中国人民银行与冰岛中央银行签署了金额为 35 亿元人民币的双边本币互换协议，以推动双边贸易和投资，加强双边金融合作。7 月 19 日，央行与香港金融管理局签订了《补充合作备忘录》，进一步扩大了双方合作的业务范围，并同意在人民币境外业务中继续加强合作。同日，中国人民银行还与中银香港签订了修订后的《关于人民币业务的清算协议》，明确香港人民币业务参加行可以按照本地法规为企业和机构客户提供人民币银行业务①。7月23日，为推动双边贸易和直接投资，中国人民银行和新加坡金融管理局签署了规模为1500亿元人民币（约300亿新加坡元）的双边本币互换协议②。10月29日，中国人民银行和新疆维吾尔自治区人民政府举行“新疆跨境贸易与投资人民币结算试点”启动仪式，新疆成为中国首个开通跨境投资人民币结算的地区③。11月22日，为促进中国与俄罗斯之间的双边贸易，便利跨境贸易人民币结算业务的开展，满足经济主体降低汇兑成本的需要，经中国人民银行授权，中国外汇交易中心在银行间外汇市场开办人民币对俄罗斯卢布交易。2010年12月15日，俄罗斯莫斯科货币交易所正式挂牌人民币对俄罗斯卢布交易。

（3）跨境贸易人民币结算实施效果及评价。2010年是中国人民币跨境贸易结算不断推进并取得显著成果的一年，甚至被誉为人民币国际化的“元年”。扩大试点以来，跨境贸易人民币结算得到快速发展，当月结算量屡创新高。2009年，人民币跨境贸易结算额仅为35.8亿元。2010年人民币跨境贸易结算额攀升至5063.4亿元，为2009年的141倍。同时，随着人民币跨境贸易结算试点的推进，截至2010年11月底，香港银行的人民币存款规模攀升至2796亿元，同比上涨3.6倍。中国财政部也先后于2009年9月与2010年11月在香港发行了总额140亿元的国债。根据英国《金融时报》的统计，截至2010年底，在香港发行的人民币债券为43只，规模达到590亿元。仅在2010年，香港的人民币债券发行额就高达300亿元。

扩大跨境贸易人民币结算试点范围，与更多的国家签署货币互换协议，是进一步巩固和加强人民币国际结算货币功能，加快向国际储备货币功能转换的重要举措，对实现人民币国际化，提升中国在国际货币和金融事务中的地位有着重要

① 牛娟娟：《央行与香港金管局签署跨境贸易人民币结算补充合作备忘录》，2010年7月21日《金融时报》。

② 《中国人民银行和新加坡金融管理局建立货币互换安排》，中国人民银行网站，http：//www.pbc.gov.cn，2010年7月23日。

③ 《新疆跨境贸易与投资人民币结算试点工作全面启动》，http：//wulumuqi.pbc.gov.cn，2010年10月30日。

的战略意义。不过，在人民币跨境贸易结算快速发展的同时，也有学者对此提出质疑，认为现阶段人民币跨境结算规模的扩大和人民币升值预期存在很大的相关关系。在持续的人民币升值预期下，境外企业都愿意成为人民币的资产方，而不愿意成为人民币的负债方。一旦升值预期结束，人民币贸易结算规模将可能出现下降。同时，随着人民币跨出国界，将不可避免地出现新的问题，如金融监管能否跟上、外汇储备是否贬值、海外企业是否接受人民币贸易结算方式等①，若要解决好这些问题，还需要在推进人民币国际化方面继续加强制度建设。

2. 积极参与全球金融治理和监管合作，努力提高中国在国际金融事务中的话语权

（1）中国参与金融监管国际合作情况回顾。20 世纪 90 年代以来，中国先后重返国际货币基金组织和世界银行，加入了亚洲开发银行、国际清算银行、金融特别工作组（FATF）等国际金融组织，同时拓展并巩固了与其他国家和地区的监管当局的双边或多边合作关系，为国内和国际经济金融的稳定和发展作出了积极的贡献。

目前，中国人民银行已经加入了金融稳定理事会、巴塞尔银行监管委员会等国际金融组织，全面参与国际标准和规则制定的工作，为有关国际金融准则的形成作出积极贡献，同时充分借鉴国际金融改革成果，通过推进实施国际标准促进国内金融改革，提升中国金融业稳健标准。同时，人民银行已与世界上所有发达国家和主要发展中国家的中央银行建立了合作关系，在国际货币基金组织和“非行集团”派有常驻代表，还在境外设立了东京代表处、欧洲代表处和美洲代表处。中国人民银行还积极推动了中国反洗钱的国际合作，如通过欧亚反洗钱组织等机构积极参与反洗钱的区域合作，并开展了双边金融情报业务的国际合作。

2009 年 3 月，中国银监会被巴塞尔委员会吸收为正式会员，在银行业监管方面实现了从规则“接受者”到“制定者”角色的重大转变②。同时，为加强银行监管国际合作，中国银监会成立了“国际咨询委员会”并已经成功召开八次会议③，该

① 张大龙：《跨境贸易人民币结算业务发展的阻碍因素》，《当代金融家》2011 年第 1 期。

② 牛娟娟：《加入巴塞尔委员会为我国银行业发展提供了新契机》，2009 年 3 月 20 日《金融时报》。

③ 《银监会国际咨询委员会第八次会议召开》，中国银行业监督管理委员会网站，http：//www. cbrc. gov. cn，2010 年 6 月 25 日。

委员会在促进国际银行监管组织和各国监管当局与中国银监会的技术合作、互助互补方面，发挥了重要的促进作用[①]。中国银监会还先后与美国、英国、加拿大、新加坡等30多个国家或地区的金融监管当局签署了监管合作谅解备忘录或监管合作协议，就双方在银行监管信息交换和有关监管行动合作作出制度性的安排。

中国证监会于1995年加入国际证监会组织，并于2002年当选为该委员会的副主席。上海证券交易所、深圳证券交易所于1996年9月加入国际证监会组织咨询委员会。自1993年6月中国证监会与香港证监会签署《监管合作备忘录》以来，已先后与美国、新加坡、英国、法国、德国、瑞士等40个国家或地区的证券（期货）监管机构签署了监管合作备忘录，在信息共享、跨境执法协助和经验交流等方面进行了有效的合作。

中国保监会分别于2000年10月和2005年12月正式加入国际保险监督官协会和国际养老金监督官协会。2005年5月23日，中国保监会与新加坡、日本、中国香港等14个国家或地区的保险监督当局通过了《亚洲区域保险监管合作北京宣言》，确定开展多层次、多领域的保险监管合作活动。在双边监管合作方面，中国保监会已与德国、新加坡、美国等国家或地区的保险监管当局签署了保险监管合作谅解备忘录，并以此为框架展开信息分享、人员培训和监管合作等广泛的双边合作活动。[②]

（2）提高中国在区域及国际金融领域的地位。2010年，中国金融监管部门积极参与全球经济治理，积极开展G20宏观经济互评估，加强与各国的宏观经济金融政策对话和协调，提出了一系列有关危机应对、全球经济增长框架、金融部门改革和国际金融机构改革等重大议题的主张和举措，宣传和阐释中国宏观经济政策和改革开放成就，力求提升中国在国际经济金融事务中的影响力和话语权。2010年11月，G20首尔峰会就IMF份额和治理改革方案达成共识，承诺向有活力的新兴市场和发展中国家转移约6个百分点的份额，发达欧洲国家让出两个执董会席位，随后IMF执董会于2010年11月5日通过了改革最终方案。中国在IMF的份额权重将上升2.398个百分点，达到6.394%，排名从第六位上升至第三位。2010年5月，中国人民银行朱民副行长就任IMF“总裁特别顾问”，这

① 卫新江：《金融监管学》，中国金融出版社，2005。

② 王宝杰：《论金融监管的国际合作及我国的法律应对》，《政治与法律》2009年第6期。

是 IMF 历史上首次由中国人担任高级管理层职务。本次份额调整是 IMF 历史上一次带有根本性意义的治理改革，是中国等新兴经济体经济地位提升、对全球经济的影响日益重要的体现，有利于在一定程度上改变发达国家在国际金融事务占据主导地位的不均衡局面，有效提升中国等发展中国家和新兴市场国家的投票权和话语权。

继 2009 年中国加入国际证监会组织、金融稳定理事会和巴塞尔银行监管委员会，2010 年，中国人民银行正式加入国际清算银行经济顾问委员会（ECC），全面、深入地参与总体金融部门改革战略的制定以及强化银行体系资本和流动性、宏观审慎管理框架、金融基础设施建设等具体金融监管标准的制定与修改。同时，积极参与国际标准和规则的制定，为有关国际金融准则的形成作出贡献。

2010 年 3 月 24 日，东盟与中日韩（10 +3）财长和央行行长以及中国香港金融管理局总裁共同宣布清迈倡议多边化协议正式生效。清迈倡议多边化货币互换协议旨在解决亚洲地区的国际收支平衡及短期流动性问题，其核心目标是解决区域内国际收支和短期流动性困难及对现有国际融资安排加以补充。它将通过货币互换交易，向面临国际收支和短期流动性困难的清迈倡议多边化参与方提供资金支持。各参与方有权根据协议规定的程序和条件，在其出资份额与特定借款乘数相乘所得的额度内，用其本币与美元实施互换。清迈倡议多边化的成功启动，以及筹建中的独立区域经济监测机构，体现了 10 +3 成员共同防范全球经济下行风险和提高应对挑战能力的坚定承诺和共同努力。

透过这些组织和平台，中国的发言权得以大幅提升，拥有了更大的影响力，这对于中国参与有关金融发展和金融监管国际新规则的制定，参与全球金融监管原则的确立和全球金融监管体系的建设，以及金融监管合作的开展，打下了很好的基础。

三　2011 年中国金融监管工作重点

2011 年是“十二五”规划的“开局之年”，中国金融监管将面临千载难逢的机遇和更加严峻的挑战。中国金融监管机构不仅要密切关注当前中国金融体系所面临的系统性风险隐患，例如通货膨胀、流动性过剩、资产价格泡沫、国际热钱涌入、周期性不良贷款增加等，并提出和落实相应的对策，还要进一步为深化金

融体制改革作出部署，为一系列金融创新和改革保驾护航，并预防和应对随时可能再次发生的金融市场波动。

2011 年中国金融监管工作将主要围绕“十二五”规划建议中提出的“构建逆周期的宏观审慎管理制度框架”展开，具体内容包括：第一，实施差别准备金动态调整措施。2011 年，央行将致力于构建逆周期金融宏观审慎管理制度，将货币信贷和流动性管理的总量调节与强化宏观审慎管理相结合，实施差别准备金动态调整措施。差别准备金动态调整是在既有的差别准备金制度中引入宏观审慎要求并加以规范化、透明化，主要是基于社会融资总量、银行信贷投放与社会经济主要发展目标的偏离程度及具体金融机构对整个偏离的影响，并考虑了金融机构的系统重要性、稳健状况及执行国家信贷政策情况等。第二，探索适合中国国情的逆周期监管工具。2011 年，中国金融监管机构将在充分借鉴国际金融监管改革经验和在对《巴塞尔协议Ⅲ》进行修正的基础上，探讨适合中国国情的审慎性逆周期监管工具，其中主要包括资本充足率、动态拨备率、杠杆率、流动性比率。同时，对中国系统重要性机构进行界定，并实施区别化的监管政策。第三，有规划、有步骤、坚定不移地推动利率市场化改革。将加强对金融机构利率定价能力的评估，引导其增强风险定价、议价能力，并选择具有硬约束的金融机构，开展竞争市场中利率自主定价试点工作。第四，继续推进人民币汇率形成机制改革。2011 年，将进一步完善人民币汇率形成机制，发挥市场供求在汇率形成中的作用，参考篮子货币进行调节，增强汇率弹性，保持人民币汇率在合理均衡水平上的基本稳定，促进国际收支基本平衡。同时，加快发展外汇市场，推动汇率风险管理工具创新。第五，继续加强金融监管法律制度建设，完善金融法治和制度体系。2011 年，中国金融监管部门将继续推进包括准备金制度、存款保险制度、私募基金监管制度、国际板制度规则、《贷款通则》、《金融机构破产法》、《证券投资基金法》、《期货法》、《上市公司监督管理条例》和《金融机构衍生产品交易业务管理暂行办法》等法律法规的修订和制定。第六，继续加强国际金融监管合作，提升中国在国际金融事务中的话语权。2011 年，中国金融监管机构仍将积极参与到各项国际经济金融规则的制定中，努力建立健全更为公平、合理、有效，并适合新兴市场国家和发展中国家的国际经济规则和金融监管体系，争取到对中国更为有利的金融发展环境。

B.16
地区金融生态环境

根据中国地区金融生态环境的评价指标体系，中国地区的金融生态环境由地区经济基础、金融发展、政府治理、制度文化四个方面要素构成。我们通过对这四方面的相关指标进行单因素数据筛选分析，构建中国地区金融生态环境的多因素评价模型，最终得出对 30 个省份（西藏、台、港、澳未参与评比）及 110 个大中城市的金融生态环境的综合评价结果。

一　2009 ~ 2010 年中国地区金融生态环境的态势分析

纵观 2010 年度全国各省份（西藏、台、港、澳除外）的金融生态环境的综合评价结果（表 1），上海综合评分最高，为 0.743，浙江第二，为 0.724，北京第三，为 0.715。在评分最高的前十个地区中，除了排在第七位的重庆之外，其余全都为东部沿海省份。与之对应，综合得分最低的十个省份中，西部占了七席，东北、东部和中部各一席。其中，综合得分最低的山西、青海、贵州、甘肃，低于 0.350。

从区域平均得分情况来看（图 1），东部沿海地区（北京、天津、河北、上海、江苏、浙江、福建、山东、广东和海南 10 个省市）金融生态综合评分最高，显著高于内陆地区。中部（山西、安徽、江西、河南、湖北、湖南 6 省）、东北（辽宁、吉林、黑龙江 3 省）和西部（重庆、四川、贵州、云南、陕西、甘肃、青海、宁夏、新疆、广西、内蒙古 11 个省份）综合评分相差并不大，但比较起来，西部各省份综合评分的简单平均最低，经济总量小，经济较为落后。

在此需要指出的是，金融生态环境综合评分的态势与四大地带金融资产质量并不完全对应。原因在于，影响金融资产质量的因素是多方面的，既有金融体系内部因素，也有外部环境的因素，金融生态环境并非完全决定金融资产的质量。

表 1　中国地区金融生态环境综合评分（2009～2010 年）

综合排名	地　区	政府治理	经济基础	金融发展	制度与诚信文化	综合评分	与 2008～2009 年度评价结果相比
1	上　海	0.73	0.755	0.782	0.707	0.743	—
2	浙　江	0.824	0.620	0.745	0.706	0.724	—
3	北　京	0.734	0.721	0.697	0.708	0.715	—
4	江　苏	0.743	0.607	0.606	0.689	0.661	—
5	广　东	0.717	0.615	0.622	0.573	0.632	↑
6	福　建	0.725	0.517	0.648	0.599	0.622	↑
7	重　庆	0.57	0.574	0.643	0.653	0.61	↑
8	天　津	0.691	0.572	0.57	0.525	0.59	↓
9	山　东	0.614	0.457	0.523	0.569	0.541	↓
10	辽　宁	0.641	0.389	0.518	0.43	0.494	↑
11	四　川	0.618	0.325	0.502	0.511	0.489	↓
12	安　徽	0.571	0.284	0.495	0.516	0.467	↓
13	湖　南	0.573	0.339	0.446	0.469	0.457	↑
14	河　南	0.556	0.351	0.426	0.413	0.436	↓
15	河　北	0.559	0.318	0.432	0.42	0.432	—
16	江　西	0.594	0.269	0.464	0.384	0.428	—
17	云　南	0.422	0.256	0.574	0.44	0.423	↑
18	吉　林	0.563	0.289	0.408	0.429	0.422	↓
19	湖　北	0.492	0.313	0.465	0.395	0.416	↓
20	宁　夏	0.401	0.298	0.605	0.359	0.416	↑
21	内蒙古	0.466	0.277	0.467	0.364	0.394	↓
22	广　西	0.377	0.283	0.507	0.38	0.387	↓
23	陕　西	0.545	0.230	0.468	0.27	0.378	↓
24	新　疆	0.464	0.190	0.406	0.385	0.361	↑
25	海　南	0.431	0.282	0.353	0.377	0.361	↓
26	黑龙江	0.473	0.215	0.351	0.372	0.353	↓
27	山　西	0.422	0.238	0.421	0.272	0.338	↓
28	青　海	0.433	0.198	0.463	0.239	0.333	↑
29	贵　州	0.365	0.194	0.521	0.243	0.331	↓
30	甘　肃	0.360	0.163	0.446	0.214	0.296	↓

按照金融生态环境综合评分的分值情况，我们将地区金融生态环境划分为五个等级，Ⅰ级综合评分高于 0.650；Ⅱ级综合评分为 0.500～0.650；Ⅲ级综合评分为 0.400～0.499；Ⅳ级综合评分为 0.350～0.399；Ⅴ级综合评分低于 0.350。表 2 和表 3 分别为中国地区金融生态环境等级评定和 110 个大中城市金融生态环境等级评定。

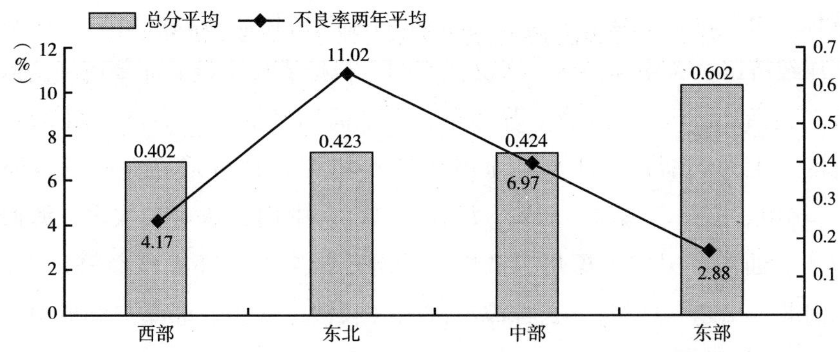

图1　东部、东北部、中部、西部四大经济区域金融生态环境综合评分

表2　中国地区金融生态环境等级评定

金融生态环境等级	划分标准	地　　区
Ⅰ级	0.650以上	上海　浙江　北京　江苏
Ⅱ级	0.500～0.650	广东　福建　重庆　天津　山东
Ⅲ级	0.400～0.499	辽宁　四川　安徽　湖南　河南　河北　江西　云南　吉林　湖北　宁夏
Ⅳ级	0.350～0.399	内蒙古　广西　陕西　海南　新疆　黑龙江
Ⅴ级	0.350以下	山西　青海　贵州　甘肃

注：西藏、台、港、澳未参与金融生态环境指数评比。

表3　10个大中城市金融生态环境等级评定

金融生态环境等级	划分标准	城　　市
Ⅰ级	0.650以上	深圳、杭州、上海、苏州、北京、宁波、温州、厦门、嘉兴、广州
Ⅱ级	0.500～0.650	南京、台州、常州、绍兴、金华、佛山、青岛、无锡、重庆、东莞、成都、中山、湖州、天津、大连、福州、济南、长沙、珠海、郑州、南通、镇江、合肥、昆明、泉州、银川、东营、沈阳
Ⅲ级	0.400～0.499	连云港、海口、武汉、南昌、潍坊、烟台、芜湖、太原、扬州、乌鲁木齐、惠州、威海、西安、南宁、莱芜、徐州、贵阳、漳州、廊坊、呼和浩特、哈尔滨、长春、淄博、石家庄、包头、临沂、营口、西宁、济宁、兰州
Ⅳ级	0.350～0.399	株洲、攀枝花、秦皇岛、三亚、汕头、唐山、宜昌、鞍山、柳州
Ⅴ级	0.350以下	新乡、丽江、赣州、九江、德阳、洛阳、锦州、湛江、自贡、丹东、张家口、绵阳、湘潭、抚顺、蚌埠、吉林、桂林、岳阳、大庆、宜宾、常德、黄石、襄樊、衡阳、牡丹江、开封、鄂州、宝鸡、荆州、咸阳、北海、大同、齐齐哈尔

就长三角经济区、珠三角经济区、环渤海经济区、海西经济区、成渝经济区、郑汴经济区、关中经济区、武汉城市圈、长株潭城市群、北部湾经济区十大经济区（包括经济区、城市圈、城市群，以下简称经济区）而言（图2）：长三角经济区（上海、浙江、江苏）金融生态环境综合评分最高，珠三角经济区（东莞、佛山、广州、惠州、汕头、深圳、湛江、中山、珠海）次之，海西经济区（赣州、汕头、厦门、福州、泉州、漳州）排第三。环渤海经济区（北京、天津、河北、山东、辽宁）、长株潭经济区（长沙、株洲、湘潭）和成渝经济区（重庆、四川）的评分为0.400～0.499，金融生态环境次于前三大经济区，属于Ⅱ类经济区。郑汴经济区（开封、洛阳、新乡、郑州）、武汉城市圈（武汉、鄂州、黄石、襄樊）、北部湾经济区（南宁、北海）、关中经济区（西安、宝鸡）的评分低于0.400，属于Ⅲ类经济区。这说明，作为中国未来重要的几个新兴经济增长极，中部六省、北部湾经济区、关中经济区的金融生态环境还亟待改善。从某种程度上讲，未来中西部经济振兴的关键还在于通过体制和机制变革来改善地区金融生态。以改善金融供给为导向，来提升经济资源配置效率，从而推动这些地区经济的起飞。

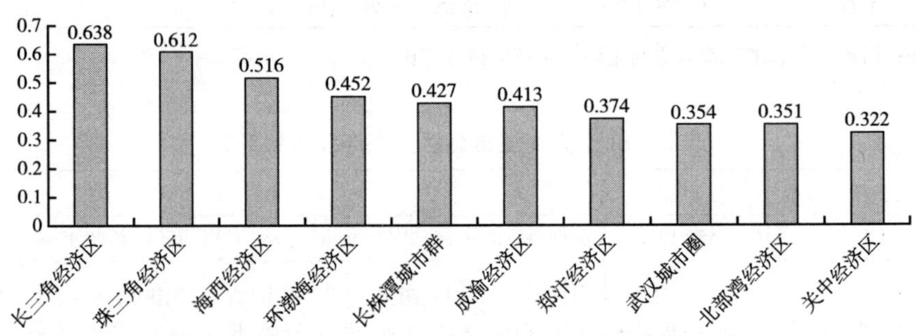

图2　十大经济区金融生态环境综合评分

二　政府治理

在过去30余年的改革中，尽管政府从一开始就强调“减政放权”、“松绑让利”、“转变政府职能”，但实际上在很长时间内政府利益是不断增加的，政府支配资源的能力也在不断地增加。政府对经济过强的主导性，给中国带来了法治不完善、诚信制度不健全、市场竞争不充分、保护主义盛行等一系列阻碍市场经济体制深化的问题。金融生态层面，表现为政府干预造成金融资产质量恶化。毕竟，政府的目标和金融机构的目标并不完全一致。政府要解决就业问题，要搞城市化，自然倾向于利用引资权力和准入优惠条件等政治资源，有意识地主导或掌控金融资源的配置。当前很多产业投资过剩，生产能力过剩，都表明政府主导金融资源配置的情况在中国是加重的。由此造成的后果是，一旦政府在决策行为中产生了什么问题，立刻就表现为金融机构的问题，而且很快对贷款的质量产生影响，从而积累到金融体系。从战略上讲，当社会主义市场经济体系初步建立、各项法规制度已经基本完善、社会诚信制度开始起步之后，政府应当转换职能，应当从一个生产的主导者、一个参与者，逐步变为一个管理者；从直接参与经济活动的主体，逐步变为创造环境的主体。

一个基本的判断是，东部沿海地区政府对经济的干预相对比较少，政府行为相对比较规范。与之相比，内陆地区，尤其是西部地区，政府对经济的干预程度比较深，政府自身的行政效率、财政行为、诚信状况对当地金融资产质量造成了更多的负面影响（图3）。但是，这并非是说，东部地区不存在政府行为催生不良资产的情形。只是相对而言，内陆地区的相关问题更严重一些。这些情况在我们下面具体的分析中可以看到。

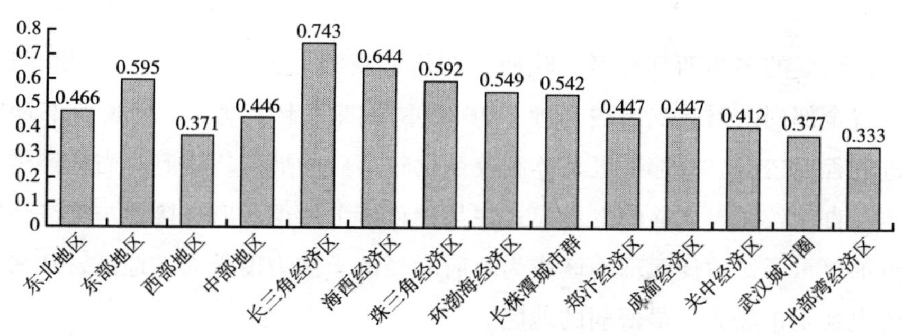

图3　地区政府治理评分

（一）政府主导性

从计划经济转向市场经济的改革，一个最重要的方面就是由主要由政府通过计划方式分配经济资源，逐步转向主要由市场在资源配置中发挥基础性作用。一般而言，市场化发展程度较高的地区，政府财政预算在国内生产总值中所占比重也相对较低。从国际经验来看，市场化发展程度较高的国家，政府分配资源的程度一般来说也较低。

我们采用了各地政府财政预算支出（剔除科教文卫以及社会保障等方面民生性支出）占当地 GDP 的比重作为一个负向指标，其剩余部分可以代表由市场分配经济资源的比重，近似地反映资源配置方面的市场化进展程度。财政支出比重较低说明由市场分配资源的比重相对较高。

从 2009 年的省级数据来看（图 4），财政支出占当地 GDP 比重最低的十个地区中，东部地区占了七席（山东、浙江、福建、广东、江苏、河北、天津），中部占了两席（湖北、河南），西部占一席（重庆）。

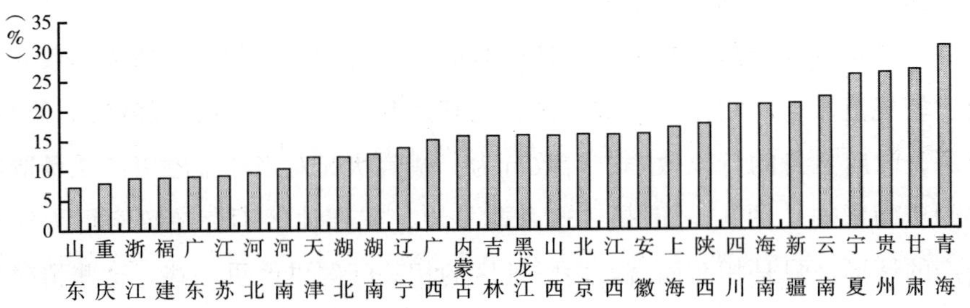

图 4　各省政府财政支出占 GDP 的比例（2009 年）

占比最低的多为西部地区，陕西、四川、新疆、云南、宁夏、贵州、甘肃、青海八省全部列入财政支出占当地 GDP 比重最高的十个地区，反映西部地区市场化进展程度较低。西部地区是体制改革比较落后的地区，政府对当地经济的主导作用一直比较强。当前的发展模式在某种程度上使得政府直接参与经济活动的情形更加严重了，致使西部地区成为政府对经济干涉力度最大的地区，从另一个角度说也就是市场力量最薄弱的地区。

此外，企业税负也从一个侧面反映政府对经济的主导强度。企业的税收负担越重，政府对经济活动的参与程度越深。本项研究通过问卷调查，将地方企业估计的企业税费负担占销售收入的比重编制为表征当地企业税负程度的指标，并对其打分，评分越高，税负水平越低，市场化程度越高；相反，分数越低，政府对经济的主导程度越强，税负水平越高。调查结果显示，企业税负最轻的省份为北京、上海、福建；企业税负最重的省份为重庆、山西和吉林。就区域状况而言，东部地区企业税负程度最轻，中部地区次之，东北和西部地区企业税负程度相对较高（图5）。

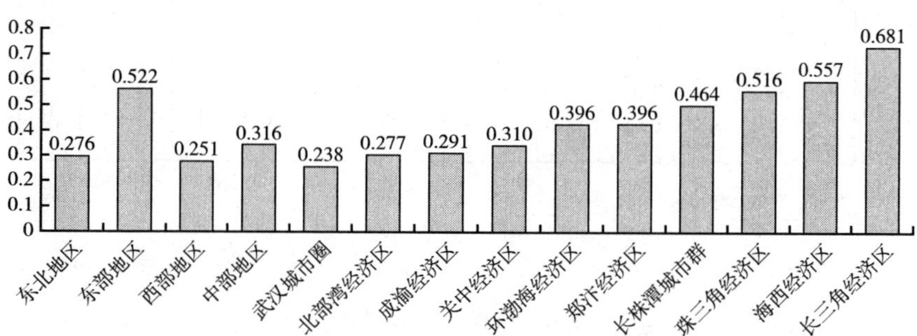

图5　十大经济区辖内企业税负水平得分（得分越低，税负越重）

（二）财政平衡

分税制下地方政府财权与事权的不对等是地方政府以超经济手段争夺金融资源的制度根源。地方政府往往承担着辖区经济发展的重任，却缺乏相应的财权。财政上的窘迫必然促使地方政府利用“模糊产权”和“预算软约束”的制度环境来攫取体制外收入，从而诱发地方政府的机会主义行为。地方财政的自给率以及预算外财政收入占预算内财政收入的比例，这些指标非常鲜明地体现了这种财政体制的弊端所造成的政府行为的扭曲，一定程度上反映了这一情形可能给地区经济主体带来的伤害。

具体来说，地方政府的财政能力和结构直接反映政府的行为和效率，政府的财政预算约束能力强，政府的行为就相对规范，地区企业经营的市场化环境总体较好。

财政自给率的地区间差异非常大。东部地区平均为75.83%，长三角、海西、珠三角地区的城市财政自给率基本在80%以上，长三角地区的苏州、杭州、无锡等部分城市财政自给率更是超过100%（分别为154.30%、113.36%、107.80%）。而中部、西部、东北地区的城市自给率能超过50%就算不错了。四川绵阳、湖北荆州与云南丽江、陕西咸阳等城市财政自给率不到30%。中西部地区地方财政的困难由此可见一斑（图6）。

当下地方政府行为模式大致有三项选择：一是寻求中央的转移支付，即前些年的“跑部钱进”盛行一时；二是谋求向预算外发展，而所谓“预算外”财政是地方行政支出膨胀的基础；三是加强对要素资源的支配权，特别是那些制度缺

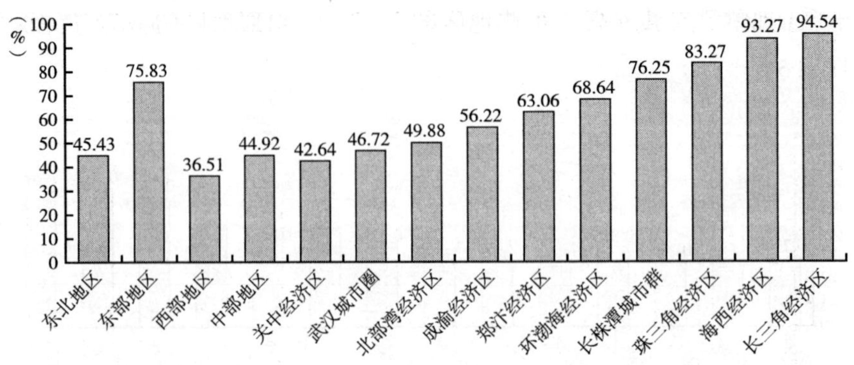

图6　区域财政自给率

失的、存在“模糊产权”和“预算软约束”的要素资源的控制，如土地和金融。这三种选择有明显的区域分布特征，即所谓的“东部地区重土地、中部地区重收费、西部地区靠转移”的格局。

从2009年地区数据来看，东部省份土地财政规模明显高于其他地区。最高的是浙江省，其土地出让收入占GDP的比重达5.78%，其次是辽宁、四川，占比分别为4.47%和4.38%。最低的是重庆市，土地出让收入占GDP的比重只有0.33%。（图7）从平均数来看，东部地区土地出让收入占GDP的比重平均达

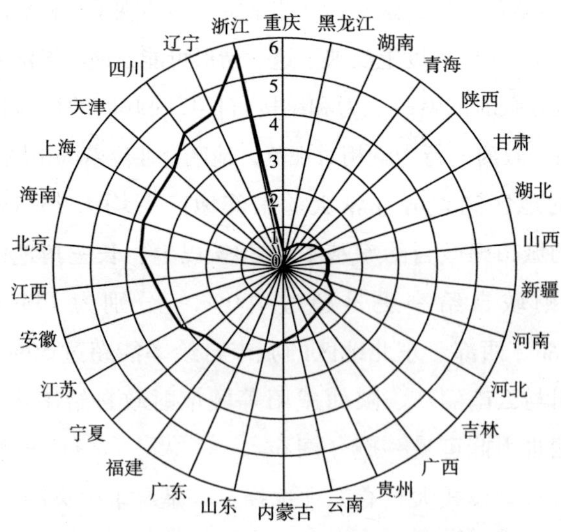

图7　各省份土地出让收入占GDP比重（2009年）

3.30%，土地财政规模远高于东北地区的2.17%、中部地区的1.76%、西部地区的1.64%（图8）。

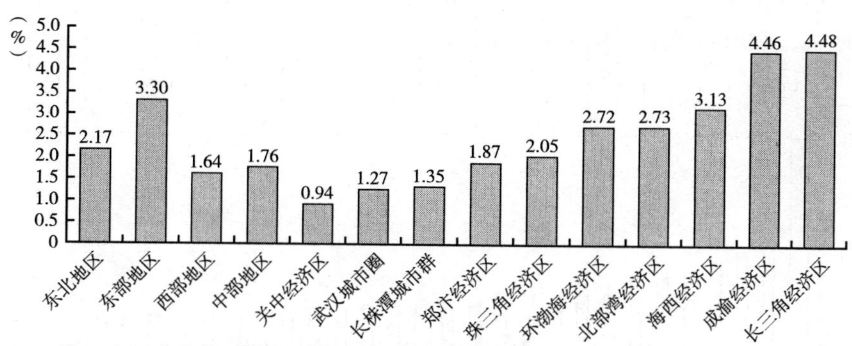

图8　十大经济区土地出让收入占GDP比重

从城市数据来看，土地出让收入比重较高的地区基本是处于房地产热点区域的东部沿海城市。海南三亚市土地出让收入占GDP的比重达到13.90%，为全国最高，这和2009年海南的房地产热是分不开的。长三角经济区土地出让收入占比高达4.48%，高于其他经济区。

（三）政府规模

政府开支规模是衡量政府行政效率的关键指标。一定的政府支出规模是保证政府正常运转所必需的，但过于庞大的政府行政开支规模却是政府行政效率低下的反映。我们以政府预算内外的行政事业费总额对GDP的比值来衡量地方政府规模。

2009年省级数据显示，政府开支规模最大的十个省份中，西部地区占了七席，其中开支规模最大的四个省份贵州、青海、甘肃、云南均属西部地区，其政府开支规模分别为7.92%、4.18%、3.71%、3.37%。开支前十位中，中部地区占两席，其中安徽为2.11%、山西为2.00%。东部地区海南占一席，为3.79%。

政府开支规模最小的十个省份中，东部地区占八席，东北、西部地区各占一席。福建、上海、山东为全国政府行政管理费占比最低的地区，分别为0.89%、

0.90%、0.98%（图9）。两相比较，东西部地区在政府开支规模上相差较大。东部地区行政管理费用所占比例为1.33%，东北地区为1.65%，中部地区为1.77%，西部地区最高为3.09%（图10）。这说明，在政府体制改革优先进行的东部地区，政府行政效率明显高于内陆地区。

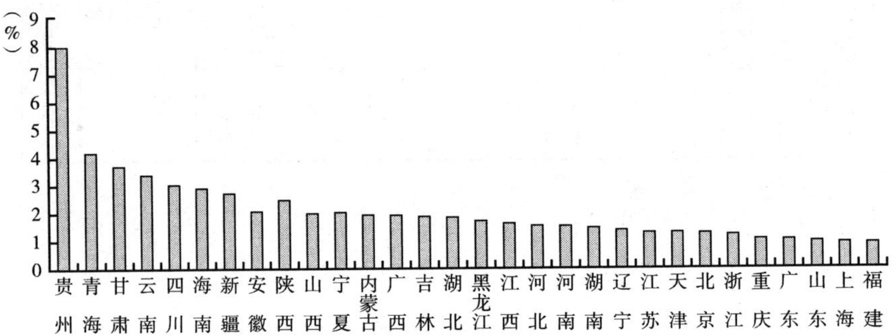

图9　地方政府行政开支规模

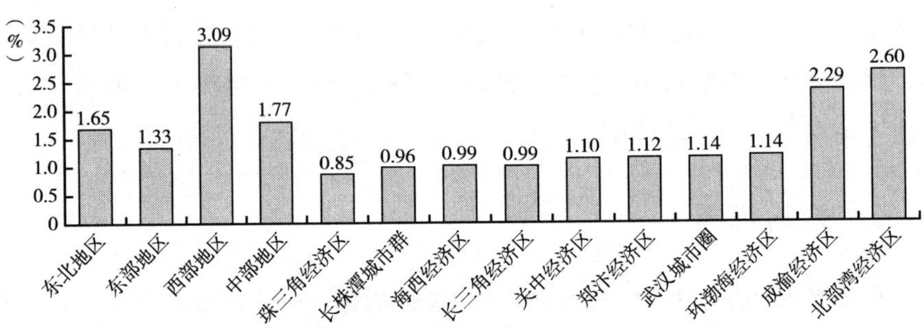

图10　各区域政府行政事业费总额占GDP比重

政府开支规模衡量的只是政府作用的程度，本身不能反映政府作用的形式。在经济社会中政府本身承担着相当的经济责任与社会责任，政府开支规模过大或过小都不是好事，客观上也很难找出一套适用于不同历史背景与发展路径下的地区的恰当标准。因此，行政费用占比对地区金融资产质量的影响应该是比较复杂的。

（四）政府诚信

政府诚信是指政府管理机关对法定权力和职责的正确履行程度，政府管理部门在自身能力的限度内的实际的践约状态，包括政府管理部门的科学民主程度、政府管理部门行政的依法程度、政府管理部门作为公共权力代表的公正程度、政府官员的公信力等。政府诚信是政府自身存在的根本，也是社会诚信的核心。一方面，政府诚信对整个社会诚信体系的良性运行具有主导责任，也是政府和社会秩序的主要原则。政府作为社会公共事物管理者的定位，决定了政府诚信是社会诚信体系的基石。另一方面，政府代理公共权力的诚信度，关系到公共责任和公共利益的实现程度。政府失信于民，本质上是对公共责任的破坏和对公共利益的损害。

总体而言，东部沿海地区地方政府行为相对规范，政府诚信也在社会上有效地树立起来。中部地区与东北地区的地方政府诚信状况尚好，而西部地区的政府诚信是有待改善的。

关于政府诚信的调查相对敏感，因此，我们通过对央行景气调查的5000家样本企业的问卷调查中，设计了企业对于当地政府政策的连续性和一致性的评判这样的问题，将此调查结果作为地方政府诚信度的一个间接替代。

透明度高低是推断政府诚信程度的一个重要标准。适度公开、充分信息披露的政府活动有益于金融部门及金融活动形成理性预期。这也是现代市场经济中政府部门行使公共服务职能的一个基本准则。

政策的一致性也是金融机构根据现实状况形成理性预期的必要前提。中国目前法治建设不完善，在没有有效的约束机制条件下政府出于自己的意愿频繁变动政策的事是很常见的。而这种朝令夕改让企业很难建立对政府的信任。该项指标评分基于企业对政府政策是否保持一致、易于把握的直观感觉。

这两项指标反映的结果是相当一致的。在这两项指标评分前十位中，东部地区都占多数，西部地区唯有四川表现较好。排名后十位中，西部地区居多，东部地区仅有海南在列。区域平均数据显示，东部地区政策透明度与政策一致性平均得分分别为0.700与0.730。东北地区表现尚好，与东部地区差距不算大，得分分别为0.605与0.634。中部地区和西部地区差距相对比较明显，中部地区政策透明度与政策一致性评分分别为0.497与0.506，西部地区两项指标评分分别为0.476与0.502（表4）。

表 4　政府诚信区域平均分

地　区	政府透明度	政策一致性	地　区	政府透明度	政策一致性
东北地区	0.605	0.634	珠三角经济区	0.543	0.554
东部地区	0.700	0.730	武汉城市圈	0.552	0.552
西部地区	0.476	0.502	长株潭城市群	0.613	0.614
中部地区	0.497	0.506	长三角经济区	0.621	0.627
成渝经济区	0.471	0.479	环渤海经济区	0.625	0.629
郑汴经济区	0.506	0.511	海西经济区	0.658	0.661
关中经济区	0.542	0.538	北部湾经济区	0.701	0.703

三　地区经济基础

实体经济是金融主体的存在根据、服务对象和生存空间。实体经济中的经济关系在金融领域体现为货币关系和信用关系。实体经济运行的矛盾最终反映为金融问题的累积，实体经济运行的碰撞反映为金融风险的积淀，最终形成金融风险源，威胁地区经济和金融体系的安全。故此，经济基础是地区金融生态环境的核心要素之一。

一个地区的经济基础反映了地区经济的发达程度、经济结构、基础设施以及私人部门发展四个方面子要素的综合情况，通过主成分因子分析法，我们得出各省份及城市的经济基础综合得分。

图 11 为各地区经济基础综合评分情况。上海经济基础最强，北京其次，浙江优于广东，排名第三，而甘肃、新疆、贵州、青海等经济基础最为薄弱。东部沿海省份经济基础排名明显靠前，而西部省份靠后。

从十大经济区域的平均数据来看（图 12），领改革开放之先的珠三角经济区、海西经济区、长三角经济区经济基础最强，其次是环渤海经济区、成渝经济区和北部湾经济区。环渤海经济区内部差异性较大，既有京津、胶东等发达城市群，也有河北等经济发展相对滞后地区，综合经济基础略逊一筹。而郑汴经济区、武汉城市圈、长株潭城市群、关中经济区的经济基础相对薄弱。

以下从经济发达水平、经济结构、基础设施以及私人部门的发展四个方面来分析各地区的经济基础及其对地区金融生态环境的影响。

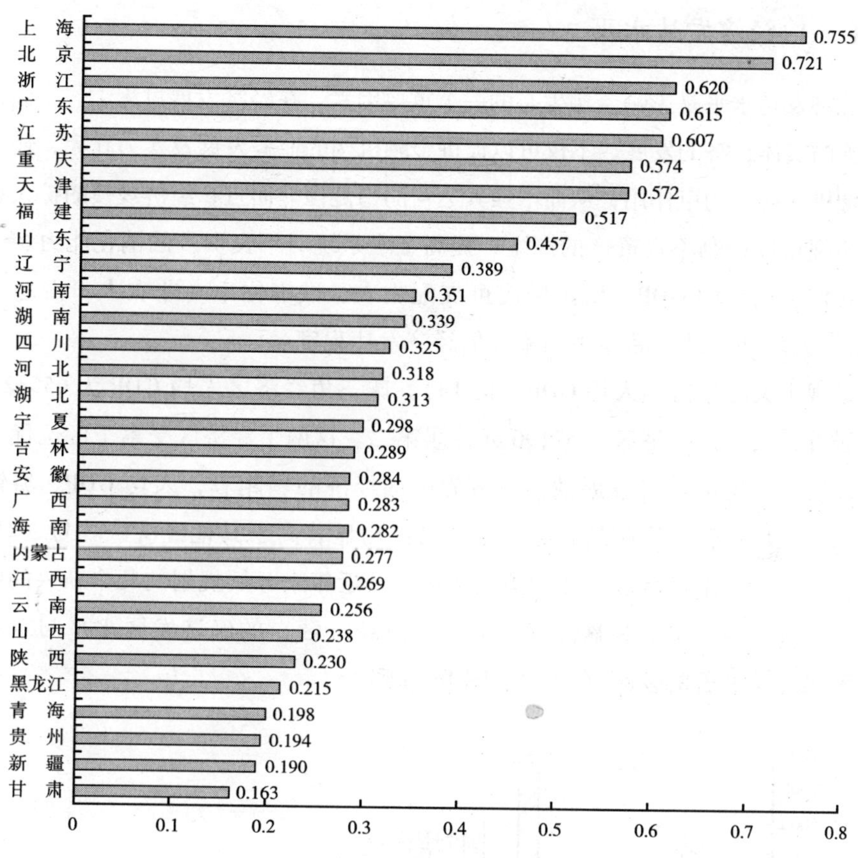

图 11　地区经济基础综合评分

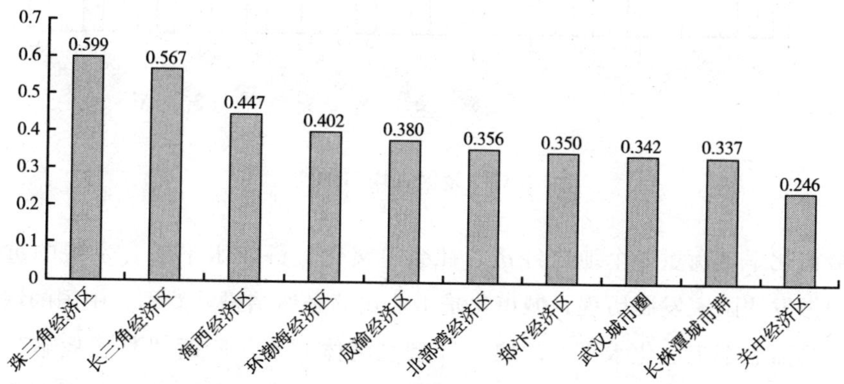

图 12　十大经济区域经济基础综合评分

（一）经济发达水平

经济发达水平是影响金融生态的一个重要因素。在经济发展过程中，不断增强和完善的实体经济的发展，不仅可以促进金融机构的业务发展及实力壮大，还可以对金融机构起到约束作用，从而增强其运营的稳健性。而且，经济规模的扩大和实力的增强可以抑制不良资产的产生，提高金融系统对不良资产的消化能力。

我们选用人均 GDP、城镇居民可支配收入、城市化率（非农人口占总人口比重）、人均社会消费品零售额来评估经济发达程度。

纵观十大经济区的人均 GDP（图 13），珠三角经济区人均 GDP 为 65532 元，排名居首，长三角经济区以 53196 元位居第二。这两个经济区受惠于区位优势及中央政府的非均衡经济发展战略，成为中国经济的领跑者，人均 GDP、城镇居民收入、人均社会零售商品总额等各项指标均显著高于其他经济区。与之对应，成渝经济区、关中经济区、北部湾经济区以及近年来开始规划的几个新兴的中部经济区（武汉城市圈、长株潭城市群、郑汴经济区）的经济发展水平与东部沿海地区仍存在显著的差距（图 13、图 14 和图 15）。

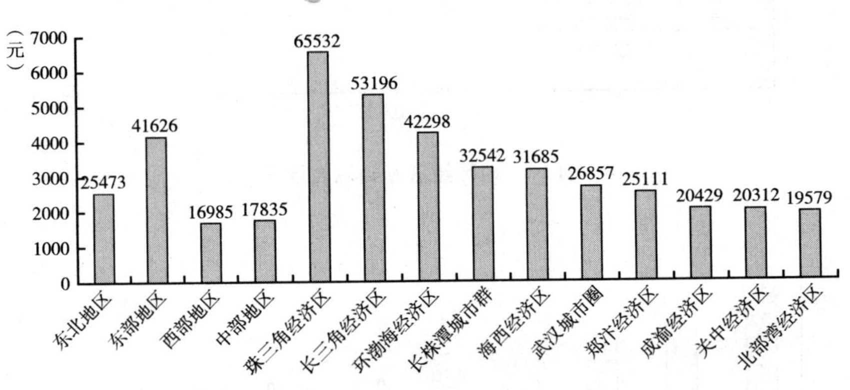

图 13　地区人均 GDP

城市化率是衡量一个地区经济、社会、文化、科技水平综合发展的重要标志。根据发达国家发展历程，城市化是工业化的必然结果。然而，中国的城市化水平严重滞后于工业化水平。政府主导型经济体制下，所谓“赶超战略”使得重化工业超常规发展，但传统重化工业对提高城市吸纳劳动力就业能力非常有限。城市化水平的提升有赖于私人经济部门和中小企业的繁荣。

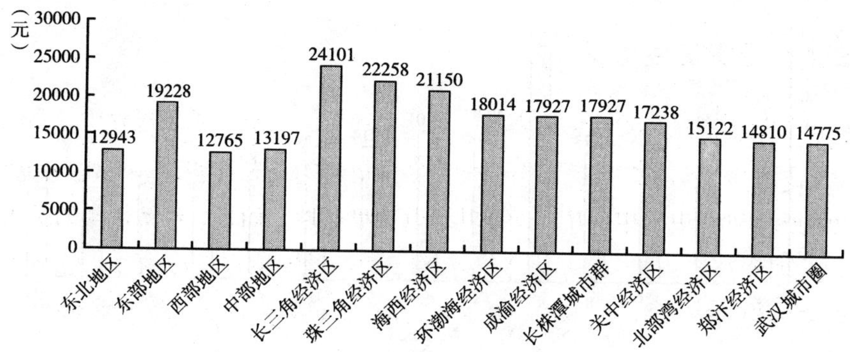

图 14　地区城镇居民可支配收入

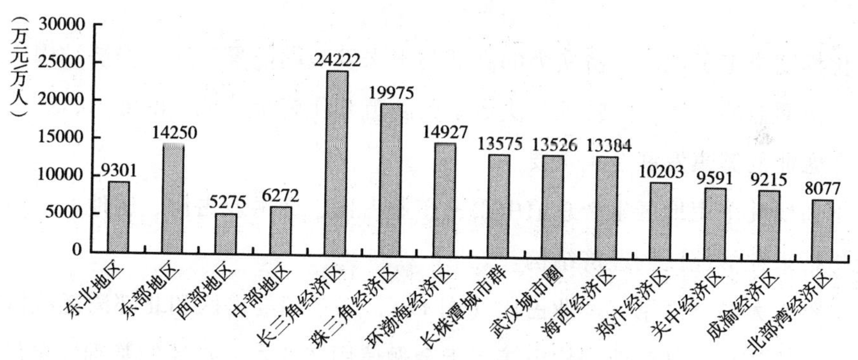

图 15　地区人均社会零售商品总额

我们以非农人口占总人口比重作为城市化率的指标，根据 2009 年年鉴的数据，中国 2008 年平均城市化率为 46.99%，大部分省份的城市化率为 30% ~ 50%。如图 16 所示，珠三角经济区城市化水平已经接近发达经济体，高达 75.66%，是环渤海和长三角经济区的 1.5 倍。武汉城市圈的城市化水平略高于成渝经济区，海西经济区、关中经济区、长株潭城市群的城市化水平为 30% ~ 40%，而郑汴经济区和北部湾经济区城市化水平低于 30%。比较而言，中部新兴经济区（武汉城市圈、长株潭城市群、郑汴经济区）中武汉城市圈的城市化水平相对较高，综合经济实力较强。

（二）经济结构

经济结构是经济资源在不同类型的经济部门之间进行分配并不断调整优化的结果，也是决定整体经济效率和发展态势的一个重要因素。因此，地区经济结构

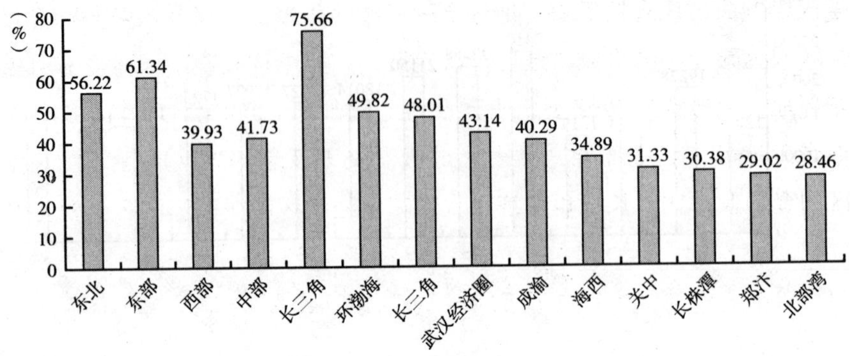

图 16　各地区城市化率

的优化程度决定了地区经济实力的高低与未来发展的前景。地区经济结构决定了地区经济面对的总体风险特征，决定了其防范和化解金融风险的能力，这些显然对于金融业的健康发展至关重要。

本项研究采用地区生产总值中第三产业占比、金融业占比、房地产业占比等量化指标来评估地区的经济结构。

观察十大经济区第三产业占比（图 17），珠三角经济区和北部湾经济区的第三产业占比较高，其产业结构更接近于金融信用产业发展提速的基础性条件。海西经济区、长三角经济区、关中经济区、武汉城市圈第三产业占地区生产总值比重相近，为 44% 左右。长株潭城市群、环渤海城市群、成渝经济区占比为 40% ~43% 。郑汴经济区第三产业占比不足 40%，如何从现代制造业产业链中延伸出现代服务业，可能是该地区经济结构转型的关键。

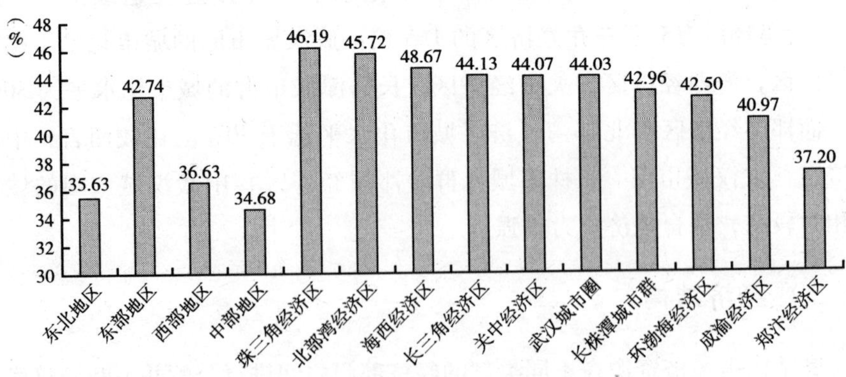

图 17　地区第三产业增加值占比

地区金融业占比直接反映了地区金融资源的集聚能力以及辐射金融资源配置功能。区域金融中心的形成与地区经济发展、产业结构和制度软环境密切相关。

东部地区金融业发展较快，地区金融业增加值占 GDP 比重平均为 5.98%，西部地区为 3.43%，中部地区和东北地区发展不及东部地区的一半。纵观十大经济区的金融业占比，长三角经济区、珠三角经济区和海西经济区金融业占比最高，分别为 4.32%、4.15% 和 3.81%。中西部经济区中，关中经济区的金融业占比相对较高，占地区生产总值的 2.95%。而长株潭城市群、郑汴经济区的金融业占比明显偏小，均不足 2%（图 18）。

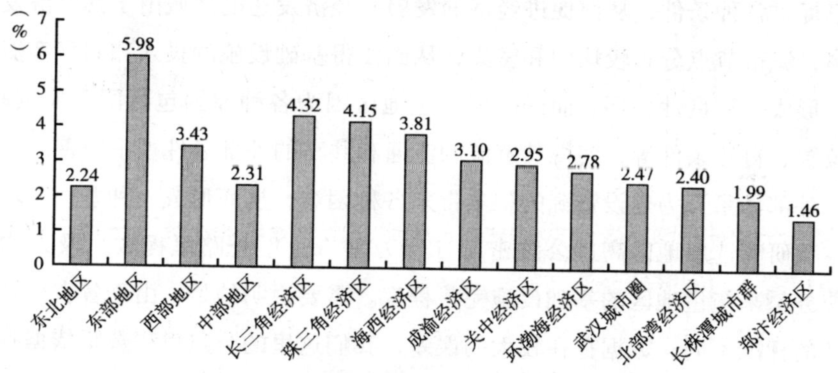

图 18　地区金融业增加值占 GDP 比重

观察十大经济区的房地产占 GDP 的比重（图 19），排名前三位的珠三角经济区、海西经济区、北部湾经济区，房地产占比分别为 5.21%、4.50% 和 4.02%。长三角经济区、长株潭城市群、成渝经济区房地产占比在 3% 左右。与

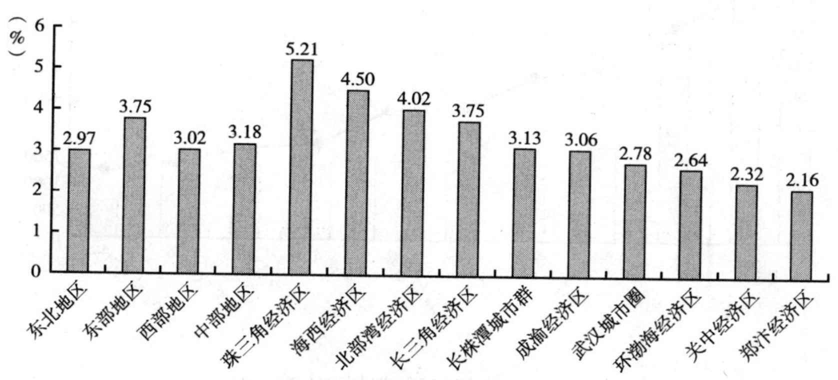

图 19　地区房地产业增加值占比

前四位经济区相比，环渤海经济区和其他中西部新兴经济区（关中经济区、郑汴经济区）的房地产占比相对较小。

（三）基础设施

城市基础设施是为社会生产和居民生活提供公共服务的物质工程设施，是用于保证地区社会经济活动正常进行的公共服务系统，包括公路、铁路、机场、通信、水电煤气等公共设施。一个地区的基础设施是否完善，是其经济是否可以长期持续稳定发展的重要基础。依据累积循环过程，基础设施的完善为资源的流动和共享提供各种条件，从而促进经济的发展。经济发达的区域由于其经济发展水平较高，城市节点分布较均匀和密集，从而使得基础设施的投入和共享都能得到保证，形成一种良性循环。而经济欠发达地区因为各种原因包括国家投资政策、地理位置、自然条件等，使得其资源的流通和共享的外部条件很不完善，这种不完善的外部体系又为建设资源的积累带来各种困难，从而形成一种恶性循环。

本项研究选用地区高速公路密度（每万平方公里公路里程数）及人均地区邮电业务量来衡量地区的基础设施完善程度。需要说明的是，由于各省统计公路里程数的标准不同，数据存在较大的误差，我们这里的公路里程数是依据省统计年鉴，经过相应调整后的数据。

观察十大经济区单位面积公路里程数（图 20），长三角经济区和郑汴经济区地处平原地带，交通运输基础设施发达，高速公路密度最高。关中经济区、成渝

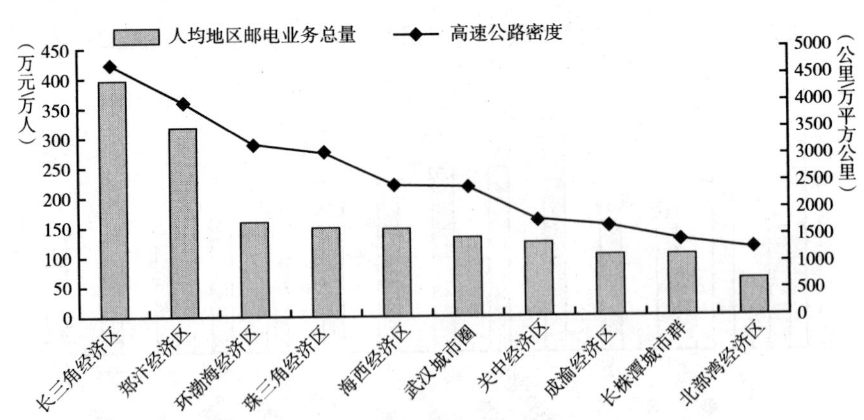

图 20　十大经济区域地区基础设施

经济区、长株潭城市群和北部湾经济区位于丘陵地带和山区，交通运输仍相对落后，最差的北部湾经济区每万平方公里面积只有113公里的高速公路。

（四）私人部门发展

中国的私人经济部门是在夹缝中艰难成长壮大的。越来越多的证据表明，私人经济的发展，有直接夯实地区信用文化基石的积极效果。这是因为，在受歧视的环境之下，私人经济要想获得正规金融部门的支持，必须具备良好的技术基础、管理严密的企业组织、广阔的市场前景和良好的信用记录。至于从非正规金融体系获得金融支持，情形也大致相仿。非正规金融资源的成本之高，使得只有那些绩效优良的企业才能厕身其中；而非正规金融的高度易变性，更要求那些希望长期取得金融支持的企业表现出异乎寻常的诚信品质。

我们选取非国有部门在工业总产值中所占比重、非国有部门投资占比、非国有经济就业人数占城镇就业人数比重来评估私人部门发展。由图21可以看到，中西部地区和东北地区国有经济的控制力比较强，非国有部门在工业总产值中占有相当小的一部分。反之，在开放程度比较高的东南沿海省份，非国有部门在经济中的份额比较大，反映出私人部门经济较为活跃。

中国非国有部门投资占比较小，最高的东部地区也只有30%的水平。从经

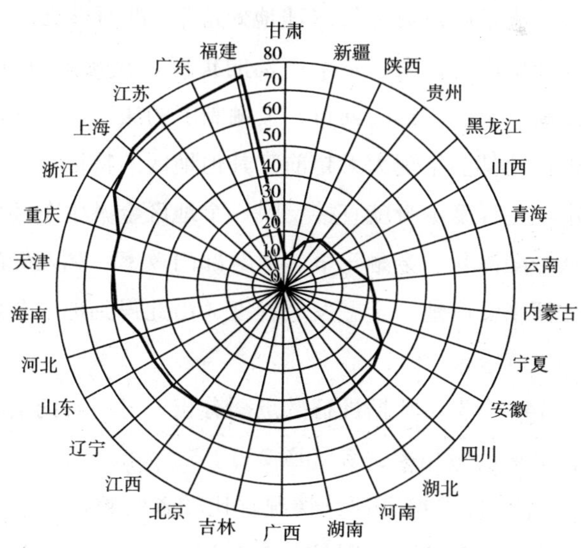

图21 各省（直辖市、自治区）非国有部门工业总产值占比

济区域来看，海西经济区、珠三角经济区、长三角经济区、郑汴经济区私人投资占比较高，关中经济区私人投资占比较低。即使非国有部门投资占比较少，但是非国有经济在解决中国就业上发挥了巨大的作用（图22）。

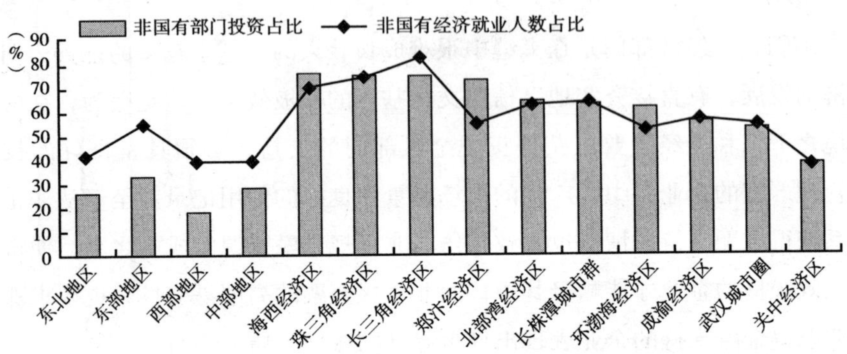

图22　各经济区域非国有部门投资占比和非国有经济就业占比

四　金融发展

由于地区金融生态环境的差异，直接造成了各地区金融效率的差异，在金融生态环境好的地区形成了所谓资金的“洼地效应”，进而形成区域金融中心。因此，该地区金融中介规模的扩大、金融市场的扩展、金融机构服务体系的完善、金融部门效率的提高、金融工具的创新、金融制度的法制化与规范化等一系列综合因素的完善和现代化都会呈现大大超前于其他地区的特征。因此，地区金融发展和金融部门的市场化程度本身就直接反映一个地区金融生态环境的优劣。基于以上考虑，我们从金融深化、金融竞争、金融部门效率、私人部门金融支持和金融市场发展五个方面来测度地区金融发展程度，由此得到地区金融发展水平的综合评分。

通过对入选的140个省市数据进行散点图分析，可以看到金融资产不良率与地区金融发展存在显著的负相关关系（图23）。

图24为各地区金融发展综合评分情况。比较省级数据，金融发展得分排名前三位的上海、北京、浙江分值分别是0.745、0.684和0.678，明显高于其他城市。排名靠前的十个省份，除了排名第五、九、十的重庆、宁夏、云南，其余全

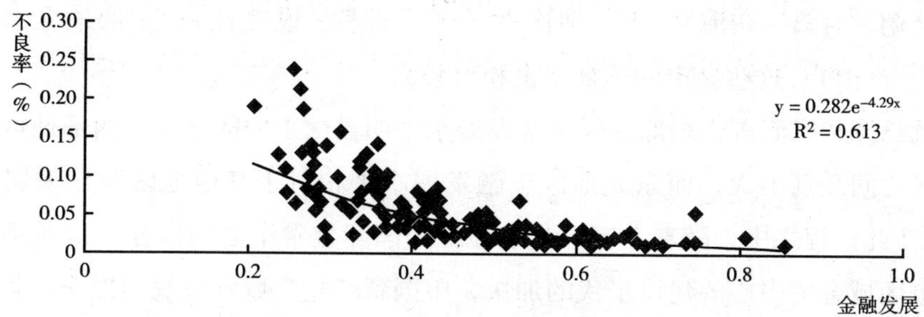

图 23　金融发展与不良率

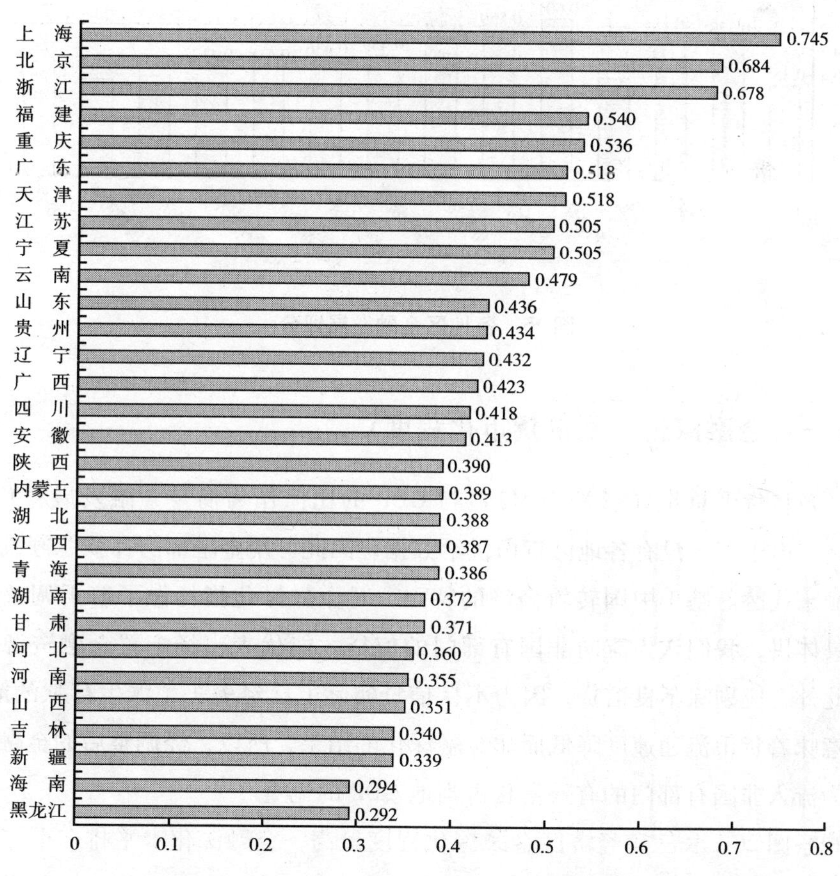

图 24　各省（直辖市、自治区）金融发展评分

为东部沿海省市。金融发展水平较高的东部沿海地区金融资产不良率也相对较低。排名靠后的 10 位中，中部地区占 3 席（河南、山西、湖南），西部地区占 3

席（新疆、甘肃、青海），东北地区占 2 席（吉林、黑龙江），东部地区占 2 席（河北、海南）。这些城市的不良率也相对较高。

就总体状况而言，东部地区金融发展水平明显优于内陆地区，西部地区、中部地区之间差别不大，而东北地区金融发展水平相对于其他地区明显偏弱（图 25）。在此过程之中，随着上海、北京等地的国际金融中心的设立，以及部分中心城市区域金融中心的建设步伐的加快，中国新一轮区域发展规划提速，新的经济增长极产生。这为进一步增强中国经济发展后劲提供了可能。

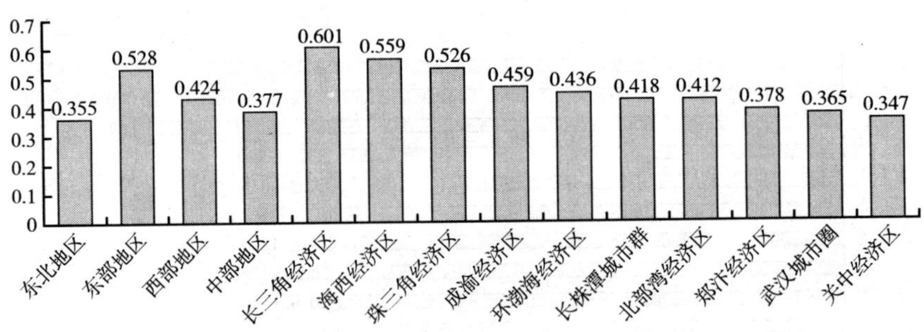

图 25　各地区金融发展评分

（一）金融深化（经济货币化程度）

一般将货币总量（通常为 M2）与 GDP 的比值作为衡量金融发展“广度”的指标。由于中国没有各地区货币供给数据，因此可用金融部门存款总额或者贷款总额来代替。基于中国转轨经济的特点，对金融深化指标做了若干调整和修正。具体讲，我们认为流向非国有部门的信贷才能代表市场配置金融资源的程度。此外，应剔除不良信贷，因为不良信贷实际上已经失去了派生存款的能力，更多意味着货币流通速度降低而非金融深化的结果，所以，经调整后的金融深化指标为流入非国有部门的有效信贷占当地 GDP 的比重。

观察图 26，长三角经济区金融深化程度最高，金融深化水平排名前三的经济区除长三角经济区外，依次为北部湾经济区、海西经济区，非国有部门获得的有效贷款占 GDP 比重分别为 115.46%、105.91% 和 103.13%。成渝经济区、珠三角经济区、环渤海经济区金融深化水平居中。长株潭经济区、郑汴经济区、武汉城市圈、关中经济区金融深化水平较低。

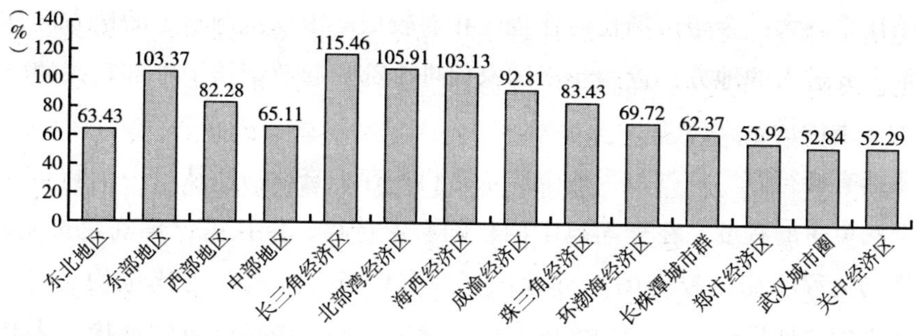

图 26　非国有部门获得的有效贷款/GDP

（二）金融竞争

中国一直以来实行的是高度垄断的金融体制，几家国有独资银行一统天下的单一结构尚未根本改变，金融业的市场竞争局面尚未全面形成，不利于中国金融业国际竞争力的提高。随着世界贸易组织的加入，外资银行的进入，股份制银行、城市商业银行、农村商业银行、农村信用社联合社的发展，几家国有独资银行一统天下的格局正在改观，地区金融部门的竞争越充分，越有利于该地区金融业的发展。因此采用地区政策性贷款占全部金融机构贷款的份额及地区国有银行（工行、农行、中行、建行）的金融机构占当地存、贷款的份额从反面来衡量银行部门的竞争，该比率越低，说明竞争越充分。

观察十大经济区政策性贷款占全部金融机构贷款比重（图 27），珠三角经济区、长三角经济区政策性贷款占比较小，金融市场化运作程度高，金融竞争比较充分。中西部三大经济区（武汉城市圈、北部湾经济区、长株潭城市群）政策

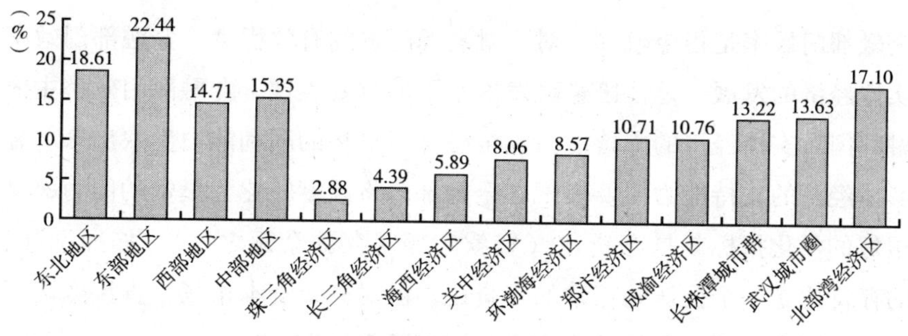

图 27　政策性贷款在辖内贷款规模中占比

性贷款比重较大，金融市场化运作程度相对较低。市场机制不足的地方恰是政策性金融需要进入的地方，近两年来国家促进中部崛起政策给予中部新兴的经济区很大的政策性贷款支持。

非国有银行存、贷款占当地全部金融机构存、贷款份额从另一个侧面反映了地方金融竞争的程度。在全国范围内，国有银行存、贷款占比偏高是普遍现象。即便市场化程度相对较高的东部地区，国有银行存、贷款占比也均超过50%。这一结果尖锐地反映中国各地区国有银行垄断金融资源较严重的现状。从十大经济区的平均数据来看，长三角经济区、环渤海经济区、成渝经济区非国有银行贷款占比相对较高，非国有银行存款占比较小的三大经济区依次是海西经济区、珠三角经济区、北部湾经济区（图28）。

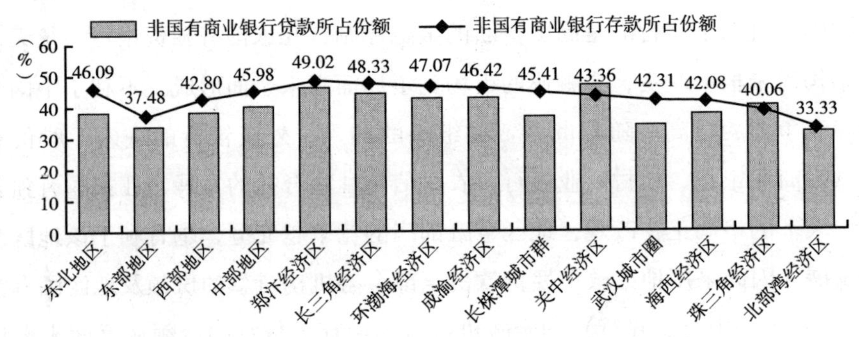

图28　非国有银行存贷款份额（2009年）

注：所标数据为非国有商业银行贷款所占份额。

（三）金融部门效率

金融部门效率是指金融部门对金融资源配置的有效程度。金融部门效率直接关系实体经济的发展，是地区金融发展水平的重要表现。金融部门效率主要是通过金融部门对实体经济的支持能力和金融部门自身的赢利能力反映出来。金融部门对实体经济的支持能力主要表现在金融部门将储蓄转化为投资的能力，这方面一个很好的量化指标就是存贷比（贷款余额对存款余额之比）。按照国际经验，75%的存贷比是一个公认的正常的存贷比。但对一个资本市场、直接融资不发达的新兴市场国家来说，我们认为中国应该有更高的存贷比。

图29展现了不同经济区的存贷比和金融部门效益。从东部、中部、东北、

西部四大经济区域来看，东部地区存贷比最高，西部地区、中部地区其次，东北地区存贷比最低。而金融部门效益与存贷比成明显的正相关关系，即存贷比高的地区，金融部门效益较高；存贷比低的地区，金融部门效益偏低。

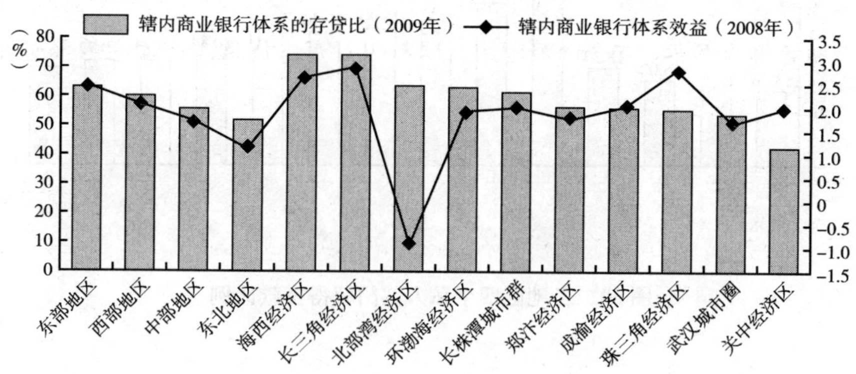

图 29　辖区内商业银行存贷比和效益

从十大经济区来看，海西经济区、长三角经济区存贷比较高，关中经济区存贷比较低，位居最后一名。长三角经济区、珠三角经济区、海西经济区金融部门效益显著高于其他经济区。

（四）私人部门金融支持

尽管金融机构对非国有企业贷款的业务早已放开，尽管非国有企业对工业总产值的贡献已经超过 70%，但金融机构对非国有企业的贷款至今还只占一个相当小的比重。大部分的银行贷款都流向了国有企业。国有企业使用了大部分银行贷款，却对总产出只作出了较小部分贡献，故此金融资源的低效率配置始终是未来呆坏账反弹的重要隐患。这一状况与通过市场调节合理分配金融资源的目标极不相称。信贷资金分配结构与产出结构之间偏离越大，大体上说明信贷资金分配的市场化程度越低。

我们用私人部门贷款余额占全部金融机构贷款余额比重来说明金融部门对私人部门经济的支持程度。私人部门贷款包括私营企业贷款、个体户贷款、个体合作贷款和个人消费贷款四个部分。

整体来看（图 30），东部地区非国有企业贷款占全部金融机构贷款比重显著高于内陆地区。观察十大经济区国有企业贷款占全部金融机构贷款比重，珠三角经济区、海西经济区私人部门获得的贷款所占份额明显高于其他经济区，源于这两大经济区私人经济高度发达，市场发育程度相对较高。而环渤海经济区、武汉城市圈、郑汴经济区私人部门获得的贷款占全部金融机构贷款比重较小，市场发育程度相对较低。

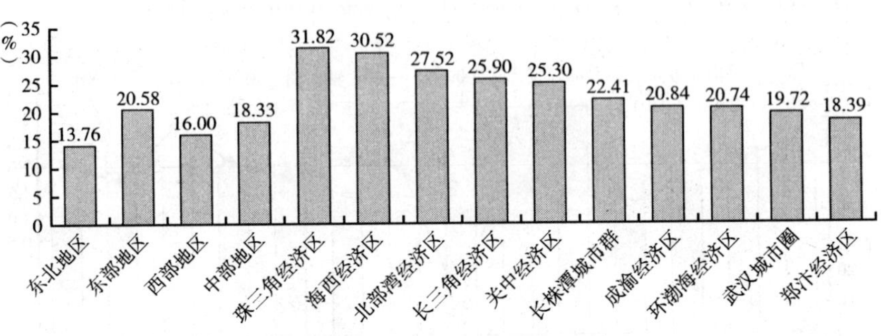

图 30　各地区四个私人部门获得贷款比例

（五）金融市场

金融市场发育程度是市场化的金融体系成熟的重要衡量标准。中国金融的高度垄断和政府管制使得金融市场的发展比较滞后。

总体而言，中国直接融资与间接融资的长期发展失衡，造成银行承担的金融风险过大，不堪重负。从区域数据比较来看，东部地区直接融资市场较内陆地区发达，东部地区通过直接融资市场筹集的资金额占到全国直接融资市场筹资总额的 82.94%。相比之下，中部地区、西部地区和东北地区直接融资市场欠发达。中部地区、西部地区和东北地区直接融资的主要渠道是股票融资，其债券市场极不发达，直接融资与间接融资发展失衡的现象仍较为明显（图 31）。

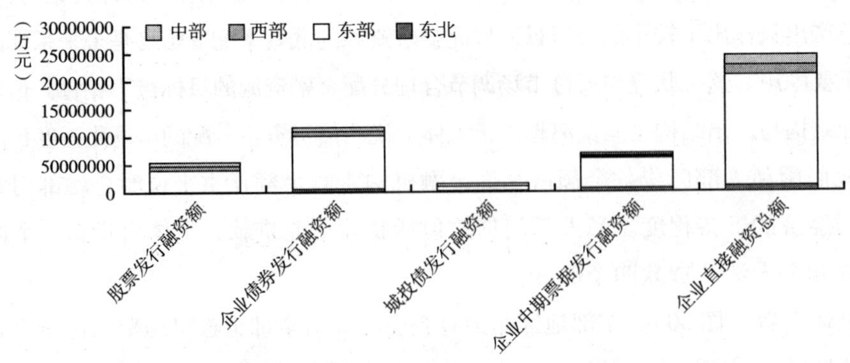

图 31　东部、东北、中部、西部企业直接融资各项及总额

五　制度文化

地区制度文化因素对当地金融资产质量有着深刻的影响。但目前很难找到一套数据来源真实准确、评价方法客观合理的标准来衡量各地制度文化水平方面的差异。因此，这一部分我们主要是借助问卷调查获得信息，进而将统计结果编制为相关指标，据此评判地区制度文化因素方面的差异。问卷调查针对央行景气调查的5000家样本企业，设计了5个问题（包括司法、政府诚信、企业税负三个方面），针对地区金融机构设计了10个问题（包括司法、债权维护和社会诚信水平三个方面）。我们将制度分化因素分为地区金融法治环境、社会诚信文化水平、金融中介组织发展状况三个方面加以考察。由此得到地区制度与信用文化的综合评分。

从2009年的省级数据来看（图32），制度与信用文化评分最高的十个省份中，东部地区占了8席（北京、上海、浙江、江苏、福建、广东、天津、山东），中部占了1席（安徽），西部占1席（重庆）。得分最低的多为西部地区，陕西、内蒙古、宁夏、贵州、甘肃、青海六省位列最后十名，反映西部地区制度与信用文化建设水平较低。

（一）司法

良好的金融法治环境是金融生态得以稳定发展的基本条件，完善的金融法治能够有效地保护金融主体的产权，有效遏制恶意信用欺诈和逃废金融债务。毫不夸张地说，金融法治环境是金融生态环境的核心之一。法规能否很好地保护投资者、存款者、债权人的权益，执法是否严格、司法是否公正等，都会明显改变微观经济主体的行为和预期。

就总体状况而言，东部地区的法治环境明显优于内陆地区，而中部地区、西部地区、东北地区之间差别并不大。我们在问卷调查中设计了企业对司法的信任这一指标，各地区在这一指标上的得分意味着遇到经济纠纷大致多少比例的企业诉诸司法来解决问题。从得分来看，东部地区为0.646，中部地区、西部地区、东北地区的得分分别为0.331、0.243、0.243。在省级排名中，浙江、福建、上海位列前三，分值分别为1、0.799、0.790。在得分最低的甘肃和宁夏、贵州、青海、河南，得分不足0.100。这个差距是相当惊人的（图33）。

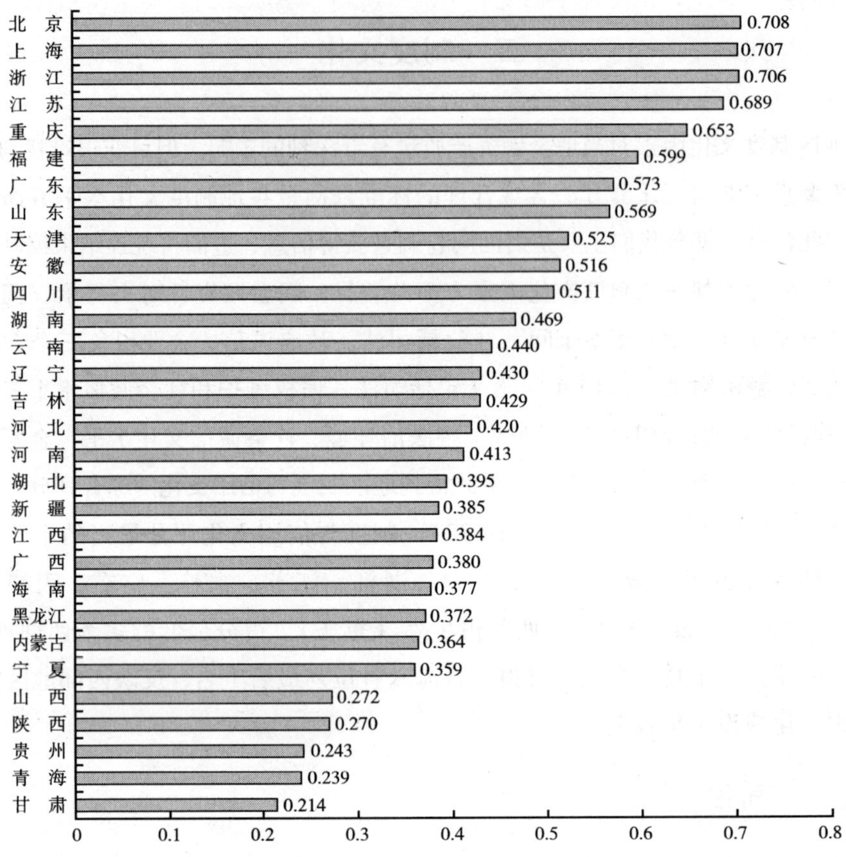

图 32　制度与信用文化评分

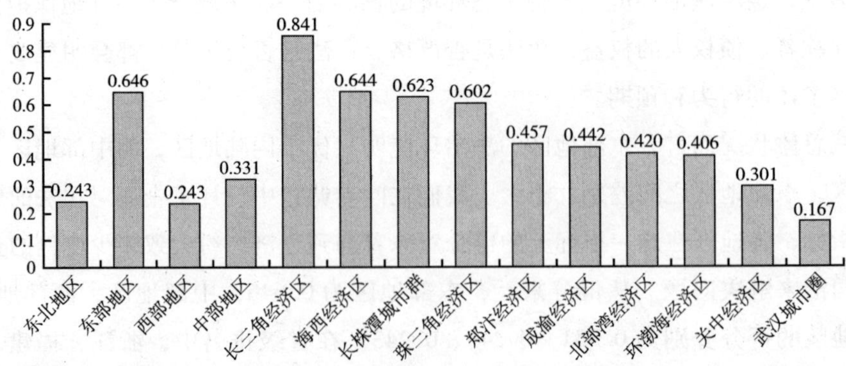

图 33　对辖内司法的信任程度

我们在问卷调查中设计了司法公正与司法独立指标。司法公正性指标测算企业遇到经济纠纷通过司法途径能得到公正、及时解决的可能性。司法独立性指标测算地方法院不受地方政府干扰判决的可能性。

比较2009年省级数据，上海、福建、浙江三地司法最为公正，贵州、甘肃、青海在司法公正方面表现比较差。司法的独立性与公正性的得分并不同步。司法的独立性得分较高的为北京、浙江、江苏，得分都高于0.700，而排名最后的贵州、湖北和河南的分值都不到0.250。该项指标排名靠前的多数为东部省份，排名最后的基本是西部省份（图34）。比较东部地区与西部地区的差异，其中法治状况的差距是显著的，由此也不难理解为什么东部地区有更多的企业相信司法系统能有效解决经济纠纷了。

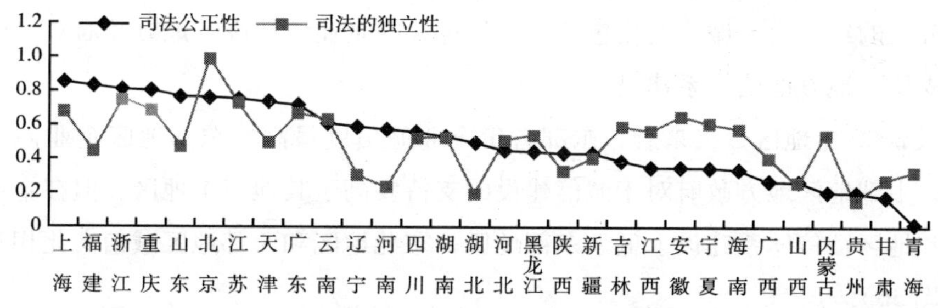

图34　各省（直辖市、自治区）司法的公正性与独立性

除司法过程中的独立公正问题外，中国金融执法效率低也是金融法治环境长期面临的困境。大致说来，中国目前金融执法方面存在的问题具体表现为：一是执行时间长，程序复杂；二是执行费用高；三是抵债资产回收效果差。从2009年的调查结果来看，各地区回收率普遍偏低。最高的浙江为0.854，接下来是重庆和黑龙江。最低的陕西、河南、山西、青海均未超过0.400（图35）。

（二）诚信文化

诚信可看做签约方对契约和承诺的遵守。作为一种文化氛围，社会诚信文化只是金融信用关系中的一个软约束条件。然而这一方面的因素对地区金融信用环境影响力是不可小觑的。在浙江、上海等私人经济发达的地区，当地商人文化发达，社会信用基础良好，这对当地金融资产质量有非常积极的影响。很难想象在

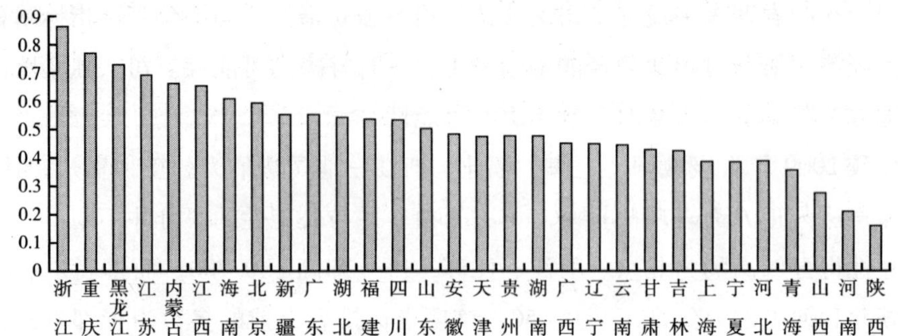

图35　各省直辖市银行诉讼债权的回收率

一个信用文化匮乏的地区能营造出让资本有效运作的环境。

我们依据针对地方金融机构的问卷调查编制了诚信文化指标，表征诚信文化对债务人的约束力。诚信文化包括三个指标，即企业诚信度、地方政府对于诚信建设支持、地方征信体系建设。

从2009年地区数据来看，东部省份企业诚信度最高。东部地区企业诚信度最高，中部地区地方政府对于诚信建设的支持要高于其他三个地区，但在企业诚信度和地区征信体系建设上低于东部地区，东北地区和西部地区诚信文化相对落后（图36）。

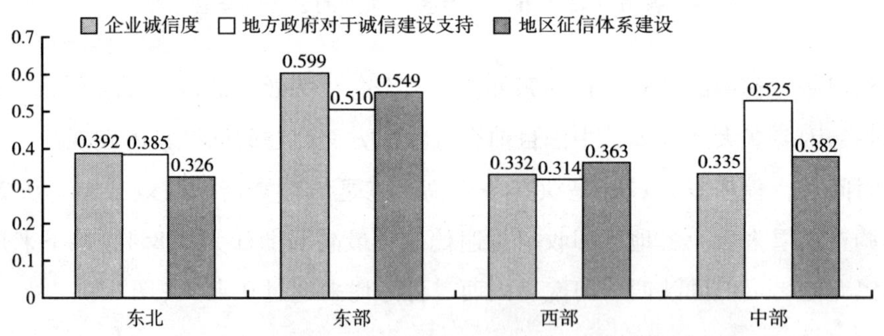

图36　东部、东北、中部、西部地区诚信文化

十大经济区中企业诚信度最高的为长三角经济区，得分为0.749，其次为珠三角经济区和海西经济区，得分分别为0.656和0.582。企业诚信度最低的为郑汴经济区和武汉城市圈，得分均低于0.250。地方政府对于诚信建设支持得分最高的仍然是长三角经济区，分值为0.692，大大高于其他九个经济区（图37）。

地方政府对于诚信建设支持得分最低的为郑汴经济区、北部湾经济区和关中经济区，在企业诚信度比较低的经济区中也看到了它们的身影。这说明，地方政府对于诚信建设的支持与企业诚信度相辅相成。即政府诚信的状况对企业诚信甚至整个社会诚信产生直接的影响，政府诚信在社会诚信体系中要起到积极良好的表率作用，反之则将对整个地区的诚信文化的建设造成极其负面的影响。

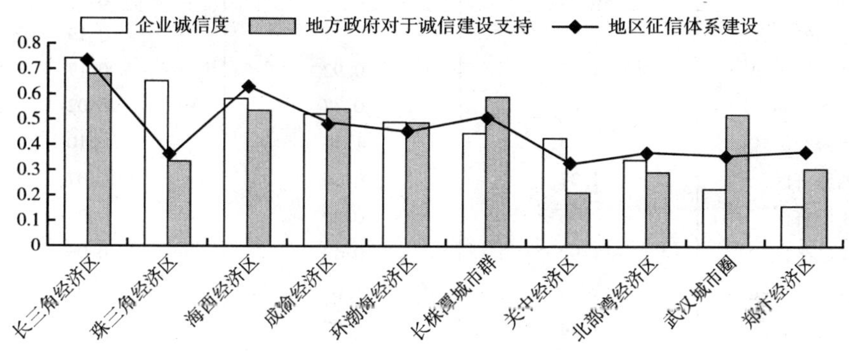

图 37　十大经济区诚信文化

（三）中介组织

现代社会学理论显示：在一个社会中，中间型组织的数量反映了居民社会参与程度。中间型组织能有效地增强人与人之间的联系，提升建立彼此间诚信的基础。在现代经济社会中，中间型组织产业化成为构成整个经济体系不可或缺的一环，诸如律师事务所、会计师事务所、评级公司、担保公司等中介机构，在现代金融服务中发挥着越来越重要的作用。如果这些方面存在薄弱环节，金融运行就会出现漏洞，发生问题也不容易合理解决。总的结论是，与金融业运行相关的社会中介服务的缺失，不利于建立完善的社会信用体系。

我们选取了地区每万人注册的律师和会计师人数以及地区信用担保机构的数量等客观指标，结合对当地中介组织作用情况的问卷调查结果，来考量地区中介服务的发展水平。

总体而言，北京、珠海、厦门、上海等城市的金融中介组织比较发达。在这方面，东部地区与中部地区、西部地区、东北地区之间的差距非常大，东部地区遥遥领先于其他地区（表5）。其中，珠三角地区中介组织发展水平更是远远高于其他地区。

表 5　地区中介组织发展水平

地　　区	律师占人口比例（人/万人）	注册会计师占人口比例（人/万人）	担保机构数占人口比例（个/万人）
东北地区	1.21	0.72	0.05
东部地区	2.27	1.82	0.07
西部地区	1.05	0.44	0.05
中部地区	0.79	0.59	0.04
珠三角经济区	2.98	1.31	0.19
郑汴经济区	1.03	0.92	0.17
武汉城市圈	0.87	0.37	0.02
环渤海经济区	1.54	1.18	0.10
海西经济区	1.37	0.36	0.07
关中经济区	0.76	0.29	0.03
成渝经济区	1.92	0.42	0.06
长株潭城市群	1.34	1.05	0.03
长三角经济区	1.74	0.97	0.13
北部湾经济区	0.92	0.72	0.03

与此同时，我们还根据针对地区金融机构的问卷调查设计了行业协会作用指标，用以衡量行业协会等中介组织对帮助银行清收不良债权所起的作用。总体而言，东部地区行业协会所起作用最大，中部地区表现尚好，东北地区和西部地区行业协会所起作用不大（图 38）。

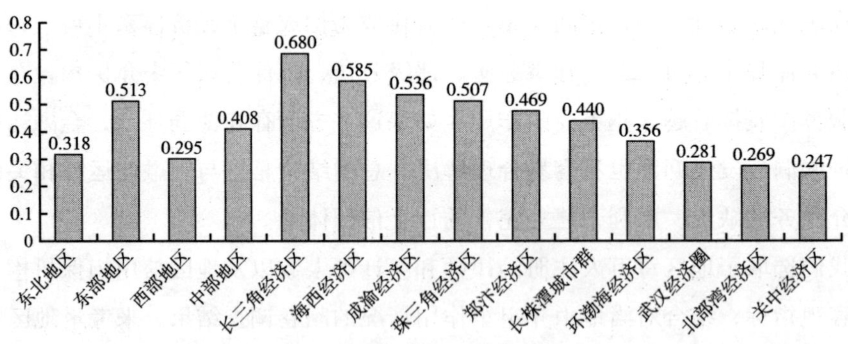

图 38　地区行业协会作用

行业协会等组织是非官方的社会力量，从长远来看其健康发展对于维护良好的社会经济秩序、促进社会诚信文化氛围有重要意义。随着市场经济体制继续深化改革，良好的经济活动规范将更多地依靠社会力量创立和维护，政府在社会道德上的引导职能应逐步弱化。与金融业运行相关的社会中介服务的缺失，不利于建立完善的社会信用体系。因此，促进行业协会、律师事务所、会计师事务所、地区担保机构等这样的中介组织的发展应该是一项长期的重要任务。

六　简要小结

从以上多个角度的分析表明，中国地区金融生态环境存在着巨大的差异。东部沿海地区金融生态环境要优于中部地区和西部地区。东部长三角经济区、海西经济区和珠三角经济区在政府治理、经济基础、金融发展和制度与诚信文化四个方面都是发展很好的地区。入选的110个城市中，Ⅰ级城市全部位于东部地区，68%的Ⅱ级城市位于东部地区。东部地区的金融生态环境已经比较完善。

中部地区和东北三省入选的37个城市中，除了省会城市排于Ⅱ级之外，其他的城市密集分布在Ⅲ级和Ⅴ级，显示出金融生态环境的差异性。中部地区其他几个经济区乃至整个中部地区要想成为中国未来经济的增长极，其金融生态环境的改善是不可或缺的一环。其中，提高经济市场化程度、加大政府体制改革，加强社会诚信体系建设是改善中部金融生态环境的首要任务。

与东部、中部和东北三大地区相比，西部地区的金融生态环境综合评分相对较低，特别是贵州、甘肃和青海三省。西部地区疆域辽阔、人口稀少，多数地区远离海口，交通不便。长期以来西部地区对外开放程度低、基础设施落后、经济欠发达、政府治理不良、市场化程度低、金融法治环境欠佳。找到适合西部地区发展的金融发展模式是西部金融发展的重要切入点。

B.17

国际金融形势分析

尽管有着欧洲主权债务危机的阴霾，全球经济 2010 年总体上延续着危机后的复苏趋势。根据国际货币基金组织的估计，2010 年全球经济增长率为 5%，明显好于 2009 年 -0.6% 的增长率，也超出了 2009 年末许多国际组织的预测值。但与 2009 年类似，2010 年世界的经济增长依然极不平衡。发达经济体的经济复苏缓慢且不稳定，欧元区的某些国家还面临着经济再次下行的风险。新兴经济体与发展中国家的经济增长强劲，而且开始遭受经济过热与通胀的困扰。与其经济态势相对应，各经济体的宏观经济政策也各不相同。美国采取了新的量化宽松货币政策以刺激经济复苏，而包括中国在内的一些新兴经济体则不得不开始收缩货币供给以遏制物价上涨趋势。总体上，基于各经济体国内需求的上升，预计全球经济的复苏在 2011 年仍会持续下去，但是欧元区财政状况的隐忧与日本海啸尤其是因此引发的核电站泄漏事件则给世界经济的未来增长增添了不确定性。

相对于实体经济，2010 年的全球金融形势则有着更大的波折。在 2010 年上半年，由于欧洲主权债务危机的影响，金融市场出现剧烈波动并导致了人们对于全球经济与金融体系“二次探底”的恐惧。不过随着危机处置措施的出台，金融市场逐渐稳定下来。在 2010 年下半年，尽管仍然存在着一些风险因素，全球金融形势普遍得到改善。证券市场开始上行，风险利差缩小，对企业的贷款条件也趋于宽松。不过在 2010 年底，爱尔兰债务危机再次引发了市场对于欧元区金融稳定的忧虑，风险利差和融资压力也随之提升。幸而此次市场动荡的深度和范围都远低于上半年，并随着国际社会的援助计划而逐渐平息。2010 年全球的储蓄与投资则延续了过去的格局，高储蓄率的新兴经济体是发达经济体储蓄缺口的弥补者，并且有着较为强劲的资本流入。预计在 2011 年，如果欧洲主权债务危机不出现新的反复，全球金融形势将保持稳定。如果发达经济体随着经济恢复而提高利率，将可能减缓新兴经济体的资本流入和资产价格的上行压力。

一　主要经济体的经济与金融发展

（一）美国的经济金融形势

1. 热点问题综述

刚刚走入复苏阶段的美国经济在2010年热点问题很多，但是基本围绕经济复苏以及为加快经济复苏采取的各项政策措施展开，具体来说主要包括量化宽松的货币政策、美国联邦政府的财政赤字以及美国的宽松政策与CPI的背离等三项内容。

金融危机之后，量化宽松的货币政策也更多地跃入人们的视野。所谓“量化”，是指央行创造指定金额的货币，“宽松”则指为银行等金融机构提供足够的流动性，减轻其资金压力。一般情况下，央行通过公开市场操作、进行购入证券等，使银行在央行开设的结算户口内的资金增加，为银行体系注入新的流通性。

2009年3月18日，美国联邦储备委员会在货币政策决策会议结束后宣布，将在今后6个月内购进3000亿美元长期国债，同时进一步购入7500亿美元抵押贷款相关证券和1000亿美元“两房”债券。这是美联储第一次公开宣布实行量化宽松货币政策，亦即美国第一轮量化宽松货币政策。此次量化宽松的规模，三项收购计划总计高达11500亿美元，截至2010年第三季度。

第一轮量化宽松的货币政策防止了美国经济的进一步急剧下滑，稳定了美国金融市场，但是并没有带来美国经济的持续复苏。到2010年第二季度，美国GDP同比增速减缓，只有1.7%，而2010年8月份的核心通货膨胀率不足1%，低于美联储非正式设定的1.5%～2.0%的目标区间，接近10%的失业率也使人们对经济复苏持悲观态度。鉴于此，2010年11月2日，美国联邦储备委员会宣布实施第二轮量化宽松货币政策，将联邦基金利率维持在0～0.25%的区间，同时到2011年第二季度末再购买6000亿美元的较长期美国国债。

美联储推出的第二轮量化宽松政策意在通过为银行体系注入流动性，降低利率，促进经济增长，并通过促使美元贬值以增加出口，提升就业率。它在短期内提振了市场信心，也令全球股市大幅上涨；日本东京和印度孟买股市涨幅超过

2%，英国FT100指数上升1.98%，美国道琼斯和标准普尔指数亦大涨近2%。

但是，国际社会尤其是新兴市场国家对美国的量化宽松货币政策持强烈的反对态度。俄罗斯财政部副部长潘金明确指出："美联储的行为可能导致形成新的金融泡沫，并使汇率失衡。这种措施的受害者不是美国，而是新兴经济体。"德国总理安格拉·默克尔在接受德国媒体采访时说，美国的量化宽松政策是"靠人为压低汇率来刺激出口"，这一政策是"短视的，最终会损害各方利益"。巴西财政部长吉多·曼特加批评说，美联储此举难以增加就业，却会加剧全球经济失衡；巴西总统卢拉则明确指出，美元贬值是所有问题的根源。众多经济学家指出，如同"从直升机向经济空投美元"的新一轮"量化宽松"货币政策，意图使美国在国际贸易中拥有更大竞争力，不排除通过美元主动贬值实施"货币战"，转嫁经济风险的意图。它将使美元贬值，推升大宗商品价格，导致不可控的"热钱"流入新兴市场。①

总结起来，美国实行量化宽松的货币政策对全球经济的影响主要在于以下四个方面。

第一，美联储的量化宽松政策，将引发美元的进一步贬值。国际清算银行（BIS）的数据显示，反映美元汇率综合变动的美元有效汇率指数在金融危机爆发初期的2008年末为101.02点，到2010年10月，已经跌至81.95点。在外汇市场，美元对几乎所有货币的双边汇率都显著贬值，尤其是美元对亚洲国家货币如日元、韩元、泰铢、马来西亚林吉特等的贬值，已经严重冲击了这些国家的经济运行。日本、韩国、印度、俄罗斯等国家已经干预汇市，防止本币继续大幅升值。

第二，伴随着美元的继续贬值，大宗商品价格迎来新一轮上涨压力。在美联储宣布实行第二轮量化宽松货币政策后，美元指数击穿76关口，跌幅达0.8%，黄金期货价格盘中最高涨幅3.4%，已逼近1400美元关口；原油价格大涨，纽约商品交易所12月份轻质原油期货价格接近87美元，涨幅约3%。在全球大宗商品市场，小麦、棉花、有色金属、煤炭、矿石等大宗商品价格都显著上涨，已经造成部分新兴市场经济体的输入性通货膨胀，而且全球通货膨胀预期还在持续上升，强化了全球经济未来走势的不稳定性和不确定性。

---

① http://news.xinhuanet.com/fortune/2010-11/10/c_12757477.htm.

第三，美联储的第二次量化宽松政策可能延缓全球经济刺激政策的退出。由于世界经济复苏形势的不明朗，日本已经先于美国进一步放松货币政策。10月5日，日本央行将基准利率从0.1%下调至0~0.1%。仍然饱受主权债务危机影响的欧洲经济更是在复苏的路上步履蹒跚，量化宽松政策导致欧元“被升值”，也将给欧洲经济增添新的不确定性。其他经济体也可能会迫于压力推迟刺激政策的退出。

第四，持续宽松的货币政策可能引发新兴经济体资产泡沫并形成更大的通胀压力。一方面，以美元计价的商品价格将大幅提升，使得部分新兴经济体面临“输入性通胀”；另一方面，美联储的政策将使美元和美元资产的价格面临下跌压力，国际投资者可能会加大对新兴经济体资产的投资，热钱流入规模和速度或将升级，从而推高部分新兴经济体的物价水平，甚至形成资产价格泡沫。

2008年美国次贷危机爆发后，美联储一直维持着宽松的货币政策，包括允许一级交易商通过贴现窗口获得贷款、设立定期拍卖工具（Term Auction Facility）及定期证券借贷工具（Term Securities Lending Facility），让交易商以“问题资产”换取国债，甚至直接买入商业票据向信贷市场注入流动性。这种宽松的货币政策使得货币供应量较快增长。自2008年1月份开始，M1就一直在不断增加，2010年8月份比2008年1月份增加超过1/4，平均每年增加超过130亿美元。

与货币供应量快速增长相背离的是，美国CPI数据一直维持在较低的水平。在2009年上半年起伏很大，到了下半年几乎维持不变，进入2010年之后，一路下滑，直到2010年6月份才企稳回升，但是7~8月份的环比值较之6~7月份的环比值又下降了0.08%。正是基于此，伯南克在2010年10月15日表示，美国经济所面临的通货紧缩风险已“超过令人放心的水平”，加之失业数据居高不下，美联储在货币政策方面采取进一步行动的条件已然具备。①

在影响通货膨胀的众因素中，货币供给量只是影响通胀水平的因素之一，在短期内，非货币因素对通胀水平的影响也不容忽视。首先要考虑的因素就是货币的流通速度。美国货币流通速度在2004年第4季度有一个拐点：此前一直平稳，

---

① 伯南克：《具备采取进一步货币政策行动条件》，http://stock.cnstock.com/overseas/jrjd/201010/923578.htm。

此后2005～2007年的两年时间内直线上升，这两年时间正是美元泛滥，流动性过剩之时。进入2008年，美元流通速度骤然下降，甚至低于2003年的水平。根据凯恩斯的“流动性陷阱”假说，在流动性陷阱中，人们都想保留现金，而不用于投资和消费。这在银行体系中就表现为超额准备金的急剧上升。一方面是美联储向市场注入流动性，另一方面则是商业银行提取更多的超额准备金，这两股力量叠加之后，就势必造成流通速度下降。第二个因素是美国经济增速放缓，失业率上升，这造成总供给曲线向下方移动，产出缺口扩大，所以推动物价走低，至少抑制了物价上升。

从长期来看，世界经济一旦企稳回升，上述两个因素就很可能逆转。从银行的角度来讲，超额准备金的收益率无法满足经营需要，要提高收益率就势必要把资金用于对外借贷，如果金融领域上需要一段时间恢复元气，资金的焦点将会投向实体产业，这势必会推动美国实体经济复苏。一旦整体经济形势好转，美联储此前投放的过量的货币供给，就会迅速转化为总需求，这种通胀压力是可想而知的。当然，对付这种需求拉动型的通胀，美联储还是有足够的公开市场业务手段可用，关键是判断物价走势的拐点，确定政策实施的时机，这也一直是货币政策研究想要解决的难题。

2. 美国经济金融形势

2010年对美国经济复苏是很关键的一年。自从发生金融危机以来，到2010年底美国经济已经连续6个季度持续复苏，2010年全年经济增长2.8个百分点，比上年多0.2个百分点。2010年金融市场的压力也有所减轻，股票市场总市值增长13%，经济增长创造了110万个就业岗位，经济已经不再处于濒临破产的边缘。

2010年美国全年实际GDP增长2.8%，名义GDP达到14.66万亿美元。经济全面复苏，一改2009年下降2.6%的颓势。其中，第三季度GDP增长2.6%，第四季度增长达到3.2%（图1）。

2010年美国实际GDP的增长主要来自于私人存货投资、出口、个人消费支出、非住宅固定资产投资（尤其是设备和软件）和政府支出。从图2可以看出，美国经济在2009年下半年和2010年一季度呈现较好的反弹走势，很大程度上归因于库存变化。随着库存效应的减弱，美国经济自2010年下半年以来出现了放缓迹象。但是，消费和净出口对经济增长的贡献逐渐增加。2010年第三、第四

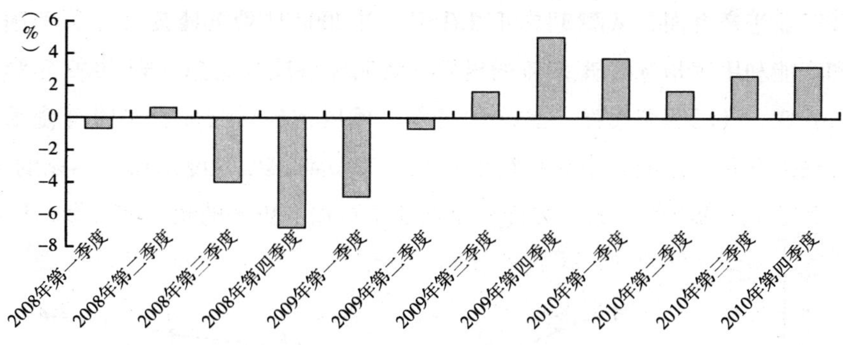

图 1　2008～2010 年美国实际季度 GDP 增长

资料来源：美国商务部经济分析局。

季度，个人消费对 GDP 的贡献分别达到 1.67% 和 3.04%，私人投资对 GDP 的贡献却不到 1 个百分点。净出口对 GDP 的贡献在 2010 年前三个季度都为负值，到第四季度却达到 3.44 个百分点（图 2）。

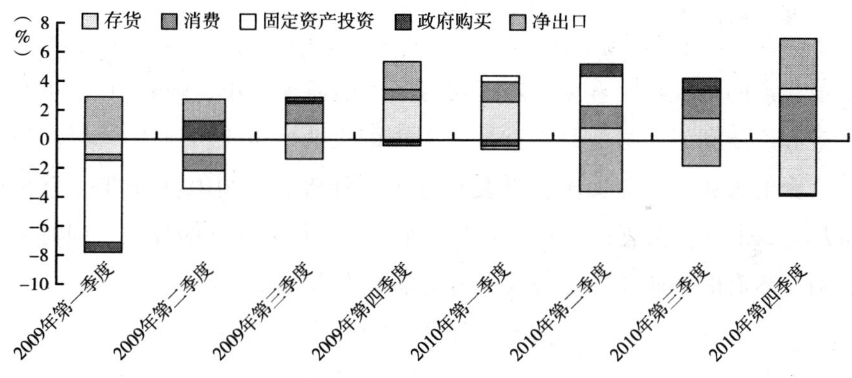

图 2　2009～2010 年美国 GDP 贡献因素

资料来源：美国圣路易斯联储银行。

美国经济的进一步复苏需要消费、政府投资和住宅投资的上升，购房税收优惠政策仅会短暂地推升住宅投资，但并没有持续性的政策效果，房地产库存结束将可能是美国经济加速复苏的起点。巨额的政府负债阻碍了进一步大规模财政刺激的可能。同时，欧元区的债务问题虽然对全球经济复苏的趋势构不成决定性的威胁，但如果危机继续升级，不但将打击全球金融市场，也将延缓美国经济的复苏进程。

在工业生产方面，从图3中可以看到，自2008年第四季度以来，美国工业生产和产能利用率指标跌破90%的界限，表明经济陷入衰退，到2009年第二季度跌入谷底，随后逐渐反弹，在2010年第一季度达到90.6%，2010年随着经济形势的逐渐好转，产能利用率一路攀升，在2010年第四季度达到94.4%的水平。

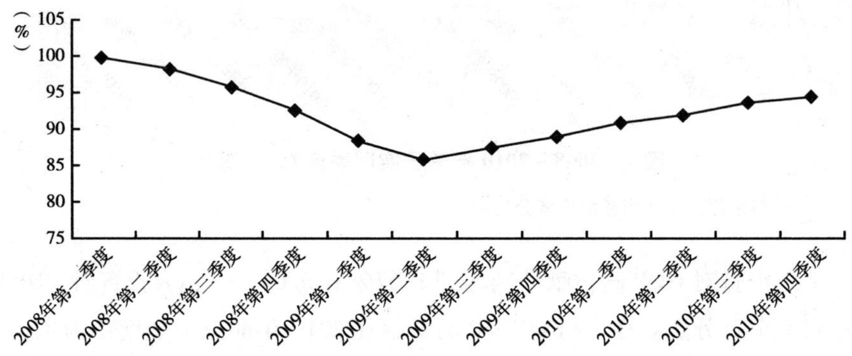

图3 2008～2010年美国工业生产和产能利用率指数

资料来源：美国商务部经济分析局。

工业生产的景气程度直接决定了对劳动力的需求大小，随着2009年美国的工业生产和产能利用率指数跌至谷底，美国的失业率也上升到10%的高位。美国持续高企的失业率成为美国经济复苏途中的绊脚石，2010年全年一直维持在9.6%以上（图4）。失业和就业压力直接冲击居民长期和短期收入，同时失业率高企，对于政府的失业保险等财政支出也带来持续压力。

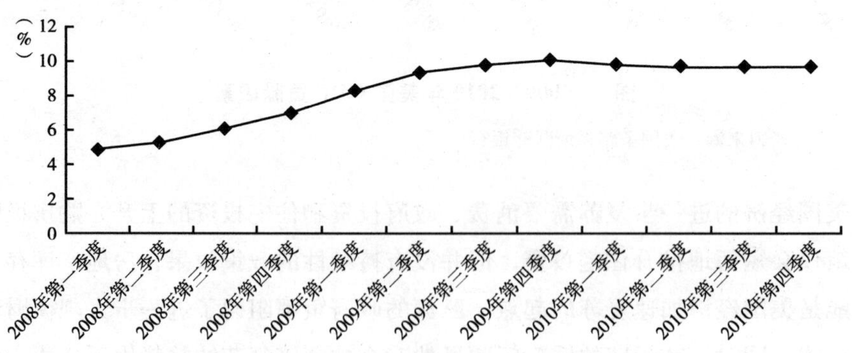

图4 2008～2010年美国季度失业率

资料来源：美国圣路易斯联储银行。

随着失业率的持续攀升，劳动力成本指数不断下降，但是也滞后失业率数据一个时期。从2008年第四季度到2009年第三季度，劳动力成本指数一直都保持在0.4以下。2010年，随着经济复苏，劳动力成本指数逐渐上升，在第一和第二季度分别达到0.6和0.5。2010年下半年，劳动力成本指数随着失业率的继续高企而下降到0.4（图5）。

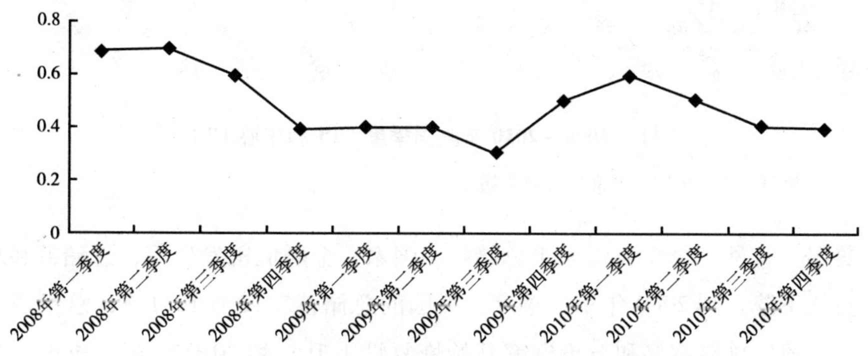

图5　2008～2010年美国季度劳动力成本指数

资料来源：美国商务部经济分析局。

失业率因此也成为美国政治中非常重要的议题。2010年12月，国会通过了减税和延长失业保险的提案，对于经济的复苏起了很大的作用。政府在增加就业方面进行了持续的努力，比如鼓励国内商业投资、加大培训的投资和基础设施的投资，并且促进对外出口。到2010年，美国私人部门新增了130万个工作岗位，是自2006年以来增加最多的一年，私人部门在第四季度里平均每月增加了12.8万个工作岗位，也是近四年以来最多的一个季度。

2010年，美国消费者物价指数CPI上升1.6%，相对于2009年下跌了0.3个百分点。去除食品和能源的核心CPI全年上升了1.0%，比2009年下跌了0.7个百分点。同时通过CPI和核心CPI的比较，可以明显看出食品和能源价格波动对于CPI的影响很大，核心CPI比CPI更为稳定（图6）。

具体指数方面，全年食品指数上升1.8%，能源指数上升7.3%，住房指数上升0.6%，住房指数中的房租指数上升了1.0%，航空费用指数上升9.8%。医疗指数、旧车指数和烟草指数都有所上升，服装指数保持不变，家装指数和娱乐指数有所下降。

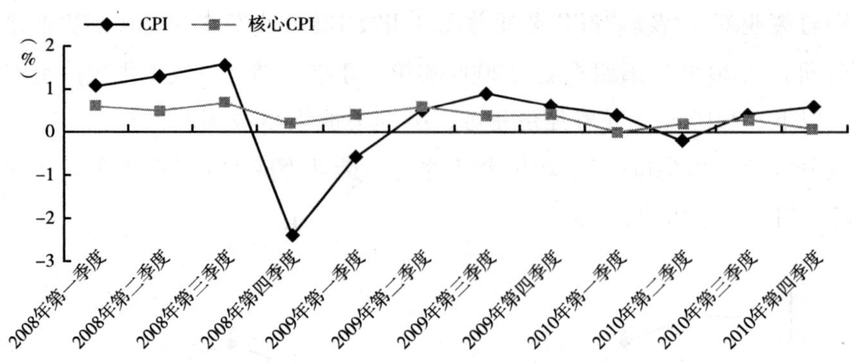

图 6　2008～2010 年美国季度 CPI 和核心 CPI

资料来源：美国商务部经济分析局。

美国一直是一个总投资大于总储蓄的国家，金融危机发生后，总储蓄和总投资都直线下降，到 2009 年第三季度，美国的总储蓄率仅为 10.1%，总投资率为 11.8%。随后总储蓄率和总投资率开始恢复性上升，到 2010 年第三季度，总储蓄率和总投资率分别达到 11.7% 和 13%（图 7）。

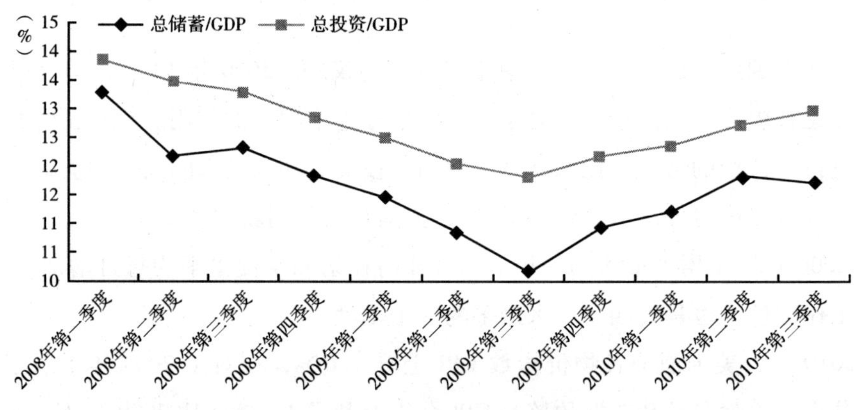

图 7　2008～2010 年美国季度总投资率与总储蓄率

资料来源：美国商务部经济分析局。

美国的总消费支出占美国 GDP 的 70%，消费对 GDP 的影响比较显著，最近 GDP 反弹中，54% 是由消费引起的。个人消费支出占 GDP 的比重一直保持在 63% 以上。发生金融危机的 2008 年第三季度，个人消费下降到 64% 以下，之后反转，到 2009 年第一季度达到 65%。由于失业率一直居高不下，个人消费支出再次一路下滑，到 2010 年第三季度，个人消费支出占 GDP 的 63.5%（图 8）。

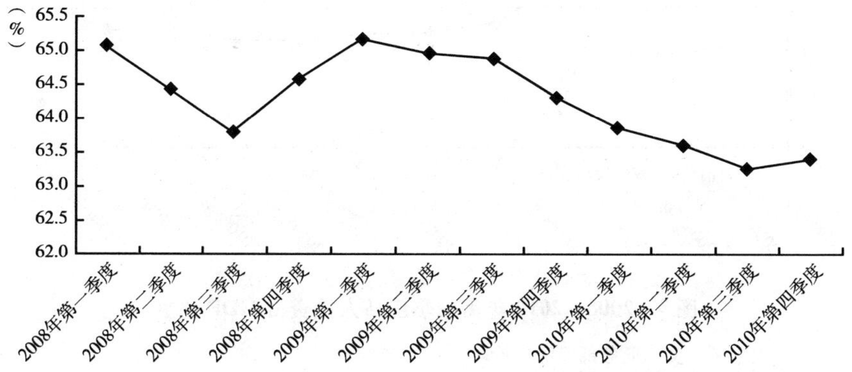

图 8　2008～2010 年美国个人消费支出占 GDP 比重

资料来源：美国商务部经济分析局。

与个人消费占 GDP 的比重变动比较一致的是消费者信心指数的变动。2008 年 11 月到 2009 年 2 月，消费者信心下降，但是 2010 年 5 月以来，反弹显著。在 2010 年中有些下降，但是进入 10 月以来，消费者信心指数比较稳定。

另一个反映消费者支出的是金融机构向居民提供贷款的意愿，当银行信用卡不太容易获得时，居民倾向更多的储蓄以便缓冲消费支出。在危机时期，银行向居民贷款意愿急剧降低，同时，居民储蓄上升。2010 年，联邦高级贷款局调查显示，银行开始愿意向消费者贷款。

2010 年全年，美国私人投资增速一直保持在 10% 以上。其中设备和软件投资增长了 16%，建筑类投资有所下降，但是这种下降被快速增长的石油和天然气开采的上升（年上升 51%）弥补了。设备与投资增长中，有 1/3 是由信息处理设备与软件投资增长拉动的，增长了 11%。交通设备投资增长了 55%，拉动设备投资增长的 1/3，工业设备投资增长显著，达到 15%。

存货投资在复苏的前期阶段发挥了重要作用，存货投资的变化直接构成 GDP 的变化。存货投资在 2009 年第一和第二季度是负增长，对 GDP 的贡献也是负值。在 2009 年第三季度，存货投资开始负增长减少，到 2010 年第三季度，存货投资对 GDP 的贡献为正值，在 2010 年前三季度，存货投资对真实 GDP 的贡献年平均为 1.7%，几乎是 GDP 增长的一半以上（图 9）。

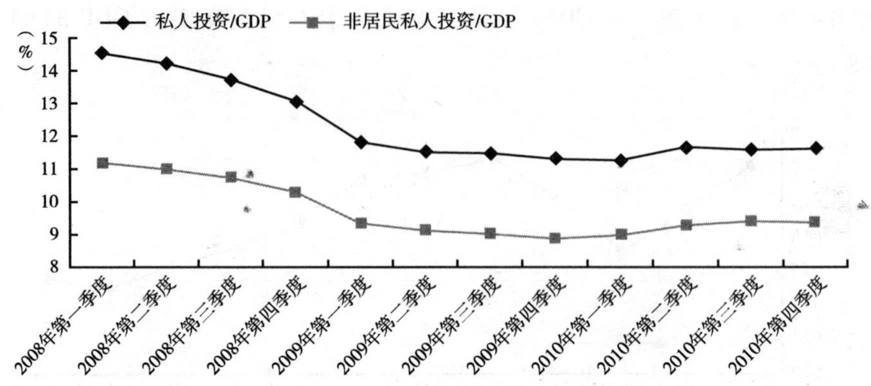

图9　2008～2010年美国季度私人投资占GDP比重

资料来源：美国商务部经济分析局。

未来非居民投资可能快速增长，因为公司现在有大量的内部资金，公司利润也反弹到了危机前的水平，企业的现金流逐步恢复。通常情况下，非居民的投资增长会超过公司现金流，企业部门必须从金融部门进行借贷。但是，因为企业部门最近的强劲增长，企业净现金流头寸超过投资，一部分现金流向金融领域的投资而不是实体部门。

自20世纪90年代起美国经常项目赤字不断扩大。2007～2009年，受到金融危机影响，经常账户逆差占GDP比重一度减小到2.4%。2010年，美国进出口都快速增长，进口增长速度快于出口增速，出口的反弹与贸易伙伴国经济增长密切相关，也与美元指数的走势相关（图10）。

2010年，美国出口增长16.6%，出口贸易总额1.83万亿美元；进口增长19.7%，进口贸易总额达到2.33万亿美元。其中美国商品和服务赤字达到4978亿美元，比2009年的3749亿美元增长了32.8%，石油进口占美国商品和服务赤字的一半以上；服务贸易顺差1487亿美元，比2009年增长12.6%。出口对GDP的贡献达到12.5%，比2009年高出11.2%。2010年美国最大的出口市场是加拿大，其次是墨西哥、中国、日本和英国。资本产品的出口是2010年出口贸易中最大的类别，其次是工业品、消费品、汽车及零配件、食品等。

金融危机发生后，美联储一直维持着宽松的货币政策，其直接后果就是货币供应的快速增长。以M1为例，自2008年1月份开始，M1就一直在不断增加，2010年8月份比2008年1月份增加超过1/4，平均每年增加超过130亿美元。

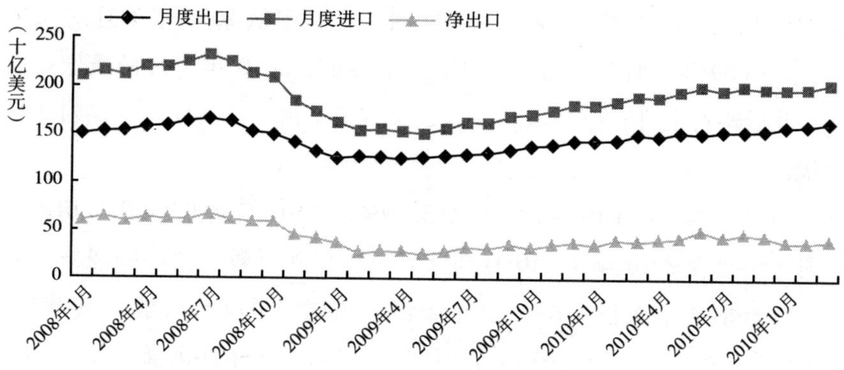

图 10　2008～2010 年美国进出口额及经常项目逆差

资料来源：美联储。

在经历了 2009 年定量宽松政策后，货币供应在 2010 年整体维持较为平稳的态势，但是在 2010 年底，美联储重新开启定量宽松的货币政策后，货币供应增长速度开始加快。表现最为直接的是 M1 的增长速度，在经历了 2009 年持续 10% 以上的高增长后，2010 年基本维持在 6% 上下波动，最高时在 2010 年 2 月达到 8.6%，2011 年 1 月继续保持 10% 以上的增长。M2 的增长表现则相对平稳，维持在 2% 左右，在 2010 年底随着 M1 的增长而达到 3.5%（图 11）。同时，M2 作为重要的基础货币，其规模在 2009 年以来一直维持在 8 万亿美元以内，占本国 GDP 的比重为 60%（按 2010 年末值计算）。

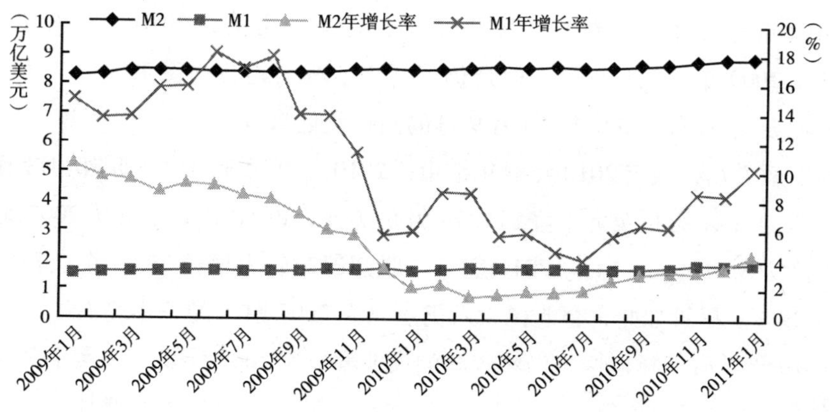

图 11　2009～2010 年货币供应量（月度）及其增长率（年率）

资料来源：美联储。

与 M1 急剧扩张相对应的是，美国联邦基金利率从 2008 年 1 月的 3.94% 一路下滑，自 2009 年 1 月开始就在 0.2% 之下徘徊，2010 年 1 月份最低点时只有 0.11%。此后略有上升，但是从年中开始又有所下滑。这反映美联储对于经济复苏的担忧。

2010 年 12 月，10 年期国债收益为 3.29%。2010 年上半年 10 年期国债收益有所上升，但是在 2010 年 4～10 月期间下降，反映了较为缓慢的经济增长和对国外主权债务危机的关注，中长期通货膨胀预期的下降也可能对其产生影响。2010 年的 11 月和 12 月，长期利率有所回升，但是 10 年期国债收益率仍然处于历史较低水平（图 12）。

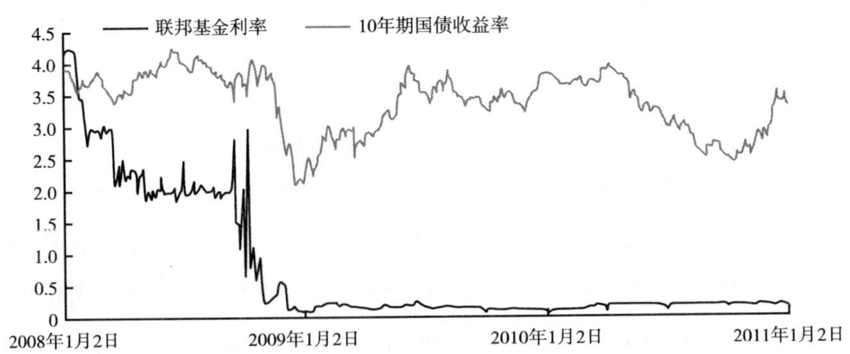

图 12　2008～2010 年美国联邦基金利率与 10 年期国债收益率

资料来源：美联储。

2010 年美国的股票市场总体情况良好。股票总市值在 2010 年上升了 13%，虽然低于 2009 年的上升幅度，但是仍保持了上升的趋势（图 13）。不过股票指数仍然比金融危机前 2007 年 10 月 9 日的高峰值低 20%。

在财政方面，截至 2010 年财年结束（2010 年 9 月 30 日），联邦财政预算赤字从上年的 1.41 万亿美元下降到 1.29 万亿美元，占 GDP 的比重从 2009 财年的 10% 下降为 8.9%（图 14）。2010 财年，联邦财政收入增长 2%，企业税收入增长将近 39%。尽管如此，企业税收入仍然只有 2007 财年的一半左右。个人所得税在 2010 年有所下降，这与仍然较高的失业率以及 2009 年复苏法案中消减居民税收有关。金融危机使得美国联邦财政赤字在 2008 年以后大幅增加，短期的刺激性财政政策无疑是债务负担增加的直接原因，但医疗、医保和社会保障性支出则是财政中占比不断上升的强制性支出。

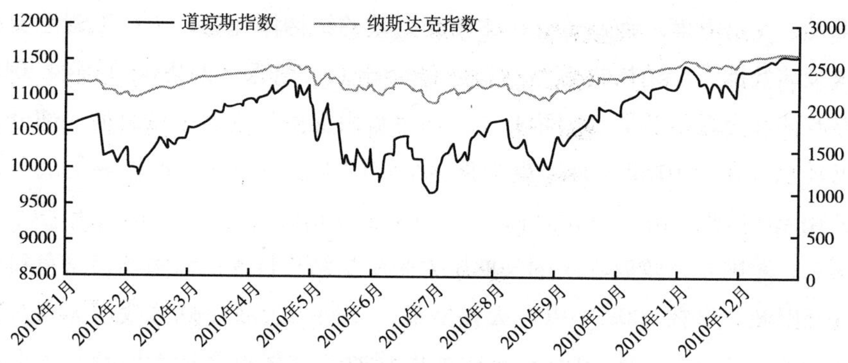

图 13　2010 年美国两大股票指数走势

资料来源：美联储。

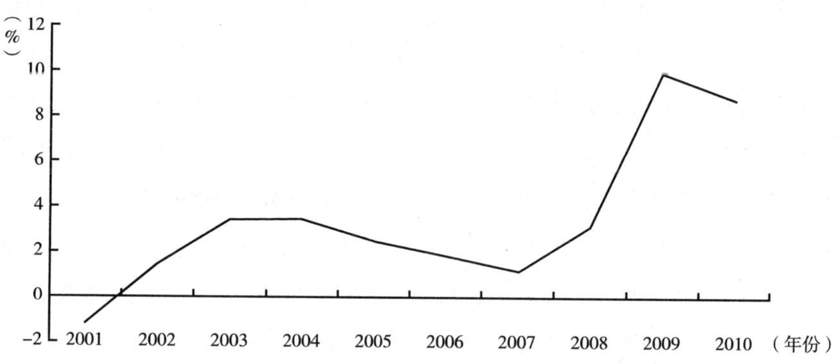

图 14　2001～2010 年美国财政赤字占 GDP 的比例

资料来源：美国圣路易斯联储银行。

美国联邦财政支出包括两部分，即可自由支配和强制性支出。可自由支配支出中，国防开支是单项占比最大的支出。强制性支出包括社会保障、医保、利息以及前期法案已经批准的支出，强制性支出主要是财政的结构性问题。联邦的收入主要包括个人所得税、社会保障税、社会保险税和企业所得税。当前美国联邦政府财政赤字增加主要由以下几方面导致。

第一，收入方面。联邦财政主要来源是各种税收，在经济衰退期间，这些税收的降低直接导致了联邦财政的恶化。此外，税收政策的变化会直接影响联邦财政的收入，但税收政策的变化需要经过相当复杂的行政、法律程序，不是短期可以实现的。

第二，支出方面。强制性支出主要是财政的结构性问题，所以强制性支出的改革政策涉及重大的结构性调整，对经济会产生长期深远的影响，例如2010年的医疗改革和金融改革等。国防开支作为可自由支配的支出中最大的一部分，尽管奥巴马总统在2010年8月结束了长达7年的伊拉克战争，但巨额的战争费用显然已经无法收回。

第三，美国联邦政府赤字的长期压力来源是结构性支出。虽然经济危机使得美国联邦财政赤字在2008年以后大幅增加，短期的刺激性财政政策无疑是财政赤字增加的直接原因。而2010年推出的医疗改革方案也会加大医疗、医保和社会保障性支出在财政占比的比重。随着经济的好转，政府举债对于市场利率的推升和私人部门投资的挤出效应将影响经济的增长。

实际上，美国在1990～2002财年一直实行预算中性原则（Pay-As-You-Go budgeting，PAYGO），即任何一项支出的增加或者收入的减少，都必须由另一项支出的减少或者收入的增加抵补，目的是控制赤字型财政支出的增加或者收入的减少。在该原则下，美国联邦财政曾在克林顿执政时期的1998财年出现了自1969年以来的首次预算盈余。小布什执政时期，大幅减税、增加医疗支出，导致联邦财政赤字明显上升。2007年民主党取得国会控制权后曾经试图恢复预算中性原则，但由于减税的政治压力，以及2008年金融危机的全面爆发，国会于2009年通过了更大规模增加赤字以保增长的财政支出立法，该立法对预算中性原则进行了修正，确认预算中性原则对于“紧急”状况的例外处理，指出直接支出与税收减免应该区别对待。

这种做法使原先的预算中性原则对于赤字的控制力度大大下降。但无论如何，在立法中恢复预算中性原则，表明了本届国会缩减赤字的目标。同时，奥巴马总统正在积极地提高政府行政支出的效率，并且开通专门网站接受公众对于政府支出的监督，在未来的几年中预计预算赤字将会逐渐下降。但是，财政支出也存在支出刚性，如果过快紧缩财政，对刚进入复苏的美国经济必然是重大的打击，以OECD成员过去30年的经验为例，GDP占比1%的财政紧缩将会降低当年国内需求增速1%，同时未来两年的失业率将会上升0.3%。所以，美国不会在2011年进行大规模财政紧缩，至少不太可能把增税减支作为主要手段。因此，财政赤字的减少是一个渐进的过程。

与高企的财政赤字直接相关的是，美国国债总额在2010年第三季度达到

13.6 万亿美元，占美国 GDP 的 92%（图 15）。国际上通行观点认为，预算赤字达到 GDP 的 3% 和国债总额达到 GDP 的 60%，就算是超过了警戒线。因此外界要求美国政府约束赤字规模、规范政府借债的呼声不绝于耳。

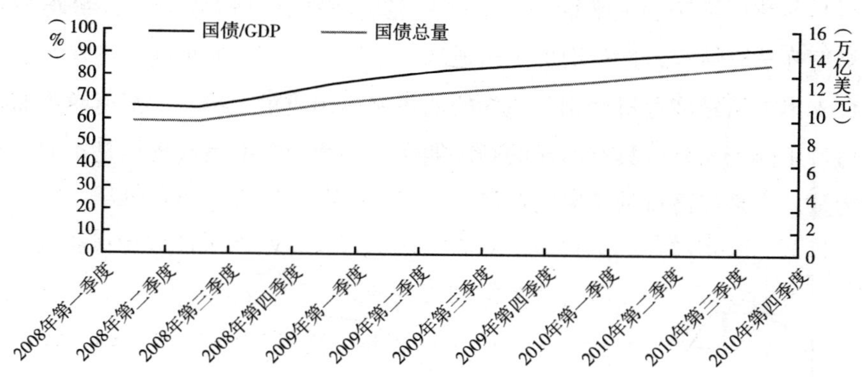

图 15　2008～2010 年美国国债增长

资料来源：美国圣路易斯联储银行。

美国国债市场 2011 年再融资压力仍然较大，2011 年大约有 2 万亿国债到期，其中有 82% 在上半年到期，在上半年到期的国债中，约 78% 是短期国债。虽然奥巴马政府在抓紧进行财政方面的改革，但 2011 年上半年美国财政赤字仍将居于高位，到期的国债量需要被新融资的现金来填补。而随着世界经济的恢复，危机时美国国债的安全港资产特性所带来的吸引力会有所减弱。因此 2011 年美国的财政状况仍然堪忧。

美国有独特的二元财政制度。近几年来，美国政府支出中，地方财政支出和联邦财政支出比例大约为 6:4，地方财政支出的规模大于联邦财政。同时美国各州财政具有顺周期属性，并且还有滞后性，因此是确认经济持续好转的指标。在经济周期中，财政的逆周期行为是平滑经济波动的手段，而美国的地方财政由于具有顺周期性，往往加剧了经济波动。美国联邦政府对于州政府的转移支付是逆周期的。2009 年通过的“美国复苏与再投资法案”（American Recovery and Reinvestment Act of 2009，ARRA），就是联邦政府在地方政府遇到困难时对其转移支付，从而降低各州政府对于所提供的公共服务的消减。

州财政预算包括两方面，即经营性预算和资本性预算。其中经营性预算支出的资金主要来自州财政收入和联邦转移。而资本预算的资金来源是发行政府债券。预算的建立和审批都有严格的行政制度，并且州财政预算的监督和发行债务规模均有严格的数据指标限制。2009、2010年州财政受到经济危机的打击，税收收入下降，教育、建筑等主要领域支出负增长（图16）。在无法增加税收的情况下，州财政预算又必须平衡，因此就只能削减教育和医疗支出，解聘公聘教师、缩短开学时间等，这就增加了当地就业市场的压力。如果同时还存在大量的资本性支出，而经济危机对相关债券的偿还能力造成重大影响，州财政将面临更大压力。正因为州财政具有明显的顺周期性，持续稳定的财政支出是正面拉动经济的力量，也是经济持续恢复的信号。

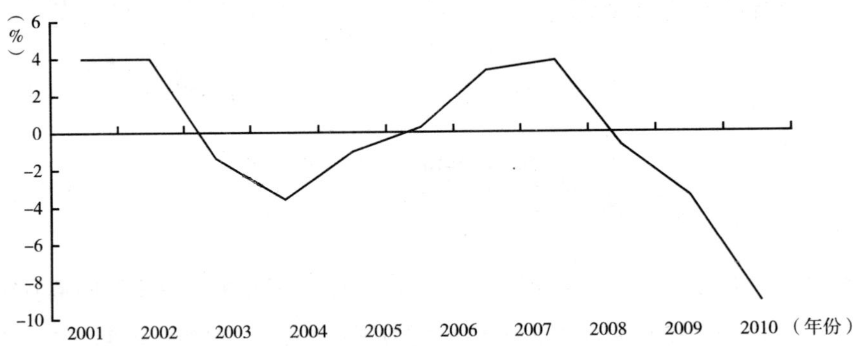

图16　2001～2010年美国地方预算实际变动百分比

资料来源：全美州政府预算部门协会。

2011、2012财年将是州财政恢复性增长的时期。税收的缓慢增长和联邦财政的持续支持是州财政状况好转的主要推动力。同时补贴性支出需求将大幅增长，所以美国地方财政压力仍将继续存在。

（二）欧元区的经济金融形势

总体而言，2010年欧元区产出延续2009年第二季度以来的增长趋势（图17）。其中，前三季度真实GDP同比增长率分别为0.80%、1.96%和1.92%。德国在欧元区的经济复苏中功不可没，第二季度的GDP增长达2.2%，创两德统一以来最高升幅，对欧元区经济增长的贡献达到70%。

2010年上半年爆发的主权债务危机增加了欧元复苏的不确定性，因此年初时期，各方对欧元区的经济预测均持悲观态度。欧盟委员会5月份公布的春季经

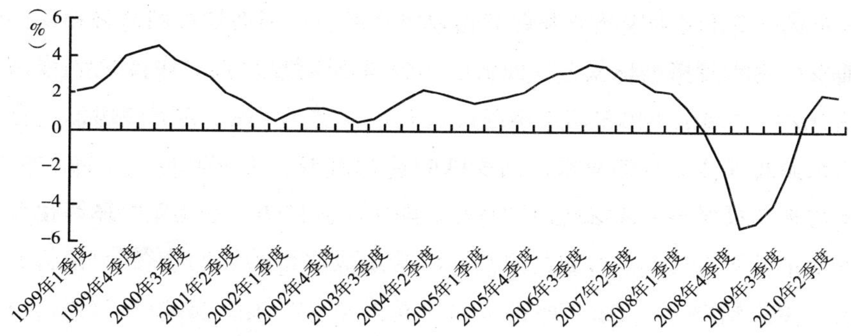

图 17　欧元区实际 GDP 季度同比增长

资料来源：欧洲中央银行。

济预测中，2010 年欧元区 16 国经济增长率仅为 0.9%，欧洲央行体系预测为 0.7% ~1.3%，IMF 为 1.0%。随着第一、二季度经济增长趋势的确立，各方机构在下半年纷纷上调欧元区的经济增长预期。IMF、OECD 以及欧盟内部的预测部门对欧元区 2010 年经济增长率的预测均在 1.7% 左右。

2010 年下半年以来，欧元区经济增长的焦点主要集中在以下两个问题。

一是欧元区经济增长的可持续性。紧缩性财政政策、高失业率对国内消费需求的影响以及欧元贬值的边际效用递减是各方专家担忧的主要原因。ING 银行经济学家马丁·冯弗利特认为，欧元区高达 10% 的失业率对消费信心的影响，加上欧元区国家为了防止步希腊后尘的紧缩预算，预计欧元区经济 2011 年下半年增长势头将会放缓。布朗兄弟哈里曼公司分析师认为，欧元区 2011 年下半年的经济增速可能明显放缓，尤其是考虑到如果进一步走弱的亚洲需求削弱德国出口。希腊、爱尔兰、葡萄牙和西班牙经济增长疲软，可能会拖累欧洲经济整体增长，使欧元的吸引力进一步减小；持相反观点的人士则认为，如果美国经济复苏继续保持合理步伐，欧元区特别是爱尔兰等与美国有较密切贸易往来的国家，实际上可以从中获益。①

二是欧元区欧盟内部经济增长的不平衡性。《人民日报》刊称，相对德国的经济恢复而言，家庭消费不振和企业投资乏力是法国经济停滞不前的主要原因。②

① http：//news. hexun. com/2010 - 08 - 13/124594487. html.

② 刘华新等：《欧洲经济：好于预期但未来难测》，2010 年 5 月 14 日《人民日报》。

《华夏日报》称，德国以超过其他欧元区伙伴国两倍多的速度增长，不仅不会让市场感受到欧洲经济的恢复，反而会进一步加剧投资者对欧盟内部经济发展不平衡的担忧。[①] 总部位于伦敦的资本经济公司经济学家马克·奥利弗说，“作为欧盟经济的真正龙头，德国应该拉动本国的消费需求，让法国的奢侈品，西班牙、希腊的度假产品都有处可去”。“如果火车头的速度过快了，那么最终也许会出轨，德国如此高的增长速度也许最终有可能造成欧盟的加速分裂”，渣打银行高级经济学家杰勒德·李说。[②] 欧洲央行行长委员会委员、德国央行行长韦伯称，欧元区内部经济情况的分化问题需要解决；那些支出大于收入的国家需要进行深层次的改革，需要进行结构性改革，以提高生产率、改善劳动力市场弹性并削减预算赤字。[③]

从第三季度经济增长的回落情况来看，业界对于2010年经济增长放慢的预测似乎言中。对于2011年的经济增长前景，欧盟负责经济和货币事务的委员奥利·雷恩接受媒体采访时表示，欧盟经济增长势头逐步增强，2011年将踏上一条更坚实的增长之路。外界众多分析人士则认为紧缩的财政政策将制约欧洲经济的进一步增长，正如ECB所述，随着全球经济复苏促进欧元区出口的增长、国内私人部门需求的缓慢回升，将对2011年欧元区经济恢复形成持续的推动力。然而，财政刺激的缺失以及各部门资产负债表的进一步调整使得欧元区经济增长的风险持续增加。[④] 如此看来，欧元区的经济增长形势仍然处于举步维艰、如履薄冰的艰难境地。

2010年欧元区消费者物价指数HICP延续2009年7月以来的上涨趋势（图18）。HICP的同比月底增长率由2010年1月的0.9%一路攀升至12月的2.2%，这一数值与2008年11月的消费者物价水平相当。根据欧盟统计局报告，欧元区10月以来的消费物价指数增幅已经连续创出2年来的最大涨幅。消费物价上涨的主要推动力是能源和食品原料的价格上涨。如果剔除未加工食品和能源对消费物价的变动影响，2010年核心HICP增速仅仅由2010年1月的0.9%缓慢抬升至12月的1.1%，其中2月还出现了0.8%的回调。

---

① 王晓薇：《德国带动欧洲经济增长欧洲复苏仍存三大悬念》，2010年8月21日《华夏日报》。

② 王晓薇：《德国带动欧洲经济增长欧洲复苏仍存三大悬念》，2010年8月21日《华夏日报》。

③ 来自中国农业银行每日信息。

④ ECB, *Monthly Bulletin January*, *2011*, pp. 47 - 56.

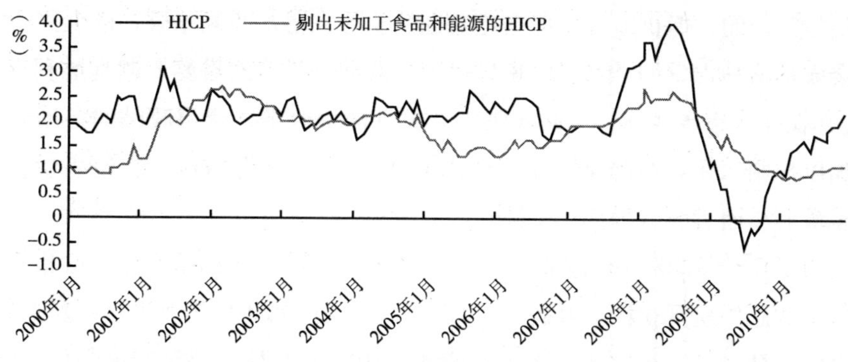

图 18　欧元区消费者物价指数走势

资料来源：欧洲中央银行。

具有前瞻性通胀指标的生产者物价指数 PPI 在 2010 年的上涨幅度较 HICP 更为显著（图 19），其持续增长的主要原因是油价和原材料价格的持续上涨以及制造业形势的转好。2010 年 1 月欧元区 PPI 月度指数比上年同期水平下降 0.97%，PPI 负增长局面在 2010 年 3 月很快得以扭转并一路攀升，直至 2010 年 12 月的 5.33%。剔除建筑成本与能源价格的欧元区核心 PPI 指数在 2010 年同样呈现持续增长势头，2010 年 1 月的同比增速为 -1.03%，而 12 月份攀至 3.30%。

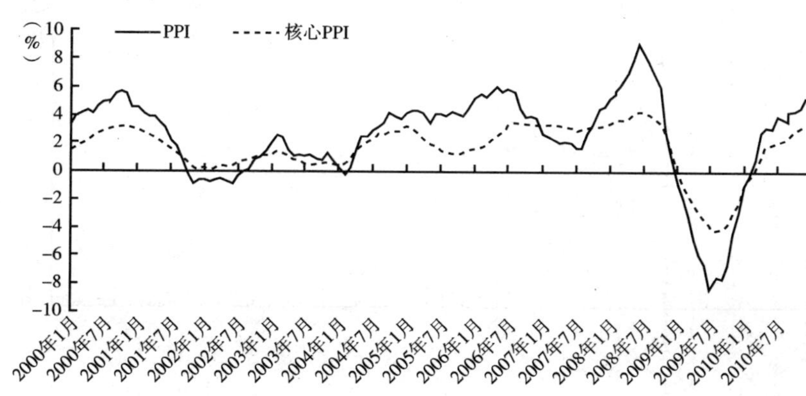

图 19　欧元区生产者物价指数走势

资料来源：欧洲中央银行。

通货膨胀压力的增强正在改变着人们对欧元区货币政策的预期。2010 年 9 月欧元区 HICP 同比增长率到达 1.8% 时，鉴于美联储继续执行宽松的货币政策，欧洲央行首席经济学家斯塔克 9 月 7 日表示，央行正在执行宽松的货币政策，这些政策是宽松的，但也适宜。但是随着通货膨胀信号的不断增强，欧洲央行执行董事会成员斯马吉 2011 年 2 月 18 日表示，欧洲央行可能需要上调基准利率。他指出，“在经济逐步复苏、全球通胀压力上升的形势下，货币政策的融通性程度必须加以控制，在必要情况下需要作出修正”①。斯马吉的这一言论表明，欧洲央行官员对于通货膨胀的担忧情绪正在增强。

经历了 2008～2009 年的深 V 字形反弹之后，2010 年的欧元区信心指数和经济景气指数总体呈现积极上升态势（图 20）。尽管在 2010 年上半年有所起伏，6 月以来的消费者信心指数一路上升，直至 2010 年 11 月达到年度最高值 -9，这一数字的实现也意味着消费者信心指数重新回到长期平均水平。经济总体形势的不确定和居高不下的失业率将是影响消费者信心指数继续回升的关键因素。相对于消费者信心指数恢复的犹豫不决，欧元区产业信心指数的上升趋势比较坚定，从 1 月份的 -14 升至 12 月份的 4，反映出生产部门对经济恢复的信心正在逐步加强。随着最终消费者和产业信心指数的上升，欧盟委员会发布的经济景气指数也相应走出低谷。2010 年欧元区的经济景气指数的平均水平约为 101，其中，指数从 1 月份的 96 上升至 4 月份的 101，在经过 5、6 月份的小幅回调后，自 2010 年 7 月以来一直稳定上升，直至 12 月份达到 106。

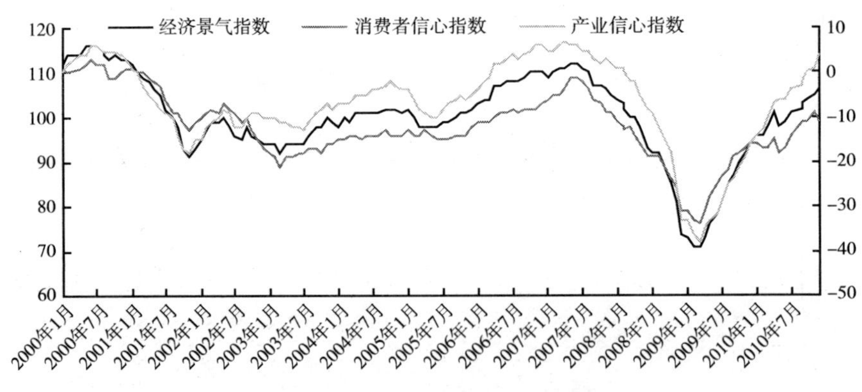

图 20　欧元区信心指数与景气指数

注：左轴为经济景气指数；右轴为消费者信心指数、产业信心指数；消费者信心指数与产业信心指数为季节调整后数据。

资料来源：欧洲中央银行。

① http://finance.sina.com.cn/stock/usstock/c/20110219/01309399913.shtml.

20 世纪 80 年代以来，高失业率一直困扰着欧洲。在 2010 年的前 10 个月，欧元区失业率仍未走出金融危机以来的恶劣形势，不过失业率上升幅度已经明显放缓（图 21）。2010 年欧元区的失业率为 9.9%，其中，10 月份高达 10.09% 的失业率成为 1999 年以来的历史最高水平。在 2010 年的最后两个月中，欧元区失业率趋于稳定，数据显示分别为 10.06% 和 10.00%。欧元区各国的失业率水平非常悬殊，据欧盟统计局数据，欧元区西班牙失业率最高而荷兰最低。与失业率持续上升的形势相对应的是欧元区就业人数的负增长态势（图 22），2009 年第四季度欧元区就业人数同比下降幅度高达 1.22%，2010 年第一季度同比下降 0.57%，第二季度为 0.13%。欧盟统计局 2011 年 2 月 1 日公布的数据表明，截至 2010 年 12 月底，欧元区失业者的绝对人数正在下降。依照这样的发展趋势，欧元区第三、四季度的就业人数有望摆脱自 2009 年以来的负增长局面。

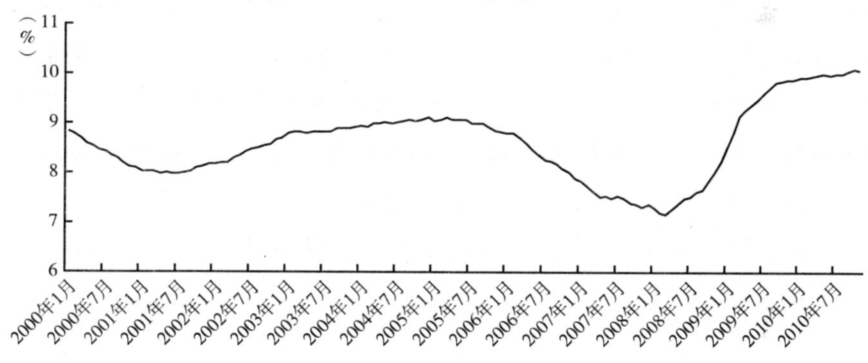

图 21　欧元区月度失业率

资料来源：欧洲中央银行。

欧洲央行分析结果表明，欧元区失业率的增加主要是工业和建筑业的减产引起，服务行业的失业率变动并不显著。OECD 认为，高失业率将继续困扰欧洲、美国等发达国家，并预期 2011 年、2012 年欧元区失业率分别为 9.6%、9.2%。同时欧盟理事会官员强调，虚弱的劳工市场削弱了需求，而许多增长的来源是短暂的。

随着全球经济形势的回暖，2009 年第四季度以来，欧元区进出口贸易额同比增长率持续上升，并在 2010 年第一季度实现正向增长（图 23）。根据欧洲央行最新统计数据，2010 年第三季度欧元区出口、进口贸易额分别为 1.14 万亿欧

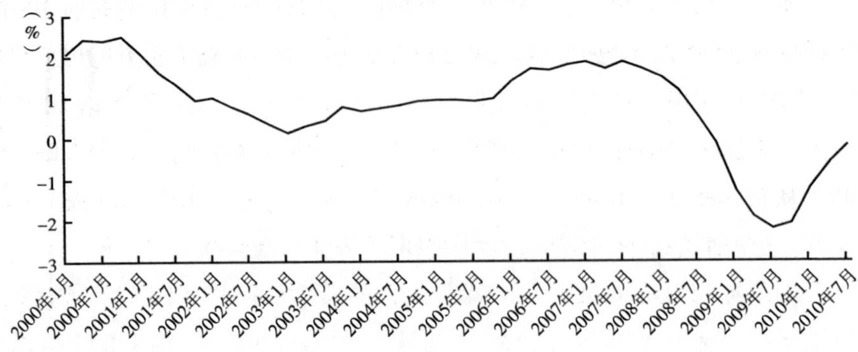

图 22　欧元区就业人数变动情况

注：为季节因素调整后数据。
资料来源：欧洲中央银行。

元和 1.12 万亿欧元，实现贸易顺差 0.02 万亿欧元。然而，2010 年下半年以来，剔除季节变化因素的欧元区进口贸易额增长速度超过出口贸易额增长速度，2010 年第三季度的欧元区进出口贸易额季度同比增长率分别为 23.4% 和 21.2% 。出口增速的放缓反映了全球需求的适度增长和欧元贬值带动出口效应的递减。对于未来的进出口贸易增长趋势，由于欧元区经济增长动力较美国及新兴市场国家弱，因此，进口贸易绝对额可能维持低于出口贸易绝对额的局面，贸易顺差对 GDP 增长的贡献将持续为正。

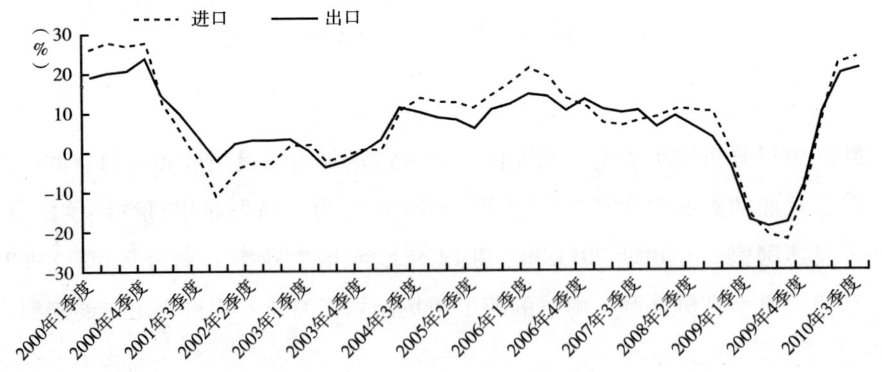

图 23　欧元区进出口季度同比增速

注：为季节调整后数据。
资料来源：欧洲中央银行。

总体来看，2010 年欧元区 M1 保持 2009 年以来的持续下降趋势，与 M2 和 M3 的增长率的差距不断缩小（图 24）。2010 年 1 月 M1 的同比增长率为 10.42%，而 2010 年 12 月已经降至 4.66%。根据欧央行月度分析报告，M1 增长率下降的主要原因是隔夜存款与短期、长期存款利差不断扩大引起的资金流动所形成的。从货币供给存量的月度同比数据来看，尽管在 2010 年的前 5 个月中，M3 一直处于负增长趋势，在 1 月份达到近 5 年来的最低值 -1.16%；但是，欧元区广义货币供给 M2、M3 自 2008 年以来的持续下降趋势在 2010 年的第 1 季度基本得以扭转。其中，自 2010 年第二季度以来，随着经济增长的确立以及银行体系信贷数量的逐渐放大，M2、M3 同比增长缓慢上升，分别在 11 月份达到年度增长的最大值 2.75% 和 2.07%。由于第三季度 M2 和 M3 的月度存量有所下降，增长率也出现了小幅的调整。因为欧元区经济复苏存在较大的脆弱性和不确定性，M2 和 M3 能否持续增长有待进一步观察。

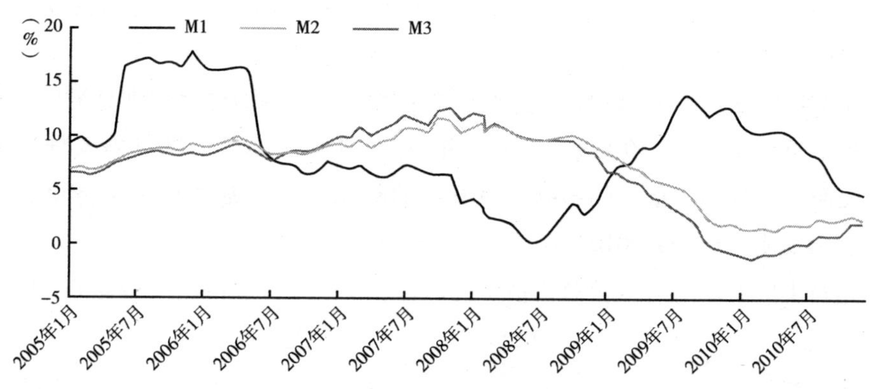

图 24　欧元区货币供应量

注：为季节调整后数据。
资料来源：欧洲中央银行。

2008 年 10 月以来，欧洲央行便进入了一个持续降息通道，欧元区指导利率一路下调，直至 2009 年 5 月。2009 年 5 月份以来，虽然物价增速有所回升，但考虑到经济复苏的基础仍不牢固，欧洲央行未显现利率政策转向的迹象，欧元主要再融资利率、存款便利利率和边际贷款便利利率分别固定在 1%、0.25% 和 1.75%（图 25）。2009 年 5 月以来，作为欧元操作目标利率，欧元隔夜拆借利率似乎失去了原有的功能，在存款便利利率和主要再融资利率所构成的利率通道中波动。2009 年 7 月 ~2010 年 7 月基本保持在存款便利利率上方 10 个基点的水平，较低的隔夜拆借利率反映宽松货币政策与大量流动性资金注入形势下，体现欧元区货币市场隔夜拆借市场流动性过于充足的局面。

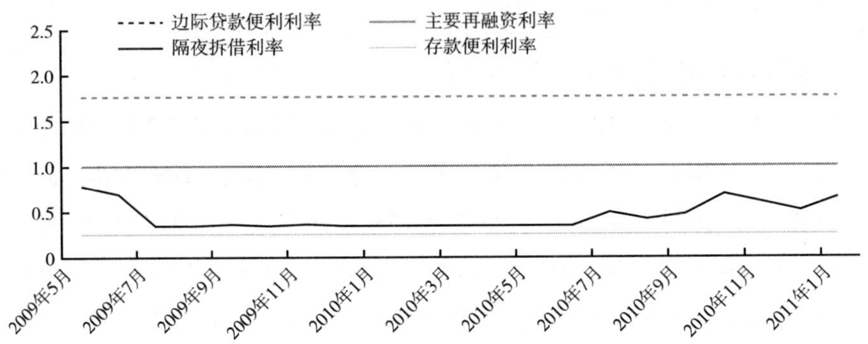

图 25　欧元隔夜拆借利率与指导利率

资料来源：欧洲中央银行。

受欧洲主权债务危机的影响，2010 年的欧元区股票道琼斯 STOXX50 指数走势先抑后扬（图 26）。在经历了 2009 年以及 2010 年第二季度的恢复性增长之后，受欧洲主权债务危机的影响，2010 年的欧元区股票道琼斯 STOXX50 指数在二季度出现明显下挫，2010 年 6 月达到年度最低点 2641 点附近，其中影响最大的是银行类股票。随着欧盟救市措施的出台以及欧元区经济的缓慢复苏，欧元区

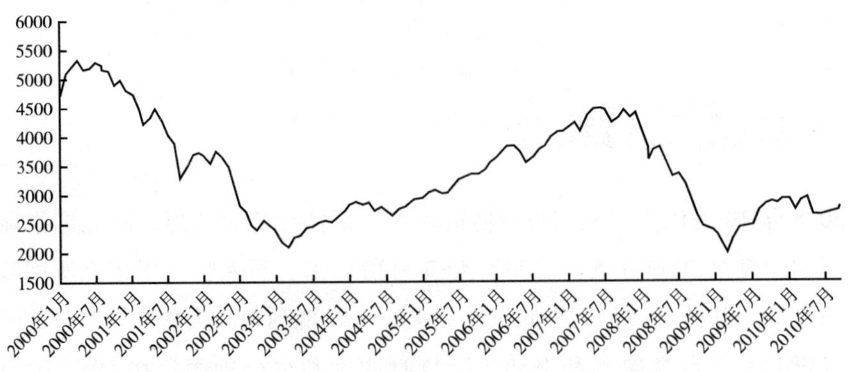

图 26　道琼斯 STOXX50 指数

资料来源：欧洲中央银行。

股票道琼斯 STOXX50 指数在第三、四季度重拾 2009 年度的上扬势头，直至 12 月份的股指达到 2826 点。2010 年欧元区道琼斯 STOXX50 指数增长的主要推动力来自经济恢复性增长以及企业利润率的提高。

（三）日本的经济金融形势

1. 日本的 GDP 排名首次落后中国

2009 年日本的 GDP 增长率为 -6.3%。全球的经济复苏带动日本的 GDP 增长率呈“V”形反弹，2010 年日本实际 GDP 增长率恢复至 2.1%。根据日本内阁府的公布数据，2010 年日本以美元计价的名义国内生产总值为 5.4742 万亿美元，而中国的这一数字为 5.8786 万亿美元，意味着日本自 1968 年从联邦德国手中夺取的“第二经济大国”之位，首次被迫让于中国。

面对这一“座次”调整，日本似乎早有心理准备。2010 年 6 月 18 日，日本内阁府发布了《新成长战略》，其目标远到弥补“失去的 20 年”，近到应对后危机时代的日元高腾、通货紧缩、重建财政①、激发企业活力以及加强长期经济增长力等。《新成长战略》由 7 个方面、21 个课题和 330 个具体政策措施构成，通过需要和供给两方面的政策激励，力求 2010 ~ 2020 年的 10 年间的平均名义 GDP 增长率超过 3%，实际 GDP 增长率超过 2%（图 27）。在此之后，日本政府在 10 月 8 日的内阁会议上通过了总额约 5.05 万亿日元的《新经济刺激计划》，以应对日元升值和经济下滑。该计划的内容主要包括：促进就业与人才培养、延长住宅和家电等环保积分制度、完善妇幼保健和医疗福利制度、提高地方经济活力、加快稀土类资源的替代技术开发等。日本政府预计，上述政策的实施将提供 45 万 ~ 50 万个就业岗位，到 2011 年底可拉动实际 GDP 增长 0.6%。

同时，面对 GDP 规模被赶超，日本强调未来将以提高人均 GDP 和经济增长的质量为奋斗目标。根据日本经济社会研究所的推算，2009 年日本人均 GDP 为 39530 美元，位居世界第 16 位，虽比 2008 年提高了 3 位，但在发达国家中仍居下游。

---

① 2011 年 1 月 27 日，标准普尔公司将日本国债信用评级由“AA”下调至“AA -”。其理由是，“日本政府对于债务问题缺乏连续性战略”，如果不能推行有效的重建财政的战略，日本的财政赤字今后还将继续恶化。这是该公司自 2002 年 4 月以来首次下调日本国债信用评级。在七国集团中，日本的评级仅高于意大利，与中国、沙特阿拉伯处在同一水平。

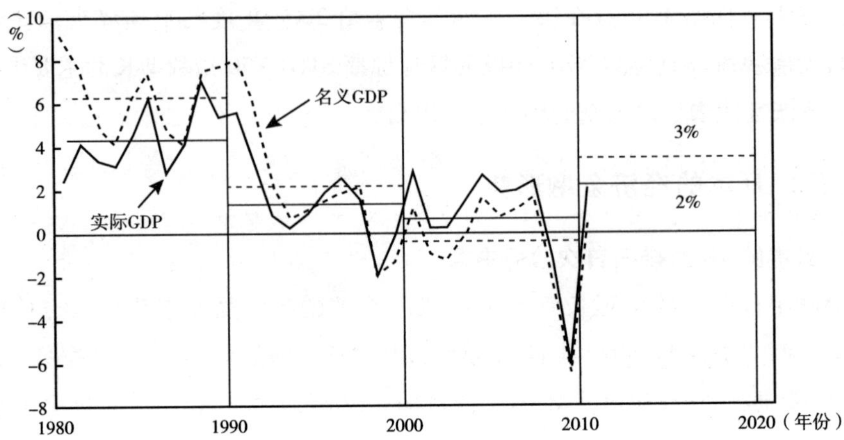

图 27　日本的名义 GDP 和实际 GDP 的增长率及新成长战略的目标

资料来源：日本内阁府。

2. 保持零利率直到物价稳定

2009 年的日本消费物价指数（CPI）全年都处于零增长水平以下。CPI 增幅由 2009 年 1 月的零增长持续下降到 9 月份的 -2.6%，随后回升到 12 月的 -1.3%。2010 年日本的 CPI 增幅继续提升，并且在产出恢复性增长的情况下，10 月的 CPI 增幅由负转正，而后又一度下滑（图 28）。

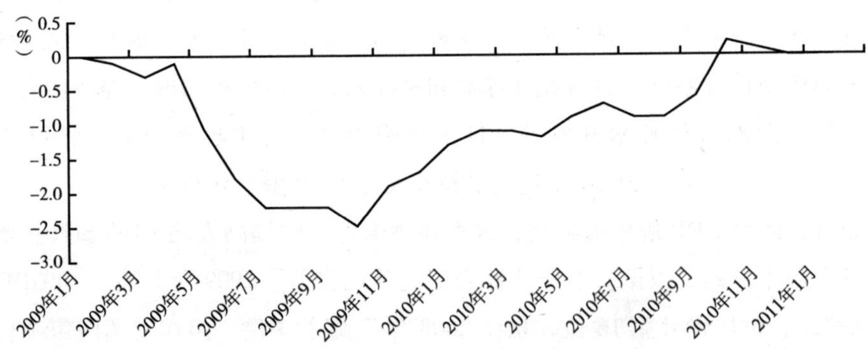

图 28　日本消费物价指数增长率的走势

资料来源：日本综务省。

日本央行在 2008 年 10 月果断将银行间无担保隔夜拆借利率降至 0.1%。之后，面临并不稳定的外部经济复苏以及物价指数持续的负增长，日本一直保持了该利率水平。2010年10月5日，日本央行在货币政策会议上，决定将银行间无担保隔夜拆借利率从现行的0.1%降至0~0.1%，这是日本时隔4年3个月后再次实施零利率政策，意在阻止日元进一步飙升和经济下滑。日本央行总裁白川方明在2011年3月2日的众议院财务金融委员会上指出，日本通货紧缩的根本原因在于内需不足。长期以来，日本的物价上升率与欧美相比偏低，其主要原因是对未来的成长难以预期，实际所得没有增加，以及经济成长趋势下滑所致。由此，治理通货紧缩仍是今后重要的政策课题。

3. 货币供给增速上升与信贷增速下降

为应对国际金融危机，2009年日本的货币供给增速呈逐步上升趋势，M1增速由年初的-1%逐步提升到年底的1%，M2增速由年初的2%左右上升到年底的略大于3%。2010年，日本的货币供给持续上升，M1增速由1%一路上升至3%左右，M2增速虽略有下降，但也维持在近年的高位（图29）。

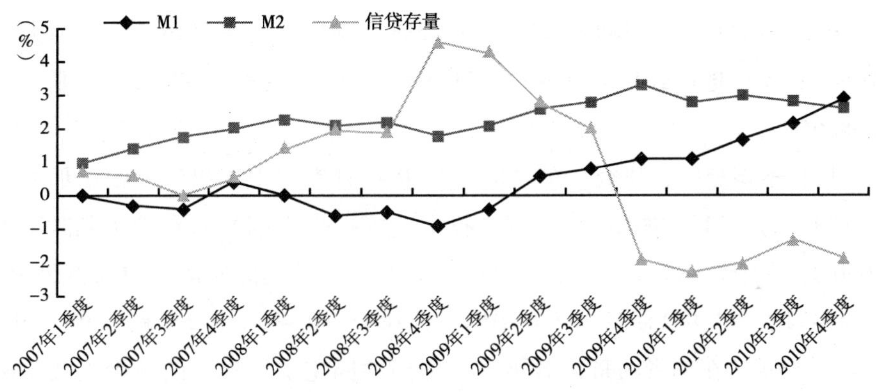

图29　日本货币供应量和信贷存量增速

资料来源：日本银行。

然而，货币供给增速上升的同时，信贷增速却表现出明显的下降态势。自2008年第四季度开始日本的信贷增长呈单边下降之势，全部存款机构贷款和贴现总量的增速由2008年底的4.6%下降到2010年第1季度的-2.3%，并于整个2010年都处于负值低位。货币供给增速上升却伴随着信贷增速下降，说明存款机构的资产负债结构开始发生变化，即信贷资产在存款机构中占比下降的同时，有价证券在资产中的占比相应上升。从信贷自身的结构来看，导致日本信贷增速不断下降的主要原因就是工商企业贷款的增速出现快速下降（在日本的信贷存量中，工商贷款占比超过50%），而日本的个人贷款增速基本稳定在2%左右，住房抵押贷款增速稳定在3%～3.5%，地方政府信贷增速基本稳定在10%以上。可见，工商企业信贷的恢复将是直接关系到日本信贷市场整体复苏的关键。

4. 日本的进出口受中国影响较大

2009年底，日本贸易进出口增速都呈现明显的“V”形反转，全球经济的恢复性增长为日本的出口复苏提供了更广阔的市场。2010年全年，日本的出口增加了25.7%，进口增加了19.4%，出口的增幅大于进口的增幅，贸易顺差为7.9969万亿日元，同比增加了98.0%。

2010年日本出口首要地区为亚洲（29.0%），其中对中国的出口增加了27.9%，其次是美国（18.9%）和欧盟（12.9%）；主要出口商品是汽车（37.1%）、汽车配件（33.5%）、钢铁（26.5%）。进口首要地区也是亚洲（19.5%），其中从中国的进口增加了17.3%，其次是中东（20.2%）和大洋洲（21.0%）；主要进口商品是原粗油（24.3%）、液化天然气（22.0%）和非铁金属（58.6%）。

根据日本瑞穗综合研究所的估算，2010年日本对中国出口大幅增加的主要原因可归结为：（1）中国的固定资产投资持续扩张；（2）各种消费刺激政策使得中国的个人消费坚挺；（3）中国对日本以外的其他国家的出口持续恢复等。以上各要素增加1%会使日本的对华出口分别增加0.4%、0.2%和0.3%。由此，2010年下半年，在偏紧的货币政策下，中国的固定资产投资的减少以及美国的经济恢复步伐的放缓都对日本的出口产生了一定的负面影响。因此，2010年第三季度开始日本的进出口环比增幅缩小，四季度更分别降至－0.1%和－0.7%（图30）。

5. 日本地震及核电站事故冲击全球经济

2011年3月11日，日本东北部发生里氏9级地震并引发海啸，给日本带来巨大损失。据日本政府3月23日公布的数据显示，此次地震海啸给日本造成的损失额约为16万亿～25万亿日元，远超过1995年日本阪神大地震的10万亿日元，是“二战”以来的最大灾难损失。而随之发生的日本福岛核电站的核泄漏事故使得事态更为恶化，进而引发全球金融市场大幅振荡。

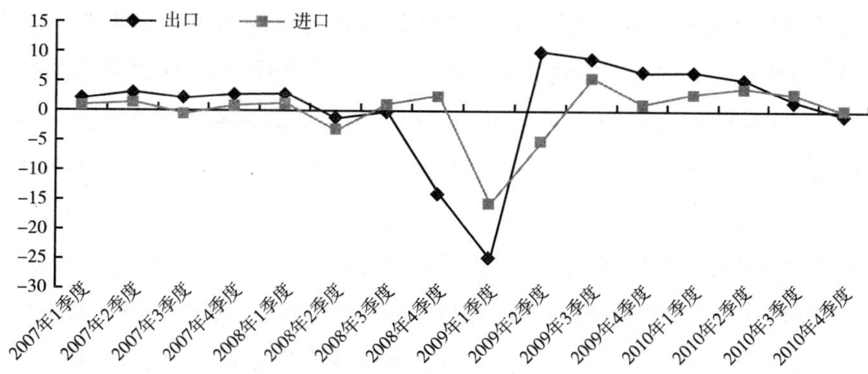

图 30　日本进出口季度环比增速

注：图中数据经过季节调整。

资料来源：日本银行统计数据。

首先，国际外汇市场日元对美元比价大幅攀升，3 月 17 日一度升至 76.32∶1，创第二次世界大战结束以来最高水平。3 月 18 日，日本、美国、英国、加拿大和欧盟在国际外汇市场联手采取卖出日元、买入美元的操作，日元汇率应声降至 80∶1 左右。其次，日本大地震给全球证券和期货市场也带来了巨大震荡。日经指数一度大跌 20% 以上，在其影响下，全球股市和大宗商品市场也接连下跌。然而，随后对日本灾后重建的中长期预期又对股市和大宗商品价格产生了较强支撑，因此预计相关商品市场的长期走势不会改变。

在紧急情况下，3 月 14 日以来，日本央行通过公开市场操作向短期金融市场注入了巨额资金。截至 3 月 22 日，日本央行的经常账户余额已达 41 万亿日元，超过了 2004 年 3 月实行量化宽松货币政策时的 36 万亿日元，打破了历史纪录。同时，日本央行宣布将基准利率维持在 0% ~0.1% 的原有区间不变。3 月 23 日，日本央行终于暂停了连续 6 个营业日实行的紧急公开市场操作，可以判定民间金融机构的融资需求暂时企稳。而在财政方面，为避免已濒临崩溃的财政状况进一步恶化，3 月 18 日，日本政府紧急决定发行超过 10 万亿日元的“赈灾复兴国债”，由日本央行全额承接。除此之外，政府将讨论发行道路桥梁等建设国债，还将在增税问题上进一步协商。3 月 29 日，2011 年度日本国家预算案宣告成立，预算总额为日本历史最高的 92.41 万亿日元。

根据野村证券金融经济研究所 3 月 17 日发表的经济预测修改报告指出，受日

本强震影响，2011 年日本的 GDP 增长率，预计从此前的 1.5% 下调至 1.1%。不过，该报告也指出，由于灾后重建需求增加等原因，2012 年的 GDP 增长幅度将从原本预估的 2.3% 上调至 2.6%。日本经济短期的低迷和困难不会影响全球经济复苏的趋势，就目前来看，对欧洲、美国及亚洲其他国家的货币政策也没有太大的直接影响。海外资金的逐步回流和投机行为会导致日元短期维持走强。然而，从中长期来讲，日本的财政状况以及进一步扩大的量化宽松货币政策将使日元汇率贬值。而这将有利于日本经济的灾后重建，有利于加快经济复苏的脚步。至于日本央行实行的量化宽松货币政策是否会引发日本本国及世界性的通胀，还有待观察。日本曾前后实施了长达 7 年（1999 ~ 2006 年）之久的零利率和量化宽松货币政策，却未曾引发国内的通胀和流动性过剩。其原因除了日本自身的结构性问题之外，日美间的利差交易也是主要方面。因此，在复杂的国际经济环境下，日本作为全球重要的资本输出国，其量化宽松货币政策对全球造成的潜在通胀压力值得注意。

二　主要货币汇率变化

2010 年全球汇率变动主要由以下主要事件主导：欧洲债务危机、美国第二轮量化宽松货币、发达和新兴国家经济复苏及其增速的差别等。美元和欧元走势主导了 2010 年的汇市变动。相对美元而言，欧元贬值大约 8%。2010 年上半年的欧元区债务危机使得欧元对美元持续下跌，之后欧盟对希腊的援助计划使欧元债务危机得到缓解，欧元升值。近来，爱尔兰及其他周边国家危机浮出，欧元下行。英镑对美元汇率呈现先跌后涨的走势。2010 年上半年受到财政紧缩影响，英镑对美元持续下跌。2010 年下半年由于美元下跌带来英镑相对升值，全年英镑对美元下跌 4%。美元和日元之间的利差是近来主导美元对日元走势的主要因素。美元国债利率下降，使得日元相对升值。国债利差略有上升的话，日元则略有贬值。在发达国家经济复苏缓慢的同时，新兴市场国家特别是新兴亚洲国家，相对强劲的经济增长和高资本收益吸引大量资金流入，使得新兴市场货币升值。大量热钱流入有造成资本泡沫、通胀风险和货币升值的风险，部分新兴市场的中央银行，如马来西亚、菲律宾等进行了外汇市场干预；一些国家，如巴西和泰国，对资本流入或资本利得征税来遏制热钱流入。这些国家的干预政策有一定的成效，降低了这些国家货币升值的幅度。

（一）美元汇率

2010 年的美元汇率上半年一路上升，到了年中，转而开始下降，分为先扬、后抑、又小幅上扬的三个阶段，年初与年末的指数大致相当（图31）。2010 年上半年，随着美国经济的反弹以及欧元区主权债务危机的不断深化，美元一度强势，美元指数上升，美元名义有效汇率上涨 5.5%。进入下半年的 6 月至 10 月，由于欧盟批准了 7500 亿欧元希腊援助计划，欧债危机得到缓解，欧元升值，美元作为安全岛的角色减弱，第二次量化宽松货币政策的预期等因素使美元贬值 9%。11 月以后，美元升值 4%，符合市场预期的美联储第二轮量化宽松货币政策、好于预期的美国经济数据以及爱尔兰等国债务危机和银行危机浮现支持了美元升值。

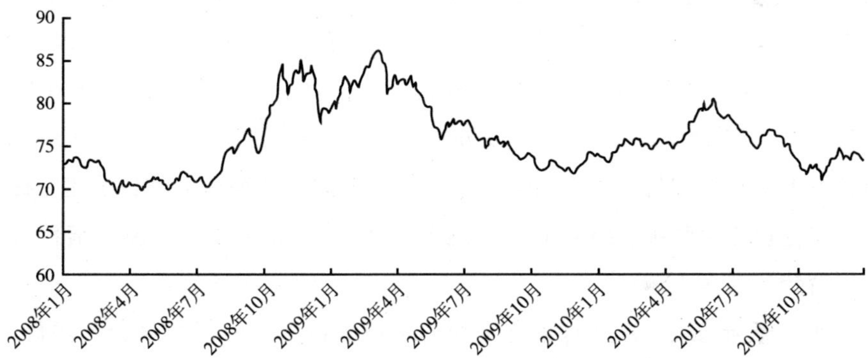

图 31　2008～2010 年美元指数

资料来源：美国圣路易斯联储银行。

美国联邦储备委员会的扩张性货币政策，准确地说是量化宽松货币政策，是导致美元指数走低的最重要因素。在第一轮量化宽松货币政策执行一段时间后，到了 2010 年下半年，经济数据没有像上半年那样令人满意。而此时美国的财政政策由于高额负债，需要去杠杆化，已经没有能力进行扩张。所以美联储在 2010 年 11 月宣布推出第二轮定量宽松货币政策，在 2011 年 6 月底以前购买 6000 亿美元的美国长期国债，进一步刺激美国经济复苏，这就是 QE2。这个政策几乎遭到除了美国之外所有国家的一致诟病，美联储仅仅考虑本国的经济、就业等目标，向全球输入美元，让很多国家被动输入通货膨胀，影响全球经济复苏的基础。同时，美元超发的最直接结果就是美元相对其他货币贬值。

我们也可以看到，美元指数在2010年下半年整体处于下降通道中，但有时会有小幅反弹，这是由于美国目前是全球最大的债务人，特别是其国际投资净头寸在金融危机之后创出历史新高，加上美国机构债券的系统性风险，美元的主权信用开始动摇。为此，在一个不可避免的美元贬值过程中，一方面美国的经济基本面的些许改善和金融资产价格过度波动，可能导致美元在一段时间内过度贬值，这都支持了美元指数的小幅反弹。另一方面，“强美元”是美国核心利益所依。虽然美国在进行量化宽松的货币政策，必然导致美元长期的贬值，但是长期贬值的美元只会动摇美元在国际货币体系中的地位，美国一定会通过各种方式减缓美元的贬值速度。

对于美元汇率来说，在经历了长达8年的持续走软以及两次量化宽松货币政策之后，市场对其长期的预期并没有因为欧洲主权债务危机的发生而改变，美元在2011年持续走软的观点仍然占主导地位。分析起来，主要原因在于以下几点。

首先，经济基本面持续低迷。经历金融危机之后，尽管美国经济在持续复苏，2010年GDP增长达到2.6个百分点，但是美国高失业率、低产能利用率、物价持续下滑仍然困扰着美国宏观经济。并且美国的这种经济增长是建立在实行两次定量宽松货币政策、财政赤字高达14万亿美元之上，这种经济增长是否能继续保持仍让很多人怀疑。

其次，美国连续两次实行量化宽松的货币政策，本质仍然是公开发行美元，虽然在短期内引起美元反弹，但是仍不能改变美元长期贬值的态势。在美联储买进约2万亿美元抵押支持证券及美国公债以压低借款成本来振兴经济时，其实际上就是在印钞票。美联储非正规的措施在2010年创造出空前的获利，但美联储高度膨胀的财务报表让其暴露在蒙受信贷损失的高度风险下。即使是发生主权债务危机的希腊，其财政赤字也只占本国GDP的12.7%，但是美国的财政赤字已经占到本国GDP的10.5%。在担忧可能会出现美联储破产的同时，对于美国是否也发生主权债务危机的观点也时有提出。

最后，全球资产结构的调整已经缓慢展开。尽管欧元经济增长缓慢、债务危机频发，但是欧元对于推进国际货币体系的多元化是一个重要支撑，因此，亚洲国家力挺欧元资产。我国在2010年7月增持西班牙4亿欧元债券，亚洲其他国家也在增持欧元资产，在西班牙发行的60亿欧元债券中，亚洲投资者所购份额占到14%。日本财务大臣也表示将购买欧元区国家为救助爱尔兰而发行的“欧洲金融稳定工具”。

综上所述，2011年美元指数仍将处于持续走软阶段，但是不排除某些时候出现短暂的反弹。

（二）欧元汇率

2010年欧元有效汇率呈现连续波动的态势，与欧元兑美元的汇率走势基本相似，间接反映了欧元区与美国贸易金融关系的密切性（图32）。2009年1~11月，欧元有效汇率一直处于上升通道。然而，好景不长，受2009年底以希腊财政危机为开端的欧洲主权债务危机影响，欧元汇率走势急转而下，欧元名义汇率和实际汇率分别从2010年1月份的108.33和102.32迅速跌至2010年8月的99.42和93.82，跌幅深达8%。随着IMF以及欧盟债务救助基金的建立以及市场风险的充分释放、美国量化宽松货币政策的出台，加上欧洲经济的复苏，2010年9月以来，欧元汇率开始止跌回升。2010年10月，欧元名义有效汇率和实际有效汇率分别升至103.39和97.3；2010年11月以来，欧元有效汇率又有所下探，直至12月的欧元名义和实际有效汇率分别为99.95和94.25。这一趋势主要是由于欧元兑美元汇率的下跌产生的。从全年汇率水平来看，2010年12月的欧元区名义有效汇率比2009年平均水平要低8%左右。

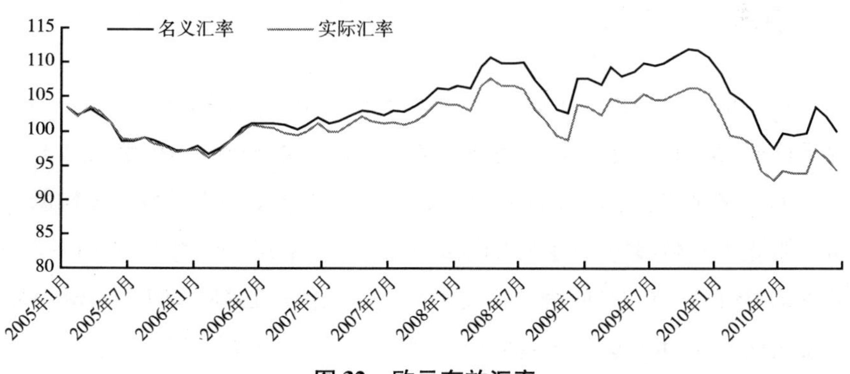

图32　欧元有效汇率

资料来源：国际清算银行。

欧元兑美元的汇率走势与欧元有效汇率走势基本一致（图33）。受主权债务危机的影响，2010年1~5月份欧元兑美元的汇率从1欧元兑1.4272美元持续回

落至1.2209美元；接着由于美国量化宽松货币政策的推行导致市场收益预期的改变，欧元兑美元的汇率出现阶段性反弹。欧元对美元的升值趋势持续到2010年10月的1欧元兑1.3898美元。爱尔兰主权债务危机风险的凸现再次加深市场对欧洲公共财政状况的担忧，从而使欧元兑美元汇率再度下探，因此2010年第4季度的欧元兑美元再次出现贬值。其中，12月的欧元兑美元汇率为1欧元兑1.322美元，与2009年平均水平相比，欧元兑美元贬值了6%。而2011年1月的欧元兑美元汇率再次升至1欧元兑1.336美元。欧元兑美元汇率的连续波动是由于美元货币政策的不确定和欧洲财政问题导致市场主体对未来收益和风险预期不确定而形成的。

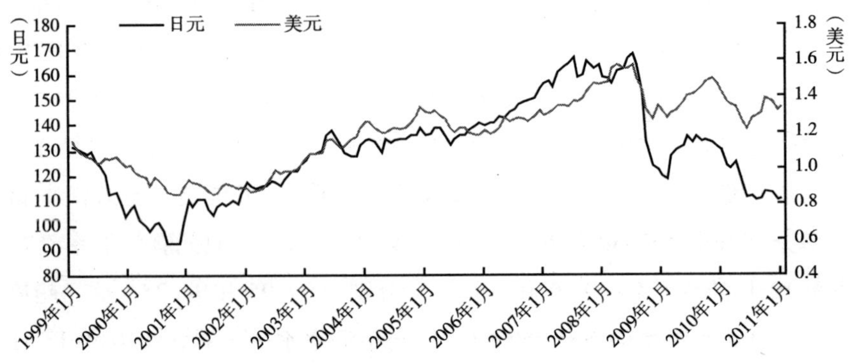

图33　欧元兑美元和日元汇率

资料来源：欧洲中央银行。

欧元兑日元的汇率在一定程度上类似于欧元对美元的汇率走势。2010年上半年欧元兑日元的汇率处于下跌趋势。其中，汇率水平从2010年1月1欧元兑130.34日元下降至2010年6月的1欧元兑110.99日元。随着欧洲主权债务危机紧张局势的缓解，2010年下半年的欧元兑日元汇率走势呈现震荡回升的趋势，但较之2009年的平均水平而言，欧元仍然处于贬值的趋势。2010年12月欧元汇率为1欧元兑110.11日元，比2009年平均汇率水平下跌了15%。

（三）日元汇率

2010年夏开始，由于对世界经济恢复减速和对美国追加流动性资金的担心，日元对美元汇率大幅上升（图34）。面对企业业绩下滑风险引发的股市低迷，日本政府和日本央行于2010年9月中旬进行了时隔6年半之后的外汇干预。然而，效果甚微，日元在短期反弹之后继续走高，并维持高位运行。

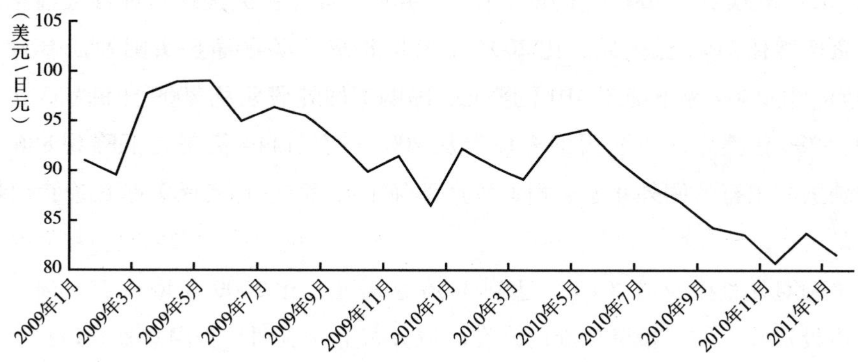

图34　日元汇率走势

资料来源：日本银行。

日元上升对日本经济的影响可谓利弊参半。由于日元上升降低了进口企业的成本，根据日本综合研究所的推算，日元上升10%可以给日本一年带来1万亿日元的经济效益。然而，日元的上升会降低日本产品的价格竞争力，导致出口减少。而且，近年来日本制造业与韩国和中国台湾的竞争日益激化，日元上升会起到火上浇油的作用。更重要的是，日元上升使得日本企业不得不强行削减开支，从中长期来看，这会加速日本制造业生产基地向海外转移，使得日本国内设备投资和就业减少。总体来看，日元大幅上升对日本经济的中长期的负面影响大于短期的正面效益。日本大和综合研究所理事长武藤敏郎就日本经济走势指出，中东局势的混乱会导致美元下跌，而日元作为安全资产有再次飙升的风险。2011年6月以后，如果美国经济复苏顺利的话，日美利差的扩大会导致日元贬值。

三　国际资本市场和金融衍生品市场

（一）主要经济体的国际投资情况

1. 美国的国际投资情况

2010年美国资本账户净流出1.5亿美元，与2009年的1.4亿美元相比，稍有上升。2010年，金融账户净流入2353亿美元，比2009年增长8.9%。美国拥有的国外资产和国外拥有的美国资产同时增加，2010年，美国拥有的国外资产增加10247亿美元，2009年的增量仅为1405亿美元。美国银行和证券经纪人的国外资产增长5191亿美元，比2009年增长87%。美国净购买国外证券为1672亿美元，比2009年下降了410亿美元；净购买国外股票从2009年的633亿美元增加到786亿美元；净购买国外债券从2009年的1449亿美元下降到886亿美元。美国非银行的国外非子公司的资产下降了15亿美元，2009年下降了1244亿美元。

美国对外直接投资2010年达到3456亿美元，比2009年增长28.6%。这主要是由投资收益的再投资引起的。在区域分布上，欧洲是美国对外直接投资最主要的目的地，吸收的资金占其对外直接投资总量的一半左右；其次是亚太地区和拉丁美洲，吸收的资金各占其对外直接投资总量的1/5；加拿大也是一个重要的投资目的地，其一国吸收的直接投资就占总量的1/10；非洲获得的美国对外直接投资比例就要少得多，大概在2%左右；美国对中东地区的直接投资则是负值，其规模也非常小。

2010年美国官方国际储备增加18亿美元，2009年国际储备增加了523亿美元。这种下降主要是由特别提款权分配或其他特殊交易引起的，2009年国际储备的非正常增加也是由于特别提款权的分配引起的。非国际储备的美国政府资产在2010年下降了75亿美元，2009年则下降了5413亿美元。下降减少的主要原因在于，2007和2008年美国央行与国外央行签订的货币互换大部分于2009年到期。

国外拥有的美国资产在2010年增加12448亿美元，比2009年增长了3倍。美国对国外银行和证券经纪人的负债（比如国外居民在美国银行的存款、贷款等）在2010年增加1922亿美元，2009年受金融危机影响则下降了3130亿美元。私人净购买美国国债3064亿美元，2009年该值仅为228亿美元；国外净购买非国债类债券1754亿美元，2009年为1亿美元。国外净购买美国股票1167亿美元，比2009年稍有下降；国外净出售美国公司债券272亿美元，2009年的净出售为1306亿美元；净购买美国联邦发行机构债860亿美元，2009年净出售则为57亿美元。

2010年国外在美国直接投资1945亿美元，比2009年增长44%。这也主要是由投资收益再投资增长引起的，股权投资有所下降。美国非银行的国外非子公司负债增加500亿美元，2009年则下降了15亿美元。在美国的国外官方资产增加了2980亿美元，比2009年下降了33.8%，主要是由于国外减少对美国国债的购买引起的。2010年美国向国外输出货币283亿美元，比2009年增长1.25倍。如表1所示。

表1　2009与2010年美国资本与金融项目状况

单位：百万美元

科　　目	2009年	2010年
资本账户		
资本账户交易净额	-140	-150
金融账户		
美国持有的国外资产(不包括金融衍生品)	-140465	-1024723
美国官方储备资产	-52256	-1834
美国政府资产(非储备资产)	541342	7482
美国私人资产	-629552	-1030372
国外持有的美国资产(不包括衍生品)	305736	1244831
外国官方资产	450030	298042
其他国外资产	-144294	946789
金融衍生品	50804	15143

资料来源：美国商务部经济分析局。

2. 欧元区的国际投资情况

截至2010年第三季度，欧元区国际投资资产与负债余额在2009年基础上稳步增长。其中，欧元区持有海外资产为15.52万亿欧元，国外持有欧元区资产为16.70万亿欧元，欧元区净资产为-1.18万亿欧元（表2）。2010年第三季度末对外资产和负债占GDP比重继续上升分别为162%和175%。自欧元启动以来，欧元区对外资产和负债占GDP的比重一直呈上升趋势，其净投资头寸在不断恶化。但2010年净投资头寸的恶化情况由于欧元的贬值而得以缓解，对外净负债占GDP的13%，比2009年约减少了4%。尽管欧元区与美国同样处于净国际投资头寸为负值的状态，但其内在原因有所不同。美国对外净投资头寸恶化根源在于经常项目长期巨额赤字，而欧元区经常项目赤字基本稳定在GDP的1%以内。欧元区对外净投资头寸的变化主要源于欧元汇率变动以及资产价格变动。

表2　2010年第三季度末欧元区国际投资头寸

单位：10亿欧元

科　目	资　产	负　债	净资产
总　数	15519.1	16703.2	-1184.1
直接投资	4506.6	3509.1	997.4
证券投资	4628.6	7207.4	-2578.8
衍生产品	689.6	742.1	-52.5
其他投资	5142.2	5244.6	-102.4
储备资产	552.2		552.2

资料来源：欧洲中央银行。

从具体科目来看，直接投资、证券投资和其他资产是欧元区国际投资头寸的三大主要部分。截至2010年第三季度末，欧元区对外直接投资4.51万亿欧元，吸收对外直接投资3.51万亿欧元，直接投资净值为1.00万亿欧元，是继美国之后的全球第二大净直接投资输出地；欧元区对外证券投资4.63万亿欧元，国外对欧元区证券投资7.21万亿欧元，证券投资净值为-2.58万亿欧元；欧元区对国外其他投资（包括存款、信贷等资产）为5.14万亿欧元，仍为欧元区在国外资产的最主要部分，国外对欧元区的其他投资资产为5.24万亿欧元，其他投资净值为-0.10万亿欧元。与美国不同，衍生品并非欧元区的国际投资头寸最主要的部分，其资产和负债总额分别为0.69万亿欧元和0.74万亿欧元，资产净值为-525亿欧元。

2009年第四季度至2010年第三季度，欧洲中央银行的统计数据表明，欧元区国际金融交易出现双向资金流出，国际投资头寸中的资产和负债总值均连续增加（表3）。首先，从总体交易情况来看，欧元区跨境资本交易并未受到主权债务危机的破坏。这是因为主权债务危机的局部性、欧元区经济缓慢复苏以及全球经济复苏过程中产生的复杂性和不确定性等多方面因素综合作用的结果。2009年第四季度至2010年第三季度的欧元区国际金融交易出现大规模的资金流动、对外投资资产和负债头寸分别提高了4044亿欧元和4522亿欧元，反映出金融危机后的欧元区内外资金跨境流动、积极寻求收益机会的现象。其中，2010年第二季度和第三季度的资金跨境对流最为明显，对外资产和负债头寸共计增加了2700亿欧元和3195亿欧元，净资金流入495亿欧元。从具体的资金流动分类情况来看，欧元区吸收境外直接投资资金一直呈现资金输出的趋势，但随着欧元区经济的稳定，欧元区公司对国外子公司的直接投资不断减少；在证券投资方面，2009 年第四季度和 2010 年第二季度，购买欧元区证券投资交易资金分别达到 101 亿欧元和 924 亿欧元，而 2010 年第三季度跌至 374 亿欧元，并且资金流向也由前两季度的资金净流入转为资金净流出。

表 3　2009 年第四季度至 2010 年第三季度欧元区国际投资头寸变化情况

单位：10 亿欧元

时　间	总交易变化量			直接投资		证券投资		其他投资		衍生品净　值	储备资产
	资产方	负债方	净值	资产	负债	资产	负债	资产	负债		
2009 年第四季度	55. 9	52. 5	3. 8	62. 8	55. 0	38. 0	101. 1	-39. 1	-103. 9	-5. 8	0. 1
2010 年第一季度	182. 8	204. 9	-22. 1	38. 8	-1. 5	61. 0	77. 6	82. 3	128. 8	-3. 9	4. 6
2010 年第二季度	87. 2	114. 6	-27. 4	63. 6	25. 2	-18. 3	92. 4	44. 8	-3. 0	-1. 9	-1. 0
2010 年第三季度	78. 5	70. 6	7. 9	22. 8	-14. 6	51. 4	37. 4	-0. 4	47. 8	-0. 3	4. 9

注：交易量变化引起对外投资资产和负债方头寸的增加计为正，反之为负。
资料来源：欧洲中央银行。

3. 日本的国际投资情况

截至 2010 年底，日本持有国外资产总额为 555. 4 万亿日元，国外持有日本资产总额为 305. 3 万亿日元，净国际投资头寸为 250. 1 万亿日元（表 4）。与 2009 年相比，由于国外持有日本资产规模较日本对外资产规模增长更快，因此净国际投资头寸较上年的 266. 2 万亿日元有所下降。就具体科目而言，证券投资依然是日本对外资产与负债中最重要的部分，其中，日本持有国外证券资产总额为 268. 9 万亿日元，国外持有日本证券资产总额为 150. 5 万亿日元；其他投资是日本国际投资头寸表中的第二大科目，日本对外的其他投资为 129. 7 万亿日元，国外对日本的其他投资总额为 136. 6 万亿日元；此外，日本持有的对外直接投资总额以及国外在日本的直接投资总额分别为 67. 5 万亿日元和 18. 2 万亿日元；储备资产则由 2009 年末的 96. 7 万亿日元降至 89. 3 万亿日元，这是 2008 年度以来日元汇率大幅升值的结果。从净值来看，在直接投资和证券投资上，日本保持净资产状态，分别为49.3万亿日元和118.4万亿日元；在其他投资方面，日本则净负债6.9万亿日元。

表4　日本2010年末的国际投资头寸

单位：10亿日元

资　　产	总　　额	555421
	直接投资	67494
	证券投资	268914
	其他投资	129683
	储备资产	89330
负　　债	总　　额	305299
	直接投资	18236
	证券投资	150489
	其他投资	136574

日本的国际储备曾长期位居世界第一（2006年2月被中国取代）。根据日本财务省公布数据显示，2010年9月底日本国际储备比8月增加394亿美元，创历史新高（图35）。其中，外币计价证券增加379亿美元，余额达到1.32万亿美元，首次超越1万亿美元大关。国际储备增加的主要原因是，日元兑美元汇率飙升，创下15年来新高，日本政府9月中旬实施了抛售日元买进美元的外汇干预，干预总额约为2.12万亿日元（约合257亿美元）①。此外，日本持有的欧元资产因欧元对美元升值而增加，也是其国际储备增加的原因。然而，2010年11月末至2011年2月末，日本的国际储备连续4个月呈现负增长，主要原因是美国国债价格下跌和向陷于财政危机的爱尔兰提供资金援助。

截至2011年2月末，日本的国际储备余额约为1.09万亿美元，其中，90%以上是外币计价证券（大部分为美国国债）。此外，存款约为122亿美元、黄金约为347亿美元，其他外汇资产主要是向国际协力银行和国际货币基金组织贷款（表5）。据2011年2月27日的日本NHK新闻网报道，近年来，通过国际协力

① 日本的国际储备属于财务省，存放于日本银行的外汇资产特别账户。根据日本《外汇及对外贸易法》的规定，财务大臣为了维持日元汇率的稳定，可以对外汇市场采取必要的干预措施。根据《日本银行法》的规定，日本银行在财务大臣认为有必要采取行动干预外汇市场时，按照财务大臣的指示，进行实际的外汇干预操作。

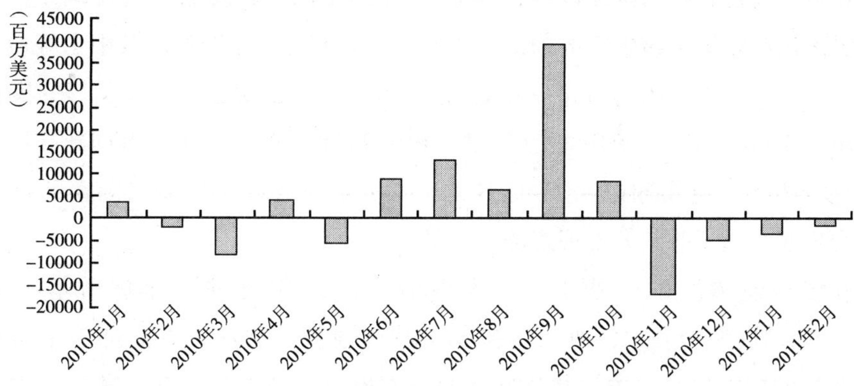

图 35 日本国际储备的环比增减情况

资料来源：日本财务省。

表 5 日本的国际储备及其他外汇资产（2011 年 2 月末）

单位：百万美元

A. 国际储备	1091485
1. 外汇	1030543
(a)证券	1018354
其中:日本发行部分	—
(b)存款	12189
i. 在外国中央银行以及国际清算银行(BIS)的存款	6538
ii. 在日本国内金融机构的存款	3825
其中:在国内金融机构的海外分支机构的存款	—
iii. 在外国金融机构的存款	1826
其中:在外国金融机构的日本国内分支机构的存款	1826
2. 国际货币基金组织(IMF)储备头寸	4708
3. SDR	21080
4. 黄金(重量[百万盎司])	34714 (24.60)
5. 其他国际储备	440
(a)金融衍生产品	—
(b)非银行金融机构对非居住者的贷款	—
(c)其他	440
B. 其他外汇资产	28322

注：B. 其他外汇资产主要是向国际协力银行（JBIC）的贷款（18000）和向国际货币基金组织（IMF）的贷款（10282）。

资料来源：日本财务省。

银行在日本发行其本国国债以筹集资金的发展中国家越来越多。这些国家在日本发行的国债都将得到该银行的担保。这些国家大部分位于亚洲以及中东等地，筹集的资金主要用于本国的城市基础建设。2010 年外国政府在日本发行的国债额预计超过 4300 亿日元，创历史新纪录。预计 2011 年发行总额会再创新高，同比增长 30% 左右，有望超越 4315 亿日元。日本正在通过支援新兴国家的财政建设，为日本企业开辟新的发展道路。

在援助爱尔兰的问题上，日本政府一改以往通过国际货币基金组织（IMF）进行援助的方式，改为直接购买欧洲债券。这样一方面抑制了市场对欧洲财政的担心，另一方面也防止了日元对欧元急速上涨，从而减小了其对日本经济的影响。2011 年 1 月 11 日，日本财务大臣野田佳彦表示，日本预定购买欧洲金融稳定委员会（EFSF）第一次发行债券的 20%，购买金额最大有可能达到 10 亿欧元，并表示日本还将在今后的发行过程中继续购入该委员会发行的债券。[①] 日本政府原则上使用国际储备中的欧元现金和短期债券等流动性高的资产，并在储备范围内应对该支出。这也许是迄今为止日本财务省对国际储备的最大规模的使用。

（二）国际证券投资

1. 国际债券情况

欧洲主权债务危机给 2010 年的国际债券市场带来了沉重的打击。截至 2010 年底，全球国际债券发行存量为 27.7 万亿美元，仅比 2009 年底增长了 2.5%，这一增速不仅无法与危机前的 2006 年和 2007 年的 26% 与 23% 相比，即使相对于 2009 年 13.2% 的增速也是一个巨大的滑坡（表 6）。

从发行量上进行分析，我们可以更好地看到欧洲主权债务危机对于国际债券融资的影响。2010 年国际债券市场发行量为 1.5 万亿美元，这个数字仅为 2009 年发行规模的 64.7%。就发行主体而言，作为国际债券市场主力的发达国家发行量所受冲击最大，2010 年的发行规模仅为 2009 年的 58.4%，国际机构的发行量也较去年略有下降，而离岸中心和发展中国家的发行量反而比 2009 年有大幅提高。

① 欧洲金融稳定委员会于 2010 年 5 月以支援爱尔兰的目的创设，预计于 2011 年分 3 次发行 30 亿 ~ 50 亿欧元的债券。

表 6　国际债券发行存量

单位：10 亿美元

类　别	2007 年底	2008 年底	2009 年底	2010 年底
所有国家	22710.5	23841.3	26989.3	27664.3
发达国家	19573.1	20774.6	23657.6	24078.0
离岸中心	1551.6	1508.3	1512.1	1545.4
发展中国家	926.6	901.2	1019.5	1148.5
国际机构	659.2	657.2	800.1	892.4

资料来源：国际清算银行；以发行地为统计依据。

分季度来看，2010 年第一季度的债券市场形势还相当良好，发行量较上一季度增长了 27%，其中发达经济体债券发行的高涨起到了重要的推动作用，而发展中国家的发行量较上个季度反而下降了。但是到 2010 年第二季度，情况便截然不同了。欧洲主权债务危机导致的金融震荡使得国家债券发行量锐减至 1.17 万亿美元，这也是 2005 年底以来的最低值，甚至低于全球金融危机期间的水平。发达经济体的债券发行量下跌了近 90%，发展中国家的发行量则有所上升。在第三季度，随着市场恐慌的逐渐平息和人们信心的恢复，债券发行也出现了一个跳跃式的反弹，但是在第四季度，爱尔兰的主权债务问题再次激起了市场的担心，国际债券发行的反弹趋势也被拦腰截断，规模变为了上季度的一半。这种一波三折的过程导致了国际债券市场在 2010 年孱弱的总体态势。

表 7　国际债券发行量

单位：10 亿美元

类　别	2007 年	2008 年	2009 年	2010 年	2010 年第一季度	2010 年第二季度	2010 年第三季度	2010 年第四季度
所有国家	2976.0	2429.9	2329.2	1506.7	606.9	117.3	489.1	293.4
发达国家	2533.9	2415.0	2130.7	1244.4	533.7	68.3	407.6	234.8
离岸中心	312.5	-42.0	-9.5	34.3	5.5	-12.5	25.3	16.0
发展中国家	92.0	-0.3	106.5	134.8	25.3	30.7	39.5	39.3
国际机构	37.7	57.2	101.6	93.2	42.4	30.7	16.8	3.3

资料来源：国际清算银行；以发行地为统计依据。

2. 国际股票情况

与国际债券市场类似，2010 年国际股票发行的形势也不令人满意，不过所受的冲击没有债券发行那么严重。2010 年国际股票发行量为 7.05 万亿美元，较 2009 年下跌了 4%。其中发达国家的股票发行量下滑最为严重，当年发行规模为 4.27 万亿美元，仅为 2009 年的 72%；相反，发展中国家的国际股票发行则有大幅增长，规模达到 2.52 万亿美元，比 2009 年翻了一番；离岸中心的国际股票发行也延续了全球金融危机之后的恢复趋势，2010 年发行量为 2540 亿美元，较 2009 年增长了 33%，但是仍未回到危机前 2007 年的水平。分季节来看，在 2010 年第四季度国际股票发行量有一个大幅的增长，显示股票市场的投资者信心正在恢复，这对于 2011 年的国际股票发行是一个好的信号。

表 8　国际股票发行量

单位：10 亿美元

类　别	2007 年	2008 年	2009 年	2010 年	2010 年第一季度	2010 年第二季度	2010 年第三季度	2010 年第四季度
所有国家	499.1	392.2	734.8	704.7	117.6	119.3	179.9	287.9
发达国家	255.7	305.8	594.7	426.9	81.5	79.7	66.0	199.8
离岸中心	26.3	6.1	19.2	25.4	5.2	3.9	4.2	12.0
发展中国家	217.1	80.3	120.9	252.4	30.9	35.6	109.8	76.1

资料来源：国际清算银行；以发行者国别为统计数据。

（三）衍生品市场

2010 年衍生品市场在总体上与 2009 年持平，规模稍有所收缩。2010 年 6 月场外衍生品的名义本金总额为 582.7 万亿美元，比 2009 年 6 月 594.5 万亿美元的规模下降了 2%。在 2010 年 12 月，场内衍生品的名义本金余额为 68 万亿美元，相比 2009 年同期下降了 7% 左右。在场内衍生品当中，利率产品依然占有压倒性的份额，其交易决定了整个衍生品市场的走势。例如在 2010 年第四季度中场内衍生品名义本金余额下降了 13%，这其中有 1/3 是由于短期欧元利率期权持仓量的下跌造成的，另 1/3 则是由于美元和英镑短期利率期权持仓量的下跌造成的，这说明市场认为短期内上述货币利率不会提高，因此对冲这种风险的需求也随之下降。如表 9 所示。

表 9　场内衍生品名义本金总额

单位：10 亿美元

品　　种	2008 年 12 月	2009 年 12 月	2010 年 9 月	2010 年 12 月
合计	57744.5	73117.6	77654.7	67931.5
利率衍生合约	52711.1	67056.4	70908.3	61934.4
期货	18732.3	20627.7	23105.0	21018.8
期权	33978.8	46428.7	47803.3	40915.6
货币衍生合约	254.4	291.6	366.6	313.3
期货	125.1	144.3	218.5	169.1
期权	129.3	147.3	148.1	144.2
股票衍生合约	4779.0	5769.6	6379.8	5683.8
期货	650.9	966.1	1097.2	1127.7
期权	4128.1	4803.5	5282.6	4556.1

资料来源：国际清算银行。

如果从交易规模上来看，那么 2010 年场内衍生品市场反而比 2009 年要更为活跃。2010 年场内衍生品交易名义本金总额为 1987 万亿美元，比 2009 年的 1660 万亿美元上升了 20% 左右。分时段来看，2010 年上半年场内衍生品的交易要更为活跃，尤其是第一季度，交易量较上季度增长了 16%。然而进入第三季度之后，场内衍生品的交易规模骤跌了 21%，而且这一收缩是全方位的，涵盖了所有品种。到 11 月份，随着美联储的第二轮量化宽松货币政策，场内衍生品市场规模才随着短期美元利率期货交易的活跃重新上升，如表 10 所示。

表 10　场内衍生品交易名义本金总额

单位：10 亿美元

品　　种	2009 年全年	2010 年全年	2010 年			
			第一季度	第二季度	第三季度	第四季度
总计	1660151.2	1986969.1	514935.7	555666.4	437757.6	478618.7
利率衍生合约	1450962.6	1704679.4	450385.7	479645.9	371509.2	403138.7
期货	1016361.6	1235836.2	313565.2	344455.0	270635.0	307181.1
期权	434601.0	468843.2	136820.5	135190.9	100874.2	95957.6
货币衍生合约	26579	38757.9	9248	10662.3	9031.3	9816.4
期货	24598.7	35709.6	8457.7	9825.0	8306.8	9120.2
期权	1980.3	3048.3	790.3	837.3	724.5	696.2
股票衍生合约	182609.6	243531.8	55302.0	65358.2	57217.1	65663.6
期货	85556.0	108841.9	24793.5	30436.5	26429.1	27191.9
期权	97053.6	134689.9	30508.5	34921.7	30788.0	38471.7

资料来源：国际清算银行。

在2010年6月底，场外衍生品名义本金总额为582.7万亿美元，相当于当时场内衍生品规模的8倍，其规模较2009年底下跌了3%。在场外衍生品的各种类型之中，利率衍生品仍然居主导地位，名义本金余额占场外衍生品总额的77.5%，为451.8万亿美元，与2009年底基本持平；外汇衍生品的名义本金余额较上年底上升了8%，股票衍生品上升了5%，信用衍生品则下降了7%，商品衍生品下降了3%。在市值上，由于欧洲主权债务危机导致资产价格剧烈变动，产物衍生品合约的总市值上升了15%，与之相连的总信用风险暴露则上升了2%。总风险暴露与总市值的比值从2009年底的16.3%下降为14.5%，这个比值也大大低于2007年6月底的24.0%，如图36所示。

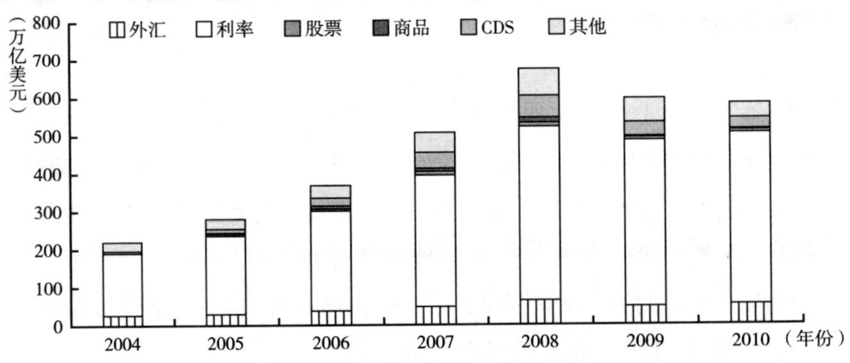

图36　场外衍生品名义本金总额结构

资料来源：国际清算银行。

四　石油与黄金市场

（一）国际石油市场

总体而言，2010年的石油价格延续2009年的大幅上扬趋势（图37）。根据布伦特原油（Brent）价格和西德克萨斯轻质原油（WTI）的期货结算价，2010年1~2月，石油基本维持在70~80美元/桶的价格水平；自2010年3月起，国际石油价格逐渐震荡走强，并于2010年5月初达到约90美元/桶的阶段性高位，在经过5~7月份的短暂回落调整，2010年8~12月，原油价格一路走高，Brent

原油与WTI原油双双突破90美元/桶。除了天气、局部地区安全局势等影响外，就经济因素来看，推动油价上扬的因素归结起来，主要有以下几个方面。

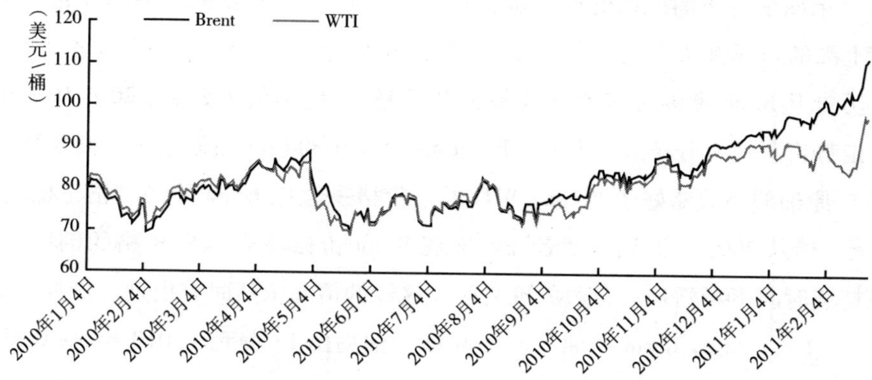

图37　2010年原油期货结算价

资料来源：Wind数据。

其一，从石油供需的总量对比情况来看，2010年全球石油供给量仍然维持上年度以来的供不应求局面，使2010年国际石油从基本面上维持了石油上升的趋势。尽管欧佩克2010年没有继续强调所谓的减产计划，但是由于对全球石油需求的保守预测导致欧佩克2010年对石油供给的控制，从而维持了石油需求大于供给的小幅缺口，从基本面上保证了石油上升的趋势。

其二，全球经济的继续复苏在一定程度上推动了石油价格的上扬。以美国和欧洲为代表的发达国家的经济复苏以及以中国为首的新兴市场经济体的高速经济增长，推动了2010年石油需求的增长，提升了投资者对市场的信心，这些因素对于推动石油价格上升也具有一定作用。

其三，美元的贬值是石油大幅上扬的关键因素。尽管影响国际油价的基本因素在于全球石油的供给和需求状况，但是油价计值货币——美元的严重贬值应当是造成国际石油价格巨大涨幅的关键性因素。2010年第三季度以来，美国量化宽松货币政策进一步明确了美元走软的态势，成为石油价格2010年下半年持续上升的直接原因。美元弱势的基调将直接决定2011年国际石油价格继续上升的趋势。

此外，大量投资和投机资金的存在也加剧了油价的波动幅度。随着原油市场定价的衍生化，当今国际石油市场已经出现了明显的类金融化的趋势，危机后市

场信心的恢复导致大量基金和机构投资者的介入以及投机资金的干预成为放大油价波动幅度的重要因素。从美国商品交易委员会（CFTC）的公布数据来看，2010 年第四季度原油市场的投机多头持仓一度创出历史新高，反映投机资金对后市上涨的乐观看法。

历史上 Brent 原油价格和 WTI 原油的价格走势基本一致，而 2011 年初两者价格走势出现较大分歧。一方面，Brent 高于 WTI 的趋势在近年来逐渐显现。由于 WTI 原油的品质略好于 Brent，WTI 原油价格一般比 Brent 原油价格每桶高1 ~ 3 美元。但从 2007 年开始，两者开始出现 Brent 价格高于 WTI 价格的倒挂现象，而且持续时间不断延长。金融危机之后，这样的情况依然时有出现。例如，2009 年 2 月 12 日，北海 Brent 原油一度比 WTI 原油高出 13 美元，2010 年 5 ~ 6 月份，Brent 价格一直位居 WTI 之上。另一方面，2011 年初，Brent 和 WTI 的价格走势出现了明显的分歧。2011 年 1 ~ 2 月，Brent 原油价格稳定上扬，而 WTI 原油价格表现出“W”形的震荡走高态势。据《经济参考报》对有关石油交易资深人士的采访，两大基准油品价差是对美国纽约商品交易所（NYMEX）和英国国际石油交易所（IPC）交割方式、交易商成分的差异和两大交易市场原油供需状态等的深层次因素的反映。国家能源专家咨询委员会副主任、发改委能源研究所研究员周大地接受《经济参考报》记者采访时认为，两者价格关系的扭转是因为美国对石油需求的下降及美国开采技术实现了天然气对石油的取代，对于两大油价的差异是否长期持续，目前尚未定论①。CNBC 能源资深记者莎伦认为随着中东、北非局势的紧张以及投资商的“造势交易”，原油价差正在调整，但是鉴于石油从加拿大流向美国中部的数量在不断增长，并且已达到了 WTI 合约交割地点——俄克拉何马州库辛市（Cushing）石油储备能力的“瓶颈”水平，这给美国原油价格上升带来了一定的压力。

国际能源组织的数据显示，全球经济复苏推动 2010 年全球石油需求迅速增长，尤其是新兴市场经济体为主的非 OECD 成员经济的快速增长，使得全球石油需求从 2009 年的 8500 万桶/日增加至 2010 年的 8740 万桶/日（表 11）。其中，中国的石油需求继续保持稳定增长，石油需求从 2009 年的 840 万桶/日增至 2010

① 施智梁：《两大国际油价指标背离国内成品油价压力骤增》，2011 年 2 月 17 日《经济参考报》。

表 11　全球石油需求

单位：百万桶/日

类　别	2007 年	2008 年	2009 年	2010 年第一季度	2010 年第二季度	2010 年第三季度	2010 年第四季度	2010 年
OECD 成员	49.2	47.6	45.5	45.9	45.2	46.6	46.0	45.9
北美国家	25.5	24.2	23.3	23.6	23.8	24.2	23.8	23.9
西欧国家	15.5	15.4	14.5	14.2	14.1	14.8	14.4	14.4
中国	7.6	7.7	8.4	8.9	9.4	9.2	9.5	9.2
总　计	86.7	86.1	85.0	86.4	87.0	88.6	87.8	87.4

资料来源：国际能源组织。

年的 920 万桶/日。出现这一现象，一方面是因为发展中国家仍然保持着一定的经济增速，另一方面是发展中国家高能耗的经济增长方式导致在经济增长放缓的危机时期对石油保持旺盛的需求。随着全球环境保护政策的深入以及向以低能耗、低污染、低排放为基础的低碳经济模式的转变，发展中国家必将逐步转变高能耗的经济增长方式，逐渐降低石油消费水平。尽管全球石油消费大国——美国、西欧国家在过去的一年中也表现出石油需求上升的趋势，但是其增长幅度较之发展中国家要小得多。其中，北美国家的 2010 年石油需求为 2390 万桶/日，比 2009 年同期仅增长了 60 万桶；而由于欧洲主权债务危机对经济增长的拖累，西欧国家的石油需求从 2009 年的 1450 万桶/日降至 2010 年的 1440 万桶/日。北美国家与西欧国家石油需求增长动力不足从侧面反映这些国家经济增长的缓慢与无力。

由于全球经济复苏与增长的不平衡与不确定，2010 年初各主要能源信息机构对 2010 年石油需求预期出现分歧。其中，国际能源机构在 2 月份将 2010 年全球石油日均需求增长预估值上调至 160 万桶/日，达到 8650 万桶/日，这一数字低于实际需求水平；IEA 预计，新兴市场和发展中经济体 2010 年日均石油需求量将同比增长 4%，达到 4100 万桶，其中亚洲经济体特别是中国将引领全球石油需求的增长。美国能源信息署也继续上调石油需求预估值。欧佩克则认为，2010 年全球经济复苏缓慢，将给石油需求带来压力。该机构将 2010 年全球石油日需求增长下调 10 万桶，需求总量达到 8510 万桶/日。欧佩克的这一预期直接导致其在 2010 年 3 ~9 月份石油产量的保守供应。对于 2011 年石油需求预期，由于对经济增长的共识，国际能源组织、美国能源信息署以及 OECD 对 2011 年的石油需求均持看涨预期，其中，国际能源组织预测 2011 年全球石油需求总量为 8880 万桶/日，比 2010 年需求增加 140 万桶。

2010 年全球的石油供给量为 107.5 万桶/日，比上年同期增加了 26%（表 12）。2010 年欧佩克提出的依照全球经济发展实施产量控制的态度淡化了欧佩克组织 2009 年提出的减产计划。从其供给总量来看，供给水平从上年度的 3350 万桶/日升至 5470 万桶/日，特别是 2010 年 11 月以来欧佩克石油供应产量明显提高。与此同时，非欧佩克国家石油产量也有所增加，从 2009 年度的 5090 万桶/日升至 5280 万桶/日。

表 12　全球石油供给

单位：百万桶/日

类　别	2007 年	2008 年	2009 年	2010 年第一季度	2010 年第二季度	2010 年第三季度	2010 年第四季度	2010 年
OECD 成员	19.5	18.7	18.8	19.1	18.8	18.4	19.0	18.8
北美国家	13.9	13.3	14.2	13.9	14.0	14.1	14.2	14.1
西欧国家	5.0	4.8	4.5	4.5	4.2	3.7	4.1	4.1
非 OPEC 成员	50.9	50.8	51.7	52.4	52.8	52.8	53.2	52.8
中国	3.7	3.8	3.9	4.0	4.1	4.1	4.2	4.1
苏联	12.8	12.8	13.3	13.5	13.5	13.5	13.8	13.6
总　计	85.5	86.4	85.2	86.5	87.0	87.4	108.5	107.5

资料来源：国际能源组织。

（二）国际黄金市场

2010 年的黄金价格继续 2009 年以来的稳步上升的势头（图 38）。黄金价格自 1 月的 1100 美元/盎司左右逐渐攀升至 12 月的 1400 美元/盎司，其中 2010 年 12 月 30 日出现了历史最高价 1411 美元/盎司，比年初价格水平上涨近 30%。2011 年 1 月份黄金价格出现短暂回落，2011 年 1 月 28 日跌至 1314 美元/盎司，此后的 2 月份黄金价格又重拾涨势，在 2 月 22 日已达 1406 美元/盎司，与 2010 年末水平相当。

2010 年黄金价格上涨的推动因素主要包括美元贬值、原油价格上扬以及欧

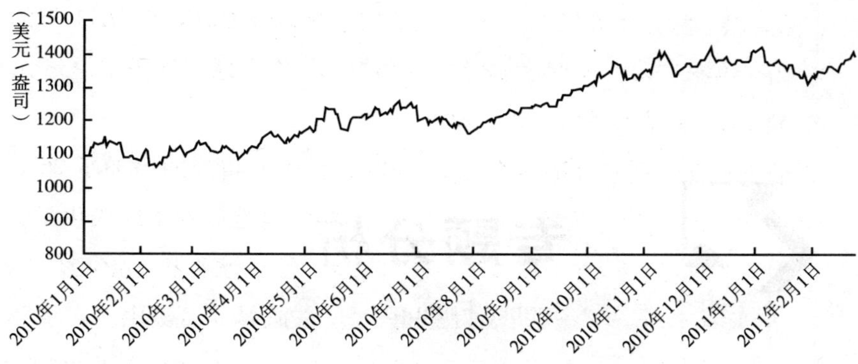

图38　2010 年黄金价格走势

资料来源：Wind 资讯。

洲债务危机问题的挥之不去。2010 年 8 月以来的美元贬值继续为黄金价格创造上涨空间。此外，石油价格的走势与黄金价格息息相关。随着 2010 年石油价格的持续上扬，加剧了通货膨胀的上涨预期，从而为黄金价格的上涨提供了一定的支持。2011 年黄金走势的推高与欧洲债务问题导致部分资金转向黄金的避险行为也有一定关联。从公开消息来看，包括摩根士丹利、美林、高盛等多家知名投行以及彭博市场调查显示，2011 年黄金价格依旧看涨。

专题分析

Special Features

B.18

走出"全球经济再平衡"的误区

20世纪90年代末国际货币基金组织提出了"全球经济失衡"命题之后，有关全球经济失衡以及与其对应的"全球经济再平衡"等就成为国际经济和国际金融研究中的一个热点问题。2008年9月以后，随着美国乃至国际金融危机的爆发和蔓延，"全球经济失衡"又成为美国等西方国家用于解释此轮国际金融危机成因的一个重要根据。如今，在全球经济逐步走出金融危机困境的背景下，实现"全球经济再平衡"成了一些西方国家实行贸易保护和限制发展中国家对外经济发展的重要理由。由此，如何认识全球经济的失衡以及"再平衡"就成为一个必须弄清的理论问题和实践问题。

一 国际贸易平衡理论的逻辑错误与实践反差

国际贸易平衡理论是判定"全球经济失衡"的基本理论根据。其内在的逻辑联系是，如果国际贸易平衡理论成立，介入国际贸易中的各国和地区均应实现本国或地区的对外贸易平衡，则全球经济处于平衡状态；反之，则打破了国际贸易平衡，全球经济处于失衡状态。根据国际贸易平衡理论的要求，这种全球经济失衡状态是不合“规律”的，应予以纠正，因此，有着全球经济再平衡的要求。因此，如何认识国际贸易平衡理论是判定全球经济能否再平衡的基本点。我们认为，西方国际贸易平衡理论不论在理论上还是在实践上都是错误的，它并没有为第一次产业革命以来的200多年历史所证实。主要根据如下。

从理论角度看，国际贸易平衡理论有着一系列假设条件，但这些假设条件在现实中是不存在的，这决定了国际贸易平衡理论是虚构的且不符合国际贸易发展的实际状况。

第一，无理地舍去了国际货币。在国际贸易平衡理论中，虽以模型方式论证了各国和地区之间的国际贸易平衡趋势，但它舍去了这一交易中所需的国际货币因素，因此，不符合国际贸易的实际状况。如果加入国际货币因素，则国际贸易不平衡就必然发生。我们假定，T_0 的国际贸易额为100，T_1 的国际贸易额将比 T_0 增长10%，在国际货币流通速度不变的条件下，通过各国和地区之间的交易，要实现 T_1 的国际贸易额，就必须增加10%的国际货币，那么，这增加的10%的国际货币由谁提供和如何提供？假定国际货币为A国的货币，即增加的10%的国际货币由A国提供，那么，A国该如何将国际贸易增长10%所对应的国际货币投放到国际贸易之中呢？在仅就国际贸易领域讨论问题来说，A国只有一个路径，即通过从国际市场中买入货物和服务，因此，它只能处于对外贸易的逆差状态。既然A国处于贸易逆差状态，那么，对应的必然有一批国家或地区处于对外贸易顺差状态，因此，国际贸易在各国和地区之间的平衡是不可能的。

第二，违背市场机制本质要求。与西方经济学中的其他理论一脉相承，国际贸易平衡理论也选择了供求关系的恒等式表示，但这种供求关系恒等式在本质上是不符合市场机制的基本要求的。众所周知，竞争和价格机制是市场经济的基本内容。在供求关系恒等条件下，竞争不可能有效展开，优胜劣汰不可能发生，因此，创新发展也就无从谈起。市场经济本质上是生产过剩经济。只有在供过于求的条件下，才可能出现这样一种情形：在不严重影响供求关系的条件下，通过优胜劣汰机制，迫使厂商不断创新发展，提高效率。这种供过于求的格局是买方市场形成的基本条件，其存在于一国（或地区）内，也同样适用于国际贸易领域。所谓供求关系恒等式，实际上是一个经济停滞的恒等式，这不是人类经济发展追求的目标模式（或理想模式）。因此，国际贸易平衡理论建立在这种恒等式基础上，其本身就是不符合市场经济本质要求的。

第三，不该舍去各国和地区的资源禀赋差异。在各国和地区中，有一些国家或地区（如日本、韩国、新加坡、中国香港和中国台湾等）的自然资源禀赋比较匮乏，因此，选择了“两头在外”的发展模式。对这些国家或地区来说，如果实行对外贸易平衡，经济增长乃至经济发展将遇到严重的困难。假定某国在 T_0 的进出口数额均为5000亿美元，且无任何外汇储备、引进外资和海外借贷，由此，T_1 年份在国际贸易条件最理想的情形（如该国从国际市场中采购的资源价格不变、结构不变、性能不变且运输条件不变等），这个国家的增长率将为零。这意味着，一旦国际市场的贸易条件有所恶化，该国经济就将出现负增长走势。这些国家或地区要维护经济的可持续发展，一个重要条件就是对外贸易顺差（在若干年顺差的条件下，短暂的外贸平衡或逆差也是可承受的）。既然它们需要通过对外贸易顺差来维护经济发展，对应的就一定有一些国家处于外贸逆差走势之中，结果是国际贸易不可能平衡。

第四，不应将各国和地区的发展差异舍去。国际贸易平衡理论中舍去了各国和地区的发展水平差别，实际上是一个维护发达国家在国际贸易市场中地位的理论。第二次世界大战以后，众多国家和地区的发展历程证明，当发展中国家的经济开始起步的时候，为了缓解国内的短缺经济状况、缩小与发达国家的差距，发展中国家大多选择了引进海外先进设备、技术、管理和经验的进口路径，在这一时期，它们的对外贸易大多呈现逆差走势。为了满足进口设备、技术等的需要，除了努力多出口外，它们选择了引进外资、海外借款和动用贵金属储备等政策。随着生产能力的不断提升、进口替代的程度提高、国内供求短缺状况的改善和产品的国际竞争力提高，它们的产品进入国际市场的数额逐步增加，出口导向战略取得成效，由此，外贸逆差转变为外贸顺差。

第五，不应将各国和地区对外投资所形成的生产能力舍去。19世纪初开始，英国等发达国家就大量向海外投资，将本国的生产能力转移到其他国家或地区，一方面扩展海外商品销售市场；另一方面，利用海外低价资源（包括廉价劳动力等）生产产品，销往本国，因此，加重了全球经济失衡。第二次世界大战以后的60多年，这种情形更加严重。在他国和地区投资生产，成为绕开贸易保护壁垒的一个重要举措。国际贸易平衡理论将这一重要生产能力舍去，使其远离于国际贸易实践，成为一个无用的空洞说辞。

从实践层面看，19世纪以来，国际贸易领域中就没有一年发生过各国和地区的对外贸易均为平衡的现象，不仅如此，随着国际贸易额的增长和国际贸易量

的扩大，各国和地区之间的贸易不平衡差额有着扩大的走势。

第一，全球经济体之间的贸易差额有着扩大的趋势。从图 1 中可见，1990 ~ 2007 年的 18 年间，美国、欧元区和中东欧等经常账户逆差从不到 2000 亿美元扩大到近 1 万亿美元，与此同时，石油输出国、日本、中国、亚洲其他经济体、拉美和其他工业化经济体等经常账户顺差也从不足 2000 亿美元增加到近 1 万亿美元。在年度对比中，总的趋势是，经常账户差额明显扩大。这反映了 1990 年以来发展中国家的整体经济实力和在国际市场中的地位是提高的。在这种经济全球化的实践背景下，提出乃至希冀全球经济平衡是不符合全球经济发展走势的。

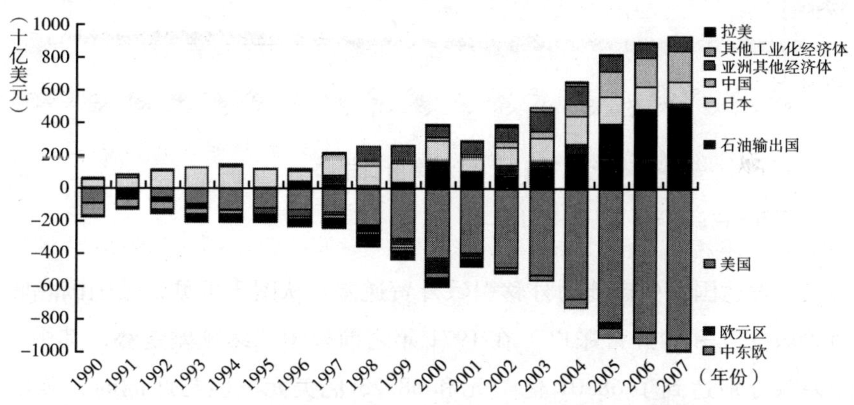

图 1　1990 年以来全球经济体经常账户余额

资料来源：国际货币基金组织《世界经济展望》和《贸易统计》及欧洲央行工作人员的估算。

第二，资源禀赋匮乏的国家和地区有着加大贸易顺差的取向。从图 2 的走势中可以看到，日本的对外贸易大致经过了三个阶段：一是在 1965 年之前，由于大量进口设备、技术、资源等产品，日本经济均处于贸易逆差格局中（其中 1961 年贸易逆差高达 15.75 亿美元）。这一时期，日本主要靠引进外资和海外借贷来弥补国际收支的差额。二是在 1965 ~ 1980 年，有 7 年处于贸易逆差、9 年处于贸易顺差，16 年的总结果是贸易逆差 59 亿美元左右。三是从 1981 年开始，在国内需求基本满足、生产能力进一步提升且国际竞争力提高的背景下，日本迈入了国际贸易的顺差国行列。到 2009 年的 20 年间，日本就没有发生过贸易逆差，同时，贸易顺差数额也明显增大，一些年份突破了千亿美元大关。日本 60 年左右的发展历程典型地展示了一国从经济起步到经济发展再到进入发达国家行列过程中的对外贸易的走势。试想一下，如果不是在20世纪50年代以后的第一阶段，对外贸易因引进海外先进设备、技术和资源等而处于逆差走势，日本怎么可能在一个较短的时期内奠定先进的工业基础，又怎么可能在20世纪80年代之后实现贸易长期顺差？

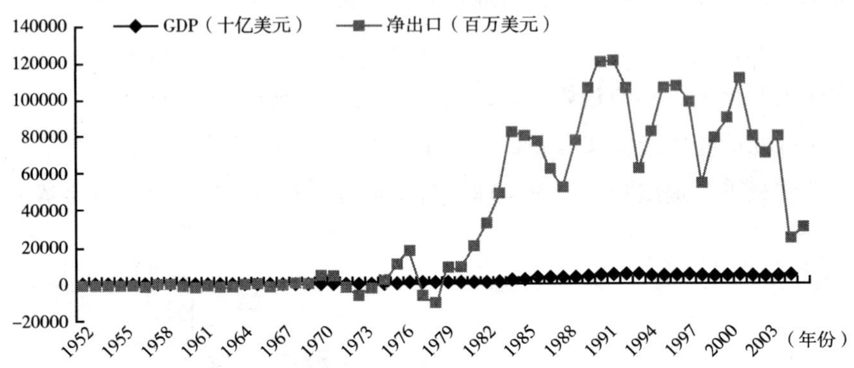

图2　日本净出口走势

资料来源：IMF。

第三，发达国家生产能力外移引致外贸逆差。从图3可见，美国国际收支中的“货物收支”和“经常账户”在1971年之前处于持续顺差走势，其中，1964年的顺差额分别达到了68.01亿美元和68.23亿美元。但与此同时，美联储的“黄金和外汇储备”数额却呈持续减少走势，从1952年的232亿美元减少到1971年的101亿美元。这种反差情形发生的主要成因是，在这一时期内，美国私人对外投资数额大幅增加。从图4中可见，美国私人资本每年对外投资数额从1960年的51.44亿美元增加到1971年的129.4亿美元（“对外投资”在国际收支表中属资金外流，所以，以“-”表示）。与对外投资增加相对应，海外“收益”也大量增加，从1960年的33.79亿美元增加到1971年的72.72亿美元。对外投资的一个直接结果是，美国的一部分生产能力转移到了其他国家和地区。这些国家和地区成为美国产品的生产基地，即为了满足美国需要而生产，这实际上是美国生产能力在地理版图上的扩大。但在国别地理版图计算进出口中，这些为美国而生产的产品变为生产国的“出口”和美国的“进口”，由此，在美国的计算中，出现了出口减少、进口增加的走势。在图3中，1971年以后，除个别年份外，美国基本保持了长期的“货物收支”和“经常账户”的赤字，且有着不断扩大的趋势。到2008年，美国的“货物收支”赤字达到8402.52亿美元，“经

常账户”赤字达到7060.68亿美元。与此同时，美国的私人对外投资也在继续扩大，2006年和2007年分别达到12934.49亿美元和14497.31亿美元。2008年因金融危机爆发，需要从海外调回资金“救火”，所以，在美国的国际收支表中，私人投资才出现了5343.57亿美元的回流。

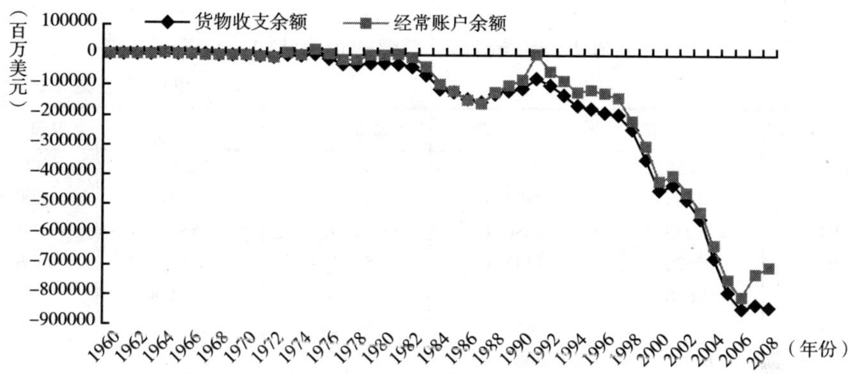

图3 美国经常账户走势

资料来源：美国商务部。

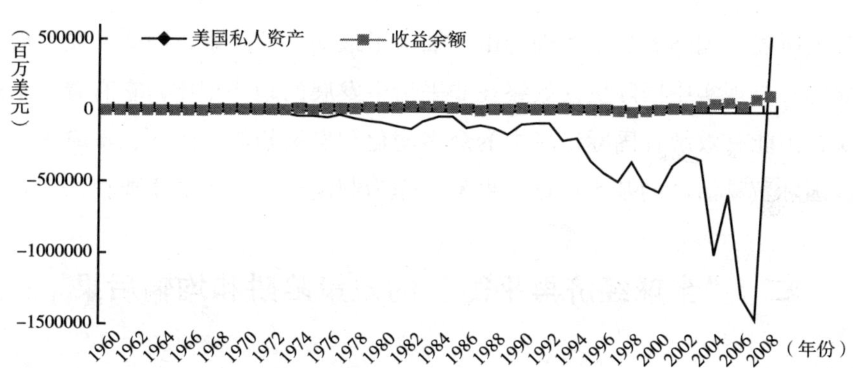

图4 美国私人对外投资走势

资料来源：美国商务部。

发达国家利用对外投资机制将生产能力外移，在提升了发展中国家的生产能力、扩展了发达国家在发展中国家的市场份额的同时，也增强了以发展中国家地理版图为边界的出口能力，使得发达国家从贸易顺差国转变为贸易逆差国。以中国的数据为例，从表1中可见，在中国的出口总值中，2002年以后，外资企业所占比重均超过50%，且有着继续提高的趋势。这实际上意味着，一方面中国成了这些外资企业所在国的生产能力在地理范围上的扩展地；另一方面，从中国口岸出口的产品，有50%以上出口实际上并不是中资企业生产的，只是外资产品在地理位置上的转移，不属于真正意义的“中国出口”。与此对应，由这些出口所引致的外资母国的贸易逆差，按照资本生产和资本权益关系的原则，也不属于外资母国对中国的逆差。

表1　中国出口品总值的企业结构

单位：亿美元，%

时　间	出口总值	外资企业	外资企业占比	国有企业	其他企业
2002	3255.7	1699.4	52.20	1228.6	327.7
2003	4383.7	2403.4	54.83	1380.3	600.0
2004	5933.7	3386.1	57.07	1535.9	1101.7
2005	7620.0	4442.1	58.30	1688.1	1489.8
2006	9690.7	5638.3	58.18	1913.4	2139.0
2007	12180.1	6855.2	56.28	2248.1	2976.8
2008.10	12023.3	6685.2	55.60	2185.5	3152.6

资料来源：商务部网站。

注：截至2010年8月底，该网站的这方面数据仅有2008年10月之前的。

综上所述，国际贸易平衡理论由于抽象了最基本的因素，因此，在逻辑上是不成立的；与现实中国际贸易始终在非平衡中发展的趋势相比，它有着一系列严重错误，不能有效解释国际市场中的众多变化和发展趋势，因此，不应作为理解和把握国际贸易活动的基本依据，更不应作为制定相关政策的主要根据。

二　“全球经济再平衡”的政策陷阱和均输后果

始于2007年8月的美国次贷危机，在2008年9月以后酿成了一场席卷全球的金融危机。在此背景下，一些发达国家不但不深刻检讨此轮危机的自身成因，反而抓住所谓的“全球经济失衡”大做文章，试图将引发国际金融危机的祸水转嫁到发展中国家，同时也为它们实施贸易保护主义措施寻找理论根据。实施贸易保护政策，形式上似乎能够缓解某些发达国家的国内就业、生产和贸易等方面的压力，有利于它们走出危机，但实际上，这是一个饮鸩止渴的政策，势必引致相关各方都成为博弈输家的后果。

对发达国家而言，要实现它们与发展中国家贸易间的平衡，其提出的种种政策，在意图上无非是两个方面内容：一是限制发展中国家的出口，二是要求发展中国家扩大进口。但在发达国家高新技术等产品对发展中国家禁运的背景下，这两方面的政策效应，不论对发展中国家还是对发达国家，都不见得有利。

从限制发展中国家出口来看，首先需要弄清的是，发展中国家的产品为什么能够进入发达国家的市场？舍去自然资源的禀赋差别不说，发展中国家能够出口到发达国家的产品主要是低中端产品（即主要是满足发达国家中低收入群体消费需求的产品），这些低中端产品在发达国家国内因缺乏生产可能性而基本不生产。所谓生产可能性，主要指的不是生产技术（包括设备等），而是财务成本。由于发达国家的劳动力价格较高而低中端产品的市场价格较低，所以，如果发达国家的厂商在国内生产这些产品，将直接面临经营亏损。为了满足资本追逐利润的要求，避免经营亏损，他们的选择只能有二：一是将生产能力转移到发展中国家，利用当地廉价劳动力来降低生产成本，提高生产可能性；二是在国内停止生产这些低中端产品。由此，发展中国家对发达国家的贸易顺差走势自然发生。在这种背景下，发达国家限制从发展中国家的产品进口，对发达国家而言，有三种可能的后果：其一，如果限制进口直接针对的是某些发展中国家，那么鉴于发达国家的居民消费依然需要这些产品，同时，发展中国家出口的消费品具有一定程度的相似性，结果是发达国家的贸易逆差没有减少，只是贸易逆差对应的国家和地区结构发生了变化，因此，对发达国家并无多少益处。另外，由于进行贸易的国家和地区结构调整需要时间，在这段时间内，发达国家的居民消费所需的低中端产品将出现供不应求的走势，这将引致消费价格水平（CPI）上行，对发达国家的宏观经济走势和居民消费来说，恐怕就只有负面影响了。① 其二，如果在限制进口的政策下，

① 2010年8月27日《环球时报》驻纽约记者在《美机构：对华轮胎特保案没结果》一文中报道说：2009年9月11日，美国总统奥巴马在美国钢铁工人联合会的敦促下，决定对从中国进口的所有小轿车和轻型卡车轮胎征收35%的惩罚性关税，希望以此来挽救日渐衰败的美国轮胎产业，并保住美国的就业机会。但路透社在2010年8月25日报道称，美中贸易全国委员会（USCBC）在对这一决定产生的效果进行评估后认为，这一做法取得的效果适得其反。该委员会会长傅强恩在致奥巴马的信中说，在对中国轮胎征收特别关税后，美国轮胎产业就业下降、轮胎价格上升，美国消费者的利益受到了伤害。该委员会的一份政策简报中说：“事实上，美国所进口的与此案相关的低端轮胎出现大幅增长，但供应商从中国变成了其他国家。”该简报说，美国从中国进口的轮胎的确减少了，但2010年上半年，受惩罚性关税影响的低端轮胎在数量和价值上却分别增加了21%和30%，这是因为其他供货商填补了中国留下的真空。美国消费者显然花了更多的钱，因为轮胎价格上涨了10%～20%。

发达国家厂商通过这些消费品供不应求引致价格上行来达到生产可能性，从而自己生产这些产品，那么，必然使得发达国家的消费者承受更高的消费支出负担，其结果对发达国家的宏观经济调控和消费者都是不利的。其三，在发达国家实现贸易保护主义的过程中，发展中国家也将对从发达国家进口的产品实行某些限制，因此，且不说引发大规模的国际贸易战，至少对发达国家的产品出口增长没有多少好处。

从要求发展中国家扩大进口来看，首先需要弄清楚发展中国家扩大进口的基本条件是什么。各个发展中国家和地区的情况相当复杂，很难一概而论，大致可分为三种情形：第一，一些发展中国家的国内经济发展严重不足且政局不稳，由于缺乏外汇资金和国内财力，即便有着较强烈的扩大进口需求，发达国家也不愿意向它们出口更多的产品。第二，一些发展中国家和地区的国内供求总格局尚处于供不应求格局中，为了加快经济发展，它们有着扩大从海外进口设备、技术、资源乃至消费品等的强烈需求，但受限于外汇资金的有限和财力不足，这种扩大进口的空间也相当有限。第三，一些外汇储备比较充裕且国内需求已基本得到满足的国家和地区，有着较充裕的外汇资金和国内财力，有着扩大进口的较强能力。不难看出，扩大进口的重心在于第三类发展中国家和地区。对这些发展中国家和地区而言，扩大进口的是消费品还是投资品？如果进口的是消费品，这些发展中国家的国内消费品市场已处于供过于求格局，要扩大进口（假定进口的消费品具有较强的价格、性能等方面竞争力），就必然加重市场的供过于求压力和市场竞争的激烈程度，其直接结果将是这些发展中国家和地区的一部分企业倒闭、职工下岗、经济发展受到限制，随之国内市场萎缩，在进一步传递中必然减少对进口产品的需求。如果进口的是投资品，那么，一方面必然加重这些发展中国家和地区的产能过剩状况，同样将引致企业倒闭、失业增加，对进口品的需求减少；另一方面，随着这些投资品形成新的生产能力，这些发展中国家和地区的出口能力又将进一步提高，加重发达国家的贸易逆差。显然，对这类发展中国家和地区来说，扩大进口的空间也相当有限。

无须赘述，试图在“全球经济再平衡”的命题下，通过发达国家对发展中国家的贸易强制（包括强制发展中国家减少出口和增加进口）来实现所谓的国际贸易平衡，不仅不可能达到，而且将引致各方均输的结果，因此，是一种短视的不符合国际贸易发展趋势的政策。

发挥市场机制在配置资源方面的基础性作用是国际贸易的基本理论。在全球经济失衡的背景下，是继续鼓励市场竞争、优胜劣汰和创新发展，还是实行贸易保护，强制发展中国家减少出口、增加进口，对发达国家来说，绝非仅仅是一个对外贸易逆差或顺差问题，更重要的是，它从根本上关系到发达国家所奉行的市场经济原则能否有效地在国际贸易领域中贯彻。如果是鼓励竞争、坚持市场机制配置资源的原则，那么，发达国家就不应选择非市场机制强制要求发展中国家减少进口、扩大出口；如果是运用强权机制，硬性要求发展中国家实现贸易平衡，则真正“破产”的将是市场原则。一旦市场原则破产，国际贸易活动将失去基本的规则，在混乱中将引致贸易各方均处于输家的境地。

事实上，发达国家在全球经济失衡中已获得巨大利益。以美国为例，一方面在对外贸易逆差中获得了大量价廉物美的实物利益，美国消费者因此获得了巨额的消费剩余；另一方面，发展中国家又用从对美贸易顺差和对其他发达国家贸易顺差中得到的美元等外汇购买了美国国债等金融产品。这意味着，在这种贸易中，美国既获得了实物上的利益，又获得了金融上的利益，与此相比，发展中国家只是获得了以电子符号为代表的“债权”（同时，承受着美元等外汇贬值所带来的利益损失）。在这种格局中，全球经济失衡，对发达国家来说，究竟损失了什么？

引致发展中国家与发达国家之间贸易不平衡差额快速扩大的一个主要原因是，发达国家常常以军事产品的禁售为由，对发展中国家需要的高新技术及其产品需求实行出口抑制政策，同时，发达国家能够出口的中低技术产品和消费品在有能力进口的发展中国家市场上又大致处于饱和状态。在这种不对称贸易的条件下，如何能够期待发展中国家与发达国家之间贸易差额的缩小？要缩小发展中国家与发达国家之间的贸易差额，就必须贯彻市场经济原则，由此，发达国家必须放松对出口到发展中国家的高新技术及其产品的各项限制，否则，在纷纷实行贸易保护主义政策背景下，不仅全球经济失衡将继续发展，而且各国和地区将处于均输的境地，这对于国际贸易发展将是一种灾难性的结果。

三　汇率理论的误区和美元的困境

为了实现所谓的全球经济再平衡，一些发达国家再次提出了汇率问题，认为引致发展中国家贸易顺差的一个主要成因是，这些国家或地区的汇率被严重低估，从而，使发达国家的产品在国际市场上失去了应有的竞争力。美国甚至有人提出，要对操纵汇率的国家或地区进行制裁。此类说辞每隔一阵就成为国际经济中的一个热点，多年来不绝于耳。汇率机制真的是缓解全球经济失衡的灵丹妙药吗？

首先，从图3来看，在1971年之后，美国持续发生贸易逆差，这段时间正好是美元持续走低的时期。每盎司黄金的价格从35美元一直上升到1200多美元，与此同时，美国的经济持续发展，名义GDP从1971年底的11517亿美元增加到2008年底的142003亿美元（增长了11.33倍），实际GDP总额从1971年底的7238亿美元增加到2008年底的99279亿美元（增长了12.72倍）。由此可见，如果按照汇率理论的说法，在汇价走低的条件下，应当发生出口增加和贸易顺差，但美国的实践对此没有作出验证；另一方面，在贸易逆差严重发生的条件下，国内经济增长应当受到严重影响，以至于可能发生负增长，但美国的实践对此也没有作出验证。由此可见，美国的实践已经打破了汇率理论的“定律”。

其次，从图5来看，在1985年广场协议之前日元兑美元的汇率就有所升值（1970年为360∶1，1984年已升值到231.01∶1），在15年内日本的对外贸易有5年逆差、10年顺差，但在1985年签订了广场协议以后，尽管日元大幅升值，从1985年的257.68∶1升值到2009年的93.72∶1，但日本的对外贸易却连续15年没有发生过逆差，同时，顺差额也有扩大的走势。显然，日本从1970年以来的30年实践也没有证明汇率机制在国际贸易中的神奇作用。

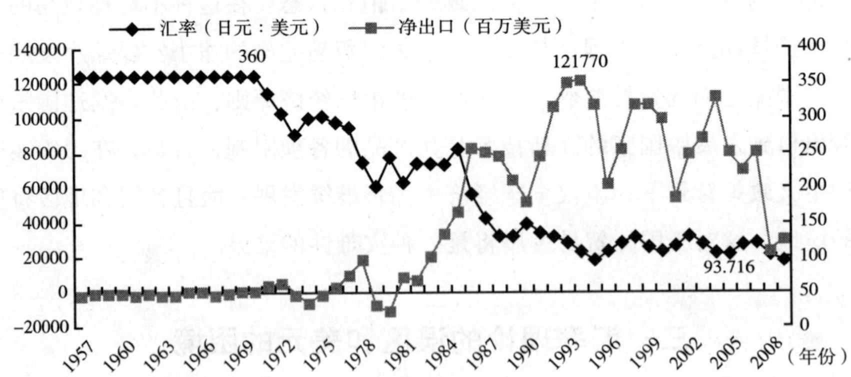

图5 日本净出口与汇率走势

资料来源：IMF。

最后，从图6来看，在1994年汇率改革之前，人民币对美元基本处于贬值走势，从1980年的1.4984∶1降低到1994年的8.62∶1，但在这15年间，中国的对外贸易有9年处于逆差状态，只有6年为顺差，并且逆差总额明显大于顺差总额。2005年7月，中国开始汇率形成机制改革以后，人民币对美元快速升值（从2004年底的8.28∶1升值到2009年底的6.83∶1，升幅高达17.5%），但与此同时，中国的对外贸易顺差却大幅增加，从2004年的320.9亿美元，增加到2005～2009年的1020亿美元、1774.8亿美元、2618.3亿美元、2918.3亿美元和1960.6亿美元，显示了与图5日本汇价变动和贸易差额相似的走势，即汇率升值，贸易顺差增大。

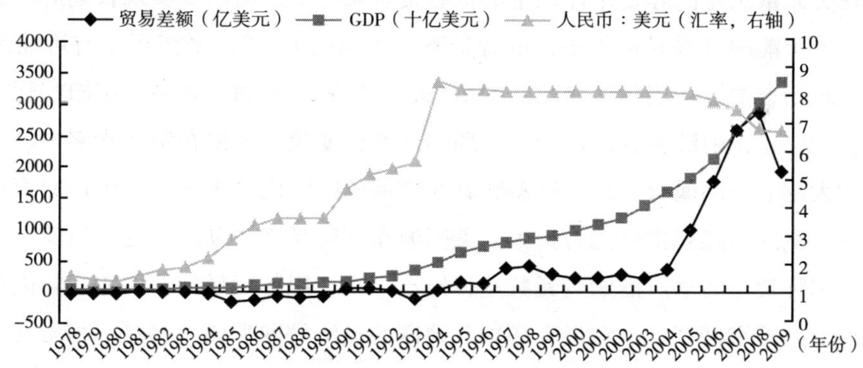

图6　中国GDP、净出口和汇率

资料来源：国家统计局。

将图3和图5、图6联系起来看，可以发现一个与汇率理论相悖的实践走势：按照汇率理论定律，汇价贬值则出口增加、贸易顺差容易发生，但美国的实践却是汇价贬值、贸易逆差大规模发生；另一方面，汇率理论强调，汇价升值则出口额减少、贸易逆差容易发生，但日本和中国的实践却是汇价升值、出口增加、顺差增大。在这种理论与实践的相悖中，究竟问题出在哪里？理论是实践的总结，如果理论屡屡不能得到实践的验证，该理论的可信程度就将大打折扣，以此为根据制定政策的可行性更是值得怀疑。

事实上，汇率只是影响国际贸易的一个因素，并非唯一因素，更不是根本性机制。从亚当·斯密、大卫·李嘉图等创立的古典经济学开始，200多年来，诸多经济学家就一直在强调分工协作、比较成本、要素禀赋、差异产品和重叠需求等因素对国际市场竞争格局变化的基础性影响作用，同时，市场竞争力、资本的国际转移、技术创新乃至产品创新、相关国家和地区间的产品供求关系等也对具体国别（或地区）间的国际贸易起着积极重要的作用。这一系列因素在国际贸易中的作用不是一个汇率机制所能替代的。另外，国际贸易市场是一个多层次多元化的市场，发达国家将中低层次的产品生产（从而对应的技术等资源）转移到发展中国家，由此引致的国际贸易非平衡格局也不是简单运用汇率机制就能改变的。且不说早年的所谓金本位制未能有效解决国际贸易的非平衡走势，就是布雷顿森林体系也没有解决全球经济失衡问题，如今将“全球经济再平衡”寄托于汇率机制的调整，其效应依然将是痴人说梦。

在美元依然是国际货币体系中的核心货币条件下，美国要实现长期对外贸易平衡是不可能的（在长期不平衡的背景下，短期的1～2年平衡还是有可能的）。内在机理是，要维护国际贸易数额的增长，美国就必须通过贸易赤字向国际市场投放美元，这将引致美国国内经济格局的根本性变化。如果在贸易赤字中，美国进口的大部分产品属资本品，则意味着在随后的时间内，美国国内生产能力将明显提高，由此，随着出口能力扩大，美国的赤字贸易格局发生改变，但随之发生的是，国际贸易活动所需的美元数量将出现短缺，国际贸易的发展趋势将因货币短缺而受到严重抑制。这对世界各国和地区的经济发展来说，将是一场由货币短缺引致的经济灾难。要避免这种情形发生，对美国来说，进口结构就应以消费品为主。假定美国消费者的年收入总额与美国国内生产的消费品总额大致持平，那么，要使通过对外贸易逆差进入美国的消费品能够进入消费者的消费范畴，可选择的措施只能有二：一是减少储蓄，将原先的储蓄资金转化为消费资金，必然大大降低美国的储蓄率；二是负债消费，必然提高美国消费者的负债率。因此，将引致美国经济运行中的一系列问题发生。

要避免这种通过经常项下的“货物”路径投放美元所引致的种种问题，美国可选择通过资本与金融项下的路径投放美元。主要路径有二：一是通过对外直接投资，扩大私人资本的输出。这可以带动美元流出美国，在一段时间内满足国际贸易发展所需的美元资金增加，但这些资本输出将降低美国的生产能力（和对应的就业数量）、提高资本输入国（或地区）的生产能力，结果将是使美国的进口量进一步扩大，贸易逆差加剧，因此，不是理想的可选之策。二是由美国政府购买世界其他国家的政府债券，将国际贸易发展所需的美元数额投入国际领

域。这是一条较好的路径。如果政府债券发行国将所得美元资金用于公共事业方面，在直接关系上，它不至于引致美国的产能转移，也不会提高政府债券发行国的生产能力（从而出口能力）；同时可能有利于美国的出口增加（如果政府债券发行国在公共事业建设中需要大量进口产品和设备的话）。但是，对美国来说，购买哪些国家和地区的政府债券、分别买多少、期限结构如何、利率水平以及还款的币种等都是一个难题。在对大多数国家的信用程度持怀疑倾向条件下，这种难题更加严重。另外，世界上也还有许多国家和地区的债券市场处于欠发展状态，政府债券市场也尚未充分对外开放，这也制约着美国购买他国和地区的政府债券的选择。由此可见，美国的对外贸易逆差在根子上是由美元作为国际货币体系中的核心货币所决定的，也是由美国宁愿充担国际债务人角色也不愿成为国际债权人的政策取向所决定的。

在这种美元困境的背景下，期望着通过所谓汇率机制调整来达到全球经济再平衡岂非梦呓！

参考文献

[1] 李杨、余维彬：《全球经济失衡与中国宏观经济政策》，《新金融》2006 年第 4 期。

[2] 刘伟、凌江怀：《人民币汇率升值与中美贸易失衡问题探讨》，《国际金融研究》2006 年第 9 期。

[3] 施建淮：《全球经济失衡的调整及对中国经济的影响》，《国际经济评论》2006 年第 3 期。

[4] 张礼卿：《从结构性的视角考察全球经济失衡》，《中国金融》2007 年第 12 期。

[5] 王国刚：《中国金融改革与发展热点》，社会科学文献出版社，2007。

[6] 管涛：《中国先机——全球经济再平衡的视角》，经济科学出版社，2010。

B.19

实施新资本协议对中国经济的影响

针对危机中所暴露出的种种问题，《巴塞尔新资本协议》对现行资本充足率监管框架进行了补充和强化，除进一步强化资本充足率监管要求（包括更严格的资本界定及提高最低资本充足率要求）外，还引入了新的监管指标（如杠杆率和流动性指标等）。这些调整对提高银行体系在长期内的稳定性，以及促进宏观经济的健康发展都有着积极的作用。不过，作为国际银行监管体系的核心，对资本充足率监管的强化，不可避免地会给银行的行为带来直接的影响，进而可能会对宏观经济运行产生一定的冲击。因此，全面考察资本监管要求变化可能对宏观经济产生影响的途径和程度，对于各国监管部门实施新协议有着重要的意义。尤其是在危机影响仍未完全消退、全球经济仍未重回正常增长轨道的背景下，各国应根据自身经济的承受能力，合理规划新协议实施的步骤，以尽可能降低实施可能带来的负面影响。

一　新资本协议影响宏观经济的路径

一直以来，资本充足率监管对宏观经济的影响都是监管者和学术界所重点关注的问题。资本充足率监管框架的确立及其标准的变化，会在一定程度上改变银行的行为。而作为金融体系的重要组成部分，银行行为的变化，不可避免地会对整体经济的可贷资金数量、利率水平以及信贷条件等重要变量产生影响，进而影响宏观经济活动水平。

（一）资本充足率约束与银行行为

从比较简化的框架出发，面对更高的资本充足率监管要求，银行可以通过以下几种方法来应对：（1）发行新的权益资本。（2）通过增加留存收益提高自身积累资本的能力。具体的方法包括：降低分红水平；提高运营效率，降低运营成

本；拉大利差水平，以弥补资本成本的上升；调整收入结构，提高非利差收入占比。（3）降低风险加权资产规模。具体的方法包括：降低贷款组合的规模；减少非贷款资产；调整资产组合，降低风险加权系数。

现有的研究表明，银行通常会同时采用上述几种方法的组合来进行调整，以求在满足监管要求的同时最大限度地降低自身的成本。不过，在实践中，由于上述这些方法产生效果的时间有所差异，因此，银行对这些方法的选取与监管要求的实施进度密切相关。如果实施期较短，银行为尽快达到监管要求，会更为依赖一些能迅速产生效果的方法，如追加募集资本、削减风险权重较大的信贷资产、扩大利差水平以弥补资本成本上升等；而如果实施期较长，银行则可能选取一些成本更低的方法，比如通过降低运营成本和优化收入结构来增强利润留存能力，以逐步提高自身的资本充足率水平。

（二）银行行为变化对宏观经济的影响

银行行为变化可能通过以下几个渠道对宏观经济产生影响。

首先，在短期内，面对更高的资本充足率要求，银行会倾向于通过削减贷款规模和调整贷款结构来降低风险资产规模。贷款数量的减少（增长速度的降低），对宏观经济运行会有直接的影响：（1）在其他融资来源不变的情况下，银行贷款意愿的降低会影响整个社会的可贷资金数量；（2）在贷款意愿下降的同时，为控制贷款组合的总体风险，银行贷款会更倾向于风险较低的客户。这种调整会产生结构性效应，导致部分行业和中小企业（这些行业和企业缺乏可替代的融资来源）受到更强的信贷约束，如果这些行业和中小企业对经济增长的贡献较大，那么，银行行为对宏观经济运行的影响也会更明显。

其次，银行扩大利差的行为会直接提高资金成本，会对社会总需求特别是对投资形成一定的抑制。如果总需求对利率变化很敏感，利差变化对宏观经济的影响也会比较明显。

最后，银行补充资本金的行为还可能对宏观经济产生一些间接影响。在资本市场融资能力有限的情况下，如果为满足更高资本金的要求，银行集中进行大规模的资金筹集活动，势必会对市场产生较大的压力，拉高市场筹集资本的成本，进而对其他企业产生一定的挤出效应。

总体来看，在短期内，实施更为严格的资本充足率要求会对宏观经济产生一定的负面影响，其大小取决于银行的行为选择，而这又与监管要求的实施进度密切相关。不过，需要指出的是，这一节中所列出的资本充足率监管强化对宏观经济的影响，主要集中于对短期的分析，因此，传导机制所体现出的主要是对宏观经济可能产生的负面影响。事实上，从长期看，资本监管要求的强化，能有效地提高银行体系运行的稳健性（降低银行危机发生的概率），这对宏观经济的长期健康运行有着极其重要的作用。

二　资本监管强化的宏观经济效应分析：国内外研究现状

从《巴塞尔协议》最初的实施开始，有关资本约束的宏观经济影响就是理论和实务界所高度关注的重要问题。研究者从不同的角度，采用不同的模型和不同国家的数据，对资本充足率监管框架实施可能产生的宏观经济影响进行了较为全面的研究。其中，绝大多数的研究都表明资本充足率监管的实施会对宏观经济产生一定的负面影响，不过，有关影响程度的大小，不同的研究却有相当不一致的结论。

Blum 和 Hellwig（1995）指出，银行的资本水平将影响银行贷款的增长，而且这种影响将会对经济稳定产生负面影响。Holmstrom 和 Tirole（1997）的静态模型表明，银行资本水平是贷款、利率及实际投资的一个重要决定因素，由市场确定的资本充足率具有顺周期特征，这种顺周期特征在经济衰退期将进一步加重经济的衰退幅度。Dimond 和 Rajan（2000）、Chami 和 Cosimano（2001）及 Tanaka（2002，2003）等学者的研究也表明，资本约束在短期会产生显著的信贷收缩现象，这将对货币政策的传导及维护经济的稳定产生负面影响，Tanaka（2002，2003）还重点讨论了新的巴塞尔协议对信贷及经济可能产生的负面影响。同时，实证研究也涌现出大量的研究成果。Bernanke 和 Lown（1991）、Peek 和 Rosengren（1995）、Jacques 和 Nigro（1997）、Kishan 和 Opiela（2000）、Furfine（2000）、Aggarwal 和 Jacques（2001）及 Van den Heuvel（2002，2003）等学者对美国的实证研究表明，资本约束对贷款增长具有显著的影响，资本约束强化了货币政策的信贷传导途径，银行资本不足将会产生信贷收缩，并进而对经济产生不利影响。在美国之外，其他国家的学者也对上述问题进行了实证研究。Ediz 等（1998）关于英国，Gambacorta 和 Mistrulli（2003）关于意大利，Rime（2001）

关于瑞士，Barcelo（2004）关于西班牙，Woo（1999，2003）和 Honda（2002）关于日本，Agung 等（2001）和 Yudistira（2003）关于印度尼西亚，以及 Chiuri 等（2002）关于新兴市场国家的面板数据等实证研究也得到了类似的结论。

除对资本约束的整体经济影响进行研究外，研究者还从结构的角度考察了资本充足率约束对某些行业（通常是信贷依赖程度较高的行业）可能产生的冲击。Hancock 和 Wilcox（1997）利用美国银行的数据估计出了一个银行资产组合调整模型，该模型包括房地产贷款、银行自由资本以及几个主要的宏观经济变量。其实证研究结果表明，房地产贷款对资本约束的反应较为敏感，特别的，由于商业性房地产贷款的流动性较差，所受的影响要大于住房贷款。Peek 和 Rosengren（1997）则用日本银行在美国的分支机构的数据，对房地产市场进行了类似的研究，时间区间为 1988～1995 年。其结果表明，日本国内实施资本充足率监管框架，对其银行业在美国的分支机构的贷款行为产生了明显的影响。

Hancock 和 Wilcox（1998）利用 1988～1992 年的数据，研究了资本约束对小企业资金可得性的影响。其实证结果表明，资本约束对小银行的信贷行为影响要远大于大银行。而由于小企业对小银行的依赖程度远高于大银行，因此，资本约束对小企业信贷资金的可得性的负面影响较为明显。上述这些研究，主要是利用美国的数据，从结构性影响的角度，比较充分地证明了资本约束会对部分信贷依赖较高的行业和客户产生比较明显的负面冲击。

中国学者在这一方面也进行了一定的研究。刘斌（2005）运用中国数家商业银行实际数据，利用面板数据模型，从分机构和总量两方面研究资本充足率要求对中国贷款的影响，实证研究结果表明，资本约束对不同银行贷款的影响程度不同，特别是对于资本相对不足的商业银行，资本约束对贷款的影响程度较大。此外，从总量数据看，资本约束对贷款、产出及物价均会产生一定的影响。郭友和莫倩（2006）通过分析美国 1989～1992 年和中国 1996～1998 年的信贷紧缩，考察了银行体系在资本充足率约束下被迫进行资产负债表调整，以及这种调整对实体经济部门的影响。结果显示银行体系在提高资本充足率的过程中，一般会降低对实体经济的贷款供给，可能导致对银行信贷依赖程度较高的实体部门的收缩，并进而影响实体经济。

黄宪和吴克保（2009）运用面板数据对各类银行的资本约束敏感度，及其中小企业贷款行为的变化进行了分析。研究结果表明，在资本充足率约束下，中

国商业银行普遍存在着对中小企业信贷紧缩的行为倾向，但由于各自资本充足率的状况不同，不同类型银行的风险敏感度以及它们所直接表现出的对中小企业贷款速度和规模的调整与风险偏好的变化也存在较大差异。

侯荣华和张洋（2010）构建了一个动态理论模型，以及加入银行资本后的CC-LM模型，研究了银行资本与信贷、货币政策的关系，并得出初步结论：银行资本对信贷数量具有重要影响，并会对基础利率水平（债券利率）和最终产出产生明显影响。

从已有的学术研究来看，短期内，资本约束对实体经济运行具有一定的负面影响。但在不同的国家，以及同一个国家不同的借贷对象，其影响会有较大的差异，通常说来，对信贷依赖程度较高的国家或借贷者，受到的负面影响会更大一些。

从2009年起，为配合《巴塞尔协议》的修正以及实施工作，国际清算银行组织了一次较大范围的宏观效应评估工作。这次评估包括两个主要方面：一是对新协议的长期经济效应进行评估，其中涉及对更高的资本监管标准可能带来的正面影响和负面影响的全面考察；二是对新协议实施在短期内可能产生的宏观冲击进行评估。由于本课题的研究主要涉及第二个部分，在此只介绍短期冲击评估的研究结论，对长期影响则不再赘述。

为全面评估新协议实施（包括更高的资本充足率要求和流动性指标）可能产生的短期影响，巴塞尔清算银行建立了宏观经济评估小组（MAG），该小组由巴塞尔清算银行牵头成立，IMF、多个国家的中央银行和研究部门均参与了此次评估工作。评估小组对不同国家的数据，采用不同类型的模型，包括结构性宏观模型、简化的向量自回归（VAR）模型、动态随机一般均衡模型（DSGE）以及经扩展的动态随机一般均衡模型等，按照不同的传导渠道（包括信贷规模、信贷利差和信贷条件等），对新监管标准可能产生的宏观经济影响进行了评估。鉴于不同国家所受到的影响不同，加之不同模型计算结果也有差异，MAG小组最终将所有评估结果进行了平均，并以此作为新协议实施短期效应的一个参照结论。

MAG小组所考察的新资本协议宏观效应渠道主要有三个，包括信贷规模、信贷利差和信贷条件。其研究的基本结论如下：核心一级资本要求每提高1个百分点，会在18个季度后带来最大0.19%的GDP损失，如果实施时间为4年，这意味着新协议实施期间的GDP每年降低0.04个百分点。此外，考虑到新资本协议需要全球统一实施，还可能给各国经济产生一些外部影响，MAG小组对这种

溢出效应也进行了评估，实施期间的最大值在0.03个百分点左右。

具体分解来看，在MAG所考察的三个渠道中，由于资本约束趋紧导致信贷供给减少所带来的GDP损失均值最大为0.32个百分点，大大高于MAG所得出的均值；信贷利差模型所得到的GDP损失均值最大为0.16个百分点，略低于MAG报告的均值；显示在以信贷数量为主要考察对象的模型中，资本监管标准的提高对宏观经济有着更大的负面影响。

总体上，MAG小组的评估结果显示，新资本协议的实施会给宏观经济运行带来一定的负面影响，但这种影响仍在实体经济可接受的范围之内。延长新标准的实施期限还能进一步降低这种负面影响。这一结论为新协议的实施提供了一个较为有利的支持。不过，应该看到的是，在使用不同模型假定的情况下，不同的国家实施新协议的宏观成本估算结果差异很大。而且，不管现有的模型多么精巧，都难以完全反映实际经济运行的复杂性，许多重要因素并没有在模型中得到充分的考虑，因此，可能会在一定程度上高估或低估新标准实施可能产生的积极影响。

三　新监管标准的实施对中国宏观经济的影响

尽管中国监管当局也参加了MAG小组的宏观经济评估工作，但由于数据积累以及建模方面的局限，MAG的最终评估结果并没纳入中国的内容。不过，对于中国实施新资本协议来讲，研究其宏观经济影响有着重要的意义。一方面，作为一个银行业占绝对主导的国家，银行信贷对中国经济发展有着重要的作用。因此，银行监管标准的提高，会对银行信贷行为乃至宏观经济产生怎样的影响，是中国实施新监管标准必须先搞清楚的问题。正如我们在前文中提到的，监管标准提高对宏观经济的影响在很大程度上取决于一国经济对银行信贷的依赖程度，不能简单地拿国际已有的研究数据来对照中国的情况。另一方面，在实践中，中国《巴塞尔协议》的实施情况与其他国家并不相同，在实际的监管要求中，中国银监会所执行的最低监管标准要远高于旧《巴塞尔协议》的要求，由这点来看，中国银行业向新资本协议的高标准过渡所产生的波动，可能比其他国家小一些。此外，中国银监会还结合中国自身的特点，以及现有的监管实践经验，在《巴塞尔协议》的基础之上，提出了更高的资本要求，同时也追加了其他的监管要求，如提高拨备覆盖水平等。所有这些都意味着我们有必要在MAG评估的基础上，根据中国银行业和宏观经济的现状，对中国银监会实施新资本协议可能产生的宏观经济影响进行单独的评估。

（一）评估内容的确定

本项研究的基本框架沿用了 MAG 小组的思路和方法，但根据中国的实际情况进行了一些调整。在评估的内容方面，针对资本协议实施对宏观经济的影响，MAG 小组假定了三种不同的路径，分别是信贷规模、信贷利差和信贷条件。对于中国的情况而言，信贷利差和信贷条件的传导机制或许存在，但可能并不明显。在信贷利差传导途径方面，一是中国最重要的利率（即存、贷款利率）一直受到严格的管制，尽管近年来，这两个利率的市场化程度在不断提高，但银行间的价格竞争仍远不充分；二是在存在资金缺口的情况下，相当部分借贷主体对利率波动的敏感性也不高。而在信贷条件方面，资本约束所导致的银行条件信贷趋紧，并进而形成对特定借款人的信贷紧缩，已成为各方所承认的事实。但由于现有数据条件的限制，我们很难获取有关信贷条件变动的信息，因此也很难考察资本约束对宏观经济所产生的这种结构性影响。

基于以上原因，本研究所考察的主要内容集中在信贷数量的传导途径，即监管资本要求提高对银行信贷数量产生的影响，并进而对宏观经济产生的冲击。需要指出的一点是，MAG 的评估除考察了监管资本要求提高的影响外，还考察了流动性监管要求实施可能产生的宏观影响。而在目前的阶段下，有关巴塞尔新协议提出的流动性指标与中国现有流动性监管框架的融合尚在研究过程当中，该分析所涉及的数据要求难以满足，因此，本研究不对流动性指标实施的影响进行评估，而是将重点放在监管资本要求提高以及杠杆率要求的影响上。

（二）评估方法的选择

在评估方法上，根据国内外目前的研究现状，包含信贷、金融变量的宏观一般均衡计量模型还远不成熟，因此，本研究借鉴了 MAG 小组所使用的标准方法，即将评估工作分为两步：第一步评估基于银行行为模型，考察监管资本要求提高对银行信贷行为的影响；第二步则是基于宏观模型，考察银行信贷的变化对经济增长的影响。

在银行信贷行为评估上，根据目前可获得的数据情况，我们选择了面板数据

回归模型来测算监管资本充足率变动对银行信贷的影响；而在宏观经济效应评估上，我们采用了基于 VAR 的误差修正模型（VEC）来考察信贷增长与经济增长之间的数量关系。在两部分模型估算结论的基础上，将新监管标准实施规划所确定的进程转换为资本充足率冲击的输入值，即可获得最终的宏观经济影响。

（三）对银行信贷行为的评估

我们分别以资本充足率（CAR）、核心资本充足率（Tier 1 CAR）和权益比率（Equity Ratio）来衡量资本充足率水平。考虑到资本充足率对银行贷款行为的影响可能具有滞后效应，我们在分析中尝试了各资本充足率指标的不同滞后区间。

1. 资本充足率与贷款增长

以资本充足率滞后期为解释变量的分析结果说明，资本充足率的滞后项对于贷款增长率并没有显著影响，这意味着资本充足率变动对贷款增长的短期影响较弱。另外，当滞后区间延长时，资本充足率的变动将对贷款增长产生显著为正的影响，银行资本越充裕，其贷款增长速度越快。这一结果与 Berrospide 和 Edge（2010）的结果一致。

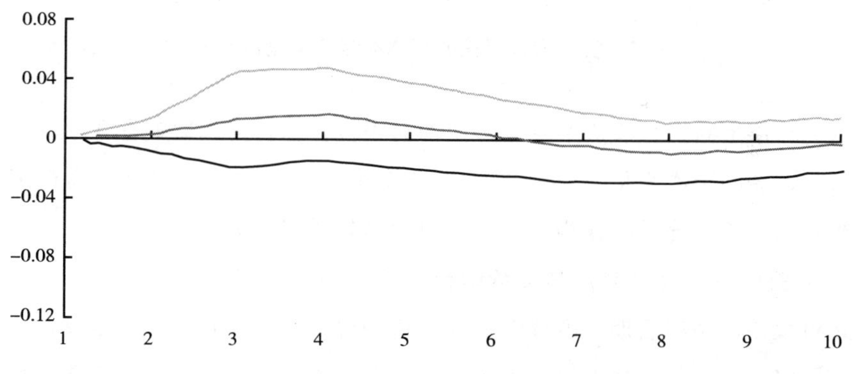

图 1　贷款增长对资本充足率变化的反应

综合上述结果可以看到，中国商业银行资本充足率变动对银行贷款行为的影响可能存在一定的滞后期，这一滞后期在本文样本中约为 3 个季度。而且，随着时间的延长，资本充足率变动的影响会逐渐加大。这意味着，资本充足率每增加 1%，6 个季度（1 年半）后贷款增长率将提高 0.511%。另外，我们的分析还表明，当以滞后 7 个季度及以上的资本充足率作为解释变量时，解释变量资本充足率变动对贷款增长率的影响有所减弱。

2. 核心资本充足率与贷款增长

为了考察上述分析结果的稳健性，我们同时以核心资本充足率（Tier 1 CAR）和权益比率（Equity Ratio）作为解释变量，来考察资本充足率变动对银行贷款行为的影响。计量分析结果与上述结果在总体上保持一致。核心资本充足率变动对贷款增长的影响也存在一定的滞后期，核心资本充足率变动在3个季度之后对贷款增长产生显著的正向影响。

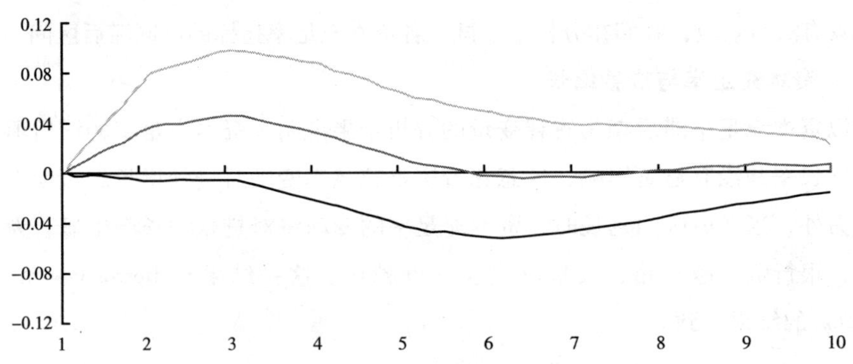

图2　贷款增长对核心资本充足率变动的反应

从绝对值上看，核心资本充足率变动对银行贷款行为的影响在3个季度后达到最大值，核心资本充足率每增加1%，3个季度后贷款增长率将提高0.574%。这一幅度与将资本充足率作为解释变量时的结果差异不大。

3. 权益比率（杠杆率）与贷款增长

在对权益比率滞后期为解释变量的分析中可以看到，权益比率变动对银行贷款行为的影响最大值出现在第二季度。权益比率每增加1%，2个季度后贷款增长率将提高1.391%。

（四）信贷与宏观经济增长关系的评估

通过协整检验和建立误差修正模型，我们从长期和短期两个方面分析了经济增长、信贷投放和物价水平三者之间的相互影响。检验的时间区间为1997年第一季度到2010年第三季度，实证研究的主要结果归纳如下：

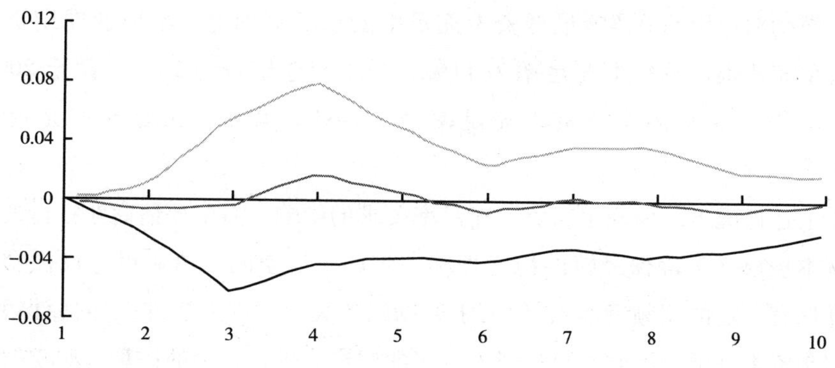

图3 贷款增长对权益—资本比率的反应

首先，从长期来看，经济增长、信贷增长和物价增长之间存在协整关系。这意味着三个变量在检验区间内存在长期均衡关系。其中，信贷投放的增长率对GDP增长起到了推动作用，信贷投放的增长率每增加1%会引起GDP增长1.202%。

其次，信贷增长与GDP成正向相关关系，即从长期来看，GDP的增长率要想提高1个百分点，信贷投放的增长率需要提高0.832%。

最后，在短期内，信贷增长对GDP的影响并不显著，这导致我们很难确定信贷冲击在短期内的宏观经济影响效果。

（五）结论及说明

根据两阶段模型评估的结果，银行的实际资本充足率要求每提高1个百分点，对GDP所产生的最大影响将为0.61%；核心资本充足率每提高1个百分点，对GDP产生的最大影响为0.68%；权益比率要求每提高1个百分点，对GDP产生的最大影响为1.6%。根据中国银监会的总体部署，中国大型银行和中小银行资本充足率分别不低于11.5%和10.5%，其中核心资本充足率达到8.5%。系统重要性银行应在2013年底达标，非系统重要性银行应在2016年底达标。权益比率标准不低于4%。

2004年，中国银监会开始正式实施资本充足率监管标准，按照所制定的《商业银行资本充足率管理办法》，商业银行核心资本充足率应保持在4%以上，资本充足率应保持在8%以上。到2008年，鉴于国际金融危机爆发，中国银监会开始鼓励商业银行在8%最低资本充足率要求的基础上，增加逆周期资本缓冲，大型商业银行总资本充足率为11%，中小商业银行为10%。截至2009年末，中国银行业整体实际资本充足率为11.4%，其中，核心资本充足率为9.18%。

在上述情况下，要确定新资本充足率要求的影响，需要评估商业银行的目标超额资本规模（为确保经营的稳定性和一定的发展空间，商业银行往往会在监管之外保有一定的超额资本），但由于数据的缺失，我们无法准确地估计银行的目标超额资本规模，因此，只是通过直接的假定来进行相关的估算。假定银行的目标超额资本率分别为1%、1.5%和2%（核心资本和附属资本相同），在新的监管要求下，银行的目标核心资本充足率将分别为9.5%、10%和10.5%，资本充足率分别为12.5%、13%和13.5%。与2009年底的数据相比，商业银行需要将核心资本充足率提高0.32%、0.82%和1.32%，对GDP所产生的影响最大分别为0.22%、0.56%和0.89%；资本充足率需要提高1.1%、1.6%和2.1%，对GDP所产生的最大影响分别为0.67%、0.97%和1.28%。可以看到，在短期内，资本充足率要求提高对经济影响的程度要大于核心资本充足率要求的提高，这与中国银行业在过去几年中通过资本市场筹集了大量资本有一定的关系。但在长期内，在新的监管要求下，核心资本补充所面临的压力应该大于附属资本，监管约束的影响可能会逐渐变得明显。

从实证结果看，银行信贷对权益—资本比率的变动比较敏感，但由于该项监管标准属于新引入的指标，其对银行行为的实际影响还有待进一步的观察。鉴于目前中国银行业均已达标，可以认为该项指标引入在短期内不会对银行信贷行为产生直接冲击。

需要指出的是，由于各种原因的存在，上面的这些评估结果可能没有准确反映监管资本要求提高对宏观经济运行所产生的全部影响。针对这些因素，在模型研究之外，我们还需要做一些补充说明。

第一，模型本身可能存在缺陷。从MAG的评估报告可以看到，采用不同的模型所得到的结果往往存在很大的差异，也正因为如此，MAG小组在评估中采用了多种模型，并将评估结果取均值作为最终的参照值，以尽可能降低利用单一模型存在的偏误。在评估中，由于受数据可得性的影响，只采用了一个基于数量传导机制的模型，评估结果可能会存在一定的偏差。

第二，数据缺陷也可能带来一定的问题。受数据可得性的影响，本次评估所使用的数据涵盖的区间较短，有效数据量也相对有限，可能会在一定程度上影响评估的质量。特别重要的是，由于时间序列长度的问题，我们很难全面把握银行资本、信贷行为在整个经济周期中的变动情况。在这种情况下，意味着评估结果依赖于这样一个假定，即新标准实施期间银行所面对的外部环境特别是风险环境和资本约束环境与2007~2010年相同。在我们看来，这种假定可能与趋势不符，特别是资本约束环境在未来几年中可能会发生一定的变化，这可能使我们的结论低估监管资本提高在长期内所产生的影响。

第三，模型对银行行为变化的考察仍不充分。模型对银行行为的评估主要是基于其历史数据，并不能真正反映银行面对监管资本要求提高时的行为模式。正如我们在前文中提到的，如果监管资本强化的实施期间较长，银行可以采用的应对方式也会更为灵活多样。比如通过资产结构的调整来降低加权风险资产规模，通过降低运营成本来提高利润留存能力等，这些行为并不一定会导致银行贷款意愿的大幅降低。考虑到这点，现有的评估结果可能会高估监管资本提高的宏观影响。

第四，融资结构变化的问题。目前的评估假定了经济整体的融资结构不变，也即假定了GDP增长对信贷增长的依赖程度不发生变化。事实上，监管资本要求提高不仅会对银行信贷产生影响，也可能带来融资方式的变化。一是可能推动金融市场的发展。如果银行贷款和直接融资性工具之间的监管风险权重存在差异，在监管资本要求提高的情况下，银行可能会将更多的资产配置于直接性融资工具，通过购买这些金融工具，银行对经济整体所提供的可贷资金支持未必会有大幅度的下降。二是在银行贷款意愿下降时，非银行金融机构以及其他机构贷款可能会出现增长。当然，在中国目前银行占绝对主导的融资结构下，这种抵消未必会很明显。以上两点概括起来，在一定程度上也可能会导致我们高估监管资本要求提高对宏观经济的影响。

总体上说，现有的模型研究结果表明，在中国目前的情况下，实施更高的监管资本要求（高于国际标准）对GDP所可能产生的影响要高于MAG以及麦肯锡等机构对其他国家的评估结果（但比日本的评估结果要小），这应该符合中国目前融资结构高度依赖于银行信贷的现实。为尽可能减少监管标准提高可能产生的负面影响，应考虑对不同类型的机构采取分类实施的方法，对已经达标的银行，可以提前实施；对有能力达标但仍存在一定缺口的银行，可以适当延长实施期间，允许其逐步提高资本充足率直至达到监管要求；对一些短期内没有能力达标的银行以及一些特殊的银行业机构，可以考虑暂缓实施新标准要求，同时探索一些可替代的监管指标要求。

四 资本金约束问题分析

资本充足率要求的提高会给银行带来更高的资本补充要求，在短期内，由于利润留存的积累有限，监管资本约束较强的银行可能需要追加募集股本。在上一节的宏观效应评估中，我们并没有考虑资本约束趋紧可能产生的影响，而仅仅是假定银行在监管资本要求提高后，其所面临的资本约束程度与2007～2010年的情况相同。这一假定可能并不符合现实，2007～2010年，中国主要的银行通过IPO以及之后的补充融资，实际资本水平远远高于监管要求，资本监管对银行的约束力并不强。在未来的几年中，考虑到银行业风险资产会继续扩张，加之监管标准水平的提高，中国银行业可能继续维持较高的资本补充要求，在这种情况下，资本市场是否有足够的能力满足银行业的追加资本需要，是必须要考虑的一个问题。

针对资本市场容量是否足以满足新资本协议实施需要的问题，巴塞尔清算银行并没有组织专门的研究。不过，部分国家的央行对此进行了测算。根据欧洲中央银行（ECBS）的研究，目标资本充足率提高2个百分点，将会给欧洲最大的20家银行带来1140亿欧元的资本补充需要。而2005～2009年，欧洲地区银行业整体每年的发股融资规模为200亿～500亿欧元。从上述数据看，如果新协议的实施期限足够长，市场既有的融资能力可以满足银行追加资本募集的需要。当然，在经历了金融危机之后，市场是否还能保持原有的融资能力，以及市场对银行募资的接受程度是否有所变化，都还是不确定的问题。

具体到中国银行业，目前已有16家银行在A股上市。自2006年到2010年11月底，中国银行业通过IPO、增发、配股以及发行可转债等方式，在A股市场上累计融资约5300亿元，加上在H股市场上的融资，通过资本市场筹集的资本数量约在6500亿元，约占5年间中国境内市场（包括A股市场、H股市场、B股市场）融资总额的22.6%，年均融资额约在1300亿元。银行业的市场融资行为在时间上体现出一定的集中性，特别是2010年，截至11月末，各家上市银行通过增发、配股以及发行可转债的方式，累计融资规模达到了2853亿元，估计占全年融资规模的1/3以上。

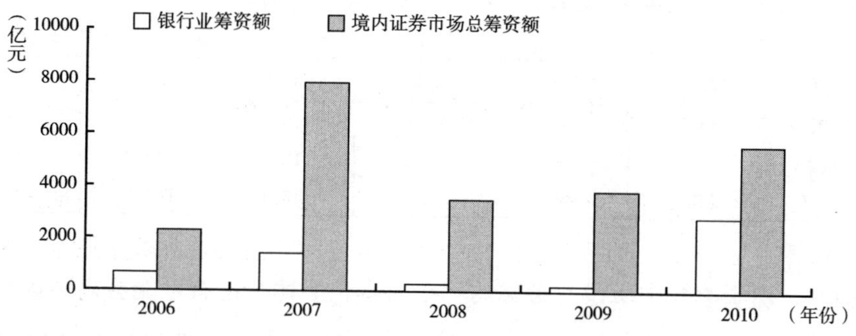

图4　中国银行业A股市场融资情况

资料来源：上市银行公开资料、中国证券监督管理委员会。

我们对银行业未来资本金缺口的估算基于以下几个基本假设：

（1）假定保持GDP增长所需要的信贷增长速度；由于目前的宏观计量模型没有发现信贷增长与GDP增长在短期内存在确定的数量关系，因此，我们无法通过设定目标GDP增长率来反推所需要的信贷增长量。因此，在测算中，我们基于对中国信贷增长的历史数据分析以及对未来经济、金融变化的预测，简单假定未来几年中目标信贷增长率为18%。

（2）假定银行资产结构不出现剧烈变化，总资产的风险加权系数保持不变。这意味着银行的风险加权资产规模的增速与贷款保持一致。

（3）根据中国银监会的规划，假定系统性银行核心资本充足率要求为8.5%，非系统性银行为7.5%。

（4）假定银行资本保持10%左右的自然增长率。根据目前银行业的平均ROE水平及分红情况，假定银行每年转增资本的留存收益约占资本总额的10%。

（5）根据中国银监会目前的规划进程，我们所估算的资本缺口区间为2010~2016年。

根据上述假定，以2009年底的数据为基础，我们估算出了2010~2016年，为确保一定的信贷增速，银行业所面临的资本（核心资本）缺口情况，具体测算结果参见表1。测算结果表明，至2016年，银行业实施新监管要求所面临的资本金缺口约为22500亿元。其中，系统性银行累计所需补充资本金为18000亿元左右，非系统性银行需补充4500亿元左右。

表1 新监管标准下银行业资本金缺口估算

单位：亿元

年　　份	2011	2012	2013	2014	2015	2016
系统性银行	1823	2151	2539	2996	3535	4171
其他银行	—	—	55	1241	1464	1728
累　　计	2509	4661	7254	11491	16490	22389

当然，由于测算中所没有考虑的一些因素，上述结论有可能会高估银行业的资本金缺口。其一，银行资产加权风险系数可能会下降。如果银行调整资产结构，降低贷款在总资产中所占的比重，那么，银行的风险加权资产的增长速度有可能会低于信贷增速，由此产生的资本需求也会有所减少。其二，上述估算没有考虑银行在这一期间补充资本可能产生的影响。如果银行在此期间进行了资本补充，而且能够维持既有的ROE水平，银行自我积累的能力会有一定提高。其三，测算以2009年的数据为基础，没有考虑银行业在2010年所集中进行的大规模融资行为。到2010年11月底，银行在资本市场的融资总量达到2853亿元（包括中国银行发行的400亿元可转债），这些已经实现的融资应在未来的资本金缺口中予以扣除。考虑以上这些因素，我们将截至2016年的银行资本金缺口区间调整为20000亿元左右。如果假定上述资本金缺口，有半数需要靠资本市场融资解决，那意味着，在到2016年前，银行业需要从资本市场上融资10000亿元左右。

再来结合中国资本市场的融资情况。2005～2010年，中国资本市场的年均融资额为4224亿元（境内市场融资）和5590亿元（境内外市场融资总额）。假定上述水平在未来5年保持年均10%的增长，则2011～2016年，累计的资本市场融资总量约为36000亿元（境内市场）和47000亿元（境内外市场）左右，假定其中20%（2005～2010年银行业融资约占资本市场融资总量的22%）可以作为银行资本补充的空间，则2011～2016年，资本市场能够为银行提供的资本约为7100亿元（境内市场）和9500亿元（境内外市场）。与新监管要求下银行业资本补充的需要相比，资本市场面临着一定的压力。

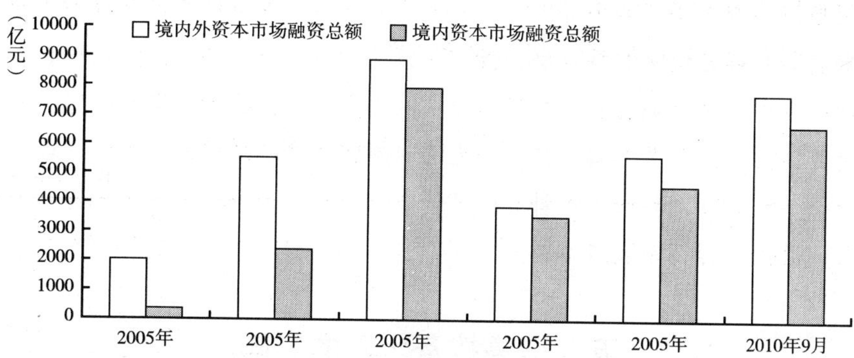

图 5　中国资本市场融资概况（2005 年至 2010 年 9 月）

资料来源：中国证券监督管理委员会。

不过，上述分析也存在一些低估银行业资本约束程度的可能。第一，我们没有考察因为监管要求变化可能导致的银行集中补充资本金的情况。在这种情况下，即使 5 年间资本市场总的容量可以满足银行资本补充的要求，但银行在短期内集中补充资本的要求也是市场所不能承受的。第二，我们对资本市场容量的评估基于 2005 ~ 2010 年的平均数据，从历史数据看，这段时期是中国资本市场融资规模迅速扩张的阶段，6 年的融资总额（不含定向增发）占中国资本市场历史累计融资总量的 77% 左右。这一趋势在未来是否可以得到维持，还存在一定的不确定性。第三，上述分析是针对银行业整体来说的，并未考虑不同银行实际资本水平存在的巨大差异。这种差异意味着，即使银行业整体的资本充足率很高或已经达到了监管的要求，但部分银行仍会有补充资本的需要。

有鉴于上述情况，提出以下几点建议：第一，充分考虑境内资本市场的融资能力，合理安排新监管标准的实施进度，可以考虑逐步提高监管要求的做法，不能简单认为主要银行目前已经达标，而忽略这一制度在中长期可能产生的影响。第二，对于不同的银行，在实施进度上可考虑差异化对待，以尽可能熨平银行的资本补充行为，避免银行在同一时期内大规模集中筹资可能给资本市场带来的冲击。第三，对不具有系统重要性的小银行，由于其自身积累能力以及筹资渠道的限制，持续的资本补充能力可能会存在问题，建议在具体的实施标准上进行区别对待。第四，有计划地拓展商业银行的融资渠道。包括考虑新型资本性金融工具的使用，以及推动银行的海外上市等。第五，强化银行股东的资本补充责任，提高银行自身的资本积累能力等。

最后需要补充说明的一点是，我们所评估的银行资本缺口仅涉及核心资本补充方面。在现实中，随着资本充足率要求的提高，银行的附属资本同样面临着一定的补充压力。由于数据有限，我们无法对附属资本的缺口进行准确估算，但考虑到过去一段时间对附属资本补充的监管要求趋严，连同监管标准的提高，在未来一段时间内，银行附属资本补充的压力也不容忽视。

五　提高拨备水平的影响

巴塞尔新协议也提出了建立逆周期拨备制度的建议，而在中国银监会的新监管规则实施规划中，已经将提高拨备水平、建立动态拨备制度列入其中，并确定了相应的监管标准和期间。拨备制度的变化对银行的行为有着直接的影响，进而也可能产生一定的宏观效应。在我们看来，拨备水平的提高对银行的行为会有两种不同的影响渠道：一是拨备要求提高之后，相当部分银行可能会面临拨备缺口，需要在未来增提。这在短期内可能会影响银行的利润水平，以及留存转增资本的能力。二是拨备要求提高会改变银行不同类型资产的相对收益能力，可能会导致银行资产组合的调整，相对减少贷款的发放。这一效应与监管资本要求叠加，可能会放大新监管规则实施的宏观影响。

（一）拨备补提的短期影响

按照中国银监会规划的新拨备要求，银行的拨备水平应达到贷款余额的2.5%或150%的拨备覆盖率（取二者较大者）以上。根据2010年9月末的数据，银行业整体仍然存在一定的准备金缺口，需要进行补提。总体上看，按照新标准要求，全部商业银行（不含政策性银行）需补提的准备金额约为1220亿元，如果这部分增提拨备税前列支，对银行业的利润影响约为-914亿元，约占2009年全部银行业税后利润的16.2%。

此外，不同银行之间拨备缺口也存在着较大的差异。其中，国有商业银行需补提165亿元左右；股份制商业银行490亿元；城市商业银行155亿元；农村信用社119亿元；邮政储蓄银行37亿元；外资银行125亿元。与其目前的拨备水平相比，外资银行、农村信用社以及股份制商业银行的拨备增加幅度较大，在短

期内会给这些银行带来较大的压力。

从以上数据看，拨备补提在短期内会对银行业的利润造成比较明显的冲击，而且，由于不同银行之间的情况存在巨大的差异，建议在新拨备制度的实施上，应尽可能地对银行进行分类处理。对于缺口较大、赢利能力偏低的银行，应适度延长达标时间。

（二）新拨备制度的动态影响

为评估拨备水平提高的动态影响，我们依靠一个简单的资产选择模型。假定银行的资产由两部分组成，即信贷资产和非信贷资产，由此形成两种不同的收入来源（利差收入和非利差收入）。需要指出的是，在现实中，两类资产和两类收入并不完全对应，但受数据的限制，我们假定相互存在对应关系。此外，假定银行现有的资产结构组合处于最优均衡状态，银行的目标是利润最大化，在此基础上，我们进一步考察，在不同的动态变化趋势下，拨备要求的改变对银行资产选择行为可能产生的影响。

根据银监会2009年年报，2009年商业银行税后净利润为5636亿元，主要由净利息收入、投资收益和手续费净收入等三部分构成，其中，净利息收入、投资收益、手续费净收入和其他项目分别占比63%、12%、24%和1%。如果将除净利息收入以外的部分称为非利差净利润，则非利差净利润部分占比为37%。

出于简化的考虑，我们将2009年底商业银行的总资产615132亿元划分为信贷资产和非信贷资产两大类，分别为319458亿元和295674亿元。假设商业银行的净利息收入由信贷资产产生，而计提拨备前利润中除净利息收入外的其他利润部分由非信贷资产产生，则可以粗略得到2009年信贷资产和非信贷资产的平均利润率分别为1.35%和0.85%。从这一结果可以看出，信贷资产的整体赢利能力大大高于非信贷资产。下文中，我们将以此为基础，测算拨备计提方法变更对银行业赢利能力和资产结构的影响。

根据银监会要求，商业银行拨备计提标准将从现行的不良贷款余额的150%调整为不良贷款余额的150%和贷款余额2.5%之间的较大者。参照新的计提标准，如果实际不良贷款比率低于1.67%（=2.5%/150%），商业银行将根据贷款余额的2.5%计提拨备；如果实际不良贷款比率高于1.67%，则贷款余额的2.5%的要求不发生作用，商业银行仍然根据不良贷款余额的150%计提拨备。

我们以2009年数据为基准，考虑了以下五种情形，在此基础上分析拨备计提标准的变化对银行赢利能力以及资产结构的影响。

情形一：资产总量水平保持不变，目标资产利润率保持不变，仍维持在2009年的水平，即0.92%，不良率保持1.59%的水平不变或低于1.67%。

情形二：资产总量增长20%，资产结构保持不变，即资产总额中信贷资产占比维持在2009年的水平，为51.93%，不良率保持1.59%的水平不变或低于1.67%。

情形三：资产总量增长20%，资产结构保持不变，资产总额中信贷资产占比维持在51.93%，不良率超过1.67%，达到2%。

情形四：资产总量增长20%，目标资产利润率保持不变，为0.92%，不良率保持1.59%的水平不变或低于1.67%。

情形五：资产总量增长20%，目标资产利润率保持不变，为0.92%，不良贷款比率超过1.67%，达到2%。

在情形一中，保持当前资产总量水平和不良率不变的情况下，新的拨备制度会导致银行的实际拨备水平提高。为了保持0.92%的目标资产利润率水平，商业银行需要对资产结构做出调整，将信贷资产比率（信贷资产在总资产中占比）由现在的51.93%提高到59.80%，即提高信贷资产的比重。当不良贷款比率较低时，增加信贷资产带来的高赢利将会超过带来的不良贷款增加的影响。

在情形二中，假设资产总量增长20%，保持当前的信贷资产比率（51.93%）和不良率水平，改变拨备计提标准。此时，拨备余额仍然按信贷资产余额的2.5%计提。其结果是银行的税后资产利润率下降，由当前的0.92%下降为0.86%。这意味着，保持当前资产结构的情况下提高拨备计提标准将带来银行赢利能力的下降。

在情形三中，假设资产总量增长20%，保持当前的信贷资产比率（51.93%），不良贷款比率由现行的1.59%提高到2%。在这一情形中，由于不良贷款比率2%超过了临界水平1.67%，则信贷资产余额的2.5%的计提标准不发生作用，拨备按照不良贷款余额的150%计提。此时，不良贷款率的上升使得银行的赢利能力大幅下降，税后资产利润率由0.92%下降到0.60%。

在情形四中，假设资产总量增长20%，不良贷款比率保持不变，保持0.92%的目标资产利润率水平。此时，拨备余额按信贷资产余额的2.5%计提。此时，为了保持0.92%的目标资产利润率水平，商业银行需要对其资产结构进

行调整。总资产中信贷资产的比重将由当前的51.93%下降到49.30%，即银行需要小幅调低其信贷资产比重以保持当前的资产利润率水平。不过，调整的幅度并不是很大，这同样是因为当前的拨备计提标准与新标准基本上没有太大差异。

在情形五中，假设资产总量增长20%，不良贷款比率由现行的1.59%提高到2%，保持0.92%的目标资产利润率水平。在这一情形中，信贷资产余额的2.5%的计提标准同样不发生作用。此时，为了保持0.92%的目标资产利润率水平，商业银行需要对其资产结构进行调整。总资产中信贷资产的比重将由当前的51.93%下降到39.45%，幅度较大。

从以上五种情况的考察，对于拨备制度的动态影响，我们可以得到如下几个结论。当然，由于数据的限制和评估模型过于简单的缺陷，这些结论仅具有一些参考的意义。

第一，以2009年的数据为基础，准备金制度调整对银行业资产组合的直接冲击不算太大，其原因主要是银行业实际的不良贷款率水平与新监管制度的临界水平（1.67%）比较接近。随着实际不良贷款率偏离临界值程度的加大，银行资产组合调整的幅度会逐渐加强，不过效应并不对称。

第二，从动态来看，新制度只具有单向的反周期效应。当银行的实际不良贷款率较低时，新的拨备制度可以提高银行的拨备覆盖水平，降低银行的利润和贷款扩张倾向，在经济上行区间，该制度具有一定的反周期功能。但在经济下行区间，当银行的不良贷款率上升超过1.67%，150%的拨备覆盖率要求会导致银行利润下滑的速度超过资产的恶化程度。这会导致银行对资产结构进行大幅度的调整，可能会放大经济的波动。

建议针对实际不良率变动的区间，确定不同的拨备计提规则，以形成正反双向的反周期效应，当然，这需要进行更深入的研究。

六　结论及建议

在上述分析中，我们根据中国银监会的监管规划，借鉴国际相关研究的方法，并结合中国的实际情况对监管标准变化（主要涉及最低资本充足率标准提高、拨备覆盖水平提高等）可能产生的影响进行考察。在资本充足率变化影响评估方面，我们借鉴了MAG小组所采用的标准法，将评估过程分为两步：第一步评估资本充足率提高对银行信贷行为的影响；第二步评估信贷变动对经济增长的影响。在第一步的评估中，我们沿用美联储的方法，用国内20家大型银行从2006年12月至2010年9月的面板数据，利用信贷、资本充足率、权益—资本比率、不良贷款率、利率以及GDP等变量，对信贷和资本充足率之间的关系进行回归分析。结果表明，目标资本充足率每提高1个百分点，银行信贷将在6个季度后下降0.51个百分点；目标核心资本充足率每提高1个百分点，银行信贷将在3个季度后下降0.57个百分点。在第二步的评估中，我们运用误差修正模型（VEC），对信贷与经济增长之间的关系进行了拟合，数据涉及区间为1997年第一季度至2010年第三季度。拟合结果表明，在短期内，信贷增长与经济增长之间不存在明显的关系。而在长期内，二者存在正向关系，影响系数为1.2。基于上述两步评估的结果，银行目标资本充足率每提高1个百分点，将会导致GDP最大降低0.61个百分点；目标核心资本充足率每提高1个百分点，将会导致GDP最大降低0.68个百分点。

根据上述估算结果，我们根据中国银监会所规划的监管标准，并结合2009年底中国银行业的实际资本充足率情况，通过对银行的目标超额资本规模进行假定（1%、1.5%和2%），得到核心资本充足率要求变动（提高至8.5%）对GDP所产生的影响最大分别为0.22%、0.56%和0.89%；资本充足率要求变动（系统性银行提高到11.5%）可能对GDP产生的最大冲击影响为0.67%、0.97%和1.28%。考虑到具体的实施期间（大银行2013年达标，中小银行2016年达标），对GDP所可能产生的年均影响（以2013年底达标计算）约为（0.07%、0.19%、0.3%和0.22%、0.32%、0.43%）。这一结果要高于MAG以及麦肯锡等机构基于其他国家数据的评估（但比日本的评估结果要小），这应该符合中国目前融资结构高度依赖于银行信贷的现实。为尽可能减少监管标准提高可能产生的负面影响，应考虑对不同类型的机构采取分类实施的方法，对已经达标的银行，可以提前实施；对有能力达标但仍存在一定缺口的银行，可以适当延长实施期间，允许其逐步提高资本充足率直至达到监管要求；对一些短期内没有能力达标的银行以及一些特殊的银行业机构，可以考虑暂缓实施新标准要求，同时探索一些可替代的监管指标要求。

在可能对宏观经济产生的冲击外，我们追加考察了新资本要求可能给银行带来的筹资约束问题。在一定的假设下，我们估算出，在新的监管要求下，截至

2016年，银行业实施新监管要求所面临的资本金缺口将为20000亿元左右，如果其中半数需要通过资本市场满足，意味着会产生10000亿元左右的上市融资需求，这会对资本市场产生一定的压力。

针对这一情况，我们提出以下几点建议：（1）充分考虑境内资本市场的融资能力，合理安排新监管标准的实施进度，可以考虑逐步提高监管要求的做法，不能简单认为主要银行目前已经达标，而忽略这一制度在中长期可能产生的影响。（2）对于不同的银行，在实施进度上可考虑差异化对待，以尽可能熨平银行的资本补充行为，避免银行在同一时期内大规模集中筹资可能给资本市场带来的冲击。（3）对不具有系统重要性的小银行，由于其自身积累能力以及筹资渠道的限制，持续的资本补充能力可能会存在问题，建议在具体的实施标准上进行区别对待。（4）有计划地拓展商业银行的融资渠道。包括考虑使用新型资本性金融工具，以及推动银行在海外上市。（5）强化银行股东的资本补充责任，提高银行自身的资本积累能力等。

最后，我们对拨备水平提高的影响也进行了简单的评估。短期内，新的监管要求（贷款余额的2.5%和150%的覆盖率，二者取其高者）会给银行带来一定的拨备补提要求。初步测算，全部商业银行需要补提的金额约为1220亿元，如果这部分增提拨备税前列支，对银行业的利润影响约为-914亿元，约占2009年全部银行业税后利润的16.2%。不同类型银行机构的补提缺口相差较大，国有商业银行和城市商业银行压力相对较小，外资银行、农村信用社、邮政储蓄以及股份制商业银行面临的补提压力较大，对短期利润的影响也会更加明显。从长期看，拨备制度的变化对银行的资产结构调整也会有较大影响。从目前的情况看，由于银行业实际的不良率水平与新拨备制度的临界值（1.67%）相差不大，这意味着新制度的实施对银行信贷资产和非信贷资产的相对收益影响不大，对银行资产结构调整的影响也不明显。但是，随着实际不良贷款率与临界值的偏离程度加大，这种影响会逐步加大，而且具有一定的不对称效应。由此来看，新的拨备制度在经济上升周期（实际不良贷款率较低）具有一定的逆周期效应，但在经济下降周期（不良贷款率高于1.67%），会导致银行利润状况加速下滑和资产结构的剧烈调整，有可能扩大经济衰退的程度。

有鉴于此，针对拨备制度的实施，我们提出以下建议：（1）在新拨备制度的实施上，应尽可能地对银行进行分类处理。对于缺口较大、赢利能力偏低的银行，应适度延长达标时间或暂缓实施。（2）针对新拨备制度所具有的不对称反周期效应，建议根据实际不良贷款率变动的区间来确定不同的拨备计提规则，以形成正反双向的反周期效应，当然，这需要进行更深入的研究。

参考文献

[1] 侯荣华、张洋：《商业银行资本和信贷、货币政策关系研究》，《中央财经大学学报》2010 年第 6 期。

[2] 郭友、莫倩：《资本约束与信贷挤压》，《金融研究》2006 年第 7 期。

[3] 黄宪、吴克保：《中国商业银行对资本约束的敏感性研究——基于对中小企业信贷行为的实证分析》，《金融研究》2009 年第 11 期。

[4] 刘斌：《资本充足率对中国贷款和经济影响的实证研究》，《金融研究》2005 年第 11 期。

[5] Aggarwal, R. and K. Jacques, 2001, "The Impact of FDICIA and Prompt Corrective Action on Bank Capital and Risk: Estimates Using a Simultaneous Equations Model", *Journal of Banking and Finance*, 25, 1139 – 1160.

[6] Bernanke, B. and C. Lown, 1991, "The Credit Crunch", Brookings Papers on Economic Activity, 2, 205 – 247.

[7] Berrospide, J. and R. Edge, 2010, "The Effects of Bank Capital on Lending: What Do We Know, and What Does it Mean?", Finance and Economics Discussion Series, Divisions of Research & Statistics and Monetary Affairs, Federal Reserve Board, Washington, D. C.

[8] Blum, J. and M. Hellwig, 1995, "The Macroeconomic Implications of Capital Adequacy Requirements for Banks", *European Economic Review*, 39, 739 – 749.

[9] BIS, Macroeconomic Assessment Group, 2010, "Assessing the Macroeconomic Impact of the Transition to Stronger Capital and Liquidity Requirements".

[10] Chami, R. and T. Cosimano, 2001, "Monetary Policy with a Touch of Basel", IMF Working Paper, No. 1.

[11] Dimond, D. and R. Rajan, 2000, "A Theory of Bank Capital", *Journal of Finance*, 55, 2431 – 2465.

[12] Furfine, C., 2000, "Evidences on the Response of US Banks to Changes in Capital Requirements", BIS Working Paper, No. 88.

[13] Hancock, D. and J. Wilcox, 1993, "Has There Been a 'Capital Crunch' in Banking? The Effects on Bank Lending of Real Estate Market Conditions and Bank Capital Shortfalls", *Journal of Housing Economics* 3, 31 – 50.

[14] Hancock, D., and J. Wilcox, 1994, "Bank Capital and Credit Crunch: The Roles of Risk-Weighted and Unweighted Capital Regulations", *Journal of the American Real Estate and Urban Economics Association 22*, 59 – 94.

[15] Hancock, Diana, Andrew J. Laing, and James A. Wilcox, 1995, "Bank Capital Shocks: Dynamic Effects on Securities, Loans and Capital", *Journal of Banking and Finance* 19, 661 – 677.

[16] Hancock, Diana, and James A. Wilcox, 1998, "The 'Credit Crunch' and the Availability of Credit to Small Business", *Journal of Banking and Finance* 22, 983 – 1014.

[17] Holmstrom, B. and J. Tirole, 1997, "Financial Intermediation, Loanable Funds, and Real Sector", *Quarterly Journal of Economics*, 11, 663 – 691.

[18] Jacques, K. and P. Nigro, 1997, "Risk-based Capital, Portfolio Risk, and Bank Capital: A Simultaneous Equations Approach", *Journal of Economics and Business*, 49, 533 – 547.

[19] Kishan, R. and T. Opiela, 2000, "Bank Size, Bank Capital and the Bank Lending Chanel", *Journal of Money, Credit, and Banking*, 32, 121 – 141.

[20] Macroeconomic Assessment Group, 2010, "Assessing the Macroeconomic Impact of the Transition to Stronger Capital and Liquidity Requirements".

[21] Peek, J. and E. Rosengren, 1995, "The Capital Crunch: Neither a Borrower Nor a Lender Be", *Journal of Money, Credit, and Banking*, 27, 625 – 638.

[22] Tanaka, M., 2002, "How Do Bank Capital and Capital Adequacy Regulation Affect the Monetary Transmission Mechanism?" CEISFO Working Paper, No. 799.

[23] Tanaka, M., 2002, "The Macroeconomic Implications of the New Basel Accord", *CEISFO Economic Studies*, *49*, 217 – 232.

[24] Uhlig, H., 2005, "What are the Effects of Monetary Policy on Output? Results from an Agnostic Identification Procedure", *Journal of Monetary Economics*, Vol. 52, 381 – 419.

[25] Van den Heuvel, 2008, "The Welfare Cost of Bank Capital Requirements", *Journal of Monetary Economics*, Vol. 55, 298 – 320.

[26] VanHoose, D, 2007, "Theories of Bank Behavior under Capital Regulation", *Journal of Banking and Finance*, Vol. 31 (12), 3680 – 3697.

[27] Vitek, F., 2009, "Monetary Policy Analysis and Forecasting in the World Economy: A Panel Unobserved Components Approach", IMF Working Paper, WP/09/238.

[28] Woodford, M., 2003, *Interest and Prices: Foundations of a Theory of Monetary Policy*, Princeton University Press.

B.20

政策性金融的转型改革路径与发展动态

一　问题的提出

2007年初金融工作会议明确要求按照分类指导、“一行一策”的原则推进政策性银行改革，目前实际上只有国家开发银行一家机构真正启动了商业化转型改革。在中央汇金公司完成注资后，开发银行即按照现代金融企业制度和商业银行运行管理要求着手建立和完善公司治理机制，2008年底正式挂出“国家开发银行股份有限公司”的招牌，近两年来，在业务范围上进一步拓宽（除了银行业务，还涉及基金、直接投资、投资银行、金融租赁等非银行业务，开发银行旗下已设有国开金融公司、国开证券公司、国银租赁公司等）的同时，整体经营上仍然保持了良好的市场业绩，母子公司的运作框架、银行和非银行业务之间的风险隔离机制也基本建立起来，具体的改革目标是在过渡期结束后全面转向新的商业银行体制。农业发展银行还需要进一步加强内部控制和风险管理方面的建设，适当拓宽业务范围，稳步提高市场化的运作管理水平，为全面实施商业化改革准备条件。相比而言，对进出口银行的改革定位可能因发生金融危机的原因而有所调整，不要求全面推行商业化运作，而是继续坚持其政策性银行定位和服务职能不变，改革的主要工作是修订章程、补充资本、建立健全公司治理机制和风险约束机制，以进一步增强政策性金融服务的功能。

诚然，与当初设立这三家政策性银行时的背景情况相比，中国经济社会的发展环境发生了重大变化，推进政策性银行改革的必要性不言而喻，然而三家银行改革工作进展的不同情况说明，这一转型改革具有很强的探索性和艰巨性，并非简单的否定政策性金融机构的存在，翻个牌子后就可以完全推向市场。对于其所承担的政策性金融业务的运作方式，也不是设想的采取公开透明的招投标制度所能完全取而代之的。国际上的相关历史经验也清楚地表明，完全转向商业化并非政策性银行改革的全部内容，即使是在美国这样的市场经济发达国家，在整个金

融体系中也都始终存在政策性金融的一席之地。在这次国际金融危机中，通过各国政府应对危机冲击所采取的一系列救市政策行动，政策性金融的危机管理与市场维稳功能更加凸显，而且有些国家对政策性金融做了重新评估认知，并对相关机构改革的方向与步伐做出适当调整。

从对危机的深刻反思和当前改革遇到的问题来看，我们是否也有必要对下一步推进政策性银行改革进行新的评估或认知呢？实际上，国内学界至今对于中国政策性银行改革的基本方向和总体思路并未达成一致共识，特别是对于政策性银行机构的存废问题仍然存在较大争议，有的甚至认为已在拟议实施的政策性银行商业化改革计划也仍有可商榷之处。显然，中国政策性银行改革不仅要缜密考虑机构自身如何实现转型，更要充分评估商业化改革对中国经济社会发展和金融体系完善可能造成的深远影响。最终评价中国政策性银行商业化转型改革成功与否，既要考察机构主体融入市场的微观层面，更要考量宏观层面上其对中国社会经济和金融体系的长期稳定与可持续发展的积极影响。为此，本文通过系统梳理国外政策性金融改革发展的一般模式与经验，分析现代政策性金融所担当的重要角色，立足于中国经济社会发展的基本国情和金融体系的现实因素，结合案例进一步厘清中国政策性银行改革探索遇到的问题，探讨下一步推进改革的方向与发展政策思路。

二　政策性金融机构转型改革的基本动因

世界上任何事物的发展都存在着一定的生命周期，政策性银行机构自然也不例外，同样存在着诞生、成长、壮大、成熟、衰退、消亡的阶段性和循环过程。如企业生命周期理论所指出，对于一家经营单一产品的企业而言，影响其寿命周期的关键因素就是该产品在市场上的生命周期。类似的，如果一家政策性银行提供的金融服务已不再是经济社会发展所需要的，或者说通过市场机制已经能够更有效地提供相应替代性的解决方案，那么这家政策性银行就会失去继续存在的必要性。这是政策性银行转型改革最基本的内在逻辑。在实践中，虽然政策性金融是政府实施宏观调控管理经济的一种特殊手段，政策性银行是为承担此类职能专门设立的金融机构，但随着经济社会的发展，金融的市场机制逐步发育完善，原来设定的政策性银行活动领域有可能被市场发展所覆盖，此时政策性银行就会面

临重大的调整或改革。

总的来看，驱动政策性银行转型改革的力量既有外部环境的重大变化，也有机构自身调整的内部要求。第一，外部环境发生重大变化，导致政策性银行机构设立时的原始使命基本完成，原来的发展方向、业务范围与运作方式必然要做出相应的改革调整。第二，作为政府调控特殊手段的政策性银行在运行中也可能存在“政府失灵”带来的各种负面影响，如可能与商业金融进行不公平竞争，预算软约束，轻视经济核算，有的甚至人为操纵导致融资活动中“寻租”之风盛行等，这些负面影响会成为机构改革的外部压力。第三，政策性银行机构自身不断积累业界经验和提高风险管理水平，基本具备了较好的市场经营与竞争能力，往往会主动要求调整转型。第四，政策性银行机构运行不良，出现严重亏损，给财政造成拖累，也可能面临被兼并或关闭的风险。国际货币基金组织的调查结果显示，2003 年，在 125 个国家的 120 个政策性金融机构中，有 1/3 的机构是亏损的，有 1/3 的机构其不良贷款比例高于 10%，政府被迫对政策性银行注资的问题非常普遍，这导致不少国家强烈地要求改革或取消政策性金融机构。

驱动中国三家政策性银行转型改革的情况并不一致。国家开发银行首当其冲全面推进商业化转型，因为内部条件相对具备，同时来自外部环境变化的压力也越来越大。从内部情况看，从 1998 年开始转向开发性金融实践，10 多年间经过多次内部改革调整，银行不断提高风险管理能力和市场化运作水平，不仅取得并保持了先进的市场业绩，而且在事实上已经能够自主经营与自负盈亏，员工队伍对商业化的认可接受程度也相对较高，这就为推行全面商业化改革奠定了良好的基础。从政府的角度看，不必为开发银行的商业化转型改革支付专项财政成本，也大大降低了改革的操作难度。从外部环境变化看，对开发银行实行转型改革的压力可以说是逐年增强，随着中国社会主义市场经济体制从确立到逐步完善，开发银行重点培育的基础设施领域的融资市场化条件逐步成熟，商业银行开始大规模进入该领域，形成了两类银行争抢生意的局面，与此同时，开发银行不断尝试创新业务，自主拓展范围，导致外界对开发银行的政策性定位不清、利用政策性优势与商业银行不公平竞争、风险责任不明确等各种批评越来越多。

相比而言，另外两家政策性银行在转型改革方面受到外部的压力要小一些。

农业发展银行内部也具备了一些改革的基本条件，例如，机构设置比较健全①，积累了一定的信贷业务经验，而且季节性的闲置资金也需要提高使用效率等，但内部管理相对薄弱、历史包袱和资产质量等问题严重影响了银行的市场竞争力，成为制约其全面实施商业化改革的重要因素。外部对农业发展银行的批评，曾经主要集中于其内部经营管理不善导致亏损并拖累财政方面，而来自商业银行的批评较少，因为农业发展银行的传统业务领域主要是为粮棉油收购提供资金，新的开发性业务也主要集中在农村地区，风险比较大，尽管政府积极鼓励商业银行为“三农”提供金融服务，但商业银行参与的意愿很低，因此，未来农业发展银行既要增强市场化运作能力，为改革打基础，也仍然要保留“三农”领域的政策性业务。进出口银行近年来虽然发展速度明显加快，但分支机构数量很少，规模仍然很有限，与商业银行之间的竞争也相对较少，并且由于此次国际金融危机对中国出口部门造成了严重冲击以及中国海外投资业务需求呈现强劲增长的势头，进出口银行直接承担的政策性金融功能更加凸显。实际上，我们看到，金融危机不但大大缓解了进出口银行推行商业化转型改革的压力，而且为其强化政策性金融属性创造了更加有利的环境。

三　政策性金融机构转型改革的不同模式

从上述改革的基本动因来看，政策性银行转型改革的基本方向应服从于金融体系改革发展的总体要求，其根本目的是改善金融系统配置资源的效率，从而有利于进行系统性风险管理和保持金融的稳定运行。广义上讲，政策性银行根据内外部环境的变化，对自身的发展方向、经营模式、体制机制、业务范围等进行战略性的调整，笼统地称为政策性银行的转型改革。从国外政策性金融机构的转型改革与发展情况来看，大致有几种模式。

（一）分账管理模式

由于市场发展导致部分政策性业务逐步具备了商业价值，不宜继续采取政策

① 农业发展银行在三家政策性银行中机构设置规模最大，配备的员工数量也最多。据统计，该行实行总行、一级分行、二级分行、支行制，设有省级分行30家，地市分行330家，地市分行营业部210家，县级支行1600家，县级办事处3家，共有员工51000余人。

性方式，但仍然需要有专门的机构来承担政策性业务，因此，在机构属性保持政策性定位不变的情况下，也允许其经营一定范围的商业性业务，在内部对两类业务采取分账管理模式。德国复兴信贷银行（Kfw）与韩国产业银行（KDB）等机构曾经采取分账管理的改革模式。Kfw 成立于 1948 年，最初定位于对“联邦政府有特殊政治或经济利益的项目”进行投资。但随着金融全球化的加速和国内形势变化，Kfw 进行了改革调整，将其已与商业银行产生竞争的出口信贷和项目融资等业务独立出来，纳入新建的全资子公司 IPEX - Bank（Kfw 进出口银行）之中，该公司在 2004 年初至 2007 年底前先作为不独立的“行中行”试运行，而后作为 Kfw 集团的全资控股独立法人启动独立的评级运作，但 Kfw 仍然是政策性银行。韩国政府也曾允许 KDB 在转型后混合经营政策性和商业性两类业务，要求在内部设立不同的业务经营部门并分账户独立核算。政策性业务和政府的补贴等归入国家账户，而商业性业务则归入市场化账户并实行风险自担。这种改革的关键与难点在于两类业务之间如何设立有效的“防火墙”，以防止造成不公平竞争、利益输送与责任转移的道德风险。

（二）分立机构模式

随着外部环境的变化，市场发展较为成熟，原来的政策性业务可以大规模转向商业化运作，但政策性金融机构仍然可以作为政府干预资源配置的手段而存在，因而将两类业务彻底分离，单独设立政策性金融机构来承担剥离的政策性业务，原来的机构就可以完全商业化。我们看到，在市场经济高度发达的美国，1938 年设立了房利美作为住房领域的政策性金融机构，到 20 世纪 70 年代初期，为因应住宅市场与住宅金融体系的发展变化，美国政府根据《住宅与城市发展法》分拆了房利美，仍然沿用房利美名称的机构，但改变为私营股份公司，以营利为目的，另外设立一个新的政策性机构——政府国民抵押贷款协会（吉利美），仍然由政府全资持有。韩国政府在 2008 年 6 月宣布对 KDB 采取进一步的私有化改革计划，该计划从原来的分账管理模式向分立机构模式演变，要求在 2009 年 9 月分设为商业银行、KDB 控股公司（负责投行业务）和韩国政策金融公司（负责政策金融业务），但因国际金融危机而不得不推迟了改革进程。这种模式与前者一样，都继续保留政策性金融机构，但不同之处在于可以避免前者需要在内部设立防火墙的问题。

（三）局部调整或收缩模式

对政策性金融机构的部分性质和业务形态进行适当调整或收缩，主要是为了避免与商业金融之间直接竞争。如1950年设立的日本住宅金融公库，在2007年根据《住宅金融支援机构法》进行了改革，虽然还是100%由政府出资，但法人形态由特殊法人变更为独立行政法人，主要业务也从原来在一级市场提供住宅按揭融资调整到在二级市场做证券化业务，仅保留很少量的按揭融资（如应对灾害需要），资金来源上则从财政借入调整为在市场发行MBS筹集，原来享有的政府预算补助在改革后则被取消。

（四）彻底商业化模式

当内外部环境发生变化使得设立专门的政策性金融机构基本没有必要时，就可以进行非国有化的产权改革，将政策性金融机构彻底转变为商业金融机构，条件适当的还可以进一步改变为上市公司。受经济全球化和金融自由化风潮的影响，在此次国际金融危机之前，推崇这种彻底商业化的改革模式成为比较普遍的倾向。1968年设立的新加坡发展银行后来更名为星展银行并且成功上市，目前是新加坡最大的全能型商业银行。中国台湾地区的兆丰国际商业银行（由“交通银行”与“中国国际商业银行”合并）、台湾中小企业银行等也都实行了较为彻底的民营化改革。原“交通银行”创立于1906年，历经1928年政府特许的实业银行、1975年成为工业专业银行，1979年改制为开发银行，1999年开始实行民营化转型。“中国国际商业银行”是1971年由“中国银行”民营化改制的，1979年完成了股票公开上市。2006年，为扩大经营规模，强化市场占有率，以上两家银行合并更名为兆丰国际商业银行，该银行目前是台湾地区最具国际化的商业银行，其赢利能力在台湾地区的银行中名列前茅。台湾的中小企业银行在1975年进行了股份化改制，1998年后进一步转型为民营银行。这种模式废除了政策性金融机构，改革非常彻底，从新加坡与中国台湾地区的情况来看，由于管辖地域范围较小，金融业务规模总量有限，在经济发展达到较高水平时，可以不再设立政策性金融机构，但这可能并不适合大国经济，尤其是发展中的大国。

在不同时期、不同地区，政策性金融机构的业务及领域与运作方式不可能一成不变。由于各国的政策性金融机构所面临的环境与基础条件不同，经营状况个体差异较大，转型改革也表现出阶段性与形式多样性的特点。然而，丰富的改革实践表明，政策性金融机构完全转向商业化，只是其中一个比较极端的选项，并不是转型改革的全部内容。即使有的政策性金融机构最终完全转变为商业金融机构，往往也经过了不同的调整与改革阶段，而并非一步到位。

四 全球金融危机再次凸显政策性金融的重要作用

自20世纪80年代以来直至此次金融危机发生之前，由欧美主导的经济与金融的全球化进展得相当顺利，人们越来越相信市场可以自我监管，而且会自我修正。标准的宏观经济模型认为金融市场总是有效的（如风靡一时的市场价格完全揭示了所有相关信息的有效市场假说），而带有明显政府干预色彩的政策性金融机构则会扭曲价格，致使效率低下。然而，西方主流经济学的模型不仅未能预见此次危机的发生，而且更加无法认识由于金融市场功能失调和资产价格泡沫破裂所导致的衰退问题会如此严重和持久，这与干预性政策造成效率低下或者效率损失的问题相比，可能反而要严重得多。这次由美国次级抵押贷款问题不断恶化进而引发的全球金融危机，以严酷的现实打破了人们一直以来对市场近乎迷信的崇拜。面对金融市场信心崩溃、全球经济陷入严重衰退，各国政府不得不纷纷出台各种超常规的刺激性政策与救市措施，包括政府增持金融机构股份或提供信用支持，直接向经济注入流动性，出资救助企业等，在此过程中，政策性金融可以作为应对金融危机冲击的制度性安排，在恢复市场信心、稳定金融体系等方面发挥了重要作用。

首先，政策性金融的制度安排不仅是实施危机管理的有效手段，甚至成为修复受损经济制度的必要机制。美欧等主要国家纷纷采取了非常规的干预政策，通过扩张政府信用进行救市，向具有系统重要性的金融机构大规模注资或提供征信支持，避免雷曼兄弟式的破产冲击，以求稳定市场信心，阻止危机的蔓延和经济的快速大幅下滑。尽管在西方国家对私人银行机构实行国有化一直受到普遍的抵制，但去监管的金融自由化最终导致了严重的金融危机，使得私人银行机构不得不再次被国有化，实际上，这是为修复经济制度而不得不接受的结果。我们看到，英国政府为拯救陷入绝境的苏格兰皇家银行，向其注资了455亿英镑，国有

化的比例高达84%；美国政府为应对危机安排了7000亿美元的金融机构不良资产救助计划（TARP），在计划实施的第一阶段，对银行的资本购买计划高达1942亿美元，有超过300家银行得到了该项救助，对花旗集团和美国银行直接采取了目标投资计划和资产担保计划的救助方式，涉及金额达450亿美元。政府通过购买银行较高等级的优先股和获得普通股认股权证的形式完成资本注入。后来当花旗集团的损失进一步积累并需要进一步增加普通股的资本时，美国政府主动将其所持有的450亿美元优先股中的250亿美元份额转换为普通股，同时要求其他优先股持有者采取类似的跟随行动，也转换了大约270亿美元，结果大大缓解了花旗集团的股息支付压力，并增强了其弥补损失的能力，政府持有的股份也达到了36%，尽管控制在40%以下，银行仍然是私有的，但政府实质上还是变成了花旗的最大股东。虽然政府注资并不直接意味着国有化，对私人银行进行的暂时有限的国有化也不直接等同于回归传统的政策性金融机构，但不可否认的是，扩张政府信用注资的行动及其结果都与政策性金融紧密关联。由此可见，金融体系遭遇危机后的这种悖论式演变可能昭示出，即使在最根深蒂固的资本主义市场经济国家，至少作为金融体系结构核心的银行业，也仍然需要在一定程度上表现出政策性金融的特征，或者说不可避免地需要接受部分政策性金融的制度安排。

其次，既有的政策性银行机构不仅是危机时期维持并扩张信用的重要渠道，而且可以成为专业化监管政府投入大规模救助性资金的有效机制。金融危机一旦爆发，市场的流动性会在瞬息之间出现从过剩到短缺急剧逆转的趋势，为了对抗私人经济部门信用严重紧缩导致总需求的大幅下降，各国都采取了大规模扩张公共部门信用的应对之策，除了直接的财政刺激，以政府信用为基础的政策性金融机构也可以成为信用扩张的重要渠道，相比而言，这一信用扩张渠道不仅能够减轻财政直接赤字融资的压力，缓和经济宏观结构的脆弱性，而且在财政预算受到法律严格约束的条件下，使得政府的宏观调控具有更大的决策灵活性与操作便利性。另外，由于政府部门自身往往缺乏对危机时期大规模注资进行后续专业管理的能力，商业银行机构则可能因为较高的潜在风险而很难被政府信任，政策性银行机构则不同，完全可以受政府委托对大规模的财政注资进行专业化的监督管理，以避免财政注资缺乏后续有效监管的问题。我们观察到，在此次危机中，日本政策投资银行进一步扩大了对大中型企业的贷款、对商业票据的认购以及对指定企业的出资规模等，承担了稳定市场的重要责任。德国复兴信贷银行不仅向其他金融机构提供了122亿欧元的援助，而且还负责管理政府1000亿欧元的企业救助基金。由此可见，与私人银行机构在危机期间严格收缩信用的情形不同，政策性银行机构不仅可以围绕政府调控目标进行逆周期的信用扩张，形成与商业金融之间的配合效应，而且可以避免财政直接扩张的一些负面效应。并且，作为政府信任的专业金融机构，有可能改善财政大规模注资的运用问题。

最后，可能鉴于以上的观察与考量，在危机冲击下，一些国家开始重新认识和评估政策性银行的商业化改革问题，并对原来拟定的私有化改革计划进行了适当的调整。日本政策投资银行实施民营化改革的时间从原计划的2008年10月向后推迟到2012年4月，此后并安排了5~7年的转型过渡期，并且在改革后继续保留政府出资，其份额始终占该行发行股份的1/3以上，以确保政府对该机构能够进行必要的干预。韩国政府原先确定在2009年4月正式启动KDB私有化改革，但到2009年5月又宣布推迟改革进程，原计划在2012年完成的改革推迟到了2014年。从中国的情况来看，原先设想完全转向招投标模式的市场化改革倾向可能也有所调整，目前除了开发银行在继续推进已经启动的全面商业化改革，农业发展银行和进出口银行的改革进展，已经与此前中国金融主管部门的有关人员对政策性金融转型改革的认知出现了明显偏离①，尤其是进出口银行的改革，2009年银行业监管报告显示，不仅要继续坚持其政策性金融的定位，并且强调要通过修订章程、补充资本等手段进一步增强其政策性金融的服务功能。

五 中国政策性银行商业化转型改革的争议

当前中国的宏观经济环境、市场体制、产业结构、微观基础等与1994年三家政策性银行成立之初相比，都发生了很大变化。从政策性银行层面来看，部分原来的政策性业务在逐步走向市场化，传统形式的政策性银行业务需求比重不断

① 易纲：《中国银行业改革的内在逻辑》，《财贸经济》2009年第10期；罗学东：《政策性银行的转型思考》，《银行家》2007年第12期。

下降，政策性银行自身通过创新调整，围绕政府目标逐步加大了自主性经营的开发性业务比重。在此情况下，学界和业界对政策性银行实现职能调整和机构转型的争议也日益升温。所探讨的问题既涉及根本性的理论认知与实践判断，也有技术性的操作安排，例如，中国政策性银行是否需要继续存在？转型改革的目标应该如何定位？如何改善政策性银行的治理结构与内部运行机制？如何解决政策性银行的资本金补充和不良资产处置？等等。实际上，争议的关键还是落在政策性银行机构的存废问题上，尽管对此并未达成一致的共识，但在大型的国有商业银行和非银行金融机构通过财务重组、引进战略投资者和挂牌上市之后，政府对政策性银行的改革部署也已提上日程。国务院在2006年的工作要点中，明确做出了推进政策性银行改革的战略指示，由人民银行和财政部具体领导，三家政策性银行着手研究和设计符合自身情况的转型方案。2007年1月，全国金融工作会议进一步明确按照分类指导、“一行一策”的原则推进政策性银行改革，并且还提出要对政策性业务实行公开透明的招投标制度。显然，对政策性业务实行招投标制度，意味着这部分业务将不再是政策性银行的“专利”，商业银行也可以平等地参与招投标来承担政策性业务，因此，这一指导思路已经明显暗示了中国可能不再需要设立专门的政策性银行机构。2008年底，国家开发银行率先启动转型改革，全面推行商业化运作，目标是改造成为另一家纯商业性的银行机构。

然而，开发银行完全商业化的改革方案并没有就此为中国政策性银行机构的存废争议画上句号。倾向于不再设立专门的政策性银行机构的观点认为，在市场经济下，除极少数领域外，政策性银行存在的必要性越来越小。对于仍然存在的政策性金融业务，在“在国家事前确定补助标准后，可向各种银行招标，使补助后的政策性业务在商业上可持续”（易纲，2009）。就中国三家政策性银行的业务来看，基础设施领域的国家重点项目贷款需求，已经可以依靠市场方式和商业性资金予以基本解决，有部分项目甚至还是商业资本争相争取的优质项目。出口企业的主体已由以前的国有骨干出口企业转为民营与外资企业，国有骨干出口企业大部分也都转制为集团性股份制企业，其业务也基本可以通过商业性金融得以解决。在市场化程度和商业价值越来越高的基础设施、机电产品出口等领域，政策性银行与商业银行的业务交叉越来越严重，派生出来的不公平竞争问题在个别项目上有时较为突出。即使在“三农”领域，中国各类各家金融机构也纷纷

开办了一些支农的商业性业务（罗学东，2007）。

对于以上关于专门的政策性银行机构随市场经济发展其必要性越来越小的判断，贾康、孟艳（2009）则指出，这放在中国当下的现实经济生活中和较短时期内，还值得商榷。并且，他们对招投标方式政策性金融的内涵与特点、延伸指向、动因和运转条件，以及适用领域和可预期的发展空间等做了较为细致深入的分析，认为这一方式具有明显的约束条件，在可以预见的将来，尚难在政策性金融业务领域“包打天下”。因此，中国政策性金融体系的改革需要从政策性金融的目标与覆盖范围、运行方式、政策性金融机构的管理等方面重新规划，积极尝试，探索规律，研讨政策性金融服务的新方式，实现政策性金融服务的多元化发展。李扬（2008）则明确指出，“对于国家将国家开发银行改造为纯商业性机构的思路，当时我就认为可容商榷”，“如果说，对于国家开发银行改革之方向的争论，在当时环境下还难分轩轾，到如今，面对美国金融危机的发展及美国政府在危机中的行为，我们恐怕应有新的结论”。陈元（2009）从反思危机与金融资源配置的视角认为，基于银行是具有巨大外部性的特殊企业，从各国政策性金融运作的经验教训来看，政府可以通过采取界定政策性金融与商业性金融以及政府与政策性金融的责利边界等金融约束政策，充分发挥政策性金融的正外部性，限制其负外部性，实现效率与公共性的统一。

在笔者看来，在中国未来较长时期内，甚至就中国经济社会发展的内在路径而言，中国政策性银行机构不仅有继续存在的必要性，而且当前还应进一步发展完善。除了前文所分析的政策性金融在金融危机中表现出来的重要特殊功能的原因之外，更应该看到发挥政府信用的机构化、资本化作用完全符合中国当前和未来较长时期内的发展实际。

首先，在市场经济体制不断发展完善的进程中，有选择性设立政策性银行机构，通过专设机构实施政府信用资本化来为社会欠发展部门和政策目标部门提供必要的金融服务，不仅可以显著降低商业金融体系所存在的服务排斥问题，而且最终可以导向建立普惠性的金融体制，实现科学发展。列宁很早就认识到，要实现社会主义，政府就需要控制和利用银行机构。他在1917年“十月革命”前几天明确指出：“没有大银行，社会主义是不能实现的。大银行是我们实现社会主义所必需的‘国家机构’，我们可以把它当做现成的机构从资本主义那里拿过来，而我们在这方面的任务只是砍掉使这个极好机构资本主义畸形化的东西，使它成为更巨大、更民主、更包罗万象的机构。”① 即使撇开制度革命的意识形态方面，而从多个国家经济增长的历史经验来看，政府通过金融控制来发展战略性产业部门和实现工业化、城市化也是无可非议的。较早研究金融发展促进经济增长问题的经济学家格申克龙（Gerschekron，1962）指出，在19世纪90年代的俄罗斯，政府对工业化的金融支持就实现了巨大的成功。尽管中国的经济总量规模2010年已经超越日本，但我们这个世界第二大经济体仍然是发展中的社会主义大国，其发展的根本属性没有改变，应该继续发挥政策性金融手段的作用实现赶超战略。在现阶段，中国工业化尚未完成，无论高新科技产业、中小企业，还是西部大开发、东北振兴、环渤海经济圈发展、成渝城乡统筹试点，以及珠三角和长三角的转型升级都存在资金不足的问题，因此有政策继续扶持的必要。随着城市化的继续推进，中国在住房保障、教育、医疗和社会保障体系等民生公共事业方面的建设任务十分艰巨，资金需求非常巨大，特别是“三农”领域获得资金的能力很低，四大国有商业银行在改制重组时也对乡镇网点进行撤并，使有些乡镇无任何金融机构②，处于“市场失灵”的状况，因而更需要政策性金融的扶持。如果完全取消政策性银行机构，那这些亏损、微利和少利的领域，就很难完成结构调整和构建和谐社会的任务。作为替代的招投标制本身是一种市场化的机制，很难想象可以用其来克服本已存在的“市场失灵”。

其次，由于中国在未来较长时期内的政策性业务将会达到足够大的规模，根据斯密论述的分工定理，可以支持在金融系统内部形成专业化分工，使政策性银行与商业银行之间实现有效配合，从而改善金融系统的整体效率。中国目前已经进入工业化的中后期和城市化加速发展的阶段，2010年的城市化率将接近50%，以现在的年均增长速度预计，到2030年中国的城市化率将达到68%左右，这相当于每年约有1400多万人转移到城市中（张平、王宏淼，2010）。每年新增的1400万城市人口要求在土地城市化过程中新建大量的城市住房、道路、水、电、气、垃圾处理等各种公共基础设施，在人口市民化方面，教育、医疗、社会保障

---

① 《列宁全集》第32卷，第299~300页。

② 据中国人民银行发布的《中国农村金融服务报告》，截至2007年底，全国有2868个乡镇没有任何金融机构，约占全国乡镇总数的7%。

等方面也需要大量投资。由于不少类似于公共租赁住房与廉租房这样的公共基础设施的投资本身往往不具有商业价值，而且周期长，不适合商业金融。假设平均转移一人需要政策性投资 2 万 ~5 万元，那么每年仅此项投资新增规模便接近 3000 亿 ~7000 亿元。另外，中国在经济结构调整、区域协调发展、高新技术产业与中小企业融资、“三农”等领域对政策性金融也存在巨大的需求。总体而言，中国作为发展中的大国，既不同于工业化已经完成多年的大国，也不同于新加坡等小国，在未来较长时期内，仍将存在规模非常庞大的政策性金融业务需求。从斯密关于市场规模限制劳动分工的定理来看，在中国的政策性金融业务规模足够大的条件下，设立专门的政策性银行机构应该有利于加强和提高金融体系内部不同性质机构之间的分工与专业化的程度，通过彼此协作配合，将有利于提升金融系统配置资源的整体效率。

再次，中国政策性银行的继续存在，不仅符合金融生态系统多样化与稳定化的要求，而且可以避免金融机构过度同质化的系统性风险。我们观察到，20 世纪 80 年代以来欧美国家掀起了金融自由化的浪潮，不断侵蚀和冲毁了 30 年代大萧条时期建立起来的各种监管壁垒，尽管在越来越趋向一体化的金融系统内部仍然保留一定的层次，并且还有不同的监管，但实际上这些机构的层次只是形式上的相对独立，通过利用监管套利和各种金融创新，各金融机构几乎融合在一起，变成了实质上的同类型机构。不幸的是，在这次金融危机中，这种去监管化所导致的金融体系内部机构之间的同质化问题，大大加强了各金融机构在危机中行为的一致性，很容易出现“一荣俱荣、一损俱损”的状态，放大了金融系统性风险，加剧了危机的振荡幅度与冲击力。如果金融系统中存在许多不同性质的机构，相互之间在资产分布上有实质性差别，在行为上有差异，有人卖同时也有人买，与只有单向的卖或买相比，金融系统就会稳定得多。显然，对于中国金融体系而言，银行业的市场集中度相对较高，全国性的大型商业银行机构并不缺乏，如果在制度设计上把政策性银行全部改成商业银行，形成“清一色”的金融生态格局，可能反而会削弱金融系统的内在稳定性。

最后，从国际竞争的视角来看，中国参与经济全球化不能采取单纯输出商品的低端方式，而应发挥政策性银行的金融资本所具有的更高能量，通过银行与产业之间的密切合作，由银行先行走出去带动或者至少能跟随服务于产业资本、商

品资本，可以有效提高综合竞争力，在更深程度、更广领域参与海外的竞争与合作，服务于中国国际竞争的长期战略安排。近年来，中国经济发展对海外的金融服务需求成长迅速①，其中相当大的部分具有国家战略价值，包括用大额的贷款换资源、换市场等。但是，快速增长的海外金融业务需求与中国银行目前海外经营状况非常不对称，2009 年底中国银行海外资产占全部资产的比重约为 4%，而西方国家的银行这一比例约为 40%。由于海外业务市场在传统上一直被西方银行占据，要打破这种格局，开展金融竞争，这本身就具有开发性金融业务的特点，可以由政策性银行领头开拓海外市场，这既能够更好地服务于中国“走出去”的企业，也有利于保障中国在能源、矿产资源方面的安全，还能提高中国金融业在海外的竞争力。近几年国家开发银行围绕国家推动“走出去”的大战略，努力拓展投融资国际合作业务，抓住西方银行遭遇金融危机冲击的有利时机，加剧在“海外圈地”的竞争②，取得了较好的成效，其境外贷款业务快速增长，境外贷款余额占总贷款的比例从 2007 年的 0.92% 增加到 2009 年的 8.75%。到 2010 年底，国家开发银行的业务触角已经延伸到超过 90 个国家，境外贷款总额达到 1400 多亿美元，实际成为中国对外开展投融资合作的最大银行。可以预见，未来开展境外金融服务已经成为中国银行机构非常重要的业务发展方向，政策性银行在此领域的积极开拓，不仅可以避开商业化监管要求与信息披露方面的约束，承担有战略性价值的融资任务，还可以推动和引导中国境内商业性银行进入国际市场开展竞争，不断增强中国在国际金融领域的话语权、影响力和实际操作能力。

---

① 据统计，2002～2008 年，中国对外直接投资年均增速超过 60%。截至 2009 年底，中国已有 7000 多家境内投资主体设立对外直接投资企业超过 1.4 万家，广泛分布在全球 170 多个国家和地区，境外企业资产总额超过 1 万亿美元。即使受到国际金融危机的不利影响，中国对外投资依然保持了较快增长，2008 年非金融类直接投资同比增长 68.5%，2009 年在全球对外直接投资同比下降 39% 的情况下中国仍增长了 6.5%。

② 据《华尔街日报》(2010 年 5 月 25 日）报道，2009 年初以来，以我国的国家开发银行领衔的中资银行在菲律宾公共事业公司 GN Power Mariveles Coal 的 7 亿美元融资作为簿记行，该项目没有一家西方银行进入；开发银行与工商银行在澳大利亚油气开采公司 Woodside Petroleum 的 11 亿美元融资交易中作为簿记行，西方只有美国银行一家参与；加纳可可协会 12 亿美元贸易融资安排也是开发银行和工商银行联手安排，西方银行基本无法参与竞争；委内瑞拉 PDVSA 的 15 亿美元融资项目，只有开发银行和葡萄牙的 Banco Espirito Santo de Investimento 两家作为簿记行，在 13 家银行组成的银团中，另外有 6 家中资银行参与，但美国只有花旗集团一家参与。

六 案例分析：国家开发银行的商业化转型

在现实中，一方面，在随着环境变化调整的过程中，政策性银行机构原来的部分政策性业务虽然已经可以市场化，但并未及时退出，而且还可能自主扩大业务范围，出现与商业金融之间的业务交叉和不平等竞争问题。另一方面，有些政策性业务的确也可以通过招投标的方式交给商业性金融机构，而不仅仅限于政策性银行。正是基于这样的外部压力与改革思路，国家开发银行在2008年底正式启动了全面商业化改革。不可否认，在三家政策性银行中，开发银行转向商业化的条件要相对成熟，不仅其市场化运作的经验丰富，风险管理水平较高，而且其信贷资产业务中有相当部分已经成为各家商业银行争抢的好项目。尽管如此，开发银行的商业化转型也不会一帆风顺，从目前过渡阶段遇到的问题来看，如何妥善处理或者在制度设计上做出更为适当的安排，不仅有利于推进开发银行自身的改革发展，对另外两家政策性银行的改革而言，也将具有重要的经验意义。

从1998年开始，国家开发银行逐渐脱离传统的政策性银行模式，在坚持政策性银行本质属性的前提下，自我转型为现代开发型金融机构，有学者将其根本特征概括为“国家目标、政府信用、市场运作”（李扬，2006）。此次全面推行商业化改革，首要变化是其机构的政策属性，同时在资本补充、公司治理方面也有显著的变化，但其组织架构、基本运作模式和开发性业务的资产特色等方面在短期内则很难发生明显改变。因此，面对这些变与不变或者很难变的新组合、新情况，进行开发银行的商业化转型改革需要处理好三个方面的问题。

第一，要探索处理好开发性金融模式与商业化之间的融合。目前的商业化改革很难改变开发银行继续以开发性业务为主的定位，这是因为开发性金融模式是其多年努力探索出的一条切合中国基本国情的路子，十多年的成功实践表明，这一最显著的模式，不仅是金融业商业化后需要继续依赖的基本经验，也应成为开发银行的核心竞争能力。具体来看，一是在经营理念与管理运作模式上，开发银行在国内率先引进了以风险管理为核心的理念，并以此来统领各项业务发展，实行全过程、全方位的风险管理，积累了丰富的行业经验，也实现了能够支撑自身持续发展的良好市场业绩。这为转向商业化打下了较好的基础。二是在基本方法上，充分挖掘政府在信用建设和市场培育中的功能与机制，打通融资瓶颈，不断

实现与商业性金融的对接。鉴于中国的实际，发动各级政府以适当方式介入金融活动，加强组织协调，有助于弱化银行信贷活动存在的信息不对称问题，这有利于推进中国信用体系的建设，加快市场的成熟与发展。开发银行始终强调把政府的组织优势与银行的融资优势结合起来，坚持“政府热点、雪中送炭、规划先行、信用建设、融资推动”的理念与方法，通过逐个项目的融资，重点建设和完善中国中长期金融领域的信用结构，培育市场运行的基础条件，已有相当一部分业务成为各家商业银行大力争抢的好生意。可以预见，这一模式在中国未来较长时期内仍会具有很强的生命力。三是在业务发展上，把开发性金融的理念、方法与经验不断拓展到新的瓶颈领域，实践科学发展的要求，由此也勾勒出银行未来持续成长的空间与路径。开发银行的业务范围已经从传统的“两基一支”领域进一步拓展到许多新的经济社会瓶颈部门，如“三农”、医疗卫生、住房保障、教育文化等民生工程和国际投融资合作等。①

上述开发性金融模式的基本经验，已经内化成为开发银行经营思维与实践运作的基本惯性，然而，这种强大的内在基本惯性最终有可能会影响其完成向商业化的彻底转变。从其所从事的开发性业务来看，大量业务都存在长期、大额与集中的风险，这也是以往外界诟病或质疑开发银行良好业绩的说辞，当开发银行真正全面转向商业化之后，就可能成为不得不严肃对待的真实风险。毕竟，对商业性资金来说，开发性业务往往缺乏吸引力，相对条件好的可以选择做一些，不理想的就避开；对开发银行而言，即使已经完全转型，这种选择的自由也要小得多。因此，在脱离政府信用等适当的制度安排的支撑的情况下，如果继续以带有显著政策性特点的开发性业务为绝对主导，一旦机构自身过去所累积的吸收损失能力被严重削弱，风险隐患就会暴露，经营就会陷入困境。

第二，商业化改革也很难改变开发银行既有的债券类、中长期、批发性的业务运作基本模式，而这对纯粹以这种模式生存发展的商业银行来说将是一种相当艰巨的实践探索。债券类、中长期、批发性的运作模式虽然有利于凸显开发银行

---

① 据国家开发银行2009年度报告披露，截至2009年底，开发银行已累计发放新农村建设贷款5641亿元；发放中小企业贷款1357亿元，创造就业岗位335万个；发放棚户区改造和中低收入家庭住房建设贷款1680亿元，惠及人口953万；发放助学贷款119亿元，受益贫困学生累计达224万人。在国际投融资合作领域采取贷款换资源、贷款换市场等方式，服务国家长远战略，外汇贷款余额接近1000亿美元。

的特色与竞争优势，但也可能造成其在市场经营中遇到困难。在资产业务方面，这种业务模式非常适合服务于高端大客户，但这一块市场竞争已经非常激烈，而且随着直接融资的进一步发展，一部分高端客户还会脱离传统的银行融资模式。对于开发银行来说，由于自身业务运作模式限制，很难像其他商业银行那样拓展新的零售业务市场。在负债业务上，商业化转型从法律上改变了银行的机构属性，也就意味着不再享有政府信用和主权评级，需要靠自身的独立信用在市场上发债融资，与此前明确的政府信用基础相比，债券风险会上升，银行需要向投资者支付相应的风险溢价，使融资成本提高，特别是在市场流动性趋于紧张的情况下，银行需要为其中长期业务匹配债券融资，即使设置可提前赎回期权或发行浮动利率债券等，往往也需要支付相对更高的融资成本，并且还要承担资产与发行债券的收益率不对称变化而导致息差进一步收窄的风险。在银行经营压力过大而出现较大规模的流动性风险敞口时，若市场环境不利，其主要依赖债券融资的模式将使经营变得更加困难，进而可能陷入资金来源不稳乃至出现“发债难—融资成本上升—更难发债”的恶性循环。

从理论上讲，商业化转型后可以摆脱原来在组织架构与人力资源等方面受到的约束，但实际上在短期内基本不可能去扩张投资，设立大量的机构网点等基础性银行服务设施，特别是由于缺乏管理众多网点的经验，一旦某个网点出现风险，将会伤害银行信用，从而累及其批发式的债券融资业务。这些情况可能意味着，商业化后的开发银行也很难改变现有的业务运作模式，而坚持这种业务运作模式定位，又难免与其完成商业化的改革目标存在着不协调之处。

第三，在上述两方面问题可能影响开发银行商业化改革顺利推进的情况下，需要重点关注其对经济与金融体系产生的外溢冲击效应。一是开发银行在商业化目标压力下可能收缩或减弱原来坚持的开发性业务力度，这会直接导致一些瓶颈领域缺乏资金支持，甚至包括一些具有重大战略价值的国际性项目也因不符合商业化运作与监管的要求而被舍弃（这类项目是无法采取招投标方式运作的），这种结果显然不利于中国的经济社会发展。二是开发银行对金融体系的影响。目前来看，开发银行启动商业化改革后，其在债券市场发债融资的条件已经与另外两家政策性银行有所区别，按照商业银行的监管要求，一方面，开发银行债券风险权重上升，使得其他商业银行继续投资开发银行债券需要占用资本金，另一方面，由于受到投资单一客户授信总量所占比例的约束，其他商业银行已不能像以

前那样无限制地投资于开发银行债券，导致其债券的市场需求量受到较大的限制。这两个方面都导致开发银行债券发行利率上升，增加其发债融资成本，挤压息差空间，进而影响其业绩和信用。开发银行目前是中国债券市场仅次于政府的第二大发债融资主体，2009 年末的未偿债券存量高达 3.27 万亿元，如果其债券融资出现较大波动与困难，可能不仅是开发银行自身的问题，而且会通过债券市场影响其他的银行机构，增加金融体系的不确定性。尽管开发银行还处于商业化转型的过渡期，但 2009 年这种问题与风险已经开始在市场上有所反映，对此应予以高度重视。

国家开发银行要转变为一家标准意义上的商业银行，最终可能需要对以上问题做出取舍，即便如此，对其实施彻底商业化改革的价值可能并不十分明确，尚需进一步探索，这也应包括在制度安排上需要做出适当的调整，以构建一个新的融合性框架。

七　继续推进中国政策性银行改革

基于国内外对金融危机的反思和对政策性金融的重新评估，在推进中国政策性银行改革时，既要正视当前政策性银行存在的各种现实问题，又要尽可能避免受到局部利益争端和一些短期问题的干扰；既要看到过度的干预性政策存在政府失灵的弊端，又要清醒认识到可能会有盲目迷信市场的另外一面。因此，立足于中国经济与金融体系的长期可持续发展与宏观战略性需求，继续研究和推进政策性银行的改革与发展，应重点做好以下方面的工作。

一是加强立法规范。迄今为止中国缺少一部专门适用于政策性银行的法律规章，三家政策性银行在设立时并无明确的立法规范，后来发生的业务调整变化既缺乏相关的法律依据，也没有对应的规章予以约束。随着时间的推移与环境的变化，这种状况一方面导致了政策性银行机构很容易做出倾向于自身利益的各种调整与辩护，在业务发展上可能出现和商业银行之间的交叉竞争；另一方面，也导致金融监管部门难以真正依法有效监管，缺乏明确的适合于评价政策性银行的法规依据，很容易造成混乱与误解。有了明确的法律规范，政策性银行就可以定位清晰，这既避免与商业银行之间出现争端，也有利于提高监管的专业化水平。

二是继续按照分类指导的原则，重新考虑政策性金融机构的布局规划，优化

行业和领域配置，推进政策性金融体系的发展与完善。中国经济社会发展仍然存在大量的瓶颈领域和战略性项目需求，未来城市化进程中的大量公共基础设施建设、保障性住房建设、中小企业的金融服务、“三农”领域的发展、支持产业、“走出去”的竞争、地方信用以及应对大量各种灾害等诸多方面，资金需求规模非常庞大，需要研究设立适当的专业型、区域性的政策性金融机构、以适当的政策性金融服务形式来有效解决融资问题，不宜也不可能将其全部交给市场来选择。

三是继续加快现有政策性银行的改革步伐，包括改革外部监督管理体制和内部管理运营机制。要建立适合于政策性金融业务考核及绩效的评估标准，改善治理结构，建立有效的资本金调整与补充机制，进一步完善经济核算和市场化激励约束机制，提高政策性银行的运作效率，强化风险控制和降低成本，注重效率性与政策性之间的协调，进一步发挥政策性银行的重要作用。

四是要正确认识在发展过程中可能出现的政策性与商业性两类金融业务的交叉问题，以及政策性银行进一步扩大自主性业务范围的问题，避免采取过于简单的市场化评判。随着环境的变化与金融发展，政策性银行的业务范围、经营管理模式等需要随之调整，这应该表现为一个阶段性相对稳定的动态适应过程，在此过程中出现政策性与商业性两类金融业务一定程度的交叉是正常现象，在某个时间段内，可以允许政策性银行继续从事由原政策性业务发展而来的具有商业价值的业务，当这类具有商业价值的业务达到一定规模时，为避免不平等竞争，应考虑采取账户分离或机构分立的调整模式，只要还存在足够的政策性业务规模，就不宜因此而废除政策性银行。在政策性银行自主扩张业务时，只要是符合国家目标，并是商业银行进入较少的新领域，就不宜过多责备其风险过多问题，而应适当予以鼓励，调动其围绕政策目标而自主开展业务的创造性与积极性。

参考文献

[1] 陈元：《由金融危机引发的对金融资源配置方式的思考》，《财贸经济》2009 年第 11 期。

[2] C. P. 钱德拉塞卡：《危机的教训：全球银行业模式存在吗?》，《政治经济学评论》2010 年第 1 期。

[3] 董裕平：《防范同质化加剧系统性金融风险》，《国际金融研究》2009 年第 71 期。

[4] 贾康、孟艳：《招投标方式政策性金融：运转条件、发展空间与相关框架探讨》，《财贸经济》2009 年第 10 期。

[5] 贾瑛瑛：《探索政策性银行转型之路》，《中国金融》2006 年第 10 期。

[6] 李扬：《国家目标、政府信用、市场运作》，《经济与社会体制比较》2006 年第 1 期。

[7] 李扬：《中国金融改革 30 年》，社会科学文献出版社，2008。

[8] 罗学东：《政策性银行的转型思考》，《银行家》2007 年第 12 期。

[9] 王国刚：《发展开发性金融完善市场机制》，《银行家》2006 年第 3 期。

[10] 王学人：《政策性金融转型的国际经验及对中国的借鉴》，《求索》2007 年第 5 期。

[11] 鄢德春：《商业化转型对国家开行金融稳定作用的影响》，《上海金融》2009 年第 9 期。

[12] 詹向阳：《也谈中国政策性银行的转型与改革》，《金融论坛》2006 年第 6 期。

[13] 张平、王宏淼：《转向"结构均衡增长"的战略要点和政策选择》，《中国经济研究报告》2010 年第 122 期。

[14] 张红：《海峡两岸政策性银行转型的理论与实践探索》，《上海金融》2009 年第 11 期。

[15] Gerschenkron, A., *Economic Backwardness in Historical Perspective: A Book of Essays*, Cambridge, Massachusetts: The Belknap Press of Harvard University Press, 1962.

B.21

2010 年中国融资租赁业发展状况

一 中国融资租赁业发展概况

中国的融资租赁业是在改革开放之初由国外引进的。30 年来，通过实践经验的积累及借鉴国外先进经验，中国融资租赁业不断成熟，开始走向规范、健康发展的轨道。2000 年经国务院批准，租赁业被列入“国家重点鼓励发展的产业”，尤其是从 2007 年以来，中国的融资租赁业简直就是突飞猛进，迎来了快速发展阶段，表现在以下几个方面。

（一）从业机构迅速增加

中国融资租赁业快速发展的最重要的标志，是从业机构的迅速增加，从 2004 年的 60 家发展到 2010 年的 200 家左右。大致来看，中国的融资租赁机构分三种类型：一是中国银监会监管的金融租赁公司，像工、农、中、建、交、民、招等商业银行都成立了金融租赁公司，包括 2010 年陆续开业的农银租赁、光大租赁、兴业租赁、昆仑租赁等金融租赁公司，截至目前，银监会审批的金融租赁公司累计已达 17 家。二是外商投资租赁公司，这是由商务部外资司监管的。自 1981 年以来，已累计批准 130 多家，其中 2010 年新批的有 10 多家。从机构类型来说，外商投资融资租赁公司的机构类型比较全面，既有以银行为背景的，也有由跨国公司或专业厂商设立的，还有由投行、私募基金等投资机构设立的独立机构类型。三是商务部市场体系建设司与国家税务总局监管的内资融资租赁试点企业 45 家。2009 年底前，商务部、税务总局联合审批的内资融资租赁试点企业累计 6 批 45 家，截至目前，尚未批准新的试点企业。

（二）融资租赁交易额大幅攀升

2005 年，中国的融资租赁业务规模余额还只有 323 亿元，2007 年猛增到 700

多亿元，2008 年是 1500 亿元，2009 年是 3000 亿元，2010 年将近 4500 亿元，2011 年预计达到 6600 亿 ~ 8000 亿元。

（三）从业机构的回报率不断提高

据目前的不完全统计，2010 年银行系租赁公司股东回报率约 6%，非银行系租赁公司股东回报率约 15%，因为非银行系租赁公司财务杠杆比例高，可以撬动资金 1∶10，资金流转快，而银行系租赁公司成立时间短，杠杆率低。

融资租赁业发展迅猛的原因在于越来越多的企业开始接受融资租赁的理念，不再要求所有权，从重资产的经营模式向轻资产的经营模式转换，同时，借助融资租赁装备行业也有扩张的冲动。

二　中国融资租赁业发展中面临的制约

尽管中国的融资租赁业取得了长足的进步，然而，与发达国家相比及与国内旺盛的市场需求相比，其市场规模和市场深度都是远远不够的。

在国际资本市场上，融资租赁业是仅次于银行信贷的第二大融资方式。全球目前通过这一方式完成的投资高达 25% ~30%。与发达国家相比，中国融资租赁交易额在资本市场中的份额微乎其微。这里有两个指标：其一，交易额。2005 年，美国、日本、德国分别以 2040 亿美元、621 亿美元和 398 亿美元位居全球融资租赁交易额前三名，而我国仅为 22 亿美元。其二，融资租赁渗透率，即租赁交易总额和固定资产投资总额的比率。2005 年，美国的融资租赁渗透率达到 30% 左右，德国为 18%，OECD 国家为 15% ~30%，而中国只有 3%。可以设想，中国的融资租赁渗透率如果达到发达国家 10% ~15% 的平均水平，全国的租赁规模应在 10000 亿 ~16000 亿元，而目前市场尚有 96% 以上的空白，远未达到应有的规模。

中国融资租赁业面临的制约主要有如下几个。

（一）财税政策约束

在融资租赁业发展的初期，往往需要制定和实施优惠的财税政策，以便提高融资租赁的行业竞争力。然而，由于产业定位、法制环境等方面的影响，中国的

融资租赁业一直缺少合理的财税政策的鼓励和扶持。在财税政策上，没有专门针对融资租赁业的财政拨款，更没有政策性银行向融资租赁公司提供优惠的中长期贷款。在税收政策上，仅中外合资租赁公司有免二减三的企业所得税优惠政策，内资企业则不享受此优惠政策，而且针对融资租赁的营业税普遍偏高，给融资租赁的发展带来了沉重的负担。又比如，按照新实施的增值税暂行条例，企业如果向银行贷款购入固定资产，那么企业就可以取得固定资产的增值税发票，从而可以在其销项税中抵扣购入固定资产所包含的增值税进项税额。但是如果企业向融资租赁公司租入固定资产，由于融资租赁公司无法出具增值税发票，企业就无法抵扣其固定资产中的增值税进项税额。可见，对于企业来说，同样是融资手段，利用银行贷款就会比利用融资租赁节省17%的成本。

令人欣慰的是，国家税务总局在2010年第13号《关于融资性售后回租业务中承租方出售资产行为有关税收问题的公告》中，明确规定对于回租业务不再征收增值税。这表明税务当局已正视融资租赁在税收环节上的不公平对待问题，并采取了实际行动。人们期待着，政府能够对其他融资租赁业务实行税收优惠政策。

中国融资租赁行业依然处在发展初级阶段，在缺少国家优惠财税政策和完善的会计制度的环境下，融资租赁公司的资金成本过高，导致客户通过融资租赁方式融资的成本远高于银行贷款的融资成本，使融资租赁业务缺乏竞争力。可见，财税政策严重抑制了融资租赁的发展空间，严重制约了融资租赁行业的发展。

我们建议，应明确融资租赁业务中固定资产增值税的抵扣问题，并统一融资租赁行业内各企业的税负，做到政策的合理化和统一化。

（二）出租人融资渠道约束

因为缺少应有的政策法规优惠，所以融资租赁行业的融资渠道比较狭窄。目前，融资租赁公司的资金多来源于短期的信托存款或银行短期贷款，但其资金使用却具有长期的性质，导致资金与负债在期限上不匹配，使众多融资租赁公司普遍存在资金缺口。

在融资渠道方面，具有外资背景的融资租赁公司一般处境要好些。按照国家外管局2005年颁布的第74号文件，外资背景的融资租赁公司被允许向国外借入外债。如果这些融资租赁公司的外方股东资金雄厚，那么一般来说这些融资租赁

公司的资金便不成问题。

再看具有银行背景的金融租赁公司。尽管这些租赁公司具有银行背景，但是其融资能力实际上也受到很大限制。由于大部分融资租赁公司的母公司都是上市的银行，其向母公司的融资被作为关联方交易受到投资者的关注，所以很多有银行背景的金融租赁公司都主要靠资本金。虽然按照规定它们可以参与银行间市场交易，但是需要至少有两年的赢利年度才能申请，所以，目前它们无法从银行间市场拆借资金。即使将来这些金融租赁公司可以参与银行间拆借市场，它们也无法获得长期资金来源，因为银行间市场主要是短期头寸的拆借。

最后，再看内资的融资租赁公司。这些公司大致可分为两种，第一种是大型厂商设立的融资租赁公司，如柳工、厦工、三一重工等设立或者控股了的融资租赁公司。对于这部分融资租赁公司来说，筹措资金就成为令人十分头痛的事情。目前，大部分这类融资租赁公司都向银行借款。一方面，银行贷款利率基本都受人民银行的监管，融资租赁公司的资金成本会比较高。另一方面，银行会要求厂商提供担保或者给予回购承诺。这些担保义务会使生产商的资产负债表恶化，损害其主营业务进一步融资的能力。第二种是独立的第三方的本地融资租赁公司。目前这类公司生存非常困难，它们基本上没有任何可靠的资金来源。

（三）融资标的物选择约束

在市场经济依然处于体制不健全、现代信用制度不完善的背景的现状下，融资租赁的业务需求没有形成市场规模，直接导致中国融资租赁公司在具体的业务经营上受到很多制约，只能针对一些具体的产品开展租赁业务，为承租人提供的融资租赁标的物的选择范围非常有限。

就目前而言，在中国的融资租赁交易中，交易的品种常常是造价高、通用性强、具有良好保值性能的大型设备，如飞机、船舶、工程机械设备等，融资租赁交易的品种非常有限。造成融资标的物选择约束形成，既有中国承租人租赁观念的影响的原因，也有融资租赁公司自身出于风险考虑而只针对一些大型租赁资产开展融资租赁业务，不敢针对其他一些有需求的产品开展相应的融资租赁业务的原因。目前，很多融资租赁交易中的承租人都是大型国有企业，融资租赁公司针对中小企业的业务很少，出租人不能形成规模化的经营效应。受融资租赁标的物的约束，更多的潜在市场没有得到有效开发，严重阻碍了中国融资租赁行业的发展。

（四）融资租赁模式约束

中国的融资租赁业在发展过程中，由于对融资租赁行业的认识不深入，导致融资租赁业片面强调融资功能，忽视融资租赁的投资功能、促销功能和资产管理功能。长期以来，中国融资租赁业处于多头监管的情况下，各部门出台各种不同的政策来指导融资租赁公司的行为，导致在业务模式的设计上受到不同的政策限制。同时，国家也缺乏对整个融资租赁业务创新的政策引导，特别是很多生产型企业不能有效地开展融资租赁业务来促进企业的发展。加上我们对融资租赁理论的研究远远不能适应融资租赁实践的需要及对融资租赁的各种功能认识不清等，这些因素导致中国融资租赁业的经营模式还属于粗放型的。从具体的业务模式来看，目前的业务模式依然以直接租赁为主，融资租赁交易中很少出现诸如售后回租、转租租赁、委托租赁及厂商租赁等融资租赁现实，更是缺少融资租赁的衍生租赁形式，例如杠杆租赁、分成租赁、风险租赁、项目租赁等。企业通过融资租赁方式获得设备的优势并不明显，业务模式创新约束使融资租赁业的发展不能适应经济发展的需要，削弱了融资租赁业务的市场吸引力。

表1　融资租赁的主要方式

融资租赁方式	主　要　内　容	特　　点
直接融资租赁	租赁公司用自有资金、银行贷款或招股等方式，在国际或国内金融市场上筹集资金，向设备制造厂家购进用户所需设备，然后再租给承租企业使用的一种主要融资租赁方式	租赁当事人直接见面，对三方要求和条件都很具体、很清楚
回租式融资租赁	承租人将自有物件出卖给出租人，同时与出租人订立一份融资租赁合同，再将该物件从出租人处租回的租赁形式	承租人和出卖人为同一人
转租式融资租赁	以同一物件为标的物的多层次融资租赁交易。其中，上一层次的融资租赁合同的承租人，同时又是下一层次融资租赁合同中的出租人，称为转租人	各层次的融资租赁合同的标的物必需是同一的，租赁期限应该也是同一的
融资租赁的衍生形态，包括杠杆租赁、分成租赁、风险租赁、项目租赁等		

（五）信用环境约束

在融资租赁实践中，还有一个重要因素对行业发展形成了约束，那就是转型

时期市场较差的信用环境。从长远来看，这是制约融资租赁业发展的最根本的问题。可以说，如果没有一个全国统一的征信体系，就不能对违约者形成强有力的约束，不能为出租企业提供有力的保护。没有一个健康良好的信用环境，也难以在设备制造商、出租人、承租人之间形成良性循环，从而会大大降低合同的有效性。在实践中，浙江一些汽车租赁企业被迫自发组成行业黑名单以提高自我保护能力。一些设备租赁企业强制性规定"承租企业法定代表人个人承担无限赔偿责任"、"制造企业对所售设备承诺回购"等办法，就是为了在目前的信用环境下提升自己的风险防范能力。如果有全国统一的征信体系，情况就将明显改善。目前，这一问题已经不仅是租赁行业，也是很多领域发展的制约。

（六）市场门槛约束

融资租赁市场门槛太高。银监会规定，金融租赁公司最低注册资本为 1 亿元或等值自由兑换货币。商务部规定，外商投资中小企业融资租赁公司注册资本不低于 1000 万美元。根据商务部等部门发布的关于内资租赁企业从事中小企业融资租赁试点的规定，中小企业融资租赁试点企业应满足：2001 年 8 月 31 日（含）前设立的内资租赁企业最低注册资本金应达到 4000 万元，2001 年 9 月 1 日至 2003 年 12 月 31 日设立的内资租赁企业最低注册资本金应达到 17000 万元。

由于门槛太高，阻碍了轻型的、地区性的、专业型的中小企业融资租赁公司进入这个行业。目前银行系的金融租赁公司，主要业务都集中在大型设备上，如飞机、轮船等。中小业务才是核心，因为中小企业更加缺乏信用资源，获得银行中小企业融资的能力更差。但是，银行主要是按照类型来确定风险级别，难以了解各个主体的特性。

中国的融资租赁依然属于一个朝阳产业，其市场的开拓与发展迫切需要政府的扶持。在新时期背景下，从中国融资租赁面临的各种约束的研究来看，中国融资租赁的发展必须以消除约束为前提。只有选择一系列有针对性的对策，才能消除中国融资租赁在发展中的制约，释放融资租赁业的巨大潜能。

B.22

沪深300股指期货运行评估

沪深300股指期货自2010年4月16日启动以来，交易活跃，运行平稳，总体符合试点的预期，还需在市场制度、产品设计、投资者结构、风险防范体系等几个维度进一步加以完善，以扩大金融期货市场的深度与广度，为资产管理者提供更为有效的途径。

一　市场制度设计的亮点和完善

（一）股指期货的产品设计较为科学、合理

根据国际证监会组织（IOSCO）技术委员会2003年对指数衍生产品的原则性建议，衍生品合约设计时应最大限度地减少可操纵的空间，在合约到期时促进衍生产品与现货市场价格的有序收敛。从沪深300股指期货自上市以来的实际运行来看，完全符合这一标准。

第一，从标的指数的选择来看，中证指数公司编制的沪深300指数，由A股中规模大、流动性好、最具代表性的300只股票组成，能够较好地反映A股市场整体表现。具体表现在：第一，股票数量较多，整体代表性好。相比国际市场上主流的股指期货合约的标的指数，沪深300的成分股个数也位于前列。第二，从市值占比来看，2010年底，沪深300成分股的综合市值占到沪深A股总市值的63%，流通市值占到全市场的28%，具有代表性。第三，从个股权重集中度来看，沪深300权重最高的成分股所占权重一般也不超过3.5%，低于世界上其他主流的股指期货标的指数成分股最大权重，通过操纵个股以图操纵股指期货价格的做法基本不可能。沪深300股指期货主力合约（当日成交量最大的合约）与股市的沪深300指数自身走势相当一致。沪深300股指期货主力合约每日的结算价偏离沪深300现货指数平均仅7.7‰，72%的天数偏离在1%以内。这虽然比

国际其他主流市场高，但是就运行初期股指期货并未完全放开，且 A 股市场不能做 T +0 交易而言，已是相当成功了。

第二，从合约的设置来看，已经避免绝大部分可能的技术性操纵和系统性风险。具体来说，第一，合约面值较大且合理，参与门槛较高而又不失流动性。市场的参与者中投机性投资者所占比例较小，参与者整体水平较高、较为理性，投资的周期也相对较长，系统性风险相对较低。第二，目前合约的保证金率较高，可以较好地防范违约风险，降低短期市场波动性，维持市场稳定。第三，目前对投机账户施行的持仓限制制度有助于抑制市场操纵，保护中小投资者利益，而套期保值账户则不受这一限制，有利于期货市场风险管理功能的发挥。第四，沪深 300 结算价和交割结算价的设定使得到期时不会产生系统性风险。目前设定的结算价为交割日最后两小时现货指数的算数平均价，使得通过操纵现货市场来影响期货交割价的行为近乎不可能。这点也在实际运行中得以证明，至今的每一次交割都非常平稳，期货和现货市场表现波澜不惊。

（二）股指期货交易结算制度安排较为合理

在股指期货交易中，中金所充当所有交易方的交易对手。中金所与目前沪、深证券交易所不同之处在于中金所集交易与结算职能为一体，并充当所有交易前端控制的最终执行者，因此对交易所的制度设计和管理流程提出了更高要求。

为确保股指期货交易的顺利运行，避免违约风险集中爆发，中金所率先在国内采用分级结算体系，即中金所只向具有结算资格的会员单位进行结算，具有结算资格的会员单位向非结算会员和客户进行结算。分级结算体系便于在出现市场系统性风险的时候设置多级保护措施，即按不同级别的会员依次对下一级会员进行风险控制，并由具有交易结算资格的会员每年交付一定的结算担保金作为风险储备。为此，中金所实行交易所会员分类管理，总共设置四类会员：交易非结算会员、交易结算会员、全面结算会员与特别结算会员。

交易会员可从事经纪或者自营业务，但不能与交易所直接结算，而应通过结算会员办理结算业务，但并非所有结算会员都可代理交易会员的结算业务。交易结算会员只能为其受托客户办理结算、交割业务。全面结算会员既可为其受托客户也可以为与其签订结算协议的交易会员办理结算、交割业务。

分层结算制度强化了中金所的整体抗风险能力，仅资金实力雄厚、管理经验丰富的机构才能成为结算会员。一方面，通过层层分级、分层、分散的办法可以有效地避免风险，一些局部的风险在结算会员层面就可以解决掉，避免了市场对交易所的正面冲击，有利于分散风险，提高结算效率。另一方面，结算会员可根据自身实力选择交易会员进行结算，并采取有效的风险控制措施进行监控，分级结算可将交易所监控交易会员风险状况的职能部分下放到结算会员，采取更细化的管理模式。

对于超过结算会员承担能力以外的风险事件，则采用结算担保金制度。作为联保制度，当个别结算会员出现违约时，在动用完该违约结算会员缴纳的结算担保金之后，可要求其他会员的结算担保金按比例共同承担该会员的履约责任，这是结算会员之间实现风险分担的办法。不同会员承担的履约比例是不同的，每个结算会员根据业务量按照比例分担结算担保金总额。结算会员层次越高，说明它的实力越强，可以从事的业务越多，但同时承担的风险与义务也越大。

（三）投资者结构及相关制度有待完善

目前的投资者主要以早期具有商品期货及股票现货交易经验者为主，而对于以基金、券商、保险资金为代表的机构投资者参与股指期货交易的市场准入和准备，监管层一直持相当谨慎的态度。特别是基金管理公司管理的资产总量较大、投资者分布范围较广，对于基金参与股指期货的准入审核、运作管理以及风险控制等方面的要求更加细致和严格，具体来看有几方面。

第一，证券基金参与股指期货的相关安排及其局限性。《证券投资基金参与股指期货交易指引》明确了证券投资基金参与股指期货投资的主要目的、管理原则、禁止性行为、允许参与股指期货投资的基金产品类型、各类基金产品参与股指期货投资的比例限制、基金参与股指期货投资前必须完成的准备工作（包括参与模式、人员构架、管理制度、系统设备等方面）以及必要信息披露的要求。

基金参与股指期货投资的进程相对缓慢，老基金可能面临需要召开基金持有人大会对基金契约修改等问题进行表决的程序，对于新基金如申报材料中将股指期货纳入投资范围可能也会延缓产品的审批速度，即使对于将股指期货投资写入产品申报材料并获批的基金产品，已经完成股指期货开户的基金产品暂时也还未进入实质性的操作阶段。其中，障碍可能主要在于对相关业务流程中所涉及的操作细节的规定还不够明确和具体，有关基金参与股指期货投资后的基金资产估值方法也是障碍之一。

2011 年 1 月中国证券业协会发布的《证券投资基金股指期货投资会计核算

业务细则（试行）》则为基金参与股指期货投资的正式开闸扫清障碍，对将金融衍生品纳入允许投资范围后对基金资产合理估值方法的补充和完善，也为《交易指引》中有关投资比例限制要求的实施提供了操作依据，最终的目的是切实保护基金持有人的合法权益、保障基金产品的正常运行。

目前的各项制度和业务指引都要求基金产品参与股指期货应以套期保值为目的，中金所的《套期保值管理办法》要求申请套保额度时，先有现金或现货资产证明，才能申请套保额度。这总体上是合理可行的，但在一定程度上仍限制了套期保值的应用。例如，一些对冲策略要求现货和期货的反向建仓和平仓应该是同步的，但基于上述制度，现货和期货建仓时间会有1～2周的时间差，不利于一些对冲策略的正常进行。

第二，托管银行的角色定位。中金所的四类会员中，前三类会员均已实际存在，唯独特别结算会员仍处于空缺状态。如果托管银行拥有中金所的特别结算会员资格，那么托管银行就可以为其所托管的基金提供股指期货结算服务。这也是基金参与股指期货交易中结算通道比较便利的一种实现方式。如果托管银行不具有中金所的特别结算会员资格，而仅是作为保证金存管银行，那么基金必须通过具备中金所结算业务资格的期货公司来进行结算，为了确保托管银行所托管的基金资产不流出托管银行的监控范围，那么基金需要在托管银行开设保证金专用账户，为基金提供结算业务的期货公司也需要在该托管银行设立专用的结算账户，那么基金资产的托管账户、基金产品的保证金账户、期货公司专用结算账户在同一托管银行内完成资金往来循环，这种模式的优点是托管银行作为保证金存管银行的业务在商品期货交易中已经比较成熟。

如果托管银行仅作为保证金存管银行，那么在股指期货交易中就会产生资金划拨和转账的过程，目前中金所又不接受政府债券抵充保证金的做法，那么资金划拨就需要托管银行操作，同时基金会计核算又需要在日内手工调整头寸数据，对于基金的现金压力增大，风险控制的要求也会相应提高。

第三，保证金存管中心制度与基金的估值问题。中金所实行的保证金存管中心在一定程度上将证券交易所、期货交易所等金融子市场之间的关节打通，形成集资金、信息于一体的统一监管平台，成为金融期货中突出的制度创新形式。

在现有业务模式下，基金资产估值的数据来自交易所和登记结算公司每日推送的交易明细、证券清算数据和资金交收数据，隶属不同基金的数据都独立形成

格式标准的数据文件，可以保证数据来源的可靠性和合规性。

中金所集交易职能和结算职能为一体，并采用分级结算，基金所需的与股指期货交易有关的估值数据文件只能通过期货公司来推送，一方面数据来源的合规性可能存在问题，另一方面需要期货公司对中金所给其的结算数据包中分拆出有关同一基金的结算数据，那么数据来源的可靠性也是个问题，同时不同期货公司所推送的数据文件格式的不统一也可能给基金资产估值增添麻烦。

如果保证金存管中心可以提供结算数据，在一户一码的框架下数据来源的可靠性和合规性就不会存在问题，但目前，保证金存管中心目前仅提供查询功能，未提供数据推送功能，这需加以改进。

二　开展套期保值仍存在障碍

在海外成熟市场，共同基金运用金融衍生工具是一个普遍的现象，衍生工具在基金的风险管理和资产配置方面的地位日益重要。套期保值成为共同基金运用股指期货等金融衍生工具的主要目的。这是由于套期保值业务不仅能规避系统性风险，而且能提高共同基金的风险收益。

我国的共同基金在运用股指期货等金融工具时，应借鉴海外市场的成功经验，以套期保值为主要目的，尽量避免因投机导致的损失。参照印度和中国台湾地区的经验，在股指期货市场刚起步的情况下，规定共同基金运用股指期货仅限于套期保值，并且对套期保值规模进行适当限制，从规模占比50%开始再逐步提高到80%甚至100%，从而在制度上保障了共同基金对金融衍生工具的正确运用。股指期货等金融工具对共同基金而言，并不是可有可无的投资产品，而是进行有效的风险管理和提高业绩的必备工具，在制度上保障共同基金正确运用股指期货和期权等金融衍生工具的同时，也要加紧开发一系列的金融工具，全面促进证券市场的稳定、健康发展。

（一）A股市场的投资者结构及其投资策略

截至2010年12月底，沪深300股指期货市场资金总规模为605亿元，其中个人投资者为487亿元。开户投资者数量为60937个，个人投资者为59812个。投资者参与数为19529个，投资保证金为98.7亿元，成交量为155万手（其中

成交套保量为 2 万手，成交投机量为 153 万手），持仓量为 6 万手（其中持仓套保量为 2 万手，持仓投机量为 4 万手）。总体看来，当前沪深 300 股指期货市场仍以个人投资者为主体。

从基差运行情况看，在股指期货刚推出的 4、5 月份，基差变动较大，之后平稳运行了一段时间，而在 10 月初行情启动之后，基差又剧烈变动起来，当期指走势渐趋平缓之后，基差又运行到正常区间。之后进入 11 月、12 月以及 2011 年 1、2 月，基本没有套利空间。可见，沪深 300 股指期货价格运行日趋合理，投资者也日趋理性。

表 1　沪深 300 股指期货投资策略及其资金占比

单位：%

投　资　类　型	资金占比
日内高频交易（当日开平超过 5 次）	36
日内短线交易（低于 5 次）	28
中短期交易（持仓超过 1 个交易日，但短于 10 个交易日）	26
趋势交易（持仓超过 10 个交易日）	8

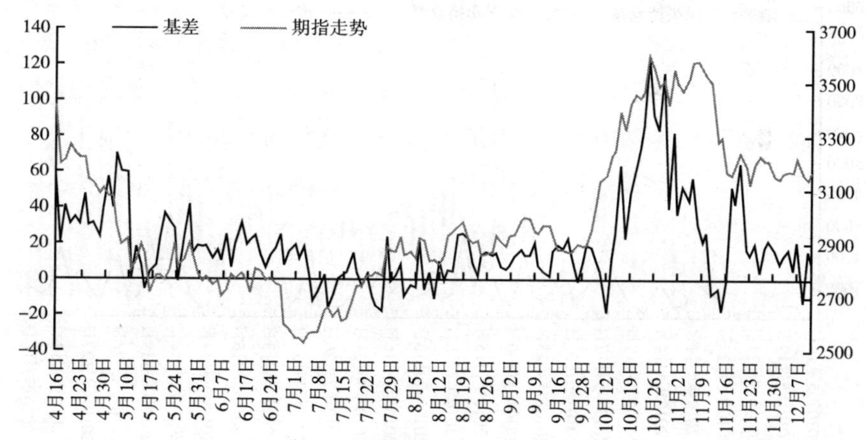

图 1　日频率基差序列及期指走势

（二）券商参与股指期货交易，套保额度已使用六成

目前，参与股指期货交易的投资者应根据从事套期保值交易、套利交易、

投机交易等不同目的分别申请客户号。以投机交易为目的的客户有持仓限制，每种合约最高持仓不得超过 100 手。有大规模套期保值需求的投资者，可以向交易所申请套期保值额度，不受最高持仓规模的限制。套期保值额度由交易所根据套期保值申请人的现货市场交易情况、资信状况和市场情况审批，批准的套期保值额度不超过其所提供的套期保值证明材料中所申报的数量。

截至 2010 年 12 月上旬，以中信证券、国泰君安、招商证券为代表的 30 多家证券公司的自营业务开设了股指期货套期保值账户，经初步测算，这些券商在股指期货上动用的资金规模合计已经达到批准额度的 60%，大约 15000 手合约。除自营业务外，券商在资产管理业务上也已经涉足股指期货领域。目前，证券公司资产管理业务已经有 30 多个产品参与了股指期货，其中以套利交易为主。基金专户理财产品 9 月份以来也开始积极申请参与股指期货，国投瑞银、汇添富、大成基金和易方达都已向中金所成功申请到股指期货交易编码。但是到目前为止，基金公司实际参与股指期货交易的账户并不多，最多也是交易几手合约以测试系统。

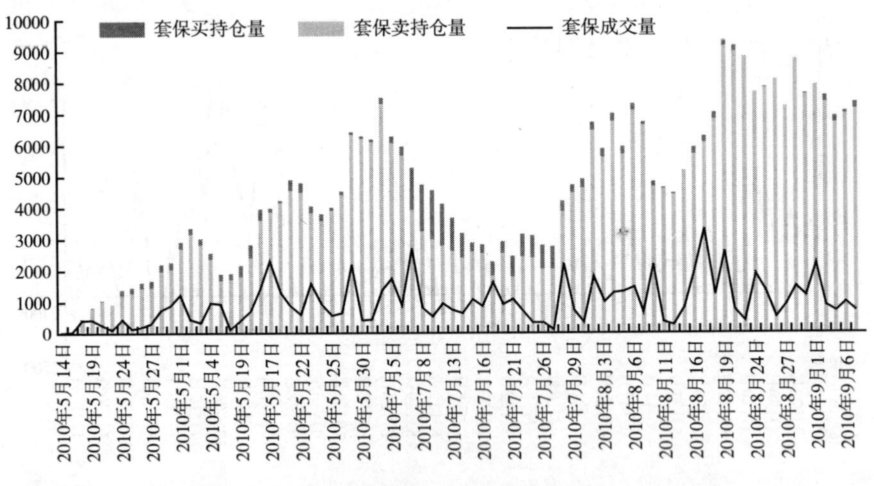

图 2　沪深 300 股指期货市场的套保参与情况

中国证监会 2011 年 1 月发布的关于《合格境外机构投资者参与股指期货交易指引》（征求意见稿），对 QFII 参与股指期货做出的相关规定，与国内证券投资基金和证券公司参与股指期货相关规定存在一些差异（见表 2）。

表2 中国证监会就QFII、证券投资基金和证券公司参与股指期货的规定差异

	QFII	证券投资基金	证券公司	
			自营业务	资产管理业务
交易类型	只能从事套期保值交易	以套期保值为目的，保本基金及中国证监会批准的特殊基金品种除外，债券型基金、货币市场基金不得参与股指期货交易	以套期保值为目的，不以套期保值为目的参与股指期货交易的，应当经中国证监会批准，有关规定另行制定	以套期保值为目的，其中，专项资产管理业务不得参与股指期货交易
交易头寸限制	在任何交易日内，合格投资者的股指期货成交金额（不包括平仓）不得超过其投资额度	基金在任何交易日内交易（不包括平仓）的股指期货合约的成交金额不得超过上一交易日基金资产净值的20%		
持仓头寸限制	在任何交易日日终，合格投资者持有的股指期货合约价值不得超过其投资额度	持有的买入股指期货合约价值，不得超过基金资产净值的10%。开放式基金在任何交易日日终，持有的买入期货合约价值与有价证券市值之和，不得超过基金资产净值的95%。封闭式基金、开放式指数基金（不含增强型）、交易型开放式指数基金（ETF）在任何交易日日终，持有的买入期货合约价值与有价证券市值之和，不得超过基金资产净值的100%。持有的卖出期货合约价值不得超过基金持有的股票总市值的20%	证券公司自营权益类证券及证券衍生品（包括股指期货）的合计额不得超过净资本的100%，其中股指期货以股指期货合约价值总额计算	证券公司集合资产管理计划在任一时点，持有的卖出股指期货合约价值总额不超过集合资产管理计划持有的权益类证券总市值的20%，持有的买入股指期货合约价值总额不超过集合资产管理计划资产净值的10%

（三）放松机构投资者入市限制，完善投资者结构

为改变以散户为主的客户结构，监管层和交易所应进一步拓展套期保值额度申请和审批的灵活性，以方便机构投资者的投资策略实施，证监会基金部则可以通过对基金产品设计和创新的审批，引导公募基金积极入市。

除传统产品外，应将未来产品设计的重点转到股指期货衍生品上，尤其是基金公司应提出产品设计方案。而发展迅猛的分级基金或会暂缓申报，已经加速扩

容的ETF则会向主题、策略类产品转移，拓展产品纵深度。加大开发股指期货衍生品，早日推出挂钩股指期货的基金产品。当然，基金经理也应及早熟悉股指期货的交易规则并对运用策略进行演练。

三　未来的政策取向

Alpha/Beta的投资理念将成为未来资产管理行业发展的方向，未来的资产管理将呈现Alpha绝对收益产品与Beta相对收益产品各自发展的局面。Alpha产品还处于发展的初级阶段，随着金融创新的不断成熟完善，Alpha类的绝对收益产品将成为使用股指期货等衍生品的主力，多空策略、市场中性策略等各种不同的投资策略将成为Alpha类产品的创新基础。Beta类产品的发展相对成熟，股指期货的推出将使得杠杆型、反向型ETF的出现成为可能，进一步丰富资本市场投资工具的种类。

为进一步完善股指期货市场，需进一步提高机构投资者的参与力度，完善投资者结构，提高机构投资者参与力度；完善市场结构，进一步加强投资者教育，使投机、套利和套保比例趋于合理；加快开发与股指期货挂钩的基金衍生产品；研究开发国债期货、外汇期货等其他类型的金融期货品种；着手研究股票期权合约的设计。

B.23

中国商业健康保险的发展

2010 年，中国新医改方案发布实施进入第二年，中国医药卫生体制改革的探索仍在艰难进行，随着“湛江模式”的涌现，商业健康保险在医疗保障体系中的作用愈受关注。当前，中国商业健康保险业仍处于起步时期，应不断探索行业经营规律，力求在经济社会中发挥更大作用。

一 中国商业健康保险的发展现状与问题

（一）2010 年发展概况

1. 保费收入

2010 年，健康险保费收入为 677.5 亿元①，同比增长 18.04%，保费较快增长的主要原因是健康险的经营呈现“寿险化”倾向，兼顾健康保障功能和理财功能的分红险成为各大公司主推的健康险产品，对理财功能的强调有利于扩大保费规模。商业健康保险保费收入占人身险保费收入的比例为 6.37%，与上年基本持平。

2. 市场格局

2010 年，4 家专业健康保险公司保费收入为 96.7 亿元，占商业健康保险总保费的 14.3%，比 2009 年提高了 3.1 个百分点，这 4 家公司分别是中国人民健康保险股份有限公司、平安健康保险股份有限公司、昆仑健康保险股份有限公司、和谐健康保险股份有限公司。其中，和谐健康保险股份有限公司经中国保监会 2010 年 2 月批准，由瑞福德健康保险股份有限公司更名而来，后者的原股东将 3 亿股股份（占股本总额的 100%）转让给安邦财险和中乒投资集团有限公

① 中国保监会网站，以下区域市场数据也源于中国保监会网站。

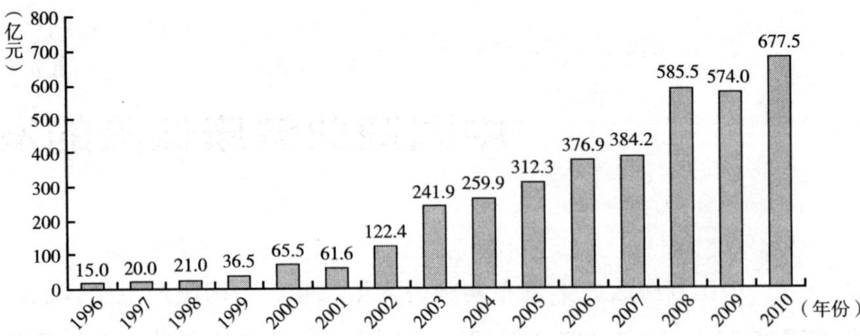

图1　1996～2010年健康险保费收入

资料来源：1999～2010年数据源于中国保监会网站；1996～1998年数据源于《2005中国人身保险发展报告》。

司，由安邦财险控股99%。

3. 区域市场

2010年，有23个省（市、自治区）商业健康保险保费收入超过10亿元，较2009年增加2个。其中，北京市商业健康保险保费收入63.97亿元，位居第一位。广东、上海、山东、江苏、四川、河南、河北、浙江、辽宁位居第二至第十位。商业健康保险保费收入排名前十位的地区占60.1%的市场份额（见表1）。

表1　2010年各地区商业健康保险保费收入及排名

单位：亿元

地区	保费	排名	地区	保费	排名	地区	保费	排名	地区	保费	排名
北京	63.97	1	辽宁	23.02	10	陕西	13.64	19	大连	7.46	28
广东	58.48	2	湖南	22.31	11	黑龙江	11.95	20	甘肃	5.88	29
上海	49.04	3	湖北	20.93	12	重庆	11.63	21	宁夏	4.36	30
山东	46.59	4	福建	20.49	13	天津	11.59	22	贵州	4.29	31
江苏	44.39	5	安徽	17.37	14	江西	10.40	23	厦门	4.02	32
四川	34.29	6	深圳	16.45	15	吉林	9.59	24	宁波	3.82	33
河南	31.03	7	云南	15.95	16	青岛	9.18	25	海南	1.76	34
河北	29.52	8	新疆	14.39	17	广西	9.13	26	青海	1.15	35
浙江	27.00	9	山西	13.83	18	内蒙古	8.18	27	西藏	0.21	36

（二）当前商业健康保险存在的问题

1. 在国家医疗保障体系中无足轻重

从国外的经验看，商业健康保险支出无论是绝对值还是在居民消费中的占比都越来越高，商业健康保险已经成为防御疾病风险的重要方式，是国家医疗保障体系的重要组成部分。2007 年，法国和荷兰等国的商业健康保险覆盖率达到90%左右，美国、加拿大、法国、荷兰等国卫生总费用中商业保险赔付占比都在12%以上，美国更是超过35%。① 与此形成对照的是，尽管自21世纪以来，中国商业健康保险赔付占卫生总费用的比例有了一定增长，但始终没有超过1.5%，最近几年一直在1.2%左右的水平徘徊，商业健康保险在国家医疗保障体系中的作用有待提高。

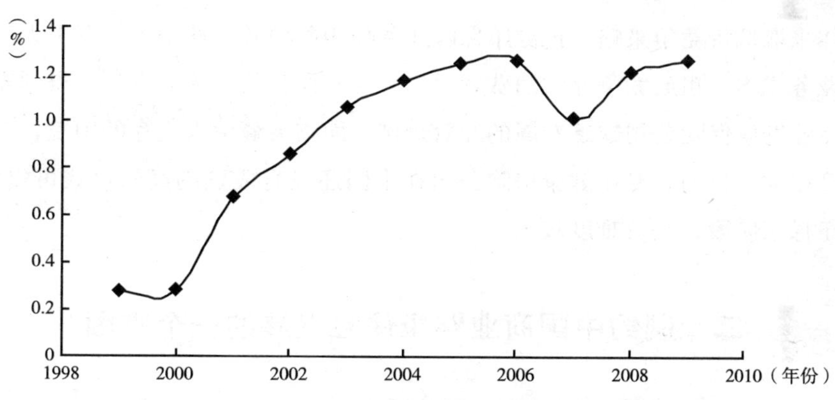

图2　1999～2009 年我国健康险赔付占卫生总费用比例

资料来源：中国保监会网站、《中国卫生年鉴2009》。

2. 基础建设有待加强

医疗信息网络建设是商业健康保险的运营基础，经过十余年的积累发展，中国商业健康保险的基础建设依然没有明显改观。一是没有科学的编码系统数据，数据定义不统一，无法集中、归类、分析。二是信息技术应用水平有待提高，需要建立起专业有效的IT系统。三是数据管理制度有待完善，以解决数据失真和

① OECD Health Data 2007.

流失等问题。四是保险行业内部、保险行业和医疗卫生行业、社保机构之间没有建立起有效的数据共享机制。

3. 医疗风险控制能力有待提高

由于中国医疗资源分布严重不均，保险公司与病源充足的大医院谈判能力有限，很难建立可以影响医院医疗行为和医药费用的深层次合作机制。保险公司主要依靠被保险人的医疗单据进行理赔，没有实现对医院的直接供款，没有形成“风险共担、利益共享”的利益联系纽带，难以介入医疗服务过程，难以控制医疗费用。中国保险公司还没有建立一个覆盖广、效率高、可控制的合作医疗网络。近年来，个别保险公司也在尝试收购医院的股权，通过资本纽带加强对医院的控制，但效果尚不明显。

4. 市场竞争仍需进一步规范

目前，几乎所有的财产保险和人寿保险公司均在经营健康保险业务，部分市场主体采取低价竞争策略，把健康保险业务作为敲门砖，使得市场费率无法真实反映业务成本。粗放竞争导致消费者对健康险多样化的保障需求没有得到充分满足。专业健康保险公司缺乏专属的经营领域，面临夹缝中求生存的困境，市场拓展难度很大。目前，专业健康保险公司在中国还没有成熟的经营模式可资借鉴，仍处于探索阶段，经营难度较大。

二　制约中国商业健康保险发展的一个主因

医疗保障分为基本医疗保障和补充性医疗保障，其中补充性医疗保障主要为了满足多样化的健康需求，为患者解决基本医疗保障之外的需求。国内学者通常认为，由政府主办的社会保险应当覆盖全民——所谓“保基本、广覆盖”。商业保险只能发挥补充作用。从德国和美国的两种典型模式看，情况并非如此。

（一）从国际经验看，商业健康保险获得较好发展的国家都赋予其提供基本医疗保障的职能

商业健康保险之所以在美国和德国获得较好发展，原因之一是其承担了向一部分人群提供基本医疗保障的职能。德国从法律上规定了商业健康保险在基本医疗保障领域的经营对象与业务范畴，为商业健康保险公司留下较大的发展空间。

在德国基本医疗保障体系中，法定医疗保险与商业健康保险并行，同时其保障对象的划分又非常清楚。德国《社会保险法》明确规定，税前年收入低于49950欧元的人必须参加法定医疗保险，而税前年收入超过这个标准的人就不被强制参加法定医疗保险。政府不打算把法定医疗保险覆盖到全体中高收入阶层，这些人可以在法定医疗保险机构或健康保险公司之间进行选择。一旦选择投保商业健康保险，就不得随意退出而参加法定医疗保险，但参加了法定医疗保险的人可以自行决定是否改为参加商业健康保险。目前，在德国，近90%的人投保了法定医疗保险，约10%的人投保了商业健康保险。① 2008年，德国商业健康保险赔付249亿欧元，占德国卫生总费用的9.5%。2004~2008年，德国商业健康保险赔付占全国卫生总费用的比例都在9%以上（见表2），而同期中国商业健康保险赔付占全国卫生总费用的比例在1%左右。

表2　德国卫生费用

单位：10亿欧元

年　　份	1980	1990	1995	2004	2005	2006	2007	2008
卫生总费用	98.5	155.4	186.3	233.5	239.4	245.3	253.3	263.2
其中：								
商业健康保险赔付	—	—	14.3	21.1	22	22.5	23.5	24.9

资料来源：Statistical Yearbook of German Insurance 2010。

商业健康保险在美国发挥主导作用。在美国，政府提供的基本医疗保障计划包括三类，分别是政府医疗照顾计划（Medicare）、政府医疗救助计划（Medicaid）以及军人医疗保健计划。Medicare面向过了65岁生日的老人、65岁以下严重残障人士及需要做肾脏透析的病人；Medicaid面向未到65岁退休年龄的广大贫困成年人及其未成年子女以及无商业保险的未成年人。绝大多数美国人被排除在政府医疗保障计划之外，只能通过购买商业健康保险获得基本医疗保障。2009年，在总计3.04亿的美国人口中，商业健康保险参保人数为1.94亿，占总人口的比例达63.9%；政府医疗保障参保人数为9317万人，占总人口的比

① 本段前述内容主要参照中国保险行业协会和中国社会科学院课题组编著《中国健康保险发展报告2009》，中国财政经济出版社，2010。

例达30.6%；此外，还有5067万人没有任何医疗保障。1987～2009年，商业健康保险参保人数占全国总人口比例平均在70%左右，政府医疗保障参保人数占全国总人口比例平均在25%左右（见图3）。

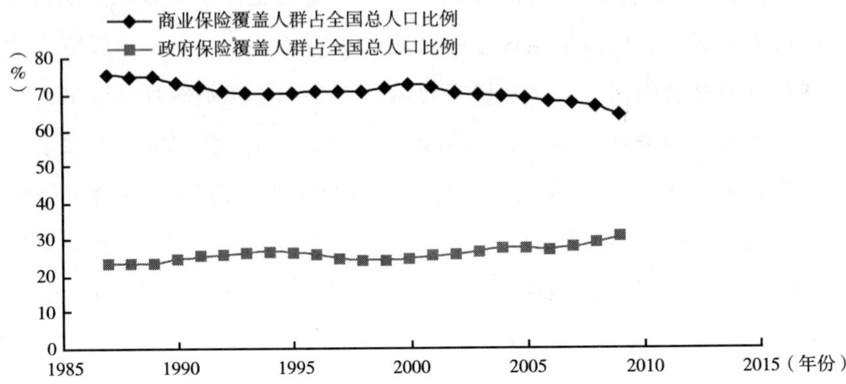

图3　1987～2009年美国商业健康保险和政府医疗保障覆盖人群占全国总人口比例

资料来源：U. S. CENSUS BUREAU：Income，Poverty，and Health Insurance Coverage in the United States：2009。

（二）商业健康保险在中国医疗保障体系中被边缘化

一是商业健康保险被排除在基本医疗保障的提供者之外。2009年3月，中共中央和国务院下发了《关于深化医药卫生体制改革的意见》（以下简称《意见》）。《意见》指出“加快建立和完善以基本医疗保障为主体，其他多种形式补充医疗保险和商业健康保险为补充，覆盖城乡居民的多层次医疗保障体系”。在《意见》中，商业健康保险被界定为补充医疗保险。

二是边缘化的定位导致与新医改方案相配套的政策鼓励措施不够完善，可操作性不强。相比而言，由于商业健康保险在服务民生方面的重要作用，一般国家都会就商业健康保险的发展出台一些特殊的扶持政策。

三是基本医疗保险的保障程度不断提高，挤压了商业健康保险的发展空间。国内部分发达地区的基本医疗保险封顶线已提高到30万以上，导致大额补充商业医疗保险缺乏市场吸引力。

四是鼓励商业保险参与各类基本医疗保障经办管理的政策仍在探索之中。

《意见》指出“在确保基金安全和有效监管的前提下，积极提倡以政府购买医疗保障服务的方式，探索委托具有资质的商业保险机构经办各类医疗保障管理服务”。目前，鼓励商业保险参与各类基本医疗保障经办管理的全国性政策尚未出台，仅有少数地方进行试点。

三　重新思考商业健康保险在中国医改中的作用

一国医药卫生体制由医疗保障体系和医疗服务体系等构成。中国的新医改方案肯定了商业健康保险在医疗保障体系中的补充性作用。在中国医改向纵深推进的过程中，为切实缓解“看病难、看病贵”问题，政府还需要重视商业健康保险在医疗服务体系和基本医疗保障领域中的作用，把其作为国家医疗费用控制战略中的关键环节之一。

（一）商业健康保险是现代医疗服务体系的重要组成部分

1. 传统医患双边市场存在“供给诱导需求”等市场失灵现象

传统医患双边市场模式首先由美国学者 A. C. Enthoven（1993）提出，其运行机制包括以下四个相互联系的方面：一是病人自由选择医生，使得商业保险机构不能通过定点医院等机制汇聚投保人的力量与医生（医院）进行谈判。二是医生自由选择诊治处方，医疗服务的数量由医生自由决定，处方的质量很少受到病人和其他商业机构的审查。三是病人和医生直接就医药费进行谈判，但是病人不具备与医生讨价还价的专业知识。四是按服务付费（fee for service），医生可以通过增加服务数量以增加收入。

“供给诱导需求”是指当医患双方存在信息不对称，且在传统医患双边市场模式下，医疗提供者出于谋利动机，滥用其专业信息优势，诱导病人增加本不必要的医疗服务需求。由于医生拥有患者建议者和服务提供者的双重身份，使得“供给诱导需求”成为可能（舍曼·富兰德等，2004）。

如图 4 所示，假设传统医患双边市场最初的平衡点在（*Q1*、*P1*），*Q1*、*P1* 分别表示医生服务的数量和价格，现在假设医生服务的供给曲线由 *S1* 向右移动到 *S2*，为了增加收入，医生将诱导病人增加需求，这些增加的需求包括过度检查、重复检查、更多的就诊、小病用大药、弃廉药用贵药、尽量用新药或者进行不必要的手术等。因此，对医生服务的需求曲线由 *D1* 向右移动到 *D2*，最后医生服务的价格提高到 *P2*。

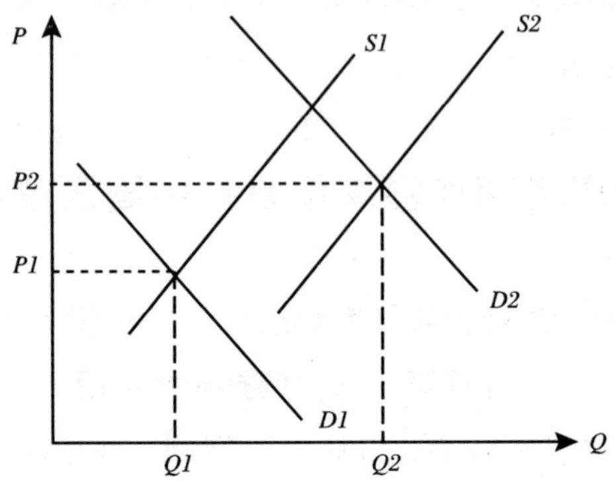

图 4 “供给诱导需求”模型

“供给诱导需求”得到 20 世纪 70 年代及其之前的一系列实证研究的支持。根据舍曼·富兰德等（2004）的考证，对“供给诱导需求”的研究一般可以追溯到谢恩和罗默（1959），以及罗默（1961），他们发现了短期普通医院的每千人床位和每千人住院天数之间的正相关关系。Fuchs（1978）对“供给诱导需求”假设提供了关键支持，他使用 1963 年和 1970 年的数据，估计出：当其他条件不变时，人均外科医生比例每增加 10%，人均手术率就增加 3%。

2. 医患双边医疗市场失灵使得部分发达国家在医疗服务体系中引入商业保险机构，后者成为现代医疗市场的第三方

商业保险在现代医疗服务体系中的地位确立于美国 1973 年医改法案——《健康维护组织法案》（*Health Maintenance Organization Act*）。为了遏制日益高涨的医疗费用，该法案推行管理式医疗保健（managed care），在医疗市场供需双方之外，引入私人保险机构等发起的健康维护组织作为医疗市场第三方，对医生的过度治疗、过度检查、滥开高价药等行为进行管理。在 HMO 的基础上，优先提供者组织（PPO）、混合型组织（POS）等其他宽松管理型的医疗保健形式也取得了长足发展。

1973 年美国的医改法案由共和党尼克松总统推动，被誉为美国医疗费用控制战略的一个里程碑。由保险机构或非营利组织所举办的 HMO 组织，只要为消费者提供法律许可的管理式医疗保健服务，就可以得到贷款许可和启动资金许可。法律要求25人以上的企业必须提供合格的管理式医疗保健计划以供员工选择。保险机构从此成为现代三边医疗市场的重要组成部分，并成为现代医疗服务体系的重要一环。美国2010年医改法案由民主党奥巴马总统推动，依旧认可商业保险机构在提升医疗服务体系运行效率方面所起的作用。

发达国家中并非仅仅美国如此，在德国、英国等经合组织国家，保险机构也通过实施医疗管理，改变了医疗服务体系的激励约束机制和运行方式，融入医疗服务体系之中。

（1）商业健康保险能够提升医疗服务体系运行效率，在一定程度上缓解"看病贵、看病难"问题。

第一，抑制过度医疗行为，缓解"看病贵"问题。国外的一系列研究表明，商业保险机构通过提供管理式医疗保健计划，能够在一定程度上约束医疗供给方的过度医疗行为，降低医疗成本，进而提升医疗服务体系运行效率。勒夫特（Luft，1981）进行了最早的研究，他使用了1959～1975年的数据做统计分析，得出结论：以HMO为代表的美国管理式医疗保险计划，其成员的医疗成本比传统的健康计划低10%～40%，人均住院天数少25%～45%。米勒和勒夫特（Miller & Luft，1994）根据20世纪80年代和90年代早期的文献更新了对费用差异的分析。最近的研究表明，对于那些昂贵的且有较便宜替代品的医疗服务，以HMO为代表的美国管理式医疗保险计划，其成员的使用率平均要低22%（舍曼·富兰德、艾伦·古德曼、迈伦·斯坦诺，2004）。

中国保险机构通过为政府提供基本医疗保障经办管理服务，在控制不合理医疗费用方面做出了有益探索。比如，太平洋人寿承担了江阴市新型农村合作医疗业务的管理和运作工作，通过宏观指标控制和微观个案审核控制两种形式对定点医院的医疗服务实施管理。具体做法包括：其一，每年根据对定点医院的指标监测情况，提议政府修正定点医院考核管理规定和药品诊疗目录；其二，在微观个案审核控制方面，主要是围绕"五个合理"（合理住院、合理治疗、合理费用、合理检查、合理用药）的原则对个案补偿进行审核调查，建立了包括公司驻医院的专管员在内的门诊三级监控制度。据无锡卫生局统计，江阴作为无锡的县级市，2008年其新农合参保人员次均住院平均费用3943元，比无锡平均水平低1274元，同时参保群众满意率一直在97%左右。

第二，引导医疗资源合理配置，缓解"看病难"问题。比如，美国著名的兰德试验表明，管理式医疗保健计划与按服务项目付费的四种传统医疗保险计划相比，预防性就诊次数的比例提高 20% ~100%，入院率和住院天数则大幅降低，改变了大医院人满为患的局面。部分保险公司还推行健康管理和疾病预防，美国夏威夷医疗保险服务公司在 1990 ~2000 年实施“健康通行证”计划，取得了两方面的成效：一方面降低了计划参加者身上的健康危险因素，有 6 个或者更多健康危险因素的计划参加者的数量从 21% 减少到了 14%，有 3 ~5 个健康危险因素的计划参加者的数量从 56% 减少到了 52%。另一方面，减少了住院时间，在住院病人中，计划参加者平均住院时间比不参加者少 2 天（黄建始、陈君石，2007）。

（2）商业健康保险提升医疗服务体系运行效率的机制。

从发达医疗市场的经验看，商业健康保险能够矫正双边医疗市场失灵，缘于引入了一系列提升医疗服务体系运行效率的机制，上述机制主要包括以下三个方面。

其一，医疗网络管理机制。为了建立自己可管控的医疗网络，保险机构通常采用以下两种做法。一是看门人机制。保险机构为投保人指定一名全科医生，负责提供所有初级医疗服务，并协调对高成本医院和专科医生的使用，病人转诊必须获得看门人许可。全科医生可以是保险机构的雇员。二是医疗网络协定。保险机构把投保人对医生或医院的选择限制到一组候选名单上——后者称作“封闭组”，医生或医院想加入“封闭组”必须和保险机构订立网络协定。网络协定的内容主要包括付费方式、诊疗规则、监督机制等。如果医生或医院加入保险机构的网络，能够为其带来市场竞争优势时，他们将选择加入。

其二，对医疗供给方的激励机制。激励机制的目的是把过度医疗所带来的一部分财务风险，以及合理医疗所带来的一部分收益转移给医疗提供者。激励机制的核心是保险机构对医疗提供者的付费安排。目前，较为有效的激励安排包括三种做法：一是按人头付费（Capitation）。这种付费形式主要存在于保险机构主办的健康维护组织（HMO）和全科医生之间。具体做法如下：一方面，所有投保人必须选择一个全科医生注册，后者又称做“守门人”。另一方面，保险机构为每个注册者事先确定一笔固定的费用，并按照注册者人头数量，定期向“守门人”支付款项，无论投保人是否看病。再一方面，人头费中包含一笔转诊费，鼓励“守门人”努力维护和促进投保人的健康。因为转诊患者越多，“守门人”

需支出的费用也越多，收入就越低。二是住院按病种付费（简称 DRGs）。它是保险机构与医院就病人住院费用进行结算的方式，起源于美国，后来也被一部分发达国家采用。其具体做法是：把各种疾病分组，然后根据每组疾病合理住院治疗方案的平均费用状况，为每个 DRG 组别事先确定住院费用水平，无论病人实际的住院成本是多少，保险机构只按事前确定的费用水平支付，把传统的按服务项目付费的制度改为按病种的预付费制度。DRG 制度为医院引入了成本意识，因为医院必须在固定的费用水平范围内完成对住院患者的治疗，还需要加强成本结构管理，否则将承担亏损。三是门诊按服务类别付费 APC（Ambulatory Payment Classifications）。它是保险机构与医院就病人门诊费用进行结算的方式，APC 与 DRGs 的原理类似，是将某些门诊服务类别分组，并为每个 APC 组别事先确定收费水平，是预付费制度在门诊领域的体现。目前，美国的保险机构将门诊诊疗、门诊手术及未住院的急诊诊疗分成将近八百多种服务类别，APC 的医院支付单价是根据全国的标准值，再经过其他因素校正之后得出的。

其三，对医疗供给方的监督机制。保险机构还对医生的诊疗行为实施监督，以降低医疗费用。监督机制通常包括以下四种做法：一是医疗服务利用审核（Utilization Review），包括治疗前审核（比如入院前的许可、门诊操作前许可、专科转诊许可）、治疗过程中审核（根据诊疗标准，评估某些病人正在进行中的治疗方案是否恰当）、治疗结束后审核。对于无须事前审核的急诊等，通常在治疗结束后审查其适当性。二是要求医生遵守行医指南（Practice Guidelines）。行医指南是医学权威机构在政府和保险机构的参与下制定的行医指导文献，为医生诊疗过程中所采取的流程和判断提供行业标准。比如，美国专科医生的诊疗行为通常遵循 CPT 标准，后者由美国医疗协会颁布，并得到保险机构认可。保险机构依据专科医生填报的 CPT 代码，对其医疗服务计件付费。CPT 代码起到了标准化专科医生诊疗行为、稳定医疗质量、降低医疗成本的作用。三是第二外科医生手术意见。保险机构要求被保险人在手术之前，除了其主管医生之外，还要征询第二位外科医生的意见。通过第二手术意见以排除不必要的手术，并管控医疗费用。四是实施病例管理（Case Management）。当严重慢性病患者就医时，保险公司通常会指定自己雇佣的执业护士来协调治疗（例如冠状动脉搭桥手术和器官移植），监视医疗资源的使用，以期提高治疗效果和成本之间的性价比。

（二）湛江模式经验表明：通过商业保险机构的参与，在中国基本医疗保障领域可以培育出一种把政府与市场有机结合的新机制①

湛江市于2000年实施城镇职工基本医疗保险，2004年和2007年相继实施了新型农村合作医疗和城镇居民基本医疗保险，2009年1月将新农合和城镇居民医保两项制度并轨，实行城乡居民医保一体化管理。在确保“医疗待遇不降低、服务质量不下降、医疗机构合理收入不减少”的基础上，政府委托商业保险机构提供城乡居民基本医疗保障的经办管理服务，减少政府成本，强化对定点医院医疗服务的有效约束和监督，在基本医疗保障领域形成了符合湛江实际的“城乡一体、市级统筹、商业保险参与”的新机制，新机制包括以下四个方面。

1. 财政托底，实现基本医疗保障的全民覆盖

在城镇职工基本医疗保险覆盖了就业人口的基础上，依靠政府的大力推动，城乡非就业居民2009年参保546万人，2010年参保587万人，参保率达到98.4%，接近实现了基本医疗保障的全民覆盖。

各级财政加大对群众参保的财政补助。一是加大对普通居民参保的财政补助。城乡居民医保的参保范围主要是城乡非就业居民。筹资标准是居民以户为单位，按年缴费，可自由选择每人每年20元或50元（不含各级财政补助部分）两个档次之一，各级财政补助2009年每人90元，2010年为120元。二是承担困难群众的医保缴费。城镇户籍低保对象、丧失劳动能力的重度残疾人、低收入家庭60周岁以上的老年人以及农村户籍的五保户、低保对象，个人不缴费，由政府按照每人每年20元的标准帮助缴费。在待遇水平上，五保户、低保对象、丧失劳动能力的重度残疾人以及农村户籍70周岁以上的老人免交住院起付标准费，并增加10%的报销比例。2009年全市城乡居民医保基金总收入6.04亿元，其中各级财政补助收入4.91亿元。

2. 委托保险公司经办基本医疗保障管理服务，节约政府管理成本

湛江市属于广东省经济欠发达地区，2009年人均GDP为16639元，在全省21个地市中排第15位，财政经费不足，人员编制紧。实施医保城乡一体化后，社保部门服务人群达到近700万人，按常规配置10000:1的比例投入测算，需在

① 本部分数据来自于对湛江市城乡居民医保一体化管理的调研资料。

原有社保经办机构从事医保工作23人的基础上增加配置近700人来从事这项工作。为了推动城乡医保一体化改革，在不过多增加财政投入和行政资源、不增加群众负担的情况下，湛江市引入商业保险公司，充分发挥商业保险公司的产品精算、风险管控、理赔服务等专业优势，设计了一套经办管理基本和补充大额医疗服务的方案，建立了城乡居民统一参保的管理体系。

3. 政府和保险公司以分层再保险的财务机制为纽带，形成了合作控制不合理医疗行为的利益共同体

在基本医疗保险的制度框架内，在不增加个人缴费和财政支出、不降低待遇的基础上，实行基本缴费和基本待遇拆分，统筹基金报销2009年在1.5万元以下（2010年提高到2万元）为基本医疗保险待遇，2万元以上为大额补助医疗待遇：一是从个人缴费中划转15%（即20元档次的为3元，50元档次的为7.5元）作为大额补助医疗基金；二是在大额补助范围内（2万元以上、8万~10万元以下）根据不同医院类别和市政府规定的基本医疗报销比例支付待遇。

政府基本医疗基金和保险公司掌控的大额补助医疗基金，被上述分层再保险的财务机制连接在一起，分摊不合理医疗行为所带来的财务损失。

4. 以政府权威为依托，以保险公司为经办主体，引入管理式医疗机制

建立一体化合署办公平台，在湛江市区及下辖的5个县设立服务点开展与商业保险公司合署办公，在社保办公大厅设立基金征缴、凭证审核、费用报销等服务窗口，商业保险公司共派驻费用审核和医疗核查等专业人员140多人。

保险公司参与全市医保服务，强化对定点医院医疗服务的有效约束和监督，实现了对参保群众就医行为的全过程监控，有效控制挂床、小病大治等不合理医疗行为，确保参保群众得到更合理的治疗，引入保险公司参与基本医疗保障经办管理后，湛江参保群众人均住院费用由2007年的8851元降至2008年的7369元。

四　进一步发挥商业健康保险在中国医改中的作用

国际医药卫生体制改革的一般步骤是：第一步扩大覆盖面，实现人人享有基本保障；第二步控制成本及管理费用。

中国医改的第一步目标已接近实现。2009年3月国务院下发《医药卫生体制改革近期重点实施方案（2009～2011年）》，提出了中国扩大基本医疗保障覆盖面的具体目标：3年内，城镇职工基本医疗保险、城镇居民基本医疗保险和新型农村合作医疗覆盖城乡全体居民，参保率均提高到90%以上。2009年末全国基本医疗保障覆盖面已达12.34亿人，在政府的大力推动下，到2011年底参保率目标应当可以实现。

中国下一步医改亟须制定医药费用控制战略，完善医药卫生体制改革的微观机制，解决“过度医疗”所引起的居民医药费用过多问题。为此，应当推进中国现代医疗市场机制建设，重视商业保险机构在建设现代医疗市场机制中的作用，提升商业健康保险在中国医药卫生体制改革中的定位。

第一，明确下一步医改的重点是建设现代医疗市场机制，引入商业健康保险作为现代医疗市场的第三方。在未来新医改的实施细则中，把发展“管理式医疗保健”作为国家医药费用控制战略的重要内容，逐步培育包括“医疗供给者、医疗需求者和商业保险机构”在内的三边医疗市场，鼓励商业保险机构逐渐发挥控制医疗成本、提高医疗服务体系效率的作用。

第二，稳步开展现代医疗市场机制试点。可以尝试分三个方面推进：其一，深化商业保险经办政府基本医疗保障试点，选择江阴、湛江和洛阳等试点城市，探索商业保险机构实施医疗管理的路径。具体试点方案，还需深入研究。其二，对于政府直接经办基本医疗保障较为成功的地区，探索官方性质的基本医保经办部门（各地医疗保险事务管理中心）的企业化运作，并逐渐引入商业保险机构参与基本医保经办的竞争。其三，逐渐放开医院的准入限制。商业健康保险提升医疗服务体系运行效率需要一系列外部条件。以美国为例，各医院之间的竞争较为激烈，全科医院和专科医院各有特色，绝大多数的执业医生（70%左右）开办私人诊所独立行医，与医院并无雇佣关系。美国政府、保险公司在经济政策上向私人诊所倾斜。保险公司可以为医院和私人医生带来稳定的客户群。另外，政府大发推动管理式医疗保险组织的发展。

2005年以来，国内部分保险公司开展了管理式医疗的试点活动，取得了一定成效，但由于制度性障碍，管理式医疗在国内规模尚小。主要原因一是中国的医疗市场竞争不充分，大城市的三甲医院垄断了优质稀缺的医疗资源，其医疗服务严重供不应求，而一些基层医院和社区医院的医疗资源匮乏，门可罗雀。商业保险机构缺乏与三甲医院的谈判力和吸引力，却不愿与社区医院合作。二是国内

公立医院是以政府控制的管理模式为主导，市场机制发挥的作用有限，这就为管理式医疗的有效实施造成了根本性的制度障碍。

第三，加强商业健康保险的专业化建设。首先，加强商业健康保险监管的专业化建设。将商业健康保险作为与财产保险、人寿保险并列的一个业务领域加以重点培育，并探索实施单独监管。要求寿险公司的健康险业务单独核算，进一步规范健康险市场的竞争秩序，加快健康险专业化进程。其次，鼓励产品创新。对于商业健康保险领域的产品或技术创新引入一定的保护期。引导保险公司开发终生续保的商业健康保险产品，探索面向“高风险”已病人群的商业健康保险机制。允许在重疾险等商业健康保险产品价格里加入疾病预防管理费用，降低或延缓大病和危重疾病发生率。

参考文献

［1］世界卫生组织：《2008 年世界卫生报告：初级卫生保健——过去重要，现在更重要》，WHO 网站。

［2］国务院深化医药卫生体制改革领导小组办公室编写组：《深化医药卫生体制改革问答》，人民出版社，2009。

［3］陈竺：《以深化医药卫生体制改革为中心全面做好卫生工作努力提高全民健康水平——在 2008 年全国卫生工作会议上的讲话》，卫生部网站。

［4］魏迎宁：《走专业化道路努力推进商业健康保险跨越式发展》，《保险研究》2003 年第 12 期。

［5］葛延风、贡森等：《中国医改问题根源出路》，中国发展出版社，2007。

［6］周其仁：《病有所医当问谁——医改系列评论》，北京大学出版社，2008。

［7］曾卓、李良军：《商业健康保险的定义及分类研究》，《保险研究》2003 年第 4 期。

［8］庞雪峰、孙东雅：《美国商业健康保险公司发展对中国的启示》，《保险实践与探索》2009 年第 6 期。

［9］唐晋：《大国策——通向大国之路的中国民生：全球视野中的医改路径》，人民日报出版社，2009。

［10］瑞士再保险公司：《祝君健康：剖析医疗产业和全球商业医疗保险业的现状》，*Sigma*，2007，(7)。

［11］E. O. 泰斯伯格：《医疗保健业》，王旭东、马慧勤等译，中国人民大学出版社，2003。

[12] 舍曼·富兰德、艾伦·古德曼、迈伦·斯坦诺:《卫生经济学》,中国人民大学出版社,2004。
[13] 黄建始、陈君石:《健康管理的理论与实践溯源》,《中华健康管理学杂志》2007年第1期。
[14] World Economic Forum, 2009, "Transforming Pensions and Healthcare in a Rapidly Ageing World: Opportunities and Collaborative Strategies", www. weforum. org.
[15] 阎建军:《进一步发挥商业健康保险在中国医改中的作用》,《中国金融》2010年第15期。
[16] 王治超、阎建军等:《中国商业健康保险发展主报告》,载《中国商业健康保险发展报告》,中国财政经济出版社,2010。

B.24 外汇储备管理体制的国际比较

根据中国央行和IMF的统计数据显示，截至2010年12月31日，中国外汇储备余额为28473亿美元，居世界第一位，约占全球外汇储备的32%，占发展中国家（地区）的48%。经过长达30年的发展，改革初期外汇储备匮乏的情况已经得到了根本的改变。巨额的外汇储备不仅提高了中国的对外支付能力，增强了海外投资者的信心，也为中国经济的高速发展提供了有力的保障和支撑。不过，必须看到的是，随着外汇储备规模的日益庞大，储备继续增加所带来的收益正在不断减少，而相关成本却在不断增大：从微观层面讲，庞大的储备资产蕴涵着各种潜在的风险，如何有效地运用这些外汇储备，是外汇管理当局面临的一个巨大挑战。在外汇储备持续高速增长的背景下，储备资产的投资经营和保值增值难度将会越来越大。当然，更重要的成本来自宏观层面。外汇储备的增加，引发了巨额的货币投放，为此，央行不得不进行持续的对冲操作，这直接影响了央行货币政策的独立性和有效性。而且，巨额的对冲也给中国金融体系造成了一定的扭曲，阻碍市场化改革的推进。

从根本上讲，中国外汇储备管理体制改革的核心任务是，要隔断外汇储备增长与国内货币供应的直接联系，以求解决开放经济条件下货币政策独立性与稳定汇率之间所固有的矛盾。在我们看来，要探讨中国外汇储备管理体制的改革道路，有必要对别国的经验做一些比较分析，以找出这些国家（地区）实践经验背后的理论线索和逻辑关系，为中国外汇储备管理体制改革提供借鉴。本文的主要目的也就在于此。

一 主要国家的外汇储备管理实践

应该说，由于所处的环境以及发展历程不同，各国在外汇储备管理体制上存在诸多的差异。

（一）美国

根据美国财政部历年披露的数据，自1996年以来，美国的国际储备始终维持在一个相对稳定的水平。截至2010年12月31日，美国的外汇储备约为468亿美元。其中，外国证券250亿美元；外汇存款218亿美元。按照现行的法律规定，美国的外汇储备管理体系由财政部和美联储共同构成。目前，美国财政部和美联储各拥有一半的储备，在管理上，二者密切配合以保证美国国际货币和金融政策的连续性。从1962年开始，财政部和美联储开始相互协调对外汇市场的干预，具体的操作则由纽约联储来实施。

美国财政部主要通过外汇稳定基金ESF（the Exchange Stabilization Fund）来管理外汇储备。ESF设立于1934年。美国国会在《1934年黄金储备法》中将美元含金量下调后富余出的20亿美元黄金用于设立外汇稳定基金，目的是促进汇率的稳定和应对外汇市场的无序状况。此后经过《1945年布雷顿森林协议法》及修正案、《1968年特别提款权法》等，奠定了美国财政部通过外汇平准基金来管理外汇、黄金、特别提款权等国际储备资产的运作框架。

ESF的融资途径包括外汇融资和本币融资。外汇来源通常有三：一是与外国央行签订的货币互换协议；二是发行外币债券；三是动用在IMF的储备头寸。至于本币融资，为保证外汇稳定基金有充足的美元干预外汇市场，自1963年开始，美联储公开市场委员会允许财政部将外汇“存管”在美联储。所谓存管，实际上就是外汇稳定基金与美联储之间所进行的资产回购。美联储公开市场委员会在每年下发给纽约联储的外汇指令中设定“存管”的额度，通常是50亿美元，但在1989年和1995年，该额度分别被提高到100亿和200亿美元。从历史上看，外汇平准基金通过“存管”来向美联储获得资金的情况很少。

ESF的所有操作都要经过美国财政部许可，因为美国财政部负责制定美国的国际货币和国际金融政策，也包括外汇市场干预政策。纽约联储负责执行财政部的交易指令，在多数情况下，美联储会按一比一的比率，动用自己控制的外汇储备来参与市场交易。

（二）英国

与欧洲其他国家，如法国和德国相比，英国的外汇储备规模要小很多，这也显示出英国有更放任汇率的传统。截至2010年12月31日，英国政府（财政部）所持有的国际储备总额（包括外汇储备、黄金、SDR等）为1063亿美元左右，其中，财政部持有788亿美元，英格兰银行持有275亿美元。

英国的储备管理体制由财政部负责，英格兰银行只负责日常管理，官方储备的绝大多数属于财政部，并主要通过外汇平准账户（Exchange Equalization Account，EEA）持有。尽管外汇储备归财政部所有，但英国财政部并不直接管理外汇平准账户中的储备资产，而是将其委托给英格兰银行管理，并由外汇平准账户向英格兰银行支付管理费。财政部与英格兰银行每年都会签署“服务标准协议”，其中会就委托管理的细节进行规定。

1931年，英国放弃了“金本位制”，结果造成了英镑汇率的剧烈波动。为了稳定汇率，英国在1932年设立了外汇平准账户，英格兰银行的黄金和外汇储备被划拨到了财政部，并成为1932年外汇平准账户成立时的初始资金。尽管这些资产被划拨给了财政部，但其日常操作至今仍由英格兰银行负责。外汇平准账户通过对外汇市场的干预来限制投机性资本流动或其他因素引起的英镑汇率波动。

为了扩大外汇平准账户的用途，英国在1979年颁布了《外汇平准账户法》，对之前的法律进行了整合，其中规定了外汇平准基金的四个主要用途：一是平抑英镑汇率的过度波动；二是为国家利益持有和管理国际支付手段；三是按照1979年英国《国际货币基金法》支付对IMF的相关费用；四是依据《国际货币基金协定》中关于特别提款权的规定，履行英国政府的相关职责。此外，外汇平准账户还向政府各部门和机构提供外汇买卖服务，同时通过市场交易进行风险对冲。

根据《外汇平准账户法》的规定，外汇平准账户的融资主要由英国国家贷款基金（National Loans Fund）提供。当外汇平准账户需要外汇时，国家贷款基金通过发行外币债券筹集外汇，然后转移给外汇平准账户。而当外汇平准账户需要英镑时，国家贷款基金则通过发行本币债券筹集英镑，然后借给外汇平准账户。外汇平准账户向国家贷款基金融资的时间、规模都由财政部决定。根据形成外汇资产时所发行债务的不同，外汇平准账户的外汇储备又分为借款储备和净储备两种。所谓借款储备，主要指通过发行本币债务筹集资金所获得的外汇储备，这种资产的形成包含着汇率风险，需要进行对冲；而通过发行外币债券直接获得的外汇资产，则不包含这种汇率风险，因此被称为净储备。截至2010年底，外汇平准账户所持有的储备资产中“净储备”额为384亿美元。

（三）日本

持续、大额的对外顺差，是日本高额外汇储备的主要来源。截至2010年底，日本官方持有的外汇储备为10358亿美元，为世界第二大储备主体。在日本的外汇储备管理体系中，日本财务大臣负责制定和执行日本的国际货币和金融政策，包括开展外汇市场操作以维持汇率的稳定。日本1951年制定的《外汇储备特别会计法》，确立了财务省主导下的外汇储备管理模式。在目前10358亿美元的外汇储备中，日本央行持有的只有400亿美元，其余均由财务省持有。

日本外汇储备的管理通过财务省下设的外汇基金专项账户（Foreign Exchange Fund Special Account，FEFSA）来进行，该账户的日常操作和管理则委托日本银行执行。在日本，财务省承担维持日元汇率稳定的职责，日本银行在财务省的外汇市场操作中担当的是代理人角色，二者在外汇储备管理体系中的职能分工由相关法律加以明确。根据日本的《外汇和对外贸易法》，“财务省应当努力通过买卖外汇和其他措施来稳定日元的对外价值”。而《日本银行法》则规定，“日本银行作为政府的代理人买卖外汇，无权自主进行外汇市场干预”。此外，《日本银行法》还规定，日本银行使用自有资金买卖外汇，或作为外国央行或国际机构的代理人买卖外汇，需要得到财务省的同意。

外汇基金专项账户主要通过在债券市场上发行外汇基金融资票据（Foreign Financing Bills，FBs）来筹集日元。只有在特殊情况下，日本财政部才向日本银行直接发行FBs。如果财政部用从日本央行获得的资金购买外汇储备后，增加了市场的流动性，日本央行可以通过随后的公开市场操作进行对冲，以维持市场利率的稳定。除此之外，在2003年，作为一种临时性安排，外汇基金专项账户曾用其持有的美国政府债券与日本央行进行了回购交易，以临时筹集本币资金。

目前，外汇基金专项账户持有全球第二大规模的外汇储备资产，大部分是在日元升值压力较大时期频繁、持续进行外汇市场干预的结果。

（四）俄罗斯

2010年12月底，俄罗斯外汇储备规模达到4330亿美元，是继中国、日本之后的世界第三大外汇储备国。俄罗斯外汇储备的积累主要源自其石油美金的不断增长。作为全球第一大石油生产国，俄罗斯日均原油产量接近1000万桶。近年来，石油价格的不断攀升给俄罗斯带来了巨额的利润，由此也带来了外汇储备的急剧增长。

俄罗斯的外汇储备管理模式属于财政部与中央银行共同参与的二元管理模式。不过，与其他国家不同，在俄罗斯的二元管理体系中，财政部和央行处于平行关系，即央行和财政部各负责部分储备管理，俄罗斯中央银行负责管理汇率干预需求的外汇储备，财政部下属的经济稳定基金则负责储备资产的保值增值。在管理目标上，中央银行追求流动性管理，经济稳定基金则追求收益性管理。

（五）中国台湾

作为一个对外依存度较高且盈余较大的经济体，从20世纪90年代起，台湾的外汇储备规模就居于世界前列。截至2010年底，台湾外汇储备额为3820亿美元，排名世界第四位。与其他主要亚洲经济体不同，台湾的外汇储备是典型的“央行”单一管理模式。根据台湾《“中央”银行法》第33条至35条规定，外汇储备由“台湾‘中央银行’持有并统筹调度”，“‘央行’应调解外汇供需以维持有秩序的外汇市场”。

由于外汇储备管理模式相同以及经济发展历程相近，有必要对台湾的外汇储备管理的变化情况进行一个简要的回顾。1949～1978年，台湾的外汇储备经历了一个从短缺到富裕的过程。为应对外汇储备短缺，台湾当局建立了外汇集中管理的制度，由台湾“中央银行”对外汇的买卖实施严格的管制。所有的公民营事业、个人和团体所赚取的外汇，都必须卖给“中央银行”来集中保管、调度和运用，外汇所需也均需向“中央银行”申购。“中央银行”对外汇进行统收统支、有效分配。随着出口导向型战略的成功，1964年，台湾对外贸易首次出现顺差，之后，顺差规模持续扩大，外汇储备短缺的情况最终得到了改变。1992年底，台湾外汇储备达到895亿美元，成为当时第一大储备体。不过，在汇率弹性较小的情况下，外汇储备的增长给台湾带来了一定的通货膨胀压力。为此，台湾“中央银行”采取了提高银行存款准备金率、提高信托公司资金准备率；调整“中央银行”贴现利率；提高银行存款利率等手段来进行冲销。此外，台湾“央行”也通过公开市场进行了冲销，卖出“国库券”回笼本币。

在持续对冲操作的同时，1987年7月，台湾开始加快放松外汇管制的步伐：一是准许民间持有和自由运用外汇；二是进出口用汇不必申报，可自行结、购外汇；三是取消对外投资和小额外汇流出的限制，远期外汇市场完全开放。除放松外汇管制外，同时期台湾当局也在加速汇率机制的改革。1989 年 4 月，在放松外汇管制及对一系列汇率制度微调的基础上，台湾当局正式实施浮动汇率机制，废除原有的中心汇率和波动幅度安排，汇率基本由买卖双方自行决定。

（六）韩国

到 2010 年底，韩国外汇储备已达到 2869 亿美元，为世界第五大储备主体。韩国的外汇储备由韩国银行（中央银行）和财政部下属的外汇平准基金（Foreign Exchange Equalization Fund，FEEF）共同持有。不过，与日本外汇储备主要集中于财政部不同，韩国中央银行持有的外汇储备约占储备总额的 3/4，而韩国财政部持有的外汇储备只占 1/4 左右。

韩国外汇储备管理由财政部和韩国央行共同参与。其中，财政部负责对储备管理政策和基准（包括资产币种结构和投资品种）提出指导意见，韩国央行则负责具体操作实施。具体履行管理的机构包括财政部下属的外汇平准基金、韩国银行货币政策管理委员会和韩国投资公司（KIC）。三个管理机构的大体分工为：外汇平准基金主要负责维持汇率稳定；韩国银行货币政策管理委员会作为韩国央行的最高决策机构，负责制定更为详细的管理计划，对外汇市场的干预进行选择；韩国投资公司由财政部和中央银行共同出资组成，主要负责提高外汇储备的投资效率，并支持韩国金融竞争力的提高。

（七）巴西

作为全球重要的资源出口国，随着近年来大宗商品价格的迅速上升，巴西的外汇储备规模也有了大幅的增加。截至 2010 年底，巴西的外汇储备为 2762 亿美元，排名世界第六位。

巴西中央银行是巴西唯一被授权管理外汇储备的机构。巴西中央银行董事会负责制定外汇储备的策略性配置及投资政策，其储备管理目标要服从货币与外汇政策，如为货币政策提供支持、避免汇率的剧烈波动等。虽然巴西实行浮动汇率制，但巴西中央银行对汇率的干预仍然相对频繁。

近年来，外国资本的大量涌入给巴西雷亚尔带来了较大的升值压力。为此，巴西中央银行在外汇市场进行了大量的干预性操作，由此也导致了本币流动性和

外汇储备的迅速增长。为防止资产泡沫和通货膨胀的加剧，巴西在过去一段时间也试图对外资流入进行有针对性的管制。

（八）印度

印度是仅次于中国的世界第二大发展中国家。自1991年经济改革以来，印度经济进入高速发展阶段，同时，国际收支状况逐步改善，外汇储备迅速增加。截至2010年底，印度外汇储备达到2678亿美元，为世界第七大储备国。

1934年颁布的《印度储备银行法》明确规定，印度储备银行（中央银行）作为印度外汇储备的保管者和管理者，负责储备的币种构成及资产分配。该法所规定的印度外汇储备管理目标为：持有外汇储备以实现金融体系的稳定，并充分运营货币和国家信用体系。

（九）中国香港

香港的外汇储备增长相对平稳，到2010年底，香港外汇储备规模为2581亿美元，居全球第八位。香港的外汇储备主要由外汇基金构成。该基金设立于1935年，其资产组合包括港币、外汇、黄金、白银等，其中的外汇资产就是香港的外汇储备。根据《外汇基金条例》，最初设立外汇基金的主要目的是确保港元汇率的稳定，即以外汇基金资产为港元发行提供足额兑换保证。1992年，香港颁布《外汇基金条例》（修正案），引入了外汇基金的第二职能，即促进货币和金融体系稳定和统一，维护香港作为国际金融中心的地位。1993年4月1日，外汇基金办公室和银行专员办公室合并成立香港金管局（近似香港货币当局），目的是保证中央银行维持货币和银行稳定的功能得到更为有效的发挥。

在香港现行的外汇储备管理体系下，财政司司长掌握外汇基金投资的控制权，通过与外汇基金咨询委员会磋商，确立外汇基金的长期战略投资方向。在长期战略投资方向确定后，香港金管局的储备管理部负责具体实施。在履行职责时，储备管理部要在财政司司长的授权和外汇基金咨询委员会许可的投资政策下进行操作。

（十）新加坡

新加坡的外汇储备规模从2002年起开始迅速上升，到2010年底，新加坡外汇储备规模为2227亿美元，居世界第九位。尽管规模并不突出，但新加坡的外汇储备管理模式一直都受到世界范围的关注和学习。

新加坡的外汇储备管理采用的是财政部主导下的新加坡政府投资公司（GIG）+淡马锡控股（Temasek）+新加坡金融管理局（货币当局）的体制。20世纪70年代以来，由于经济增长强劲、储蓄率高等，新加坡的外汇储备不断增加。新加坡政府在对经济前景进行评估后，确认国际收支还会在很长时间保持盈余之后，为提高外汇储备的投资收益，决定改变投资政策，减少流动性资产持有占比，允许外汇储备和财政储备投资于长期、高回报的资产。由此形成了新加坡比较有特色的多主体、多层次的储备管理体系。外汇储备按功能被划分为流动性储备、安全性储备和收益性储备，不同类型的储备对应着不同的管理机构。在新加坡的模式下，中央银行负责短期外汇储备的管理，并承担稳定汇率的任务；国有投资公司（新加坡政府投资公司和淡马锡）则对收益性和风险性更强的中长期外汇储备资产进行管理，追求储备资产的收益性。

二　国际经验的比较分析

总的说来，比较上文介绍的全球最主要的储备国家（地区）的管理模式，大致可以得出以下几个方面的特点。

（一）财政部和央行的作用

在主要经济体中（欧盟除外），都由财政部负责制定汇率政策和主导外汇市场操作。美国、英国、日本、韩国、新加坡等国家和地区都是如此。美联储有权自主进行外汇市场操作并形成了与财政部协作的传统，但美联储并不负责制定汇率政策，其参与外汇市场操作主要是为了配合财政部。英格兰银行也可以进行外汇干预，但只是出于货币政策的目的，汇率政策和相应的外汇市场操作由英国财政部负责。日本的汇率政策和外汇市场操作由财务省负责，日本银行无权自主进行外汇市场操作。以上这些国家和地区的外汇市场操作都由中央银行执行。而在其他一些国家和地区，则是由中央银行制定汇率政策和主导外汇市场操作，如印度、巴西、中国台湾等。

（二）外汇储备持有

外汇储备可分为财政部持有，财政部、中央银行共同持有及中央银行持有三类。英国属于第一类，外汇储备由财政部所有的专项账户持有；美国、日本、韩国、俄罗斯等属于第二类，由财政部和中央银行共同持有，但持有比率不同。日本财政部持有绝大多数的外汇储备（约占95%左右）；美国财政部和美联储各持有一半外汇储备；韩国财政部则持有1/3左右的外汇储备，中央银行持有另外2/3。印度、巴西等国家（地区）的外汇储备则完全由央行持有。

与中央银行相比，财政部在获取外汇储备资产时没有本币资金来源上的便利，而需要通过发行本币债券的方式来从货币市场或中央银行筹集本币。不过，从日本的经历来看，本币筹资问题并未构成财政部对外汇市场的干预能力。当然，在此过程中，日本也成了全球最大的外汇储备体之一。

（三）外汇储备资产获取所涉及的本币投放、回笼及融资问题

由财政部（或者说是中央银行以外的独立机构）出资获取外汇储备资产不涉及本币的投放与回笼，不会直接影响本币的供应量，但会涉及融资问题，可能导致市场资金需求量增加和利率的上升。中央银行出资获取外汇储备资产，会导致本币投放的增加，要求央行进行必要的对冲以避免货币供给过度，但这种方式可以避免因融资问题可能对金融市场利率产生的冲击。

两种方式各有利弊，在实践中，由财政部主导的外汇基金通过发行本币融资券来购买外汇资产是相对主流的模式。不过，在这种方式下，为避免对金融市场产生过大冲击，中央银行往往需要通过认购等行为，来为市场提供流动性支持。当然，与央行直接购入外汇资产相比，在财政部主导的模式下，中央银行的货币政策具有较大的自主性。

（四）储备管理的责任和透明度

许多国家储备管理机构的任务、责任和目标比较清晰。在储备所有权明确的前提下，储备管理机构作为外汇储备的委托人或代理人行使储备管理职责。政府、储备管理机构以及其他机构间储备管理责任的分配都进行公开披露和解释。储备管理的一系列目标都有明确的定义和披露，对储备管理政策的关键部分都进

行明确解释。监管储备管理机构与其关联交易方关系的一般原则都公开披露。公开披露的作用在于确保储备管理的交易是基于公正的客观标准。当然，基于保密方面的原因，储备管理操作的细节通常都不在公布的范围内。

（五）外汇储备管理的制度框架

外汇储备管理的制度及其监管安排都通过法定框架建立，这个框架明确地确定储备管理机构的责任和权利。当储备管理责任和功能在不同机构间分割时，由法律规定制度责任并通过有关部门授予储备管理机构，保证了储备管理责任和功能的协调与执行。有效的内部治理结构能确保责、权、利明确。清晰的分割和分配管理责任，从储备管理的决策层到操作层的责任和权利得到了清晰的分离。

三　小结

在总结国际经验之后，我们有关中国外汇储备管理体制改革的主要观点如下。

第一，由于高储蓄率和开放程度日益加大等特征，外汇储备的持续增长在可见的未来仍是不可逆转的趋势。

第二，在现有的外汇储备管理体制下，外汇储备增长的边际收益已经明显小于边际成本。外汇储备增长给中国经济带来的困扰正在逐步加剧，必须进行较为彻底的改革。

在此背景下，可资选择的方案大致有几种，其核心和基本运作机制大体相同，主要涉及成立独立的外汇管理基金，并发行本币债务筹集资金进行相关外汇买卖。这种改革可以将外汇储备（或新增储备）从人民银行资产负债表中剥离，以此切断外汇储备增长与人民币供给之间的直接联系。在此基础上，还可以进一步探讨对存量问题（即由过去对冲操作所形成的高额法定存款准备金）的化解和处理，以理顺金融市场的供求关系，促进金融市场创新的发展，为利率市场化和汇率市场化奠定良好的市场基础。

𝔹.25

日本政策性住宅金融的演进及其对中国的启示

住宅投资与消费所具有的所需资金大、期限长的特点，使其发展离不开金融的支持。历史上日本没有专门从事住宅金融服务的金融机构，而其他国家则有（如美国为个人建房购房提供贷款的储蓄贷款协会、英国的建筑社和德国的住房储蓄互助银行等），这使得日本的住宅金融相对匮乏和落后。第二次世界大战之后，日本的民间金融机构很多，包括普通银行（城市银行、地方银行）、长期信贷银行、信托银行和信用合作社等，但“二战”后的日本百业待兴，诸多金融机构将资金投向了大型的重化工业和制造业企业，而与民生相关的住宅金融却少人问津，导致“二战”后的日本住房投资建设资金匮乏、开发规模小、建筑标准低，住宅业发展缓慢。也许正是上述原因，为日本政策性住宅金融的创立与发展提供了机遇。

一　住宅金融公库的创立与发展

与其他国家相比，日本为战后经济复兴，构建了庞大的政策金融体系，且门类齐全，包括“二行九库”（包括进出口银行、开发银行；国民金融公库、住宅金融公库、农林渔业金融公库、中小企业金融公库、北海道东北开发公库、公营企业金融公库、环境卫生金融公库、冲绳振兴开发金融公库、中小企业信用保险公库），后调整为“三行八库”（日本开发银行、政策性投资银行、进出口银行；住宅金融公库、国民生活金融公库、中小企业金融公库、环境卫生金融公库、农林渔业金融公库、公营企业金融公库、北海道开发金融公库、冲绳振兴开发金融公库）。

其中，住宅金融公库（Government Housing Loan Corporation，GHLC）是依据1950年《住宅金融公库法》，由政府全额注资成立的特殊法人，专门为政府、企业和个人建房购房提供长期、低利率贷款的公营公司。其设立的目的就是建立一个永久性的特殊的公营住宅金融机构，通过政府的财政投融资体制，将更多的低成本的长期资金引入与民生相关的住宅领域，“为满足广大国民健康、文明的生活，建房购房的资金需求，向那些难以从商业银行获得信贷的开发企业和个人提供资金支持”①，以弥补民间融资长期资金不足和来源不稳定的缺陷。

这一制度安排至少具有以下特点。

（一）住宅金融公库的性质与职能

依据相关法律，住宅金融公库的性质是独立于政府的特殊法人，其职能是专门从事政策性住宅金融服务。这保障了公库经营管理与政府机构相对分离，具体可概括为：一是机构分离。住宅金融公库虽为公营机构，但与政府的行政机构分离，相对独立，自成体系，权责利依法界定清晰。二是业务分离。政策性住宅金融机构按金融的运作方式去运作经营，而不是政府式的行政化管理。同时，也不同于商业性金融机构，它不吸纳存款，不以营利为目标，而是为政府的住房政策目标服务。三是管理分离。日本的民间金融机构由央行——日本银行监管，而住宅金融公库等政策性金融机构由大藏省和相关产业主管部门监管（最初主管部门是建设省，后移交国土资源与交通省）。住宅金融公库总裁经内阁批准后由大藏省大臣任命。

（二）住宅金融公库的资金来源

在日本的诸多政策性金融机构中，住宅金融公库的融资规模最大。住宅金融公库的资本金100%来自政府注资，但其营运的资金并不是政府的财政拨款，而是主要来源于：（1）财政投融资体制贷款；（2）中央政府给予的息差补贴；（3）以公营特殊法人名义发行的特殊债券；（4）回收的借贷资金等。其中财政投融资体制贷款是最主要的资金来源（见图1）。

日本独特的财政投融资体制（Fiscal Investment and Loan Program，FILP），即“为了实现社会经济发展，提升国民福利水平等政策目标，将长期的邮政储蓄、

---

①《住宅金融公库法》第1条第1项。

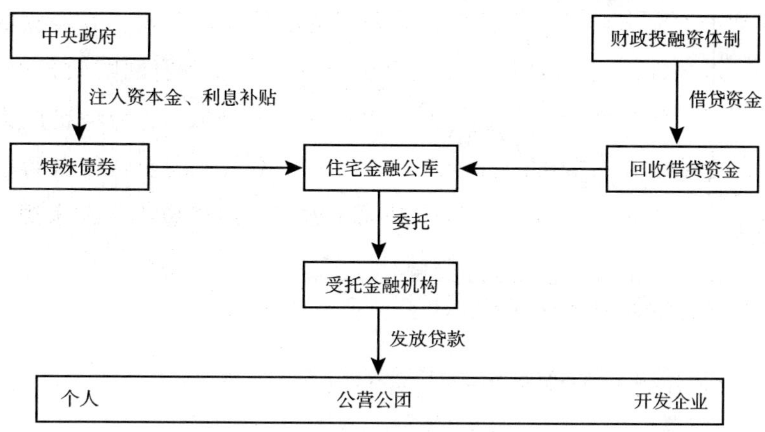

图 1　日本住宅金融公库的资金来源与运用

国民养老金和简易人寿保险等靠国家信用归集起来的资金与财政预算资金相协调，有偿借贷给公共团体及符合政府住房政策的民间住宅开发企业和个人的一种融资安排”。邮政储蓄在日本有着悠久的历史，自明治 8 年（1875 年）起就创办了“奖励勤俭储蓄”，即通过将个人的零散资金汇集起来，积少成多，其最初是为个人创业提供初始的资本金。由于邮政储蓄是政府创办的，有国家的信用担保，不像民间金融机构在战乱频发和经济不景气时常常会遭遇破产倒闭的风险，加之其网点多、分布于城乡各地、便民服务好，赢得了日本国民的青睐。在过去相当长的时间里，邮政储蓄一直是日本国民私人储蓄主要的存放地，归集的资金约占个人储蓄存款的 30%。日本的一般存款多为无息存款，邮储存款利率略高于商业银行，使之与养老金一样具有资金归集量大、成本低的特点。邮政储蓄除满足储户日常提取存款的需求外，大部分剩余资金成为政府财政投融资体制长期资金的主要来源。因此，在日本财政投融资年度资金计划中，邮政储蓄通常占 50% 左右，厚生年金、国民年金约占 20%，简易生命保险约占 20%、政府债券占 6% 左右。这使得政府有了较多的低成本资金，用于改善民生和提供公共品服务。

自 20 世纪 70 年代中期，日本的财政投融资体制每年提供的贷款规模在上万亿日元以上，1999 年最高时曾达到 52.9 兆亿日元（见图 2）。按用途划分，住房相关贷款的规模最大，远远大于为“改善生活环境、社会福利、文教、中小企

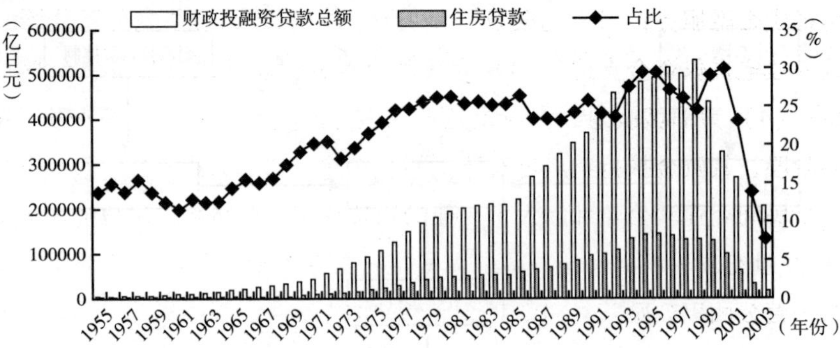

图 2 日本财政投融资贷款规模、住房贷款规模及占比

资料来源：日本财务省《财政金融统计月报》。

业、农林渔业、救灾、道路交通、产业技术、对外贸易和地方经济发展”等方面的贷款。按机构划分，住宅金融公库曾是从财政投融资体制中获得资金支持最多的机构，远远大于其他公库（见表 1）。

表 1 财政投融资体制给八大金融公库的贷款规模

单位：10 亿日元

类型 年份	住宅金融公库	国民生活金融公库	中小企业金融公库	环境卫生金融公库	农林渔业金融公库	公营企业金融公库	北海道东北开发公库	冲绳振兴开发金融公库	日本开发银行	日本政策投资银行	日本输出入银行
1985	3461	1870	1592	166	482	1091	115	97	769	—	515
1990	5901	2500	2058	235	405	1150	154	177	1091	—	1362
1993	9981	3232	2580	360	319	1761	266	264	2464	—	1019
1994	12141	3000	2277	360	259	1449	156	279	2097	—	1030
1996	10121	2880	1452	305	235	1738	103	191	1204	—	650
1999	7589	3350	1570	—	320	1778	—	226	—	1556	—
2000	6571	3287	1490	—	252	1661	—	119	—	476	—
2001	2354	3383	1290	—	195	1667	—	145	—	1013	—
2005	48	2005	1023	—	180	1080	—	39	—	558	—

资料来源：日本统计年鉴各期。

（三）住宅金融公库资金的运用

依据相关法律，住宅金融公库的业务范围主要包括四方面：（1）为个人建

房购房提供金融服务；（2）为公营（地方政府）和公团（住宅整备公团）开发中低收入住宅提供资金支持；（3）为民间企业开发租赁性住房提供长期低息资金支持；（4）为旧城改造、城市重建提供金融支持等。当然，在住房市场发展的不同阶段，其资金扶持重点也有所不同。在战后初期，住宅金融公库资金支持的重点是民间企业和公营部门大力兴建的租赁住房，以缓解住房短缺及供给的不足；在20世纪60～70年代日本城市化和经济高速发展的阶段，其资金主要投向民间和公营公团以鼓励其兴建中高层住宅、学生宿舍、城市再开发和公共服务设施等。1986年第六个住房五年计划后，公库资金支持的重点转向特殊住房需求、住房品质提升、大城市的高层住房和个人购房置业等，以满足多种住房需求，如公营和民营企业兴建一些特殊性质的住宅（老龄公寓、节能住宅、新结构住宅等），都可以申请公库的低息贷款和政府的特殊财政补贴。简言之，公库的资金投向，因市场需求而定，凡符合住房市场需求和政府住房政策扶持目标，及民间金融不愿意涉足的领域，都是住宅金融公库积极介入的领域。

住宅金融公库的贷款都是有偿的，利率主要是参照民间银行3年期定期存款利率，或10年期国债利率来确定。以1996年20年固定利率个人住房贷款为例，当年民间银行3年期存款利率为1.2%，邮储7年以上定期存款利率为3.3%，财政投融资的贷款维持邮储存款利率为3.3%，住宅金融公库35年贷款利率则略低于财投利率，为3.25%，形成的0.05%的利差由政府财政补贴（见图3）。

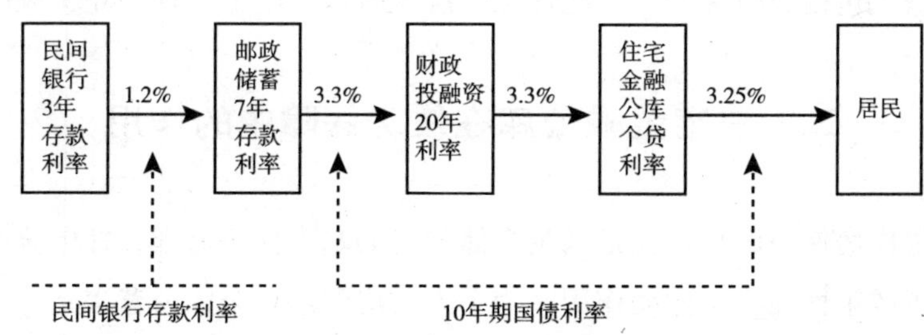

图3　住宅金融公库个人住房贷款的利率定价机制

为体现住房信贷政策向中低收入群体倾斜的政策，住宅金融公库将个人住房贷款的借款人按高、中高、中、中偏下、低收入划分为五等份，以确保自建和购房借款人中中低收入者占较大比重。例如，1992年，在自建和购房借款人中，中低收入者占比高达60.9%和76.6%。此外，为鼓励中小户型的开发建设，住宅金融公库对中小户型贷款实行低利率，对大户型实施高利率，实行差异化利率在改善国民住房条件的同时，又能鼓励集约用地。

（四）公库的组织构架与营运模式

为节省营运成本，提高资金使用效率，住宅金融公库组织结构由东京总部和七个地区分部组成。总部内设五个管理部（总务部、业务部、建设指导部、财务部和东京事业部），下设 15 个科（秘书、会计、监察、计划、财务、资金、管理、建设、审查等），雇员 150 人。如果将七个分部计算在内，雇员总计为 1200 多人。公库的主要职责是编制年度住房贷款计划，确定贷款投向、分配比例，确定借款标准，强化对各项委托业务的管理。

住宅金融公库的金融业务则主要委托给资质合格的民间金融机构，多是分布在东京—大阪—名古屋城市群的大银行。由商业银行负责审查借款人的资质，并负责贷款催缴和贷款的回收。个人房贷的主要客户群是中等收入者，通常，借款人需要符合以下条件：购建住房用于自住、得不到其他银行贷款、建房贷款要有建设用地抵押、月收入是月还贷额的 5 倍、有担保人、住房建筑面积 30 ~ 100 平方米、首付比率 25% ~ 40%、期限 15 ~ 35 年、拥有第一抵押权等。对法人借款人（公营或民营开发企业）的资格审查包括：建设计划、资金计划、偿还能力和偿还计划等切实可行。与住房开发建设、住房质量等相关的业务则委托地方公团体来审查，包括建筑标准、节能环保、房屋质量、施工监理和完工验收等。

二　住宅金融公库在住房保障中的作用

如果说住房保障的目标就是满足全体国民的基本住房需求，住宅金融公库则充分发挥了政策性住宅金融的作用，为个人建房购房、公团公营兴建公共住房和民间企业兴建租赁房提供了充足的资金支持。自 1950 年创建到 2006 年，住宅金融公库累计为 1941 万户居民建房购房提供资金支持（按户数计算占住宅市场份额的 30% 左右）（见图 4），累计提供的贷款规模达到 151 兆亿日元。如按住房种类细分，其中，个人建房贷款占 50% 左右，个人购房贷款占 26.9%，租赁房占 8.3%，其他住房占 5.8%。政策性金融支持对日本住宅市场发展、改善全体国民住房条件和提升住房品质均产生了不可低估的作用。

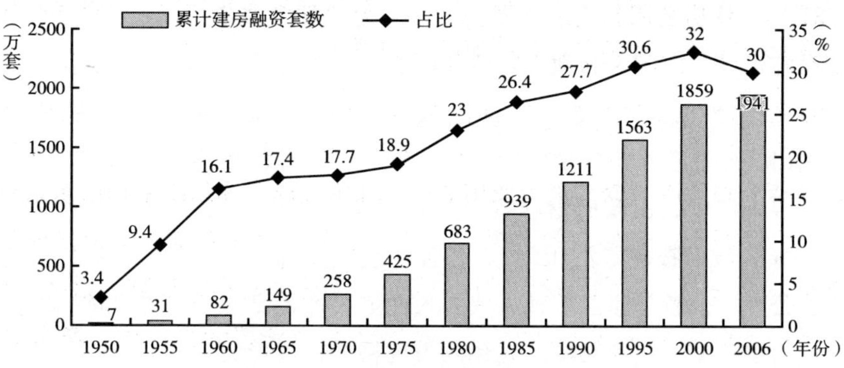

图 4　住宅金融公库建房套数及占比

资料来源：日本财务省主计调查课。

（一）形成了多元住房供应体系

日本每年的住房投资长期维系在占 GDP 5% 左右，1973 年最高时占 GDP 的比重达 8.9%。每年新建住房在 140 万套左右，1972 年最高时达到 185 万套。住宅金融公库、公营和公团被称之为维系住宅市场的三大支柱。

在日本，凡个人、企业，无论是公团公营或民营企业，其建房购房符合国家的标准规定和住房政策导向，均可获得住宅金融公库的长期低息贷款支持，其平均利率比商业银行贷款低 30% 左右，利差损失由政府财政部门承担。

所谓公营住房是由地方政府（都道府县与市町村两级政府）兴建的住房。依据《1951 年公共住房法》，地方政府授权在中央政府的资助下，为低收入家庭建设租赁性的公共住房。其租赁的对象主要是低收入群体（收入水平处于最低的 25% 的群体）、母子家庭、残疾人家庭等，目的就是“建设可满足健康文明生活要求的住宅，并以低廉的租金提供给居住困难的低收入者，从而促进国民生活的安定和社会福祉的增进”。

住宅公团是依据《1955 年住宅公团法》由政府和地方团体共同出资组建的住房公司（The Japanese Housing Corporation）。其主要职能是以城市为中心，为中等收入群体提供可租赁住房。它与公营住房的区别在于：一是服务半径差异。公营的服务范围具有地方性，公团的服务范围则是跨地区、多城市经营。二是服务对象差异。公营多限于低收入群体，公团则服务于可支付能力弱的中等收入群体。1981 年，住房公团和宅地开发公团合并为“住宅整备公团”，负责住房和城市基础设施建设，由国家和地方团体共同出资，为中低收入阶层提供住房。1999 年 10 月，住宅整备公团被撤销，同时成立“都市整备公团”。新组织从商品房开发中撤出，专注于在市区范围内提供、维护和管理租赁性住房。在公团的住宅建设的资金来源中，由政府财政提供的信贷资金最多，占 62.1%，从民间融资的占 15.3%，政府拨款的占 0.9%，各种住宅债券占 21.7%。

随着公库、公营公团以多种方式介入住宅市场提供资金支持或直接进行开发建设，供给渠道多元化和结构多元化的市场格局得以形成。

就供给渠道而言，日本住房可分为：（1）公共住房。包括公营住宅，由国家拨款补助地方政府兴建的住宅，用于向低收入家庭出租，约占住宅总量的 5%；公团住宅，由国家投资组建的住宅公团，为城市中等收入者建造住宅，并给予租、售优惠，占住宅市场份额的 3%；公库住宅，即住宅金融公库为住宅供应提供资金支持（长期低息贷款），对老年人、残疾人提供更多的优惠，利率比普通贷款低 5 ~6 个百分点，贷款期为 25 ~35 年。用公库资金兴建的住宅占市场份额的 30% 左右。地方住宅供应公司提供商品住宅。这类公司是代表公共利益的法人，不以营利为目的，建造并向居民提供商品住宅。（2）私人住房：民间房地产开发商提供市价商品住宅，即由私人开发商根据市场需求而自行融资、建造和销售的住房。长期以来，日本政府一直鼓励私人在住房领域投资，特别是鼓励个人购房，民间企业占住宅市场份额的 60% 左右。

就供给结构而言，日本将住宅分为四大类：一是持家，即居住者所有住宅；二是贷家，即供出租的住房；三是给予住宅，即公团公营兴建的公共住房和公司单位为职工提供的租赁房；四是分让住宅，即是可分割出售的商品住宅，一般为多层或高层公寓式独户住宅，因土地是由所有居住者分割所有的，或某些部分是大家共同所有的，因此，被称之为分让住宅。

从增量上讲，在每年新建的上百万套住宅中，新建公库公营公团兴建的住房占比为 20% ~40%，个别年份曾高达 50%（见图 5）。在存量上，由于许多公库公营公团住房建成后出售给了个人，其占存量住房市场的份额为 30% 左右。私人拥有的住房占 61.2%，租赁住房占 38.8%。近年来，在都市重建中的公寓式独户住宅成为新宠，占比在上升（见表 2）。2009 年受美国金融危机的影响，日本住宅新开工量降至 77.5 万套的低点，与 1965 年的开工量持平。就住房面积而

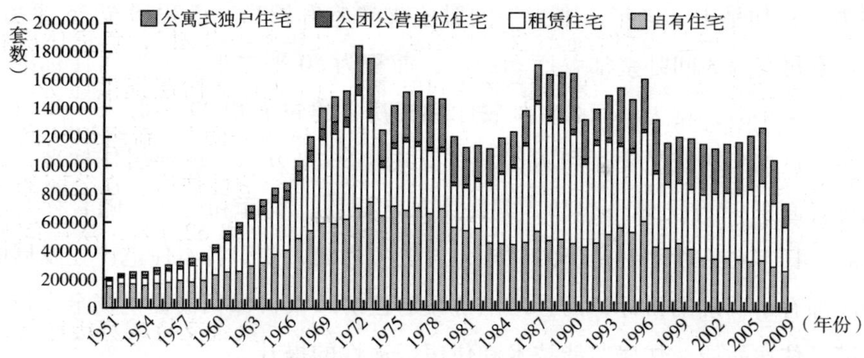

图5　日本历年新开发住宅

资料来源：日本统计年鉴各期。

言，自有住宅平均每套面积为120~140平方米；租赁住房每套面积为50平方米左右。

表2　日本存量住宅市场的结构

单位：千套

年份＼类型	住房总计	自有住房	租赁住房	租赁住房中			
				公营	公团/公社	民营	给予住宅
1978	32189	19428	12689	1719	723	8408	1839
1983	34705	21650	12951	1868	777	8487	1819
1988	37413	22948	14015	1990	809	9666	1550
1993	40773	24376	15691	2033	845	10762	2051
1998	43922	26468	16730	2087	864	12050	1729
2003	46863	28666	17166	2183	936	12561	1486

资料来源：日本统计年鉴各期。

（二）促进国民居住条件和品质的提升

住宅金融公库不仅增加了住房的有效供给，还通过金融工具引导住宅建设从数量扩张向提升住宅品质转变。日本从1966年开始编制《住房发展五年计划》，在第三个住房五年计划中制定了居住面积的三大标准：最低居住标准、平均居住标准和诱导居住标准。其中，最低居住标准：每户间数和面积均随家庭人口而异，如一口之家，如是青年则每套住宅有一间卧室加厨房，建筑面积不能低于

16 平方米；如是中、老年，则为一间卧室加餐室和厨房，面积增至 25 平方米；四口之家每套为 3 间卧室加餐厅和厨房，面积为 50 平方米。平均居住标准：一口之家不论年龄，均为一间卧室加餐厅和厨房，建筑面积 29 平方米；四口之家为 3 间卧室加起居室、餐厅和厨房，面积共计 86 平方米。诱导居住标准：四口之家每套面积 91 平方米，包括 3 间卧室加起居室、餐厅和厨房。随着社会经济的发展，日本在不断地制定新的住宅建设五年规划，使得日本住宅产业发展的各个阶段都有了明确的目标，而公库围绕政府住房政策目标积极提供资金支持，从而促进了住房品质、住房节能技术和住房舒适性的提升。

从建筑结构上看，住房用钢筋水泥和有防火结构的占比在不断提升。从屋内的配套设施看，专用厨房、独立卫生间、浴室和冲水马桶的普及率也在不断提高。而城市轨道交通的快速发展，大大缩短了人们的出行时间，60% 的大都市人可以将通勤时间控制在一小时以内，一般在 40 分钟以内。此外，随着新材料和新技术的应用，住房的隔热保温、供暖、垃圾处理和环境都有了较大的改善。总体来讲，日本的住宅业已从“满足基本住房需求”阶段，步入“不断提升住房品质和居住环境”阶段。如今，在人口众多、土地资源相对匮乏的日本，人均住宅面积达到 36 平方米，户均面积 95 平方米，自有住宅户均面积 124 平方米，租赁住房户均面积 46 平方米，与欧洲发达国家大体相当，略低于美国（见图 6）。且居室设备配套齐全、城市内与城市间轨道交通方便快捷、环境干净清新，整体国民的居住品质和环境都得到大幅度的提升。

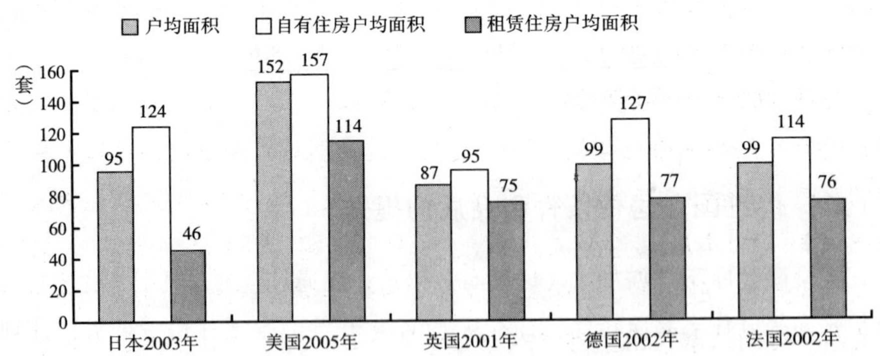

图 6　日本与其他国家住房水平比较

资料来源：日本国地交通省白皮书，2008。

（三）形成独特的住宅金融体系

日本运用财政与金融手段，创造了独特的政策性住宅金融，从而形成了住宅金融公库与民间金融机构并存的住宅金融体制。这种独特的住宅金融体制为日本住宅业的发展提供了充足的资金支持，从新建住宅的资金来源上看，私人资本占比长期在60%左右，住宅公库资金占30%左右（个别年份曾高达40%多），公营公团和其他公共资金占比为10%左右，表明政府投入了大量公共资源涉入与民生相关的住宅领域，这对保障高地价下中低价位住房供给产生了积极的促进作用，能有效解决全体国民的住房问题，也为日本住宅金融市场的发展奠定了基础。

更值得人们关注的是，2007年4月1日，运营50多年的住宅金融公库改制为日本住宅金融支持机构（Japan Housing Finance Agency，JHF），从特殊法人（special public corporation）转变为独立行政法人（incorporated administrative agency）。这一重大制度变革主要基于两点。

一是民间住宅金融得到了长足的发展，对公库特殊法人进行改革的呼声越来越高。20世纪80年代伴随着金融自由化和土地资产价格的上涨，越来越多的民间金融机构涉足住房与房地产领域。90年代初地产泡沫破灭后，民间房地产金融受到重创，但在过去十年银行不良资产处置完之后，民间住宅金融不断得到休养生息，需要寻找和获得稳定收益的投资领域。在这样的背景下，日本政府让住宅金融公库从直接发放住宅开发建设资金和购房信贷领域退出，为民间住宅金融发展开辟生存与发展的空间。

二是日本的财政投融资体制也面临重大改革。以往日本的住房贷款多为固定利率，1986年的利率市场化后，民间金融机构的利率不断下调，借款人提前还贷或利差扩大都会给住宅金融公库带来较大的损失。依据1999年《中央政府机构改革法案》，日本从2001年就开始对所有的政府附属机构进行改革，以解决特殊法人机构庞大、效率低下等问题，并计划五年内完成对住宅金融公库的改革，将其改组为专门从事住房抵押贷款证券化的公司。2003年4月1日，日本邮政集团正式成立，逐步实现邮储资金部分自主运作向全部自主运作的转变。邮政储蓄市场化、公司化的改革大大削弱了政府财政投融资体制的资金来源，这些都是推动住宅金融公库改革不可忽略的制度因素。

新组建的住宅金融支持机构仍将保留政策性住房金融机构的地位。其政策目标已从以往的“为无法从民间机构获得信贷资金的企业和个人提供直接信贷支持”，转变为“以证券化方式为民间金融机构提供金融支持，以保障住房贷款可以适合所有消费者的资金需求，以维系住宅金融市场的稳定与高效”。其业务范围也从住宅抵押一级市场信贷转变为抵押二级市场业务，具体包括：（1）为民间金融机构提供证券化服务，以鼓励民间金融机构为居民提供长期固定汇率利率贷款。住宅金融支持机构的证券化模式既有美国的 GES（房利美和房地美）模式，即从民间金融机构购买合格的固定利率抵押贷款，以此为基础，发行抵押贷款证券；也有吉利美模式，即为民间金融机构发行的住房贷款证券化提供担保，保证及时偿付。（2）为民间金融机构提供住房贷款担保服务，类似美国的 FHA。早在 1972 年，住宅金融公库就开始了住房贷款担保业务，新组建的住宅金融支持机构保留贷款担保业务，即为建房、购房和房屋大修贷款提供担保，但 JHF 对所担保贷款有上限限制，通常贷款上限为 3 亿日元。（3）为灾后重建、城市重建和特殊住房需求（租赁住房、老龄住房）等提供直接贷款，这类贷款被视为政府公共服务的一部分。（4）提供与住房金融相关的信息和咨询服务。（5）负责住宅金融公库以往贷款的回收。机构改革后，直接发放贷款不再是公司的主要业务。

JHF 的资金来源也发生了许多变化，因业务种类不同，其资金的来源也有所不同。其证券化业务的资金来源主要来自资本市场每月担保和发行的抵押贷款证券的收益；为租赁房和城市重建提供的贷款，资金来源于直接债券融资（straight bonds，SB）；为灾后重建提供的贷款，资金来自政府财政投融资体制；为职工提供的住房贷款，来自邮储的职工置业积累基金等。

住宅金融公库机构改革和业务范围的转变，从直接向房地产企业和个人提供住房信贷转变为向住宅金融机构提供流动性支持，从而将资本市场上更多的低成本资金引入住宅领域，这促进了日本住宅抵押证券化市场和抵押保险市场的发展，也为日本房地产市场发展注入了新的活力。如今当太平洋彼岸的美国正因为次贷、证券化和金融衍生品泛滥陷入重重危机时，日本的房地产信托、证券化却刚扬帆起航，且方兴未艾，这使得人们不得不对“证券化是一种金融工具，还是金融危机的元凶”进行重新认识与思考。

三　对中国的启示

日本住宅金融公库的建立与发展，及其对政府住房政策目标服务的功能定位和调整，对中国完善住房保障体系和政策性住宅金融体系有诸多启示。

（一）积极干预住宅市场，为全体国民提供基本的住房保障是政府公共服务的重要组成部分

这个道理很简单，首先，政府拥有人民赋予的公共权力，掌控着大量的公共资源，只有政府才能通过国民收入的再分配，实施基本的住房保障政策。其次，住宅兼有“经济品”和“必需品”的特殊性，保障全体国民“住有所居”是我党执政为民、构建和谐社会的基础工程。最后，中国经济正处在从依赖外需向依赖内需、从投资拉动向消费拉动的转型中，而消费的增长在人们满足“吃穿用”后，关键在住房，让全体国民“住有所居”是保增长、促就业和改善民生的具体体现和重要举措。

（二）住房保障就是要满足国民的基本住房需求，而改善性住房需求应主要依赖住宅市场

从日本的情况看，政府提供的公共住房（包括公营公团提供的住房）多为租赁性住房，此外，住宅金融公库还利用信贷政策及长期低成本资金优势引导民间企业兴建租赁房以满足特殊群体需求（为其提供老龄住房、青年公寓、节能环保住宅等），这种政府直接投资与用政策引导民营企业积极参与的方式，对优化市场结构，保障多元供给，平抑房价，倡导租赁与出售并存、公营与民营并存，均产生了积极的社会和经济效应。中国也应依据经济发展的不同阶段，构建以公共租赁房为主的保障性住房供给体制，这既可减少经济适用房、限价房的分配不公及寻租和创租行为，也可避免公共资源（土地、房源）的流失。

（三）政策性住房金融是政府实施住房保障的重要工具

日本建立住宅金融公库就是为政府的住房政策目标服务的，在战后其金融服务的要点是增加住房开发建设的资金投入，尽快解决住房短缺问题；在城市化和

经济快速发展中，大力扶持住宅产业发展，提供长期低息资金支持，引导公共部门和民营企业提供市场短缺的租赁房，增加有效供给；在市场趋于饱和后，引导住宅产业从数量扩张向提升品质转变，从满足基本住房需求向特殊住房需求（老年住房、节能住宅等）转变；在民间金融机构大举进入住宅市场之后，住宅金融公库逐步从抵押一级市场退出，开辟抵押二级市场，开拓抵押信贷担保、抵押贷款证券化和从事特殊目的的贷款。依据住宅市场的变化和政府住房政策目标的调整，与时俱进地深化住宅金融机构改革与服务创新，正是日本住宅金融公库的生命力和可持续发展的动力源，也是中国改革构建政策性住房金融体制、完善储蓄转化投资机制可借鉴的范例。

中国是一个人口大国，城市化进程还没有完结，住房保障建设更是任重而道远。构建以公共租赁房为主的保障性住房供给体制，需要建立有效的政策性住房金融体系，更需要进行住宅金融体制与工具创新，以政府信用为主导，与土地财税政策相协调，引导社会资金、市场力量进入住房保障领域，既为住房保障提供充足的资金支持，还要确保资金的本息回流，这是住房保障政治上和经济上可行的关键。

参考文献

[1] Patricia Hagan Kuwayama, "Postal Banking in the United States and Japan: A Comparative Analysis", *Monetary and Economic Studies*, May 2000.

[2] Naohiko BABA and Takamasa HISADA, *Japan Financial System: Its Perspective and the Authorities' Role in Redesigning and Administrating System*, IMES Discussion Paper, No. 02 - E - 1.

[3] Miki Seko, *Housing Finance in Japan*, Working Paper as a Visiting Scholar in MIT.

图书在版编目（CIP）数据

中国金融发展报告.2011/李扬主编.—北京：社会科学文献出版社，2011.6
（金融蓝皮书）
ISBN 978-7-5097-2421-7

Ⅰ.①中… Ⅱ.①李… Ⅲ.①金融事业-经济发展-研究报告-中国-2011 Ⅳ.①F832

中国版本图书馆CIP数据核字（2011）第098907号

金融蓝皮书
中国金融发展报告（2011）

主　　编／李　扬　王国刚
副 主 编／王松奇　殷剑峰

出 版 人／谢寿光
总 编 辑／邹东涛
出 版 者／社会科学文献出版社
地　　址／北京市西城区北三环中路甲29号院3号楼华龙大厦
邮政编码／100029

责任部门／财经与管理图书事业部　（010）59367226
责任编辑／王玉水　王莉莉　陶　璇　赵学秀　高　雁
电子信箱／caijingbu@ ssap. cn
责任校对／高忠磊
项目统筹／恽　薇
责任印制／董　然
总 经 销／社会科学文献出版社发行部（010）59367081　59367089
读者服务／读者服务中心（010）59367028

印　　装／北京季蜂印刷有限公司
开　　本／787mm×1092mm　1/16
印　　张／31.75
版　　次／2011年6月第1版
字　　数／547千字
印　　次／2011年6月第1次印刷
书　　号／ISBN 978-7-5097-2421-7
定　　价／89.00元

盘点年度资讯 预测时代前程

从“盘阅读”到全程在线阅读
皮书数据库完美升级

· 产品更多样

从纸书到电子书，再到全程在线阅读，皮书系列产品更加多样化。从2010年开始，皮书系列随书附赠产品由原先的电子光盘改为更具价值的皮书数据库阅读卡。纸书的购买者凭借附赠的阅读卡将获得皮书数据库高价值的免费阅读服务。

· 内容更丰富

皮书数据库以皮书系列为基础，整合国内外其他相关资讯构建而成，内容包括建社以来的700余种皮书、20000多篇文章，并且每年以近140种皮书、5000篇文章的数量增加，可以为读者提供更加广泛的资讯服务。皮书数据库开创便捷的检索系统，可以实现精确查找与模糊匹配，为读者提供更加准确的资讯服务。

· 流程更简便

登录皮书数据库网站www.pishu.com.cn，注册、登录、充值后，即可实现下载阅读。购买本书赠送您100元充值卡，请按以下方法进行充值。

充值卡使用步骤：

第一步

· 刮开下面密码涂层
· 登录 www.pishu.com.cn 点击“注册”进行用户注册

第二步

登录后点击“会员中心”进入会员中心。

第三步

· 点击“在线充值”的“充值卡充值”，
· 输入正确的“卡号”和“密码”，即可使用。

（本卡为图书内容的一部分，不购书刮卡，视为盗书）

如果您还有疑问，可以点击网站的“使用帮助”或电话垂询010－59367227。